Dagobert Duck und die *Luxemburg-Sparer*

Europäische Hochschulschriften

Publications Universitaires Européennes
European University Studies

Reihe II
Rechtswissenschaft

Série II Series II
Droit
Law

Bd./Vol. 3126

PETER LANG
Frankfurt am Main · Berlin · Bern · Bruxelles · New York · Oxford · Wien

Stephanie Puls

Dagobert Duck und die *Luxemburg-Sparer*

Zugleich eine Untersuchung zu den vorgeleisteten Begünstigungen durch neutrale Handlungen

PETER LANG
Europäischer Verlag der Wissenschaften

Die Deutsche Bibliothek - CIP-Einheitsaufnahme

Puls, Stephanie:

“Dagobert Duck“ und die “Luxemburg-Sparer“ : zugleich eine Untersuchung zu den vorgeleisteten Begünstigungen durch neutrale Handlungen / Stephanie Puls. - Frankfurt am Main ; Berlin ; Bern ; Bruxelles ; New York ; Oxford ; Wien : Lang, 2001
(Europäische Hochschulschriften : Reihe 2, Rechtswissenschaft ; Bd. 3126)
Zugl.: Berlin, Freie Univ., Diss., 2000
ISBN 3-631-37747-9

D 188
ISSN 0531-7312
ISBN 3-631-37747-9

www.peterlang.de

Meinen Eltern gewidmet

VORWORT

Die vorliegende Arbeit wurde von der Freien Universität Berlin, Fachbereich Rechtswissenschaft, im Sommersemester 2000 als Dissertation angenommen.

Ich möchte mich an dieser Stelle sehr herzlich bei allen Personen bedanken, die mich bei der Anfertigung der Dissertation begleitet und in vielfältiger Weise unterstützt haben. Ohne ihre wertvolle Hilfe wäre die Arbeit nicht in dieser Form möglich gewesen. An erster Stelle steht hierbei die Danksagung an Herrn Prof. Dr. Klaus Rogall für den gewährten Freiraum bei der Themenauswahl und Bearbeitung sowie der fördernden Kritik. Außerdem danke ich Herrn Prof. Dr. Axel Montenbruck für die zügige Erstellung des Zweitgutachtens. Ferner gilt mein Dank der Stiftung der Deutschen Wirtschaft, Studienförderwerk Klaus Murmann, die meine Promotionstätigkeit unterstützte. Ganz besonders möchte ich mich schließlich bei den Personen und Institutionen bedanken, die mir bei meinen Recherchen vor allem zum Verständnis des Tranfersystems und dem Ablauf der Durchsuchungen geholfen haben. Außerordentlich dankbar bin ich auch für die Zurverfügungstellung zahlreicher Materialien wie insbesondere den im Anhang veröffentlichten Durchsuchungsbeschlüssen.

Schlußendlich möchte ich meinem Lebenspartner Matthias Gamp sowie Herrn Steven Ritter großen Dank aussprechen, die mir sowohl als Zuhörer und Diskussionspartner stets zur Seite gestanden als auch die Arbeit unermüdlich Korrektur gelesen haben.

Literatur und Rechtsprechung habe ich im wesentlichen bis zum Frühjahr 2000 berücksichtigt. Leider ist insbesondere das seinerzeit mit Spannung erwartete Urteil des *Bundesgerichtshofs* vom 01.08.2000 zur Strafbarkeit der Bankmitarbeiter erst nach Einreichung der Arbeit ergangen. Ich habe es jedoch vor der Drucklegung noch zusammen mit einigen ersten veröffentlichten Anmerkungen an mehreren Stellen einarbeiten und kurz kommentieren können[1].

Berlin, im Dezember 2000

---

[1] Siehe die Verweise in Fn 4 auf S. 91.

INHALTSVERZEICHNIS

ABKÜRZUNGSVERZEICHNIS

ABl. der EG	Amtsblatt der Europäischen Gemeinschaften
Abschn.	Abschnitt
a.E.	am Ende
AEAO	Anwendungserlaß zur Abgabenordnung
a.F.	alte(r) Fassung
AG	Amtsgericht
AK	Kommentar zur StPO, Reihe Alternativkommentare
AO	Abgabenordnung
Art.	Artikel (auch im Plural)
AStG	Außensteuergesetz
Astin.	Antragstellerin
AT	Allgemeiner Teil
AWV	Außenwirtschaftsverordnung
AWG	Außenwirtschaftsgesetz
Az.	Aktenzeichen
BayObLG	Entscheidungen des Bayerischen Obersten Landesgerichts
BB	Betriebs- Berater
BBankG	Gesetz über die Deutsche Bundesbank
Besch.	Beschuldigte/r
BFH	Bundesfinanzhof
BFH/NV	Zeitschrift für nichtveröffentlichte Entscheidungen des BFH
Bfin.	Beschwerdeführerin
BGB	Bürgerliches Gesetzbuch
BGBl.	Bundesgesetzblatt
BGH	Bundesgerichtshof
BGHR	BGH- Rechtsprechung, Strafsachen
BMF	Bundesministerium der Finanzen
BStBl.	Bundessteuerblatt
BT	Besonderer Teil
BT- Drucks.	Bundestagsdrucksache(n)
BuW	Betrieb und Wirtschaft
BVerfG	Bundesverfassungsgericht
BVerfGG	Bundesverfassungsgerichtsgesetz
BVerwG	Bundesverwaltungsgericht
bzw.	beziehungsweise
BZRG	Bundeszentralregistergesetz
CpD	Conto pro Diverse
CuR	Computer und Recht
DAR	Deutsches Autorecht
DB	Der Betrieb
DepotG	Depotgesetz
ders.	derselbe

d.h.	das heißt
dies.	dieselben
DJT	Deutscher Juristentag
DÖV	Die öffentliche Verwaltung
DStR	Deutsches Steuerrecht
DStZ	Deutsche Steuer- Zeitung
EFG	Entscheidungen der Finanzgerichte
EGAO	Einführungsgesetz zur Abgabenordnung
EGV	Vertrag zur Gründung der Europäischen Gemeinschaft
ErbStG	Erbschaftsteuer- und Schenkungsgesetz
EStDV	Einkommensteuerdurchführungsverordnung
EStG	Einkommensteuergesetz
EuGH	Europäischer Gerichtshof für Menschenrechte
EU	Europäische Union
EUV	Vertrag zur Gründung der Europäischen Union
EWiR	Entscheidungen zum Wirtschaftsrecht
f.	folgende
ff.	folgende (Plural)
FG	Finanzgericht
FGO	Finanzgerichtsordnung
Fn	Fußnote
FR	Finanz- Rundschau
FS	Festschrift
FVG	Finanzverwaltungsgesetz
GA	Goltdammer`s Archiv für Strafrecht
Gefahrstoff- VO	Gefahrstoffverordnung
GG	Grundgesetz
ggf.	gegebenenfalls
GVG	Gerichtsverfassungsgesetz
GwG	Geldwäschegesetz
HFR	Höchstrichterliche Finanzrechtsprechung
HGB	Handelsgesetzbuch
INF	Die Information über Steuer und Wirtschaft
i.V.m.	in Verbindung mit
JA	Juristische Arbeitsblätter
JK	Jura- Karteikarten
JR	Juristische Rundschau
JuS	Juristische Schulung
JZ	Juristenzeitung
KAAG	Gesetz über die Kapitalanlagegesellschaften
Kap.	Kapitel
KG	Kammergericht
KK	Karlsruher Kommentar zur StPO
KMR	Kleinknecht/Müller/Reitberger, Kommentar zur StPO

Kreditwesen	Zeitschrift für das gesamte Kreditwesen
KStG	Körperschaftsteuergesetz
KÖSDI	Kölner Steuerdialog
LG	Landgericht
LK	Leipziger Kommentar zum StGB
MDR	Monatsschrift für Deutsches Recht
MüKo	Münchener Kommentar zum BGB
m.w.N.	mit weiteren Nachweisen
NJW	Neue Juristische Wochenschrift
NJW- RR	Neue Juristische Wochenschrift, Rechtsprechungs- Report
Nr.	Nummer
Nrn.	Nummern
NWB	Neue Wirtschafts- Briefe
NZV	Neue Zeitschrift für Verkehrsrecht
OFD	Oberfinanzdirektion
OLG	Oberlandesgericht
OWiG	Ordnungswidrigkeitengesetz
PostG	Postgesetz
RG	Reichsgericht
RIW/AWD	Recht der Internationalen Wirtschaft, Außenwirtschaftsdienst des Betriebs- Beraters
Rn	Randnummer
ScheckG	Scheckgesetz
SK-StGB	Systematischer Kommentar zum StGB
SK-StPO	Systematischer Kommentar zur StPO
StB	Der Steuerberater
StBp	Die steuerliche Betriebsprüfung
StGB	Strafgesetzbuch
StPO	Strafprozeßordnung
StR	Steuerrecht
StRK	Steuerrechtsprechung in Karteiform
StuW	Steuer und Wirtschaft
StV	Strafverteidiger
StVj	Steuerliche Vierteljahresschrift
Tz.	Textziffer
UStG	Umsatzsteuergesetz
Var.	Variante
vgl.	vergleiche
VRS	Verkehrsrechts- Sammlung
VStG	Vermögensteuergesetz
WaffenG	Waffengesetz
WiB	Wirtschaftsrechtliche Beratung
wistra	Zeitschrift für Wirtschaft, Steuer, Strafrecht
WG	Wechselgesetz

WM	Wertpapier- Mitteilungen, Zeitschrift für Wirtschafts- und Bankrecht
WuB	Entscheidungssammlung zum Wirtschafts- und Bankrecht
ZBB	Zeitschrift für Bankrecht und Bankwirtschaft
ZIP	Zeitschrift für Wirtschaftsrecht (früher Zeitschrift für Wirtschaft und Insolvenzpraxis)
ZRP	Zeitschrift für Rechtspolitik
ZSEG	Gesetz zur Entschädigung von Zeugen und Sachverständigen
ZStW	Zeitschrift für die gesamte Strafrechtswissenschaft

1.Kapitel: Einführung

A. Problemstellung

Im Januar 1994 haben in Düsseldorf und Frankfurt am Main tagelang Durchsuchungs- und Beschlagnahmeaktionen der Staatsanwaltschaft und der Steuerfahndung bei einer deutschen Großbank stattgefunden. Es ging dabei um den Vorwurf, Mitarbeiter der betroffenen Bank hätten systematisch Beihilfe zur Steuerhinterziehung von Kunden dieses Kreditinstituts geleistet. Die Maßnahmen riefen ein breites Echo im gesamten Kreditgewerbe und in der Wirtschaftspresse[1] hervor. Nachdem eine betroffene Bank gegen die Durchsuchungs- und Beschlagnahmebeschlüsse des *AG Düsseldorf*[2] erfolglos den Rechtsweg beschritten und Verfassungsbeschwerde[3] erhoben hatte, beschäftigt sich in zunehmendem Maße auch die juristische Literatur[4] mit der Problematik. Auch nachdem zwischenzeitlich erste Ermittlungsverfahren wegen Beihilfe zur Steuerhinterziehung abgeschlossen sind[5], verstummt die Diskussionen darüber, ob tatsächlich eine solche Beihilfe vorliegt, nicht.

Diesen Vorgängen entstammt die Idee zu der vorliegenden Arbeit, die sich mit den Ursachen und steuerstrafrechtlichen Problemen der Verlagerung von Geld und Wertpapieren zu ausländischen Finanzmärkten befaßt. Dabei geht es jedoch allein um die Kapitalverlagerungen zu Beginn der 90er Jahre. Denn insoweit wird von einem speziellen "System der Verschleierung"[6] innerhalb der Banken[7] gesprochen. Dieses Transfersystem wird eingehend dargestellt und strafrechtlich untersucht.

---

[1]Vgl. Interview mit *Karl- Heinz Wessel*, Präsident des Bundesverbandes Deutscher Banken, in Capital 5/1994, 9 f. und dessen Gastkommentar "Fahndung gegen den Rechtsstaat" in Börsen-Zeitung vom 29.05.1996; Kommentar von *Rüdiger Fromm* in Blick durch die Wirtschaft vom 23.06.1994; Berichte in Capital 5/1994, 40 ff.; Capital 3/1994, 40 ff.; Wirtschaftswoche 13/1994, 108 ff.; Wirtschaftswoche 6/1994, 97 f.; Wirtschaftswoche 46/1994, 180 f.; Wirtschaftswoche 51/1994, 92 ff.; Spiegel 16/1994, 102 ff.; Spiegel 5/1994, 76 ff.; Börsen- Zeitung vom 21.12.1994, 12.11.1994, 20.10.1995; Berliner Morgenpost vom 25.10.1995; Handelsblatt vom 15.10.1996. Siehe auch Äußerungen des *Bundesverbandes Deutscher Banken* in AG- Report 1994, 80 und im Tagesspiegel vom 28.11.1996 und vom 01.12.1996.

[2]Die Durchsuchungsbeschlüsse vom 05.01.1994 sind abgedruckt in AG 1994, 119.

[3]Vgl. *BVerfG* WM 1994, 691 = StV 1994, 353 und *BVerfG* WM 1995, 234 = wistra 1995, 139.

[4]Vgl. statt vieler *Otto*, StV 1994, 409; *Streck*, StV 1994, 355; *Carl/Klos*, wistra 1994, 211; *dies.*, DStZ 1994, 391; *Leisner*, BB 1994, 1941; *ders.*, BB 1995, 525 jeweils m.w.N.

[5]In der Regel endeten die Verfahren nach einer "Verständigung" wie etwa bei der Dresdner Bank AG. Gegen einige leitende Mitarbeiter und Vorstandsmitglieder wurden Strafbefehle in Kauf genommen. Im Gegenzug wurden die Ermittlungsverfahren gegen zahlreiche (hierarchisch untergeordnete) Bankmitarbeiter eingestellt, was für die Bank ein Ende der dauerhaften negativen Schlagzeilen bedeutete. Andere Institute wehren sich gegen eine derartige Verständigungslösung, so etwa die Deutsche Bank AG, bei der gegen mehrere derzeitige und frühere Vorstandsmitglieder ermittelt wird. Vgl. Berichte im Tagesspiegel vom 10.08.1996, 14.08.1996, 31.08.1996, 24.03.1999, 25.03.1999, 17.06.1999 und 28.06.1999; Spiegel, 13/1999, 84 (86). Siehe auch Bericht zur Westfalenbank AG in Wirtschaftswoche 19/1997, 122 (129). Zum Abschluß des Verfahrens gegen Mitarbeiter der M.L. Gruppe siehe Süddeutsche Zeitung vom 17./18.07.1999.

[6]So wörtlich *BVerfG* WM 1994, 691 = StV 1994, 353 (354).

[7]Und anderer Kreditinstitute.

Der Fall der im Januar 1994 betroffenen Dresdner Bank AG stellt lediglich den Anlaß für dieses Thema dar. Keinesfalls soll er alleiniger Gegenstand der nachfolgenden Ausführungen sein. Denn zum einen erfaßt dieser Fall nur einen Teil der möglichen Vorgehensweisen der Banken und ihrer Kunden. Zum anderen ist dieser Vorfall zwar der in der Öffentlichkeit und Fachliteratur am meisten beachtete, aber weder der erste noch der letzte dieser Art. Pressemitteilungen zufolge ist bereits im Frühjahr 1992 eine Düsseldorfer Filiale der Schweizer Migros Bank (die inzwischen in der Düsseldorfer Stadtsparkasse aufgegangen ist) von der Steuerfahndung wegen des Verdachts der Beihilfe zur Steuerhinterziehung durch ein Vorstandsmitglied im Zusammenhang mit Kapitalverlagerungen ins Ausland durchsucht worden[8]. Am 03.05.1993 hatte das *LG Braunschweig*[9] und am 02.06.1993 das *LG Bochum*[10] über ähnliche Vorgehensweisen zu befinden. Beide haben den Anfangsverdacht für die Durchsuchung des jeweiligen Instituts und für die Beschlagnahme von Unterlagen bejaht. Seit den Maßnahmen gegen die Dresdner Bank AG im Januar 1994 haben in Deutschland annähernd flächendeckend und bei fast allen Kreditinstituten Durchsuchungen stattgefunden. Es ging ausschließlich um den Kapitaltransfer zu ausländischen Finanzplätzen und den Vorwurf, Bank- und Sparkassenmitarbeiter hätten (systematisch) Beihilfe zu einer von Anlegern verübten Steuerhinterziehung begangen[11].

Die Ursachen des Kapitaltransfers in das Ausland, die strafrechtliche Verantwortlichkeit von Bankmitarbeitern und Kunden sowie die Durchsuchungen und Beschlagnahmen in Kreditunternehmen sind in ihrer Komplexität für die sogenannten "Luxemburg- Geschäfte" bisher kaum diskutiert worden. Abgesehen von Veröffentlichungen in Fachzeitschriften nach der erwähnten Aktion gegen die Dresdner Bank

---

[8]Vgl. Wirtschaftswoche 51/1994, 93; Wirtschaftswoche 2/1993, 60 (61, 63).

[9]Az. Qs 3, 4/93 (nicht veröffentlicht).

[10]Az. 35 Js 244/92 (nicht veröffentlicht).

[11]Vollständigste Übersicht der bis Ende 1995 durchsuchten Banken in Capital 2/1996, 148. Eine gute Zusammenfassung findet sich auch bei *Röhm*, Schwarzgeld im Visier, 147 ff. Beispielsweise folgten Aktionen gegen die Hypo Capital Management Vermögensbetreuungsgesellschaft, eine Tochter der Bayerischen Hypotheken- und Wechsel- Bank AG (Anfang 1995, mit bundesweit ca. 150 Steuerfahndern) und die amerikanische Investitionsbank Merrill Lynch in Verbindung mit der Citibank AG und Chase Manhatten Bank AG (ca. 300 Beamte in den Filialen und 200 Beamte in Privatwohnungen der Bankmitarbeiter, erstes Halbjahr 1995), gegen die DG Bank (erstes Halbjahr 1995 sowie erneut im März 1997) und sogar gegen öffentlich- rechtliche Kreditinstitute wie die NordLB (1. Halbjahr 1995) und die WestLB (Mitte 1996, mit 600 (!) beteiligten Steuerfahndern). Betroffen waren auch die Commerzbank AG (Februar 1996, ca. 200 beteiligte Steuerfahnder), das Düsseldorfer Bankhaus Trinkaus und Burkhardt KGaA (Mitte November 1996, ca. 300 Beamte) sowie die Landesbank Berlin und die Berliner Sparkasse (Ende 1996, ca. 50 Steuerfahnder). Ebenfalls durchsucht wurden die Berliner Bank AG (Februar 1998, 130 Beamte), die Berliner Volksbank (Juli 1998, 95 Beamte), die Landesbank Schleswig- Holstein (Juni 1998), die Stuttgarter Bank (Mai 1998), die Landesbank Hessen- Thüringen (Dezember 1998) sowie die Deutsche Apotheker- und Ärztebank e.G. (Dezember 1998). Bis auf die Deutsche Bank Saar (Sommer 1995, 50 Steuerfahnder) ist das größte deutsche Kreditinstitut relativ lange verschont geblieben. Erst im Juli 1998 fanden bei in der Zentrale der Deutschen Bank AG sowie in einzelnen Filialen in mehreren Städten Durchsuchungen statt (300 Steuerfahnder). Zusammenstellung und Daten aus Wirtschaftswoche 7/1995, 105 ff.; Wirtschaftswoche 28/1995, 134; Spiegel, 37/1996, 22 ff.; Spiegel 7/1995, 88 f.; Focus 45/1996, 305 ff.; Focus 24/1995, 200 ff.; Stern 12/1996, 216 f.; Tagesspiegel vom 13.05.1995, 30.11.1996, 05.03.1997, 10.02.1998, 19.06.1998, 02.07.1998 und 16.12.1998.

AG gibt es nur wenige neuere vertiefende Ausführungen zu der Strafbarkeit von Bankangestellten. So hat *Oliver Löwe- Krahl*[12] in einer Dissertation aus dem Jahre 1989 sowie in einer weiteren Veröffentlichung von 1990[13] die steuerstrafrechtliche Verantwortlichkeit der Mitarbeiter von Banken bei typischen Banktätigkeiten untersucht. Zuvor hatte sich bereits *Rüdiger Philipowski* mit den materiell steuerstrafrechtlichen Problemen bei Bankgeschäften befaßt[14]. Jedoch ging es in jenen Abhandlungen primär um den rein innerstaatlichen Kapitalverkehr, wohingegen hier allein die Vermögensverlagerungen ins Ausland, wie sie sich anläßlich der Einführung des Zinsabschlags unter Mitwirkung der Kreditinstitute in Deutschland und unter Ausnutzung eines speziellen, von Banken und Sparkassen zur Verfügung gestellten Transfersystems zugetragen haben, analysiert werden. Zum grundsätzlichen und nicht nur bei Mitarbeitern von Banken und Sparkassen auftretenden Problem der Beihilfestrafbarkeit bei berufstypischem Verhalten existieren zahlreiche neuere Veröffentlichungen, wenngleich nicht speziell zum Steuerstrafrecht[15].

B. Gang der Darstellung

Zu Beginn der Darstellung werden die Gründe der Kapitalverlagerungen und ebenso ihre rechtlichen Möglichkeiten allgemein aufgezeigt (im 3. Kapitel). Ohne Kenntnisse des Hintergrunds dieser Verlagerungen lassen sich die strafrechtlichen Probleme nicht ausreichend würdigen. Denn es läßt sich angesichts der massiven Kapitalverlagerungen in den letzten Jahren nachweisen, daß der Transfer von Geld oder Wertpapieren zu ausländischen Finanzplätzen überwiegend dem Wunsch entspringt, steuerliche Vorteile im Ausland zu genießen und/oder Steuern im Inland zu vermeiden. Von den hier zu untersuchenden Problemen führt ein eindeutiger Weg zu den Veränderungen in der Zinsbesteuerung, die in der Einführung des Zinsabschlags 1993 liegen. Von entscheidender Bedeutung ist zudem die dieser Neuregelung vorausgehende Entwicklung. Auf diese Zusammenhänge wird im 3. Kapitel näher einzugehen sein, wobei sich die Darstellung im wesentlichen auf die allein relevanten Zinseinkünfte aus sonstigen Kapitalforderungen jeder Art im Sinne der §§ 2 I S. 1 Nr. 5, 20 I Nr. 7 EStG bezieht. Hierbei wird es im wesentlichen um den einkommensteuerrechtlichen Zustand bis 1998 gehen[16]. In diesem Kapitel werden ebenfalls die steuerlichen Ermittlungsmöglichkeiten des Finanzamts bei den Zinseinkünften thematisiert. Hierbei geht es maßgeblich um den Bedeutungsgehalt des § 30 a AO. Dessen nähere Betrachtung zeigt, daß die Fülle an Materialien und Informationen, die bei den strafprozessualen Maßnahmen erlangt wurden, mit steuerlichen Befugnissen nicht zu erlangen gewesen wären[17].

Es werden sodann die im Zusammenhang mit den Kapitalverlagerungen stehenden materiell steuerstrafrechtlichen Fragen erörtert. Dabei wird es vor allem um die besondere Mitwirkung der deutschen Kreditinstitute durch Bereitstellen eines be-

---

[12]*Löwe- Krahl*, Steuerstrafrechtliche Risiken.

[13]*Löwe- Krahl*, Die Verantwortung von Bankangestellten bei illegalen Kundengeschäften.

[14]*Philipowski*, in: Kohlmann, Strafverfolgung, 1983, 131.

[15]Siehe *Schild Trappe*, Harmlose Gehilfenschaft ?; *Wolff- Reske*, Berufsbedingtes Verhalten; *Wohlleben*, Beihilfe durch äußerlich neutrale Handlungen.

[16]Insbesondere auf die späteren Veränderungen des EStG durch das Steuerentlastungsgesetz 1999/2000/2002 (vom 24.03.1999, BGBl. I 1999, 402) wird nur am Rand eingegangen.

[17]Dies ist relevant für die Frage, welche Folgen die strafrechtliche Unverwertbarkeit auf das Steuerrecht hat (ab S. 315).

stimmten Systems für die finanziellen Verlagerungen gehen. Dieses spezielle Transfersystem wird eingehend im 4. Kapitel dargestellt. Es erhebt sich die Frage, ob Mitarbeiter von Banken und Sparkassen strafrechtlich zur Verantwortung gezogen werden können, wenn sie "besonderen" Kundenwünschen nachkommen oder diesen durch eigene Vorschläge oder durch Bereithaltung eines Transfersystems zuvorkommen. Dabei geht es einerseits um die Frage der Verantwortlichkeit nach den §§ 257 I, 258 I StGB bezüglich der in der Vergangenheit hinterzogenen Beträge, die mittels dieses Transfersystems verschleiert nach Luxemburg transferiert wurden. Vor allem aber betrifft dieser Fragenkreis grundlegend und allgemein den Umfang der Beihilfestrafbarkeit[18]. Es geht zum einen um die Strafbarkeit der sogenannten "vorgeleisteten Strafvereitelungen und Begünstigungen" als psychische Formen der Beihilfe. Diese Tatsituationen zeichnen sich dadurch aus, daß vor der Haupttat zugunsten des Täters ein Beitrag geleistet wird, der als solcher für die Tatbestandsverwirklichung irrelevant scheint. Seine Bedeutung entfaltet er ohne weiteres Zutun des den Beitrag Erbringenden erst nach der Haupttat. Die Beiträge zielen darauf ab, den Täter persönlich zu schützen, seine Entdeckung durch die Ermittlungsbehörden zu erschweren oder ihm die sachlichen Vorteile der Straftat zu sichern. Zum anderen sind die Grenzen der Beihilfestrafbarkeit zusätzlich unter dem Aspekt der neutralen oder im Rahmen der Berufsausübung erbrachten Beiträge zu bestimmen (6. Kapitel).

Zuvor wird die Verantwortlichkeit der unehrlichen Kunden -unabhängig von der Nutzung eines bestimmten Transfersystems- dargestellt (5. Kapitel). Im letzten Teil der Arbeit (7. Kapitel) geht es dann um die strafprozessualen Probleme. Es wird herausgearbeitet, ob die Durchsuchungen und Beschlagnahmen in den Kreditinstituten rechtmäßig sind. Im Rahmen dieser Überlegungen kommt den beiden Beschlüssen des *Bundesverfassungsgerichts* im Verfahren gegen die Dresdner Bank AG[19] eine zentrale Bedeutung zu.

---

[18]Bezüglich der noch nicht abgeschlossenen Steuerhinterziehungen.

[19]*BVerfG* WM 1994, 691 = StV 1994, 353 und *BVerfG* WM 1995, 234 = wistra 1995, 139.

2.Kapitel: Beschreibung eines Durchschnittsfalls

Die massiven Kapitalverlagerungen in das Ausland -hauptsächlich nach Luxemburg- haben (abgesehen von den Turbulenzen im deutschen Kapitalmarkt 1988 und 1989) erst Ende 1992/Anfang 1993 begonnen[1]. Die deutschen Banken reagierten auf den Vermögenstransfer der Anleger mit umfangreichen Werbeaktionen für ihre Niederlassungen in Luxemburg, um diesen Strom nicht abreißen zu lassen[2]. Lediglich in diesem Zusammenhang findet sich das spezielle Transfersystem.

Dieses System zeichnet sich allgemein[3] dadurch aus, daß der gesamte Transfer ohne Namensnennung und ohne Einschaltung von Konten, die die Kunden auch bei einem inländischen Kreditinstitut (regelmäßig zumindest auch bei der Muttergesellschaft) unterhielten, durchgeführt werden konnte. Überweisungen sind in Einzelvorgänge (Bareinzahlungen und Barauszahlungen) aufgespaltet worden, um keine Spuren auf den Kontoauszug zu hinterlassen. Damit ist auf den Auszügen der Kunden zu ihrem inländischen Privat- oder Geschäftskonto keine direkte Verbindung nach Luxemburg, sondern lediglich eine Barauszahlung und gegebenenfalls auch eine Bareinzahlung sichtbar. Vor allem die Bareinzahlungen verliefen dabei zumindest zum Teil anonym. Es ist entweder ein für den fraglichen Kunden ersichtlich nicht zutreffender Name (Theo Waigel, Erich Honecker) oder ein reiner Phantasiename (Dagobert Duck) anstelle des (korrekten) Namens, ein Allerweltsname oder gar der Name des jeweiligen Anlageberaters in der ausländischen Tochterbank oder gar kein Name angegeben worden.

Der Kunde begab sich daraufhin zu der Bank seines Vertrauens[4]. Die Berührungspunkte zwischen dem Kunden und dem Mitarbeiter des Kreditinstituts liegen demnach im *Beratungsgespräch*, bei dem sich der Kunde zum Kapitalexport entschlossen hat, sowie in der *Abwicklung* des Transfers selbst. Wie dies konkret abgelaufen ist, was dabei angesprochen worden ist, welche Äußerungen vom Mitarbeiter des Instituts gemacht wurden, hängt maßgeblich vom einzelnen Berater und von dem jeweiligen Kunden ab. Trotz dieser gebotenen Einzelfallbetrachtung kann den üblicherweise bei jeder Institutsgruppe für das Finanzprodukt "Geldanlage in Luxemburg" existierenden bankinternen Anweisungen eine gewisse Bedeutung nicht abgesprochen

---

[1]Zum Umfang des Kapitalstroms Nachweise bei *Döring*, DB 1993, 49 (52 f.); *Streck*, DStR 1993, 342 (344 f.); Spiegel 37/1996, 22 (25 f.) sowie Schätzung von *Klaus Altehoefer*, zitiert in Wirtschaftswoche 41/1993, 130 (135).

[2]Vgl. die Beispiele bei *Carl/Klos*, DStZ 1994, 391 (397). Siehe auch Stern 12/1996, 216; Wirtschaftswoche 8/1993, 83 ff. Im übrigen wurde der Geldtransfer nicht nur von den Banken umworben, auch Magazine ließen es sich als besonderen Service für die Leser nicht nehmen, die "beliebtesten" Steueroasen der deutschen Anleger -bis hin zu Anreisetips (!)- zu kommentieren, vgl. etwa Capital 8/1994, 38 ff. oder Capital 5/1996, 94 ff. Sehr fürsorglich ist auch der Beitrag in Capital 3/1994, 40 (56 f.) für den ertappten Steuerhinterzieher. Gegen diese Werbeaktionen der Banken ist -soweit ersichtlich- von staatlicher Seite nicht eingeschritten worden, kritisch *Tipke*, BB 1998, 241 (243).

[3]Zu dessen Einzelheiten unten ab S. 69.

[4]Nachstehende Darstellung ist die Zusammenfassung aus *Philipowski*, Steuerfahndung in der Bank (Forum), 3 sowie eigenen Recherchen. Diese bestanden aus zahlreichen Gesprächen mit Mitarbeitern unterschiedlicher Kreditinstitute, Staatsanwälten und Steuerfahndern vor allem aus Berlin, denen ich an dieser Stelle herzlich danken möchte.

werden. Darin wurden jedenfalls die Details, wie der Transfer abzulaufen hat oder zumindest ablaufen kann, dargelegt. Darüber hinaus ist regelmäßig die rechtliche Situation in Luxemburg -keine Quellensteuer auf Zinseinkünfte, umfassend geschütztes Bankgeheimnis, Ermittlungsbefugnisse der deutschen Finanzbehörden im Ausland und Umfang der Amtshilfe in Steuersachen[5]- geschildert worden.

Daher ist davon auszugehen, daß im Rahmen des Beratungsgesprächs zumindest jene rechtlichen Rahmenbedingungen in Luxemburg, ebenso wie die Zugriffsmöglichkeiten des deutschen Fiskus auf das transferierte Vermögen und dessen Erträge vom Mitarbeiter erläutert worden sind. Dem Kunden ist weiterhin der Ablauf des Transfers vorgestellt und erläutert worden. Ob der Kunde dies bis in jede Einzelheit tatsächlich verstanden hat, war regelmäßig nicht von Bedeutung. Denn der Mitarbeiter ist bei der konkreten Durchführung des Transfers behilflich gewesen. Er hat dem Vernehmen nach teilweise auch Auftragsbelege ausgefüllt und für den Kunden zur Unterschrift vorbereitet. In einigen Fällen sollen die Belege sogar bis hin zur unzutreffenden Namensangabe des Veranlassers komplett vom Berater selbst ausgefüllt worden sein.

Es kam dann zum verschleierten Transfer des Kapitals. Nicht jeder der transferierenden Kunden gab später die Auslandsanlage und die daraus resultierenden Zinsen gegenüber dem Finanzamt zutreffend an. Durch Äußerungen und Funde in anderen Zivil-, Steuerstraf- und steuerlichen Verfahren oder durch anonyme Anzeigen erhielten die Strafverfolgungsorgane Kenntnis von diesen Vorgängen. Der Vorwurf einer *systematischen* Beihilfe zur Steuerhinterziehung durch Bankmitarbeiter wurde erhoben. Durchsuchungen und Beschlagnahmen bei Kreditinstituten folgten. Bislang sind ungefähr 50 Banken und Sparkassen durchsucht worden. Großbanken rückten dabei ebenso ins Blickfeld wie öffentlich- rechtliche Institute und Privatbankiers[6]. Regelmäßig wurde zunächst die Zentrale der Institutsgruppe durchsucht. Nach Auswertung der dabei gefundenen und beschlagnahmten Unterlagen sind Fahnder und Staatsanwälte zu einzelnen Filialen vorgedrungen. So fanden etwa die ersten Durchsuchungen und Beschlagnahmen bei der Dresdner Bank AG zu Beginn des Jahres 1994 statt. In den darauffolgenden Jahren 1995 und 1996 betrafen die Zwangsmaßnahmen zahlreiche Niederlassungen der Dresdner Bank AG in Deutschland. Anfang September 1997 kam es dann erneut zu Durchsuchungen der Dresdner Bank AG in Düsseldorf sowie der Zentrale in Frankfurt[7]. Doch nicht nur die Anzahl der betroffenen Institute, auch die Zahl der dabei beteiligten Fahnder und Staatsanwälte hat eine neue Dimension erreicht[8].

Nach Schätzungen der Deutschen Steuergewerkschaft sind mehr als 17.000 Ermittlungsverfahren gegen "Steuersünder" eingeleitet worden[9]. In Presseberichten ist von steuerstrafrechtlichen Ermittlungen bei 2.400 Genossenschaftsbanken[10] die

---

[5]Zur rechtlichen Situation in Luxemburg ab S. 39, 61.

[6]Vgl. oben in der Einleitung Fn 11 (S. 2).

[7]Vgl. die Berichte im Tagesspiegel vom 03. und 04.09.1997; Übersicht in Wirtschaftswoche 19/1997, 122 sowie oben Fn 11 in der Einleitung (S. 2).

[8]Siehe oben in der Einleitung Fn 11 (S. 2).

[9]Vgl. Handelsblatt vom 7./8.09.1996; Focus 45/1996, 305 (Grafik auf 308); Spiegel 37/1996, 22 (23).

[10]Als Folge der Durchsuchungen in der DG- Bank als Dachorganisation der Volks- und Raiffeisenbanken in den Jahren 1995 und 1997.

Rede[11]. Inzwischen werden sogar Seminare darüber angeboten, wie sich Bankmitarbeiter beim Eintreffen der Steuerfahndung verhalten sollten[12]. Allein bei der Dresdner Bank AG werden bundesweit circa 8.000 Kunden der Steuerhinterziehung verdächtigt[13]. Mehr als eine Milliarde DM sollen Kunden auf Konten der luxemburgischen Tochter der Dresdner Bank AG dem Zugriff des Fiskus entzogen haben[14]; etwa 40.000 Belege sind allein in diesem Zusammenhang beschlagnahmt worden und auszuwerten[15]. Zahlreiche Kunden reagierten nach der Durchsuchung ihrer Bank mit Selbstanzeigen. So sollen allein Kunden der Commerzbank AG 64 Millionen DM Geldvermögen und ungefähr 20 Millionen DM Zinsen beim Finanzamt nachgemeldet haben[16].

Es ist angesichts dieser Umstände ohne Übertreibungen gerechtfertigt, von den umfangreichsten Bankenverfahren nach der größten Steuerfluchtbewegung in der Geschichte der Bundesrepublik Deutschland zu sprechen.

---

[11] So der Bericht im Tagesspiegel vom 29.03.1998; vgl. auch Spiegel 14/1998, 79 f.

[12] Vgl. Tagesspiegel vom 28.11.1996 über ein Seminar in Frankfurt und Spiegel 37/1996, 22 (32).

[13] Laut Bericht im Tagesspiegel vom 07.03.1996.

[14] Handelsblatt 7./8.09.1996.

[15] Vgl. *BVerfG* WM 1995, 234 = wistra 1995, 139.

[16] Vgl. Tagesspiegel vom 18.02.1997. Siehe auch den Bericht im Tagesspiegel vom 03.04.1998 zur NordLB, wonach mehr als 1.000 Kunden in Selbstanzeigen Steuerhinterziehungen in einer Gesamthöhe von nahezu 36 Millionen DM einräumten. Zur kollektiven Selbstanzeige eines gesamten Kreditinstituts samt Kundschaft siehe den geschilderten Fall bei *Ditges/Graß*, BB 1998, 1390 (1392).

3.Kapitel: Die Ursachen der Kapitalverlagerungen zu Beginn der 90er Jahre

A. Gründe für die Finanzanlage im Ausland

Es gibt zahlreiche Gründe für einen Anleger, Geld oder Wertpapiere zu anderen Kapitalmärkten zu transferieren. Diese Entscheidung entspringt zum einen dem Wunsch nach einer höheren *Rendite* für das eingesetzte Kapital. So bieten Auslandsanlagen neben der Möglichkeit, Währungsgewinne zu erzielen, auch die Gelegenheit der Risikostreuung. Denn durch ausländische Aktien kann die Abhängigkeit vom einheimischen Kapitalmarkt verringert werden. Darüber hinaus sind andere Chancen bei der Spekulation in Warentermin- Geschäften möglich. Nicht zuletzt infolge andersartiger Finanzprodukte oder Anlageformen kann sich der Weg zu ausländischen Finanzplätzen bei renditeorientierter Betrachtung lohnen. Selbst psychologische Aspekte spielen bei der Wahl des Anlageortes eine Rolle. So suggerieren etwa die langen Traditionen bei der Vermögensverwaltung in der Schweiz besonderen Service und Kompetenz[1]. Zwar sind Finanzanlagen regelmäßig Vertrauenssache, weshalb eine umfassende persönliche Beratung erwartet und vorausgesetzt wird. Diese ist bei weit entfernt liegenden Ländern schwer möglich oder mit zusätzlichen Kosten verbunden; zudem ergeben sich regelmäßig Sprachprobleme. Vor allem sind die Kosten für den Transfer zum Ausland und von dort zurück in die Kalkulation miteinzubeziehen. Allerdings gelten diese Argumente nur bedingt. Gerade hinsichtlich einiger Nachbarländer Deutschlands sind weder die Entfernungen noch die Sprache ein wirkliches Hindernis. Im Gegenteil, sobald der (deutsche) Bedarf vorhanden ist, gibt es auch deutschsprachige Berater[2].

Es sind veränderte Rahmenbedingungen, die ausländische Finanzplätze attraktiv erscheinen lassen. Entscheidende Bedeutung kommt den politischen und wirtschaftlichen Verhältnissen in dem jeweiligen Land zu. Zudem tragen unterschiedliche gesetzliche Regelungen im Finanzsektor ebenso wie historische und territoriale Verschiedenheiten dazu bei, finanzkräftige Anleger anzuziehen. Beispielsweise wirkt sich in Deutschland die Mindestreservepflicht der Kreditunternehmen auch auf die Rendite aus. Denn gemäß § 16 des Gesetzes über die Deutsche Bundesbank[3] (BBankG) sind Kreditinstitute[4] in Deutschland zur Haltung von Mindestreserven verpflichtet[5]. Jene Mindestreserven sind ein währungspolitisches Steuermittel zur Beeinflussung des Geldumlaufs und der Kreditgewährung. Es handelt sich um zinslose Guthaben, die die Geldinstitute bei der Deutschen Bundesbank unterhalten müssen[6]. Zwar können die

---

[1]Siehe *Schöllhorn*, Geldanlage und Vermögensverwaltung international, 1 ff.

[2]Vgl. etwa die Berichte in Wirtschaftswoche 41/1992, 114 (118 und 124) und Wirtschaftswoche 10/1993, 118 (123) sowie die Übersicht hinsichtlich der Sprache der Anlageberater in von deutschem Kapital bevorzugten Ländern in Capital 5/1996, 94 (97).

[3]Gesetz vom 26.07.1957, BGBl. I 1957, 745 in der Fassung vom 22.10.1992, BGBl. I 1992, 1782.

[4]Unternehmen, die Bankgeschäfte im Sinne des § 1 des Gesetzes über das Kreditwesen (KWG in der Fassung vom 22.01.1996, BGBl. I 1996, 64, 519) betreiben.

[5]Vgl. *Grill/Perczynski*, Wirtschaftslehre des Kreditwesens, 4.9. (229).

[6]*Claussen*, Bank- und Börsenrecht, § 3 Rn 21.

Kreditunternehmen in gewissem Umfang über diese Guthaben verfügen[7]. Gleichwohl beeinträchtigen die Mindestreserven das freie Agieren der Kreditinstitute. Denn für eine Termineinlage entstehen eben nicht lediglich Zinskosten. Ein Teil der Einlage kann nicht für die Kreditvergabe genutzt werden, sondern muß bei der Bundesbank zinslos hinterlegt werden. Diese Zusammenhänge bewirken, daß Geldanlagen im Ausland[8], wo keine Reservepflicht besteht, je nach Höhe des geltenden Reservesatzes zumindest geringfügig günstiger sind[9].

Diese unterschiedlichen Rahmenbedingungen gelten selbst innerhalb der Europäischen Union. Gerade hier, wo mit dem Ziel der Wirtschafts- und Währungsunion und dem gemeinsamen Binnenmarkt (Art. 2 EUV[10]) zahlreiche Maßnahmen zur Liberalisierung und Vereinheitlichung zugunsten eines "europäischen Finanzraumes" getroffen wurden, gibt es nach wie vor nicht zu unterschätzende Unterschiede in den einzelnen Mitgliedstaaten. Zum einen sind langwierige Verhandlungen erforderlich, bis es überhaupt zur Schaffung von Sekundärrecht der Gemeinschaft kommt. Zum anderen entstehen Vorteile einzelner Mitgliedstaaten oftmals allein durch zeitliche Verzögerungen bei der Umsetzung von Richtlinien und dem unterschiedlichen Gebrauchmachen von Gestaltungsspielräumen[11]. So gilt etwa Luxemburg als das Land, in welchem auf der Basis einer EG- Richtlinie zum Investmentrecht aus dem Jahre 1985[12] den Kapitalanlagegesellschaften frühzeitig sehr weitgehende Anlagespielräume eröffnet worden sind. Dies hatte ein breites und interessantes Spektrum von Fondstypen zur Folge[13]. In Deutschland ist diese Richtlinie dagegen erst im Rahmen des (ersten) Finanzmarktförderungsgesetzes[14], und damit nicht nur nach dem in der Richtlinie angeordneten Umsetzungstermin, sondern auch, nachdem bereits eine Än-

---

[7]Vgl. § 16 II BBankG.

[8]Wie etwa Luxemburg. Allerdings sollen diese Unterschiede bei der Mindestreservepflicht innerhalb der EU nunmehr vereinheitlicht werden, vgl. Bericht im Tagesspiegel vom 19.04.1997.

[9]Ausführlich dazu *Claussen*, Bank- und Börsenrecht, § 3 Rn 21 f.; *Grill/Perczynski*, Wirtschaftslehre des Kreditwesens, 4.9. (227 ff.).

[10]Vertrag über die Gründung der Europäischen Union (Maastricht- Vertrag) vom 07.02.1992 in der durch den Amsterdamer Vertrag vom 02.10.1997 veränderten Fassung.

[11]Vgl. § 249 EGV (Vertrag zur Gründung der Europäischen Gemeinschaft [EG] vom 25.03.1957 in der durch den Vertrag von Amsterdam veränderten und derzeit gültigen Fassung vom 01.05.1999). Zum Verhältnis von früherem EWGV und EGV näher Grabitz/Hilf- *von Bogdandy/Nettesheim*, EGV, Art. 1 Rn 1 f.

[12]Richtlinie vom 20.12.1985 zur Koordinierung der Rechts- und Verwaltungsvorschriften betreffend bestimmte Organismen für gemeinsame Anlagen in Wertpapieren (OGAW), ABl. der EG Nr. L 375/3 vom 31.12.1985. Diese mußte nach ihrem Art. 57 bis zum 01.10.1989 in den Mitgliedstaaten umgesetzt werden. Diese "Organismen für gemeinsame Anlagen" bilden den Oberbegriff für Investmentgesellschaften, die ein Sondervermögen zugunsten der Anleger bilden (so in Deutschland) und denen, wo Anleger als Aktionäre beteiligt sind. Zum Inhalt der Richtlinie *Carl/Förster*, Investmentfonds, 53 ff.

[13]Vgl. Monatsbericht der Deutschen Bundesbank, Oktober 1994, 49 (54).

[14]Gesetz zur Verbesserung der Rahmenbedingungen der Finanzmärkte (Finanzmarktförderungsgesetz) vom 22.02.1990, BGBl. I 1990, 266. Änderungen des KAGG sind in Art. 1, der Vertrieb ausländischer Investmentanteile in Art. 2 geregelt.

derungsrichtlinie[15] dazu bestand, in nationales Recht umgesetzt worden. Zuvor hatten Investmentanteile in Deutschland eher eine untergeordnete Bedeutung innerhalb der Finanzanlagen. Mit der Veränderung im Finanzmarktförderungsgesetz, insbesondere der Ermöglichung neuer Fondstypen wie Laufzeitfonds und geldmarktnahen Fonds, ist die Konkurrenzfähigkeit der deutschen Kapitalanlagegesellschaften deutlich verbessert worden. Gleichwohl mußte eine Verschlechterung ihrer Wettbewerbsposition konstatiert werden. Denn andere Mitgliedstaaten hatten die Spielräume der Richtlinie stärker ausgenutzt und großzügigere Regelungen getroffen. Vor allem aber konnten diese ausländischen Gesellschaften ihre Produkte auch in Deutschland vertreiben[16].

Auch an einem anderen Beispiel aus dem Investmentrecht lassen sich Wettbewerbsnachteile deutscher Kapitalanlagegesellschaften illustrieren. Geldmarktfonds etwa können in Deutschland erst seit dem Gesetz über den Wertpapierhandel und zur Änderung börsenrechtlicher und wertpapierrechtlicher Vorschriften[17] aufgelegt werden. Derartige Geldmarktfondsanleihen sind dann unmittelbar nach der Einführung dieser Fonds in der Bundesrepublik 1994 stark favorisiert worden, zahlreiche Anleger zeigten hohes Interesse daran[18]. In anderen Mitgliedstaaten waren solche Fonds jedoch schon früher möglich und sind auch von deutschen Anlegern präferiert worden.

Regelmäßig sind es aber nicht die im Vergleich zu Deutschland besonderen Anlagemöglichkeiten, die das entscheidende Motiv für Verlagerung von Kapital zu ausländischen Finanzplätzen darstellen. Vielmehr lassen sich die Anleger neben den legitimen Renditeüberlegungen hauptsächlich von *steuerrechtlichen* Rahmenbedingungen leiten. Die Erwartung steuerlicher Vorteile im Ausland beziehungsweise die Vermeidung von Steuern in Deutschland muß sogar als das zentrale Motiv der Auslandsanlage bezeichnet werden. So wird der Ertragsvorteil infolge der fehlenden Mindestreservepflicht in Luxemburg gegenüber Deutschland auf lediglich 0,25 % beziffert[19]. Bereits der Kostenaufwand für die Einschaltung ausländischer Kreditinstitute dürfte diesen somit wieder zunichte machen. Vor allem aber lassen sich die enormen Transferströme in das Ausland, die jedesmal anläßlich von Veränderungen im Bereich der deutschen Zinsbesteuerung stattgefunden haben, nicht anders erklären. Sowohl im Vorfeld der Veränderungen im Jahr 1989 als auch im Jahr 1993 kam es zu massiven Kapitalverlagerungen aus Deutschland heraus. So sollen 1988 annähernd 85 Milliarden DM netto in das Ausland abgeflossen sein[20], der Kapitalexport aus Deutschland seit 1991 ist 1993 auf insgesamt mindestens 330 Milliarden DM beziffert worden[21]. Kapitalmarktreaktionen im auffällig deutlichen zeitlichen Zusammenhang

[15]Richtlinie vom 22.03.1988, ABl. der EG Nr. L 100/31 vom 19.04.1988. Einzelheiten zu dieser Änderungsrichtlinie bei *Carl/Förster*, Investmentfonds, 63 ff.

[16]Vgl. dazu *Carl/Förster*, Investmentfonds, 75 f.

[17]In Art. 3 dieses 2. Finanzmarktförderungsgesetzes vom 26.07.1994, BGBl. I 1994, 1749. Zu den Widerständen in Deutschland gegen diese Geldmarktfonds und zu deren Ausgestaltung siehe *Carl/Förster*, Investmentfonds, 77 f.

[18]Vgl. Monatsberichte der Deutschen Bundesbank, Oktober 1994, 54 und Mai 1996, 25 (38).

[19]Siehe *Austrup*, Zinsbesteuerung, 47 f.

[20]Vgl. Angaben der Bundesbank in BT- Drucks. 11/4507, 8; *Lindberg*, Zinsabschlaggesetz, Rn 19; nach *Frees*, wistra 1992, 14 (17) waren es lediglich 50 Milliarden DM.

[21]So Schätzung von *Klaus Altehoefer*, zitiert in Wirtschaftswoche 41/1993, 135. Nähere Einzelheiten zu diesen Kapitalmarktreaktionen sowie den Veränderungen im Vergleich zu den Vorjahren ab S. 35.

zu steuerrechtlichen Veränderungen lassen sich nicht nur mit der generell bestehenden Erwartung einer höheren Rendite begründen. Sie belegen vielmehr, daß es sich hauptsächlich um steuerlich motivierte Ausweichreaktionen handelt[22].

B. Rechtliche Rahmenbedingungen für grenzüberschreitende Vermögensverlagerungen

Es bestehen keinerlei *nationale* Beschränkungen für den Transfer von Geld oder Wertpapieren in das Ausland. Unabhängig von der Höhe oder Form der Transaktionen sind staatliche Genehmigungen oder Devisenbescheinigungen nicht erforderlich. Geld kann zu beliebigen Zwecken in andere Länder transferiert werden. Ausländische Wertpapiere können erworben werden und Guthaben bei Kreditinstituten im Ausland sind unbeschränkt möglich. Es gibt in Deutschland lediglich Meldeverpflichtungen zur Erfassung des grenzüberschreitenden Zahlungsverkehrs für rein statistische Zwecke. Die diesbezüglichen Regelungen enthalten das Außenwirtschaftsgesetz (AWG)[23] und die Außenwirtschaftsverordnung (AWV)[24]. Die Deutsche Bundesbank erstellt mit den Angaben die Zahlungsbilanz. Diese Bilanz enthält Informationen über die Entwicklung der außenwirtschaftlichen Beziehungen in einem bestimmten Zeitraum. In dieses Meldeverfahren sind jedoch nicht die Finanzbehörden einbezogen; es geht allein um statistische Zwecke. Nach der Verwertung der Daten werden die Unterlagen vernichtet[25].

Zum anderen spielen in diesem Zusammenhang nicht nur nationale Vorschriften eine Rolle, viel bedeutender ist der Einfluß des *Europarechts*. Die zentrale Norm für den freien Kapitalverkehr innerhalb der Europäischen Union ist Art. 56 I EGV[26]. Danach ist der Kapitalverkehr von sämtlichen Beschränkungen freizuhalten. Unter Kapitalverkehr wird üblicherweise die einseitige[27] Übertragung von Werten aus einem Mitgliedstaat in einen anderen, die regelmäßig zugleich eine Vermögensanlage darstellen muß, verstanden. Gemeint sind somit Transaktionen, die zu Geldforderungen oder -verpflichtungen führen. Unbeachtlich ist dagegen, ob der Gegenstand des Transfers Geld- oder Sachkapital ist[28]. Die Kapitalverkehrsfreiheit ist dabei neben der Freiheit des Waren- und Dienstleistungsverkehrs sowie der Freizügigkeit der Personen eine der vier Grundfreiheiten der Gemeinschaft. Jedoch kommt dieser Grundfreiheit

---

[22]Zu weitgehend allerdings *Bilsdorfer*, DStR 1996, 1953 (1956) und *Austrup*, Zinsbesteuerung, 47 f., die außersteuerliche Motive für die Verlagerung nach Luxemburg schlechthin abstreiten.

[23]Außenwirtschaftsgesetz vom 28.04.1961, BGBl. 1961 I, 481, 495, 1555 in der Fassung durch Gesetz vom 21.12.1992, BGBl. 1992 I, 2150.

[24]Außenwirtschaftsverordnung vom 18.12.1986, BGBl. 1986 I, 2671 in der Fassung durch die 31. Änderungsverordnung vom 14.12.1993, Bundesanzeiger 239/1993, 10937.

[25]Einzelheiten bei *Grill/Perczynski*, Wirtschaftslehre des Kreditwesens, 9.1 (504 ff.).

[26]Vertrag zur Gründung der Europäischen Gemeinschaft (EG) vom 25.03.1957 in der durch den Vertrag von Amsterdam veränderten und derzeit gültigen Fassung vom 01.05.1999.

[27]Im Sinne von selbständig, eigenständig. Darin liegt das Abgrenzungskriterium zum freien Zahlungsverkehr (Art. 56 II EGV). Der Transfer darf nicht zu anderen Zwecken -etwa Zahlung eines Kaufpreises- vorgenommen werden. Vgl. näher *Zacker*, Kompendium Europarecht, Teil I 15 II (110) und *Nicolaysen*, Europarecht II, § 39 III 4 a, b (394 f.).

[28]Denn gesetzliche Definitionen fehlen. Weder im EGV selbst noch in speziellen Richtlinien werden Erläuterungen des Begriffs vorgenommen. Näher dazu *Zacker*, Kompendium Europarecht, Teil I 15 II (110); *Hamacher*, DB 1995, 2284 (2287) m.w.N.

eine ganz besondere Stellung bei der Vollendung des gemeinsamen Binnenmarktes zu. Gemeinsames Ziel aller Mitgliedstaaten ist es, den ausgewogenen und dauerhaften wirtschaftlichen und sozialen Fortschritt insbesondere durch Schaffung eines Raumes ohne Binnengrenzen und durch Errichtung einer Wirtschafts- und Währungsunion zu fördern[29]. Zugunsten dieses gemeinsamen Binnenmarktes mit seinem "europäischen Finanzraum" sind gewisse Liberalisierungen bei den grenzüberschreitenden finanziellen Transaktionen unerläßlich. Denn ohne offene Kapitalmärkte und die ungehinderte Durchführung etwa von Direktinvestitionen, Wertpapiergeschäften oder gar Immobilienerwerb bleibt er unvollständig[30].

Der offene Kapitalmarkt innerhalb der Gemeinschaft hat die Aufgabe, die Finanzierung von Investitionen im Gemeinschaftsgebiet zu sichern. Denn durch grundsätzlich freie Zirkulation des Kapitals sind kostenorientierte Standortverteilungen der Produktion möglich[31]. Andererseits gehören Beschränkungen des Devisenverkehrs neben der Zins- und Wechselkurspolitik zu den klassischen staatlichen Instrumenten der Wirtschafts- und Währungslenkung. Gerade infolge des Spannungsverhältnisses zu den nationalen Interessen der einzelnen Mitgliedstaaten war die Liberalisierungspflicht bis zum Vertrag von Maastricht in den Art. 67- 73 EWGV nur sehr zurückhaltend ausgestaltet[32]. Verbesserung brachte zwar bereits die Kapitalverkehrsrichtlinie vom 24.06.1988[33], die zum Wegfall von Beschränkungen bis zum 01.07.1990, der ersten Stufe der Verwirklichung der Wirtschafts- und Währungsunion, führte. Mit dem Vertrag von Maastricht haben jedoch grundlegende Veränderungen zugunsten der vollständigen Liberalisierung sämtlicher Finanzmärkte in einem europäischen Finanzraum stattgefunden. Dieser hat die Art. 67- 73 des EWGV mit Wirkung ab dem 01.01.1994 durch die wesentlich deutlicheren Art. 73 b- 73 g EGV a.F. ersetzt, die ihrerseits mit dem Vertrag von Amsterdam vom 02.10.1997 in den Art. 56- 60 EGV aufgegangen sind. Zum 01.01.1994 begann die zweite Stufe für die Verwirklichung der Wirtschafts- und Währungsunion, Art. 116 I EGV. Seitdem[34] sind auf den Kapitalverkehr nur noch die allgemeinen Schutzklauseln der Art. 119, 120 EGV anwendbar[35], alle sonstigen Beschränkungen des Kapitalverkehrs zwischen den Mitgliedstaaten und -insoweit neu- auch zu dritten Ländern sind verboten. Lediglich auf dem Gebiet des Steuer- und Ordnungsrechts sowie für die Kreditaufsicht gibt es nach Art. 58 EGV die Möglichkeit für die Mitgliedstaaten, die unerläßlichen Maßnahmen zu treffen. Gleichwohl setzt Art. 58 III EGV auch hierbei eine Grenze, denn jene nationalen Maßnahmen dürfen nicht zu einer verschleierten Beschränkung der Kapitalverkehrsfreiheit führen.

---

[29]Vgl. Art. 2 erster Spiegelstrich EUV (Vertrag über die Gründung der Europäischen Union vom 07.02.1992 in der durch den Amsterdamer Vertrag veränderten Fassung.) sowie Art. 2 EGV.

[30]Siehe *Nicolaysen*, Europarecht II, § 39 III 4 b (395).

[31]Vgl. *Zacker*, Kompendium Europarecht, Teil I 15 I (109).

[32]Zu dieser früheren Regelung näher *Zacker*, Kompendium Europarecht, Teil I 15 IV (111).

[33]Richtlinie des Rates zur Durchführung von Artikel 67 des Vertrages, ABl. der EG Nr. L 178/5 vom 08.07.1988.

[34]Mit einer Übergangsfrist bis zum 31.12.1995 hinsichtlich der Staaten, die von Ausnahmen der Kapitalverkehrsrichtlinie Gebrauch gemacht hatten, vgl. Art. 73 e EGV a.F.

[35]Allerdings nach dem jeweiligen Abs. 4 nur befristet bis zum Zeitpunkt des Beginns der Dritten Stufe. Zu diesem siehe Art. 121 IV S. 1 EGV.

Ergebnis dieser zahlreichen Veränderungen im Bereich des Kapitalverkehrs ist, daß nunmehr sämtliche Maßnahmen der Mitgliedstaaten, die den Zu-, Ab- oder Durchfluß von Kapital der Form, dem Wert oder der Menge nach behindern, begrenzen oder gänzlich untersagen, verboten sind[36]. Begünstigt werden alle Kapitalbewegungen zwischen den Mitgliedsländern, jede Diskriminierung nach Wohnort, Sitz, Niederlassungs- oder Anlageort ist verboten. Jede Person mit Wohnort, Sitz oder Niederlassung in einem Mitgliedstaat der Europäischen Union ist damit berechtigt, den offenen Kapitalmarkt zu nutzen[37].

Das bedeutet im hier interessierenden Zusammenhang, daß jeder das Recht hat, ausländische Finanzplätze etwa im Hinblick auf besondere Anlagemöglichkeiten zu nutzen. Insgesamt besteht somit aus nationaler und europäischer Sicht eine *umfassende Freiheit des Kapitalverkehrs.*

C. Die Zinseinkünfte im deutschen Einkommensteuerrecht

Wegen der aufgezeigten Relation zwischen Kapitalverlagerungen zu ausländischen Finanzplätzen und Veränderungen im Bereich der Kapitaleinkünfte werden die einschlägigen steuerrechtlichen Fragen nachfolgend näher untersucht. Erst vor diesem Hintergrund läßt sich verstehen, warum es anläßlich der Erneuerung nationaler Regelungen zu massiven Kapitalmarktreaktionen gekommen ist. Vor allem aber kann nur so deutlich gemacht werden, daß es auch für *ehrliche* Steuerpflichtige *steuerrechtliche* Vorteile haben kann, Kapital im Ausland anzulegen. Es ist notwendig, dem undifferenzierten Vorwurf, alle "Luxemburg- Sparer" seien verdächtig, Steuern zu hinterziehen[38], zu begegnen. Denn an sich stößt die These, daß mit der Verlagerung von Kapital zu ausländischen Finanzmärkten auch *legal* "Steuern gespart"[39] werden können, auf einiges Befremden. Denn es gilt, worauf noch näher einzugehen sein wird[40], im deutschen Einkommensteuerrecht der Grundsatz der Maßgeblichkeit des Welteinkommens. Das bedeutet, daß es für die diese Steuerart gerade nicht entscheidend ist, *wo* die Einkünfte erzielt werden. Dann aber dürfte der Kapitaltransfer in das Ausland nur für unehrliche Personen zu steuerrechtlichen Vorteilen führen. Dies gilt auch nur dann, wenn keine anderen staatlichen Instrumentarien bereitstehen, die nicht offenbarten Einkünfte aufzudecken[41].

Die Ausführungen beziehen sich hauptsächlich auf die steuerliche Behandlung der Kapitaleinkünfte im Sinne der §§ 2 I S. 1 Nr. 5, 20 I Nr. 7 EStG, die Zinseinkünfte aus sonstigen Kapitalforderungen jeder Art. Die anderen Einkünfte aus Kapitalvermögen im Sinne der §§ 2 I S. 1 Nr. 5, 20 I, II EStG werden nur insoweit einbezogen, als es für die Darstellung und das Verständnis der Besteuerung der Zinseinkünfte von Bedeutung ist. Die hier untersuchten Kapitalmarktreaktionen zu Beginn der 90er Jahre sind auf Veränderungen im Bereich der Besteuerung eben jener Zinseinkünfte zurückzuführen.

---

[36]Siehe *Zacker*, Kompendium Europarecht, Teil I 15 VI (113); *Hamacher*, DB 1995, 2287; Grabitz/Hilf- *Ress/Ukrow*, EGV, Art. 73 b Rn 11.

[37]Vgl. *Zacker*, Kompendium Europarecht, Teil I 15 III (110).

[38]So *Bilsdorfer*, INF 1994, 545 (547, vgl. auch Fn 61).

[39]Wobei es hier nicht um die Ersparnis einer Steuer, sondern die Vermeidung einer Vorauszahlung auf die Steuerschuld geht. Der Zinsabschlag ist keine neue Steuer, siehe ab S. 26.

[40]Sogleich unten S. 16.

[41]Dies betrifft allgemein die Frage der Ermittlungsmöglichkeiten der Finanzbehörden im Besteuerungsverfahren, dazu ab S. 45.

I. Die Besteuerung: Zinsen als steuerbare Einkünfte des EStG

Ob bestimmte Zinseinkünfte einer Person einkommensteuerrechtlich relevant sind, bemißt sich nach der persönlichen und sachlichen Einkommensteuerpflicht jener Person, §§ 1, 1 a, 2 EStG.

1. Die sachliche Einkommensteuerpflicht

Die sachliche Einkommensteuerpflicht in § 2 EStG legt den für das Einkommensteuergesetz maßgeblichen *Umfang* der Besteuerung fest. Nur die Einkünfte, die sich einer der in § 2 I S. 1 Nrn. 1- 7 EStG genannten Einkunftsarten zuordnen lassen, unterliegen der Einkommensteuer[42]. Mit § 2 I, II Nrn. 1 und 2 EStG hat der Gesetzgeber einen Kompromiß zwischen unterschiedlichen finanzwissenschaftlichen Grundauffassungen gefunden, die zu engen oder weiten Einkommensbegriffen führen[43]. Nach der sogenannten Reinvermögenszugangstheorie ist der gesamte Zugang von Vermögen innerhalb eines bestimmten Zeitraums der Besteuerung unterworfen. Dem entsprechen die heutigen Gewinneinkunftsarten, § 2 II Nr. 1 EStG. Demgegenüber sind nach der sogenannten Quellentheorie, welche den Überschußeinkunftsarten des § 2 II Nr. 2 EStG zugrundeliegt, lediglich die regelmäßig aus einer bestimmten Quelle fließenden Einkünfte Einkommen im Sinne des Einkommensteuergesetzes[44]. Insbesondere unterliegen seit jeher auch die *Einkünfte aus Kapitalvermögen* der Einkommensteuer. Bereits der Vorläufer der deutschen Einkommensteuer, die preußische Einkommensteuer von 1891, sah die Besteuerung dieser Einkünfte vor[45]. Im Reichseinkommensteuergesetz von 1920 ist diese Steuerpflicht übernommen worden[46]. Von daher gehören die Einkünfte aus Kapitalvermögen sowohl in theoretischer als auch in historischer Sicht zu den konstitutiven Merkmalen der deutschen Einkommensteuer[47]. Der Idee nach sollen die Erträge aus privat eingesetztem Vermögen besteuert werden. Einkünfte aus Kapitalvermögen erzielt, wer Kapital gegen Entgelt zur Nutzung überläßt[48]. Voraussetzung ist weiterhin, daß eine auf Vermögenszuwachs gerichtete Tätigkeit vorliegt. Wenn das Verhalten von vornherein nicht dazu bestimmt ist, positive Einkünfte zu erzielen, so liegt keine einkommensteuerrechtlich relevante Vermögensnutzung vor. Maßgeblich ist insoweit der Gesamtertrag der voraussichtlichen Vermögensnutzung[49]. Die Einkünfte aus Kapitalvermögen gehören zu den Überschußeinkunftsarten[50]. Nur der Ertrag als Frucht des Kapitals ist folglich von Bedeutung[51].

---

[42]Siehe *BFH* BStBl II 1973, 732 (733).

[43]Zu den Konsequenzen *Crezelius*, Steuerrecht II, § 4 Rn 23 f.

[44]Vgl. Lademann/Söffing/Brockhoff- *Rautenberg*, EStG, § 2 Rn 1; *Jakob*, Einkommensteuer, § 1 Rn 3 ff.; Tipke/Lang- *Lang*, StR, § 9 Rn 50 ff. und Rn 181; *Crezelius*, Jura 1985, 243 (249 f.) m.w.N.

[45]Gesetz vom 24.06.1891, Preußische Gesetzessammlung 1891, 175, §§ 7 Nr. 1, 12.

[46]Gesetz vom 29.03.1920, RGBl. 1920, 359, §§ 4, 5, 8 Nr. 4; zur historischen Entwicklung *Lindberg*, Zinsabschlaggesetz, Rn 1 sowie *Goez*, Quellenbesteuerung, 49 ff.

[47]So *Krischausky*, Zinseinkünfte, 89.

[48]Ständige Rechtsprechung, vgl. *BFH* BStBl. II 1992, 174 (175) m.w.N.; *Crezelius*, Steuerrecht II, § 6 Rn 58; Schmidt- *Heinicke*, EStG, § 20 Rn 3.

[49]*BFH* BStBl. II 1984, 751 (766); Schmidt- *Seeger*, EStG, § 2 Rn 22 ff., 30; *Crezelius*, Steuerrecht II, § 4 Rn 14. Dies ist Folge der sogenannten Markteinkommenstheorie, vgl. Tipke/Lang- *Lang*, StR, § 9 Rn 52.

[50]Siehe §§ 2 I S. 1 Nr. 5, II Nr. 2 EStG.

Welche Kapitalbezüge dieser Einkunftsart genau zuzuordnen sind, bemißt sich nach § 20 EStG. In § 20 III EStG findet sich die Begrenzung auf private Erträge. Nach § 20 I Nr. 7, III EStG gehören insbesondere die Zinsen aus den sonstigen Kapitalforderungen jeder Art im privaten Bereich zu den Einkünften aus Kapitalvermögen[52]. In § 20 IV EStG findet sich ein Sparer- Freibetrag, § 9 a S. 1 Nr. 1 b EStG[53] normiert den Werbungskosten- Pauschbetrag.

2. Die persönliche Einkommensteuerpflicht

Subjekte der Einkommensteuer sind die natürlichen Personen, § 1 I S. 1 EStG. Juristische Personen unterliegen dagegen der Körperschaftsteuer. Die Abgrenzung zwischen Einkommen- und Körperschaftsteuer ist streng rechtsformabhängig[54]. Ob die natürliche Person unbeschränkt oder lediglich beschränkt persönlich einkommensteuerpflichtig ist, bemißt sich grundsätzlich nach ihrer räumlichen Beziehung zur Bundesrepublik Deutschland, §§ 1, 1 a EStG. Liegt eine im Wohnsitz oder gewöhnlichen Aufenthalt manifestierte Beziehung zum Inland vor, § 1 I S. 1 EStG, oder sind die Voraussetzungen der §§ 1 II, III, 1 a EStG erfüllt, dann besteht eine unbeschränkte Steuerpflicht mit der Folge der Geltung des Welteinkommensprinzips (Totalitätsprinzip). Der deutschen Besteuerung unterliegt in diesem Fall das gesamte Einkommen dieser Person, unabhängig davon, wo sich die Einkommensquelle befindet[55]. Denn die Einkommensteuer findet ihre Rechtfertigung in der subjektiven Leistungsfähigkeit des Einzelnen. Eben diese wird aber von höchstpersönlichen Eigenschaften wie etwa der Staatsbürgerschaft oder der Tatsache, daß Einkünfte im Ausland erzielt worden sind, nicht berührt[56]. Existiert dagegen nur eine *beschränkte* Einkommensteuerpflicht im Sinne des § 1 IV EStG[57], so ist diese Person lediglich mit den inländischen Einkünften, die im enumerativen Katalog des § 49 EStG aufgeführt sind, steuerpflichtig. Für Zinsen aus sonstigen Kapitalforderungen jeder Art werden in § 49 I Nr. 5 c EStG Regelungen getroffen.

Für die der deutschen Einkommensteuer unbeschränkt unterliegenden natürlichen Personen sind somit die privaten Einkünfte aus sonstigen Kapitalforderungen jeder Art bei einer auf Vermögenszuwachs gerichteten Tätigkeit vorbehaltlich der §§ 20 IV und 9 a S. 1 Nr. 1 b EStG einkommensteuerpflichtig. Dies gilt unabhängig davon, wo sich das Kapital befindet[58].

---

[51]Ausnahmen davon stellen innerhalb des EStG die §§ 17, 23 dar. Dagegen ändert die Erfassung von bestimmten Veräußerungsgeschäften in § 20 II dagegen nichts an der grundsätzlichen Zuordnung zu den Überschußeinkünften, vgl. *Hamacher*, StVj 1993, 12 (25) und Kirchhof/Söhn-*Dötsch*, EStG, § 20 Rn I 15.

[52]Vgl. bereits § 20 I Nr. 4, III EStG 1949 (Gesetz vom 10.08.1949, WiGBl. 1949, 266) sowie § 20 I Nr. 8, III EStG 1979 (Gesetz vom 21.06.1979, BGBl. I 1979, 721).

[53]Bis zum Jahressteuergesetz 1996 noch § 9 a S. 1 Nr. 2 EStG, Gesetz vom 11.10.1995, BGBl. I 1995, 1250 (in Art. 1 Änderung des EStG).

[54]*BFH* BStBl. II 1984, 757 f.

[55]*Crezelius*, Jura 1985, 248; *Jakob*, Einkommensteuer, § 2 Rn 2 m.w.N.

[56]Vgl. *Crezelius*, Steuerrecht II, § 5 Rn 1, 10.

[57]Für besondere Fallgestaltungen enthält § 2 Außensteuergesetz noch eine Erweiterung der beschränkten Steuerpflicht.

[58]Siehe §§ 1 I, II, III, 1 a, 2 I S. 1 Nr. 5, 20 I Nr. 7, II, III EStG. Auf diese Steuerpflichtigen mit privaten Zinseinkünften beschränkt sich die folgende Darstellung.

II. Die Versteuerung: Erhebung der Zinseinkünfte

Die Erhebung von Steuern bemißt sich im allgemeinen nach der Abgabenordnung. Dort sind für alle Steuerarten und steuerpflichtigen Personen grundsätzliche Regelungen aufgestellt, mögen auch einzelne Normen, wie etwa § 30 a AO, faktisch nur für bestimmte Steuerarten und Steuerpflichtige wirken. In den einzelnen Steuergesetzen sind die speziellen Steuerarten und Besonderheiten ihrer Erhebung geregelt. Die Einkommensteuer ist eine Veranlagungssteuer, §§ 25 ff. EStG. Die Veranlagung wird per Steuererklärung und Steuerbescheid vorgenommen. Bei einigen Einkunftsarten wird jedoch das Veranlagungsverfahren teilweise um ein Quellenabzugsverfahren ergänzt, was die gleichmäßige und vollständige Versteuerung der Einnahmen zumindest in Höhe des Steuerabschlags sicherstellt[59]. In diesem Fall regelt das Einkommensteuergesetz die Besteuerung und auch die Versteuerung selbst. Insbesondere gibt es innerhalb der Einkünfte aus Kapitalvermögen[60] solche, bei denen die Versteuerung der Erträge durch einen Steuerabzug an der Quelle sichergestellt wird und andere, bei denen eine derartige Quellenbesteuerung nicht stattfindet. Gleichwohl hat sich die Methode der steuerlichen Erfassung von Zinsen aus sonstigen Kapitalforderungen jeder Art nach §§ 2 I S. 1 Nr. 5, 20 I Nr. 7 EStG im Vergleich zu den anderen Kapitaleinkünften mehrfach verändert. Eine zentrale Bedeutung bei dieser Entwicklung kommt dem sogenannten Zinsbesteuerungsurteil des *Bundesverfassungsgerichts* vom 27.06.1991[61] zu, weshalb der Gesetzgeber für die Kapitalerträge, die seit dem 31.12.1992 zufließen, eine Neuregelung schuf[62]. In dieser gesetzlichen Veränderung liegt der entscheidende Grund für die hier untersuchten Kapitalverlagerungen.

1. Rechtslage bis 1993

a) Kapitalerträge mit Quellensteuerbelastung (Kapitalertragsteuer)

Die Versteuerung bestimmter inländischer Kapitalerträge wird seit langem in Form eines Steuerabzugs an der Quelle beim Schuldner der Erträge sichergestellt (sogenannte Kapitalertragsteuer). Diese Quellenbesteuerung hat zum ersten Mal 1920 stattgefunden. Das Kapitalertragsteuergesetz von 1920[63] sah in seinen §§ 4, 9, 2 I Nrn. 1- 7 einen Steuerabzug in Höhe von 10 % für einige Erträge -beispielsweise Dividendeneinnahmen aus Ausschüttungen bestimmter Gesellschaften, § 2 I Nr. 1- vor, wenngleich dieser auch in Gestalt einer Vorausbelastung ohne Anrechnungsmöglichkeit ausgestaltet war (sogenannte Definitiv- oder Abgeltungssteuer). Im Reichseinkommensteuergesetz 1925[64] ist dann in § 83 I Nrn. 1- 3 für bestimmte Kapitalerträge[65] erstmals ein anrechenbarer Steuerabzug ebenfalls in Höhe von 10 % eingeführt worden[66]. Inzwischen sind vom Steuerabzug an der Quelle deutlich mehr

---

[59]Vgl. *Lindberg*, Quellensteuer, Rn 2; *ders.*, Zinsabschlaggesetz, Rn 12.

[60]Im Sinne der §§ 2 I S. 1 Nr. 5, 20 I, II EStG.

[61]BStBl. II 1991, 654 = NJW 1991, 2129. Dazu näher unten ab S. 24.

[62]Durch Zinsabschlaggesetz vom 09.11.1992, BGBl. I 1992, 1853.

[63]Gesetz vom 29.03.1920, RGBl. 1920, 345 ff.

[64]Gesetz vom 10.08.1925, RGBl. 1925, 189 ff.

[65]Beispielsweise für Einnahmen aus der Beteiligung an einem Handelsgewerbe als stiller Gesellschafter, § 83 I Nr. 2.

[66]Historischer Überblick über die Quellenbesteuerung bei *Goez*, Quellenbesteuerung, 49 ff. und Hermann/Heuer/Raupach- *Hofmann*, EStG, Vor § 43 Rn 4.

Kapitalerträge betroffen, bei denen sich bis 1993[67] lediglich in der *Höhe* und der *Wirkung* des Steuerabzugs Unterschiede feststellen lassen.

Am bedeutendsten war und ist die allgemeine Kapitalertragsteuer der § 43 I S. 1 Nrn. 1- 4 EStG, die insbesondere Dividendeneinnahmen und Einnahmen aus der Beteiligung an einem Handelsgewerbe als stiller Gesellschafter und seit 1977[68] auch die Einkünfte aus einem partiarischen Darlehen erfaßt. Der Schuldner der Kapitalerträge hat den Steuerabzug in Höhe von 25 % für Rechnung des Gläubigers vorzunehmen und die einbehaltene Steuer an das Finanzamt abzuführen[69]. Daneben gibt es noch heute die Kapitalertragsteuer in Höhe von ebenfalls 25 % auf die Einnahmen aus der Vergütung für die Körperschaftsteuer[70]. Hier bemißt sich der Abzug nach § 45 c EStG. In allen diesen Fällen ist die Quellenbesteuerung durch die Kapitalertragsteuer grundsätzlich als *Anrechnungssteuer* konzipiert, §§ 36 II Nr. 2, 44 b EStG. In ihrer Wirkung ist sie eine *Vorauszahlung* der persönlichen Einkommensteuer beziehungsweise der Körperschaftsteuer bei juristischen Personen und demnach *keine extra Steuer,* wie der Name vielleicht nahelegen mag[71]. Ausnahmen ergeben sich lediglich für beschränkt Steuerpflichtige, bei denen grundsätzlich die Steuerschuld durch den Steuerabzug als abgegolten gilt, § 50 V EStG[72]. Außerdem gibt es bis zur heutigen Zeit noch eine dritte Art der Kapitalertragsteuer in Höhe von 30 % für bestimmte Altanleihen von vor 1955[73], die jedoch grundsätzlich als *Definitiv- oder Abgeltungssteuer* ausgestaltet ist, § 45 b EStG.

b) Kapitalerträge ohne Quellensteuerbelastung

aa) Geltung des Deklarationsprinzips

Allerdings ist ein derartiger Steuerabzug nur bei den in § 43 I EStG 1979 und späteren Regelungen aufgeführten Erträgen vorgenommen worden. Nicht alle Kapitalerträge der §§ 2 I S. 1 Nr. 5, 20 I, II EStG waren von der Quellenbesteuerung betroffen. Insbesondere die Zinsen aus sonstigen Kapitalforderungen jeder Art wurden in

---

[67]Seit 01.01.1993 gibt es auch in der Art der Erhebung der Kapitalertragsteuer Unterschiede, vgl. § 44 I S. 3, 4 EStG. Näher dazu ab S. 30.

[68]Durch Art. 2 des Körperschaftsteuerreformgesetzes vom 31.08.1976, BGBl. I 1976, 2597.

[69]§§ 44 I S. 1, S. 3 Var. 1, S. 5, 43 I S. 1 Nrn. 1- 4, 43 a I Nr. 1 EStG. Einzelheiten hierzu bei *Scholtz*, Steuerabzug, 36 ff.; *Stache*, Einkünfte aus Kapitalvermögen, 253 ff. m.w.N.

[70]§§ 43 I S. 1 Nr. 6, 43 a I Nr. 3, 36 e EStG, § 52 KStG. Der § 20 I Nr. 3 EStG wird in § 43 I EStG nicht genannt. Der § 43 I S. 1 Nr. 6 EStG ist lediglich eine Sondernorm, die durch das Anrechnungsverfahren der Körperschaftsteuer bedingt ist. Es geht allein um die Vermeidung der Mehrfachbelastung mit der Körperschaftsteuer bei bestimmten nicht anrechnungsberechtigten Personen. Vgl. Schmidt- *Heinicke*, EStG, § 36 e Rn 1.

[71]Schmidt- *Heinicke*, EStG, § 43 Rn 1; *Goez*, Quellenbesteuerung, 57; *Crezelius*, Steuerrecht II, § 6 Rn 60 f.; *Lindberg*, Zinsabschlaggesetz, Rn 10.

[72]Vergleiche aber auch § 50 d EStG.

[73]§§ 43 I S. 1 Nr. 5, 43 a I Nr. 2 EStG. Sogenannte Kuponsteuer alter Art, nicht zu verwechseln mit der inzwischen abgeschafften Kuponsteuer neuer Art. Letztere galt lediglich zwischen 1965 (Kuponsteuergesetz vom 25.03.1965, BGBl. I 1965, 147) und 1984 (Steuerbereinigungsgesetz 1985 vom 14.12.1984, BGBl. I 1984, 1493). Dazu Lademann/Söffing/Brockhoff- *Dürrholz*, EStG, § 43 Rn 64 ff.; *Goez*, Quellenbesteuerung, 51 f., 58 ff. m.w.N.

§ 43 I EStG bis 1993[74] gerade nicht genannt. Eine Ausdehnung der Norm über ihren Wortlaut hinaus war nicht möglich; es handelte sich um eine abschließende Aufzählung[75]. Demzufolge wurden diese Einkünfte aus Kapitalvermögen lediglich im Rahmen des individuellen Einkommensteuerveranlagungsverfahrens erfaßt[76]. Die Erklärungen des Steuerpflichtigen, seine Deklaration und vor allem seine *Steuerehrlichkeit* waren maßgeblich. Üblicherweise ist jedoch die "Vergessensquote" zumindest der privaten Kapitalanleger, für die keine Buchführungspflichten bestehen und die Gefahr einer Außenprüfungen geringer ist (§§ 140 f., 193 ff. AO)[77], bei dieser Art der Erfassung enorm[78]. Dennoch ist dies solange unproblematisch, wie die Finanzverwaltung mit den aus dem Amtsermittlungsgrundsatz folgenden Ermittlungs und Überwachungspflichten der §§ 85 ff. AO durch Nachforschungen die in der Steuererklärung "vergessenen" Zinseinkünfte aufdecken können. Denn auch dann kommt der Erklärung des Steuerpflichtigen durch die Kontroll*möglichkeit* staatlicher Zwangscharakter zu[79].

bb) Der Bankenerlaß 1979

Eben an jener Ermittlungsmöglichkeit fehlte es jedoch der Finanzverwaltung auf Grund selbst auferlegter Beschränkungen im Bereich der Erträge aus sonstigen Kapitalforderungen jeder Art. Im Schreiben des Bundesministeriums der Finanzen vom 31.08.1979[80] an die Finanzverwaltung, dem sogenannten Bankenerlaß[81], geht es inhaltlich um die Problematik, ob und unter welchen Voraussetzungen bei Banken nach steuererheblichen Sachverhalten ermittelt werden darf. In dieser Verwaltungsvorschrift ist das Ermessen der Finanzbehörden für die Anwendung der §§ 85 ff. AO richtungsweisend zusammengefaßt und für den Bereich der Kreditinstitute konkretisiert worden. In seiner Tendenz hat der Bankenerlaß die Kontrollmöglichkeiten der Finanzbehörden eng begrenzt. Es sollte das Vertrauensverhältnis zwischen der Bank und deren Kunden sowie die Anonymität der Konten gewahrt werden. Deshalb hatte die Verwaltung grundsätzlich von der Richtigkeit und Vollständigkeit der Angaben des Steuerpflichtigen über die erzielten Zinseinkünfte auszugehen[82]. Ermittlungen und Kontrollen bei Banken durften nur im Einzelfall bei begründetem Verdacht der Unrichtigkeit aufgenommen werden[83]. Selbst wenn die Einzelauskunftspflichten der

---

[74]Genauer: bis zum 01.01.1993, mit Ausnahme der Zeit zwischen 01.01.1989 (Gesetz vom 25.07.1988, BGBl. I 1988, 1093 ff.) und 30.06.1989 (Gesetz vom 30.06.1989, BGBl. I 1989, 1267 ff.), als eine 10 %- tige Quellensteuer auf Zinseinkünfte bestand, dazu sogleich unter cc).

[75]*Lindberg*, Quellensteuer, Rn 12; *Spindler*, DB 1987, 2536 (2537) m.w.N.

[76]Vgl. §§ 25 ff. EStG sowie §§ 149 ff. AO.

[77]Zum Mit- Prüfungsfeld "Einkünfte aus Kapitalvermögen" siehe *BFH* BStBl. II 1986, 437 (438 f.); *Assmann*, StBp 1993, 241 (242); Tipke/Kruse- *Tipke*, AO, § 193 Rn 5. Vgl. auch *FG Rheinland-Pfalz* EFG 1988, 502.

[78]Schmidt- *Heinicke*, EStG, § 43 Rn 1; *Tipke/Lang*, StR, 13. Auflage, § 9 G III 2.111 (356).

[79]*Birk*, StVj 1993, 97 (98).

[80]Az. IV A 7- S 0230- 11/79, BStBl. I 1979, 590.

[81]Ablösung des Bankenerlasses vom 02.08.1949, Az. III S 1171 -23/49-, der bei *Müller- Brühl*, Legitimationsprüfung, 406 f. abgedruckt ist. Überblick über die Entwicklung des Bankenerlasses bei *Neckels*, DStZ 1989, 8 (15).

[82]Vgl. Nr. 1 des Erlasses.

[83]Vgl. Nrn. 2, 3, 5 und 6 des Erlasses (entspricht heutigem § 30 a II, III, V AO).

Kreditinstitute nach den §§ 93 ff. AO unberührt blieben[84], ist der Finanzverwaltung insbesondere mit dem Verbot von Kontrollmitteilungen in Absatz 3 des Erlasses ein wirksames Mittel zur umfassenden Sachverhaltsaufklärung genommen worden.

cc) Sondersituation im ersten Halbjahr 1989

Im Rahmen des Jahressteuergesetzes 1990[85] ist eine Quellenbesteuerung in Höhe von 10 % auf Zinseinkünfte von inländischen Schuldnern eingeführt (sogenannte "kleine Quellensteuer") und der Bankenerlaß als § 30 a AO gesetzlich verankert worden[86]. Außerdem wurde in Art. 17 des Steuerreformgesetzes 1990 ein Gesetz über die strafbefreiende Erklärung von Einkünften aus Kapitalvermögen (sogenanntes Amnestiegesetz) geschaffen. Danach konnten unter bestimmten Voraussetzungen sowohl Straffreiheit (§ 1 des Gesetzes) als auch das Absehen von der Steuerfestsetzung (§ 2 des Gesetzes) erlangt werden. Auch diese Erweiterung der Quellenbesteuerung auf Zinseinkünfte stellte *keine neue Steuer* dar, sondern war lediglich der Versuch des Staates, den Anspruch auf die Steuer auch bei diesen Kapitalerträgen wenigstens in Höhe des Steuerabzugs zu sichern. Die Quellenbesteuerung war ebenfalls als Anrechnungssteuer konzipiert[87].

Jedoch waren diese Maßnahmen nur halbherzig. So ist die Bundesregierung in der Begründung ihres Entwurfs des Steuerreformgesetzes ausdrücklich davon ausgegangen, daß Zinseinkünfte "oft aus Unkenntnis" nicht versteuert würden. Die Erweiterung der Quellenbesteuerung auch auf diese Kapitalerträge sei demnach "im Interesse der Steuergerechtigkeit"[88]. Der Steuersatz von nur 10 % sei erforderlich, um die Steuerbürger "behutsam zu mehr Steuerehrlichkeit" anzuhalten und um den Verbleib des Kapitals im Geltungsbereich der Quellenbesteuerung zu sichern[89]. Vorrangiges Ziel der Einführung der Quellenbesteuerung bei den Zinseinkünften war es jedoch, die Finanzierung der Senkung der tariflichen Einkommensteuerbelastung im Jahressteuergesetz 1990 zu gewährleisten. Nach Schätzungen des Bundesministers der Finanzen sollte die Quellenbesteuerung zu jährlichen Mehr- Einnahmen in Höhe von vier bis fünf Milliarden DM führen[90]. Die gesetzliche Normierung des Bankenerlasses in § 30 a AO sollte das Vertrauen des Steuerbürgers zum Staat und dessen Vertrauen zu den Kreditinstituten schützen und damit den Verbleib des Geldvermögens im Inland

---

[84] Abs. 5 des Erlasses.

[85] Steuerreformgesetz 1990, Gesetz vom 25.07.1988, BGBl. I 1988, 1093. Einzelheiten dazu bei *Bellstedt*, DB 1988, 2119.

[86] Zur Quellensteuer 1989 *Denkert*, Zinsen und Steuern, 215 ff.

[87] *Von Hippel*, BB 1990, 1951 (1952).

[88] So wörtlich in BT- Drucks. 11/2226, 5 i.V.m. BT- Drucks. 11/2157, 117 f.; dazu kritisch *Tipke*, StuW 1988, 262 (278) m.w.N.

[89] So wörtlich die Bundesregierung in der Antwort auf eine Große Anfrage der Abgeordneten *Hüser*, *Sellin* und der Fraktion Die Grünen, BT- Drucks. 11/2599, 4 unter 13.

[90] Vgl. Übersicht über die erhoffte finanzielle Auswirkung in BT- Drucks. 11/2157, 129 (lfd. Nr. 22 in der Tabelle); *Wenger*, ZBB 1990, 177 (178); *Tipke*, StuW 1988, 278. Tatsächlich lagen die Mehreinnahmen sogar darüber, vgl. *Bilsdorfer* BB 1991, 1455.

sichern[91]. Aus diesem Grunde waren jene gesetzgeberischen Maßnahmen bereits im Gesetzgebungsverfahren nicht unumstritten[92].

Der Kapitalmarkt reagierte bereits in der Ankündigungsphase dieser Veränderungen mit Ausweichreaktionen in quellensteuerfreie Anlageformen des Auslands. Es sollen 1988 annähernd 85 Milliarden DM netto -1987 waren es noch ungefähr 23 Milliarden DM- in das Ausland abgeflossen sein. Fast zur Hälfte fand die Geldvermögensbildung der inländischen Privatanleger und Unternehmen im Ausland statt[93]. Das Kapitalangebot im Geltungsbereich der Quellensteuer 1989 verringerte sich, so daß die Inlandszinsen relativ um die Quellensteuerbelastung stiegen. Dies hatte auch auf die Zinsbelastung der öffentlichen Hand nachteilige Wirkungen, die durch die Steuermehreinnahmen nicht vollständig kompensiert wurden[94]. Auf Grund dieser zinstreibenden Wirkung und wegen des Verwaltungsaufwandes der Finanzbehörden gerade angesichts der hohen Zahl von Kleinsparern, deren Erträge unter dem Freibetrag lagen, weshalb ihnen die an der Quelle abgeführte Steuer später im Veranlagungsverfahren zurückerstattet werden mußte[95], ist diese Quellenbesteuerung der Zinsen bereits nach einem halben Jahr wieder abgeschafft worden[96]. Der § 30 a AO ist jedoch noch heute geltendes Recht[97]. Auch das Amnestiegesetz blieb in Kraft.

c) Beurteilung dieses Zustands in Literatur und Rechtsprechung

Das Zinsurteil des *Bundesverfassungsgerichts*[98] bildet den vorläufigen Schlußpunkt einer langen Diskussion um die Rechtmäßigkeit dieser unterschiedlichen Besteuerungspraxis innerhalb der Einkünfte aus Kapitalvermögen. Die Frage der Verfassungsmäßigkeit stellte sich vermehrt nach Erlaß des Bankenerlasses 1979[99]. Zumindest mitursächlich für diese Erörterungen im Schrifttum waren Schätzungen des Bundesrechnungshofs[100] aus dem Jahre 1985, wonach 1981 von dem Gesamteinkommen

---

[91] Vgl. Einzelbegründung zum Gesetz, BT- Drucks. 11/2536, 95; Antwort der Bundesregierung auf eine Große Anfrage der Abgeordneten *Hüser*, *Sellin* und der Fraktion Die Grünen, BT-Drucks. 11/2599, 10 f. unter 28; *Friauf* in der Anhörung des Deutschen Bundestags, BT-Drucks. 11/2536, 30.

[92] Vgl. den zusammenfassenden schriftlichen Bericht der Mehrheit des Finanzausschusses des Bundestags, BT- Drucks. 11/2536, 54 ff.; *Arndt*, *Birk* und *Friauf* in der Anhörung des Deutschen Bundestags, BT- Drucks. 11/2536, 19 ff., 30; Antwort der Bundesregierung auf eine Große Anfrage der Abgeordneten *Hüser*, *Sellin* und der Fraktion Die Grünen, BT- Drucks. 11/2599 sowie Vorschläge der Opposition: Entschließungsantrag der Fraktion der SPD, BT- Drucks. 10/4525, 1; Entschließungsantrag der Abgeordneten *Hüser* u.a. und der Fraktion Die Grünen, BT- Drucks. 11/ 2530, 5, 8.

[93] Angaben der Deutschen Bundesbank in BT- Drucks. 11/4507, 8; *Lindberg*, Zinsabschlaggesetz, Rn 19. Nach *Frees*, wistra 1992, 17 waren es lediglich 50 Milliarden DM.

[94] *Döring*, DB 1993, 51 f.; *Wenger*, ZBB 1990, 178 f.

[95] Dazu *Bellstedt*, DB 1988, 2122; *Denkert*, Zinsen und Steuern, 251 ff.; vgl. auch den Briefwechsel zwischen *Streck/Rainer* und dem *Bundesfinanzminister*, StuW 1989, 280 sowie *Tipke*, BB 1998, 241 (242).

[96] Gesetz vom 30.06.1989, BGBl. I 1989, 1267.

[97] Zu § 30 a AO siehe ab S. 48.

[98] *BVerfG* BStBl. II 1991, 654 = NJW 1991, 2129.

[99] Vgl. nur *Tipke*, StuW 1988, 277 ff.; *Spindler*, DB 1987, 2536; *Rodi*, NJW 1990, 3246; *von Hippel*, ZRP 1988, 81.

[100] In BT- Drucks. 10/4367, 89 f.

des Geldvermögens aller privaten Haushalte lediglich 21 % steuerlich deklariert worden sind. Wenngleich der Bundesrechnungshof einräumte, daß die restlichen 79 % nicht zwangsläufig vorsätzlich oder fahrlässig hinterzogen worden sind, waren diese Zahlen alarmierend. Auch nach anderen Schätzungen sollte die Deklarierungsquote bei ungefähr 20 % liegen und seit Ende der 50er Jahre stetig gefallen sein[101]. Die Hinterziehungsquote ist vom *FG Baden- Württemberg*[102] 1986 vorsichtig auf 40 % aller Zinserträge geschätzt worden. Im Rahmen der Auseinandersetzungen um das Jahressteuergesetz 1990 bezifferte die Opposition den Steuerausfall auf 8- 15 Milliarden DM jährlich[103]. Jedoch ist zu berücksichtigen, daß der Versuch, die Steuerhinterziehung auf Zinseinkünfte statistisch zu erfassen, beträchtliche Probleme aufwirft. Das Zahlenmaterial der Deutschen Bundesbank ist hierfür nicht hinreichend gegliedert und aufbereitet[104]. Insofern sind alle Untersuchungen mit Ungenauigkeiten und Schätzungsfehlern verbunden, womit sich die divergierenden Zahlen erklären lassen.

Der wesentliche Ansatzpunkt in der Diskussion um die Verfassungsmäßigkeit war der Gleichheitssatz in Art. 3 I GG, das Gebot der Steuergerechtigkeit. Die aufgezeigte Praxis der Versteuerung infolge des Bankenerlasses und später durch § 30 a AO hatte zur Folge, daß das Risiko der Entdeckung nicht erklärter Zinseinkünfte geringer als bei Einnahmen anderer Einkunftsarten war[105]. Zudem führte das Deklarationsprinzip bei den Zinseinkünften zu einer Ungleichbehandlung im Vergleich zu denjenigen Kapitalerträgen, bei denen mit der Quellenbesteuerung zumindest in der Höhe des Steuerabzugs eine Besteuerung vorgenommen worden ist[106]. Dieser Zustand bewirkte auch zwischen den Beziehern der Zinseinkünfte untereinander eine Ungleichheit. Die Steuerehrlichen hatten diese zu versteuern. Demgegenüber haben die Unehrlichen -wegen des Bankenerlasses insoweit ohne nennenswertes Risiko- steuerfreie Zinsen bezogen[107]. Insgesamt bestanden damit drei Vergleichsgruppen (Kapitaleinkünfte/übrige Einkunftsarten; Kapitalerträge mit/ohne Quellensteuerabzug; Gruppe der ehrlichen/unehrlichen Bezieher der Zinseinkünfte), die unterschiedlich behandelt wurden[108].

Nur wenige Stimmen in der Literatur und Rechtsprechung hielten diese Rechtslage für verfassungsgemäß[109]. Sie bezweifelten teilweise bereits einen massenhaften

---

[101] *Rodi*, NJW 1990, 3246; *Goez*, Quellenbesteuerung, 57 m.w.N. *Krischausky*, Zinseinkünfte, 118 (Grafik) gibt an, daß 16 % der Zinseinkünfte nicht erfaßt werden.

[102] *FG Baden- Württemberg* EFG 1986, 451 (452 f.).

[103] Entschließungsantrag der Fraktion der SPD, BT- Drucks. 10/4525, 2; bestätigend *Bilsdorfer* BB 1991, 1455; vgl. andererseits Antwort der Bundesregierung auf eine Große Anfrage der Abgeordneten *Hüser*, *Sellin* und der Fraktion Die Grünen, BT- Drucks. 11/2599, 12 (unter 31.).

[104] Vgl. *Krischausky*, Zinseinkünfte, 97.

[105] So *FG Baden- Württemberg* EFG 1986, 453.

[106] Vgl. *Spindler*, DB 1987, 2537 f.

[107] So *Birk*, StVj 1993, 98.

[108] Zu den drei Gruppen insgesamt eingehend *Rodi*, NJW 1990, 3247 ff. m.w.N.

[109] *BFH* BStBl II 1989, 836 = NJW 1989, 2417 (auf 2418 aber immerhin Verpflichtung des Gesetzgebers zum Tätigwerden); *BFH* BStBl. II 1989, 835 (836); *FG Niedersachsen* FR 1988, 667; *FG Hamburg* EFG 1985, 508; *Maaß*, NJW 1989, 256 (264); *Scholtz*, DStZ 1989, 263 (268); *Friauf* in der Anhörung des Deutschen Bundestags, BT- Drucks. 11/2536, 30.

Verstoß gegen die gleichmäßige Anwendung des Besteuerungstatbestandes[110]. Auch die unterschiedliche rechtliche Behandlung der Kapitaleinkünfte mit und ohne Steuerabzug sei gerechtfertigt, weil sachliche Gründe hierfür bestünden. Diese würden in gesamtwirtschaftlichen Aspekten -Kapitalflucht in das Ausland bei Quellenbesteuerung der Zinsen in Deutschland mit der Folge der Erhöhung des inländischen Zinsniveaus- sowie in dem unverhältnismäßigen Verwaltungsaufwand bei der Masse der Kleinsparer liegen[111].

Hingegen waren einige Finanzgerichte sowie die überwiegende Meinung im Schrifttum der Auffassung, daß die gesetzliche Regelung verfassungswidrig sei[112]. Eine steuerliche Lastengleichheit durch gleichmäßige Steuererhebung werde nicht gewährleistet[113]. Verfassungswidrig sei eben nicht nur die Besteuerung ohne Gesetz, sondern auch die Nichtbesteuerung trotz gesetzlicher Anordnung[114]. Im Ergebnis toleriere der Staat die Hinterziehung der Zinserträge[115]. Kritiker der damaligen Rechtslage gingen teilweise sogar so weit, den Anspruch des Staates auf eine Besteuerung der Zinseinkünfte durch den bewußten Verzicht auf Kontrollen als verwirkt anzusehen. Denn dieser habe es mit dem Bankenerlaß dem unehrlichen Steuerbürger ohne nennenswertes Risiko ermöglicht, Steuern zu hinterziehen[116]. Die Kritik erreichte ihren Höhepunkt, als im Rahmen des Jahressteuergesetzes 1990[117] die bereits erwähnte Quellenbesteuerung in Höhe von lediglich 10 % auf Zinseinkünfte von Inlandsanleihen eingeführt und der Bankenerlaß als § 30 a AO gesetzlich verankert worden waren[118]. Bereits der tatsächliche Grund der Einführung, nämlich allein das Jahressteuergesetz 1990 finanzieren zu können, anstatt wirklich die gleichmäßige

---

[110]Etwa *FG Hamburg* EFG 1985, 508.

[111]So *BFH* BStBl II 1989, 836 = NJW 1989, 2418 m.w.N.

[112]*FG Baden- Württemberg* EFG 1986, 451; *FG Düsseldorf* EFG 1991, 538; *Tipke*, BB 1989, 157; *ders.* StuW 1988, 277 ff.; *von Hippel*, ZRP 1988, 81; *Spindler*, DB 1987, 2536; *Rodi*, NJW 1990, 3246; *Arndt* und *Birk* in der Anhörung des Deutschen Bundestags BT- Drucks. 11/2536, 30; *Birk*, StuW 1989, 212; 57. *DJT* Mainz 1988, Beschluß V, IV, 6, NJW 1988, 2993 (3006); *Neckels*, DStZ 1989, 8, 65; vorsichtiger *Krischausky*, Zinseinkünfte, 94; *Trzaskalik*, in: Tipke, Grenzen der Rechtsfortbildung, 1982, 315 (319).

[113]*FG Baden- Württemberg* EFG 1986, 453; *Neckels*, DStZ 1989, 17, 72; *Birk*, NJW 1989, 1072 (1075); deutlicher zum Bankenerlaß *Tipke*, BB 1989, 157: "Magna Charta der Steuerhinterziehung"; *Trzaskalik*, in: Tipke, Grenzen der Rechtsfortbildung, 1982, 319: "Anstiftung zur Steuerhinterziehung"; Entschließungsantrag der Abgeordneten *Hüser* u.a. und der Fraktion Die Grünen, BT-Drucks. 11/ 2530, 8: "stillschweigende Billigung der Steuerhinterziehung".

[114]*Birk*, StuW 1989, 213 und *Birk*, NJW 1989, 1074.

[115]*Von Hippel*, BB 1990, 1951.

[116]Vgl. *Birk*, StuW 1989, 214: "widersprüchliche[s] Verhalten des Gesetzgebers"; vergleichbar *von Hippel*, BB 1990, 1952 m.w.N.

[117]Siehe eben ab S. 20.

[118]Siehe Entschließungsantrag der Abgeordneten *Hüser* u.a. und der Fraktion Die Grünen, BT-Drucks. 11/ 2530, 5, 8; *Tipke*, StuW 1988, 277 ff.; *ders.*, BB 1989, 157; *Spindler*, DB 1987, 2536; *Bellstedt*, DB 1988, 2119; *von Hippel*, BB 1990, 1952; außerdem bezog sich die Kritik auch auf das gleichzeitig eingeführte "Amnestiegesetz" (Art. 17 im Steuerreformgesetz 1990 vom 25.07.1988, BGBl. I 1988, 1093 [1128]), vgl. Vorlagebeschluß des *FG Münster* NJW 1989, 1111; *Birk*, NJW 1989, 1072; *Tipke*, BB 1989, 158: "Fürsorge für die Steuerhinterzieher"; *ders.*, StuW 1988, 278 f.; ausführlich *Schünemann*, StVj 1989, 3.

steuerliche Erfassung der Kapitalerträge sicherzustellen, ist bemängelt worden. Besonders attackiert wurde die gesetzliche Festschreibung des Bankenerlasses in § 30 a AO. Das Vertrauensverhältnis zwischen Kunden und Kreditinstitut erweise sich bei Lichte betrachtet als nicht schutzwürdig. Denn es gehe um das Vertrauen des Steuerhinterziehers, sein Privatvermögen bei den Banken sei vor dem Finanzamt tabu[119].

d) Das Zinsurteil des Bundesverfassungsgerichts

Der *2. Senat* des *Bundesverfassungsgerichts* hat im Zinsurteil[120] den vorläufigen Schlußpunkt in dieser Diskussion gesetzt und im Rahmen von Verfassungsbeschwerden entschieden, daß die Praxis der Zinsbesteuerung nicht den Anforderungen des Art. 3 I GG entsprochen habe. Im Steuerrecht, mit dem der Staat auf das Vermögen des Einzelnen zugreift, bedeute der Gleichheitsgrundsatz Gleichheit in der Besteuerung. Der intensive Eingriff in die Vermögens- und Rechtssphäre des Bürgers gewinne seine Rechtfertigung gerade erst aus der Belastungsgleichheit. Aus diesem Gebot folge, daß der Gesetzgeber, nachdem er einen Steuergegenstand und Steuersatz ausgewählt hat, diesen dann auch folgerichtig im Sinne der Belastungsgleichheit umsetzen müsse. Somit bedeute Gleichheit in der Lastenzuteilung sowohl Gleichheit in der normativen Steuerpflicht (Besteuerung) als auch Gleichheit in der Durchsetzung der Steuererhebung (Versteuerung). Knüpfe die Festsetzung der Steuer an die Erklärungen des Steuerpflichtigen an, seien erhöhte Anforderungen an seine Steuerehrlichkeit zu stellen. Könnten diese Angaben in den Steuererklärungen von der Finanzverwaltung nicht kontrolliert werden, dann habe dies zur Folge, daß die Steuer ihren Belastungsgrund letztlich nur in der Bereitschaft, Steuern zu zahlen, hat[121]. Die Beschränkung der steuerlichen Sachverhaltsermittlung durch den Bankenerlaß und den späteren § 30 a AO sei verfassungsrechtlich nicht geboten. Weder könnten gesamtwirtschaftliche Gründe einen Verzicht auf Kontrollen rechtfertigen oder gar gebieten, noch verlange das im Bereich des Datenschutzes herausgebildete Recht auf informationelle Selbstbestimmung eine Beschränkung der Steuerermittlung im Rahmen der von der Abgabenordnung vorgesehenen Eingriffsbefugnisse[122]. Die Erfassung der Zinseinkünfte leide deshalb unter einem strukturellen Erhebungsmangel. Die Gleichheit im Belastungserfolg werde prinzipiell verfehlt[123].

Das Gericht geht bei einem Vergleich zwischen den erklärten und den nicht erklärten, aber steuerbaren Kapitalerträgen davon aus, daß jedenfalls *die Hälfte* der Erträge nicht erfaßt werden. Deshalb müsse das geltende Deklarationsprinzip im Veranlagungsverfahren um das Verifikationsprinzip ergänzt werden[124]. Vor allem aber sei der legislativen Gewalt dieses Defizit im Vollzug des § 20 I Nr. 8 -heute Nr. 7- EStG zuzurechnen[125]. Deshalb, so das Gericht, liege kein Fall der Gleichheit im Unrecht vor.

---

[119]So *Tipke*, BB 1989, 158 f.; *Tipke*, StuW 1988, 278.

[120]*BVerfG* BStBl. II 1991, 654 = NJW 1991, 2129. Den Verfassungsbeschwerden sind die Urteile des *FG Baden- Württemberg* EFG 1986, 451 und *BFH* BStBl II 1989, 836 = NJW 1989, 2417 vorausgegangen.

[121]*BVerfG* BStBl. II 1991, 654 = NJW 1991, 2130 f.

[122]*BVerfG* BStBl. II 1991, 654 = NJW 1991, 2132.

[123]*BVerfG* BStBl. II 1991, 654 = NJW 1991, 2132 f.

[124]*BVerfG* BStBl. II 1991, 654 = NJW 1991, 2131.

[125]So *BVerfG* BStBl. II 1991, 654 = NJW 1991, 2132.

Vielmehr wirke der Verstoß gegen die steuerliche Belastungsgleichheit auf die materielle Steuernorm selbst zurück[126].

Im Ergebnis wies das Gericht die Verfassungsbeschwerden jedoch als unbegründet zurück, obwohl den Beschwerdeführern in der Sache in vollem Umfang Recht gegeben worden ist. Denn der Gesetzgeber habe die sich aus dem erheblichen Vollzugsdefizit ergebende Verfassungswidrigkeit der Besteuerung der Zinseinkünfte noch nicht erkennen können. Für eine Übergangszeit war dieser Zustand wegen des rechtsstaatlichen Kontinuitätsgebotes hinzunehmen. Das Gericht verpflichtete aber den Gesetzgeber, bis zum 01.01.1993 eine Neuregelung zu schaffen. Erst nach diesem Zeitpunkt sollte bei Untätigkeit des Gesetzgebers die Nichtigkeit der materiellen Steuernorm selbst eintreten[127].

Dogmatisch betrachtet beschritt das Gericht mit dem Urteil Neuland. Neu war zwar nicht die bloße Feststellung, daß die derzeitige Rechtslage nicht den verfassungsrechtlichen Anforderungen genügt. Denn das Setzen einer Übergangsfrist, in welcher der verfassungswidrige Rechtszustand weiterhin Gültigkeit beansprucht, jedoch der Gesetzgeber aktiv werden muß, hat bereits eine lange Tradition und kann aus verschiedenen Gründen geboten sein[128]. Einen dogmatisch innovativen Ansatz stellte vielmehr der Rückschluß von der Verfassungswidrigkeit des *Normvollzugs* auf die *materielle Steuernorm selbst*, § 20 I Nr. 8 -heute Nr. 7- EStG, dar. Da die Masse der Steuerpflichtigen ihre Zinsen nicht exakt versteuert, § 20 I Nr. 7 EStG folglich in erheblichem Umfang nicht durchgesetzt wird und wegen des Bankenerlasses (später wegen § 30 a AO) auch nicht kann, verliert jene Rechtsnorm ihre Gültigkeit und darf gar nicht mehr durchgesetzt werden. Die aus dem materiellen Steuergesetz folgende *Be*steuerung und die *Ver*steuerung durch die Verwaltung müssen somit annähernd kongruent sein. Lediglich geringe und immer wieder auftretende Fehlerquoten sind als durchaus üblich und normal hinzunehmen[129]. Sofern jedoch dieser Grad einer verfassungsrechtlich unschädlichen Fehlerquote überschritten wird, ist die materielle Besteuerungsnorm selbst wegen Verstoßes gegen Art. 3 I GG verfassungswidrig. Dies gilt jedenfalls dann, wenn Erhebungsregelungen dazu führen, daß die Besteuerungsnormen weitgehend nicht durchgesetzt werden und dieses Ergebnis dem Gesetzgeber zuzurechnen ist.

Entsprechend der soeben dargelegten Einschätzung der Praxis der damaligen Zinsbesteuerung durch Rechtsprechung und Literatur[130] ist es nicht verwunderlich, daß das Urteil starke Beachtung und seine Kernaussagen breite Zustimmung gefunden haben[131]. Wie bereits im Vorfeld wurden auch unmittelbar nach der Entscheidung von

---

[126] *BVerfG* BStBl. II 1991, 654 = NJW 1991, 2133.

[127] *BVerfG* BStBl. II 1991, 654 = NJW 1991, 2133.

[128] Siehe Maunz u.a./ *Schmidt- Bleibtreu*, BVerfGG, § 95 Rn 35 ff.

[129] *Felix*, FR 1991, 389; *Carl/Klos*, JuS 1992, 292 (294).

[130] Siehe dazu oben ab S. 21.

[131] Vgl. *Carl/Klos*, JuS 1992, 292; *Bilsdorfer* BB 1991, 1455; *Ehrenforth*, BB 1991, 2125; *Rößler*, DStZ 1991, 657; *Felix*, FR 1991, 389; *Tipke*, FR 1991, 480.

der Literatur zahlreiche Vorschläge zur Änderung des nationalen Rechts gemacht[132]: Erweiterung des Steuerabzugs mit einem angemessenen Steuersatz auf die Zinseinkünfte aus sonstigen Kapitalforderungen jeder Art, Verstärkung der Kontrollbefugnisse der Finanzverwaltung oder sogar Einführung einer Verpflichtung für Banken, jährlich die Höhe der Zinszahlungen gegenüber den Steuerbehörden mitzuteilen.

Die ebenfalls angeregte internationale Harmonisierung des Steuerrechts zur Vermeidung von Ausweichtendenzen der Anleger ist bereits damals als praktisch nicht durchführbar angesehen worden[133]. Gleichwohl herrschte jedenfalls nach der Entscheidung Einigkeit, daß es keine Patentlösung gibt, die sowohl den Kapitalmarkt als auch den Bankenplatz Deutschland schont, die darüber hinaus nur geringen Verwaltungsaufwand erfordert und die Sparbereitschaft der Bevölkerung nicht beeinträchtigt[134]. Diese Erkenntnis führte sogar dazu, daß -sozusagen als Resignation gegenüber den Problemen- vorgeschlagen wurde, auf die Zinsbesteuerung ganz zu verzichten[135].

Das *Bundesverfassungsgericht* hat Wege zur Umstrukturierung der materiellen Rechtslage aufgezeigt, die es ausdrücklich für verfassungsrechtlich unbedenklich hält. So ist eine typisierende Abgeltungs- oder Definitivquellensteuer mit linearem Steuersatz verfassungsrechtlich zulässig. Ebenso dürften bei einer Neuregelung die gesteigerte Inflationsanfälligkeit der Kapitaleinkünfte und der Charakter der Kapitalbildung als Quelle der Altersversorgung oder allgemein als existenzsichernde Versorgungsgrundlage berücksichtigt werden[136].

2. Rechtslage ab 1993: Geltung des Zinsabschlags

Mit der Schaffung des Gesetzes zur Neuregelung der Zinsbesteuerung, kurz Zinsabschlaggesetz[137], hat der Gesetzgeber die Art der Erhebung der Zinseinkünfte, die nach dem 31.12.1992 zufließen, neu geregelt. Keiner der im Vorfeld gemachten

---

[132]Siehe *Neumark*, *Oberhauser*, *Schneider* in der Anhörung des Deutschen Bundestags, BT-Drucks. 11/2536, 19 f.; Entschließungsantrag der Abgeordneten *Hüser* u.a. und der Fraktion Die Grünen, BT- Drucks. 11/ 2530, 5, 8; Entschließungsantrag der Fraktion der SPD, BT-Drucks. 10/4525, 1; *Scholtz*, DStZ 1989, 265 f.; *von Hippel*, BB 1990, 1953 f., *von Hippel*, ZRP 1988, 82 f.; *Spindler*, DB 1987, 2538; *Tipke*, BB 1989, 157; 57. *DJT* Mainz 1988, Beschluß V, IV, 6 b, NJW 1988, 2993 (3006); *Bilsdorfer* BB 1991, 1457; *Ehrenforth*, BB 1991, 2127 ff.; *Frees*, wistra 1992, 16; *Graffe*, DStZ 1991, 553 (554 f.).

[133]*Von Hippel*, ZRP 1988, 83; *Scholtz*, DStZ 1989, 266; *Dennig*, Finanzberater, Beilage 22 zu BB 32/1991, 1 (8, 10). Vgl. auch die eindeutigen Aussagen des damaligen Finanzministers und Ministerpräsidenten von Luxemburg, *Jaques Santer*, Spiegel 23/1989, 118 (120: " Wir können nicht Polizisten oder Steuerfahnder für andere Länder spielen. Jedes Land muß Steuerhinterziehung bei sich mit seinen eigenen Mitteln bekämpfen." und 123: "Wir werden deshalb niemals zulassen, daß unser Bankgeheimnis in irgendeiner Weise angetastet wird.").

[134]*Carl/Klos* JuS 1992, 296; *Ehrenforth*, BB 1991, 2129; *Dennig*, Finanzberater, Beilage 22 zu BB 32/1991, 6; *Tipke*, FR 1991, 481; *Graffe*, DStZ 1991, 554.

[135]*Dennig*, Finanzberater, Beilage 22 zu BB 32/1991, 6 ff.; vorsichtig auch *Paus*, DStZ 1991, 618 (622); *Denkert*, Zinsen und Steuern, 303 ff. *Ehrenforth*, BB 1991, 2128 verwirft diesen Gedanken sofort wieder.

[136]*BVerfG* BStBl. II 1991, 654 = NJW 1991, 2132 f. Kritisch zu den Vorschlägen *Ehrenforth*, BB 1991, 2128 ff.; *Graffe*, DStZ 1991, 554 f.; *Paus*, DStZ 1991, 620 ff.; *Giloy* FR 1991, 482 f.

[137]Gesetz vom 09.11.1992, BGBl. I 1992, 1853. Zum Verlauf des Gesetzgebungsverfahrens *Birk*, StVj 1993, 100 f.

Vorschläge zur verfassungsmäßigen Versteuerung dieser Kapitaleinkünfte hat sich durchgesetzt[138]. Da vom *Bundesverfassungsgericht* nicht der materielle Rechtsgrund der Besteuerung an sich, sondern nur die Praxis der Durchsetzung für verfassungswidrig erklärt worden ist[139], wurden an § 20 I, II EStG keine Änderungen vorgenommen. Eine zentrale Erneuerung erfuhr jedoch der § 43 I EStG, denn die bestehende Kapitalertragsteuer ist um die als Zinsabschlag[140] bezeichnete neue Kapitalertragsteuer erweitert worden. Auch dieser Zinsabschlag ist als *Anrechnungssteuer* und damit als *Vorauszahlung* auf die persönliche Einkommen- beziehungsweise Körperschaftsteuerschuld konzipiert[141]. Die Deklarationspflicht im Veranlagungsverfahren gilt daher nach wie vor. Der Zinsabschlag hat keine abgeltende Wirkung.

Für die ehrlichen Steuerpflichtigen, die bereits bislang ihre Zinserträge deklariert haben, ändert sich lediglich der Zeitpunkt der Steuerzahlung. Zudem ist mit der Neuregelung der Sparer- Freibetrag des § 20 IV EStG deutlich erhöht worden, mit der Folge, daß ca. 80 % oder gut vier Fünftel der zuvor Steuerpflichtigen -hauptsächlich die privaten Kleinanleger- unter der Freibetragsgrenze liegen und damit von der Besteuerung ihrer Geldvermögenseinkünfte gänzlich freigestellt sind[142]. Inzwischen wurde der Sparer- Freibetrag jedoch wieder verringert[143], so daß nunmehr deutlich weniger Kleinanleger gänzlich von der Steuerzahlungspflicht befreit sind. Bei den institutionellen Großanlegern, deren Erträge den Freibetrag übersteigen, kann die Vorverlagerung des Steuerzahlungszeitpunktes indes zu erheblichen Liquiditätsnachteilen führen. Und bei den Unehrlichen erreicht der Zinsabschlag, daß der staatliche Steueranspruch zumindest in Höhe des Abschlags durchgesetzt wird. Darin zeigt sich die eigentliche Bedeutung der Quellenbesteuerung im allgemeinen und des Zinsabschlags im besonderen. *Sie erschwert die Steuerhinterziehung und wäre überflüssig, gäbe es keine Steuerhinterziehung*[144].

a) Überblick über die Neuregelung

aa) Erweiterung des Katalogs der quellensteuerpflichtigen Kapitalerträge

Der Katalog des § 43 I EStG ist um mehrere Kapitalerträge erweitert worden. Erstmals werden unter bestimmten Voraussetzungen auch ausländische Erträge von der Kapitalertragsteuer erfaßt. Ausländische Erträge liegen dann vor, wenn der

---

[138] Gründe dafür bei *Zeitler*, DStZ 1992, 513 (515 f.).

[139] Die dann aber ihrerseits wieder zur Verfassungswidrigkeit der materiellen Steuernorm selbst führen sollte. Siehe soeben ab S. 24.

[140] Vgl. § 43 a I Nr. 4 EStG. Dieses Wort wurde offensichtlich gewählt, um Assoziationen zur Quellensteuer von 1989 zu vermeiden. Ebenso *Giloy*, FR 1992, 605 und *Lindberg*, Zinsabschlaggesetz, Rn 96. Ausführlich zu dieser Wortschöpfung *Denkert*, Zinsen und Steuern, 281 f.

[141] Vgl. §§ 36 II Nr. 2, 44 b EStG.

[142] Monatsbericht der Deutschen Bundesbank, Januar 1994, 45 (46); *Zeitler*, DStZ 1992, 515; *Jakob*, DStR 1992, 893.

[143] Halbierung erstmals für den Veranlagungszeitraum 2000, siehe Änderung der §§ 20 IV, 52 Abs. 37 EStG durch Steuerentlastungsgesetz 1999/2000/2002 (Gesetz vom 24.03.1999, BGBl. I 1999, 402).

[144] Ebenso *Döring*, DB 1993, 49; *Streck*, DStR 1993, 342. Zu den Wirkungen der Quellensteuer auf Zinserträge im Hinblick auf die Sparbereitschaft und das Konsumverhalten bei der Bevölkerung *Krischausky*, Zinseinkünfte, 128 ff.

Schuldner weder seinen Wohnsitz (natürliche Personen), noch seine Geschäftsleitung oder seinen Sitz (für Gesellschaften) im Inland hat[145]. Der Kapitalsteuerabzug erfaßt die in § 43 I EStG genannten Einnahmen auch im Rahmen von anderen Einkunftsarten, §§ 20 III, 43 IV EStG. Dagegen wird er dann nicht vorgenommen, wenn die Voraussetzungen des § 43 II EStG gegeben sind.

aaa) Zinsen aus sonstigen Kapitalforderungen jeder Art

Am bedeutendsten ist innerhalb der Neuregelung § 43 I S. 1 Nr. 7 EStG, der die als Zinsabschlag bezeichnete Kapitalertragsteuer auf die Erträge aus sonstigen Kapitalforderungen jeder Art[146] erweitert. Dabei differenziert § 43 I S. 1 Nr. 7 EStG zwischen den sogenannten "a- Fällen" und "b- Fällen". Die *erste Gruppe* ("a- Fälle") regelt qualifizierte Forderungen, das heißt Anleihen und Forderungen, die in ein öffentliches Schuldbuch oder in ein ausländisches Register eingetragen sind oder über die Sammelurkunden im Sinne des § 9 a DepotG oder Teilschuldverschreibungen ausgegeben werden[147]. In diese Gruppe der infolge Verbriefung und Registrierung besonderen Forderungstitel fallen etwa[148] Zinsen aus festverzinslichen Wertpapieren wie Industrieobligationen oder Anleihen des Bundes oder anderer Gebietskörperschaften und Körperschaften des öffentlichen Rechts wie etwa Bundesschatzbriefe, Bundesobligationen und Schatzanweisungen. Ebenfalls werden Tafelgeschäfte, also Wertpapiergeschäfte, bei denen ohne Festhaltung des Namens des Kunden die Abwicklung zwischen ihm und dem Kreditunternehmen am Schalter, durch Übergabe der effektiven Stücke gegen Barzahlung stattfindet, (nur) hier erfaßt[149]. Dagegen betrifft die *zweite Gruppe* ("b- Fälle") Kapitalforderungen einfacher Art, wenngleich auch diese unter Umständen verbrieft sind[150]. Es geht um Erträge aus sonstigen Kapitalforderungen jeder Art, die nicht in § 43 I S. 1 Nr. 7 a EStG genannt werden und deren *Schuldner* ein *inländisches* Kreditinstitut im Sinne des Gesetzes über das Kreditwesen oder ein nach § 43 I S. 1 Nr. 7 b S. 2 EStG gleichgestelltes Unternehmen ist. Beispielsweise betrifft diese Gruppe die Zinsen aus Guthaben bei Kreditinstituten, Termineinlagen, Spareinlagen oder Bauspareinlagen[151].

In § 43 I S. 1 Nr. 7 b S. 4 EStG werden vier Fälle aufgeführt, in denen der Steuerabzug bei dieser Gruppe von Erträgen aus Vereinfachungsgründen nicht vorge-

---

[145] § 43 III EStG.

[146] Im Sinne der §§ 2 I S. 1 Nr. 5, 20 I Nr. 7 EStG.

[147] Vgl. § 43 I S. 1 Nr. 7 a EStG.

[148] Einzelheiten bei *Lindberg*, Zinsabschlaggesetz, Rn 99 ff.; *Bullinger/Radke*, Handkommentar, Rn 128 ff.

[149] Weil bei diesen Geschäften mangels Kontrollmöglichkeit der Finanzämter die Hinterziehungsgefahr besonders groß ist, gelten einige Besonderheiten. Der Steuerabzug ist mit erhöhtem Satz (§ 43 a I Nr. 4 EStG) und auch bei beschränkt Steuerpflichtigen (§ 49 I Nr. 5 c, cc EStG) vorzunehmen, eine Abstandnahme ist nicht möglich (§ 44 a VI S. 1 EStG), vgl. *Lindberg*, Zinsabschlaggesetz, Rn 124. Ausführlich zu den Tafelgeschäften *Kottke*, NWB Fach 21, 1117 sowie sogleich unten Fn 179.

[150] Siehe § 43 I S. 1 Nr. 7 b EStG.

[151] Einzelheiten bei *Lindberg*, Zinsabschlaggesetz, Rn 126 ff. und bei *Bullinger/Radke*, Handkommentar, Rn 158 ff.

nommen werden muß[152]. Davon unberührt bleibt aber selbstverständlich die Pflicht zur Deklaration im Veranlagungsverfahren.

bbb) Sonstige Erweiterungen

Darüber hinaus wurde § 43 EStG um weitere bereits bislang materiell steuerpflichtige Erträge der §§ 2 I S. 1 Nr. 5, 20 II EStG erweitert, wo es im wesentlichen um Veräußerungsgeschäfte geht. So gilt der Zinsabschlag erstmals auch bei den sogenannten Stückzinsen des § 20 II S. 1 Nr. 3 EStG[153], sowie für die Kapitalerträge aus der Veräußerung und Abtretung von abgezinsten oder aufgezinsten Forderungen im Sinne des § 20 II S. 1 Nr. 4 EStG und auch für Erlöse aus der Veräußerung getrennt handelbarer Zinsscheine[154]. Wegen der Zeit für die technischen Vorbereitungen zur Erfassung dieser Erträge sollte der Zinsabschlag erst bei Erträgen vorgenommen werden, die nach dem 31.12.1993 zufließen[155]. Im übrigen bleiben auch die Erträge des § 20 II S. 1 Nr. 1 EStG vom Abschlag betroffen[156]. Allerdings wurden bereits durch das Gesetz zur Bekämpfung des Mißbrauchs und zur Bereinigung des Steuerrechts[157] inhaltliche Erweiterungen bei § 20 I Nr. 7 EStG und bei § 20 II EStG vorgenommen. Ferner wurde die Systematik innerhalb des § 43 I neugeordnet, um die eigenständige Bedeutung des § 20 II neben dem § 20 I Nr. 7 EStG zu dokumentieren. Daher werden die Stückzinsen und Zinssurrogate jetzt in § 43 I S.1 Nr. 8 S. 1 EStG und die Erträge des § 20 II S.1 Nr. 1 durch § 43 I S. 2 EStG erfaßt. Von dieser neuen Systematik wird im folgenden ausgegangen.

In allen diesen Fällen sind wiederum sowohl in- als auch ausländische Kapitalerträge vom Zinsabschlag betroffen, § 43 I S. 1 EStG. Ausgenommen von der Erweiterung der Kapitalertragsteuer sind diejenigen Zinsen, die schon bisher der Quellenbesteuerung unterlegen haben[158]. Insgesamt verbleiben von den steuerpflichtigen Kapitalerträgen der §§ 2 I S. 1 Nr. 5, 20 I, II EStG nach der Neuregelung im wesentlichen nur noch die §§ 20 I Nrn. 5 und 8, II S. 1 Nr. 2 a EStG ohne Quellenbesteuerung nach § 43 I EStG.

---

[152]Zur zivilrechtlichen Pflicht des Schuldners, diese Ausnahmen zu beachten, *Giloy*, FR 1992, 610. Zu den Ausnahmen im einzelnen Begründung zum Gesetzesentwurf der Bundesregierung, BT-Drucks. 12/2501, 16 f. und *Lindberg*, DStR 1992, 1493 (1496 f.).

[153]Zum Begriff Schmidt- *Heinicke*, EStG, § 20 Rn 176. Der Gesetzesentwurf der Bundesregierung sah dies aus Praktikabilitätsgründen noch nicht vor, vgl. Begründung zum Entwurf in BT-Drucks. 12/2501, 16. Erst auf Drängen des Bundesrats wurden Stückzinsen einbezogen, vgl. Stellungnahme des Bundesrats in BT- Drucks. 12/2690, 3.

[154]Im Sinne des § 20 II S. 1 Nr. 2 b EStG, § 43 I S. 2 EStG. Einzelheiten zu diesen Zinssurrogaten bei *Bullinger/Radke*, Handkommentar, Rn 185 ff.

[155]§ 52 XXVIII EStG in der Fassung des Zinsabschlaggesetzes (Gesetz vom 09.11.1992, BGBl. I 1992, 1853); vgl. dazu *Zeitler*, DStZ 1992, 518 f.

[156]§ 43 I S. 2 EStG. Allerdings regelt § 20 II S. 1 Nr. 1 EStG nur den Umfang der Einnahmen nach § 20 I, II EStG. Er ist kein eigener Besteuerungstatbestand. Vgl. Schmidt- *Heinicke*, EStG, § 43 a Rn 2 und § 20 Rn 125; Kirchhof/Söhn- *Dötsch*, EStG, § 20 Rn K 4.

[157]Mißbrauchsbekämpfungs- und Steuerbereinigungsgesetz, StMBG, vom 21.12.1993, BGBl. I 1993, 2310.

[158]Begründung zum Gesetzesentwurf der Bundesregierung, BT- Drucks. 12/2501, 16.

bb) Vom Abzug betroffener Personenkreis

Betroffen vom Zinsabschlag sind grundsätzlich alle unbeschränkt Einkommensteuerpflichtigen. Die beschränkt Steuerpflichtigen, sogenannte Steuerausländer, werden in der Regel von der neuen Kapitalertragsteuer nicht berührt[159]. Wer Steuerausländer ist, richtet sich nach den Angaben der zur Kontenwahrheit verpflichteten Bank gemäß § 154 II AO[160].

cc) Durchführung des Zinsabschlags

Während sich die Kapitalertragsteuer bis 1993 lediglich in *Höhe* und *Wirkung* unterscheiden ließ, tritt seit 1993 ein drittes Kriterium hinzu. Denn seitdem ist auch die *Art der Erhebung* innerhalb der Quellensteuer, ihr Abführungsmodus, verschieden. Während bislang stets[161] der Schuldner der Kapitalerträge den Steuerabzug vorzunehmen hatte[162], verpflichtet das Zinsabschlaggesetz die die Kapitalerträge auszahlende Stelle zur anonymen Abführung des Zinsabschlags[163]. Diese fiskalische Innovation erhebt den Zinsabschlag zur *Zahlstellensteuer* und ist der Grund dafür, daß erstmals auch ausländische Kapitalerträge erfaßt werden können. Bei ausländischen Erträgen hat der Schuldner weder Wohnsitz noch Geschäftsleitung oder Sitz im Inland[164] und kann daher wegen der begrenzten Steuerhoheit der Bundesrepublik Deutschland vom deutschen Gesetzgeber nicht zum Steuerabzug verpflichtet werden. Bei einer Abzugspflicht für den Schuldner der Erträge können somit nur inländische Erträge erfaßt werden, obwohl die unbeschränkt Steuerpflichtigen mit dem gesamten Welteinkommen steuerpflichtig sind[165]. Mit der Verpflichtung der inländischen Zahlstelle ist es daher möglich, auch ausländische Erträge mit dem Steuerabzug zu belegen, solange diese von der inländischen Stelle ausgezahlt oder gutgeschrieben werden. Vor allem aber sollte damit ein gespaltener Kapitalmarkt in der Form, daß es zu einer Kapitalflucht in quellensteuerfreie Auslandsanleihen und damit zu einer Wettbewerbsverzerrung zugunsten der ausländischen Emittenten kommt, vermieden werden. Gerade eine Kapitalflucht, wie sie bei der Quellensteuer auf Zinserträge im ersten Halbjahr 1989 zu konstatieren war, sollte sich nicht wiederholen. Überdies hat diese Innovation auch den Vorteil, daß die auszahlende Stelle schon von vornherein den Abzug unterlassen kann, wenn der Gläubiger der Erträge aus unterschiedlichen

---

[159]Kapitalerträge beschränkt Steuerpflichtiger im Inland sind allein im Umfang des § 49 I Nr. 5 EStG steuerpflichtig. Die Einnahmen aus sonstigen Kapitalforderungen jeder Art werden nur unter den Voraussetzungen des § 49 I Nr. 5 c EStG erfaßt. Zinseinkünfte im Inland sind, von wenigen besonderen Konstellationen einmal abgesehen, demnach nicht steuerpflichtig. Deshalb wird der Zinsabschlag als Vorauszahlung der persönlichen Einkommen- oder Körperschaftsteuerschuld bis auf diese Sondersituationen auch nicht einbehalten und an das Finanzamt abgeführt. Vgl. die Begründung zum Gesetzesentwurf der Bundesregierung, BT- Drucks. 12/2501, 17. Kritisch hierzu *Streck*, DStR 1993, 343: "Steueroase für ausländisches Schwarzgeld"; anders *Zeitler* DStZ 1992, 514: "für den Kapitalmarkt wichtige Befreiung".

[160]Ein qualifizierter Nachweis ist nicht erforderlich *Giloy*, FR 1992, 608.

[161]Mit geringfügiger Modifizierung bei § 43 I S. 1 Nr. 6 EStG, wo gemäß § 45 c EStG anläßlich der Vergütung der KSt nach § 36 e EStG oder § 52 KStG die Kapitalertragsteuer vom Bundesamt für Finanzen einbehalten wird.

[162]Vgl. § 44 I S. 3 1. Var. EStG.

[163]Siehe § 44 I S. 3 2. Var. EStG.

[164]Vgl. § 43 III EStG.

[165]Vgl. oben S. 16.

Gründen nicht vom Steuerabzug betroffen ist. Denn diese steht in vielfältigen Rechtsbeziehungen zum Gläubiger und kennt ihn daher in der Regel besser als der Schuldner der Erträge[166]. Die Auferlegung der Abzugsverpflichtung, die mit einem erheblichen Verwaltungsaufwand verbunden ist, ist verfassungsrechtlich nicht zu beanstanden[167]. Ob dagegen die geltend gemachten mehrwöchigen Zinsvorteile für die Kreditwirtschaft[168] tatsächlich einen adäquaten Ausgleich für die einmaligen Mehrkosten für die Umstellung der EDV und die jährliche Belastung durch die Berechnung, Einbehaltung und Abführung des Zinsabschlags sowie die Kosten für die Versendung und Bearbeitung der Freistellungsaufträge[169] darstellen, ist zweifelhaft. Wie die Praxis zeigt, findet der Ausgleich eher über (erhöhte) Bankgebühren statt[170]. Der Abzugsverpflichtete haftet für die Kapitalertragsteuer, die er einzubehalten und abzuführen hat[171].

Im einzelnen ist die Abführung des Zinsabschlags wie folgt ausgestaltet: Schuldner des Zinsabschlags ist der Gläubiger der Kapitalerträge, § 44 I S. 1 EStG. Der Gläubiger der Erträge ist nicht aus zivilrechtlicher, sondern aus steuerrechtlicher Sicht zu bestimmen. Maßgeblich ist allein, wer im steuerrechtlichen Sinne durch den Kapitalertrag Einkünfte erzielt[172]. Die Kapitalertragsteuer entsteht mit Zufluß der Erträge an den Gläubiger und muß zu diesem Zeitpunkt von der auszahlenden Stelle einbehalten und an das für die auszahlende Stelle zuständige Finanzamt abgeführt werden, § 44 I S. 2, 3, 5 EStG. Das Gesetz selbst definiert in § 44 I S. 4 EStG den Begriff der auszahlenden Stelle und knüpft dabei an die Differenzierung des § 43 I S. 1 Nr. 7 EStG an.

In den sogenannten "a- Fällen"[173] sowie bei den Zinssurrogaten und Stückzinsen des § 43 I S. 1 Nr. 8 und im Fall des § 43 I S. 2 EStG ist primär das *inländische Kreditinstitut* die auszahlende Stelle[174]. Es ist ein besonderer Bezug zwischen Kreditinstitut und den Erträgen erforderlich, so daß sich der Charakter der ausgezahlten oder gutgeschriebenen Beträge als Kapitalertrag aus objektiven und dem Kreditunternehmen bekannten Umständen ergibt[175]. Daher ist ein inländisches Kreditinstitut nur dann Zahlstelle im Sinne des § 44 I S. 4 Nr. 1 a EStG, wenn es für den Gläubiger der Erträge ein nach § 154 AO errichtetes Wertpapierdepot führt, in welchem die Anleihen und Forderungen verwahrt oder verwaltet und die Erträge gutgeschrieben oder

---

[166]So Begründung des Gesetzentwurfes der Bundesregierung, BT- Drucks. 12/2501, 17.

[167]Vgl. *Lindberg*, Zinsabschlaggesetz, Rn 151 m.w.N.

[168]*Zeitler*, DStZ 1992, 514.

[169]Immerhin sollen die Mehrkosten der Kreditwirtschaft Schätzungen zufolge die Milliardengrenze überschreiten, vgl. *Döring*, DB 1993, 53 m.w.N.

[170]Diese Möglichkeit wurde wegen der Konkurrenz mit den quellensteuerfreien und daher insoweit billigeren Auslandsbanken von *Döring*, DB 1993, 53 bezweifelt. Zur Zulässigkeit der Bankgebühren für die Freistellungsaufträge siehe einerseits *LG Mannheim* NJW- RR 1995, 1514 und andererseits *OLG Zweibrücken* NJW- RR 1997, 366.

[171]§ 44 V S. 1 EStG. Einzelheiten bei *Giloy*, FR 1992, 614, *Lindberg*, DStR 1992, 1497.

[172]*BFH* BStBl. II 1991, 38. Bei Personengesellschaften sind somit die Gesellschafter die "Gläubiger", vgl. *BFH* BStBl. II 1995, 255 (256); *BFH* DStR 1995, 1303.

[173]Fälle der §§ 2 I S. 1 Nr. 5, 20 I Nr. 7, 43 I S. 1 Nr. 7 a EStG.

[174]Gemäß § 44 I S. 4 Nr. 1 a EStG.

[175]So die Begründung zum Gesetzesentwurf der Bundesregierung, BT- Drucks. 12/2501, 18.

ausgezahlt werden (Unterbuchstabe aa, Depotkonten) beziehungsweise wenn es die Erträge gegen Aushändigung der Zinsscheine oder Teilschuldverschreibungen einem anderen als einem ausländischen Kreditinstitut auszahlt (Unterbuchstabe bb, Tafelgeschäfte). Neben diesem besonderen Bezug der Kreditunternehmen zu den Erträgen ist für die Zahlstelleneigenschaft noch maßgeblich, daß es sich um eine inländische Bank oder Sparkasse handelt. Unbeachtlich ist dagegen, ob es in- oder ausländische Erträge sind, § 43 I S. 1 EStG. Ausländische Banken sind -wiederum mangels Regelungsbefugnis des deutschen Gesetzgebers- nicht zum Steuerabzug verpflichtet. Gemäß § 44 I S. 4 Nr. 1 a vor aa EStG in Verbindung mit § 43 I S. 1 Nr. 7 b S. 2 EStG gilt eine ausländische Zweigstelle einer inländischen Bank oder Sparkasse als ausländisches Kreditunternehmen und eine inländische Zweigstelle eines ausländischen Kreditinstituts als inländisches Kreditunternehmen. Lediglich hilfsweise, wenn in diesen Situationen kein inländisches Kreditinstitut die auszahlende Stelle ist, gilt der "Schuldner der Kapitalerträge" gemäß § 44 I S. 4 Nr. 1 b EStG als auszahlende Stelle[176].

Bei den Erträgen im Sinne der §§ 2 I S. 1 Nr. 5, 20 I Nr. 7, 43 I S. 1 Nr. 7 b EStG (sogenannte "b- Fälle") gilt gemäß § 44 I S. 4 Nr. 2 EStG dasjenige *inländische* Kreditinstitut als *auszahlende* Stelle, welches als Schuldner der Erträge diese gutschreibt oder auszahlt (Kontensparen). Der besondere Bezug des Kreditunternehmens zu den Kapitalerträgen folgt hier aus der Eigenschaft als Schuldner[177]. Es sind abermals nur inländische Banken und Sparkassen zum Steuerabzug verpflichtet.

Zusammenfassend kommen somit als Zahlstellen grundsätzlich lediglich inländische Kreditinstitute im Sinne des Gesetzes über das Kreditwesen und Unternehmen in Betracht. Zinszahlungen von Privatpersonen und von Unternehmen, die keine Kreditinstitute in diesem Sinne sind, sind vom Zinsabschlag befreit[178].

dd) Höhe des Zinsabschlags

Die Höhe des Zinsabschlags bemißt sich nach § 43 a EStG. Der Bruttosteuersatz beträgt danach grundsätzlich 30 % der Erträge. Lediglich bei Erträgen aus den grund-

---

[176]Allerdings mit folgender Ungereimtheit: Wegen der begrenzten Steuerhoheit kann der Schuldner der Kapitalerträge wieder nur dann zum Abzug verpflichtet werden, wenn er Wohnsitz, Geschäftsleitung oder Sitz im Inland hat. Daher müßte es in § 44 I S. 4 Nr. 1 b EStG klarstellend "inländischer Schuldner der Kapitalerträge" heißen (vgl. *Giloy*, FR 1992, 609; Schmidt- *Heinicke*, EStG, § 43 Rn 14 a.E. In der Begründung zum Gesetzesentwurf der Bundesregierung, BT-Drucks. 12/2501, 18 wird explizit der "[inländische] Schuldner" angesprochen.). Diese Auslegung führt aber dazu, daß bei Auszahlung oder Gutschrift ausländischer Erträge durch ein ausländisches Kreditinstitut oder durch eine ausländische Zweigstelle einer inländischen Bank oder Sparkasse ein Steuerabzug entgegen der grundsätzlichen Anordnung in § 43 I S. 1 Nr. 7 a EStG mangels passender Zahlstelle nicht stattfindet (vgl. *Birk*, StVj 1993, 104: "Schieflage"). Denn weder § 44 I S. 4 Nr. 1 a EStG (kein inländisches Kreditinstitut), noch § 44 I S. 4 Nr. 1 b EStG (kein inländischer Schuldner) sind einschlägig.

[177]Vgl. Begründung zum Gesetzesentwurf der Bundesregierung, BT- Drucks. 12/2501, 18.

[178]Hintergrund dafür ist der hohe Verwaltungsaufwand für die Überwachung der mit der Abzugspflicht verbundenen Obliegenheiten. Zudem sind Zinszahlungen von Unternehmen bei diesen Betriebsausgaben und können anläßlich einer Betriebsprüfung mittels Kontrollmitteilungen auf die Versteuerung durch den Empfänger überprüft werden. So Begründung zum Gesetzesentwurf der Bundesregierung, BT- Drucks. 12/2501, 16; *Giloy*, FR 1992, 609.

sätzlich nicht an ein Kundenkonto/- Depot gebundenen Finanztransaktionen[179], die mangels Kontrollmöglichkeiten der Finanzämter leichter zu hinterziehen sind, erhöht er sich auf 35 %[180], § 43 a I Nr. 4 EStG. Im übrigen sind die Sonderregelungen des § 43 a II EStG für die Erträge der §§ 2 I S. 1 Nr. 5, 20 II EStG mehrfach geändert und inzwischen auf mehrere neue Absätze ausgedehnt worden[181].

ee) Abstandnahme vom Zinsabschlag

In § 44 a EStG werden Regelungen zur Abstandnahme vom Steuerabzug für bestimmte Gläubiger getroffen[182]. Damit soll vermieden werden, daß anrechenbare Kapitalertragsteuer für die Erträge dieser Gläubiger einbehalten und an des Finanzamt abgeführt wird, obwohl jene aus verschiedenen Gründen (voraussichtlich) letztlich steuerunbelastet bleiben. Dann hätte das aufwendige Veranlagungsverfahren lediglich den Zweck der Steuererstattung[183]. Die zentrale Möglichkeit zur Abstandnahme vom Zinsabschlag bilden die neugeschaffenen Regelungen in § 44 a I Nr. 1, II S. 1 Nr. 1 EStG. Damit können der Freibetrag des § 20 IV EStG und zusätzlich der Werbungskosten- Pauschbetrag gemäß § 9 a S. 1 Nr. 1 b EStG bereits beim *Steuerabzug* anstatt erst im individuellen Veranlagungsverfahren ausgeschöpft werden, wodurch dem Gläubiger der Erträge der Weg zum Finanzamt erspart wird. Der Freistellungsauftrag ist eine eigene Erklärung des Steuerpflichtigen auf einem amtlichen Vordruck[184], der den zum Steuerabzug verpflichteten Schuldnern beziehungsweise den Kreditinstituten

---

[179]Tafelgeschäfte im Sinne des § 44 I S. 4 Nr. 1 a, bb EStG. Dies sind Wertpapiergeschäfte, bei denen ohne Festhaltung des Namens des Kunden die Abwicklung zwischen ihm und dem Kreditunternehmen am Schalter, durch Übergabe der effektiven Stücke gegen Barzahlung stattfindet. Sie werden auf betriebsinternen Konten -Bestandskonten der Wertpapiere, des Goldbestandes o.ä. und Kassenkonto- verbucht. Nur wenn die Aushändigung der Dokumente (Devisen, Wertpapiere) nicht *zeitgleich* mit der Barzahlung stattfindet (Hauptfall: Dokumente sind nicht lieferbar), muß die Bank Geld oder Wertpapiere buchungsmäßig -soweit vorhanden- auf personenbezogenen Konten (Depots) der Kunden oder, wenn dies nicht der Fall ist, CpD- Konten unterbringen, siehe *Müller- Brühl*, Legitimationsprüfung, 149 f. Ausführlich zu den Tafelgeschäften *Kottke*, NWB Fach 21, 1117.

[180]Diese Steuersätze entstanden erst im Vermittlungsausschuß, vgl. Beschlußempfehlung des Vermittlungsausschusses in BT- Drucks. 12/2988, 2. Die Bundesregierung wollte einen einheitlichen Satz von 25 %, vgl. Begründung zum Gesetzesentwurf der Bundesregierung, BT-Drucks. 12/2501, 16.

[181]Änderung durch das Gesetz zur Bekämpfung des Mißbrauchs und zur Bereinigung des Steuerrechts (Mißbrauchsbekämpfungs- und Steuerbereinigungsgesetz vom 21.12.1993, BGBl. I 1993, 2310). Allerdings schaffte diese Neuregelung neue Ungereimtheiten, was eine "Vorkorrektur" des BMF hervorrief (Schreiben des BMF vom 17.12.1993, Az. IV B 4 - S 2252- 797/93, BStBl. I 1994, 16), die ihrerseits dann im Gesetz über den Wertpapierhandel und zur Änderung börsenrechtlicher und wertpapierrechtlicher Vorschriften (2. Finanzmarktförderungsgesetz vom 26.07.1994, BGBl. I 1994, 1749) gesetzlich verankert wurde. Zu Einzelfragen *Giloy*, FR 1992, 609 f.; *Scheurle*, DB 1994, 445 (450 f.).

[182]Ergänzt werden die Regelungen zur Abstandnahme durch die §§ 44 b, c EStG. Einzelheiten zur Erstattung der Kapitalertragsteuer bei *Giloy*, FR 1992, 613 f. sowie *Lindberg*, Zinsabschlaggesetz, Rn 215 ff. Für beschränkt steuerpflichtige Gläubiger gilt § 50 d EStG. Die Anrechnung der Kapitalertragsteuer findet bei der Veranlagung statt, sofern nicht deren Erstattung beantragt worden ist, §§ 36 II Nr. 2, 44 b EStG (Ausnahmen in den § 50 V und § 45 b EStG).

[183]*Lindberg*, DStR 1992, 1493 (1497).

[184]§§ 44 a II S. 1 Nr. 1, 51 IV Nr. 1 e 2. Var. EStG.

zur Aufbewahrung gegeben wird[185]. Sachliche Voraussetzung für die Inanspruchnahme des Freistellungsauftrags ist, daß dem Gläubiger bestimmte Erträge[186] zufließen und diese insgesamt nicht den Freibetrag nach § 20 IV EStG und den Pauschbetrag des § 9 a S. 1 Nr. 1 b EStG übersteigen. Persönliche Voraussetzung für diese Abstandnahmemöglichkeit ist, daß es sich um einen unbeschränkt einkommensteuerpflichtigen Gläubiger handelt[187]. Allerdings bedeutet die Bezugnahme auf den Freibetrag des § 20 IV EStG auch, daß die Freistellung eben nur von demjenigen beantragt werden kann, für den der Sparer- Freibetrag auch gilt. Der Freibetrag des § 20 IV EStG gilt ausweislich seiner Stellung im Gesetz zwar für alle *privaten* Einkünfte aus Kapitalvermögen im Sinne der §§ 2 I S. 1 Nr. 5, 20 I, II EStG[188]. Er findet aber keine Anwendung, sobald die Einkünfte anderen Einkunftsarten im Sinne des § 2 I S. 1 EStG zuzurechnen sind[189]. Das gleiche gilt für den Pauschbetrag. Auch er darf nur für alle *privaten* Einkünfte aus Kapitalvermögen in Anspruch genommen werden[190]. Folge dieser Möglichkeit zur "Selbstbedienung"[191] und der Tatsache, daß der Sparer-Freibetrag nur für private Kapitalerträge gilt, ist, daß sich der Auftraggeber über die rechtliche Qualifizierung und Zurechnung der Erträge klar werden muß. Er muß die Subsidiaritätsklausel des § 20 III EStG berücksichtigen und entscheiden, ob ihm in bestimmten Konstellationen -etwa in Nießbrauchs- oder Treuhandfällen- die Erträge überhaupt steuerlich zuzurechnen sind[192]. Das materiell steuerunbelastete Volumen darf auf mehrere Abzugsverpflichtete verteilt werden[193]. Um einer mißbräuchlichen Erteilung der Freistellungsaufträge[194] entgegenzutreten, ist eine Kontrollmöglichkeit des Bundesamtes für Finanzen geschaffen worden, § 45 d EStG[195].

---

[185] § 44 a III EStG.

[186] Und zwar Erträge nach den §§ 2 I S. 1 Nr. 5, 20 I Nr. 4, 6 und 7, II S. 1 Nr. 1, 2 b, 3 und 4, 43 I S. 1 Nr. 3, 4, 7 und 8, S. 2 EStG.

[187] § 44 a I vor Nr. 1 EStG. Zu den Einzelheiten und Konsequenzen dieser Beschränkung *Bullinger/Radke*, Handkommentar, Rn 544 ff.; Schmidt- *Heinicke*, EStG, § 44 a Rn 21; *Streck*, DStR 1993, 343; *Zeitler*, DStZ 1993, 354 (358) sowie die Billigkeitsregelung durch das BMF, Schreiben vom 18.12.1992, Az. IV B 4- S 2000- 273/92, BStBl. I 1993, 58.

[188] Vgl. Begründung zum Gesetzesentwurf der Bundesregierung, BT- Drucks. 12/2501, 19.

[189] Dieser Umstand ist insofern von Bedeutung, als der Steuerabzug die in § 43 I EStG genannten Einnahmen auch im Rahmen von anderen Einkunftsarten erfaßt, §§ 20 III, 43 IV EStG, und bestimmte Steuerpflichtige kraft gesetzlicher Fiktion keine privaten Kapitaleinkünfte erzielen, vgl. etwa § 8 II KStG.

[190] *Bullinger/Radke*, Handkommentar, Rn 540.

[191] So wörtlich *Giloy*, FR 1992, 611.

[192] Zu dieser Problematik *Giloy*, FR 1992, 611 f.; *Streck*, DStR 1993, 343.

[193] Vgl. Begründung zum Gesetzesentwurf der Bundesregierung, BT- Drucks. 12/2501, 19.

[194] Vor allem Angabe der vollen Freibeträge bei jedem Abzugsverpflichteten, anstelle der gebotenen Aufteilung des *einen* Freistellungsvolumens. Dies kann steuerstrafrechtliche Folgen haben, vgl. *Streck*, DStR 1993, 346.

[195] Indes war die Kontrollbefugnis zunächst eng begrenzt. Insbesondere durfte sie gerade nicht dazu dienen, die ordnungsgemäße Versteuerung der Kapitalerträge zu überprüfen, § 45 d II EStG in der Fassung des Zinsabschlaggesetzes. Siehe Begründung zum Gesetzesentwurf der Bundesregierung, BT- Drucks. 12/2501, 21; *Birk*, StVj 1993, 105. Für die Zeiträume ab dem 01.04.1999 sind die Kontrollbefugnisse erheblich ausgeweitet worden, siehe Änderung der §§ 45 d I Nr. 3, II, 52 I EStG durch das Steuerentlastungsgesetz 1999/2000/2002 (vom 24.03.1999, BGBl. I 1999, 402).

Möglichkeiten zur Abstandnahme gab es aber auch schon nach dem bisherigen Recht. So können etwa einem unbeschränkt einkommensteuerpflichtigen Gläubiger zwar bestimmte steuerpflichtige Kapitaleinkünfte über die Freibetragsgrenzen hinaus zufließen. Wenn jedoch anzunehmen ist, daß eine Veranlagung zur Einkommensteuer bei ihm nicht stattfinden wird, kann vom Steuerabzug Abstand genommen werden, § 44 a I Nr. 2 EStG. Diese Regelung ist besonders für Steuerpflichtige ohne andere steuerpflichtigen Einkünfte, wie etwa Kinder und Rentner, von Bedeutung[196]. Die Nichtveranlagungs- Bescheinigung gilt umfassend für alle Besteuerungsfolgen und ist damit weitreichender als der Freistellungsauftrag. Allerdings ist sie gemäß §§ 44 a II S. 2, 36 b II S. 3 EStG auch auf drei Jahre befristet.

Ausgeschlossen ist eine Abstandnahme jedoch in allen Fällen des § 44 a EStG, wenn der Kapitalstamm von der die Kapitalerträge auszahlenden oder gutschreibenden Stelle nicht unter dem Namen des Gläubigers der Erträge verwahrt oder verwaltet wird[197]. Insbesondere bei Tafelgeschäften und in den Treuhand- und Nießbrauchsfällen ist demzufolge eine Abstandnahme nicht möglich[198].

b) Gesamtwirtschaftliche Auswirkungen der Neuregelung

Der zentrale Unterschied zwischen dem Zinsabschlag und der "kleinen Quellensteuer" für Zinseinkünfte im ersten Halbjahr 1989[199] hat unter mehreren Gesichtspunkten bedeutende gesamtwirtschaftliche Konsequenzen. Die "kleine Quellensteuer" war eine *Quellensteuer im klassischen Sinne*, die den inländischen Schuldner vor Ausschüttung zum Steuerabzug verpflichtet. Dagegen ist der Zinsabschlag eine *Zahlstellensteuer*, die primär die inländische auszahlende Stelle anspricht.

aa) Kapitalangebot im Geltungsbereich des Zinsabschlaggesetzes

Die Wirkungen der "kleinen Quellensteuer" im ersten Halbjahr 1989 sind bereits erörtert worden. Das Kapital wurde überwiegend in Anleihen ausländischer und damit nicht zum Abzug verpflichteter Emittenten angelegt. Es kam zu einem echten Mittelabfluß mit der Folge der Verringerung des Kapitalangebots im Inland[200]. Mit der Zinsabschlagsteuer 1993 sollte das Kapital im Geltungsbereich der Neuregelung gehalten werden[201]. Prognostiziert wurde im Vorfeld der Neuregelung, daß das abwandernde Kapitalvolumen diesmal deutlich geringer sein werde. Der sogenannte Kleinsparer, dessen Erträge unter dem Freibetrag liegen, habe auf Grund des verzehnfachten Sparer- Freibetrages keinen rationalen Grund, das Kapital in das Ausland zu verlagern. Denn Folge dieser deutlichen Erhöhung ist, daß ca. 80 % oder gut vier Fünftel der zuvor Steuerpflichtigen unter der Freibetragsgrenze liegen und damit von

---

[196]Vgl. Beispiele bei *Giloy*, FR 1992, 612.

[197]Siehe § 44 a VI EStG.

[198]Vgl. Begründung zum Gesetzesentwurf der Bundesregierung, BT- Drucks. 12/2501, 20; Schmidt-*Heinicke*, EStG, § 44 a Rn 27 f.; *Zeitler*, DStZ 1992, 515; differenzierend zum Nießbrauch *Giloy*, FR 1992, 611 f. Problematisch sind auch Gemeinschaftskonten, dazu *Bullinger/Radke*, Handkommentar, Rn 693.

[199]Siehe oben ab S. 20.

[200]Vgl. *Döring*, DB 1993, 51.

[201]Vgl. *Zeitler*, DStZ 1992, 514: "Das bekannte Wort von Abs, 'Kapital ist scheu wie ein Reh' ist eine Erfahrungstatsache. Wenn die 'Rehe' weglaufen, hilft auch die 'waidgerechteste Jagdmethode' nichts: Es gäbe nichts mehr zu jagen.".

der Besteuerung ihrer Geldvermögenseinkünfte freigestellt sind[202]. Außerdem hoffte man, daß die ausländischen Anleger bis auf das Marktsegment der Tafelgeschäfte dem deutschen Kapitalmarkt erhalten bleiben[203].

Jedoch bestätigte sich diese Prognose *nicht*. Es haben vor allem im Vorfeld der Neuregelung massive Ausweichreaktionen und "Umweg- Geschäfte" über benachbarte ausländische Finanzplätze stattgefunden[204]. Verwunderung vermag dies allerdings nicht auszulösen, stellt doch dieser Kapitaltransfer die naheliegendste und einfachste Möglichkeit dar, zumindest dem deutschen Zinsabschlag zu entgehen. Insoweit kann man sogar von einer Begünstigung ausländischer Finanzplätze durch die Neuregelung sprechen[205]. Für den *ehrlichen* Steuerpflichtigen, der seine Kapitalerträge in der Steuererklärung angibt, bedeutet die Verlagerung von Kapital in das Ausland einen je nach Höhe des Kapitalstammes und Verzinsung mehr oder weniger bedeutsamen Liquiditätsvorteil[206], er erspart sich jedenfalls die Freistellungsprozedur. Wesentlich bedeutender ist der Kapitaltransfer aber für die *unehrlichen* Steuerbürger. Für diese entfällt nicht nur der Zinsabschlag als Vorauszahlung auf die persönliche Steuerschuld, sondern ihm kommt es auf die gesamte fällige Steuer auf Zinserträge an. Aber der wahre Anreiz für den Kapitalexport ist vielfach gar nicht die Vermeidung oder Umgehung der Steuer auf den Ertrag, sondern die Verheimlichung des Kapitalstamms selbst[207].

Die Ausweichreaktionen geschahen durch Verlagerung von Geldvermögen und Wertpapierdepots ins Ausland sowie durch den Transfer von Bankeinlagen in den Euromarkt[208]. Über das genaue Ausmaß der Verlagerungen durch inländische Anleger gibt es keine exakten Informationen[209]. Jedoch läßt sich feststellen, daß ein sehr großer Teil des Kapitals in ausländische Investmentfonds geflossen ist[210]. Fast drei Viertel aller Neuanlagen seit 1990 entfielen auf ausländische Investmentzertifikate. Anteile an Kapitalanlagegesellschaften standen damit im Vordergrund der gesamten

---

[202]Vgl. bereits oben Fn 143, dort auch zu der Halbierung dieses Freibetrags durch das Steuerentlastungsgesetz 1999/2000/2002.

[203]So *Döring*, DB 1993, 52. Anders *Bilsdorfer*, BB 1991, 1458.

[204]Vgl. Monatsbericht der Deutschen Bundesbank, Januar 1994, 45. Außerdem haben auch Umwandlungen in Sachwerte stattgefunden.

[205]Siehe Monatsbericht der Deutschen Bundesbank, Januar 1994, 45 (48).

[206]Vgl. aber *Streck/Mack*, BB 1995, 2137 (2143 f.).

[207]Vgl. zu den Steuerausfällen der Schattenwirtschaft, die sich nicht exakt beziffern lassen, ausführlich den Abschlußbericht der *Arbeitsgruppe "Steuerausfälle"* des LMF Nordrhein-Westfalen, StB 1994, 446 (446 f. zur Schwarzarbeit, 452 zu "Ohne- Rechnung [OR]- Geschäften"). Vielfältige Beispiele auch in Capital 3/1994, 40 (42 ff.); Focus, 45/1996, 305 (306 f.). Vgl. *Graffe*, DStZ 1991, 555; *Assmann*, StBp 1994, 129 (133 f.).

[208]Zu letzterem näher Monatsbericht der Deutschen Bundesbank, Januar 1994, 45 (54 f.) sowie *Schöllhorn*, Geldanlage und Vermögensverwaltung international, 19 f.

[209]So Monatsbericht der Deutschen Bundesbank, Januar 1994, 50.

[210]Denn Erträge aus diesen Fonds waren bis Mitte 1993 (ausgeschüttete Erträge) beziehungsweise bis Ende 1993 (thesaurierte Erträge) nicht dem Zinsabschlag unterworfen, selbst wenn sie im Inland realisiert wurden. Siehe sogleich unter cc). Zur Entwicklung und Bedeutung von Investmentzertifikaten als Anlageform siehe Monatsbericht der Deutschen Bundesbank, Oktober 1994, 49 ff. Vgl. auch Antwort des Parlamentarischen Staatssekretärs *Faltlhauser* vom 27.09.1995 auf Anfrage eines Abgeordneten in BT- Drucks. 13/2488, 9 f.

Geldvermögensbildung[211]. Von Ende Juni 1991 bis November 1993 erwarben deutsche Anleger ausländische Investmentzertifikate im Wert von mindestens 100 Milliarden DM. Fast ausschließlich ging es dabei um Papiere von Luxemburger Fondsgesellschaften. Von Mitte 1991 bis November 1993 beliefen sich die statistisch erfaßten Nettokäufe dieser Zertifikate durch deutsche Sparer auf 99,5 Milliarden DM.

Zum überwiegenden Teil sind diese Mittel den in Luxemburg ansässigen Kapitalanlagegesellschaften deutscher Kreditinstitute zugeflossen. Höhepunkt des Interesses an den Luxemburger Investmentpapieren war die Jahreswende 1992/93. In diesem Zeitraum wurden Nettokäufe in Höhe von fast 53 Milliarden DM getätigt[212]. Beliefen sich die Investmentfonds deutscher Kreditinstitute in Luxemburg 1990 noch auf 17 Milliarden DM, waren es im Jahre 1991 schon 30 Milliarden DM und 1992 sogar geschätzte 100 Milliarden DM. Dieser enorme Anstieg geht hauptsächlich auf deutsche Anleger zurück; von ihnen flossen 1991 11,3 Milliarden DM und 1992, also unmittelbar vor Einführung der Zinsabschlagsteuer, ungefähr 66 Milliarden DM[213]. Bis August 1993 sollen fast 50 Milliarden DM hinzugekommen sein[214]. Der langfristige Nettokapitalexport deutscher Investoren ist bereits für 1992 auf 120 Milliarden DM geschätzt worden[215]. Zudem floß deutsches Kapital auch in ausländische Direktanlagen, Finanzinnovationen oder Terminkonten. Der Kapitalexport aus Deutschland seit der Entscheidung des *Bundesverfassungsgerichts* zur Zinsbesteuerung[216] (und der danach zu erwartenden Neuregelung) wurde 1993 auf insgesamt mindestens 330 Milliarden DM beziffert[217]. Es kam bisweilen auch zu völlig irrationalen Umschichtungen nationalen Vermögens, wohl weil viele Bürger mit der Versteuerung von Zinserträgen nicht vertraut waren oder aber den Freibetrag aus Angst vor Fragen des Finanzamts zur plötzlichen Herkunft des Geldes nicht ausnutzen wollten.

Ausländische Fondsgesellschaften legten ihr hohes Mittelaufkommen aus der Emission dieser Zertifikate zum allergrößten Teil wieder im deutschen Bankensystem und in deutsche Rentenwerte an. Anleihekäufe aus Luxemburg am deutschen Markt beliefen sich von Mitte 1991 bis 1993 auf 105 Milliarden DM netto, wenngleich in diesem Betrag auch die übrigen Käufe, die keine Rückschleusung von ins Ausland transferiertem Kapital darstellen, enthalten sind. Größtenteils bezogen sich die Auslandseinkäufe auf Bankschuldverschreibungen, mehr als vier Fünftel des direkten Anleiheerwerbs aus Luxemburg entfielen auf diese Wertpapiere. Damit haben die ausländischen Fonds nicht nur den Präferenzen der Anleger, sondern vor allem auch

---

[211]Näher dazu Monatsbericht der Deutschen Bundesbank, Oktober 1994, 58.

[212]Vgl. Monatsbericht der Deutschen Bundesbank, Januar 1994, 50 ff. In diesen Zahlen ist nur der über Banken und Sparkassen abgewickelte Kapitalexport erfaßt. Deshalb sind Diskrepanzen zu nachfolgenden Angaben und Schätzungen unausweichlich.

[213]So laut Capital 2/1993, 38 f. Siehe auch *Streck*, DStR 1993, 344 f.; *Zeitler*, DStZ 1993, 358; vgl. auch Grafik in Wirtschaftswoche 41/1992, 125.

[214]So Wirtschaftswoche 41/1993, 135.

[215]Siehe Grafik in Wirtschaftswoche 41/1992, 115.

[216]Zinsbesteuerungsurteil, *BVerfG* BStBl. II 1991, 654 = NJW 1991, 2129.

[217]So Schätzung von *Klaus Altehoefer*, zitiert in Wirtschaftswoche 41/1993, 135; vgl. auch *Bilsdorfer*, DStR 1996, 1953 und *Bilsdorfer*, NJW 1997, 2368. Die Deutsche Steuergewerkschaft geht sogar von Verlagerungen in Höhe 600 Milliarden DM zwischen 1991 und 1998 aus, vgl. Bericht im Tagesspiegel vom 12.06.1998.

den Refinazierungsbedürfnissen der deutschen Mutterinstitute Rechnung getragen[218]. Demnach stand zumindest bis zu diesem Zeitpunkt der weitaus größte Teil des abgewanderten Kapitals indirekt wieder dem deutschen Kapitalmarkt zur Verfügung. Durch diese Rückkehr des Kapitals infolge "ausländischer" Geldanlagen und Wertpapierkäufe trat diesmal im Unterschied zu 1989 keine Belastung durch hohe Netto-Kapitalabflüsse ein. Von einem echten Kapitalabfluß, bei dem die Gelder dem deutschen Markt endgültig verloren gehen, konnte keine Rede sein. Die Einführung des Zinsabschlags bot keinen Grund, DM- Anlagen durch Fremdwährungspapiere zu substituieren. Der Export des Geldes stellte somit keine Kapital- sondern eine Steuerflucht beziehungsweise eine "steuerinduzierte Verlagerung" dar[219].

bb) Kapitalnachfrageverhalten

Folge der "kleinen Quellensteuer" 1989 war aber nicht nur, daß sich das Kapitalangebot im Inland dezimierte. Viel wichtiger war, daß die Kapital*nachfrage* im Inland unverändert blieb. Denn auf dem ausländischen Kapitalmarkt konnten sich die inländischen Kreditnehmer nur unter Inkaufnahme der Quellenbesteuerung finanzieren. Auch gegenüber ausländischen Gläubigern der Erträge waren sie zum Steuerabzug verpflichtet. Die Konsequenz der unverminderten Nachfrage bei schwindendem Angebot war eine deutliche Erhöhung der Inlandszinsen um die Quellensteuerbelastung[220]. Diese zinstreibende Wirkung hatte die Einführung des Zinsabschlags nicht[221]. Hier folgt die Kapitalnachfrage dem Kapitalangebot. Die inländischen Kapitalnehmer und damit Schuldner der Zinsen können sich auf dem ausländischen Kapitalmarkt finanzieren, ohne den Steuerabzug vornehmen zu müssen. Die Finanzierung der inländischen Kapitalnachfrager fand vorwiegend in den Ländern statt, die infolge des deutschen Kapitaltransfers umfangreich mit Kapital versorgt waren. Die Höhe des abwandernden Kreditnachfragevolumens bemißt sich nach der Höhe des Kapitaltransfervolumens in das Ausland[222], so daß etwa 1992 der Nettokapitalimport rund 63 Milliarden DM betrug[223]. Die bereits im Vorfeld der Neuregelung gewagte Prognose, das Kapitalmarktgleichgewicht werde sich nicht über den Zins, sondern durch die Verlagerungen von Kapital in das quellensteuerfreie Ausland ausgleichen[224], haben sich insofern bestätigt.

So bedeutsam indes diese Zusammenhänge für die deutsche Währung und die Inlandszinsen waren, so wenig vermögen sie einen anderen Umstand zu ändern: Das erhoffte Aufkommen der Zinsabschlagsteuer wurde und wird durch diese Vermeidungs- und Verlagerungstaktik der Kapitalanleger nicht erreicht. Allerdings läßt sich das enttäuschende Aufkommen nach Ansicht der Deutschen Bundesbank nur zu ei-

---

[218]Vgl. Monatsbericht der Deutschen Bundesbank, Januar 1994, 52 f. Allgemeiner zu diesem "unechten" Auslandsbesitz siehe Monatsbericht der Deutschen Bundesbank, August 1995, 57 (66 f.).

[219]Siehe Monatsberichte der Deutschen Bundesbank, Januar 1994, 45 ff., 53 f. und Januar 1993, 43 (48 f.); *Denkert*, Zinsen und Steuern, 296; *Zeitler*, DStZ 1993, 358 f. Siehe auch Wirtschaftswoche 8/1993, 83 (85); Capital 4/1994, 30; Capital 2/1993, 38 (40); Spiegel 26/1992, 96 (99).

[220]So *Döring*, DB 1993, 52. Genauer zur zinstreibenden Wirkung *Wenger*, ZBB 1990, 178 ff.

[221]Zahlen bei *Zeitler*, DStZ 1993, 357; *Austrup*, Zinsbesteuerung, 46.

[222]*Döring*, DB 1993, 52; *Austrup*, Zinsbesteuerung, 46 f.

[223]So *Zeitler*, DStZ 1993, 358 f.

[224]Vgl. etwa *Döring*, DB 1993, 52.

nem geringen Teil mit der Vermögensverlagerung ins Ausland und der dortigen Abwicklung der Tafelgeschäfte sowie dem Erwerb ausländischer Investmentzertifikate erklären. Denn vor allem war ein größerer als zunächst angenommener Teil der Erträge wegen der Abstandnahmemöglichkeit nicht vom Zinsabschlag betroffen[225].

cc) Luxemburg als klassisches Zufluchtsland für das abgewanderte Kapital

Im unmittelbaren Zusammenhang mit der Feststellung, daß inländisches Kapital ins Ausland transferiert wird, erhebt sich die Frage nach dem Verbleib des Geldes. Denn natürlich wird im Ausland jedenfalls die deutsche Quellensteuer vermieden. Daneben sind aber noch andere Kriterien für die Wahl des Zufluchtsortes entscheidend. Der ausländische Staat kann durchaus eigene steuerliche Nachteile (oder nur wenig lukrative Anlagemöglichkeiten) haben. Geeignet sind somit von vornherein nur diejenigen Länder, die für Zinseinkünfte (zumindest bei Steuerausländern) keinen eigenen Steuerabzug an der Quelle vornehmen. Für die steuerunehrlichen Anleger ist zudem von Bedeutung, daß auch Kontrollmitteilungen für Steuerausländer fehlen. Denn wenn die dortigen Kreditinstitute zu solchen Mitteilungen verpflichtet sind, wie etwa in den USA, dann erfährt über Umwege auch das deutsche Finanzamt von den Einkünften und dem Kapitalstamm[226]. Zudem spielt für die Anlageentscheidung im Ausland auch eine Rolle, ob und unter welchen Voraussetzungen Bankmitarbeiter zu Auskünften gegenüber dem Fiskus verpflichtet und ob anonyme Kapitalanlagen statthaft sind[227]. Dabei bezieht sich der erste Punkt auf das Bankgeheimnis, auf das Verhältnis der Bank zu Dritten, und der letzte auf das Verhältnis zwischen Bank und Kunden[228]. Unter diesen Aspekten bietet sich Luxemburg geradezu an und überrascht deshalb nicht, daß das aus Deutschland abgewanderte Kapital anfänglich zum überwiegenden Teil in das grenznahe Luxemburg geflossen ist[229]. Eine allgemeine Quellensteuer auf Zinseinkünfte exisiert nicht, Kontrollmitteilungen sind weder für Steuerinländer noch für -ausländer vorgeschrieben[230]. Es gibt seit 1981 ein gesetzlich verankertes und strafrechtlich geschütztes Bankgeheimnis. Danach sind selbst im Todesfall grundsätzlich weder Auskünfte von Bankmitarbeitern gegenüber Dritten über die Höhe von Einlagen und Depots oder das Bestehen einer Kundenbeziehung überhaupt noch Meldungen von Filialen oder Tochtergesellschaften an die Zentrale oder die Mutterbank zulässig[231]. Die Finanzverwaltung ist nicht berechtigt, von jedem

---

[225]Siehe Monatsbericht der Deutschen Bundesbank, Januar 1994, 48 f. Zu den erhofften und tatsächlichen Einnahmen vgl. Beschlußempfehlung und Bericht des Finanzausschusses, BT-Drucks. 12/2736, 39; Wirtschaftswoche 51/1994, 92.

[226]*Döring*, DB 1993, 49.

[227]Zu den Kriterien steuerunehrlicher Anleger siehe Abschlußbericht der *Arbeitsgruppe "Steuerausfälle"* des LMF Nordrhein- Westfalen, StB 1994, 448.

[228]Zu dieser Differenzierung *Spängler*, in App, DStZ 1993, 201 (203). Übersicht über das Bankgeheimnis in unterschiedlichen Ländern bei *Carl/Klos*, Bankgeheimnis und Quellensteuer, 87 ff.

[229]Empfehlung für Luxemburg bereits 1987 von *Bartsch/Wittenberg*, Finanzplatz Luxemburg, 1.1 (15 f.).

[230]Siehe *Restorff*, in App, DStZ 1993, 201 (204); *Austrup*, Zinsbesteuerung, 159 f.; *Döring*, DB 1993, 49.

[231]*Storck*, Die Bank 1993, 364; *Carl/Klos*, Bankgeheimnis und Quellensteuer, 116.

Kreditinstitut individuelle Auskünfte zu Kunden zu verlangen[232]. Durchbrechungen sind nur in gesetzlich geregelten Sonderfällen möglich, insbesondere bei dem Verdacht auf Geldwäsche im Zusammenhang mit Rauschgifthandel oder bei Erträgen aus der Ausnutzung vertraulicher Informationen (Insiderrecht)[233]. Dieses Bankgeheimnis gilt wegen des Ermessens der Bank de facto auch im Zivilprozeß des Kunden. Im Strafprozeß besteht allerdings kein Aussageverweigerungsrecht für Bankmitarbeiter[234]. Anonyme Kapitalanlagen in der Form, daß nicht einmal die Kreditinstitute die Identität des Kunden kennen, sind nicht zulässig. Nach der Identitätsprüfung ist jedoch die Führung des Kontos "anonymisiert" -etwa auf Nummern- möglich (sogenannte namensgeschützte Konten)[235].

Etwa 165 Milliarden sollen zwischen 1991 und 1993 in dieses Land verbracht worden sein[236]. Infolgedessen seien die Untergrenzen für Anlagen deutlich gesunken und haben sich die Kreditinstitute schnell auf den "neuen" Markt eingestellt[237].

Das Interesse der deutschen Kapitalanleger an diesem Finanzplatz nahm aber bereits Ende 1993 wieder ab[238]. Ursache dafür war zum einen die anhaltende Diskussion um eine einheitliche Quellensteuer in den Mitgliedsländern der Europäischen Union. Von zentraler Bedeutung waren zudem die bereits im September 1993 angekündigten Veränderungen im Bereich der Erträge aus Investmentfonds. Das Zinsabschlaggesetz

---

232 *Carl/Klos*, DStZ 1991, 577 (578).

233 Vgl. *Restorff*, in App, DStZ 1993, 201 (203), *Carl/Klos*, DStZ 1991, 579; *dies.*, Bankgeheimnis und Quellensteuer, 119 ff.; *Storck*, Die Bank 1993, 364 f. Zu den neuerlichen Veränderungen im Bereich der Geldwäsche vgl. Börsen- Zeitung vom 17.03.1997.

234 *Carl/Klos*, DStZ 1991, 578, *Storck*, Die Bank 1993, 365.

235 Vgl. *Carl/Klos*, Bankgeheimnis und Quellensteuer, 117 f.; *Bartsch/Wittenberg*, Finanzplatz Luxemburg, 5.3. (75 f.); Tabelle in Wirtschaftswoche 29/1991, 71 (72). Zur generellen Trennung zwischen anonymen Konten und (bloßen) Nummernkonten siehe *Schöllhorn*, Geldanlage und Vermögensverwaltung international, 5 f.

236 So *Klaus Altehoefer*, zitiert in Capital 3/1994, 40 (43); ähnlich auch *Röhm*, Schwarzgeld im Visier, 90. Von der Dresdner Bank AG sollen über 3,5 Milliarden DM auf Konten ihrer Luxemburger Tochter transferiert worden sein, vgl. Börsen- Zeitung vom 12.11.1994. In dieser Summe sind nicht die Wertpapiereinlieferungen berücksichtigt, die ungefähr sieben bis neun mal so hoch wie der reine Geldtransfer sein dürften. Das gesamte Ausmaß läßt sich somit nur erahnen. Veröffentlichungen zufolge soll es sich um 5 Milliarden DM Geldüberweisungen sowie 13 Milliarden DM bei den Wertpapierverlagerungen allein bei der Dresdner Bank AG gehandelt haben, vgl. Bericht im Tagesspiegel vom 26.09.1997.

237 So jedenfalls die Angaben in Wirtschaftswoche 41/1992, 118, 124 und Wirtschaftswoche 10/1993, 118 (123). Aufschlußreich ist in diesem Zusammenhang die Grafik zum Jahresüberschuß der Banken und ihrer Luxemburger Töchter vor Steuern bis zum Jahre 1993 in Monatsbericht der Deutschen Bundesbank, Oktober 1994, 19 (33).

238 Das Kapital wanderte in andere "Steueroasen" wie etwa die Schweiz oder Liechtenstein. Zu den klassischen Steuerfluchtländern siehe *Carl/Klos*, Bankgeheimnis und Quellensteuer, 116 ff. (Luxemburg), 93 ff. (Schweiz), 106 ff. (Österreich); *Schöllhorn*, Geldanlage und Vermögensverwaltung international, 51 ff. Allgemein zur Zinsbesteuerung in anderen europäischen Ländern *Austrup*, Zinsbesteuerung, 140 ff.

selbst hat Erträge aus Auslandsfonds unberührt gelassen[239]. Erst mit Art. 20 des Gesetzes zur Umsetzung des Förderalen Konsolidierungsprogramms[240] ist das Auslandinvestmentgesetz (AuslandInvestmG) geändert worden. Damit wurden ausgeschüttete Erträge aus ausländischen Fondsgesellschaften bei Realisierung im Inland und Zufluß nach dem 30.06.1993 dem Zinsabschlag unterworfen. Das spätere Gesetz zur Bekämpfung des Mißbrauchs und zur Bereinigung des Steuerrechts[241] hat durch erneute Änderung des AuslandInvestmG die Möglichkeit geschaffen, auch die Erträge aus thesaurierenden Auslandsfonds bei Zufluß nach dem 31.12.1993 über eine inländische Auszahlungsstelle mit dem Zinsabschlag zu belegen[242]. Außerdem hat jenes Gesetz den Zinsabschlag auch auf die "Zwischengewinne" aus privaten Veräußerungszinserträgen bestimmter in- und ausländischer Investmentzertifikate bei Verwahrung oder Einlösung durch inländische Zahlstellen ab dem 31.12.1993[243] eingeführt[244]. Infolge dieser steuerlichen Veränderungen war somit spätestens ab dem Jahre 1994 der überwiegende Teil der Investmenterträge bei Realisierung im Inland dem Zinsabschlag unterworfen. Bereits im vierten Quartal 1993 sollen daher aus den Luxemburger Rentenfonds 31,5 Milliarden DM abgezogen worden sein[245]. Die massiven Veräußerungen solcher ausländischen Investmentzertifikate zu dieser Zeit und die anschließende kurzfristige Anlage der Erlöse im Inland hatten sogar deutliche Auswirkungen auf das Geldmengenwachstum in der Bundesrepublik[246]. Das rückläufige Interesse an den ausländischen und insbesondere den Luxemburger Fonds setzte sich in den späteren Jahren fort[247]. Ab Anfang 1994 kamen zusätzlich die Durchsuchungen und Beschlagnahmen in Kreditinstituten in Deutschland hinzu, bei denen es zum

---

[239]Mit dem Zinsabschlaggesetz wurden lediglich bestimmte Investmenterträge inländischer Investmentfonds der Kapitalertragsteuer unterworfen. Vgl. Änderungen der §§ 38 ff. Kapitalanlagegesetz durch Art. 2 des Gesetzes vom 09.11.1992, BGBl. I 1992, 1853.

[240]Gesetz über Maßnahmen zur Bewältigung der finanziellen Erblasten im Zusammenhang mit der Herstellung der Einheit Deutschlands, zur langfristigen Sicherung des Aufbaus in den neuen Ländern, zur Neuordnung des bundesstaatlichen Finanzausgleichs und zur Entlastung der öffentlichen Haushalte (FKPG) vom 23.06.1993, BGBl. I 1993, 944.

[241]Mißbrauchsbekämpfungs- und Steuerbereinigungsgesetz vom 21.12.1993, BGBl. I 1993, 2310.

[242]*Scheurle*, DB 1994, 502 (506).

[243]Mit einer Übergangsfrist bis zum 31.03.1994, BMF vom 17.12.1993, Az. IV B 4 - S 1980- 56/93, BStBl. I 1994, 16. Neuerliche Veränderungen im Bereich des "Zwischengewinns" brachte das Gesetz über den Wertpapierhandel und zur Änderung börsenrechtlicher und wertpapierrechtlicher Vorschriften (2. Finanzmarktförderungsgesetz) vom 26.07.1994, BGBl. I 1994, 1749.

[244]Dazu *Scheurle*, DB 1994, 505 f.

[245]So Capital 4/1994, 30; Wirtschaftswoche 6/1994, 97; vgl. auch Monatsbericht der Deutschen Bundesbank, Oktober 1994, 53 f.

[246]Siehe Monatsbericht der Deutschen Bundesbank, Oktober 1994, 53. Von Bedeutung ist auch, daß durch die Veränderungen und der nachfolgenden "Verwirrung" bei den Anlegern befürchtet worden ist, daß viele Depots zu Auslandsbanken in Luxemburg und damit verstärkt in fremde Währungen verlagert werden. Damit drohte ein echter Kapitalabfluß. Vgl. *Arndt*, KÖSDI 1994, 9760 (9764); Börsen- Zeitung vom 12.11.1994; Capital 4/1994, 30 und Wirtschaftswoche 41/1993, 133, 135.

[247]Vgl. Monatsberichte der Deutschen Bundesbank, Oktober 1994, 53 f. und Januar 1996, 31 (34 f.) sowie Bericht im Tagesspiegel vom 28.01.1997 zum Jahre 1996. Allgemein zum "Verblassen" des Bankenplatzes Luxemburg Berichte im Tagesspiegel vom 19.04.1997 sowie Frankfurter Rundschau vom 04.01.1997.

größten Teil um Geldtransfer nach Luxemburg ging. Auch dies führte zum verstärkten Abfluß von deutschem Kapital aus Luxemburg.

dd) Andere Ausweichmöglichkeiten: Neue Finanzinnovationen

Aber auch diejenigen Anleger, die mit ihrem Kapital im Geltungsbereich der Zinsabschlagsteuer geblieben sind, versuchten überwiegend, zumindest dem Steuerabzug zu entgehen. Dazu ist die Neuregelung selbst auf Lücken sowie Umgehungs- und Gestaltungsmöglichkeiten hin untersucht worden[248]. In größerem Umfang wurde jedoch versucht, durch Entwicklung neuer oder Anpassung hergebrachter Finanzanlagen unmittelbar der materiellen Steuerpflicht -und damit auch dem Zinsabschlag- zum Teil gänzlich zu entgehen oder zumindest den Zeitpunkt der Besteuerung der Erträge weitgehend der Disposition des Anlegers zu überlassen. Diese Innovationen basierten auf dem Prinzip, steuerpflichtige Kapitalerträge durch Kurs- oder Veräußerungsgewinne zu ersetzen. Denn jene Kurs- oder Veräußerungsgewinne sind im Privatvermögen außerhalb der §§ 17, 23 EStG infolge der Zuordnung der Kapitaleinkünfte der §§ 2 I S. 1 Nr. 5, 20 I EStG zu den Überschußeinkunftsarten gemäß § 2 II Nr. 2 EStG steuerfrei[249]. Die Tendenz der neuen Finanzanlagen war demnach, Erträge im Grenzbereich des nicht steuerbaren Stammvermögens durch Umwandlung von Nutzungserträgen in Wertzuwachsleistungen zu schaffen, und zwar ohne das für die Vermögenssphäre übliche marktzinsbedingte Kursrisiko[250].

Üblich war beispielsweise[251] die Emission festverzinslicher Anleihen mit mehrjähriger Laufzeit, aber ungleichmäßiger Verzinsung. Diese ermöglichten es dem Inhaber infolge der niedrigen oder fehlenden Verzinsung in den ersten Jahren, die Wertpapiere kurz vor (erhöhter) Verzinsung zu veräußern. Dadurch konnte ein hoher und im Privatvermögen grundsätzlich eben nicht steuerbarer einmaliger Kurs- beziehungsweise Veräußerungsgewinn erzielt werden[252], wogegen der (regelmäßig nicht so vermögende) Erwerber die beginnende (höhere) Verzinsung noch mit seinem Freibetrag (fast) vollständig quellensteuerfrei vereinnahmte. Möglichkeiten hierfür waren Kombizins-, Step- up- und Gleitzins- Anleihen[253]. Die aus diesen Anleihen fließenden Zinsen sind unbestritten Einkünfte im Sinne der §§ 2 I S. 1 Nr. 5, 20 I Nr. 7 EStG. Der Betrag jedoch, den der Inhaber der Papiere bei der frühzeitigen Veräußerung (je-

---

[248]Etwa Umwandlung anderer Einkunftsarten in Einkünfte aus Kapitalvermögen und Streuung der persönlichen Zurechnung der Einkünfte. Beispiele bei *Assmann*, StBp 1993, 241; Schmidt-*Heinicke*, EStG, § 43 Rn 57 f.; *Streck*, DStR 1993, 342; *Paus*, Zinsbesteuerung, Rn 804 ff.

[249]Wenngleich § 20 II S. 1 Nrn. 2- 4 EStG gewisse Veräußerungsvorgänge erfaßt, so ändert dies nichts an der grundsätzlichen Einordnung der Einkünfte aus Kapitalvermögen zu den Überschußeinkunftsarten (Quellentheorie), vgl. *Hamacher*, StVj 1993, 25.

[250]*Giloy*, FR 1992, 607; *Streck*, DStR 1993, 344; Schmidt- *Heinicke*, EStG, § 20 Rn 170; *Zeitler*, DStZ 1993, 358. Ein ABC ausgewählter Finanzinstrumente findet sich bei *Bullinger/Radke*, Handkommentar, Rn 1200 ff.

[251]Ausführlicher zu Wirkung und Steuerspareffekt der verschiedenen Innovationen *Hamacher*, StVj 1993, 15 ff.; *Scheurle*, DB 1994, 445 ff.; *Streck*, DStR 1993, 344; *Giloy*, FR 1992, 607 f.; *Jonas*, BB 1993, 2421; Schmidt- *Heinicke*, EStG, § 20 Rn 170; *Wagner/Wangler*, DB 1992, 2405 jeweils m.w.N.

[252]Wohingegen laufende Zinseinkünfte bei dem Veräußerer wegen Übersteigung des Frei- und Pauschbetrages zumindest mit dem Zinsabschlag belegt worden wären.

[253]Zu diesen Varianten *Scheurle*, DB 1994, 445; *Streck*, DStR 1993, 344; *Hamacher*, StVj 1993, 27 ff.

doch sinnvollerweise nicht innerhalb der inzwischen[254] ein Jahr betragenden Spekulationsfrist[255]) erzielt, betrifft allein das Verhältnis zum Nacherwerber und nicht die Ebene zum Schuldner. Die Kursgewinnrealisierung reflektiert, daß der Erwerber zukünftig einen über dem Kapitalmarktniveau liegenden Zins erwarten kann[256]. Diese entgeltlichen Übertragungen sind derivative Finanzinstrumente, Sekundärmarktgeschäfte, die jedenfalls nicht von den §§ 2 I S. 1 Nr. 5, 20 I EStG erfaßt werden. Nach diesen Normen sind lediglich die Beträge, die von demjenigen gezahlt werden, dem das Kapital zur Nutzung überlassen wird, steuerbar. Erträge aus Zwischenveräußerungen an einen Dritten sind als Einkünfte aus Kapitalvermögen nur unter den Voraussetzungen des § 20 II S. 1 Nrn. 2- 4 EStG materiell steuerpflichtig[257]. Und die §§ 2 I S. 1 Nr. 5, 20 II S. 1 Nrn. 3, 4 EStG in der Fassung des Zinsabschlaggesetzes[258] waren in diesem Fall zumindest ihrem Wortlaut nach nicht einschlägig. Mangels Vereinbarung eines Ab- oder Aufzinsungsbetrages zwischen Gläubiger und Schuldner lagen weder auf- oder abgezinste Papiere[259] in diesem Sinne vor[260], noch waren Stückzinsen besonders in Rechnung gestellt[261].

Jedoch hat zum einen das Schrifttum recht schnell die Anwendung der §§ 41, 42 AO bei diesen neuen Anlagemodellen diskutiert[262]. Zum anderen sah sich auch das Bundesministerium der Finanzen veranlaßt, einzugreifen[263]. Weil dies dennoch nicht alle Zweifel behoben hat, sind im Gesetz zur Bekämpfung des Mißbrauchs und zur Bereinigung des Steuerrechts[264] mehrere Korrekturen in § 20 EStG vorgenommen worden. Durch diese Erweiterungen erfassen die §§ 2 I S. 1 Nr. 5, 20 I Nr. 7, II EStG jetzt Anlagen, bei denen entweder die Rückzahlung des angelegten Kapitals oder der Zins für die Nutzungsüberlassung ungewiß ist. Lediglich rein spekulative Kapitalan-

---

[254]Steuerentlastungsgesetz 1999/2000/2002 (vom 24.03.1999, BGBl. I 1999, 402).

[255]Spekulationsfrist des § 23 I S. 1 Nr. 1 b EStG. Sonst liegen "sonstige Einkünfte" im Sinne der §§ 2 I S. 1 Nr. 7, 22 Nr. 2, 23 I S. 1 Nr. 1 b EStG vor, wofür die private Veräußerung bestimmter Wirtschaftsgütern innerhalb der Jahresfrist reicht. Die Ursache des Spekulationsgewinnes ist irrelevant, ebenso die Frage, ob eine Spekulationsabsicht vorgelegen hat. Vgl. *Crezelius*, Steuerrecht II, § 6 Rn 70 ff.; Kirchhof/Söhn- *Crezelius*, EStG, § 23 Rn A 2.

[256]So zur Gleitzins- Anleihe *Hamacher*, StVj 1993, 28.

[257]*BFH* BStBl. II 1992, 174 (175 f.); *Hamacher*, StVj 1993, 23 ff.

[258]Gesetz vom 09.11.1992, BGBl. I 1992, 1853.

[259]Abzinsungspapiere sind solche, bei denen die Rückzahlung zum Nennwert stattfindet, allerdings der Ausgabekurs der Nennwert abzüglich Zins und Zinseszins war. Aufzinsungspapiere sind dagegen solche, wo der Ausgabekurs dem Nennwert entspricht, jedoch die Rückzahlung zum Nennwert zuzüglich Zins und Zinseszins stattfindet.

[260]*Heuer*, DStR 1993, 1322 (1323); *Giloy*, FR 1992, 607; zu Gleitzins- und Kombizins- Anleihen *Hamacher*, StVj 1993, 27 ff. m.w.N.

[261]Vielmehr hat üblicherweise ein "flat- Handel" stattgefunden, bei dem sich die angelaufenen Zinsen nur in dem höheren Entgelt für das Wertpapier niederschlagen, vgl. *Scheurle*, DB 1994, 449 f.

[262]*Giloy*, FR 1992, 607 f.; *Streck*, DStR 1993, 344; *Austrup*, Zinsbesteuerung, 53 ff.

[263]Vgl. Schreiben des BMF vom 30.04.1993, Az. IV B 4- S 2252- 480/93, BStBl. I 1993, 343. Dazu kritisch *Heuer*, DStR 1993, 1322; *Jonas*, BB 1993, 2421.

[264]Mißbrauchsbekämpfungs- und Steuerbereinigungsgesetz vom 21.12.1993, BGBl. I 1993, 2310. Außerdem ergingen auch nach dieser Gesetzesänderung noch weitere Verwaltungsanweisungen, vgl. etwa Schreiben des BMF vom 10.11.1994, Az. IV B 3- S 2256- 34/94, BStBl. I 1994, 816 und vom 29.05.1995, Az. IV B 4- S 2252- 162/95, BStBl. I 1995, 283.

lagen, die sich durch eine kumulative Unsicherheit beider Umstände auszeichnen, fallen nach wie vor nicht unter diese Normen[265]. Entgelte für die Überlassung des Kapitals sind alle von Gewinn und Umsatz losgelöste laufzeitabhängige Nutzungsvergütungen. Infolge der Neufassung werden sie unabhängig von Bezeichnung, Ausgestaltung und Zahlungsart (Vorwegzahlung, rechnerische Einbeziehung in den Rückzahlungsbetrag, Berechnung nach ungewissem Ereignis wie etwa Entwicklung des Indexes) erfaßt[266]. Dies und die Verbreiterung der Spezialregelungen des § 20 II S. 1 Nrn. 2- 4 EStG für die entgeltliche Übertragung oder Endeinlösung des Stammrechts durch weitere Erwerber haben zur Folge, daß zahlreiche dieser Finanzinnovationen ihre beabsichtigte steuerrechtliche Wirkung verfehlen[267].

3. Zusammenfassung

Zusammenfassend ist festzuhalten, daß für die der deutschen Einkommensteuer unbeschränkt unterliegenden natürlichen Personen die privaten Einkünfte aus sonstigen Kapitalforderungen jeder Art bei einer auf Vermögenszuwachs gerichteten Tätigkeit vorbehaltlich der §§ 20 IV und 9 a S. 1 Nr. 1 b EStG einkommensteuerpflichtig sind. Dafür ist irrelevant, wo sich das Kapital befindet[268]. Die Art der Erhebung hat sich im Laufe der Zeit mehrfach geändert. Seit 1993 gibt es für Einkünfte aus sonstigen Kapitalforderungen jeder Art den Zinsabschlag, der eine Vorauszahlung auf die persönliche Einkommensteuerschuld darstellt. Er bewirkt, daß der staatliche Steueranspruch zumindest in Höhe des Abschlags durchgesetzt wird. Darin zeigt sich seine eigentliche Bedeutung. Allerdings wird der Zinsabschlag nach der gesetzlichen Ausgestaltung grundsätzlich nur von inländischen Kreditinstituten als Zahlstellen einbehalten und an das Finanzamt abgeführt. Damit kann durch die Einschaltung von Geldinstituten mit Sitz im Ausland diese Vorauszahlung vermieden werden. Gerade weil die Vorverlagerung des Steuerzahlungszeitpunktes zu erheblichen Liquiditätsnachteilen führen kann, ist die Einschaltung von Banken mit Sitz im Ausland auch mit dieser Intention legitim und legales Ausnutzen einer vom Gesetz eröffneten Möglichkeit.

Es ist indes mehr als fragwürdig, ob sich die Kapitalverlagerungen im dargestellten enormen Ausmaß anläßlich der Einführung des Zinsabschlags allein mit Liquiditätsvorteilen durch die Verschiebung des Steuerzahlungszeitpunktes erklären lassen[269]. Es darf vermutet werden, daß ein Teil dieser Kapital zu ausländischen Finanzplätzen transferierenden Steuerpflichtigen unehrlich ist. Ihnen kommt es nicht nur auf den Zinsabschlag als Vorauszahlung der persönlichen Steuerschuld an, sondern um die Vorbereitung endgültiger Steuerverkürzung jedenfalls in Bezug auf die Zinsen im Veranlagungsverfahren. Darüber hinaus ist selbst dies möglicherweise nicht das eigentliche Ziel, sondern das Verheimlichen des (in der Vergangenheit akkumulierten)

---

[265]So Schmidt- *Heinicke*, EStG, § 20 Rn 182; Tipke/Lang- *Lang*, StR, § 9 Rn 561 (in Fn 103); *Scheurle*, DB 1994, 445.

[266]Vgl. Kirchhof/Söhn- *Dötsch*, EStG, § 20 Rn I 5; Schmidt- *Heinicke*, EStG, § 20 Rn 162.

[267]Steuerstrafrechtlich sind diese Finanzinnovationen grundsätzlich irrelevant, vgl. *Kohlmann*, § 370 Rn 17.8. Lediglich soweit tatsächlich eine Steuerumgehung nach § 42 AO anzunehmen ist, können sich strafrechtliche Konsequenzen ergeben. Vgl. zur Frage der Steuerhinterziehung durch Steuerumgehung *OLG Karlsruhe* wistra 1993, 308 und Franzen/Gast/Joecks- *Joecks*, § 370 Rn 139 f. m.w.N.

[268]Siehe §§ 1 I, II, III, 1 a, 2 I S. 1 Nr. 5, 20 I Nr. 7, II, III EStG.

[269]Denn immerhin gibt es auch einen höheren Kostenaufwand. Vgl. *Streck/Mack*, BB 1995, 2143 f.

Kapitalstamms selbst[270]. Oftmals handelt es sich dabei um Geld aus strafbaren oder sittenwidrigen Handlungen (beispielsweise aus Rauschgifthandel, Waffengeschäften, Prostitution)[271] und/oder -wohl deutlich relevanter- unversteuertes Geld (Schwarzgeld[272]). Allerdings bestehen keine verläßlichen oder nur annähernd aussagekräftigen statistischen Unterlagen, in welchem Umfang die Verlagerung nur zur Verschiebung des Steuerzahlungszeitpunktes und nicht als Vorbereitung der endgültigen Verkürzung der Steuern vorgenommen worden sind[273].

Festzuhalten bleibt, daß die enormen Verlagerungen aus *steuerlichen* Gründen, und zwar zu einem (möglicherweise nicht geringen) Teil von *unehrlichen* Steuerpflichtigen vorgenommen worden sind. Damit stellt sich die Frage, welche Instrumentarien der Finanzverwaltung zur Verfügung stehen, von diesen nicht deklarierten (ausländischen) Einkünften und damit mittelbar auch von dem zugrundeliegenden Vermögen selbst zu erfahren.

D. Ermittlungsmöglichkeiten der Finanzverwaltung im Bereich der Zinseinkünfte

Nur vor dem Hintergrund der steuerlichen Ermittlungsmöglichkeiten speziell bei den Zinseinkünften läßt sich erklären, warum heftige Kritik von Bankenvertretern und Juristen an den strafprozessualen Bankendurchsuchungen geübt worden ist[274]. Wie zu zeigen sein wird, besteht zwar kein steuerlich relevantes Bankgeheimnis in Deutschland. Auch sind anonyme Kapitalanlagen, die Nachforschungen des Fiskus erschweren könnten, nicht zulässig. Aber es gibt den § 30 a AO, der die Aufdeckung von (nicht deklarierten) Einkünften aus Kapitalvermögen durch die Finanzverwaltung beschränkt.

I. Überblick über die Ermittlungsbefugnisse der Finanzverwaltung

Die Finanzbehörden im Sinne des § 6 II AO haben gemäß § 85 S. 1 AO die Aufgabe, die Steuern gleichmäßig sowie nach Maßgabe der Gesetze festzusetzen und zu erheben. Ferner sollen sie nach § 85 S. 2 AO insbesondere sicherstellen, daß Steuern nicht verkürzt werden. Es gilt der Untersuchungsgrundsatz[275]. Der Sachverhalt ist von Amts wegen zu ermitteln. Ergänzend dazu treten die Mitwirkungspflichten des Steuerpflichtigen, § 90 AO, sowie die Schätzungsmöglichkeit nach § 162 AO. Zum Tätigkeitsbereich der Finanzbehörden nach § 85 S. 1 AO gehört insbesondere auch, unbekannten Steuerfällen von Amt wegen nachzugehen. Denn nur so kann die gefor-

---

[270]Vgl. Abschlußbericht der *Arbeitsgruppe "Steuerausfälle"* des LMF Nordrhein- Westfalen, StB 1994, 448; *Graffe*, DStZ 1991, 555; *Assmann*, StBp 1994, 133 f.

[271]Siehe § 42 AO. Vgl. etwa *BFH* BStBl. II 1987, 653 (Einkünfte aus der Tätigkeit als Prostituierte sind umsatz- und einkommensteuerpflichtig); *FG Köln* EFG 1986, 350 (Erträge aus illegalem Rauschgifthandel sind gewerbesteuerpflichtig.). Vgl. zur Verfassungsmäßigkeit dieser Norm *AG Braunschweig* NJW 1993, 3096 sowie Tipke/Kruse- *Kruse*, AO, § 42 Rn 11 m.w.N.

[272]Vgl. zu den Steuerausfällen der Schattenwirtschaft, die sich nicht exakt beziffern lassen, ausführlich den Abschlußbericht der *Arbeitsgruppe "Steuerausfälle"* des LMF Nordrhein-Westfalen, StB 1994, 446 f. zur Schwarzarbeit, 452 zu "OR- Geschäften". Vielfältige Beispiele auch in Capital 3/1994, 40 (42 ff.); Focus, 45/1996, 305 (306 f.).

[273]So *BFH* NJW 1997, 2067 (2069). Vgl. allerdings den Abschlußbericht der *Arbeitsgruppe "Steuerausfälle"* des LMF Nordrhein- Westfalen, StB 1994, 448.

[274]Zur Kritik unten ab S. 245.

[275]Siehe § 88 AO.

derte Rechtsanwendungsgleichheit sichergestellt werden[276]. Aus der Rechtsanwendungsgleichheit und § 86 S. 1 AO folgt, daß Ermittlungen der Finanzbehörden "ins Blaue hinein" unzulässig sind und die Finanzverwaltung einen *hinreichenden Anlaß* für ihre Nachforschungen benötigt[277]. Dieser wird vom *Bundesfinanzhof* dann angenommen, "wenn aufgrund konkreter Momente oder aufgrund allgemeiner Erfahrung eine Anordnung bestimmter Art geboten ist"[278]. *Konkrete* Anhaltspunkte im Einzelfall verlangen Umstände, die bereits aus sich selbst heraus eine erhöhte Wahrscheinlichkeit der Steuerverkürzung bieten. Die *allgemeinen* Erfahrungen liegen dann vor, wenn eine spezifische und durch bestimmte übereinstimmende Merkmale gekennzeichnete Gruppe objektiv belegbar (statistisches Element) über das "normale" Maß hinaus Steuerverkürzungen begeht[279]. Dies folgt letztlich aus verfassungsrechtlichen Vorgaben[280] und ist vom *Bundesverfassungsgericht* ausdrücklich gebilligt worden. Denn eine Informationsbeschaffung auf Vorrat zu unbestimmten oder noch nicht bestimmbaren Zwecken ist der Finanzverwaltung verwehrt[281]. Sowohl der Grundsatz der Verhältnismäßigkeit als auch das Grundrecht auf informationelle Selbstbestimmung als Bestandteil des allgemeinen Persönlichkeitsrechts (Art. 1 I, 2 I GG)[282] gebieten, daß erst bei einem *hinreichenden Anlaß* Ermittlungen durch den Staat vorgenommen werden[283]. Demzufolge sind Ermittlungen der Finanzbehörden in steuerlicher Hinsicht dann unzulässig, wenn es keine Anhaltspunkte für irgendwelche steuererheblichen Umstände gibt. Für einen hinreichenden Anlaß genügt die *Möglichkeit* der Steuerverkürzung; die Stufen des strafprozessualen *Tatverdachts* müssen nicht erreicht werden[284]. Die zur Rechtsanwendung nötigen Kenntnisse erlangt die Behörde neben Anzeigen und Mitwirkungen von Dritten (vgl. etwa §§ 134- 136 AO) primär durch die Mitwirkung des Beteiligten. Diesen treffen bestimmte Pflichten[285], regelmäßig wirkt er durch Abgabe der Steuererklärung mit, §§ 90 I S. 2, 149, 150 AO. Seine Angaben sind danach grundsätzlich Ausgangspunkt der Sachverhaltsermittlung, nach der gesetzlichen Vorstellung sind dritte Personen nur subsidiär[286] heranzuziehen. Die Behörde hat nicht die Aufgabe, ordnungsgemäß ausgefüllte Steuererklärungen auf alle nur denkbaren Fehlerquellen hin zu untersuchen[287]. Im übrigen stößt die Erfassung aller Steuerpflichtigen und die Aufdeckung aller Steuersachverhalte angesichts der Zahl der Steuerfälle einerseits und der Anzahl der Steuerbeamten, deren Arbeitszeit

---

[276]So *BFH* BStBl. II 1990, 198 (199) m.w.N.

[277]Ständige Rechtsprechung, siehe *BFH* BStBl. II 1968, 365 (368 f.); *BFH* WM 1997, 2344 (2349); *BFH* BStBl. II 1988, 359 (361); *BFH* BStBl. II 1987, 484; *BFH* BStBl. II 1990, 199. Vgl. auch Koch/Scholtz- *Helsper*, AO, § 86 Rn 5; Tipke/Kruse- *Tipke*, AO, § 86 Rn 2; *Hamacher*, StVj 1992, 110 (113) und ausführlich *ders.*, DStZ 1988, 217.

[278]Wörtlich *BFH* BStBl. II 1988, 361. Siehe auch *BFH* BStBl. II 1987, 484 und *BFH* BStBl. II 1990, 199.

[279]Vgl. *Hamacher*, DB 1996, 2460 (2461) m.w.N.

[280]Irreführend Koch/Scholtz- *Helsper*, AO, § 93 Rn 2 a.E. ("Belohnung" für Pflichterfüllung).

[281]Siehe *BVerfG* HFR 1990, 440 (441).

[282]Grundlegend zu diesem Recht BVerfGE 65, 1 (41 ff.) (Volkszählungsurteil).

[283]*Hamacher*, StVj 1992, 116 ff.; *ders.*, DB 1996, 2460 f.

[284]Vgl. *BFH* BStBl. II 1988, 361.

[285]Zu den Mitwirkungspflichten allgemein siehe *Birk*, Steuerrecht I, § 15 Rn 8 ff.

[286]Vgl. bei Auskünften § 93 I S. 3 AO.

[287]*Hamacher*, StVj 1992, 114; Koch/Scholtz- *Helsper*, AO, § 93 Rn 2.

und der Komplexität der Steuergesetze andererseits zwangsläufig an objektive Grenzen[288]. Erst dann, wenn die Angaben der Steuerpflichtigen in sich widersprüchlich oder unvollständig sind oder sich aus den sonstigen dem Finanzamt bekannten Umständen Zweifel an der Richtigkeit der Angaben ergeben, besteht ein solcher Anlaß für Nachforschungen[289]. Ohne "greifbare Umstände" ist den Angaben des Steuerpflichtigen zu vertrauen[290]. Insgesamt dürfen die Finanzbehörden mit eigenen Ermittlungen somit nur dann tätig werden, wenn die Angaben des Beteiligten unschlüssig, unvollständig, widersprüchlich und damit unwahrscheinlich erscheinen (konkrete Momente) oder wenn allgemeine, belegbare und darzulegende Erfahrungen eine bestimmte Anordnung anzeigen. Mit anderen Worten folgt aus § 88 AO, daß die Finanzverwaltung allen *offenkundigen Zweifeln* nachzugehen hat[291].

Sobald der beschriebene Anlaß besteht, muß die Finanzbehörde nach § 85 S. 2 AO ermitteln und darf sich dabei der Beweismittel bedienen, die sie nach pflichtgemäßem Ermessen zur Aufklärung des Sachverhaltes für erforderlich hält (§ 92 S. 1 AO). Die einzelnen Voraussetzungen des jeweiligen Beweismittels müssen erfüllt sein. Zudem muß dieses konkrete Beweismittel für den angestrebten Nachweis geeignet, erforderlich und verhältnismäßig im engeren Sinne sein; dem Betroffenen muß die Erfüllung möglich und zumutbar sein[292]. Die "Erforderlichkeit" ist in einigen Tatbeständen sprachlich aufgenommen worden (etwa § 93 I S. 1 AO)[293], und soll bereits dann vorliegen, "wenn die Finanzbehörde im Rahmen ihrer Prognoseentscheidung im Wege vorweggenommener Beweiswürdigung nach pflichtgemäßem Ermessen (vgl. § 92 AO 1977) zum Ergebnis gelangt", daß ihre Nachforschung "zu steuererheblichen Tatsachen zu führen vermag"[294]. Unter Beachtung dieser verfassungsrechtlichen Grundsätze und der gesetzlichen Vorgaben beispielsweise durch Kann- Vorschriften (vgl. § 97 III AO) und Vermutungen (vgl. § 158 AO) ergibt sich daher eine regelmäßig anzuwendende *Reihenfolge* der Beweismittel, § 90 S. 2 AO[295]. Erst ist der Steuerpflichtige selbst zur Aufklärung heranzuziehen, seine Buchführung und Aufzeichnungen sind grundsätzlich zugrundezulegen, § 158 AO. Er hat nach § 93 AO Aus-

---

[288]Koch/Scholtz- *Helsper*, AO, § 88 Rn 3; *Hamacher*, StVj 1992, 114. Die Steuererklärung ist jedenfalls bei den Veranlagungssteuern die eigentliche Basis der Festsetzung, regelmäßig wird nur sie herangezogen. Die sonstigen Beweismittel spielen demgegenüber kaum eine Rolle; die §§ 93-100 AO stehen mehr oder weniger nur auf dem Papier. Lediglich bei der Außenprüfung nach den §§ 193 ff. AO findet eine eigentliche Aufklärung statt. So Tipke/Kruse- *Tipke*, AO, Vor § 149 Rn 1. Die statistische Häufigkeit von Außenprüfungen ist jedoch äußerst gering, vgl. Übersicht in Wirtschaftswoche 51/1994, 96.

[289]Vgl. *BFH* BStBl. II 1988, 482 (483).

[290]So wörtlich *BFH* BStBl. II 1979, 57.

[291]So *Hamacher*, StVj 1992, 114.

[292]Ständige Rechtsprechung, vgl. *BFH* BStBl. II 1988, 362; *BFH* BStBl. II 1991, 277 (278); *BFH* BStBl. II 1990, 200; Koch/Scholtz- *Helsper*, AO, § 93 Rn 4.

[293]Tipke/Kruse- *Tipke*, AO, § 92 Rn 3.

[294]So wörtlich *BFH* BStBl. II 1988, 362. Siehe auch *BFH* BStBl. II 1987, 484 und *BFH* BStBl. II 1990, 199 f.

[295]In besonderen Situationen wird diese Stufenfolge der Sachverhaltsermittlung modifiziert. Vgl. § 208 I S. 2 und 3 AO (Fahndungsmaßnahmen im Besteuerungsverfahren), § 211 AO (besondere Steueraufsicht) und § 200 AO (Außenprüfung). Zu der ernüchternden statistischen Häufigkeit von Außenprüfungen siehe jedoch Übersicht in Wirtschaftswoche 51/1994, 96.

kunft zu leisten[296] sowie gemäß §§ 97, 100 AO Urkunden und Wertsachen vorzulegen. Grundsätzlich erst danach[297] können auch Dritte zu Auskünften[298] herangezogen (§ 93 I S. 1 und 3 AO) oder zur Vorlage von Urkunden (§ 97 AO) oder Wertsachen (§ 100 AO) angehalten werden[299]. Sachverständige kann die Behörde stets hinzuziehen[300].

Diese Mitwirkungspflichten können mit den Zwangsmitteln der §§ 328 ff. AO durchgesetzt werden. Es gelten die Auskunfts- und Mitwirkungsverweigerungsrechte der §§ 101 ff. AO. Den umfassenden Mitwirkungs- und Offenbarungspflichten steht das Steuergeheimnis des § 30 AO gegenüber. Dem privaten Geheimhaltungsinteresse und dem Grundrecht auf informationelle Selbstbestimmung wird damit Genüge getan[301]. Resultieren Zweifel daraus, daß der Beteiligte seinen abgabenrechtlichen Mitwirkungspflichten nicht ausreichend nachkommt, so führt dies zur Reduzierung der amtlichen Ermittlungspflicht. Dann besteht insbesondere die Möglichkeit der Schätzung der Besteuerungsgrundlagen, § 162 AO[302].

II. Die Ermittlung von Zinserträgen und § 30 a AO

Für die Ermittlungen bezüglich der Zinserträge scheinen -zumindest auf den ersten Blick betrachtet- Sonderregeln zu existieren. Dies legt zumindest die Existenz von § 30 a AO[303] mit der Überschrift "Schutz von Bankkunden" und seine Stellung nach § 30 AO, der das Steuergeheimnis betrifft, nahe[304]. Allgemein ist das Bankgeheimnis das Berufs- und Geschäftsgeheimnis im Kreditgewerbe und hat zwei Aspekte. Zum einen verpflichtet es die Kreditinstitute, Stillschweigen über die Vermögens- und sonstigen Verhältnisse des Kunden zu bewahren, von denen sie im Rahmen ihrer

---

296 Vgl. dazu Koch/Scholtz- *Helsper*, AO, § 93 Rn 6.

297 Einen Ausnahmefall betrifft *BFH* BStBl. II 1990, 200.

298 Möglich sind dabei sowohl Einzel- als auch Sammelauskunftsersuchen. Zu diesen gruppenbezogenen Auskunftsersuchen grundlegend *BFH* BStBl. II 1987, 484 unter Bezugnahme auf *BFH* BStBl. II 1988, 359; *BFH* BStBl. II 1990, 201; *BFH* BStBl. II 1990, 280 (282); *Carl/Klos*, DStZ 1990, 341 (345); *Hamacher*, DStZ 1988, 217. Speziell zu den Sammelauskunftsersuchen bei Banken zu den Einkünften aus Kapitalvermögen ihrer Kunden sogleich ab S. 53.

299 Wobei der Subsidiaritätsgrundsatz bei der Inanspruchnahme Dritter in der Praxis lediglich eine Hürde in zeitlicher Hinsicht darstellt, so *Vogt/Kramer*, WM 1997, 2156 (2158). Die Aufhebung des Subsidiaritätsgrundsatzes wird im Abschlußbericht der *Arbeitsgruppe "Steuerausfälle"* des LMF Nordrhein- Westfalen, StB 1994, 399 (404) gefordert.

300 Zu dieser Reihenfolge Koch/Scholtz- *Helsper*, AO, § 93 Rn 4; *Birk*, Steuerrecht I, § 15 Rn 12 f.; Tipke/Kruse- *Tipke*, AO, § 88 Rn 4 und § 92 Rn 2 ff.

301 Vgl. *BVerfG* BStBl. II 1991, 654 = NJW 1991, 2129 (2132); *BVerfG* HFR 1989, 440 f. und BVerfGE 67, 100 (139). Anders *Hamacher* WM 1997, 2149 (2155), der aus dem Persönlichkeitsrecht ein Geheimnis "mit" dem Staat ablehnt, und vielmehr ein solches "vor" dem Staat fordert.

302 Insbesondere zur Schätzungsmöglichkeit bei ungeklärtem Geldabfluß ins Ausland *FG Münster* vom 26.06.1985, Az. IV 2169/79 E (nicht veröffentlicht).

303 Zur Bedeutung des § 30 a AO bei den strafprozessualen Bankendurchsuchungen siehe unten ab S. 292.

304 *Bellstedt*, DB 1988, 2123 will aus dieser systematischen Stellung sogar den "quasiverfassungsrechtlichen Rang" des § 30 a AO ableiten. Kritisch zur Stellung im Gesetz *Neckels*, DStZ 1989, 14; Tipke/Kruse- *Tipke*, AO, § 30 a Rn 2; *Apitz*, StBp 1989, 217 (218, 221); *Krabbe*, DB 1988, 1668 (1672).

geschäftlichen Tätigkeit Kenntnis erhalten haben. Zum anderen dürfen sie Auskünfte nur zur Erfüllung von gesetzlichen Auskunftspflichten, bei Einwilligung des Kunden oder dann, wenn die Bank oder Sparkasse zur Bankauskunft befugt ist, geben[305]. Dies folgt nicht erst aus den jeweiligen Allgemeinen Geschäftsbedingungen der Kreditinstitute[306], sondern aus dem Bankvertrag zwischen Kunden und Bank[307]. Dieses zivilrechtliche Bankgeheimnis wird vom Gesetzgeber etwa in § 32 BBankG oder § 6 PostG vorausgesetzt.

Entgegen der Überschrift und der systematischen Stellung des § 30 a AO gibt es jedoch in Steuersachen[308] kein Bankgeheimnis[309]. Dies gilt für das Besteuerungsverfahren (Verwaltungsverfahren) in gleicher Weise wie für das finanzgerichtliche Verfahren[310]. Daß Bankmitarbeitern im Besteuerungsverfahren ihrer Kunden ein etwaiges Auskunftsverweigerungsrecht nicht zusteht, zeigt bereits der oberflächliche Blick in § 30 a V S. 1 AO und schon deshalb kann "von einem 'echten' Bankgeheimnis nicht gesprochen werden"[311]. Abgesehen von dieser klaren Aussage in § 30 a V S. 1 AO ist freilich der restliche Teil der Bestimmung in seinem juristischen Bedeutungsgehalt mehr oder minder umstritten.

1. Existenzberechtigung des § 30 a AO ?

Die besondere Kodifizierung in § 30 a AO für den Bereich des Kreditwesens -schließlich gibt es von der Interessenlage vergleichbare Sachverhalte bei Versicherungsunternehmen[312], die § 30 a AO nicht erfaßt[313]-, wird damit begründet, daß der Geschäftsbetrieb der Kreditinstitute in ganz besonderer Weise einen außerordentlich weiten Einblick in die Verhältnisse des Steuerpflichtigen ermöglicht[314]. Vor allen Dingen seien die Kreditunternehmen Drehscheibe und Sammelstellen für die Finanzmittel der gesamten Volkswirtschaft. Als Schnittstelle des Kapitalverkehrs müsse daher der Gefahr vorgebeugt werden, sie übermäßig in Anspruch zu nehmen und damit diesem Zweig der Wirtschaft ein Sonderopfer abzuverlangen[315]. Auch der Bankkunde sei im übrigen vor unverhältnismäßigen staatlichen Eingriffen durch unbe-

---

[305]*Bruschke*, BB 1990, 392; *Spitzenverbände des Kreditwesens*, Bankgeheimnis und Bankauskunft in der Praxis, Rn 1.

[306]Vgl. AGB (Banken) Nr. 2 I, abgedruckt bei *Baumbach/Hopt*, HGB, (8) AGB- Banken.

[307]*Baumbach/Hopt*, HGB, (7) Bankgeschäfte, A/9; *Bruschke*, BB 1990, 392; *Schwintowski/Schäfer*, Bankrecht, § 1 Rn 34 und § 1 Rn 138 ff. m.w.N.

[308]Zum Strafverfahren unten ab S. 247, zum Zivilrecht siehe *Spitzenverbände des Kreditwesens*, Bankgeheimnis und Bankauskunft in der Praxis, Rn 11 f., 14 ff. und 69 ff.

[309]So in der gebotenen Deutlichkeit *FG Baden- Württemberg* wistra 1997, 158 (159); *LG Frankfurt* NJW 1954, 688 (690); Koch/Scholtz- *Helsper*, AO, § 30 a Rn 6; *Krabbe*, DB 1988, 1673; *Schuhmann*, StBp 1996, 89 (93); *ders.*, wistra 1995, 336 (337, 339); *Neckels*, DStZ 1989, 18; *Streck*, DStR 1993, 344; *Müller- Brühl*, Ermittlungen bei Kreditinstituten, 72; weniger deutlich *Spitzenverbände des Kreditwesens*, Bankgeheimnis und Bankauskunft in der Praxis, Rn 34 ff.

[310]Zum finanzgerichtlichen Verfahren *BFH* BStBl. II 1993, 451 = NJW 1993, 2831.

[311]So wörtlich *BFH* NJW 1997, 2067 (2070). Ebenso *Schuhmann*, StBp 1996, 93.

[312]Vgl. § 20 I Nr. 6 EStG.

[313]Daran knüpft zahlreiche Kritik, vgl. etwa *Neckels*, DStZ 1989, 20; *Apitz*, StBp 1989, 220.

[314]So *BFH* NJW 1997, 2072.

[315]So *Hamacher*, StVj 1992, 120: "kein dem Gesetz inadäquates Sonderrecht"; Koch/Scholtz- *Krabbe*, AO, § 30 a Rn 6.

grenzte Datenerhebung im Bankenbereich zu schützen. Dies folge aus den verfassungsrechtlichen Vorgaben zum Datenschutz (Recht auf informationelle Selbstbestimmung aus Art. 2 I, 1 I GG), so der *Bundesfinanzhof*[316].

Derartige Begründungsansätze vermögen nicht zu überzeugen. Denn sie treffen zum einen auf den Geschäftsbetrieb der bereits angesprochenen Versicherungsunternehmen in gleicher Weise zu. Auch dort können ganz außerordentlich weite Einblicke in die Vermögensverhältnisse von Kunden gewonnen werden[317]. Und was zweitens den verfassungsrechtlichen Datenschutz anbelangt, so hat das *Bundesverfassungsgericht* offengelassen, ob "der Informationszugriff auf privates Finanzkapital und seine Erträge als Vorgang des marktoffenbaren Erwerbs ohne besonderen persönlichkeitsgeprägten Gehalt überhaupt vom Gewährleistungsinhalt ... erfaßt wird; jedenfalls rechtfertigt das überwiegende Allgemeininteresse an der Offenlegung steuerlich erheblicher Angaben diesen Informationseingriff und beschränkt insoweit das Grundrecht auf Datenschutz"[318]. Der propagierte Schutz des Bankkunden durch das Grundrecht auf informationelle Selbstbestimmung ist daher so selbstverständlich nicht und hätte zumindest einer Begründung bedurft[319]. Im übrigen hätte man, gerade weil angesichts der Datenfülle so wenig Aufwand nötig ist, um die Gleichmäßigkeit der Versteuerung der Kapitaleinkünfte sicherzustellen, auch genau umgekehrt argumentieren können. Wenn nahezu alle Gelder, die der zutreffenden Versteuerung entzogen werden, regelmäßig über Banken abgewickelt werden, schützt § 30 a AO "einen Bereich, der es nicht verdient"[320]. Eine steuerrechtliche oder gar verfassungsrechtliche Notwendigkeit für § 30 a AO ist nicht ersichtlich[321]. Die Kapitaleinkünfte sind einkommensteuerpflichtig. Es ist geradezu absurd, "man könne diesbezüglich eine Geheimsphäre gegenüber dem Fiskus reklamieren und sich dafür sogar noch auf das Grundgesetz berufen". Entsprechende Tendenzen können in der Tat "bestenfalls als lobbyistisches Kabinettstück gewürdigt werden"[322].

Rechtlich hat das *Bundesverfassungsgericht* die inhaltlich identische Vorläuferregelung -den Bankenerlaß[323]- zwar kritisch gesehen, letztlich aber nicht für verfassungswidrig befunden[324]. Als gesetzgeberische Entscheidung ist der § 30 a AO daher zu akzeptieren, ob man ihn nun für sinnvoll, gar geboten hält oder nicht. Solange es diese Norm gibt, darf sie als geltendes Recht nicht unterlaufen werden. Veränderungen sind allein dem Gesetzgeber vorbehalten. Der Zeitpunkt der gesetzlichen Fixierung des Bankenerlasses hatte, wie bereits dargestellt wurde[325], seinen Grund in der Einführung

---

316 Vgl. *BFH* NJW 1997, 2072.

317 *Bilsdorfer*, DStR 1996, 1954.

318 So wörtlich *BVerfG* BStBl. II 1991, 654 = NJW 1991, 2132.

319 Kritisch ebenfalls *Eckhoff*, DStR 1997, 1071 (1072 f.).

320 So wörtlich der Abschlußbericht der *Arbeitsgruppe "Steuerausfälle"* des LMF Nordrhein-Westfalen, StB 1994, 399, 446 (449, siehe auch 404). Zustimmend Tipke/Kruse- *Tipke*, AO, § 30 a Rn 11 und 15.

321 Ebenso Abschlußbericht der *Arbeitsgruppe "Steuerausfälle"* des LMF Nordrhein- Westfalen, StB 1994, 404, 447 ff.

322 So deutlich und wörtlich *Schünemann*, StVj 1989, 33; zustimmend Tipke/Kruse- *Tipke*, AO, § 30 a Rn 3.

323 Vgl. dazu oben ab S. 19.

324 *BVerfG* BStBl. II 1991, 654 = NJW 1991, 2132 f.

325 Vgl. oben ab S. 20.

der "kleinen Quellensteuer". Die Bevölkerung sollte beschwichtigt und der Verbleib von Kapital in Deutschland sichergestellt werden. Mit der *gesetzlichen* Festschreibung sollte vor allem den Kritikern des Bankenerlasses entgegentreten werden, die dessen Rechtmäßigkeit anzweifelten[326].

2. Bedeutungsgehalt des § 30 a AO

Wenn auch § 30 a AO kein wirkliches steuerliches Bankgeheimnis normiert, so beinhalten vor allem dessen Absätze 2 und 3 erhebliche Begrenzungen von steuerlichen Ermittlungsbefugnissen der Finanzbehörden. Eben diese Regelungen in § 30 a II und III AO verhindern eine effektive Informationsbeschaffung zum Zwecke der umfassenden Versteuerung aller Zinseinkünfte, worauf sogleich zurückzukommen sein wird. Zudem bewirken die übrigen Absätze entweder zumindest eine gewisse faktische Grauzone im Bankenbereich -so § 30 a I AO- oder sind, wie § 30 a IV, V S. 1 AO, überflüssig, weil bloß deklaratorisch. So stellt § 30 a I AO eine Ermesseneinschränkung und damit mehr als eine bloß deklaratorisch wirkende Präambel dar[327]. Denn jedenfalls eine faktische Ermessensleitung kann dem Absatz 1 nicht abgesprochen werden. Wie das *Bundesverfassungsgericht* festgestellt hat, wird damit ein "Klima der Zurückhaltung und des Zögerns"[328] geschaffen. Nicht einmal die gesetzlich zulässigen Möglichkeiten gegenüber den Kreditinstituten werden ausgeschöpft[329]. Der Blick in die Gesetzesmaterialien legt nahe, daß eben diese Zurückhaltung, die Einschränkung von Ermessensentscheidungen, durchaus auch beabsichtigt war[330].

§ 30 a IV AO ist dagegen nur rechtsbestätigend. Seine Aussage folgt bereits aus den §§ 88, 90 I, 93 I AO[331]. § 30 a V S. 1 AO ist gleichfalls nur deklaratorisch, denn

---

[326] *Apitz*, StBp 1989, 217 f. Zu den Kritikern des Bankenerlasses ab S. 21.

[327] So *Vogt/Kramer*, WM 1997, 2157 f.; Tipke/Kruse- *Tipke*, AO, § 30 a Rn 4; unentschieden *Hamacher* StVj 1992, 110 (113). Anders -deklaratorisch wirkende Präambel- *BFH* NJW 1997, 2070; *Neckels*, DStZ 1989, 18; Hübschmann/Hepp/Spitaler- *Hellwig*, AO, § 30 a Rn 13; *Schuhmann*, wistra 1995, 338; *Bruschke*, BB 1990, 393; *Müller- Brühl*, Ermittlungen bei Kreditinstituten, 46; *Wieland*, JZ 2000, 272 (274); wohl auch Koch/Scholtz- *Krabbe*, AO, § 30 a Rn 6 und *Krabbe*, DB 1988, 1672.

[328] Wörtlich *BVerfG* BStBl. II 1991, 654 = NJW 1991, 2132.

[329] Es wird bezweifelt, daß das im Zinsurteil vom *BVerfG* konstatierte zögerliche Verhältnis zwischen Finanzamt und Banken inzwischen vollständig behoben ist. Anders zwar *BFH* NJW 1997, 2072, der sich "beispielsweise" darin durch die "Ermittlungsmaßnahmen der Steuerfahndung gegen Banken wegen Verdachts der Beihilfe zur Steuerhinterziehung durch Verschleierung von Geldüberweisungen an verschwiegene Luxemburger Konten bestätigt" sieht. Nur geht es dabei um *strafrechtliche* Ermittlungen, und daß diese stattfinden, beweist doch wohl eher, daß steuerrechtlich die Banken nach wie vor "tabu" sind. In diesem Sinne auch *Bilsdorfer*, NJW 1997, 2369; Tipke/Kruse- *Tipke*, AO, § 30 a Rn 16. Nicht selten wehren Banken (auch zulässige) Auskunftsersuchen mit dem Hinweis auf § 30 a AO ab, und verweisen die Finanzverwaltung damit auf den beschwerlichen und langwierigen Rechtsweg. Siehe dazu Abschlußbericht der *Arbeitsgruppe "Steuerausfälle"* des LMF Nordrhein- Westfalen, StB 1994, 448.

[330] Siehe zusammenfassenden schriftlichen Bericht der Mehrheit des Finanzausschusses des Bundestags, BT- Drucks. 11/2536, 54 ff., 56. Ausführlich zur Auswertung dieser Materialien *Vogt/Kramer*, WM 1997, 2159, 2161; *Klos*, WiB 1997, 815 (816); Tipke/Kruse- *Tipke*, AO, § 30 a Rn 1 m.w.N.

[331] Vgl. *BFH* NJW 1997, 2067; *Bruschke*, BB 1990, 393 f.; *Apitz*, StBp 1989, 219; Koch/Scholtz- *Krabbe*, AO, § 30 a Rn 15.

ein Auskunftsverweigerungsrecht hätte in den §§ 101 ff. AO niedergelegt sein müssen[332]. Kreditinstitute sind wie jeder andere Dritte auch zu Auskünften innerhalb der üblichen Voraussetzungen verpflichtet[333]. Möglich sind grundsätzlich Einzel- oder Sammelauskunftsersuchen[334]. Die Auskunftspflichten der Kreditinstitute bestätigt indirekt auch der zur Kontenwahrheit verpflichtende § 154 AO. Durch das Festhalten von Namen und Anschriften der über Konten oder Schließfächer zur Verfügung Berechtigten soll sichergestellt werden, daß darüber jederzeit Auskunft gegeben werden kann[335]. Diese Auskunftsersuchen der Finanzämter an Kreditinstitute spielen in der Praxis keine wirkliche Rolle[336]. Denn die Finanzämter brauchen zunächst den Anlaß für eigene Ermittlungen. Wenn der Steuerpflichtige seine Steuererklärung mit der "KSO- Anlage" abgibt und sich nicht widersprüchlich -etwa zu früheren Veranlagungszeiträumen- oder ungeschickt verhält, werden regelmäßig die erklärten Kapitalerträge in der angegebenen Höhe angesetzt. Der Anlaß fehlt. Selbst wenn aber Zweifel auftauchen sollten und Nachforschungen des Veranlagungsbeamten möglich sind, und (dem Verhältnismäßigkeitsgrundsatz und § 93 I S. 3 AO entsprechend erst nach Nachfrage bei dem Beteiligten) Kreditinstitute um Auskunft ersucht werden könnten, stellt sich immer noch das Problem, bei welchem der zahllosen inländischen Kreditinstitute im Einzelfall gezielt nachgefragt werden soll[337]. Von größerer praktischer Bedeutung sind die Auskunftsersuchen nach § 93 AO jedoch für die Tätigkeit der Steuerfahndung. Die Fahnder haben im Besteuerungsverfahren gemäß § 208 I S. 2 AO die Ermittlungsbefugnisse der Finanzämter. Dabei befreit sie der § 208 I S. 3 Halbsatz 1 AO von einigen Einschränkungen, denen die Finanzämter unterliegen. Insbesondere brauchen die Steuerfahnder den Subsidiaritätsgrundsatz für die Inanspruchnahme Dritter nicht zu beachten. Für einige Auskunftsersuchen oder Ersuchen um Vorlage von Urkunden bildet § 30 a V S. 2 AO indes wiederum eine Gegenausnahme. Im Verfahren nach § 208 I S. 1 AO soll sich die Steuerfahndung bei Tätigwerden im Besteuerungsverfahren[338] bei bekannten Steuerpflichtigen, gegen die noch kein Steuerstrafverfahren oder Verfahren wegen einer Steuerordnungswidrigkeit eingeleitet worden ist, aus Gründen der Erforderlichkeit zunächst an den Kontoinhaber wenden[339].

---

[332] *Neckels*, DStZ 1989, 18.

[333] *Spitzenverbände des Kreditwesens*, Bankgeheimnis und Bankauskunft in der Praxis, Rn 35; Tipke/Kruse- *Tipke*, AO, § 30 a Rn 4 und 8. Zur Erstattung der Kosten siehe *Spitzenverbände des Kreditwesens*, Bankgeheimnis und Bankauskunft in der Praxis, Rn 40. Zu einem solchen Auskunftsersuchen siehe *FG Hessen* EFG 1997, 196; weitere Beispiele bei *Müller- Brühl*, Ermittlungen bei Kreditinstituten, 73 ff.

[334] Siehe *BFH* BStBl. II 1987, 484; *BFH* BStBl. II 1990, 198.

[335] Vgl. § 154 II S. 2 AO. Siehe hierzu Koch/Scholtz- *Baum*, AO, § 154 Rn 2; Tipke/Kruse- *Tipke*, AO, § 154 Rn 1; *Schebesta*, WM 1985, 1329. Nummernkonten oder -Depots sind unzulässig, siehe unten Fn 808 auf S. 200.

[336] Vgl. Bundesrechnungshof in *BFH* NJW 1997, 2068; Tipke/Kruse- *Tipke*, AO, § 30 a Rn 8.

[337] Darauf weist *Neckels*, DStZ 1989, 16 hin.

[338] § 30 a V S. 2 AO verweist auf § 208 I Satz 1 AO. Damit werden an sich *alle Aufgabenfelder* der Steuerfahndung erfaßt. Jedoch steht dieser das Recht, nach § 93 AO Auskünfte von Beteiligten und anderen Personen einzuholen, ohnehin nur bei Tätigwerden im Besteuerungsverfahren zu. Im Strafverfahren, bei Tätigwerden nach § 208 I S. 1 Nr. 1 AO, hat sie allein die Befugnisse gemäß § 404 AO. Mit anderen Worten gilt § 30 a V S. 2 im Straf- oder Bußgeldverfahren von vornherein nicht, ebenso *BFH* NJW 1997, 2070.

[339] Ausführlich dazu *Neckels*, DStZ 1989, 21.

Mit § 30 a V S. 2 AO als Gegenausnahme zu der Ausnahmevorschrift des § 208 I S. 3 AO wird demzufolge wieder die Regel -Subsidiarität der Einschaltung Dritter- hergestellt. Die Bedeutung des § 30 a V S. 2 AO ist aber nur gering, wendet man mit Teilen des Schrifttums die Befreiung von der Beachtung des Subsidiaritätsgrundsatzes in § 208 I S. 3 1. Halbsatz AO bei Tätigwerden der Fahndung im Rahmen des § 208 I S. 1 Nr. 3 AO ohnehin nur restriktiv, nämlich allein bei unbekannten Steuerpflichtigen an[340].

a) Das Verbot der allgemeinen Überwachung in § 30 a II AO und Sammelauskunftsersuchen an Kreditinstitute

§ 30 a II AO verbietet die allgemeine Überwachung. Einmalige oder periodische Mitteilungen über Konten bestimmter Art oder Höhe dürfen von Banken nicht verlangt werden. Zwar sind allgemeine Überwachungsmaßnahmen, die Sammlung von Informationen auf Vorrat und Ermittlungen "ins Blaue hinein" ohnehin nicht zulässig. Dies legt nahe, daß die Aussage des §30 a II AO lediglich *deklaratorisch* ist[341]. Allerdings muß § 30 a II AO vor allem im Zusammenhang mit § 208 I S. 1 Nr. 3 AO, der Vorfeldermittlung der Steuerfahndung, gesehen werden. Zwar müssen auch für die Fahndung jene Ermittlungsanlässe (allgemeine Erfahrung oder konkrete Anhaltspunkte) bestehen[342]. Ein Anlaß für gruppenbezogene Auskunftsersuchen soll nach Ansicht des *Bundesfinanzhofs* jedoch schon dann vorliegen, wenn nach allgemeiner Erfahrung verhältnismäßig viele Personen Steuern auf bestimmte Einkünfte verkürzen[343]. Dabei hat das Gericht in dieser Entscheidung ausdrücklich offengelassen, ob dies auch für Mitteilungen der Banken zu Zinseinnahmen privater Sparer oder Einnahmen sonstiger Berufsgruppen gilt[344]. Von Teilen der Literatur wird dies klar verneint[345], da auch der Ermittlungsanlaß "*allgemeine Erfahrung*" noch eine Grenze zur *Rasterfahndung*[346] aufweise[347]. Bei der Rasterfahndung werden eine Reihe von für sich besehen völlig unverdächtiger Umstände solange miteinander kombiniert, bis eine konkrete Gruppe sichtbar wird, bei der sich dann gezielte Ermittlungen lohnen[348]. Dem ist zuzustimmen. Denn die (unbezweifelbare) "Tatsache, daß Gesetze im allgemeinen und Steuergesetze im besonderen nicht immer beachtet werden", stellt

---

340 So Tipke/Kruse- *Tipke*, AO, § 30 a Rn 8 und Koch/Scholtz- *Krabbe*, AO, § 30 a Rn 17.

341 So in der Tat die überwiegende Ansicht, vgl. *BFH* NJW 1997, 2070; Koch/Scholtz- *Helsper*, AO, § 30 a Rn 10; *Bruschke*, BB 1990, 393; *Krabbe*, DB 1988, 1672; *Schuhmann*, wistra 1995, 338; *Neckels*, DStZ 1989, 18: "überflüssige Regelung".

342 Vgl. *BVerfG* HFR 1989, 440 (441) und Tipke/Kruse- *Seer*, AO, § 208 Rn 5 b ff. m.w.N.

343 So der *BFH* BStBl. II 1987, 484 (485) für die Provisionseinkünfte der Kreditvermittler.

344 Vgl. *BFH* BStBl. II 1987, 485.

345 So ausführlich *Hamacher*, DStZ 1988, 217; *ders.*, StVj 1992, 120 ff.; *ders.*, DB 1996, 2461 und *ders.*, WM 1997, 2149 (2151 f.), der nur bei konkreten Anhaltspunkten im Einzelfall Sammelauskunftsersuchen an Banken für zulässig hält.

346 Rasterfahndungen sind der Finanzverwaltung verwehrt. Vgl. *BFH* BStBl. II 1988, 361 f.; *BFH* BStBl. II 1991, 277 (278).

347 Vgl. zum Unterschied zwischen Rasterfahndung und hinreichendem Anlaß *Hamacher*, DStZ 1988, 219 f. und *ders.*, WM 1997, 2151.

348 So die Definition der Rasterfahndung, vgl. *BFH* NJW 1997, 2072; *Hamacher*, DStZ 1988, 218 f. m.w.N.

nach Ansicht des *Bundesfinanzhofs*[349] gerade "keine allgemeine Erfahrung" und somit keinen Ermittlungs- und Auskunftsanlaß dar.

Aber selbst wenn man die von der Rechtsprechung aufgestellten Voraussetzungen für Sammelauskunftsersuchen[350] insoweit bejahen würde, so sind dies jedenfalls Tendenzen, die im Hinblick auf den Wortlaut des § 30 a II AO[351] gerade verhindert werden sollen. Dann aber schränkt die Norm § 208 I S. 1 Nr. 3 AO ein und ist *konstitutiv*[352]. Für diese Sichtweise spricht zudem, daß der *Bundesfinanzhof* in einer anderen Entscheidung ausführt, "§ 30 a Abs. 2 AO 1977 untersagt den Finanzbehörden Sammelermittlungen bei Kreditinstituten"[353]. Weiterhin läßt sich zur Unterstützung anführen, daß sich der Gesetzgeber nun einmal nicht für ein *allgemeines Kontrollsystem,* bei dem die Kreditinstitute von sich aus melden müssen, wem in welcher Höhe Kapitalerträge gutgeschrieben worden sind, entschieden hat[354]. Dies war eine bewußte Entscheidung, denn der Vorschlag wurde im Vorfeld der Neuregelung sehr häufig gemacht. Zudem wird dieses Verfahren in anderen Ländern durchaus praktiziert[355]. Selbst die *Reichsabgabenordnung* sah in ihrem § 189 eine vergleichbare Meldepflicht vor[356]. Größter Nachteil eines solchen Meldesystems ist jedoch, daß massive Kapitalverlagerungen drohen[357]. Der Gesetzgeber hat vielmehr an dem zuvor zum Schutze des Vertrauens des Steuerbürgers zum Staat beziehungsweise dessen Vertrauen zu den Kreditinstituten als § 30 a AO gesetzlich verankerten Bankenerlaß festgehalten. Statt Kontrolle ist damit eine nebulöse Grauzone zwischen wirklichem Bankgeheimnis und vollständigen Ermittlungsbefugnissen auch im Bankbereich geschaffen worden. Dies kann man durchaus kritisieren und sogar den ernsthaften Willen, alle steuerpflichtigen Zinserträge auch tatsächlich erfassen zu wollen, in Frage stellen. Diese gesetzgeberische Entscheidung ist jedoch verbindlich. Die Nachfrage der Finanzbehörden über Bestände von (Depot-) Konten oder Gutschriften von Kapitalerträgen bei einem Institut zu allen ihren Kunden oder gar bei allen Instituten käme de facto einem solchen allgemeinen Meldesystem der Institute gleich. Zu überlegen ist überdies, ob nicht Sammelauskunftsverlangen der Steuerfahndung nach §§ 208 I S. 1 Nr. 3, 93 I AO zur Höhe der Einkünfte der nicht eingrenzbaren und un-

---

[349]Wörtlich *BFH* BStBl. II 1990, 280 (282).

[350]Siehe dazu *BFH* BStBl. II 1987, 484 unter Bezugnahme auf *BFH* BStBl. II 1988, 359; *BFH* BStBl. II 1990, 198; *BFH* BStBl. II 1992, 280.

[351]Unzulässigkeit der "allgemeinen Überwachungen" in Bezug auf Kontostände oder bestimmte Kontenarten der Bankkunden.

[352]Ebenso Tipke/Kruse- *Tipke,* AO, § 30 a Rn 5; Tipke/Kruse- *Seer,* AO, § 208 Rn 5 f; Hübschmann/Hepp/Spitaler- *Hellwig,* AO, § 30 a Rn 15, wohl auch *Vogt/Kramer,* WM 1997, 2158.

[353]So wörtlich *BFH* BStBl. II 1992, 616 (617).

[354]Vgl. aber Veränderungen in § 45 d I Nr. 3 EStG durch das Steuerentlastungsgesetz 1999/2000/2002 (vom 24.03.1999, BGBl. I 1999, 402), wonach Kreditinstitute anstelle des Freistellungsvolumens künftig die tatsächlich freigestellten Beträge mitteilen müssen.

[355]Vgl. statt vieler *Graffe,* DStZ 1991, 555; *Dennig,* Finanzberater, Beilage 22 zu BB 32/1991, 4.

[356]Reichsabgabenordnung vom 13.12.1919, RGBl. 1919, 1993. Allerdings ist war diesem Meldesystem keine übermäßige Dauer beschieden, bereits mit dem Gesetz über die Berücksichtigung der Geldentwertung in den Steuergesetzen vom 20.03.1923, RGBl. 1923 I, 198 wurde jener § 189 ersatzlos aufgehoben.

[357]Was freilich als Argument angesichts der ohnehin stattgefundenen Kapitalverlagerungen kaum überzeugt.

bestimmten Gruppe "Bezieher von Zinsen"[358] eine Abänderung des Steuererklärungssystems darstellen würde, wozu ebenfalls lediglich der Gesetzgeber befugt ist[359].

Daß Sammelauskunftsersuchen bezüglich mehr oder minder zufällig ausgewählter Verdachtsgruppen die Gefahr einer Verschlechterung des Steuerklimas in sich bergen und *deshalb* abzulehnen sind[360], darf bereits wegen des spekulativen Inhalts in Frage gestellt werden. Im übrigen kann wohl nicht ernsthaft vertreten werden, daß von Maßnahmen gegen Steuerhinterziehungen und zur Durchsetzung der gesetzlichen Steuerpflicht Abstand zu nehmen ist, weil sonst noch mehr Steuerunehrlichkeit entstehen würde. Die Finanzverwaltung hat die Gesetze anzuwenden und zu vollziehen, was nicht nur einfachgesetzlich aus § 85 AO, sondern vor allem aus der Verfassung folgt (Art. 20 III GG). Sammelauskunftsersuchen sind nach der hier vertretenen Ansicht nicht generell abzulehnen, sondern nur gegenüber Kreditinstituten, wenn es um die allgemeine Überwachung ihrer Kunden geht. Diese Ablehnung erfolgt nicht wegen (irgendwelcher) Auswirkungen auf die Steuermoral, sondern weil es nun einmal § 30 a II AO gibt.

Vor diesem Hintergrund kann die These, daß alle Sparer, die Geld im Ausland anlegen, unter dem "Kollektivverdacht" stünden, ihre "Zinsen nicht zu versteuern", und dies sei ein Anlaß für Sammelauskunftsersuchen an Banken, womit die Namen aller transferierenden Personen[361] ermittelt werden könnten[362], (erst recht) keine Unterstützung finden[363]. § 208 I S. 1 Nr. 3 AO wird gerade durch § 30 a II AO eingeschränkt[364]. Außerdem ist der tatsächliche Ausgangspunkt zu bemängeln. Es ist dargetan worden, daß der Kapitalexport nicht zwangsläufig nur für unehrliche Sparer Vorteile bringt. In den undifferenziert aufgestellten "Kollektivverdacht" würden somit auch solche (ehrlichen) Anleger, die lediglich zur Verschiebung des Steuerzahlungszeitpunktes (legal) Kapital verlagert haben, geraten. Denn "inwieweit diese Transaktionen ... nicht nur der legalen Vermeidung der "Zinsabschlagsteuer" und damit der mit deren Erhebung verbundenen Liquiditätsnachteile dienten, sondern darüber hinaus

---

[358]Vgl. *Hamacher*, StVj 1992, 120 f., der zu Recht anführt, daß praktisch jedermann in der Bevölkerung Kapitalvermögen unterhält und daraus Einkünfte bezieht.

[359]In diesem Sinne *Hamacher*, DStZ 1988, 219.

[360]In diesem Sinne *Carl/Klos*, DStZ 1990, 345 m.w.N.

[361]Oder erst ab bestimmter Summen beziehungsweise erst nach dem Zinsurteil des *BVerfG* transferierenden Kunden.

[362]So wörtlich *Bilsdorfer*, INF 1994, 547 f.; *Bilsdorfer*, DStR 1996, 1954 und dem zustimmend *Weyand*, INF 1995, 159 (160). *Bilsdorfer* hat seine Ansicht in NJW 1997, 2370 wiederholt, und sieht sich durch die Aussagen des *BFH* NJW 1997, 2067 zu den Sammelauskunftsersuchen bestätigt. Allerdings geht das Gericht auf diese Sammelauskunftsersuchen nur am Rande ein und dies auch noch in einer Weise, die glauben läßt, die Voraussetzungen für jene seien leicht zu erfüllen. Dies ist aber mit der bisherigen Rechtsprechung nicht in Einklang zu bringen. Ebenso *Vogt/Kramer*, WM 1997, 2158. Vgl. nunmehr auch *FG Münster* wistra 2000, 196 zu einem Sammelauskunftsersuchen im Bankenbereich.

[363]Bedeutsam wird dies später bei der Frage der steuerlichen Verwertbarkeit der bei den strafprozessualen Durchsuchungen und Beschlagnahmen gewonnenen Erkenntnisse in Bezug auf die *verdächtigen* Kunden (ab S. 315).

[364]Ablehnend beziehungsweise kritisch ebenfalls *Arndt*, KÖSDI 1994, 9762; *Kohlmann*, Tipke- FS (1995), 487 (499); *ders.*, § 385 Rn 120.1; Tipke/Kruse- *Seer*, AO, § 208 Rn 5 f.

endgültige Steuerverkürzungen vorbereiteten, entzieht sich... einer exakten oder mindestens annähernd zuverlässigen Quantifizierung"[365].

Die Ansicht der *Finanzverwaltung* zu dieser Frage ist unklar. So wird einerseits im Anwendungserlaß zu § 30 a AO ebenfalls von dem hier zugrundegelegten Verständnis ausgegangen[366]. Andererseits hat das Bundesministerium der Finanzen in der Stellungnahme zum Verfahren vor dem *Bundesfinanzhof* zur Rechtmäßigkeit der Zinsabschlagsteuer exakt das Gegenteil vertreten. Sammelauskunftsersuchen an Kreditinstitute seien "bei hinreichendem Anlaß" zulässig, und zwar "z.B. hinsichtlich solcher Personen, die auf eine bestimmte Art Gelder in sogenannten Steuerfluchtländer transferiert hätten"[367]; § 30 a AO stehe dem nicht entgegen.

b) Kontrollmitteilungen anläßlich von Außenprüfungen bei Kreditinstituten (§ 30 a III AO)

Absatz 3 ist das eigentliche Kernstück des § 30 a AO. Vor allem hier zeigt sich die Bedeutung der gesetzlichen Verankerung des Bankenerlasses als bloße Verwaltungsvorschrift[368]. Anläßlich von Außenprüfungen[369] bei Kreditinstituten "dürfen" Guthabenkonten oder Depots, bei deren Errichtung eine Legitimationsprüfung stattgefunden hat, nicht zwecks Nachprüfung der ordnungsgemäßen Versteuerung festgestellt oder abgeschrieben werden, § 30 a III S. 1 AO. Nach § 30 a III S. 2 AO "soll" die Ausschreibung von Kontrollmitteilungen "insoweit" unterbleiben. Wie das *Bundesverfassungsgericht* im Zinsurteil zu Recht festgestellt hat, wird der Finanzbehörde vor allem mit dieser Bestimmung eines der wichtigsten Instrumente zur Ermittlung genommen[370]. Denn § 194 III AO erklärt die Auswertung von Feststellungen über Verhältnisse dritter Personen anläßlich von Außenprüfungen für grundsätzlich zulässig. Zwar ist im Rahmen des § 194 III AO umstritten, ob für das Ausschreiben von Kontrollmitteilungen ein *Anlaß* erforderlich ist[371]. Dies dürfte im Interesse der Gleichmäßigkeit der Versteuerung und der Effizienz der Durchsetzung des Steueranspruchs[372] aber wohl abzulehnen sein[373], zumal flächendeckende Überprüfungen aus

---

[365]So wörtlich *BFH* NJW 1997, 2069. Vgl. aber Abschlußbericht der *Arbeitsgruppe "Steuerausfälle"* des LMF Nordrhein- Westfalen, StB 1994, 448.

[366]Dort werden Sammelauskunftsersuchen über Bestände von Konten einschließlich Depotkonten und über Gutschriften von Kapitalerträgen für unzulässig erklärt. Vgl. AEAO vom 24.09.1987, Az. IV A 5- S 0062- 38/87, BStBl. I 1987, 664, geändert durch AEAO vom 23.03.1993, Az. IV A 5- S 0130 a- 3/93, BStBl. I 1993, 330 unter Nr. 2 zu § 30 a AO.

[367]Wörtlich aus *BFH* NJW 1997, 2068.

[368]Denn bei Verwaltungsanweisungen als bloße interne Dienstanweisungen an die Finanzbehörden besteht grundsätzlich kein gerichtlich durchsetzbarer Rechtsanspruch. Ausnahmen können sich lediglich aus den Grundsätzen über die Selbstbindung der Verwaltung i.V.m. dem Gleichheitsgrundrecht in Art. 3 I GG ergeben. Ausführlich *Neckels*, DStZ 1989, 19. Allgemein zur Selbstbindung der Verwaltung *Pieroth/Schlink*, Grundrechte, Rn 494 ff.

[369]Zum funktionalen Verständnis des Begriffs siehe *BFH* WM 1997, 2344 und unten ab S. 299.

[370]So *BVerfG* BStBl. II 1991, 654 = NJW 1991, 2132, wenn auch noch zum Vorläufer des § 30 a AO, dem Bankenerlaß. Zustimmend *Apitz*, StBp 1989, 219; Tipke/Kruse- *Tipke*, AO, § 30 a Rn 6.

[371]Übersicht zum Streit bei *Hamacher*, DB 1996, 2461 f. m.w.N.

[372]Bereits durch die dann erreichbare abschreckende Wirkung des § 194 III AO für steuerunehrliche Bürger.

Verhältnismäßigkeitserwägungen ohnehin ausgeschlossen sind[374]. Außerdem dürfen Außenprüfungen anerkanntermaßen nicht allein dazu benutzt werden, die Verhältnisse anderer Personen, als der geprüften zu erforschen (Verbot der Ausforschungsprüfung)[375].

Aber diese Möglichkeiten des § 194 III AO -ob sie nun einen Anlaß erfordern oder nicht- werden durch § 30 a III AO, jedenfalls nach herkömmlichem Verständnis[376], für den Bankenbereich beschränkt[377]. Wegen der Verwendung des Wortes "Guthabenkonten" gilt § 30 a III AO nicht für Kreditkonten der Institute und, weil es zum anderen auf eine Prüfung der Legitimation nach § 154 II AO bei Errichtung des Kontos ankommt, auch nicht für betriebsinterne Konten (Eigenkonten) und insbesondere das Conto pro Diverse (CpD- Konto)[378]. Diese Konten dürfen somit durchaus auf die ordnungsgemäße Versteuerung bei dem betreffenden Steuerpflichtigen überprüft werden. Kontrollmitteilungen sind zulässig, § 30 a III S. 2 AO gilt nicht ("insoweit")[379]. Allerdings faßt die Finanzverwaltung in neuerer Zeit den Begriff der CpD-Konten sehr weit. Im Verwaltungserlaß des *Finanzministeriums von Nordrhein-Westfalen* vom 08.07.1996[380] wird verfügt, Betriebsverrechnungskonten, worunter neben Konten für "innerbetriebliche Verrechnungen mit Niederlassungen, Zweigstellen und Betriebsabteilungen" auch das "Giroausgangskonto" fällt, hätten CpD- Charakter[381]. Aus diesem Grunde dürften, darin liegt der eigentliche Inhalt des Erlasses, auch jene Konten neben den (echten) CpD- Konten für Kontrollmaterialzwecke anläßlich einer Betriebsprüfung bei einem Kreditinstitut ausgewertet werden. Insbesondere das Giroausgangskonto habe eine "besondere Bedeutung, weil es alle Überweisungen von Kunden auf Konten bei anderen Banken, sei es im Inland oder im Aus-

---

[373]Ebenso *FG Niedersachsen* NJW- RR 1999, 410 (411 f.); Tipke/Kruse- *Tipke,* AO, § 194 Rn 9. Für einen Anlaß jedoch *Hamacher*, DB 1996, 2461 f.; Hübschmann/Hepp/Spitaler- *Schick*, AO, § 194 Rn 410 f.; tendenziell auch *BFH* NJW 1997, 2071.

[374]Siehe *Carl/Klos*, wistra 1990, 41 (47); *Bilsdorfer*, DStR 1996, 1954 m.w.N.

[375]Vgl. Koch/Scholtz- *Mösbauer*, AO, § 194 Rn 10 a.E.; *Weyand*, wistra 1990, 294 (298); Tipke/Kruse- *Tipke*, AO, § 194 Rn 10 m.w.N.

[376]Zur entgegenstehenden Entscheidung des *BFH* NJW 1997, 2067 sogleich im laufenden Text.

[377]*FG Niedersachsen* NJW- RR 1999, 412; *Bruschke*, BB 1990, 393; *Neckels*, DStZ 1989, 18 ff.; *Apitz*, StBp 1989, 218 f.; Tipke/Kruse- *Tipke*, AO, § 30 a Rn 6; *Tipke*, FR 1998, 117 (117); *Bilsdorfer*, INF 1994, 547; *Krabbe*, DB 1988, 1673. Praktisch dürften Kontrollmitteilungen im zu den Depots und Konten des § 30 a III S. 1 AO anläßlich der Außenprüfung bei Kreditinstituten infolge der räumlich- organisatorischen Trennung der verschiedenen Bereiche ohnehin nur selten sein, siehe Koch/Scholtz- *Krabbe*, AO, § 30 a Rn 12.

[378]Genauer zum CpD- Konto unten ab S. 197 und ab S. 201.

[379]Einhellig, vgl. *BFH* NJW 1997, 2071, Tipke/Kruse- *Tipke*, AO, § 30 a Rn 6; Koch/Scholtz- *Krabbe*, AO, § 30 a Rn 11; *Schuhmann*, wistra 1995, 338. Es gelten insoweit die allgemeinen Voraussetzungen und Grenzen für Kontrollmitteilungen (vgl. eben im laufenden Text); Ausforschungsprüfungen sind unzulässig.

[380]Az. S 1505- 14- V C 5, DB 1997, 1254. Zurückzuführen ist dieser Erlaß auf eine Fallsammlung der *Oberfinanzdirektion Münster* vom 30.04.1996, Az. S 1507- 5- St 22- 32, die bei *Tischbein*, WM 1996, 1949 zitiert und dargestellt wird.

[381]So wörtlich der Erlaß (DB 1997, 1254 f.).

land, nachweist"[382]. Diese weite Auslegung wird in der Literatur zu recht kritisch betrachtet[383].

aa) Absolutes Verbot der Ausschreibung von Kontrollmitteilungen oder gebundenes Ermessen ?

Die Hauptfrage des Absatzes 3 von § 30 a AO ist jedoch, wie er zu verstehen ist. Denn seine beiden Sätze unterscheiden sich sprachlich, wobei nur eine der Auslegungsmöglichkeiten maßgeblich sein kann. Die unterschiedlichen Fassungen -Satz 1 "dürfen nicht" und Satz 2 "soll nicht"- führen zu einem Widerspruch, so daß § 30 a III AO aus sich heraus keinen rechten Sinn ergibt. Geht man vom Wortlaut aus, so heißt § 30 a III S. 2 AO isoliert betrachtet, Kontrollmitteilungen sollen nicht ausgeschrieben werden. Nach dem klassischen Verständnis von "soll nicht" als Beschreibung eines Grundsatz- Ausnahme- Verhältnisses, mithin als Formulierung zwischen "darf nicht" (nie) und "muß" (immer)[384] bedeutet dies übertragen auf die Frage der Kontrollmitteilungen, daß jene nicht generell verboten sind. Nimmt man indes den Satz 1, dessen Wortlaut ein uneingeschränktes Verbot enthält[385], hinzu und versteht man das Feststellen und Abschreiben von Konten und Depots als logische Vorstufe von Kontrollmitteilungen, so wirkt das absolute Verbot auch auf den Satz 2 (im Sinne von "darf nicht"). Mit anderen Worten kann der Satz 2 entweder als *gebundenes Ermessen* dergestalt, daß Kontrollmitteilungen eben nur *grundsätzlich* nicht ausgeschrieben werden dürfen, verstanden werden[386]. Oder aber man bezieht das "dürfen nicht" aus dem Satz 1 auch auf den folgenden Satz. Dann statuiert der Satz 2 ein *absolutes Verbot* für Kontrollmitteilungen bei den Konten des Satzes 1 und die Formulierung "soll nicht" wäre ein Redaktionsversehen des Gesetzgebers[387]. Mit dieser umstrittenen Auslegung des § 30 a III AO mußten sich in neuerer Zeit zwei *Senate* des *Bundesfinanzhofs*[388] befassen. Beide Entscheidungen gleichen sich im grundsätzlichen Ausgangspunkt. Sowohl der *7.* als auch der *8. Senat* urteilten, daß § 30 a III AO kein generelles Verbot für Kontrollmitteilungen enthält. Zudem bestätigten beide, daß die von der Finanzverwaltung praktizierte[389] Ausschreibung von Kontrollmitteilungen bei Zufallserkenntnissen, die den Verdacht einer Steuerverkürzung im Einzelfall begründen, auch bei den in Rede stehenden legitimationsgeprüften Depots und Guthabenkonten nicht zu beanstanden sei[390].

---

[382]Wörtlich der Erlaß (DB 1997, 1255).

[383]Siehe dazu *Klos*, WiB 1997, 816 sowie ausführlich *Tischbein*, WM 1996, 1949; *Hamacher*, DB 1996, 2460.

[384]Vgl. dazu *Maurer*, Verwaltungsrecht AT, § 7 Rn 11 sowie *Vogt/Kramer*, WM 1997, 2159.

[385]Die Formulierung "dürfen nicht" statuiert ein uneingeschränktes Verbot, siehe *Maurer*, Verwaltungsrecht AT, § 7 Rn 10.

[386]So Tipke/Kruse- *Tipke*, AO, § 30 a Rn 6; Koch/Scholtz- *Krabbe*, AO, § 30 a Rn 14; *ders.*, DB 1988, 1673; *Hamacher*, DB 1996, 2463; *Müller- Brühl*, Ermittlungen bei Kreditinstituten, 47; *Wieland*, JZ 2000, 274.

[387]In diesem Sinne *Neckels*, DStZ 1989, 20 und wohl auch *Bruschke*, BB 1990, 393. *Unklar* dagegen *Vogt/Kramer*, WM 1997, 2159 (in Fn 34: striktes Verbot, jedoch andererseits 2162: Ausnahme für Zufallsfunde).

[388]*BFH* NJW 1997, 2067 und *BFH* WM 1997, 2344.

[389]Vgl. AEAO vom 24.09.1987, Az. IV A 5- S 0062- 38/87, BStBl. I 1987, 664, geändert durch AEAO vom 23.03.1993, Az. IV A 5- S 0130 a- 3/93, BStBl. I 1993, 330 unter Nr. 1 zu § 30 a AO.

[390]Vgl. *BFH* NJW 1997, 2071 f.; *BFH* WM 1997, 2351.

bb) Stellungnahme: Zulässigkeit von Kontrollmitteilungen bei Verdacht auf Steuerverkürzungen im Einzelfall

Jenem gemeinsamen Ausgangspunkt der beiden gerichtlichen Entscheidungen ist zuzustimmen. Jedenfalls bei Zufallserkenntnissen, die den Verdacht auf Steuerverkürzungen im einzelnen Fall begründen, müssen Kontrollmitteilungen auch bei den Konten des Satzes 1 zulässig sein[391]. Zwar wollte der Gesetzgeber mit der Kodifizierung des Bankenerlasses als § 30 a AO die Bank- Kunden- Beziehung schützen. Andererseits hat er sich zu einem *wirklichen* Bankgeheimnis in Steuersachen (vor allem mit Auskunfts- und Mitwirkungsverweigerungsrechten der Banken) gerade nicht durchringen können. Von einem vollständigen Verbot der Ausschreibung von Kontrollmitteilungen bei den legitimationsgeprüften Depots und Guthabenkonten kann daher nicht ausgegangen werden. Um die vom Gesetzgeber beabsichtigte Rücksichtnahme auf das Vertrauensverhältnis zwischen Bank und Kunden zu erreichen, sollen diese nur nicht erfolgen. Dort, wo es um ein schützenswertes Verhältnis schlechterdings nicht mehr geht, nämlich wenn Steuerstraftaten in Rede stehen und "die erlangten Kenntnisse ... einen *Anfangsverdacht* dahingehend" begründen, ist in der Tat "klar, daß ... auf das Vertrauensverhältnis zwischen der Bank und ihrem Kunden ... keine Rücksicht zu nehmen ist"[392]. Unehrliche Steuerpflichtige bedürfen keines Schutzes vor dem Fiskus. Wenn die beiden Sätze des Absatzes 3 widersprüchlich und daher auslegungsbedürftig sind, darf die Interpretation jedenfalls nicht dazu führen, daß sich der Staat bei der Verfolgung von Straftaten (wie vor allem der Steuerhinterziehung) selbst behindert. Insoweit drängt sich eine Parallele zu § 108 I S. 1 StPO auf, wonach zufällig gefundene Gegenstände, die mit der eigentlichen Untersuchung nichts zu tun haben, aber auf eine andere Straftat hindeuten, vorläufig beschlagnahmt werden dürfen[393].

Die weitere -und auch nur vom *8. Senat* des *Bundesfinanzhofs* begründete- Ausnahme von dem grundsätzlichen Verbot der Kontrollmitteilungen bei den Konten des Satzes 1 (Vorliegen eines hinreichenden Anlasses[394]) ist jedoch abzulehnen. Der *8. Senat* hat entschieden, daß Kontrollmitteilungen durch den Außenprüfer bei den legitimationsgeprüften Guthabenkonten und Depots bereits dann nicht untersagt werden, wenn dafür ein *hinreichender Anlaß* besteht. Der hinreichende Anlaß bei § 30 a III AO soll etwa gleichbedeutend mit dem für § 208 I S. 1 Nr. 3 AO geforderten Ermittlungsanlaß sein. Er liege vor, wenn "der Außenprüfer im Rahmen einer aufgrund allgemeiner Erfahrung getroffenen Prognoseentscheidung im Wege vorweggenommener Beweiswürdigung zu dem Ergebnis kommt, daß eine Kontrollmitteilung zur Aufdekkung steuerrechtlicher Tatsachen zu führen vermag"[395]. Der entgegenstehende Satz 1

---

[391]Ebenso *FG Niedersachsen* NJW- RR 1999, 415; Tipke/Kruse- *Tipke,* AO, § 30 a Rn 6; Koch/Scholtz- *Krabbe*, AO, § 30 a Rn 14; *ders.*, DB 1988, 1673; *Hamacher*, DB 1996, 2463; wohl auch *Vogt/Kramer*, WM 1997, 2162, obwohl diese zuvor auf 2159 in Fn 34 ein "striktes Verbot der Kontrollmitteilung" befürworten.

[392]Wörtlich aus *BFH* WM 1997, 2351.

[393]Diese Parallele zu § 108 StPO ziehen auch *Vogt/Kramer*, WM 1997, 2162.

[394]Die sich "aus der gebotenen teleologischen, grammatikalischen, historischen und verfassungskonformen Auslegung des § 30 a III AO 1977" ergeben soll. Wörtlich *BFH* NJW 1997, 2071. Nach den Angaben von *Tipke*, FR 1998, 118 wurde die Verfassungsbeschwerde hiergegen vom *BVerfG* (vom 10.10.1997, Az. 2 BvR 1440/97) nicht zur Entscheidung angenommen. Bestätigung des Urteils durch *BFH* NJW 1999, 968.

[395]Wörtlich *BFH* NJW 1997, 2071.

sei dafür "entsprechend der Regelung des Satzes 2 als 'sollen nicht' zu interpretieren"[396]. Mit anderen Worten wird aus *"dürfen nicht"* und *"soll nicht"* ein *"darf" bei hinreichendem Anlaß*[397]. Der *8. Senat* tendiert erkennbar -denn dafür "sprechen beachtliche Gründe"- zu einer Restriktion bereits des § 194 III AO dergestalt, daß Kontrollmitteilungen ohnehin nur "bei hinlänglichem Anlaß", aber nicht als "beliebige Stichprobe" zulässig sein sollen[398]. Dann aber geht die von ihm vorgenommene Auslegung des § 30 a III AO nicht über die Aussage des § 194 III AO hinaus.

Ein solches Verständnis des § 30 a III AO -vor allem dessen Beziehung zu § 194 III AO- kann keine Zustimmung finden. Eine derartige Ausnahme vom Kontrollmitteilungsverbot ist abzulehnen[399]. Auch der *7. Senat* gab in seinem zeitlich nachfolgenden Urteil zu verstehen, daß er jene vom *8. Senat* vorsorglich[400] gemachte Beschränkung für "auf den ersten Blick nicht so überzeugend" halte[401]. Es entspricht dem herkömmlichen Verständnis des § 30 a III AO, daß mit dieser Norm die Ermittlungsbefugnisse aus § 194 III AO eingeschränkt werden[402]. Daran ist festzuhalten. Der vom *8. Senat* hergestellte "Gleichklang"[403] zwischen § 194 III AO und § 30 a III AO durch das Hineinlesen von Anlässen als Voraussetzung (bei § 194 III AO) oder als zulässige Ausnahme (bei § 30 a III AO) ist abzulehnen[404]. Denn, wie der *7. Senat* zutreffend ausführt, wäre § 30 a III AO ansonsten ohne jeden Sinn, was die "bewußte und zielgerichtete Einschränkung des § 194 Abs. 3 AO 1977 durch den Gesetzgeber" konterkariert. Aus der Existenz des § 30 a III AO ist vielmehr gerade umgekehrt zu schließen, daß "wenigstens ein Kernbestand des Bankgeheimnisses bewahrt bleiben" muß[405].

Wäre eine solche Reduktion des § 30 a III AO, wie sie der *8. Senat* vornehmen will, rechtlich zulässig und möglich, so erhebt sich die Frage, warum sie dann nicht bereits vom *Bundesverfassungsgericht* in seinem Zinsurteil befürwortet worden ist[406]. Immerhin ist das *Bundesverfassungsgericht* der Ansicht, daß "vor allem mit dem Verbot der Kontrollmitteilungen" -Nr. 3 des vorherigen Bankenerlasses- "der Finanzver-

---

[396]Wörtlich *BFH* NJW 1997, 2071.

[397]So die prägnante Zusammenfassung bei *Vogt/Kramer*, WM 1997, 2159.

[398]So wörtlich *BFH* NJW 1997, 2071.

[399]Ebenso *Vogt/Kramer*, WM 1997, 2156; *Bilsdorfer*, NJW 1997, 2368; *Dörn*, BuW 1997, 575; *Eckhoff*, DStR 1997, 1071; Tipke/Kruse- *Tipke*, AO, § 30 a Rn 6; *Tipke*, FR 1998, 117. Anders *Hamacher*, WM 1997, 2152 ff. Offengelassen *FG Niedersachsen* NJW- RR 1999, 414 (416).

[400]Die Einschränkung ist vom *BFH vorsorglich* für den Fall vorgenommen worden, daß in diesem Bereich ein weitgehendes Steuererfassungsdefizit bestehen sollte. Denn in Ermangelung einschlägiger Statistiken mußte diese Frage offenbleiben, siehe *BFH* NJW 1997, 2069 f.

[401]So wörtlich *BFH* WM 1997, 2352.

[402]Vgl. soeben bei Fn 377 im Text.

[403]Wörtlich *BFH* WM 1997, 2352.

[404]So für das Hineinlesen des Anlasses in *§* 30 a III AO ebenso *Dörn*, BuW 1997, 577 f.; *Eckhoff*, DStR 1997, 1072 f.; *Vogt/Kramer*, WM 1997, 2159 ff.; *Bilsdorfer*, NJW 1997, 2369 f. Dem *BFH* zustimmend jedoch *Hamacher*, WM 1997, 2154 ff., und zwar sowohl für das Hineinlesen bei § 194 III AO als auch bei § 30 a III AO, siehe *Hamacher*, DB 1996, 2463: "geht Abs. 3 nicht über das hinaus, was auch § 194 Abs. 3 AO bei einer verfassungskonformen Interpretation erlaubt".

[405]So wörtlich *BFH* WM 1997, 2352; der Sache nach ebenso *Eckhoff*, DStR 1997, 1072; *Vogt/Kramer*, WM 1997, 2161.

[406]So zu Recht *Eckhoff*, DStR 1997, 1073; *Bilsdorfer*, NJW 1997, 2369; *Laule*, WuB X. § 30 a AO 1.97, 944 (945).

waltung eines der wirksamsten Mittel zur Sachverhaltsaufklärung genommen" werde. Denn es schirme "Konten der Bankkunden und damit einen wesentlichen Bereich, in dem die Finanzverwaltung Erkenntnisse über die Bezieher von Kapitaleinkünften gewinnen kann, vor Ermittlungen der Steuerbehörden" ab, und enthebe diese so "weitgehend des Risikos, bei der Steuerverkürzung entdeckt zu werden"[407]. Bei dieser Sichtweise hätte man durchaus eine einschränkende Auslegung oder gar die Feststellung der Verfassungswidrigkeit der Bestimmung erwarten können, was das Gericht aber vermieden hat. Für eine -überdies vorsorgliche- verfassungskonforme Auslegung besteht daher keine Notwendigkeit[408].

Zudem ist der hinreichende Anlaß, den der *8. Senat* für maßgeblich hält, bislang lediglich im Bereich der *Aufgaben*erfüllung herangezogen worden. Hier aber wird damit § 30 a AO erweitert, der die Befugnisse aus § 194 III AO einschränkt. Es geht daher letztlich um die *Erweiterung* von *Befugnissen*[409]. Rechtsdogmatisch vermag diese Übertragung daher nicht zu befriedigen, zumal ein praktischer Unterschied zu einem hinreichenden Anlaß bei § 208 I S. 1 Nr. 3 und dem bei § 30 a III AO besteht. Im ersteren Fall geht es um ein *vor* den Ermittlungen liegendes, regelmäßig von außen an die Fahndung herangetragenes Ereignis. Dagegen ist die Finanzverwaltung bei der Außenprüfung bereits *innerhalb* der Sphäre des Steuerpflichtigen. Sie hat demnach die Möglichkeit, sich den hinreichenden Anlaß selbst zu (be-) schaffen[410].

Im Ergebnis bedeutet dies, daß § 30 a III AO zwar eine Einschränkung des § 194 III AO darstellt. Gleichwohl statuiert § 30 a III AO kein absolutes Verbot von Kontrollmitteilungen in Bezug auf die Guthabenkonten und Depots, bei deren Errichtung eine Legitimationsprüfung nach § 154 II AO stattgefunden hat. Der sprachliche Widerspruch beider Sätze ist zu einem gebundenen Ermessen aufzulösen. Grundsätzlich haben diese Mitteilungen zu unterbleiben. Sie dürfen aber dann vorgenommen werden, wenn offenkundig Steuerstraftaten in Rede stehen (Tatverdacht bezüglich Steuerverkürzungen). Festzuhalten bleibt, daß der *8. Senat* -wenn auch angreifbar[411]- das Bank- Kunden- Verhältnis dem Grundrecht auf *informationelle Selbstbestimmung* zugeordnet hat[412] sowie im Urteil des *7. Senats*[413] unter der Geltung des § 30 a AO ein *Kernbestand* eines *Bankgeheimnisses* anerkannt worden ist.

Letztlich wurde daher in beiden Urteilen mehr oder minder deutlich ein (unechtes und diffuses) Bankgeheimnis im geltenden Steuerrecht verortet.

III. Möglichkeiten bei ausländischen Sachverhalten

Anders ist die Rechtslage bei den ausländischen Kapitaleinkünften, die nicht vom Zinsabschlag erfaßt, möglicherweise aber auch nicht deklariert werden. Denn hier sind die Ermittlungsmöglichkeiten der deutschen Finanzverwaltung beschränkt; nach völkerrechtlichen Grundsätzen ist ein hoheitliches Handeln jenseits der Landesgrenze

---

[407]So wörtlich *BVerfG* BStBl. II 1991, 654 = NJW 1991, 2132.

[408]Ebenso *Vogt/Kramer*, WM 1997, 2159 ff.

[409]So *BFH* WM 1997, 2352.

[410]*Dörn*, BuW 1997, 578.

[411]Siehe soeben S. 49 f.

[412]*BFH* NJW 1997, 2072.

[413]*BFH* WM 1997, 2352.

nicht zulässig[414]. Der Finanzverwaltung stehen nur schwache Möglichkeiten zur Sachverhaltsaufklärung zur Hand. So ordnen die §§ 90 II, 146 II, 123 AO an, daß den Beteiligten erhöhte Mitwirkungspflichten bei Auslandssachverhalten treffen. Darin kommt der allgemeine Rechtsgedanke zum Ausdruck, daß die Anforderungen an die Mitwirkungspflicht in dem Umfang steigen, wie die sonstigen Ermittlungsmöglichkeiten für die Behörde abnehmen[415]. Zudem gibt es die Informationszentrale Ausland (IZA) beim Bundesamt für Finanzen, mit der die Finanzämter zusammenarbeiten. Dort werden Berichte über Sachverhalte mit Auslandsbezug gesammelt[416].

Hauptsächlich sollen jedoch die Grundsätze der internationalen *Amtshilfe* in Steuersachen in diesen Konstellationen Hilfe bieten. Amtshilfe meint dabei die Unterstützung, die eine Behörde einer anderen Behörde zur Erfüllung von Aufgaben der öffentlichen Verwaltung gewährt. Sie dient damit vorrangig der Ermittlung und Feststellung der Besteuerungsgrundlagen durch Informationsaustausch der Behörden untereinander[417]. Rechtsgrundlagen für die internationale Amtshilfe bilden eine Vielzahl bi- oder multilateraler Abkommen in Steuersachen oder die vertragslose Amtshilfe im Wege der Kulanz[418]. Wegen dieser unterschiedlichen Grundlagen[419] sind die Voraussetzungen und Grenzen der Amtshilfe von Land zu Land unterschiedlich. Selbst bei den europäischen Abkommen gibt es durch Ablehnungsvorbehalte und besondere Klauseln einzelner Länder große Unterschiede im Detail[420]. Gerade in den (bei Anlegern beliebten) "Steuerfluchtländern" ist die Amtshilfe zumeist wegen der dortigen Bankgeheimnisse ausgeschlossen, so daß die Ermittlungsmöglichkeiten des deutschen Fiskus erheblich beschränkt sind[421]. So ist etwa die Amtshilfe mit Luxemburg im Doppelbesteuerungsabkommen mit der Bundesrepublik Deutschland geregelt. Jedoch besteht danach *keine* Pflicht für Steuerbehörden in Luxemburg, Untersuchungen einzuleiten. Ebensowenig Hilfe bietet insoweit das daneben anwendbare[422] EG- Amtshilfegesetz, da Bankauskünfte auch nach Luxemburger Recht nicht zulässig sind. Insoweit ist das Luxemburger Bankgeheimnis auch im zwischenstaatlichen Auskunfts-

---

[414]Sogenannter "Territorialitätsgrundsatz", vgl. *BFH* NJW 1997, 2067 (2069); *Schweitzer*, Staatsrecht III, Rn 432; Franzen/Gast/Joecks- *Joecks*, § 399 Rn 79 m.w.N.

[415]So für § 90 II AO Koch/Scholtz- *Helsper*, AO, § 90 Rn 12.

[416]Allgemein zur Informationszentrale für den Steuerfahndungsdienst Franzen/Gast/Joecks- *Joecks*, Einl. Rn 97 m.w.N.

[417]In Abgrenzung zur Rechtshilfe, die sich auf strafrechtliche Angelegenheiten bezieht. Vgl. *Carl*, DStZ 1993, 653 f.

[418]Etwa Doppelbesteuerungsabkommen, das EG- Amtshilfegesetz (Art. 2 des Steuerbereinigungsgesetzes 1986; Gesetz vom 19.12.1985, BGBl. I 1985, 2436), das EG-Beitreibungsgesetz (Gesetz vom 10.08.1979, BGBl. I 1979, 1429). Übersicht zu den verschieden Rechtsgrundlagen bei Koch/Scholtz- *Förster*, AO, § 117 Rn 2 f.

[419]Die sich jedoch grundsätzlich nicht ausschließen, Koch/Scholtz- *Förster*, AO, § 117 Rn 2.

[420]Vgl. etwa die Differenzierung zwischen "großer" und "kleiner Auskunftsklausel" in den jeweiligen Vereinbarungen, dazu näher Franzen/Gast/Joecks- *Joecks*, § 399 Rn 90 ff.

[421]So der Bundesrechnungshof in *BFH* NJW 1997, 2069.

[422]Gemäß § 1 III des Gesetzes, vgl. dazu Koch/Scholtz- *Scholtz*, AO, Anh. zu § 117, § 1 EG-AmtshilfeG, Rn 10.

austausch geschützt[423]. Ähnlich unvollständig ist die Amtshilfe beispielsweise mit der Schweiz[424] und Liechtenstein[425].

Hinzu kommt ein weiterer Grund, warum die praktische Bedeutung der internationalen Amtshilfe eher gering ist. Wenn das deutsche Finanzamt um die Bankverbindung weiß, dann ist internationale Hilfe nicht nötig. Es kann den Steuerpflichtigen zu Erklärungen anhalten, §§ 90 II, 93 I AO, und bei Verweigerung der Mitwirkungs- und Aufklärungspflichten im Besteuerungsverfahren seine Besteuerungsgrundlagen schätzen, § 162 AO. Wenn aber die Finanzverwaltung nicht um die Existenz dieser Kontoverbindung oder Anlage weiß, wird es aus Personalgründen und wegen Arbeitsüberlastung auch kaum mittels Amtshilfe Nachforschungen bei irgendwelchen ausländischen Banken betreiben[426].

IV. Zusammenfassung zu den Ermittlungsmöglichkeiten

Damit bleibt allgemein festzustellen, daß bei den Zinseinkünften generell erhebliche Probleme für die Finanzverwaltung bestehen, die Besteuerungsgrundlagen festzustellen, wenn der Sparer unehrlich ist. Jedenfalls ist stets ein hinreichender Ermittlungsanlaß erforderlich, was freilich keine Besonderheit der Zinseinkünfte darstellt. Spezifikum der sonstigen Einkünfte aus Kapitalvermögen jeder Art ist jedoch § 30 a AO, der den Nachforschungen des Finanzamtes Grenzen setzt. Verkürzt gesagt offenbart somit in der Regel erst der Tod des Anlegers seine Unehrlichkeit, denn nach § 33 ErbStG[427] sind beim Tod Kontrollmitteilungen der (inländischen) Kreditinstitute an das Finanzamt vorzunehmen[428]. Dies mag verdeutlichen, warum die strafprozessualen Zwangsmaßnahmen -Durchsuchungen in den Banken und die Beschlagnahme umfangreicher Materialien- so heftig angegriffen worden sind und eine solche Kontroverse ausgelöst haben.

E. Verfassungsrechtliche Bedenken gegen die gegenwärtige Rechtslage

Es vermag keine Verwunderung auszulösen, daß die gesetzlichen Veränderungen im Bereich der Zinseinkünfte bereits unmittelbar nach ihrem Bekanntwerden erste Kritik erfahren haben, auch ihre Verfassungsmäßigkeit wurde sehr schnell in Frage gestellt[429].

Die wesentlichen Kritikpunkte liegen auf der Hand. Es geht zum einen um eine so deutliche *Erhöhung der Freibeträge*, womit, so der Vorwurf, Bezieher anderer

---

[423] *Storck*, Die Bank 1993, 366; *Carl/Klos*, Bankgeheimnis und Quellensteuer, 119; *dies.*, DStZ 1991, 577 f.

[424] *Carl/Klos*, Bankgeheimnis und Quellensteuer, 100 f.

[425] *Carl/Klos*, Bankgeheimnis und Quellensteuer, 123 f.

[426] *Streck*, DStR 1993, 345.

[427] Als spezielle Norm zu § 30 a II AO, *Apitz*, StBp 1989, 218; *Krabbe*, DB 1988, 1672.

[428] Zur Problematik des § 33 ErbStG siehe *Bilsdorfer*, INF 1994, 549 ff.

[429] Der Neuregelung stehen kritisch bis ablehnend (verfassungswidrig) gegenüber *Birk*, StVj 1993, 105 ff.; *Streck*, DStR 1993, 342; *Papier/Dengler*, BB 1996, 2541 (2541 ff.); *Eckhoff*, DStR 1997, 1071; Tipke/Lang- *Lang*, StR, § 9 Rn 563; *Carl/Klos*, wistra 1994, 211 f.; *Kohlmann*, § 385 Rn 119; ausführlich *Austrup*, Zinsbesteuerung, 64 ff. und *Carl/Klos*, Bankgeheimnis und Quellensteuer, 168 ff. Für Verfassungsmäßigkeit *Lindberg*, DStR 1992, 1494; *ders.*, Zinsabschlaggesetz Rn 6 ff.; *Vogt/Kramer*, WM 1997, 2162; *Jakob*, DStR 1992, 893; *Bilsdorfer*, INF 1992, 467 und *Wieland*, JZ 2000, 275.

Einkunftsarten benachteiligt und damit ungleich behandelt werden[430]. Demgegenüber wollen andere Autoren in der besonderen Eigenschaft des Kapitals einen sachlichen und derartige Differenzierungen rechtfertigenden Grund sehen[431]. Denn Kapital sei die Quelle der Altersversorgung, unterliege zudem der Inflation und weise eine besondere Mobilität auf. Durch die Halbierung des Sparer- Freibetrages mit dem Steuerentlastungsgesetz 1999/2000/2002[432] dürfte dieser Kritikpunkt weitgehend hinfällig geworden sein.

Vor allem aber wird die *Beibehaltung des § 30 a AO* (hauptsächlich sein Absatz 3) angegriffen. Denn damit habe sich an dem vom *Bundesverfassungsgericht* konstatierten strukturellen Vollzugsdefizit jenseits des Zinsabschlags nichts verändert[433]. Dem wird wiederum entgegengehalten, daß die Finanzverwaltung zwar keine gestärkten Befugnisse zugewiesen erhalten habe. Jedoch könne sie nunmehr infolge der geringeren Zahl von Steuerpflichtigen ihre Befugnisse zielgerichteter, wirksamer und effektiver einsetzen, was bereits psychologisch wirke[434]. Vor allem habe die geringere Zahl von Steuerpflichtigen auch aus einem anderen Grund Bedeutung. Denn ein in der Unehrlichkeit bestärkendes Gruppengefühl könne nicht mehr aufkommen[435].

Diese Diskussion dauert bis heute an und wird, so scheint es, ihr Ende erst mit einem weiteren Urteil des *Bundesverfassungsgerichts* finden. Bisherige, allesamt die Verfassungsmäßigkeit bejahende Entscheidungen der Finanzgerichte vermochten jedenfalls die Auseinandersetzungen nicht zu beenden[436]. In dem bereits im Rahmen des § 30 a III AO erörterten Urteil entschied der *Bundesfinanzhof*[437], jedenfalls im Jahre 1993 sei die Besteuerung und Erhebung der Zinseinkünfte nicht verfassungswidrig. Zwar habe, so der *Bundesfinanzhof*, nachweisbar eine Kapitalverlagerung im zeitlichen Zusammenhang mit der Neuregelung stattgefunden. Etwaige Steuerhinterziehungen vieler oder nahezu aller transferierenden Anleger seien jedoch infolge völkerrechtlicher Grundsätze dem deutschen Gesetzgeber nicht zuzurechnen[438]. Auch bei den Steuerpflichtigen, die Kapitalerträge von inländischen Zahlstellen beziehen und diese in der Einkommensteuererklärung nicht angeben, liege kein dem Gesetzgeber zuzurechnendes Erhebungsdefizit vor. Denn den Finanzbehörden stehe durchaus "ein Ermittlungsinstumentarium zur Verfügung, welches eine weitgehend vollständige und gleichmäßige Steuerfestsetzung auch in bezug auf die Einkünfte aus Kapitalvermögen

---

430 Ausführlich dazu *Austrup*, Zinsbesteuerung, 64 ff.; Tipke/Lang- *Lang*, StR, § 9 Rn 563; Tipke/Kruse- *Tipke*, AO, § 30 a Rn 11 und 14.

431 So vor allem *Jakob*, DStR 1992, 893 ff.; gegen dessen Argumentation wiederum *Austrup*, Zinsbesteuerung, 82 ff.

432 Gesetz vom 24.03.1999, BGBl. I 1999, 402.

433 So ausführlich *Papier/Dengler*, BB 1996, 2542 f.; *Birk*, StVj 1993, 105 ff.; *Eckhoff*, DStR 1997, 1071 f.; *Carl/Klos*, wistra 1994, 212.

434 So *Jakob*, DStR 1992, 895 f. und auch *Bilsdorfer*, INF 1992, 468.

435 So *Bilsdorfer*, INF 1992, 468.

436 Siehe *FG Nürnberg* EFG 1995, 981. Die Nichtzulassungsbeschwerde zum *BFH* wurde mangels ausreichender Darlegung einer grundsätzlichen Bedeutung abgelehnt, siehe *BFH* BFH/NV 1996, 228 (229). Das *BVerfG* hat die daraufhin erhobene Verfassungsbeschwerde nicht zur Entscheidung angenommen, vgl. *BVerfG* vom 21.03.1996, Az. 2 BvR 2473/95 (nicht veröffentlicht). Siehe auch *FG München* EFG 1995, 723 sowie *FG Baden- Württemberg* EFG 1996, 374.

437 NJW 1997, 2067. Bestätigt von *BFH* NJW 1999, 968.

438 So *BFH* NJW 1997, 2069.

i.S. des § 20 I Nr. 7 EStG 1993 gewährleistet". Hierfür sei der § 30 a AO verfassungskonform auszulegen[439].

Zur inhaltlichen Auseinandersetzung um die Verfassungsmäßigkeit der Zinsbesteuerung ist hier nur so viel anzumerken, daß die Neuregelung wenig geglückt und verfassungsrechtlich zumindest bedenklich ist. Sicherlich sind Steuerfluchtbewegungen allein mit nationalen Regelungen nicht zu beherrschen. Auch die Abschaffung des § 30 a AO würde an solchen Phänomenen nichts ändern. Ein als Definitivsteuer ausgestalteter Zinsabschlag -was das *Bundesverfassungsgericht* im Zinsurteil für durchaus möglich gehalten hat[440]- hätte im Ausland auf Grund der völkerrechtlichen Ausgangssituation nichts ausrichten können. Lösungen bieten hier allein europäische Harmonisierungen, die allerdings auf großen Widerstand bei einigen Ländern stoßen[441]. Vielleicht mag der in Arbeit befindliche Verhaltenskodex zur Unternehmensbesteuerung[442] -so wenig rechtlich verbindlich er auch ist[443]- wenigstens den Boden für weitere Maßnahmen bereiten, zumal zwischenzeitlich zumindest eine Einigung über die Grundzüge einer Richtlinie zur Zinsbesteuerung erzielt worden ist[444].

Bei den Anlegern innerhalb der 20 % Steuerpflichtigen, die dem inländischen Zinsabschlag unterfallen, ist das strukturell bedingte Vollzugsdefizit entgegen der Ansicht des *Bundesfinanzhofs* nicht grundsätzlich verändert worden. Es kann jedenfalls nicht deshalb verneint werden, weil nunmehr nur noch ungefähr 20 % aller Bezieher von Zinsen steuerpflichtig sind, demnach das Erhebungsdefizit infolge des beibehaltenen § 30 a AO in deutlich verkleinertem Umfang auftritt[445]. Denn es kommt nicht auf die Quantität, sondern die Qualität an[446]. Im übrigen ist die Gruppe der Anleger, die dem inländischen Zinsabschlag unterfallen, nach der Halbierung des Sparer- Freibetrages durch das Steuerentlastungsgesetz 1999/2000/2002[447] ohnehin wieder angewachsen.

Die im Zusammenhang mit der Neuregelung gewagte Prognose, es werde nun ein Umdenken bei den Steuerpflichtigen einsetzen, die Besteuerungswürdigkeit und die Strafwürdigkeit ihrer Hinterziehung werde sich nicht nur wandeln, sondern geradezu

---

439 Vorstehendes wörtlich *BFH* NJW 1997, 2070. Zu dieser "vorsorglichen" verfassungskonformen Auslegung des *BFH* siehe bereits oben ab S. 59.

440 Vgl. *BVerfG* BStBl. II 1991, 654 = NJW 1991, 2133.

441 Siehe insbesondere zur Haltung Luxemburgs siehe oben Fn 133 und Berichte im Tagesspiegel vom 05.10.1997, 09.10.1997, 15.10.1997, 23.02.1998 sowie Bericht im Handelsblatt vom 07.10.1997.

442 Siehe Schlußfolgerungen des Rates "Wirtschafts- und Finanzfragen" zur Steuerpolitik vom 01.12.1997, veröffentlicht in ABl. der EG 98/C 2/01 vom 06.01.1998. Vgl. auch die Berichte im Tagesspiegel vom 02. und 03.12.1997.

443 Er soll allein politisch wirken, vgl. Tipke/Kruse- *Tipke*, AO, § 30 a Rn 11 sowie Bericht im Tagesspiegel vom 03.12.1997.

444 Siehe die Schlußfolgerungen des Rates "Wirtschafts- und Finanzfragen" (eben Fn 442) sowie Berichte im Tagesspiegel vom 28.01.1997, 14.10.1997, 03.12.1997 und vom 06.06.1998.

445 So aber das *FG Baden- Württemberg* EFG 1996, 374 (375); vgl. auch *Bilsdorfer*, INF 1992, 468. Gegen ein strukturelles Vollzugshindernis auch *Wieland*, JZ 2000, 275.

446 Ebenso *Papier/Dengler*, BB 1996, 2543.

447 Gesetz vom 24.03.1999, BGBl. I 1999, 402.

umkehren[448], ist nur bedingt überzeugend. Dies gilt gleichfalls für die These, daß die Unehrlichen rasch isoliert seien, da nur noch 20 % der Bezieher von Kapitaleinkünften der Steuerpflicht unterliegen und deshalb ein in der Unehrlichkeit bestärkendes Gemeinschaftsgefühl nicht mehr aufkommen könne[449]. Denn die Steuermoral wird nicht besser, nur weil weniger Bürger von einer Steuer betroffen sind. Außerdem ist diese "Gemeinschaftsgefühl"- These seit der Halbierung des Sparer- Freibetrages im Jahre 1999 noch schwerer haltbar, da die Gruppe der Steuerpflichtigen nunmehr wieder größer ist. Und warum sollten die Steuerpflichtigen, bei denen der Zinsabschlag in Höhe von grundsätzlich 30 % einbehalten und an das Finanzamt abgeführt wird, die aber einen höheren individuellen Steuersatz haben, in der Steuererklärung die Erträge vollständig angeben, wenn sie es ohne nennenswertes Risiko auch unterlassen können ? Die Anzahl der Unehrlichen in der Gruppe der Steuerpflichtigen ist nicht unter dem Aspekt relevant, daß es weniger sind, die sich in ihrem strafbaren Verhalten gegenseitig bestärken könnten. Maßgeblich ist vielmehr, ob die Finanzbehörde durch Kontrollen den staatlichen Steueranspruch effektiver durchsetzen kann. Die den Behörden zur Verfügung stehenden Mittel zur Sachverhaltsaufklärung könnten auf weniger Steuerpflichtige beschränkt werden. Von selbst wird solch ein Bewußtseinswandel in der Bevölkerung aber nicht erreicht[450]. Aber diese durchaus verbreitete Überlegung[451], die Verwaltung könnte nunmehr ihre Kräfte und Möglichkeiten gegenüber deutlich wenigeren Steuerpflichtigen und damit effektiver und gezielter einsetzen, trägt bei Lichte betrachtet nicht. Denn an den Ermittlungs*möglichkeiten* der Finanzverwaltung hat sich unter der Fortgeltung des § 30 a AO gerade nichts geändert. Jenseits des Zinsabschlags hängt die Versteuerung der Zinsen weitgehend von den Erklärungen des Einzelnen ab. Daraus folgt, daß die Steuer ihren Belastungsgrund letztlich nur in der Bereitschaft, Steuern zu zahlen, hat. Dies aber verletzt den Gleichheitssatz in seiner steuerlichen Ausprägung der Belastungsgleichheit. Im Grunde genommen weigert sich der Gesetzgeber, den Steueranspruch insoweit durchzusetzen, als oberhalb des Zinsabschlag noch Einkommensteuer auf die Zinseinkünfte entsteht[452]. Strukturelle Probleme sind nicht beseitigt, sondern nur in ihren Ausmaßen durch vorübergehende Erhöhung von Freibeträgen verändert worden[453]. Mit der Halbierung des Sparer- Freibetrages durch das Steuerentlastungsgesetz 1999/2000/2002[454] werden diese grundsätzlichen Strukturprobleme wieder deutlicher.

Der Hinweis auf andere Bereiche, in denen Steuerhinterziehungen gleichfalls verbreitet sind und wo deshalb vielleicht sogar höhere Steuerausfälle eintreten, vermag diese Probleme nicht zu relativieren[455]. Wenn die Neuregelung -wofür es, wie gesagt, gute Gründe gibt- verfassungswidrig ist, dann hätte dies nach der Rechtsprechung des

---

[448]So *Jakob*, DStR 1992, 895.

[449]So *Bilsdorfer*, INF 1992, 468.

[450]In diesem Sinne auch *Birk*, StVj 1993, 106 f.

[451]So etwa die Argumentation in *FG München* EFG 1995, 723 (724) und von *Jakob*, DStR 1992, 895.

[452]Treffend *Birk*, StVj 1993, 106.

[453]Ebenso *Eckhoff*, DStR 1997, 1071.

[454]Siehe oben Fn 143.

[455]In dieser Richtung aber *Paus*, Zinsbesteuerung, Rn 849 ff.

Bundesverfassungsgerichts im Zinsurteil zur Folge, daß die zugrundeliegende materielle Besteuerungsnorm selbst, § 20 I Nr. 7 EStG, entfällt[456].

F. Ergebnis: Steuerrechtliche Ursachen der Kapitalverlagerungen

In der Neuregelung der Erhebung der Zinseinkünfte liegt der entscheidende Grund für die enormen Kapitalverlagerungen zwischen 1991 und Ende 1993, der größten Steuerfluchtbewegung in der Geschichte der Bundesrepublik[457]. Der Transfer von Geld und Wertpapieren in dieser Zeit erklärt sich aus der Unsicherheit über die zu erwartende Neuregelung nach dem Zinsurteil des *Bundesverfassungsgerichts* und der Tatsache, daß mit Bekanntwerden und Inkrafttreten derselben klar war, daß zumindest 30 % der Zinserträge erst einmal auf die persönliche Einkommensteuerschuld vorausgezahlt werden müssen. Bis 1993 war es aus der Sicht des *steuerunehrlichen* Anlegers nicht geboten, das Kapital im Ausland anzulegen, um die Zinseinkünfte "gefahrlos" steuerfrei vereinnahmen zu können. Bei den der Finanzverwaltung zur Verfügung stehenden Ermittlungsmöglichkeiten reichte es vollkommen aus, das Kapital außerhalb des eigenen persönlichen Umfelds anzulegen -beispielsweise eine Bank weit weg vom Wohnort beziehungsweise Arbeitsplatz zu wählen- und die Belege und Hinweise auf die Existenz dieser Anlage geheimzuhalten sowie Querverbindungen tunlichst zu vermeiden. Für die unehrlichen Bezieher von Zinsen (oberhalb des Sparer- Freibetrages und Werbungskosten- Pauschbetrages) ergab sich mit der Neuregelung die Notwendigkeit, das Kapital zu verlagern oder andernfalls zumindest jene Belastung in Höhe von 30 % des Ertrages hinzunehmen. Außerdem ging es nicht nur um die Vermeidung der Steuerbelastung in der Zukunft. Wenn der Kapitalstamm sich aus bereits in der Vergangenheit hinterzogenen und akkumulierten Beträgen zusammensetzt, dann trieb den Anleger auch die Sorge vor der Frage des Finanzbeamten nach der plötzlichen Mittelherkunft ins Ausland. Die steuerlichen Ermittlungsmöglichkeiten der Finanzverwaltung bei diesen Sachverhalten mit Auslandsbezug sind jedenfalls bei den klassischen "Steuerfluchtländern" praktisch ausgeschlossen. Für die *steuerehrlichen* Anleger bietet die Kapitalverlagerung in das Ausland zumindest Liquiditätsvorteile.

Der Anteil der Unehrlichen innerhalb der Bezieher von Zinseinkünften läßt sich nicht exakt beziffern[458]. Allerdings sei an dieser Stelle der Hinweis auf die allgemeine *Steuermoral* in Deutschland gestattet. Zwar wird die Steuerpflicht im Prinzip für erforderlich und unvermeidlich gehalten, gleichwohl aber nur widerwillig erfüllt[459]. Kontrollmängel werden ausgenutzt, die Neigung, wenig Steuern zu zahlen, ist weit

---

[456] Vgl. *BVerfG* BStBl. II 1991, 654 = NJW 1991, 2133; *Lindberg*, Zinsabschlaggesetz Rn 9 und bereits oben ab S. 24. Zur Verwerfungskompetenz allein des Bundesverfassungsgerichts von Münch/Kunig- *Meyer*, GG, Art. 100 Rn 2 und 3 m.w.N. Die Konsequenzen der Verfassungswidrigkeit des § 20 I Nr. 7 EStG für das Steuerstrafrecht werden bei *Papier/Dengler*, BB 1996, 2544 ausführlich dargestellt, vgl. auch *Behr*, wistra 1999, 245 (247) m.w.N. Die folgende Untersuchung geht von der derzeitigen Rechtslage aus.

[457] Ebenso Abschlußbericht der *Arbeitsgruppe "Steuerausfälle"* des LMF Nordrhein- Westfalen, StB 1994, 448.

[458] So *BFH* NJW 1997, 2069. Im Abschlußbericht der *Arbeitsgruppe "Steuerausfälle"* des LMF Nordrhein- Westfalen, StB 1994, 447 wird geschätzt, daß "weiterhin in erheblichem Umfang steuerpflichtige Kapitalerträge nicht der Einkommensteuer unterworfen werden".

[459] So *Neckels*, DStZ 1989, 16.

verbreitet[460]. Gerade die Besteuerung von *Zinsen* wird von weiten Teilen der Bevölkerung nicht eingesehen, weil das Kapital aus bereits versteuertem Einkommen gebildet wird und die Besteuerung nach dem Nominalwertprinzip Inflationsverluste nicht berücksichtigt[461].

[460]Vgl. Tipke/Kruse- *Tipke,* AO, § 30 a Rn 12.

[461]Die Besteuerung nach dem Nominalwertprinzip wird kritisiert von Tipke/Lang- *Lang,* StR, § 9 Rn 654. Vgl. aber *BVerfG* BStBl. II 1979, 308, wonach die Besteuerung der Zinsen nach ihrem Nennwert zumindest in den Jahren 1971 bis 1974 nicht gegen die Art. 3 I, 14 I GG verstieß.

4.Kapitel: Das Transfersystem

Das folgende Kapitel wird sich mit dem Transfersystem für die Kapitalverlagerungen befassen. Das spezielle "System der Verschleierung"[1] wird dargestellt und verdeutlicht. Es wurde von zahlreichen Kreditinstituten in Deutschland zur Verfügung gestellt. Natürlich bestehen angesichts der Vielzahl von Institutsgruppen in Deutschland Unterschiede. Gleichwohl ergibt die Auswertung der beschlagnahmten Unterlagen bei den bislang durchsuchten Banken und Sparkassen ein annähernd einheitliches Grundschema, nach welchem der Vermögenstransfer stattgefunden hat[2]. Die Differenzen zwischen den einzelnen Institutsgruppen betreffen lediglich Detailfragen, etwa die Höhe des Mindestanlagebetrages[3] für die ausländischen (Depot-) Konten. Auf für die Strafbarkeit relevante Abweichungen bei einzelnen Institutsgruppen wird an der betreffenden Stelle jeweils hingewiesen. Wegen der Bedeutung, die dem Finanzplatz Luxemburg zumindest anfänglich zukam, fungiert dieser als Beispiel. Denn auch bei den bisherigen Durchsuchungen und Beschlagnahmen in Kreditinstituten ging es im wesentlichen um den Transfer in dieses Land.

A. Allgemeine banktechnische Grundlagen

Für das Verständnis und die Würdigung des Verhaltens der beteiligten Personen, aber auch für die Aufdeckung der Vorgänge durch die Strafverfolgungsorgane ist die Kenntnis der zentralen banktechnischen Vorgänge im Zusammenhang mit dem Transfer in das Ausland unerläßlich.

I. Das Korrespondenzbankkonto

Für den bargeldlosen Zahlungsverkehr mit dem Ausland ist es erforderlich, daß das inländische Kreditinstitut mit (irgend-) einer Bank im Ausland kooperiert. In- und ausländische Institute vereinbaren daher, füreinander den Zahlungsverkehr im jeweils anderen Land abzuwickeln. Daraufhin führt die ausländische Korrespondenzbank die Aufträge der inländischen Bank so aus, wie sie Aufträge für jeden anderen Kunden

---

[1]So wörtlich das *BVerfG* WM 1994, 691 = StV 1994, 353 (354).

[2]Das dargestellte Transfersystem ist eine Rekonstruktion aus verschiedenen, sich teilweise widersprechenden Veröffentlichungen. Verarbeitet wurden neben persönlichen Gesprächen mit Bankenvertretern, für deren wertvolle Hilfe ich mich herzlich bedanke, insbesondere Angaben aus *LG Bochum* vom 02.06.1993, Az. 35 Js 244/92 (nicht veröffentlicht); *LG Frankfurt* wistra 1997, 117; Vermerk des BMF zur Sitzung des Finanzausschusses am 13.11.1996, Az. IV A 5- S1900-95/96; Abschlußbericht der *Arbeitsgruppe "Steuerausfälle"* des LMF Nordrhein- Westfalen, StB 1994, 448 f.; *Bartsch/Wittenberg*, Finanzplatz Luxemburg, 5.2 (62 ff.); *Röhm*, Schwarzgeld im Visier, 133 ff.; *Röhm*, Welt am Sonntag 22.09.1996; impulse 2/1996, 68 f.; Erfahrungsbericht des *Steuerfahndungsreferats der OFD Münster* (Zentrale Fahndungsnachrichten), abgedruckt in ZIP 1995, 428 ff.; *Trzaskalik*, DB 1994, 550; *Dörn*, BuW 1996, 46; *Guntermann/Lessner*, Kapitalanleger + Banken und das (gestörte) Verhältnis zum Rechtsstaat (DStG). Bedauerlicherweise zeichnen sich die beiden Beschlüsse des *BVerfG* WM 1994, 691 = StV 1994, 353 und *BVerfG* WM 1995, 234 = wistra 1995, 139 im Verfahren gegen die Dresdner Bank AG dadurch aus, daß nur sehr spärliche Angaben zum relevanten Sachverhalt gemacht werden.

[3]Üblicherweise mußten mindestens 200.000 DM eingezahlt werden, als absolute und überaus seltene Ausnahme war bei zumindest einem Kreditinstitut auch ein Mindestanlagebetrag von 100.000 DM ausreichend. Teilweise war es auch möglich, zunächst einen geringeren Betrag anzuzahlen und diesen kurze Zeit später auf die Mindestsumme aufzustocken.

auch ausführt. Das bedeutet, daß das Auslandsinstitut den Betrag von der inländischen Bank (des Zahlenden) empfängt und ihn weiterleitet, sofern die Korrespondenzbank nicht zufällig bereits die gewünschte Empfängerbank ist[4]. Sowohl bei dem in- als auch bei dem ausländischen Unternehmen besteht zu diesem Zweck zwingend ein jeweiliges *Korrespondenzbankkonto*, über das der Zahlungsverkehr mit dem jeweils anderen Land abgewickelt wird. Das Korrespondenzbankkonto ist ein zentrales Verrechnungskonto[5]. Es erfaßt Zahlungen jedweder Art. Beide Korrespondenzbankkonten[6] bilden die Forderungen und Verbindlichkeiten der beiden Institute exakt gegeneinander ab. Denn jeder Transfer wird in den Buchwerken beider Länder erfaßt; die Konten verlaufen spiegelbildlich zueinander. Sie ermöglichen eine wechselseitige Überprüfung der Salden.

Auch für den Transfer nach Luxemburg ist eine solche Zusammenarbeit deutscher und luxemburgischer Institute notwendig. Die deutschen Mutterkreditinstitute arbeiten hier jedoch zum überwiegenden Teil mit ausländischen Tochtergesellschaften zusammen, die bereits Ende der 60er Jahre[7], spätestens aber Anfang der 90er Jahre gegründet worden sind. Alle Geschäftsvorfälle zwischen diesen beiden Instituten, insbesondere die zu erörternden Erst- beziehungsweise Neuanlagen von Geldern inländischer Kunden von Deutschland aus für ihr Konto bei der luxemburgischen Tochter, laufen über jenes Korrespondenzbankkonto. Trotz dieser gesellschaftsrechtlichen Verknüpfung der deutschen und luxemburgischen Institute wird im folgenden das DM- Konto, welches das ausländische Tochterunternehmen bei der deutschen Mutter unterhält, als Korrespondenzbankkonto bezeichnet. Dieses Korrespondenzbankkonto wird grundsätzlich in der Zentrale des deutschen Mutterinstituts geführt[8].

II. Die Kassenjournale/ -streifen

In jeder Zweigstelle eines Kreditinstituts existieren Kassenjournale/ -streifen[9]. Auf diesen werden alle dort vorgenommenen Buchungen der Bank oder Sparkasse fortlaufend protokolliert. Im Falle einer einheitlichen Buchung in der jeweiligen kontoführenden Filiale finden sich alle Buchungen auf dem dortigen Kassenstreifen. Gibt es dagegen bei einem Kreditinstitut spezielle zentrale Buchungs- oder Erfassungsstellen, etwa für Überweisungen, dann sind diese Buchungen auf den Kassenstreifen/- journalen der zentralen Buchungs- und Erfassungsstelle sichtbar. Im Kassenjournal werden das Datum, die Nummer des Kontos von dem oder auf das der

---

[4]Eine übersichtliche grafische Darstellung dazu findet sich bei *Grill/Perczynski*, Wirtschaftslehre des Kreditwesens, 9.3.3.1.1. (532).

[5]Zu seiner banktechnischen Einordnung siehe unten ab S. 198.

[6]Diese bezeichnet man als Loro- und Nostrokonten. Das Loro- Konto ist das Konto der *Korrespondenzbank* beim *Kontoführer*, unter Nostro- Konto versteht man das *Gegenkonto* des Kontoinhabers *bei sich*. Diese Bezeichnung soll deutlich machen, wer Kontoführer und wer Kontoinhaber ist, siehe *Grill/Perczynski*, Wirtschaftslehre des Kreditwesens, 2.2.1.2 (60).

[7]Um die Abwicklung der Euro- Marktgeschäfte zu gewährleisten.

[8]Daraus erklärt sich, daß Durchsuchungen und Beschlagnahmen zahlenmäßig so häufig in Frankfurt am Main stattgefunden haben.

[9]Jedenfalls am Kassenterminal im Kreditinstitut. Bei einigen Kreditinstituten werden auch am Geldautomat separate Journale gedruckt. Dies ist aber die Ausnahme.

Transfer stattfindet, der Betrag und ein Textschlüssel (etwa Barvorgang[10], Scheck oder Überweisung) erfaßt. Der Verwendungszweck wird dagegen grundsätzlich nicht auf dem Kassenstreifen vermerkt. Jene Kassenjournale sind von den Kreditinstituten nach handels- und steuerrechtlichen Normen aufzubewahren, § 257 HGB, § 147 AO[11].

III. Die Buchungsbelege

Bei Barein- oder auszahlungsvorgängen sowie Überweisungen verbleiben die Originale (*Soll-* Belege) jeweils dort, wo die Buchung vorgenommen wird[12]. Die Durchschrift erhält für gewöhnlich der Veranlasser/Kunde als Quittung. Früher hat auch der Empfänger mit seinen Kontoauszügen einen Anlage- *(Haben-)* Beleg erhalten. Inzwischen sind jedoch üblicherweise alle Daten auf dem Kontoauszug selbst vermerkt; eine Durchschrift wird regelmäßig nicht mehr beigefügt. Bei der Einreichung von Verrechnungsschecks geht der Originalscheck[13] zur bezogenen Bank, wo der Betrag abgebucht wird. Bei der einreichenden Bank (erste Inkassostelle) verbleibt der Scheckeinreichungsbeleg und der Vorleger erhält eine Durchschrift hiervon. Bei Barschecks wird der Originalscheck bei der einlösenden Stelle -in der Regel bei dem kontoführenden Institut- aufbewahrt.

Auch diese Belege müssen nach Handels- und Steuerrecht (§ 257 HGB sowie § 147 AO) aufbewahrt werden. Regelmäßig werden die Originalbelege dafür auf Mikrofiche verfilmt und in dieser Form gespeichert. Alle für die Buchungen erforderlichen Angaben, die auch auf den Kassenjournalen erscheinen, befinden sich auf Überweisungsträger, Bareinzahlungsvordruck oder Scheck (sogenannter Kassenaufdruck). Auf den Transfer nach Luxemburg übertragen bedeutet dies, daß die luxemburgische Tochter (inzwischen eben nur noch[14]) auf ihrem Kontoauszug lediglich die Angaben erkennt, die der Kunde auf den jeweiligen Vordrucken macht. Der Originalbeleg ("Soll- Beleg") verbleibt bei der jeweiligen die Buchung veranlassenden Stelle in Deutschland, und der Kunde erhält gegebenenfalls die Durchschrift seines Auftrags.

IV. Die auf Mikrofiches verfilmten Handelsbücher zu den Konten

Alle Angaben zu einem bestimmten Konto werden in den Handelsbüchern in Mikrofiche- Form gespeichert. Jede Kontobewegung ist dort erfaßt, unabhängig davon, ob es sich um einen Barvorgang oder eine Überweisung handelt. Sie umfassen einen Zeitraum von einem Monat und sind in der Regel nach Kontonummern sortiert. Diese Handelsbücher sind praktisch das Spiegelbild zu den Kontoauszügen, die der Kunde erhält. Damit können zum einen beim Kunden verlorengegangene Kontoauszüge auf Verlangen rekonstruiert werden. Zum anderen aber dienen sie dazu, heraus-

---

[10]Ob dagegen das Geld bei einer Barauszahlung tatsächlich physisch ausbezahlt worden ist, ist nirgendwo ersichtlich. Es könnte allenfalls der hypothetische Fall eintreten, daß der bar auszuzahlende Betrag höher ist als der Kassenbestand der Filiale zum Zeitpunkt der Transaktion.

[11]Näher zu den Aufbewahrungspflichten der Kreditinstitute *Müller- Brühl*, Legitimationsprüfung, 221 ff.

[12]Kontoführende Filiale oder die bereits erwähnten zentralen Buchungs- und Erfassungsstellen.

[13]Nicht stets körperlich, vielmehr findet unterhalb von 5.000 DM ein belegloses Scheckeinzugsverfahren statt. Dabei wird die bezogene Bank von der ersten Inkassostelle mittels Datenträger informiert. Vgl. im einzelnen das Abkommen über das beleglose Scheckeinzugsverfahren (BSE-Abkommen), abgedruckt bei *Baumbach/Hefermehl*, WG/ScheckG, (13) Bankbedingungen.

[14]In den Zeiträumen, die nunmehr steuerstrafrechtlich aufgearbeitet werden, sind dagegen noch "Haben- Belege" ausgestellt und der ausländischen Tochterbank zugesandt worden.

zufinden, wer einen bestimmten Vorgang verbucht hat und damit auch, wo die diesem Vorgang zugrundeliegenden Belege aufbewahrt werden. In den Handelsbüchern (und damit auf den Mikrofiches) befinden sich Angaben zum Datum, Betrag und Textschlüssel (Barvorgang, Scheck, Überweisung; gegebenenfalls in dezimalen Zahlen codiert) sowie die Primanote. Letzte ist vergleichbar einem (verschlüsselten) Sortiermerkmal. Sie gibt unter anderem Aufschluß darüber, welche Kasse beziehungsweise Filiale den Vorgang gebucht hat. Nehmen mehrere Stellen unterschiedliche Buchungen vor, dann werden bei einer davon diese Mikrofiches geführt[15], auf denen trotz unterschiedlicher Buchungsorte alle Bewegungen zum Konto einheitlich erfaßt werden. Es läßt sich auch hier mit der entsprechenden Primanote herausfinden, wo ein bestimmter Vorgang buchungsmäßig erfaßt worden ist und damit, wo sich die Belege befinden. Insgesamt betrachtet spielen diese auf Mikrofiches verfilmten Handelsbücher eine zentrale Rolle für die Steuerfahndung und Staatsanwaltschaft; sie führen über die Primanote zu den verbuchenden Stellen und zu den Originalbelegen. Für das Korrespondenzbankkonto der deutschen Muttergesellschaft befinden sich die Handelsbücher regelmäßig bei der kontoführenden Stelle, demnach üblicherweise in der Zentrale.

B. Einzelheiten zum Vermögenstransfer

I. Eröffnung eines (Depot-) Kontos

Die Eröffnung eines (Depot-) Kontos in Luxemburg[16] von Deutschland aus gestaltete sich üblicherweise wie folgt: Die deutsche Muttergesellschaft kooperiert mit ihrer Luxemburger Tochter dergestalt, daß sie die Eröffnung eines (Depot-) Kontos bei der Tochter von Deutschland aus *vermittelt.* Die gesetzlichen Erfordernisse, die dafür nach luxemburgischem Recht gelten, sind einzuhalten. Zunächst einmal hat der Kunde die Eröffnungsunterlagen für ein solches Konto in Luxemburg, die hier in der Bundesrepublik bei der Muttergesellschaft verfügbar sind oder dieser gegebenenfalls noch von der ausländischen Bank zugesandt werden, auszufüllen. Der Eröffnungsantrag enthält Angaben zum Namen und Vornamen, zur Anschrift, zum Geburtsdatum und üblicherweise auch zum Wohnsitzland, Familienstand, Beruf und zur Telefonverbindung des Kunden. Er ist eigenhändig zu unterschreiben. Da auch nach luxemburgischem Recht eine Legitimation bei der (Depot-) Kontoeröffnung erforderlich ist[17], ist diese Prüfung ebenfalls durch die deutsche Mutter vorgenommen worden. Es werden Kopien von Dokumenten wie Reisepaß oder Personalausweis gefertigt. Zudem wird dem Kunden ein Exemplar der Allgemeinen Geschäftsbedingungen der ausländischen Bank ausgehändigt; der Empfang ist zu bestätigen. Vollmachtserteilungen für das luxemburgische Konto sind möglich und können schon bei der Eröffnung vorgenommen werden. Zudem sind auch die luxemburgischen Bestimmungen, die zur Verhinderung und Aufdeckung der Geldwäsche erlassen worden sind, durch die vermittelnde deutsche Mutter zu beachten; entsprechende Erklärungen müssen mit der Er-

---

[15]Regelmäßig in der kontoführenden Stelle.

[16]Rechtlich ist das (Depot-) Konto in Luxemburg angesiedelt. Das hat beispielsweise Bedeutung für Auskunftsersuchen an die deutsche Muttergesellschaft zu einem bestimmten Kunden. Über dessen Anlagen bei ihrer Tochterbank im Ausland muß und darf das deutsche Kreditinstitut nichts sagen. Vgl. Abschlußbericht der *Arbeitsgruppe "Steuerausfälle"* des LMF Nordrhein- Westfalen, StB 1994, 449.

[17]Zulässig sind allein sogenannte "namensgeschützte Konten", siehe bereits oben ab S. 39.

öffnung eingereicht werden. Alle diese Unterlagen werden sodann in einem verschlossenen Umschlag der luxemburgischen Tochter zugesandt[18]. Im deutschen Kreditinstitut, wo die Eröffnung vermittelt wird, verbleiben grundsätzlich keinerlei Unterlagen[19].

Der luxemburgischen Tochter ist die Entgegennahme der Eröffnungsunterlagen schnellstmöglich anzuzeigen, damit die Eröffnung sichergestellt werden kann. Nur die Tochterbank kann das Konto eröffnen und die Kontonummer[20] vergeben. Die Kontonummer wird dem Kunden mitgeteilt, in eiligen Fällen kann sie auch von dem Anlageberater fernmündlich erfragt werden. Eine Verfügung über das (Depot-) Konto in Luxemburg ist erst nach Eingang der Original- Eröffnungsunterlagen möglich. In dringenden Situationen können diese jedoch auch zugefaxt werden. Gleichzeitig mit der Eröffnung muß sich der Kunde über die Postversendung durch die luxemburgische Tochter klar werden. Möglicherweise wird die regelmäßige Zusendung von Kontoauszügen oder Abrechnungen wegen ihrer Auffälligkeit gerade nicht gewünscht. Es besteht deshalb regelmäßig die Möglichkeit, alle Unterlagen in der luxemburgischen Tochter zu sammeln (Postverwahrung). Lediglich einmal im Jahr ist eine Saldenabrechnung nötig, wofür der Kunde dann nach Luxemburg fahren oder sich die Unterlagen an eine Adresse seiner Wahl[21] schicken lassen muß[22]. Auch diese Erklärungen müssen im Original nach Luxemburg gesandt werden. Anfänglich wurde üblicherweise zur Erleichterung der Geschäftsabwicklung die luxemburgische Bank zu Erklärungen an die deutsche Mutter ermächtigt. Der Kunde konnte damit Fragen zu seinem Konto in Luxemburg auch bei der deutschen Mutter einholen (Befreiung vom luxemburgischen Bankgeheimnis).

Das transferierte Geld wird regelmäßig als Festgeld oder in Wertpapieren im Depot angelegt. Zudem ist auch der Transfer von Wertpapieren nach Luxemburg möglich. Entweder werden ganze Depots aus Deutschland heraus verlagert oder effektive Stücke eingeliefert. Von dieser letzten Möglichkeit soll im hier zu begutachtenden Zusammenhang zahlenmäßig sehr häufig Gebrauch gemacht worden sein. Denn die aus diesen effektiven Stücken herrührenden Zinsen konnten in Deutschland

---

[18]Später, nachdem die ersten Durchsuchungen die Kreditwirtschaft erschütterten, sind dem Vernehmen nach oftmals Unterlagen nur noch per Fax nach Luxemburg gelangt. Sobald der Sendebericht in Ordnung war, ist das Original zerstört worden. Übermittlungen per Brief war bei der jederzeit möglichen Durchsuchung der Bank oder Sparkasse zu riskant, da Briefe ja noch bis zum nächsten Tag in den Räumen (Poststelle) der deutschen Mutter verbleiben mußten.

[19]Im Fall des *LG Frankfurt* wistra 1997, 117 bestand für Bankmitarbeiter sogar die Anweisung "Problematisches dem Reißwolf" zu geben (118).

[20]Häufig als Referenznummer bezeichnet.

[21]Nach *Röhm*, Schwarzgeld im Visier, 141 haben Kundenberater des Kreditinstituts den Kunden regelmäßig abgeraten, sich die Kontoauszüge und überhaupt sämtliche Post bezüglich der Anlage im Ausland nach Hause schicken zu lassen. Vielmehr sollten die Unterlagen in die deutsche Filiale versandt und dort vom Kunden abgeholt werden.

[22]Vgl. die Darstellung in *LG Frankfurt* wistra 1997, 118.

zwar anonym durch Vorlage der Zinsscheine (Coupons) vereinnahmt werden[23], allerdings seit 1993 nur unter Inkaufnahme des 35 % -igen Zinsabschlags[24]. Diese Wertpapierverlagerungen sind bei bestehender Kontoverbindung in Luxemburg unter Angabe der Referenznummer regelmäßig jederzeit gegen Quittung möglich; gegebenenfalls muß erst ein luxemburgisches Konto eröffnet werden. Den Versand der Wertpapiere veranlaßt anschließend die deutsche Muttergesellschaft, wofür regelmäßig bankinterne Belege erstellt werden. Diese Protokolle oder Vermerke sollen sicherstellen, daß die Unterlagen auf dem Weg nicht verlorengehen. Bezüglich dieser "Wertpapiertransportscheine" gibt es jedoch keine gesetzliche Aufbewahrungspflicht, so daß sie nicht selten unmittelbar nach erfolgreichem Ende der Transaktion vernichtet worden sind.

Die effektiven Stücke beziehungsweise Depots gelangen regelmäßig *nicht tatsächlich* in das Ausland. Denn die Kreditinstitute als Zwischenverwahrer sind berechtigt (und bedürfen dazu keiner besonderen Ermächtigung des Kunden), die Wertpapiere unter ihrem eigenen Namen einem anderen Verwahrer (Drittverwahrer) anzuvertrauen (§ 3 I, II S. 1 DepotG). In Deutschland gibt es dafür seit 1989 die Deutsche Kassenverein AG, die aus dem Zusammenschluß führender regionaler Wertpapiersammelbanken entstanden ist[25]. Dieser Drittverwahrer ist verpflichtet, die Kunden- und Wertpapiere getrennt zu verbuchen. *Depotkonto A* betrifft die eigenen Papiere (Eigendepot) des Zwischenverwahrers (Kreditinstitut), auf *Depotkonto B* werden dagegen die Kundenpapiere des hinterlegenden Kunden erfaßt (Fremddepot). Wenn damit Wertpapiere eines deutschen Anlegers nach Luxemburg transferiert werden sollen, findet regelmäßig nur eine Umbuchung statt. Sie werden buchungsmäßig nunmehr einem anderen Kunden der inländischen Mutter -ihrer ausländischen Tochter- zugeordnet. Effektiv aber verbleiben sie beim Drittverwahrer, dem Deutschen Kassenverein[26].

Das (Depot-) Konto in Luxemburg kann als Einzel- oder Gemeinschaftskonto geführt werden. Üblicherweise gibt es bei Wertpapieren (Depot) zudem noch ein Kontokorrent-/Transaktionskonto[27]. Dieses ist vergleichbar einem normalen Girokonto. Alle geschäftlichen Transaktionen werden bei der luxemburgischen Tochter in der jeweils gewünschten Währung über dieses Konto abgewickelt. Dort werden die Erträge oder Kapitalrückzahlungen -ohne besondere Vereinbarung grundsätzlich in

---

[23]Erst in neuerer Zeit ist eine Legitimation bei Größenordnungen ab 20.000 DM nötig, vgl. § 2 des Gesetzes über das Aufspüren von Gewinnen aus schweren Straftaten (Geldwäschegesetz, GwG) vom 25.10.1993, BGBl. I 1993, 1770. Vgl. zudem auch § 16 des Wertpapierhandelsgesetzes (Art. 1 des 2. Finanzmarktförderungsgesetzes, Gesetz vom 26.07.1994, BGBl. I 1994, 1749), der nach Art. 20 des 2. Finanzmarktförderungsgesetzes zum 01.01.1995 in Kraft getreten ist.

[24]Es soll dem Vernehmen nach zumindest bei einem Kreditinstitut sogar vorgekommen sein, daß die Zinsscheine für besondere Kunden durch den Filialleiter zinsabschlagsteuerfrei in Luxemburg eingelöst worden sind. Dabei dürfte es sich wohl um einen absoluten Ausnahmefall handeln. Zitiert wird dieser Fall bei *Bilsdorfer*, DStR 1996, 1956 (in Fn 39).

[25]Vgl. § 1 III DepotG.

[26]Ausführlich zur Drittverwahrung von Wertpapieren *Grill/Perczynski*, Wirtschaftslehre des Kreditwesens, 7.5.2.2.2 (451 f.).

[27]Die bei *Röhm*, Schwarzgeld im Visier, 139 f. beschriebene Konstruktion eines "Thesaurierungsfonds" dürfe insoweit vergleichbar sein.

DM- gutgeschrieben. Bei einigen Kreditinstituten werden die Habensalden auf diesem Konto sogar marktmäßig verzinst; dann besteht eine Parallele zu Tagesgeldern ("Tagesgeldkonto"). Sinn dieses Kontos ist es, Geldeingänge im Ausland zu parken. Nicht jeder Vermögenszuwachs sollte eine Kapitalbewegung nach Deutschland auslösen.

II. Einzahlungen auf das ausländische (Depot-) Konto des Kunden

Sowohl die Zahlung des ersten Mindestanlagebetrages als auch alle späteren Einzahlungen der Kunden auf ihre Konten bei der luxemburgischen Tochter liefen im wesentlichen über das erwähnte Korrespondenzbankkonto der ausländischen Tochter bei der inländischen Mutter. Dies scheint nicht verwunderlich zu sein, ist doch oben dargestellt worden, daß im grenzüberschreitenden Zahlungsverkehr *automatisch* solche Korrespondenzbankkonten eingeschaltet werden müssen.

Jedoch gewinnt hier eine Besonderheit Bedeutung. Normalerweise tätigt der Kunde eine Auslandsüberweisung -beispielsweise im Swift- Verkehr[28]- vom deutschen Kundenkonto zu einem Konto im Ausland[29]. Auf dem Kontoauszug oder dem Begleitbrief zum inländischen Konto erscheint der ausländische Empfänger und ein Hinweis auf den Verrechnungsweg. Welche Konten für die Überweisung in das Ausland bankintern eingeschaltet werden müssen und welches Institut als Korrespondenzbank im Ausland fungiert, ist dem Kunden üblicherweise gleichgültig und unterliegt nur begrenzt seinem Einfluß. Wegen der dargestellten "Papierspur", die diese Vorgehensweise hinterläßt, konnte im Zusammenhang mit dem Kapitalexport nach Luxemburg das Korrespondenzbankkonto bei der deutschen Muttergesellschaft in besonderer Weise durch den Kunden genutzt werden[30]. Die deutschen Kreditinstitute ermöglichten es, daß dieses Konto vom Kunden *zielgerichtet und bewußt* als "Zwischenstation" angesprochen werden konnte. Damit erscheint jedenfalls kein ausländisches Konto, sondern allenfalls (bei Überweisung und Scheckeinreichung) dieses andere Konto im Inland auf den Kontoauszügen des deutschen Kunden. Diese unmittelbare Einschaltung des Korrespondenzbankkontos durch den Kunden ist zudem billiger als eine Auslandsüberweisung, üblicherweise war sie sogar kostenlos.

1. Ablauf

Einzahlungen unter zielgerichteter Einschaltung des Korrespondenzbankkontos sind im einzelnen auf folgendem Wege abgelaufen[31]: Zum einen haben normale Inlandsüberweisungen auf das Korrespondenzbankkonto stattgefunden. Zum anderen waren Zahlungen per Verrechnungsscheck möglich. Diese waren auf ein Konto des Kunden bei einem inländischen Kreditinstitut gezogen und sind von der luxemburgi-

---

[28]Abkürzung für Society for Worldwide Interbank Financial Telecommunication. Dieses internationale Datenfernübertragungsnetz für Nachrichten von Kreditinstituten an Kreditinstitute ermöglicht die fälschungssichere und schnelle Übermittlung von standardisierten Nachrichten, vgl. *Grill/Perczynski*, Wirtschaftslehre des Kreditwesens, 9.3.3.1.1. (530 ff.)

[29]Einzelheiten bei *Grill/Perczynski*, Wirtschaftslehre des Kreditwesens, 9.3.3.1.1. (530).

[30]Die Besonderheit wird etwa auch an den zu verwendenden Belegen deutlich. Es dürfte für die überwiegende Zahl der Anleger eher befremdlich erschienen sein, daß Zahlungsvordrucke für *Inlandsverkehr* (!) zu benutzen waren; immerhin wollten diese Geld oder Wertpapiere ins *Ausland* transferieren.

[31]Üblicherweise sind netzneutrale Überweisungs- und Einzahlungsvordrucke verwendet worden.

schen Tochter zur Gutschrift auf ihr Korrespondenzbankkonto bei der inländischen Bank eingereicht worden. Allerdings ist die Zahlung per Scheck insofern problematisch, als auf diesem kein Verwendungszweck angegeben werden kann, den die ausländische Tochter aber zur Weiterleitung der Beträge vom Verrechnungskonto auf das jeweilige bei ihr geführte Kundenkonto benötigt. Bei dieser Möglichkeit muß demzufolge die Tochter auf andere Weise (Begleitbrief) erfahren, welches konkrete (Depot-) Konto gemeint ist. Drittens konnte auf das Konto der luxemburgischen Tochter bei der inländischen Mutterbank auch bar eingezahlt werden[32]. Banktechnisch handelt es sich hierbei um die Einzahlung zugunsten Dritter. Der Kunde hat eben nicht auf sein Konto bei der luxemburgischen Tochter Bareinzahlungen vorgenommen, sondern den Weg über das Verrechnungskonto der ausländischen Tochter bei der inländischen Mutter (Korrespondenzbankkonto) genommen. Von dieser Möglichkeit soll zahlenmäßig am häufigsten[33] Gebrauch gemacht worden sein[34]. Deshalb werden im wesentlichen nur diese Barzahlungsvorgänge bei der nachfolgenden strafrechtlichen Untersuchung eine Rolle spielen.

2. Identifizierung des transferierenden Kunden durch Ermittlungsbehörden

Bei *Überweisungen* und *Scheckeinreichungen* ist die Identifizierung des Kunden wegen der direkten Verbindung zu einem Kundenkonto in Deutschland relativ problemlos möglich.

Alle Buchungen hinsichtlich des Korrespondenzbankkontos werden auf den bereits erwähnten Handelsbüchern in Mikrofiche- Form festgehalten. Daraus ist mit Hilfe der Primanote die diesen Vorgang veranlassende/buchende Stelle ersichtlich, wo dann mit Hilfe der dort befindlichen Originalbelege Kontonummer und Bankleitzahl, von dem der Überweisungsbetrag stammt, sichtbar wird. Bei Einzahlungen mittels Verrechnungsscheck ist über die Primanote, die aus dem auf Mikrofiches verfilmten Handelsbuch hervorgeht, die erste Inkassostelle sichtbar, wo der Scheck eingereicht worden ist. Dort befinden sich jedenfalls[35] die Originalscheckeinreichungsbelege, woraus sich wiederum Angaben zu Kontonummer und Bankleitzahl des Ausstellers entnehmen lassen. Mit den so gewonnenen Angaben kann der Name des über dieses Konto Verfügungsberechtigten ermittelt werden. Denn bei der Eröffnung von Konten, Verwahrung oder Inpfandnahme von Wertsachen und bei der Überlassung von Schließfächern sind Kreditinstitute nach deutschem Recht (§ 154 II S. 1 AO) verpflichtet, sich über die Person und Anschrift des oder der Verfügungsberechtigten[36]

---

[32]Bei *Philipowski*, Steuerfahndung in der Bank (Forum), 19 wird beschrieben, daß bei einigen Instituten die Einzahlungen im Laufe des Geschäftstages auf einem Zwischenkonto gesammelt und erst dann auf das Korrespondenzbankkonto (per Sammelbuchung) geleitet werden.

[33]So jedenfalls *Kaligin*, WiPra 1996, 98 (100).

[34]Abweichend davon ist es auch vorgekommen, daß Bareinzahlungsbelege für Einzahlungen auf ein eigenes Konto (das luxemburgische Konto) blanko von Bankangestellten in Luxemburg unterschrieben und der deutschen Mutter überlassen worden sind, damit der Kunde auch von Deutschland aus direkt auf sein Konto bei der ausländischen Tochter einzahlen konnte, vgl. *LG Bochum* vom 02.06.1993, Az. 35 Js 244/92 (nicht veröffentlicht).

[35]Vgl. Abkommen über das beleglose Scheckeinzugsverfahren (BSE- Abkommen) für Beträge unter 5.000 DM, abgedruckt bei *Baumbach/Hefermehl*, WG/ScheckG, (13) Bankbedingungen.

[36]Nach dem § 8 des Geldwäschegesetzes (siehe Fn 23) müssen nunmehr seit dem Inkrafttreten am 29.11.1993 auch die wirtschaftlich Berechtigten festgehalten werden.

Gewißheit zu verschaffen und die entsprechenden Angaben in geeigneter Form festzuhalten. Zudem haben sie sicherzustellen, daß sie jederzeit Auskunft darüber geben können, über welche Konten und Schließfächer eine bestimmte Person verfügen kann, § 154 II S. 2 AO. Banken und Sparkassen führen daher üblicherweise ein alphabetisches Verzeichnis, die sogenannte alpha- Liste, um diesen Pflichten nachzukommen[37]. Mit der Kenntnis der Kontonummer kann somit eine über dieses Konto verfügungsberechtigte Person ausfindig gemacht werden und umgekehrt kann mit einem Namen auch festgestellt werden, über welche Konten und Schließfächer der Namensinhaber verfügungsberechtigt ist.

Problematischer ist aber die Identifizierung des Kunden, wenn der Weg der *Bareinzahlung* für den Transfer genutzt worden ist. Gerade deshalb war diese Art des Transfers im hier interessierenden Zusammenhang so bedeutend. Natürlich gibt es auf den banküblichen und nach den jeweiligen Allgemeinen Geschäftsbedingungen deutscher Kreditinstitute zu verwendenden[38] Bareinzahlungsvordrucken für ein fremdes Konto eine Spalte, in der der Name des Einzahlers geschrieben werden soll[39]. Jedoch ist mit dieser Namensangabe recht großzügig verfahren worden. Denn zumindest zum Teil haben diese Einzahlungen in Wahrheit anonym stattgefunden. Es ist entweder ein für den fraglichen Kunden ersichtlich nicht zutreffender Name (Theo Waigel, Erich Honecker) oder ein reiner Phantasiename (Dagobert Duck) anstelle des (korrekten) Namens, ein Allerweltsname oder gar der Name des jeweiligen Anlageberaters in der ausländischen Tochterbank oder gar kein Name angegeben worden[40]. Einige Banken und Sparkassen verlangten zwar, daß zumindest bei der ersten Einzahlung auf das luxemburgische Konto ein Name angegeben wird. Ob der Veranlasser indes diesen eingetragenen Namen tatsächlich führt, ist auch dabei grundsätzlich nicht geprüft worden. Eine Identifizierung des Einzahlers ist damit zwar erheblich erschwert, aber -was häufig nicht bedacht worden ist- wegen der Kassenstreifen und der Speicherung auf Mikrofiches nicht völlig ausgeschlossen. Auf den Mikrofiches sind alle Buchungen bezüglich des Korrespondenzbankkontos ersichtlich. Der Textschlüssel zeigt, daß es ein Bareinzahlungsvorgang gewesen ist und welche Kasse die Buchungen vorgenommen hat. In dieser Filiale müssen dann die Originalbelege gesucht werden, die auf Grund der unzulänglichen Namensangabe jedoch vielfach nicht weiterhelfen. Al-

---

[37]Die Verpflichtung aus § 154 II AO wird im Anwendungserlaß des BMF für die Verwaltung näher präzisiert. Vgl. AEAO vom 24.09.1987, Az. IV A 5- S 0062- 38/87, BStBl. I 1987, 664, geändert durch AEAO vom 08.10.1991, Az. IV A 5- S 0062- 15/91, BStBl. I 1991, 932. Insbesondere wird dort festgelegt, daß seit dem 02.01.1992 die gesetzlichen oder rechtsgeschäftlichen Vertreter zu prüfen und in das Verzeichnis der Verfügungsberechtigten aufzunehmen sind; nur für einige Fälle werden in der Nr. 7 zu § 154 Ausnahmen geregelt.

[38]Vgl. etwa Nr. 20 (1) d der AGB (Sparkasse), abgedruckt bei *Baumbach/Hefermehl*, WG/ScheckG, (6) Bankbedingungen.

[39]Als Verwendungszweck wurde üblicherweise die Referenznummer des luxemburgischen Kontos des Kunden angegeben. Denn ohne diese ist eine Zuordnung des Kontos des Kunden in Luxemburg und somit die Weiterleitung des Geldes vom Verrechnungskonto auf dieses durch die ausländische Bank nicht möglich.

[40]Vgl. *LG Bochum* vom 02.06.1993, Az. 35 Js 244/92 (nicht veröffentlicht): Bareinzahlungen Dritter (der Kunden) auf das Korrespondenzbankkonto, die "weder den Dritten auch nur annäherungsweise bestimmen noch mit einem leserlichen, geschweige denn mit einem als Unterschrift zu bezeichnenden Schriftzug versehen sind".

lerdings gewinnen nunmehr die Kassenstreifen /-journale dieser Filiale an Bedeutung. Zwar zeigen auch diese nicht, wer das Geld eingezahlt hat. Gleichwohl führt eine einfache Erkenntnis oft weiter. Denn das (angeblich) bar auf das Korrespondenzbankkonto eingezahlte Geld muß ja irgendwo herkommen. Daher liegt es nahe, daß viele Kunden zuvor von ihrem Spar-, Giro- oder Festgeldkonto bei diesem Kreditinstitut den entsprechenden Betrag zeitnah abgehoben oder einen Scheck eingereicht haben. Dieser Gesamtvorgang[41] -Barabhebung vom Konto[42] beziehungsweise Schekkeinreichung, Transfer auf das Korrespondenzbankkonto der ausländischen Tochter bei der inländischen Muttergesellschaft- ist auf dem fortlaufenden Kassenstreifen unmittelbar hintereinander sichtbar, wenngleich oftmals Verschleierungshandlungen vorgenommen worden sind. Zum Beispiel ist der Gesamtbareinzahlungsbetrag gestückelt[43] abgehoben oder eingezahlt worden. Teilweise ist die Bareinzahlung erst zeitlich viel später vorgenommen worden, damit sonstige nicht dazugehörende Buchungen auf dem Kassenstreifen dazwischen liegen. Gelegentlich soll es sogar vorgekommen sein, daß Bankmitarbeiter sich den Einzahlungsbetrag tatsächlich in Form von Bargeld aushändigen ließen und dann in einer anderen Filiale[44] auf das Korrespondenzbankkonto (für den Kunden) einzahlten.

III. Auszahlungen und Abbuchungen vom ausländischen Konto

Verfügungen zu Lasten des Kontokorrent-/Transaktionskontos bei der luxemburgischen Tochter kamen dem Vernehmen nach seltener vor[45]. Möglich sind natürlich auch hier wieder normale Überweisungen in umgekehrter Richtung mit bankinterner Einschaltung von Korrespondenzbankkonten; sie kamen aber aus bereits erwähnten Gründen praktisch kaum vor. Zudem hat der Kunde immer die Möglichkeit, direkt bei der Bank oder Sparkasse in Luxemburg über sein Guthaben zu disponieren. Dies war jedoch nicht erforderlich. Es gab von Deutschland aus zahlreiche Wege, mit Hilfe des deutschen Mutterinstituts über das Guthaben bei der ausländischen Tochter zu verfügen.

Vorgenommen werden konnten zum einen Barauszahlungen vom Korrespondenzbankkonto bei der deutschen Mutter (gegen Legitimation), auf dem die luxemburgische Tochter zuvor den entsprechend angekündigten Betrag bereitgestellt hat. Verbreiteter waren aber *Scheckausstellungen* durch die luxemburgische Tochter zugunsten des jeweiligen Kunden, gezogen auf das Korrespondenzbankkonto bei der inländischen Mutter. Rechtlich handelt es sich somit um Inlandsschecks. Zwar ist der Aussteller ein ausländischer Kunde des inländischen Institutes, die luxemburgische Tochter, jedoch ist der Scheck auf ein inländisches Konto gezogen. Fast ausschließlich ist dabei mit *Barschecks* gearbeitet worden, *Verrechnungsschecks* sind nur selten zum

---

[41]Vgl. wiederum *LG Bochum* vom 02.06.1993, Az. 35 Js 244/92 (nicht veröffentlicht), wo festgestellt wird, es handele sich in Wahrheit um Überweisungen, die ohne banktechnische Notwendigkeit in Barzahlungsvorgänge aufgeteilt werden.

[42]Dies lag wohl in der überwiegenden Zahl der Fälle vor, vgl. *Kaligin*, WiPra 1996, 100.

[43]Diese Stückelung wird etwa beim *LG Bochum* vom 02.06.1993, Az. 35 Js 244/92 (nicht veröffentlicht) beschrieben.

[44]Und damit auf einem anderen Kassenstreifen sichtbar.

[45]Es wurde als zu auffällig angesehen, plötzlich über große Summen an Geld zu verfügen, dessen Herkunft nicht plausibel erklärt werden kann.

Einsatz gekommen[46]. An sich kann der Inhaber eines Barschecks diesen bei jedem beliebigen Kreditinstitut einreichen und einlösen; er muß kein Girokonto bei der Einreicher- Bank haben. Allerdings konnte bei dem Geldrückfluß aus Luxemburg der Barscheck regelmäßig nur bei bestimmten Stellen der inländischen Mutterinstitutsgruppe, etwa in einer Hauptstelle/Zentrale, eingereicht werden. Diese Barschecks wurden anonym als Inhaberpapier[47] oder an Order[48] als Orderscheck ausgestellt.

Inhaberpapiere[49] haben den Vorteil, daß grundsätzlich an jeden Inhaber mit schuldbefreiender Wirkung geleistet werden kann. Der Einreicher ist allein durch den Besitz des Papiers legitimiert, eine weitergehende Identitätsprüfung ist nicht erforderlich[50]. Dies birgt aber auch die Gefahr, daß das Guthaben bei Verlust oder Diebstahl an Nichtberechtigte gezahlt wird. Der Kunde selbst oder sein Anlageberater im inländischen Mutterunternehmen hat sich bei der luxemburgischen Bank oder Sparkasse um die Ausstellung des Schecks in der gewünschten Höhe bemüht. Regelmäßig ist er sodann in eine vereinbarte Zweigstelle der inländischen Muttergesellschaft[51] geschickt worden, wo ihn der Kunde abholte. Die inländische Bank oder Sparkasse mußte sichergehen, daß auf diesem Wege nur tatsächlich Berechtigte zu Bargeld gelangen. Daher sind zahlreiche Maßnahmen bereits im Vorfeld, bei der Abholung des Schecks und später bei der Auszahlung getroffen worden, die sich je nach Institutsgruppe unterscheiden. Ebenso waren die Inhaberschecks je nach Geldinstitut unterschiedlich ausgefüllt. Entweder stand der Name des Empfängers[52] und die Überbringerklausel[53] auf dem Papier, dann mußte der Kunde seinen Namen und/oder Referenznummer im Vorfeld bei dem sich um Zusendung bemühenden Mitarbeiter der Bank oder Sparkasse oder spätestens bei Abholung und Auszahlung angeben. Wenn gar kein Name auf dem Scheck stand[54] konnte der Mitarbeiter telefonisch bei der ausländischen Tochter Rückfrage halten. Oftmals stand aber auf den Schecks auch nur die jeweilige Referenznummer des luxemburgischen Kontos des Kunden, dann konnte gegebenenfalls durch telefonische Nachfrage bei der luxemburgischen Tochter und Vergleich mit der angegebenen Namens- oder Referenznummer sichergestellt werden, daß er der richtige Empfänger ist[55]. In der Bankpraxis ist es üblich, auf den Inhaberbarschecks anzugeben, an wen gezahlt worden ist. Üblicherweise vermerken die Geldinstitute daher auf der Rückseite des Schecks den Empfänger oder lassen diesen auf der Rückseite unterschreiben. Dort tauchte im Zusammenhang mit den Lu-

---

[46]Allgemein zu Vor- und Nachteilen von Verrechnungs- und Barschecks *Grill/Perczynski*, Wirtschaftslehre des Kreditwesens, 3.7.3.1. (147).

[47]Zu den Inhaberpapieren grundsätzlich *Baumbach/Hefermehl*, WG/ScheckG, WPR Rn 31 ff.

[48]Zu den Orderpapieren *Baumbach/Hefermehl*, WG/ScheckG, WPR Rn 51 ff.

[49]Vgl. Art. 5 I 3. Var., II und III ScheckG.

[50]*OLG Düsseldorf* (Zivilsenat) WM 1995, 524; *Baumbach/Hefermehl*, WG/ScheckG, Art. 21 ScheckG Rn 4 m.w.N.

[51]Nur selten sind die Schecks zu den Kunden nach Hause versandt worden.

[52]Vgl. Art. 5 I 3. Var. ScheckG.

[53]"...oder Überbringer", Art. 5 II ScheckG.

[54]Siehe Art. 5 III ScheckG.

[55]In diesem Zusammenhang gewinnen die "Kladden" der Bankmitarbeiter an Bedeutung. In diesen internen Vermerken einiger Bank- und Sparkassenmitarbeiter standen -gegebenenfalls verschlüsselt- Namen und Referenznummern von Kunden, so daß eben die auf dem Scheck vermerkte Nummer mit dem vom Kunden behaupteten Namen verglichen werden konnte.

xemburggeschäften dann entweder ein Name oder die ausgeschriebene Referenznummer und/oder ein Kürzel des betreffenden Mitarbeiters auf (etwa "u.i.o." und Unterschrift des Mitarbeiters[56]).

Außerdem sind auch *Orderbarschecks*, Art. 5 I 1. Var. ScheckG, von der luxemburgischen Bank oder Sparkasse an den jeweiligen Kunden ausgestellt worden, die wiederum an diesen selbst oder eine Filiale der deutschen Mutter geschickt worden sind. Bei den Orderschecks ist allerdings eine Legitimation des Einreichers erforderlich. Das Kreditinstitut, bei dem der Scheck eingereicht wird, hat zu prüfen, ob der Einreicher förmlich legitimiert ist. Dazu muß der Scheck an ihn ausgestellt oder durch ordnungsgemäße Indossamentenkette ohne einschränkende Zusätze an den Einreicher übertragen worden sein. Die Zahlung der ersten Inkassostelle hat nur bei förmlicher Berechtigung des Einreichers befreiende Wirkung[57]. Bei dieser Vorgehensweise ist somit keine Anonymität möglich; zumindest der Name muß offenbart und belegt werden.

Sodann ist der Betrag des Barschecks dem Kunden bar ausbezahlt worden. Die Barschecks verbleiben bei der einlösenden Stelle, Verrechnungsschecks werden bei der bezogenen Bank (Mutterinstitut, wo das Korrespondenzbankkonto verwaltet wird) aufbewahrt[58].

Zudem gab es eine weitere Möglichkeit, das in Luxemburg angelegte Kapital im Inland -wenn auch nur mittelbar und eher für institutionelle Anleger- zu nutzen[59]. Wenn der Kunde Geld benötigt, kann er auch im Inland bei der Muttergesellschaft einen Kredit aufnehmen, für welchen das (Depot-) Konto in Luxemburg als Sicherheit verwendet wird[60]. Damit wird die Existenz der Anlage im Ausland lediglich in den Kreditakten des Kunden entsprechend vermerkt.

IV. Zusammenfassung

Alle Angelegenheiten (Eröffnung, Verfügungen, Löschung), die das (Depot-) Konto des Kunden bei der ausländischen Tochter betrafen, konnten vom Inland mit Hilfe von Mitarbeitern der deutschen Muttergesellschaft abgewickelt werden. Durch die Einschaltung des Korrespondenzbankkontos bei der inländischen Mutter stand ein System zur Verfügung, das es ermöglicht hat, den gesamten Transfer ohne Namensnennung und ohne Einschaltung von Konten, die diese Kunden auch bei einem inländischen Kreditinstitut unterhielten, durchzuführen. Bareinzahlungen auf das Korrespondenzbankkonto sind vielfach Barauszahlungen vorausgegangen und umgekehrt sind nach den Scheckeinreichungen die dem Kunden ausbezahlten Beträge von diesem auf sein inländisches Kundenkonto bar eingezahlt worden. Vielfach soll dabei der Geldbetrag dem Kunden nicht einmal physisch ausbezahlt worden sein. Einheitlich

---

[56]So im Fall der Dresdner Bank AG, vgl. *BVerfG* WM 1994, 691 = StV 1994, 353 f.

[57]Insgesamt zur Prüfungspflicht der ersten Inkassostelle/eingereichten Bank oder Sparkasse gegenüber dem Einreicher *Baumbach/Hefermehl*, WG/ScheckG, Art. 35 ScheckG Rn 1 a und zu den sonstigen Rechtsfolgen bei Einlösung Rn 4.

[58]Siehe jedoch oben Fn 13.

[59]Vgl. Erfahrungsbericht des *Steuerfahndungsreferats des OFD Münster* (Zentrale Fahndungsnachrichten) in ZIP 1995, 430 und Abschlußbericht der *Arbeitsgruppe "Steuerausfälle"* des LMF Nordrhein- Westfalen, StB 1994, 449.

[60]Allein die Auslandsanlage als einzige, bewertbare Sicherheit dürfte jedoch nur selten genügen. Denn der Kunde/Kreditnehmer kann darüber jederzeit verfügen, somit das Sicherungsmittel zu Lasten des Kreditgebers beeinträchtigen.

betrachtet handelt es sich dabei um Überweisungen, die, um keine Spuren auf den Kontoauszug zu hinterlassen, in Einzelvorgänge aufgespaltet worden sind. Denn die umständliche Einschaltung des Kundenkontos der ausländischen Tochter bei der inländischen Mutter hat sichergestellt, daß auf den Auszügen der Kunden zu ihrem *inländischen Privat- oder Geschäftskonto* keine direkte Verbindung nach Luxemburg, sondern lediglich Barauszahlungen und gegebenenfalls auch Bareinzahlungen sichtbar sind. Die Verschleierungen auf den Soll- Belegen (bei Bareinzahlungen und Scheckeinlösungen) bewirken zusätzlich, daß auch vom *Korrespondenzbankkonto* eine Identifizierung nicht ohne weiteres möglich ist.

5.Kapitel: Verantwortlichkeit der steuerunehrlichen Kunden

Die Erwartung steuerlicher Vorteile im Ausland und die Vermeidung von Steuern in Deutschland ist als das zentrale Motiv der Auslandsanlage bezeichnet worden[1]. Es ist zu vermuten, daß ein nicht unerheblicher Teil dieser transferierenden Steuerpflichtigen (steuer-) unehrlich ist. Dabei geht es dem Anleger oftmals nicht primär um die Steuern auf den Ertrag, sondern um das Verheimlichen des (unversteuerten und/oder aus strafbaren Handlungen stammenden) Kapitalvermögens selbst. Auf diese unehrlichen Steuerpflichtigen bezieht sich die nachfolgende Darstellung. Dabei ist es unbeachtlich, ob sie das dargestellte Transfersystem der Kreditinstitute in Anspruch genommen oder das Kapital selbständig in das Ausland verbracht haben. Selbst bei Einschaltung von inländischen Kreditinstituten sind Kontoeröffnung oder (Schwarz-) Geldeinzahlungen bloße (grundsätzlich straflose) Vorbereitungshandlungen. Ausgangspunkt der steuerstrafrechtlichen[2] Betrachtung muß jedoch folgende Feststellung sein: Der Export von Geld ins Ausland *als solcher* ist keinesfalls strafbar. Hier kommt die europarechtliche Dimension zum Tragen[3]. Nicht allein deshalb, weil jemand Kapital nach Luxemburg transferiert hat, darf er strafrechtlich verfolgt oder belangt werden[4].

In Betracht kommt bei vorsätzlicher Begehung[5] stets eine Steuerhinterziehung gemäß § 370 AO. Diesbezüglich haben Pressemitteilungen zufolge im Zusammenhang mit dem Kapitalexport nach Luxemburg bereits Verurteilungen stattgefunden[6]. Die Tatsache, daß es sich um ausländische Einkünfte handelt, stellt keine Besonderheit dar. Es ergeben sich für die Beurteilung der Verantwortlichkeit der Kunden -abgesehen davon, daß der steuerliche Zinsabschlag dort nicht greifen kann- keine Unterschiede zu rein nationalen Sachverhalten. Bei der Untersuchung der Strafbarkeit ist es erforderlich, zwischen den *Erträgen*, die aus ausländischen Kapitalanlagen erzielt werden, und dem zugrundeliegenden *Kapitalvermögen* als solchem zu differenzieren. Denn sämtliche der in den §§ 369 ff. AO aufgeführten Delikte[7] enthalten Blankettatbestände, die erst durch Normen des materiellen Steuerrechts ausgefüllt werden[8]. Das bedeutet, daß bezüglich Zinsen und Kapitalstamm unterschiedliche steuerliche Normen einschlägig sein können. Daraus ergeben sich im Hinblick auf die Frage der Vollendung unterschiedliche steuerstrafrechtliche Folgen.

---

[1]Oben ab S. 9 und ab S. 67.

[2]Auf Ordnungswidrigkeiten wird nur am Rande eingegangen.

[3]Zu den europarechtlichen Vorgaben siehe oben S. 12 ff.

[4]Darauf wird später im strafprozessualen Teil noch zurückzukommen sein (unten S. 264 ff.).

[5]Bei leichtfertiger Verkürzung kommt lediglich eine Steuerordnungswidrigkeit nach § 378 AO in Betracht. In besonderen Konstellationen kann auch eine Steuergefährdung nach § 379 AO gegeben sein, vgl. Franzen/Gast/Joecks- *Gast- de Haan*, § 379 Rn 14. Ordnungswidrigkeiten treten generell hinter Straftaten zurück, § 21 OWiG i.V.m. § 377 II AO.

[6]Siehe Bericht über die Verurteilung eines Kunden der Dresdner Bank AG im Tagesspiegel vom 10.08.1996.

[7]Die §§ 369- 376 AO stellen das materielle Steuerstrafrecht dar und gehören zu den strafrechtlichen Nebengesetzen. Lammerding/Hackenbroch/Sudau- *Hackenbroch*, Steuerstrafrecht, 16.

[8]Vgl. Koch/Scholtz- *Scheurmann- Kettner*, AO, § 369 Rn 27. Dies genügt dem Bestimmtheitsgrundsatz aus Art. 103 II GG und § 1 StGB, so *BVerfG* wistra 1991, 175; BGHSt 37, 266 (272); *BGH* wistra 1984, 178 (181). Kritisch jedoch *Schulze- Osterloh*, in: Kohlmann, Strafverfolgung und Strafverteidigung, 1983, 43 ff.

A. Steuerhinterziehung in Bezug auf die Zinsen

Bezüglich der *Zinsen* aus den ausländischen Kapitalanlagen geht es im wesentlichen um eine Einkommensteuerhinterziehung[9]. Zwar kann bei ihnen kein steuerlicher Zinsabschlag eingreifen, und der Zinsabschlag als solcher, als bloße Vorauszahlung auf die Einkommensteuerschuld, kann nicht hinterzogen werden. Bei fehlender oder unvollständiger Deklaration dieser Einkünfte kommt aber eine Hinterziehung im *Veranlagungsverfahren* in Betracht.

Gibt der Steuerpflichtige eine Einkommensteuererklärung mit unrichtigen Angaben über seine erzielten Zinseinkünfte gegenüber dem Finanzamt ab, so kommt eine Steuerhinterziehung nach § 370 I Nr. 1 AO in Betracht. Für den objektiven Tatbestand der Steuerhinterziehung sind steuerlich erhebliche Tatsachen notwendig. Welche Tatsachen[10] steuerlich erheblich sind, ist dem materiellen Steuerrecht zu entnehmen[11]. Sie müssen zur Ausfüllung eines Besteuerungstatbestandes erforderlich sein[12] und das Entstehen oder die Höhe einer Steuer beziehungsweise eines Steuervorteils beeinflussen oder für die Erhebung oder Vollstreckung eines Steueranspruchs bedeutsam sein[13]. Bei den Zinseinkünften handelt es sich um derartige steuerlich erhebliche Tatsachen im Sinne des § 370 I Nr. 1 AO. Denn bei unbeschränkt Steuerpflichtigen erfüllen diese Zinseinkünfte entweder den Besteuerungstatbestand der §§ 2 I S. 1 Nr. 5, 20 I Nr. 7 EStG oder aber sie werden im Rahmen anderer Einkunftsarten einkommensteuerlich erfaßt[14]. Die Steuererklärungspflicht für Steuerinländer folgt für die Einkommensteuer aus den §§ 149 I S. 1 AO, 25 II S. 1 EStG, wonach jeder Steuerpflichtige eine Steuererklärung für den abgelaufenen Veranlagungszeitraum abzugeben hat. Die privaten Einkünfte aus Kapitalvermögen werden in der "Anlage KSO" erfaßt. In §§ 56, 60 EStDV werden die Steuererklärungspflichten für bestimmte Fälle präzisiert. Außerdem kann die Pflicht zu Abgabe der Erklärung auch aus § 149 I S. 2, 3 AO folgen[15]. Für Steuerausländer besteht eine Einkommensteuerpflicht

---

[9]Darüber hinaus können auch vermögensteuerpflichtige Vorgänge gegeben sein. Die Durchsuchungen bei den Kreditinstituten sind üblicherweise wegen des Verdachts der Beihilfe zur *Einkommen- und Vermögensteuerhinterziehung* vorgenommen worden, vgl. etwa Durchsuchungsbeschluß des *AG Düsseldorf* und die Beschwerdeentscheidung des *LG Düsseldorf* AG 1994, 119 (Dresdner Bank AG). Allerdings wurde die Vermögensteuer zum 01.01.1997 abgeschafft, vgl. *BVerfG* NJW 1995, 2615, wird aber nach dem *BFH* DStR 1997, 1042 für die Veranlagungszeiträume bis zum 31.12.1996 erhoben. Sie wird aus diesem Grunde nur am Rande erwähnt. Kritisch insoweit *Behr*, wistra 1999, 246 f.

[10]Tatsachen sind konkrete vergangene oder gegenwärtige Zustände, unabhängig davon, ob sie der Außenwelt oder dem menschlichen Innenleben entspringen, vgl. Koch/Scholtz- *Scheurmann-Kettner*, AO, § 370 Rn 23. Problematisch sind abweichende *Rechtsauffassungen*, die eben keine Tatsachen, sondern Wertungen darstellen. Vgl. dazu Franzen/Gast/Joecks- *Joecks*, § 370 Rn 125 ff., 238.

[11]Siehe *Schulze- Osterloh*, in: Kohlmann, Strafverfolgung und Strafverteidigung, 1983, 46 m.w.N.

[12]Vgl. Franzen/Gast/Joecks- *Joecks*, § 370 Rn 130.

[13]So für das Beitreibungsverfahren *BGH* wistra 1992, 300 (302); Koch/Scholtz- *Scheurmann-Kettner*, AO, § 370 Rn 24.

[14]Siehe § 20 III EStG.

[15]Allerdings kommt dieser Bestimmung im Steuerstrafrecht keine große Bedeutung zu. Vgl. Franzen/Gast/Joecks- *Joecks*, § 370 Rn 174.

hinsichtlich dieser Erträge nur im Rahmen des § 49 I Nr. 5 c EStG. Die Steuererklärungspflicht entfällt lediglich im Falle des § 50 V EStG[16].

Diejenigen (ungefähr) 80 % der Bezieher von privaten Kapitaleinkünften, bei denen die Erträge unterhalb der Freigrenze von Sparer- Freibetrag nach § 20 IV EStG und Werbungskosten- Pauschbetrag gemäß § 9 a S. 1 Nr. 1 b EStG liegen[17], haben die "Anlage KSO" der Einkommensteuererklärung nicht auszufüllen und abzugeben. Der amtliche Steuererklärungsvordruck enthält den ausdrücklichen Hinweis, daß insoweit keine Erklärungen abgegeben werden müssen[18]. Damit entfällt regelmäßig[19] eine Hinterziehung dieser Zinseinkünfte.

Sobald in der Steuererklärung vorsätzlich sonstige Kapitalforderungen jeder Art nicht zutreffend in voller Höhe angegeben werden, macht der Steuerpflichtige *unrichtige* Angaben gegenüber den Finanzbehörden im Sinne des § 370 I Nr. 1 AO. Werden diese Einkünfte gar nicht angegeben, dann handelt es sich um *unvollständige* Angaben im Sinne des § 370 I Nr. 1 AO[20]. Die vollendete Steuerhinterziehung setzt einen *Erfolg* voraus[21]. Der Erfolg besteht in der Verkürzung von Steuern oder der Erlangung nicht gerechtfertigter Steuervorteile, § 370 I a.E. AO. Von Bedeutung ist bei den Zinserträgen allein die Erfolgsart Steuerverkürzung. Es geht weder um besondere Vorteile steuerlicher Art, die dem Steuerpflichtigen außerhalb des normalen Steuerfestsetzungsverfahrens gewährt werden[22], noch um Steuervergütungen im Sinne des

---

[16]Allgemein unterbleibt eine ESt- Veranlagung in den Fällen der §§ 50 V und 46 EStG.

[17]Vgl. Monatsbericht der Deutschen Bundesbank, Januar 1994, 46; *Zeitler*, DStZ 1992, 515; *Jakob*, DStR 1992, 893 und bereits oben ab S. 26.

[18]Dies ist nicht unproblematisch. Denn die Steuererklärungspflichten beginnen bereits vor der Verwirklichung eines Tatbestandes, an den das Gesetz eine Leistungspflicht knüpft (Steueranspruch). Sie greifen bereits dann ein, wenn Anhaltspunkte für eine Steuerschuld vorhanden sind. Die Erklärungen und deren Überprüfung dienen ja gerade erst der Aufklärung, ob eine Steuerschuld vorliegt. Vgl. Hübschmann/Hepp/Spitaler- *Trzaskalik*, AO, Vor § 149 Rn 11. Dies spricht dagegen, unterhalb des Freistellungsvolumens bereits die Steuererklärungspflicht zu verneinen. Denn schließlich gelten diese lediglich bei *privaten* Kapitaleinkünften, nicht dagegen im Falle des § 20 III EStG. Und gerade diese Zuordnung zu anderen Einkünften kann im Einzelfall problematisch und damit vom Steuerpflichtigen nicht zutreffend vorgenommen worden sein. *Anhaltspunkte* für eine Steuerschuld sind damit für den Fall der unzutreffenden Einordnung als private Einkünfte durchaus gegeben.

[19]Wegen der Ausführungen in vorstehender Fußnote. Jedoch dürfte bei unzutreffender Inanspruchnahme dieser Beträge regelmäßig der Hinterziehungsvorsatz fehlen, womit allenfalls eine leichtfertige Steuerverkürzung gemäß § 378 AO denkbar ist.

[20]Die Abgrenzung der "unvollständigen Angaben" im Sinne der Nr. 1 vom Unterlassen nach Nr. 2 ist schwierig. Mit der Abgabe der Steuererklärung wird jedoch regelmäßig konkludent behauptet, daß diese vollständig ausgefüllt worden ist. Wegen dieser Vollständigkeitsbehauptung liegt dann ein Fall des positiven Tuns nach Nr. 1 vor. Erst wenn Angaben weggelassen werden, zu deren Offenlegung eine Pflicht besteht und keine (konkludente) Vollständigkeitserklärung abgegeben wird, kommt ein Unterlassen nach Nr. 2 in Betracht. Vgl. Franzen/Gast/Joecks- *Joecks*, § 370 Rn 129.

[21]Die Steuerhinterziehung ist ein Erfolgsdelikt, vgl. Hübschmann/Hepp/Spitaler- *Hübner*, AO, § 370 Rn 11 m.w.N. Ausführlicher zum Deliktscharakter des § 370 I Nr. 2 AO *Schmitz*, wistra 1993, 248 (249 f.).

[22]Vgl. Koch/Scholtz- *Scheurmann- Kettner*, AO, § 370 Rn 38.

§ 370 IV S. 2 Halbsatz 1 AO. Eine Steuerverkürzung und damit die Vollendung setzen jedenfalls das Bestehen eines Steueranspruchs voraus[23].

Eine Steuerverkürzung liegt *grundsätzlich* dann vor, wenn zum Fälligkeitstermin, der sich aus dem materiellen Steuerrecht ergibt, die Steuerschuld vom Steuerpflichtigen nicht vollständig beglichen wird[24]. Bei den Veranlagungssteuern[25] wie der hier relevanten Einkommensteuer entsteht ein fälliger Anspruch des Staates auf die Entrichtung der Steuer erst aufgrund einer Veranlagungshandlung des Finanzamtes, §§ 155 I, 157 I, 220 AO.

Dieser Grundsatz zum Vorliegen einer Steuerverkürzung wird durch § 370 IV S. 1 AO modifiziert. Diese Norm beinhaltet eine Legaldefinition der Steuerverkürzung für den Bereich des Festsetzungsverfahrens und der insoweit gleichstehenden Steueranmeldung. Danach soll eine Verkürzung namentlich bereits dann vorliegen, wenn die Steuern nicht, nicht rechtzeitig oder nicht in voller Höhe festgesetzt werden[26]. Die Steuerverkürzung setzt damit im Festsetzungsverfahren keinen Vermögensschaden voraus. Eine tatsächliche Minderung der Steuereinnahmen ist nicht erforderlich. Verkürzung ist vielmehr untechnisch als *Gefährdung* der rechtzeitigen und vollständigen Verwirklichung des Steueranspruchs des Staates zu verstehen[27]. Insofern wird der Vollendungszeitpunkt durch § 370 IV S. 1 AO *vorverlegt*. Im einzelnen bedeutet dies, daß eine Verkürzung der Einkommensteuer auf die Zinserträge einmal dann vorliegt, wenn die Steuern *nicht in voller Höhe* festgesetzt werden. Der Erfolg tritt somit nicht erst mit Zahlung der geringeren Steuer bei Fälligkeit ein, sondern gemäß § 370 IV S. 1 AO bereits mit dem Wirksamwerden der zu niedrigen Festsetzung. Dies ist der Zeitpunkt der Bekanntgabe an den unehrlichen Steuerpflichtigen[28]. Zum anderen beinhaltet der § 370 IV S. 1 AO, daß Steuern auch dann verkürzt werden, wenn die Festsetzung *nicht rechtzeitig* erfolgt. Bereits die Verspätung stellt somit eine vollendete objektive Steuerhinterziehung dar. Die Frist zur Abgabe der Einkommensteuererklärung folgt aus § 149 II S. 1 AO[29]. Danach ist die spezielle Regelung in den jeweiligen Einzelsteuergesetzen maßgeblich. Im Einkommensteuergesetz wird eine solche Frist nicht bestimmt, daher gilt die des § 149 II S. 1 AO. Der Veranlagungszeitraum der Einkommensteuer ist das Kalenderjahr, § 25 I EStG. Regelmäßig

---

[23]Vgl. *BayObLG*, wistra 1990, 202; *Kohlmann*, § 370 Rn 130.

[24]Franzen/Gast/Joecks- *Joecks*, § 370 Rn 36 f.

[25]Hinsichtlich des Erfolgseintrittes und damit des Zeitpunktes der Vollendung ist angesichts der zentralen Unterschiede zwischen *Veranlagungssteuern* und *Fälligkeitssteuern* zu differenzieren. Fälligkeitssteuern sind dadurch gekennzeichnet, daß die Fälligkeit zu gesetzlich bestimmten, regelmäßig wiederkehrenden Terminen eintritt, ohne daß es einer förmlichen Veranlagung bedarf. Eine Handlung des Finanzamtes ist grundsätzlich nicht erforderlich.

[26]Wobei dies auch dann gilt, wenn die Steuern vorläufig (vgl. § 165 AO) oder unter dem Vorbehalt der Nachprüfung (vgl. § 164 AO) festgesetzt werden oder eine Steueranmeldung einer Steuerfestsetzung unter dem Vorbehalt der Nachprüfung gleichsteht. Vgl. auch §§ 167, 168 S. 1, § 150 I S. 2 AO.

[27]Vgl. BGHSt 24, 178 (181); *BayObLG*, wistra 1982, 238 (239); *Kohlmann*, § 370 Rn 128; Franzen/Gast/Joecks- *Joecks*, § 370 Rn 15.

[28]§§ 122 I, 124, 155, 157 AO. Ebenso Franzen/Gast/Joecks- *Joecks*, § 370 Rn 45; *Kohlmann*, § 370 Rn 136.

[29]Die Sonderregelung in § 149 I S. 2 AO kommt hier nicht in Betracht. Beachte auch den mit Jahressteuergesetz 1996 (Gesetz vom 11.10.1995, BGBl. I 1995, 1250) eingefügten § 149 III AO.

ist die Erklärung deshalb am 31.05. des Folgejahres abzugeben[30]. Die *Nichtfestsetzung* von Steuern ist lediglich ein Unterfall der nicht rechtzeitigen Festsetzung[31].

In den Fällen der Nichtfestsetzung oder der nicht rechtzeitigen Festsetzung muß jedoch ein *hypothetisch rechtzeitiger Festsetzungstermin* bestimmt werden. Denn sonst kann der Täter durch sein Verhalten den Zeitpunkt der Fälligkeit nach wirksamer Festsetzung durch Bekanntgabe des Bescheids[32] und damit insgesamt den Zeitpunkt der Vollendung hinauszögern. Im Fall der Nichtfestsetzung hätte es der Täter ansonsten sogar in der Hand, daß nie Vollendung eintreten könnte. Deshalb ist hier davon auszugehen, daß die Festsetzung dieses Steuerpflichtigen dann erfolgt wäre, nachdem die Veranlagungsarbeiten für den betreffenden Zeitraum in dem maßgeblichen Bezirk im großen und ganzen abgeschlossen sind. Mit dem Grundsatz in dubio pro reo[33] wird davon ausgegangen, daß er in der Gruppe der zu veranlagenden Personen zuletzt berücksichtigt worden wäre[34]. Richtigerweise muß auch noch die (fehlende) Bekanntgabe einbezogen werden. Erst mit hypothetischer Bekanntgabe liegt daher die Vollendung vor[35]. Bekanntgegeben wird der Steuerbescheid regelmäßig mit der Post, somit sind die Zugangsfiktionen des § 122 II Nrn. 1 und 2 AO zugunsten des Beschuldigten einzubeziehen[36].

Unter diesen Voraussetzungen ist der objektive Tatbestand des § 370 I Nr. 1 AO erfüllt. Der subjektive Tatbestand des § 370 AO erfordert zumindest bedingten Vorsatz, § 369 II AO i.V.m. § 15 StGB[37]. Weil § 370 AO ein Blankettgesetz ist, muß sich die Kenntnis des Täters auch auf die Merkmale der den Tatbestand ausfüllenden steuerrechtlichen Normen erstrecken. Er muß den angegriffenen Steueranspruch kennen. Dies dürfte jedoch bezüglich der Einkommensteuerpflicht von Zinserträgen regelmäßig der Fall sein. Zudem muß der Täter den Verkürzungs- beziehungsweise Steuervorteilserlangungserfolg in seinen Willen aufgenommen haben[38]. Gerade weil sich der Steuerpflichtige in der Praxis in vielen Fällen dritter Personen zur Erfüllung seiner steuerlichen Pflichten bedient, ist der Nachweis des Vorsatzes oftmals erschwert.

---

[30]Individuelle Fristverlängerungen sind im Rahmen des pflichtgemäßen Ermessens der Finanzbehörde nach § 109 AO möglich. Dieses Ermessen wird für die Gruppe der Steuerpflichtigen, die sich durch einen Angehörigen der steuerberatenden Berufe vertreten lassen, durch Erlasse des BMF bundeseinheitlich gebunden (Verlängerung bis zum 30.09. des Folgejahres), dazu Kirchhof/Söhn- *Birkenfeld*, EStG, § 25 D 48 m.w.N.

[31]Vgl. Franzen/Gast/Joecks- *Joecks*, § 370 Rn 44.

[32]§ 122 I, 124 I, 220 AO.

[33]Denn damit bleibt ein breiter Raum für den Rücktritt nach § 24 StGB i.V.m. § 369 II AO.

[34]*Mösbauer*, Steuerstraf- und Steuerordnungswidrigkeitenrecht, 55; Franzen/Gast/Joecks- *Joecks*, § 370 Rn 37 und 46; *Kohlmann*, § 370 Rn 137; Hübschmann/Hepp/Spitaler- *Hübner*, AO, § 370 Rn 54; *Dörn*, wistra 1989, 290 (292), allerdings differenzierend nach unbekannten (nur hier soll diese Aussage gelten) und bekannten Steuerpflichtigen. Gegen letztere Differenzierung wiederum Hübschmann/Hepp/Spitaler- *Hübner*, AO, § 370 Rn 54.

[35]Vgl. §§ 155 I, 157 I, 220, 122 I, 124 I AO.

[36]So zutreffend *Schmitz*, wistra 1993, 250 f.

[37]Zur Abgrenzung von (bedingtem) Vorsatz und (grober) Fahrlässigkeit siehe *BGH* wistra 1995, 69; *BayObLG*, DStR 1977, 226.

[38]Vgl. *BGH* wistra 1989, 263 (264); *Mösbauer*, DStZ 1985, 559 (562); Hübschmann/Hepp/Spitaler- *Engelhardt*, AO, § 370 Rn 113 m.w.N.

Denn nach der Rechtsprechung darf er sich auf qualifizierte und ihm als zuverlässig bekannte Angestellte, den Ehepartner oder den Steuerberater verlassen[39]. Hinsichtlich der Rechtswidrigkeit der Steuerhinterziehung gelten die allgemeinen Rechtfertigungsgründe des Strafrechts, wenngleich diese in der Praxis bei Steuerstraftaten selten vorkommen[40]. Ebenso geringe Bedeutung kommt den Schuldausschließungsgründen zu, zumal insbesondere eine wirtschaftliche Notlage nicht entschuldigend wirkt. Denn hierfür besteht die legale Möglichkeiten der Stundung, § 222 AO, oder des Zahlungsaufschubs, § 223 AO[41]. Ebenso ist der Verbotsirrtum nach § 17 StGB im Steuerstrafrecht von nur untergeordneter Wichtigkeit[42].

Wird die gesamte Einkommensteuererklärung von Steuerpflichtigen nicht oder nicht rechtzeitig abgegeben, dann liegt ein Fall des Unterlassens nach § 370 I Nr. 2 AO vor[43]. Vollendete Steuerhinterziehung ist hier dann anzunehmen, wenn die Veranlagungsarbeiten für den betreffenden Zeitraum im für den Steuerpflichtigen maßgeblichen Bezirk im großen und ganzen abgeschlossen sind. Für den subjektiven Tatbestand muß der Täter auch die Umstände kennen, die seine Pflicht zur Aufklärung der Finanzbehörde begründen. Wie im allgemeinen Strafrecht reicht bei den normativen Tatbestandsmerkmalen eine Parallelwertung in der Laiensphäre durch den Täter[44].

B. Der Kapitalstamm

Lediglich dann, wenn die Einkünfte, die den *Kapitalstamm* bilden, vom Kunden ebenfalls nicht vollständig und rechtzeitig deklariert worden sind, kommt auch insoweit der Tatbestand der Steuerhinterziehung in Betracht. Hierbei müssen die einzelnen Bestandteile des Stamms auf ihre Steuerpflicht hin untersucht werden. Sind die Einkünfte -wie regelmäßig- einkommensteuerpflichtig und vorsätzlich, rechtswidrig und schuldhaft nicht in vollständiger Höhe in der Steuererklärung deklariert oder ist eine solche gar nicht oder nicht rechtzeitig abgegeben worden, liegt spätestens ab dem 01.06. des auf den Veranlagungszeitraum folgenden Kalenderjahres[45], soweit keine Fristverlängerung eingreift, ein strafbarer Versuch der Steuerhinterziehung vor. Die Vollendung richtet sich nach der jeweiligen Handlungsvariante (Bekanntgabe des Steuerbescheids oder Abschluß der Veranlagung in dem betreffenden Bezirk im großen und ganzen). Sind die nicht versteuerten Einkünfte auch umsatzsteuerpflichtig, ist zu differenzieren. Die Umsatzsteuer ist, soweit es um die monatlichen beziehungsweise vierteljährlichen (§ 18 II UStG) Voranmeldungen und Vorauszahlungen geht (§ 18 I UStG), eine Fälligkeitssteuer; es gelten die Grundsätze dieser Steuerart. Soweit dagegen die Umsatzsteuerjahreserklärung in Rede steht (§§ 18 III UStG, 149 I AO), gelten die Fristen des § 149 II S. 1 AO. Es ergeben sich dann keine Abweichungen zur

---

[39]Vgl. *BFH* BStBl. II 1991, 284 (286 f.); *BFH* DStR 1995, 180 f.; *BGH* wistra 1990, 195; *BayObLG*, wistra 1993, 236 (238); *OLG Düsseldorf* wistra 1995, 159.

[40]So Lammerding/Hackenbroch/Sudau- *Hackenbroch*, Steuerstrafrecht, 20; Koch/Scholtz- *Scheurmann- Kettner*, AO, § 369 Rn 33.

[41]*Bender*, Zoll- und Verbrauchsteuerstrafrecht, Tz 23.

[42]*Bilsdorfer*, NJW 1996, 169 (171).

[43]Vgl. Franzen/Gast/Joecks- *Joecks*, § 370 Rn 176 f.

[44]Koch/Scholtz- *Scheurmann- Kettner*, AO, § 370 Rn 46; *Mösbauer*, DStZ 1985, 563.

[45]§ 149 II S. 1 AO. Zu Sonderfällen siehe § 149 II S. 2, III AO.

Einkommensteuererklärung[46]. Neben dieser in der Regel bestehenden Einkommen- und Umsatzsteuerpflicht kommen auch andere Steuerarten in Betracht. Hinsichtlich jeder Steuer ist eine grundsätzlich selbständige Hinterziehung möglich[47]. Ob § 370 AO versucht oder vollendet ist, hängt davon ab, ob es sich um Veranlagungs- oder Fälligkeitssteuern handelt, und wie die Steuerhinterziehung begangen worden ist (auf Zeit oder auf Dauer). Das Prinzip ist hierbei immer dasselbe, allein bei den Erklärungsfristen ergeben sich Unterschiede infolge unterschiedlicher Regelung in den Einzelsteuergesetzen.

---

[46]Allerdings soll nach Franzen/Gast/Joecks- *Joecks*, § 370 Rn 308 f. speziell bei der Umsatzsteuerhinterziehung an der an sich aufgegebenen Rechtsfigur der fortgesetzten Handlung (BGHSt 40, 138; BGHSt 40, 195; anerkannt auch vom *BFH* DB 1995, 1695 [1696]) festgehalten werden. Anders *Kohlmann*, § 370 Rn 294, B 146.5 ff. sowie *Messner*, DB 1995, 1735 f.

[47]Grundsätzlich liegt Tatmehrheit vor, wenn mehrere Steuererklärungen zu verschiedenen Steuerarten abgegeben werden, vgl. Franzen/Gast/Joecks- *Joecks*, § 370 Rn 307. Die gleichzeitige Abgabe mehrerer Steuererklärungen mit übereinstimmenden unrichtigen Angaben kann auch das Verhältnis der Tateinheit der Hinterziehungen zueinander bewirken, vgl. *BGH* wistra 1993, 222. Siehe auch *BGH* wistra 1982, 226 (227).

6.Kapitel: Die Verantwortlichkeit der Mitarbeiter der Kreditinstitute

Gegenstand der nachfolgenden Darstellung ist die (steuer-) strafrechtliche Verantwortlichkeit der im Inland tätigen[1] Mitarbeiter von Kreditinstituten[2]. Es wird untersucht, inwieweit eine Sanktionsmöglichkeit für das Mitwirken an den Kapitalverlagerungen -genauer: den nachfolgenden Steuerhinterziehungen der Kunden- besteht. Im Zusammenhang mit dem Kapitalexport nach Luxemburg wird den Mitarbeitern von Kreditinstituten seitens der Judikatur Beihilfe zur Einkommen- und Vermögensteuerhinterziehung der Kunden vorgeworfen[3]. In den aufgeführten gerichtlichen Entscheidungen geht es im wesentlichen um strafprozessuale Maßnahmen und damit lediglich um den Verdacht der Beihilfe. Pressemitteilungen und Analyse der Veröffentlichungen ergeben, daß bislang lediglich in einigen Fällen rechtskräftige Verurteilungen wegen Beihilfe zur Einkommen- und Vermögensteuerhinterziehung stattgefunden haben[4].

In der Tat rückt der Vorwurf der *Beihilfe* zur Steuerhinterziehung der Kunden in den Mittelpunkt der Betrachtung. Denn die Mitwirkung am Kapitaltransfer ist zwar für Bankangestellte das "tägliche Geschäft" und im Grunde das, was gemeinhin von ihnen erwartet wird. Hier aber sind besondere *Verschleierungen* des Transfers vorgenommen worden. Dieses *verschleiernde* Transfersystem könnte -untechnisch gesprochen- dazu beigetragen haben, daß der Kunde später in seiner Steuererklärung un-

---

[1]Auch gegen Mitarbeiter der Kreditinstitute im Ausland kann wegen Beteiligung an Steuerstraftaten vorgegangen werden. Denn die Steuerhinterziehung wird im Inland begangen, damit ist der Teilnahmetatort zumindest auch das Inland, §§ 9 II S. 1, 3 StGB.

[2]Die Kreditinstitute selbst sind stets Personenmehrheiten, Gesellschaften. Einzelhandelskaufleute sind unzulässig (sogenanntes "Vieraugenprinzip"), vgl. § 2 a i.V.m. §§ 32 I, 1 I KWG. Gegenüber Personenverbänden können nach dem deutschen Strafrecht bislang keine Kriminalstrafen verhängt werden. BGHSt 3, 130 (132); Schönke/Schröder- *Cramer*, StGB, Vor §§ 25 ff. Rn 119; *Jescheck/Weigend*, Strafrecht AT, § 23 VII 1 (227).

[3]Allen voran im Verfahren gegen die Dresdner Bank AG: Durchsuchungsbeschlüsse des *AG Düsseldorf* vom 05.01.1994 und bestätigende Beschwerdeentscheidung des *LG Düsseldorf* vom 19.01.1994, beides in AG 1994, 119; dazu *BVerfG* WM 1994, 691 = StV 1994, 353 und *BVerfG* WM 1995, 234 = wistra 1995, 139. Vgl. auch *LG Bochum* vom 02.06.1993, Az. 35 Js 244/92 (nicht veröffentlicht); *LG Braunschweig* vom 03.05.1993, Az. Qs 3, 4/93 (nicht veröffentlicht). Dagegen wird in den Verfahren, die den Entscheidungen des *FG Baden- Württemberg* wistra 1997, 158; *LG Fulda* vom 09.03.1992, Az. Qs 90/89, 92/89 u.a. (nicht veröffentlicht) und *LG Koblenz* wistra 1997, 32 (33) zugrunde liegen, der Vorwurf der Beihilfe nicht auf bestimmte Steuerarten beschränkt. Weiter Vorwurf hinsichtlich der Steuerarten auch im Verfahren des *LG Bielefeld* WM 1998, 2290.

[4]Und diese erfolgten in der Regel nach einer Verständigung zwischen Bank und Strafverfolgern, siehe oben Einführung (S. 1) Fn 5. Überwiegend sind die Ermittlungsverfahren gegen Bankmitarbeiter jedoch noch nicht abgeschlossen, vgl. etwa Berichte im Tagesspiegel vom 07.02.1999 und vom 22.06.1999 zur Commerzbank AG sowie vom 17.06.1999 zur Deutschen Bank AG. Die Entscheidungen des *LG Bochum* NJW 2000, 1430, des *LG Wuppertal* wistra 1999, 473 sowie die diesbezügliche Revisionsentscheidung des *BGH* NJW 2000, 3010, die allesamt eine Verantwortlichkeit einzelner Bankmitarbeiter wegen Steuerhinterziehung (§§ 370 I AO, 27 I StGB) im hier interessierenden Zusammenhang bejahen, sind erst nach Einreichung dieser Arbeit veröffentlicht worden. Eine Auseinandersetzung mit dieser Rechtsprechung war daher nur in Ansätzen möglich (zur Rechtsprechung des *BGH* siehe unten S. 120 f., 163 f., 165 f., 179 ff., 223 f. sowie in Fn 109 auf S. 243).

richtige oder unvollständige Angaben macht. Als Haupttaten sind jedoch nicht nur Einkommen- und Vermögensteuerhinterziehungen denkbar. Denn sobald Kunden der Kreditinstitute den Kapitalstamm, um dessen Transfer es geht und welcher Erträge im Ausland bilden soll, nicht der zutreffenden Versteuerung zuführen, kommt auch insoweit eine Steuerhinterziehung in Betracht.

Darüber hinaus sind auch die anderen Beteiligungsformen in die strafrechtliche Betrachtung miteinzubeziehen. Denn die Beihilfe ist nach der gesetzlichen Regelung in den §§ 25 ff. StGB die Beteiligungsform mit dem geringsten Unwertgehalt. Für Anstiftung und Beihilfe wird die Täterstrafe angeordnet, jedoch ist diese bei dem Gehilfen zwingend zu mildern, § 27 II S. 2 StGB. Beihilfe ist subsidiär zur Anstiftung und Teilnahme tritt hinter Täterschaft zurück[5].

Vor allem ist Beihilfe zur Steuerhinterziehung für Geld, das in der Vergangenheit gegenüber den Finanzamt verheimlicht und akkumuliert worden ist, von vornherein ausgeschlossen. Denn Beihilfe ist nach Beendigung der Haupttat nicht mehr möglich[6]. Insoweit kommt allein Begünstigung oder Strafvereitelung in Betracht (§ 257 StGB i.V.m. § 369 I Nr. 4 AO, § 258 StGB). Es stellt sich jedoch die Frage, ob nicht auch bei einer noch nicht abgeschlossenen Steuerhinterziehung bereits eine Verantwortlichkeit nach den §§ 257 I, 258 I StGB denkbar ist. Insoweit geht es um die sogenannten vorgeleisteten Begünstigungen oder Strafvereitelungen, bei denen sich vor allem die Frage nach dem Verhältnis zur Beihilfe stellt.

---

[5]Zum geringeren Unwert vgl. Schönke/Schröder- *Cramer*, StGB, Vor §§ 25 ff. Rn 14; zur Subsidiarität im konkurrenzrechtlichen Sinne siehe Schönke/Schröder- *Stree*, StGB, Vor §§ 52 ff. Rn 107. Vgl. auch *BGH* JR 1983, 202 (203).

[6]Ob Beihilfe lediglich bis zur Vollendung der Haupttat oder sogar bis zu deren Beendigung möglich ist, wird kontrovers beurteilt. Dazu ab S. 101.

1.Teil: Präzisierung des zu untersuchenden Personenkreises

Im folgenden wird die Verantwortlichkeit der mit dem Privatkundengeschäft befaßten *Anlage-, Vermögens- oder Wertpapierberater* untersucht. Jene sind gemeint, wenn von Bankmitarbeitern die Rede ist. Denn diese Gruppe innerhalb der Struktur der Kreditunternehmen ist am unmittelbarsten mit dem Transfer befaßt gewesen. Zumindest bei der Vermittlung der Eröffnung eines (Depot-) Kontos im Ausland und der Beratung darüber waren jene Angestellten eingeschaltet. Diese Mitarbeiter der Kreditinstitute in Deutschland sind aber in der überwiegenden Zahl auch bei der nachfolgenden Abwicklung des Transfers behilflich gewesen. Dies war schon deshalb unumgänglich, weil die Nummer des Korrespondenzbankkontos, "Tricks" wie gestückelte Abhebungen vom laufenden (Giro-) Konto oder zeitversetzte und gestückelte Bareinzahlung wegen der Speicherung auf dem Kassenjournal de facto keinem Anleger bekannt gewesen sein dürften. Selbst nach dem Beratungsgespräch über die Kapitalanlage, in dem möglicherweise auch derartige Informationen erteilt worden sind, dürfte es der überwiegenden Zahl der Anleger eher befremdlich erschienen sein, daß Zahlungsvordrucke für *Inlandsverkehr* (!) zu benutzen waren; immerhin wollten diese Geld oder Wertpapiere ins *Ausland* transferieren. Jedenfalls bei den Belegen mit der Angabe von reinen Phantasienamen ist die Mitwirkung von Mitarbeitern im Inland offensichtlich.

Schalterangestellte und andere Personen innerhalb der Institute, die lediglich technische Abwicklungsleistungen erbringen, waren nur selten in den Transfer eingeschaltet und werden hier nur am Rande erwähnt. In der Regel war der Berater als eigentlicher Ansprechpartner des Anlegers für sämtliche Einzelfragen zuständig. Zudem werden Schalterangestellte ohnehin regelmäßig vom Transfer eines konkreten Kunden nichts gewußt haben. Letztlich ist dies auch für die Beurteilung der Strafbarkeit leitender Angestellter (beispielsweise Filialleiter) und der *Vertreter des Instituts* (Vorstand, Geschäftsführung oder vertretungsberechtigte Gesellschafter) entscheidend. Jene können allein im Hinblick auf zentrale Anweisungen, Strategien und ähnliches, die zum konkreten Verhalten des Bankmitarbeiters geführt haben, untersucht werden. Dies ist auch nur dann gewinnbringend, wenn die Vorgehensweisen der unmittelbar mit dem Transfer befaßten Mitarbeiter tatsächlich strafrechtlich relevant sind[1].

---

[1]Zur Verantwortlichkeit der leitenden Angestellten und der Vertreter des Instituts (Vorstand, Geschäftsführung, vertretungsberechtigte Gesellschafter) unten ab S. 226.

2.Teil: Beteiligung an der Steuerhinterziehung

Verallgemeinert läßt sich feststellen, daß sich Mitarbeiter der Kreditinstitute in strafbarer Weise an der (oder den) versuchten oder vollendeten Steuerhinterziehung(en) der Kunden im Hinblick auf die Erträge und den Kapitalstamm beteiligt haben könnten.

A. Grundlagen

I. Beteiligtenbegriff und restriktiver Täterbegriff

Der Beteiligtenbegriff umfaßt gemäß § 28 II StGB Täter und Teilnehmer, letztere sind gemäß § 28 I StGB Anstifter und Gehilfen. Richtigerweise ist im Strafrecht ein *restriktiver Täterbegriff* zugrundezulegen. Nur so lassen sich die Strafmilderung des § 27 II S. 2 StGB und die Bestrafung des Anstifters "gleich einem Täter" nach § 26 StGB erklären. Sie wären entbehrlich, wäre der Teilnehmer ohnehin Täter[1]. Dann stellen diese Teilnahmeformen Strafausdehnungsgründe dar[2]. Sie erweitern die Geltung der Einzeltatbestände über die Fälle der eigenen (Alleintäterschaft, § 25 I 1. Var. StGB), arbeitsteiligen (Mittäterschaft, § 25 II StGB) oder mittelbaren Straftatbestandsverwirklichung (mittelbare Täterschaft, § 25 I 2. Var. StGB) hinaus. Die Teilnahme ist nach dem geltenden Strafrecht limitiert akzessorisch.

Für die Verantwortlichkeit der Bank- und Sparkassenmitarbeiter sind allein die Beteiligungsformen Mittäterschaft, Anstiftung und Beihilfe relevant.

II. Abgrenzung zwischen Täterschaft und Teilnahme

Die Abgrenzung zwischen Täterschaft und Teilnahme ist eines der umstrittensten Gebiete innerhalb des Strafrechts. Es gibt zahlreiche Ansätze, dieses Problem einer zufriedenstellenden und vor allem einer allgemeingültigen Lösung zuzuführen. Dabei spielen die verschiedenen Täterbegriffe und der Strafgrund der Teilnahme eine große Rolle. Auf die umfassende Darstellung der verschiedenen Ansätze wird hier verzichtet[3], lediglich die Ansicht der Judikatur und die der überwiegenden Meinung im Schrifttum wird im für die weitere Arbeit erforderlichen Umfang knapp verdeutlicht.

Im rechtswissenschaftlichen *Schrifttum* hat sich die Lehre von der Tatherrschaft durchgesetzt. Diese stellt zur Abgrenzung der Beteiligungsformen auf objektive und subjektive Merkmale ab[4]. Danach wird für die Annahme von Täterschaft *Tatherrschaft* gefordert. Tatherrschaft wird als das vom Vorsatz umfaßte "In- Händen- Halten des tatbestandsmäßigen Geschehensablaufs"[5] definiert. Sie ist bei Mittäterschaft als

---

[1]Dieser herrschenden Lehre vom engen Täterbegriff stehen andere extensive Auffassungen gegenüber, nach denen jeder Täter ist, der zur Tatbestandsverwirklichung beiträgt. Übersicht dazu bei Schönke/Schröder- *Cramer*, StGB, Vor § 25 Rn 6 ff. m.w.N.

[2]So bereits *Mayer,* Allgemeiner Teil des Strafrechts, 387 f., 341 f.

[3]Siehe Darstellung bei Schönke/Schröder- *Cramer*, StGB, Vor §§ 25 ff. Rn 51 ff. und *Maurach/Gössel/Zipf*, Strafrecht AT II, § 47 Rn 37 ff.

[4]*Maurach/Gössel/Zipf*, Strafrecht AT II, § 47 Rn 87; *Jescheck/Weigend*, Strafrecht AT, § 61 V (651 ff.); Tröndle/Fischer- *Tröndle*, StGB, Vor § 25 Rn 1 b, 2; *Wessels/Beulke*, Strafrecht AT, Rn 518; *Blei*, Strafrecht I, § 71 II (252 ff.) und § 78 III 1 (278 ff.); *Otto*, Grundkurs Strafrecht, § 21 Rn 22 ff.; LK- *Roxin*, StGB, § 25 Rn 7 ff.

[5]So wörtlich *Maurach/Gössel/Zipf*, Strafrecht AT II, § 47 Rn 89.

"funktionelle Tatherrschaft", bei der mittelbaren Täterschaft als "Willensherrschaft" des Hintermannes oder als Herrschaft "kraft überlegenen Wissens" und bei der Alleintäterschaft als "Handlungsherrschaft" ausgeprägt[6]. Insofern ist Täter, wer die Tatausführung beherrscht[7].

Dagegen sieht die gegenwärtige[8] *Rechtsprechung* den Anknüpfungspunkt für die Abgrenzung zwischen Täterschaft und Teilnahme in der Willensrichtung und inneren Einstellung der Beteiligten zur Straftat. Diese subjektiv orientierte Sichtweise stellt jedoch nicht mehr als einen *Ausgangspunkt* dar. Maßgeblich sei vielmehr eine *wertende Gesamtschau*, bei der der Grad des Tatinteresses und der Umfang der Tatbeteiligung entscheidend sind und überdies dem Kriterium der Tatherrschaft oder wenigstens dem Willen zur Tatherrschaft eine gewisse Bedeutung zugesprochen wird[9]. Angesichts dieser merklichen Verobjektivierung relativieren sich die praktischen Unterschiede zur herrschenden Meinung im Schrifttum. Dies ist zu begrüßen, denn nur unter Berücksichtigung von objektiven und subjektiven Merkmalen kann eine Zuordnung zu den Beteiligungsformen stattfinden. Ansonsten werden Täterschaft und Teilnahme zu beliebig austauschbaren Begriffen[10]. Diese grundsätzlichen Kriterien zur Unterscheidung der Täterschaft von der Teilnahme haben Auswirkungen auf die Anforderungen, die an das Vorliegen der einzelnen Beteiligungsformen zu stellen sind.

B. Mittäterschaftliche Steuerhinterziehung der Mitarbeiter

Mittäterschaft gemäß § 25 II StGB i.V.m. § 369 II AO liegt dann vor, wenn mehrere "die Straftat gemeinschaftlich" begehen. Das Grundprinzip dieser Beteiligungsform liegt im arbeitsteiligen Vorgehen, basierend auf einem gemeinsamen Tatentschluß[11]. Die gemeinschaftliche Tatbestandsverwirklichung im Rahmen des Tatplans hat zur Folge, daß sich die einzelnen Tatbeiträge zu einem Ganzen zusammenfügen und der Gesamterfolg jedem der Mitwirkenden voll zurechenbar ist[12].

I. Voraussetzungen dieser Beteiligungsform

Voraussetzung dieser Beteiligungsform ist als objektives Kriterium zunächst, daß jeder Beteiligte einen für die Deliktsbegehung förderlichen Tatbeitrag innerhalb des Gesamtplans leistet[13]. Freilich sind die Einzelheiten hierbei umstritten. So erhebt sich insbesondere die Frage, ob dieser Beitrag notwendigerweise nur im Ausführungsstadium der Tat geleistet werden kann[14] oder ob bloße Vorbereitungs und Unter-

---

[6]Vgl. *Wessels/Beulke*, Strafrecht AT, Rn 512.

[7]LK- *Roxin*, StGB, § 25 Rn 7.

[8]Zur früheren extrem- subjekiven Sichtweisen, denen durch § 25 I 1. Var. StGB die Grundlage entzogen ist, etwa BGHSt 18, 87 (89, 90: maßgebend sei die "innere Haltung zur Tat").

[9]Leitentscheidung: BGHSt 8, 393 (395 ff.). Siehe auch BGHSt 28, 346 (348 f.); *BGH* NStZ 1985, 165; BGHSt 34, 124 (125 f.); *BGH* NStZ 1987, 224 f.; *BGH* NStZ 1988, 406; BGHSt 36, 231 (232); *BGH* NStZ 1993, 137 (138); *BGH* NStZ 1994, 91 (92).

[10]Ebenso *Wessels/Beulke*, Strafrecht AT, Rn 517 f.

[11]Vgl. Schönke/Schröder- *Cramer*, StGB, Vor § 25 Rn 80.

[12]BGHSt 38, 315 (319); *Jescheck/Weigend*, Strafrecht AT, § 63 I 2 (675).

[13]BGHSt 38, 319; *Maurach/Gössel/Zipf*, Strafrecht AT II, § 49 Rn 26; *Wessels/Beulke*, Strafrecht AT, Rn 528.

[14]So insbesondere LK- *Roxin*, StGB, § 25 Rn 181.

stützungshandlungen für die Annahme der mittäterschaftliche Begehung genügen[15]. Auch kann Mittäter nur sein, wer als tauglicher Täter des betreffenden Delikts in Betracht kommt und die vom Gesetz geforderten Absichten in eigener Person aufweist[16]. Eine wechselseitige Zurechnung von subjektiven Umständen ist ausgeschlossen. Unabdingbar ist jedoch für das Vorliegen von Mittäterschaft ein gemeinsames Wollen der Tat. Es muß als subjektive Voraussetzung eine Willensübereinstimmung zwischen den Tatbeteiligten bestehen. Dies ist die Grundlage der wechselseitigen Zurechnung, wie sie § 25 II StGB zum Ausdruck bringt. Alle Beteiligten müssen in bewußtem und gewolltem Zusammenwirken handeln[17]. Gleichwohl kann dieses Einvernehmen auch noch während der Tat hergestellt werden. Im Grunde geht es dann um die Frage, ob dem gegebenenfalls erst später Hinzutretenden bereits verwirklichte Tatumstände oder Erschwerungsgründe zugerechnet werden können (sukzessive Mittäterschaft). Denn im allgemeinen ist nachträglich erlangtes Wissen strafrechtlich unschädlich (dolus subsequens). Gerade deshalb sind auch hier die Einzelheiten umstritten[18].

II. Vorliegen jener Erfordernisse

Diese Anforderungen an die Mittäterschaft werden in der den Gegenstand der Arbeit bildenden Thematik im Regelfall nicht erfüllt sein.

Zwar kann Mittäter der Steuerhinterziehung auch derjenige sein, der im Hinblick auf die hinterzogene Steuer weder Steuerschuldner noch Steuerpflichtiger ist[19]. Ebenso muß der Mittäter keinen Vorteil oder Nutzen aus der Tat gezogen haben. Steuerhinterziehung ist auch zugunsten oder im Interesse eines anderen möglich[20]. Daran scheitert die mittäterschaftliche Begehung der Steuerhinterziehung durch den Bank- oder Sparkassenmitarbeiter jedenfalls nicht.

Für mittäterschaftliche Begehung der Steuerhinterziehung durch positives Tun nach § 370 I Nr. 1 AO fehlt es vielmehr jedenfalls an der subjektiven Komponente. Ein gemeinsamer Tatplan, eine Willensübereinstimmung zwischen Kunden und Mitarbeiter, Steuern zu verkürzen oder Steuervorteile zu erschleichen, ist üblicherweise nicht gegeben.

---

[15]Nach der Rechtsprechung, gefolgt von Teilen der Literatur, können unter bestimmten Voraussetzungen auch bloße Vorbereitungs- und Unterstützungshandlungen genügen. Auswirkungen hat dies etwa im Hinblick auf den "Bandenchef", der die Tat bis in alle Details plant, sie selbst aber nicht mit ausführt. Vgl. *BGH* NJW 1991, 1068; *BGH* NStZ 1985, 165; BGHSt 14, 123 (128 f.); zustimmend *Wessels/Beulke*, Strafrecht AT, Rn 529; *Maurach/Gössel/Zipf*, Strafrecht AT II, § 49 Rn 31 ff. Aber auch wenn der Ansicht in vorstehender Fn gefolgt wird, ist eine Bestrafung des Bandenchefs nicht ausgeschlossen, siehe LK- *Roxin*, StGB § 25 Rn 184.

[16]Vgl. BGHSt 14, 129 und *BGH* StV 1986, 61.

[17]Vgl. RGSt 8, 42 (43); BGHSt 6, 248 (249); *BGH* NStZ 1993, 137 (138); Tröndle/Fischer- *Tröndle*, StGB, § 25 Rn 8; Schönke/Schröder- *Cramer*, StGB, Vor § 25 Rn 81; *Jescheck/Weigend*, Strafrecht AT, § 63 II 1 (678).

[18]Vgl. *Maurach/Gössel/Zipf*, Strafrecht AT II, § 49 Rn 64 ff.; LK- *Roxin*, StGB, § 25 Rn 192 ff.

[19]*BGH* wistra 1986, 263. Tauglicher Täter ist nicht nur der Steuerpflichtige und dessen Vertreter, sondern jeder, der den Tatbestand verwirklicht, indem er dem Steuerpflichtigen unberechtigt einen Vorteil zum Nachteil des jeweiligen Steuergläubigers zukommen läßt. Bei § 370 I Nr. 2 AO kann allerdings nur derjenige Täter sein, den eine Pflicht zur Aufklärung trifft. Siehe Koch/Scholtz- *Scheurmann- Kettner*, AO, § 370 Rn 44.

[20]*BGH* wistra 1987, 139 (146).

Bei der Begehungsweise nach § 370 I Nr. 2 AO kann nur derjenige Mittäter sein, den eine Aufklärungspflicht trifft[21]. An einer solchen Pflicht für die Angestellten der Geldinstitute fehlt es hier. Mittäterschaft hinsichtlich der Steuerhinterziehung durch Unterlassen, bei der nicht rechtzeitigen Abgabe der Steuererklärung oder -anmeldung durch den Kunden, ist insofern ebenfalls ausgeschlossen.

Darüber hinaus ist auch ein objektiver Tatbeitrag der Bank- oder Sparkassenmitarbeiter nicht auszumachen. Auf das unrichtige Anfertigen der Steuerklärung oder der Steueranmeldung und die Abgabe gegenüber dem zuständigen Finanzamt durch den Kunden hat er in der Regel ebensowenig Einfluß wie auf die unrichtige Festsetzung. Sie leisten allenfalls Vorbereitungs- und Unterstützungshandlungen von untergeordnetem Gewicht. Im Ausführungsstadium selbst wirken sie nicht mit. Selbst unter Zugrundelegung der Ansicht, daß objektive Beiträge auch in diesem frühen Stadium bereits für die Annahme von Mittäterschaft genügen können, erreicht das Verhalten in seinem Gewicht und in der Bedeutung nicht die dafür geforderte Intensität (kein "Plus" bei der Vorbereitung)[22]. Allgemein betrachtet liegt bei ihnen weder Täterwillen noch funktionelle Tatherrschaft bezüglich der Steuerhinterziehung des Kunden vor. Sie sind nicht Zentralgestalt des Geschehens. Bankmitarbeiter haben kein eigenes Interesse an der Steuerverkürzung oder Vorteilserschleichung. An der Tatbegehung selbst wirken sie nicht mit. Ihr Interesse beschränkt sich auf den Verbleib des Kunden bei dem konkreten Institut, auf dessen allgemeine Zufriedenheit. Von einer Stellung im Sinne eines dem Kunden "gleichberechtigten Partners"[23] kann keine Rede sein. Mittäterschaftliche Begehung der Steuerhinterziehung des Kunden -sei es hinsichtlich der Erträge oder auch bezüglich des Kapitalstamms als solchem- ist nicht festzustellen[24].

C. Anstiftung zur Steuerhinterziehung

Weitaus möglicher erscheint jedoch, daß die Mitarbeiter der Kreditinstitute Kunden zur Steuerhinterziehung angestiftet haben, § 26 StGB i.V.m. §§ 369 II, § 370 AO. Nach der gesetzlichen Regelung in § 26 StGB setzt dies voraus, daß sie Kunden zu einer vorsätzlichen, rechtswidrigen Straftat "bestimmt" haben.

I. Das vorsätzliche "Bestimmen" zur vorsätzlichen und rechtswidrigen Haupttat

Einigkeit besteht insofern, als das dieses Bestimmen in § 26 StGB das Hervorrufen des Tatentschlusses bedeutet[25]. Zeitlich betrachtet liegt somit das Bestimmen vor

---

[21] *BGH* wistra 1987, 147.

[22] Vgl. die in der Entscheidung des *BGH* NStZ 1985, 165 gemachten Ausführungen zum tatsächlichen Sachverhalt. Diese lassen erkennen, welche Anforderungen gestellt werden. Vgl. zudem *Wessels/Beulke*, Strafrecht AT, Rn 529, die eine überragende Funktion des frühen Tatbeitrags für die spätere Verwirklichung, zielstrebig lenkenden Willen und eine leitende Rolle der Beteiligten, ein deutliches "Plus" bei der Planung fordern, um das "Minus" bei der Ausführung zu kompensieren.

[23] So die Formulierung des *BGH*, vgl. BGHSt 34, 124 (125) für die Mittäterschaft.

[24] Im Ergebnis für die Kapitalexportthematik ebenso *Kohlmann*, § 370 Rn 17.8; *Löwe- Krahl*, wistra 1995, 201 (202).

[25] Vgl. statt vieler *BGH* NStZ 1994, 29 (30); *Wessels/Beulke*, Strafrecht AT, Rn 568; *Jescheck/Weigend*, Strafrecht AT, § 64 II 1 (686).

der eigentlichen Haupttat. Über die Weite dieses Begriffs bestehen unterschiedliche Auffassungen. Dem Gesetzeswortlaut sind keine Einschränkungen zu entnehmen.

Überzeugend ist es, auf eine Willensbeeinflussung des Täters durch den Anstifter im Wege einer zielgerichteten Aufforderung abzustellen und dies auch genügen zu lassen[26]. Damit ist eine vermittelnde Position gefunden. Zwar ist es zutreffend, daß auch die subtile Schaffung einer tatprovozierenden Situation auf die Psyche des Täters einwirkt[27]. Aber nicht jeder Rat oder Hinweis, der kausal den Entschluß zur Haupttat verursacht, steht im Unrechtsgehalt dem der Haupttat gleich[28]. Außerdem ist die alte Fassung der Anstiftung (§ 48 I StGB[29]) bei der Auslegung heranzuziehen, in der einschränkende Erfordernisse (Geschenke, Drohungen) beispielhaft aufgeführt waren. Mit dieser Position werden keine zu strengen und praktisch nie vorliegenden oder nur schwer nachzuweisenden Anforderungen gestellt. Nur so wird man auch der zwingenden Bestrafung des Anstifters "gleich einem Täter" gerecht, die § 26 StGB anordnet. Das Verhalten des Anstifters muß eine Anregung zur Begehung einer bestimmten Haupttat in sich bergen. Es genügt, daß er dem Angestifteten die Möglichkeit eröffnet, den Impuls als Basis seines Tatentschlusses auszubauen[30].

Erforderlich ist weiterhin, daß der Anstifter bezüglich des eigenen Beitrags, des Bestimmens, als auch bezüglich der Haupttat zumindest bedingten Vorsatz hat (sogenannter doppelter Anstiftervorsatz). Er muß den Tatentschluß zu einer bestimmten, in ihren wesentlichen Grundzügen umrissenen Straftat eines bestimmten Täters oder zumindest eines individualisierbaren Täterkreises bewußt und gewollt hervorrufen[31]. Sein Vorsatz muß somit gewissen Bestimmtheitserfordernissen genügen. Vor allem aber muß er die Vollendung der Haupttat wollen, was seine Ursache im Strafgrund der Teilnahme hat[32].

II. Problematik des omnimodo facturus

Der Mitarbeiter eines Kreditinstituts begeht jedenfalls dann eine Anstiftung zur Steuerhinterziehung bezüglich Ertrag oder Kapitalstamm[33], wenn er den Kunden be-

---

[26]So die überwiegende Ansicht im Schrifttum, wenn auch mit Differenzen im Detail, vgl. LK-*Roxin*, StGB, § 26 Rn 4; *Roxin*, Stree und Wessels- FS (1993), 365 (377); *Wessels/Beulke*, Strafrecht AT, Rn 568; *Jescheck/Weigend*, Strafrecht AT, § 64 II 2 a (687); *Maurach/Gössel/Zipf*, Strafrecht AT II, § 51 Rn 7; Schönke/Schröder- *Cramer*, StGB, § 26 Rn 4; *Otto*, Grundkurs Strafrecht, § 22 Rn 35 f.; in vergleichbarer Weise einschränkend auch *Hilgendorf*, Jura 1996, 10; wohl auch Tröndle/Fischer- *Tröndle*, StGB, § 26 Rn 3. Nach anderer Ansicht reicht die Verursachung des Tatentschlusses durch jedes beliebige Mittel, so *Blei*, Strafrecht I, § 79 II 2 (285 f.); Lackner/Kühl-*Kühl*, StGB, § 26 Rn 2; *Bloy*, Zurechnungstypus, 328 f.; SK/StGB- *Samson*, § 26 Rn 5. Teilweise wird auch ein gemeinsamer Tatplan im Sinne eines Unrechtspakts gefordert, siehe *Puppe*, GA 1984, 101 (112 f.).

[27]So SK/StGB- *Samson*, § 26 Rn 5; *Hilgendorf*, Jura 1996, 10.

[28]*Otto*, Grundkurs Strafrecht, § 22 Rn 35; *Hilgendorf*, Jura 1996, 9.

[29]Abgedruckt bei LK- *Roxin*, § 26 vor Rn 1.

[30]*Wessels/Beulke*, Strafrecht AT, Rn 568.

[31]BGHSt 34, 63 (64 ff.); *BGH* JZ 1997, 209 f.; *Wessels/Beulke*, Strafrecht AT, Rn 572; *Jescheck/Weigend*, Strafrecht AT, § 64 II 2 b (687 f.).

[32]Und nur einseitig in den Vorsatz vorverlagert wird, so kritisch LK- *Roxin*, StGB, § 26 Rn 67. Zum Strafgrund der Teilnahme ausführlich erst unten ab S. 109.

[33]Ob die Haupttat lediglich versucht oder bis zur Vollendung gelangt ist, ist irrelevant. Vgl. *Jescheck/Weigend*, Strafrecht AT, § 64 II 3 (689).

wußt und gewollt zur Auslandsanlage mit dem Ziel der Steuerverkürzung durch nicht vollständige Angabe der Einkünfte in der Steuererklärung oder Nichtabgabe dieser Erklärung bewegt. Sobald er dem unentschlossenen Kunden rät, sein Kapital im Ausland anzulegen, weil dort nicht nur (legal) der deutsche Zinsabschlag (Kapitalertragsteuer) entfällt, sondern alle auf den Ertrag anfallenden Steuern "vermieden" und auch die Besteuerung des Kapitalstamms im übrigen umgangen werden könnte(n), ist er Anstifter der später nachfolgenden (zumindest versuchten) Steuerhinterziehung. Der erforderliche kommunikative Kontakt, die geistige Willensbeeinflussung ist regelmäßig gegeben. Soweit die Steuerhinterziehung in der Form des § 370 I Nr. 2 AO begangen worden ist, handelt es sich um eine Anstiftung zum Unterlassungsdelikt. Diese ist grundsätzlich möglich und anerkannt[34].

Eben in der erforderlichen Unentschlossenheit liegt allerdings das Problem. Denn vielfach mag der Kunde bereits selbst auf die Idee gekommen sein, daß die Auslandsanlage die Möglichkeit der "Steuerersparnis" bietet. Nach Aussagen von Bankmitarbeitern waren die meisten der Kunden bereits gut informiert und entschlossen, die Auslandsanlage zur aktiven "Steuerersparnis" zu nutzen. Eine wirkliche "Überzeugungsarbeit" soll nur selten erforderlich gewesen sein. Hilfsweise läßt sich nicht eindeutig beweisen, ob der Anlageberater den Tatentschluß zur Steuerhinterziehung erst *geweckt* oder nur den bereits entschlossenen Kunden in seinem Entschluß *bestärkt* hat. Es liegt auf der Hand, daß nur derjenige "bestimmt" werden kann, der noch nicht selbst den Tatentschluß gefaßt hat. Ein bereits zu einer ***bestimmten*** Straftat entschlossener Täter (omnimodo facturus) kann zu *dieser* Tat[35] nicht erneut "bestimmt" werden. Allenfalls kann dies versucht werden oder mag darin eine Bestärkung des Täters liegen[36]. Die *versuchte Anstiftung* zur Steuerhinterziehung ist jedoch nicht strafbar, §§ 30 I, 12 I StGB i.V.m. §§ 369 II, 370 I AO. Und ein *Bestärken* des Täters kann lediglich unter dem Gesichtspunkt der (psychischen) Beihilfe gemäß § 27 StGB gewürdigt werden.

Insofern muß mit dem das Strafrecht beherrschenden Grundsatz in dubio pro reo die mildere Beteiligungsform angenommen werden. Wenn auch nach Ausschöpfung aller zur Verfügung stehenden Beweismittel nicht zuverlässig ermittelt werden kann, welchen Tatbestand der Angeklagte verwirklicht hat und zwischen den in Betracht kommenden Möglichkeiten ein Stufenverhältnis im Sinne eines "Mehr oder Weniger" besteht, muß im Zweifel für den Angeklagten der für diesen günstigere Tatbestand angenommen werden[37]. Zwischen Anstiftung und Beihilfe besteht im Unrechtsgehalt ein solches Gefälle, ein normatives Stufenverhältnis. Deshalb kann nach dem Grund-

---

[34]Vgl. *Otto*, JuS 1982, 557 (559); Lackner/Kühl- *Kühl*, StGB, § 26 Rn 3. Anders noch *Welzel*, Strafrecht, 306 f. und *Kaufmann*, Die Dogmatik der Unterlassungsdelikte, 190 ff.

[35]Zur Frage der Entschlossenheit zu einer "bestimmten Tat" und der damit verbundenen Problematik von *Um-, Ab- und Aufstiftungen* siehe LK- *Roxin*, StGB, § 26 Rn 25 ff. und *Geppert*, JK 96, StGB § 26/5.

[36]Einhellige Meinung, vgl. etwa Schönke/Schröder- *Cramer*, StGB, § 26 Rn 7; Tröndle/Fischer- *Tröndle*, StGB, § 26 Rn 3; *Otto*, JuS 1982, 561; *Jescheck/Weigend*, Strafrecht AT, § 64 II 2 c (689) m.w.N.

[37]Für das richterrechtliche Institut der Wahlfeststellung ist dann kein Raum, BGHSt 31, 136 (137).

satz in dubio pro reo nur nach der minder schweren Beteiligungsform Beihilfe verurteilt werden[38] - wenn diese tatsächlich vorliegt.

D. Beihilfe zur Steuerhinterziehung

Gegenstand der nachfolgenden Ausführungen ist die Frage der Strafbarkeit der Bankmitarbeiter wegen Beihilfe zur Steuerhinterziehung. Diese Frage bildet regelmäßig den Schwerpunkt der Veröffentlichungen im Schrifttum zu den Bankendurchsuchungen. Die Ansichten sind im Ergebnis geteilt und vor allem in den Ansätzen verschieden[39]. Das Hauptproblem liegt darin, den Umfang der Beihilfestrafbarkeit zu bestimmen. Die Frage der Reichweite der Beihilfe stellt sich hier in zweierlei Hinsicht. Zum einen ist der verschleierte Transfer des Kapitals und damit der Beitrag der Bankmitarbeiter der Haupttat zwar weit vorgelagert. Die Verschleierungen bei dem Transfer zielen aber vor allem darauf, steuerliche Nachforschungen des Finanzamts oder Ermittlungen durch Strafverfolgungsbehörden zu erschweren und damit erst nach der Haupttat zu wirken. Es stellt sich somit die Frage, ob Beiträge, deren Wirkungen erst nach der Haupttat eintreten, Beihilfe zur Haupttat sein können. Zum anderen gehören Bankgeschäfte und damit auch die Beratung zum und die Mitwirkung am Transfer von Kapital zu ausländischen Finanzplätzen zum Beruf der Bankmitarbeiter. Insoweit geht es um die Frage, ob neutrale oder im Rahmen der Berufsausübung erbrachte Handlungen als Beihilfe strafbar sein können.

I. Anforderungen an das Hilfeleisten

Nach § 27 I StGB begeht eine strafbare Beihilfe, wer vorsätzlich einem anderen zu dessen vorsätzlicher und rechtswidriger Straftat "Hilfe geleistet hat". Für die Beihilfehaftung konzentriert sich mithin alles auf die Frage, was unter dieser Hilfeleistung zu verstehen ist. Der Wortlaut des § 27 I StGB ist insoweit unergiebig und "farblos"[40], ihm kann lediglich ein zeitliches Element entnommen werden: Die im Perfekt formulierte Hilfeleistung ("geleistet hat") soll offenbar vor der begangenen Haupttat (die im Imperfekt beschrieben ist) liegen.

Relatives Einvernehmen herrscht noch darüber, mit welchen Mitteln Hilfe geleistet werden kann. Die alte Fassung des Beihilfetatbestandes in § 49 StGB[41] differenzierte zwischen Hilfe durch Rat und solcher durch Tat. Diese Unterscheidung zwischen lediglich über die Psyche des Täters wirkender intellektueller Beihilfe und technischer, physischer Hilfeleistung wird auch heute noch getroffen. Beihilfemittel sind physische sowie psychische Beiträge, die nicht als täterschaftliche Mitwirkung

---

[38]So die Literatur, vgl. etwa Schönke/Schröder- *Eser*, StGB, § 1 Rn 94; *Wessels/Beulke*, Strafrecht AT, Rn 588 m.w.N. Anders dagegen die Rechtsprechung, vgl. BGHSt 31, 138 und BGHSt 23, 203 (207), die den Grundsatz nur entsprechend anwendet. Im Ergebnis bestehen aber keine Unterschiede.

[39]Vgl. etwa *Hamacher*, WuB X. § 370 AO 1.95 (574 f.); *Kaligin*, WM 1996, 2267 (2268 f.); *Dörn*, in Steuerstraf- und Steuerordnungswidrigkeitenrecht (DAI), 236 ff.; *Ransiek*, wistra 1997, 41; *Carl/Klos*, DStZ 1995, 296.

[40]Wörtlich Schönke/Schröder- *Cramer*, StGB, § 27 Rn 6. Anders *Bloy*, Zurechnungstypus, 272.

[41]Abgedruckt bei LK- *Roxin*, StGB, § 27 vor Rn 1.

einzuordnen sind[42]. Bedeutend umstrittener ist bereits die weitere Frage, in welchem Zeitraum Beihilfe möglich ist. Zwar ist anerkannt, daß die Beihilfe nicht nur im Ausführungsstadium, sondern bereits zu Vorbereitungshandlungen des Täters, ja sogar, bevor dieser den Tatentschluß gebildet hat, stattfinden kann[43]. Bis zu welchem Stadium der Haupttat eine Beihilfe möglich ist, wird weitaus differenzierter betrachtet. Übereinstimmung besteht insofern, als jedenfalls bis zur *formellen Vollendung* der Haupttat Beihilfe geleistet werden kann. Über diesen Zeitpunkt hinaus wird bis zur *materiellen Tatbeendigung* von einem Teil des Schrifttum und der Rechtsprechung die Möglichkeit der Beihilfe bejaht[44]. Von anderen wird diese zeitliche Ausdehnung der Beihilfe strikt abgelehnt[45]. Diese Problematik stellt sich jedoch nur dort, wo es nach der Verletzung des geschützten Rechtsguts noch ein Stadium gibt, in welchem die endgültige Sicherung des Erfolgs stattfindet. Dies ist nur bei denjenigen Tatbeständen der Fall, bei denen weitere zur Tat gehörende Wirkungen erst nach der Tatbestandserfüllung eintreten[46]- klassischerweise bei § 242 I StGB wegen der Enteignungskomponente in der Absicht der Zueignung[47]. Aus diesem Grunde ist hier eine ausführliche Erörterung entbehrlich, da die Steuerhinterziehung als allein in Betracht kommende Haupttat mit Vollendung regelmäßig auch beendet ist[48]. Eine Sicherungsphase existiert nicht.

Festzuhalten bleibt jedoch, daß eine Beihilfe der Bankmitarbeiter hinsichtlich solcher steuerpflichtigen Einkünfte, die in der Vergangenheit hinterzogen und akku-

---

[42]Vgl. *Jescheck/Weigend*, Strafrecht AT, § 64 III 2 a (691); *Wessels/Beulke*, Strafrecht AT, Rn 581; *Maurach/Gössel/Zipf*, Strafrecht AT II, § 52 Rn 6; LK- *Roxin*, StGB, § 27 Rn 40 f. Eine andere Frage ist, ob jede Form der psychischen Beihilfe einhellig auch für *strafbar* gehalten wird. Dazu später mehr (ab S. 127).

[43]Soweit es später zumindest bis zum strafbaren Versuch der Haupttat kommt und -was in diesen Fällen problematisch sein dürfte- der Gehilfe auch den doppelten Gehilfenvorsatz hat. Vgl. RGSt 58, 113 (114); Schönke/Schröder- *Cramer*, StGB, § 27 Rn 13; LK- *Roxin*, StGB, § 27 Rn 31; *Jescheck/Weigend*, Strafrecht AT, § 64 III 2 b (692 f.).

[44]Vgl. bereits RGSt 71, 193 (194). Ebenso BGHSt 3, 40 (43 f.); BGHSt 6, 248 (251); BGHSt 19, 323 (325); *BGH* wistra 1996, 184 (187); *OLG Köln* NJW 1989, 587 (588); *Jescheck/Weigend*, Strafrecht AT, § 64 III 2 b (692); Schönke/Schröder- *Cramer*, StGB, § 27 Rn 17; *Otto*, JuS 1982, 559; Tröndle/Fischer- *Tröndle*, StGB, § 27 Rn 4; *Otto*, Grundkurs Strafrecht, § 22 Rn 68; *Wessels/Hillenkamp*, Strafrecht BT II, Rn 804; *Wessels/Beulke*, Strafrecht AT, Rn 583; *Wannemacher*, Steuerberater und Mandant, Rn 233. Die Tatbeendigung ist dann die absolute Grenze für die Beihilfe, *BGH* JZ 1989, 759.

[45]*Jakobs*, Strafrecht, 22. Abschn. Rn 40 f.; *Maurach/Gössel/Zipf*, Strafrecht AT II, § 52 Rn 13; SK/StGB- *Rudolphi*, Vor § 27 Rn 9; SK/StGB- *Samson*, § 27 Rn 18; LK- *Roxin*, StGB, § 27 Rn 35; LK- *Ruß*, StGB, § 257 Rn 5 und § 258 Rn 7.

[46]Vgl. BGHSt 3, 43 f.

[47]Zur Sicherungsphase bei § 242 I StGB siehe BGHSt 8, 390 (391).

[48]Vgl. *Messner*, DB 1995, 1736 mit knapper Differenzierung zwischen Veranlagungs- und Fälligkeitssteuern; Erbs/Kohlhaas- *Senge*, Nebenstrafrecht- AO, § 370 Rn 106 ff.; *Schmitz*, wistra 1993, 250, 254; *Kohlmann*, § 376 Rn 24; Franzen/Gast/Joecks- *Joecks*, § 376 Rn 15 und 22. Lediglich im Bereich des Unterlassens war dies lange Zeit umstritten. Seit *BGH* wistra 1991, 135 (136); *BGH* wistra 1992, 93 (94) und *BGH* wistra 1993, 113 (114) ist aber weitgehend anerkannt, daß auch im Fall des Unterlassens die Vollendung gleichzeitig Tatbeendigung darstellt. Übersicht über früheren Streitstand bei Franzen/Gast/Joecks- *Joecks*, § 376 Rn 27 und *Kohlmann*, § 376 Rn 41 f.

muliert worden sind, von vornherein ausscheiden muß. Der Beihilfevorwurf kann sich allein auf diejenigen steuerpflichtigen Einkünfte beziehen, für die die Steuerhinterziehung durch den Kunden noch nicht vollendet und damit beendet ist. Relevanz kommt diesem Umstand aber nur bei den Einkünften, die den Kapitalstamm bilden, zu. Hinsichtlich der Hinterziehung der auf die künftigen Zinserträge anfallenden Steuern kommt Beihilfe in Betracht. Denn insoweit liegen zum Zeitpunkt Erbringung der Beiträge der Bankmitarbeiter keinesfalls voll- oder beendete Haupttaten vor.

1. Die unterschiedlichen Auffassungen zum Begriff des Hilfeleistens

Unter welchen Voraussetzungen von einem "Hilfe leisten" im Sinne des Beihilfetatbestandes gesprochen werden kann, wird kontrovers beurteilt. Dem Gesetz ist zu entnehmen, daß jedenfalls eine versuchte oder vollendete Haupttat vorliegen muß, damit eine vollendete Beihilfe gegeben sein kann, § 27 I StGB. Dies ist jedoch noch nicht ausreichend, vielmehr muß der Beitrag des Gehilfen dazu auch irgendwie beigetragen, es muß eben (erfolgreich) Hilfe geleistet worden sein. Solange sich ein Beitrag nicht auswirkt, kann auch keine Hilfe vorliegen. Diese Beziehung des Beitrags zu dem, was der Täter getan hat, also für dessen Tatbestandsverwirklichung, ist zu definieren. Im Kern handelt es sich dabei um ein Zurechnungsproblem, wobei gerade um das "wie" der Zurechnung gestritten wird. Es stellt sich die Frage, ob der Beitrag des Gehilfen für die Tatbestandsverwirklichung, die Haupttat des Täters, kausal sein und, wenn ja, wie diese Ursächlichkeit beschaffen sein muß. Diese Frage stellt sich ganz besonders dringend vor dem Hintergrund der Straflosigkeit der versuchten Beihilfe.

Die Problematik, wann eine vollendete Beihilfe gegeben ist, hat nichts mit der *weiteren* Frage zu tun, ob (vollendete) Beihilfe zur vollendeten oder nur zur versuchten Haupttat vorliegt. In den literarischen Stellungnahmen wird dies teilweise nicht hinreichend beachtet[49]. Im folgenden geht es allein darum, zu klären, wann von einer vollendeten Beihilfe auszugehen ist. Diese Problematik ist unabhängig vom Vorliegen des Erfolgs der Haupttat im Sinne einer vollendeten Haupttat. Ansonsten wäre bei nur versuchter Haupttat strafbare Beihilfe nicht möglich[50]. Sie ist ebenso losgelöst von der Frage, ob der Gehilfenbeitrag für den Erfolg der Haupttat, so er denn vorliegt, kausal ist oder nicht[51]. Wenn es darauf für die Frage der vollendeten Beihilfe tatsächlich ankäme[52], müßte die zu Recht einhellig geübte Kritik an der *Reichsgerichtsentscheidung* vom 20.04.1882[53] in eine andere Richtung gehen[54]. In dieser Entscheidung

---

[49]Exemplarisch dafür LK- *Roxin*, StGB, § 27 Rn 1, wo der Streitstand mit den Worten, es gehe um die Frage der "Beihilfe zur vollendeten Tat" eingeleitet wird, dagegen am Ende der Darstellung, innerhalb der Erörterung der unterschiedlichen Gefährdungsansätze, plötzlich von "vollendeter Beihilfe" die Rede ist. In ähnlicher Weise mißverständlich SK/StGB- *Samson*, § 27 Rn 8.

[50]In der Tat die Beihilfe bei nur versuchter Haupttat verneinend *Perten*, Die Beihilfe zum Verbrechen, 182 f.

[51]Klarstellend *Küper*, JuS 1986, 862 (865).

[52]Wie etwa *Claß*, Stock- FS (1966), 115 behauptet; ähnlich mißverständlich *Wolff- Reske*, Berufsbedingtes Verhalten, 108: Hilfeleisten im Sinne des § 27 I StGB, vollendete Beihilfe läge dann vor "wenn das Verhalten ... für den Erfolg der Haupttat *kausal* gewesen ist" (Hervorhebung von *Wolff- Reske*).

[53]RGSt 6, 169.

[54]So zu Recht *Bloy*, Zurechnungstypus, 268.

ist derjenige, der einem Täter zu dessen Einbruchsdiebstahl einen Nachschlüssel mitgegeben hat, aber der Versuch, mit diesem die Tür zu öffnen, mißlang, und der Täter daraufhin auf andere Weise in das Gebäude gelangt ist, wegen einer (vollendeten) Beihilfe zum vollendeten Einbruchsdiebstahl verurteilt worden. Zumindest eine physisch vermittelte Kausalität des Beitrags zur vollendeten Tat, zum Erfolg in seiner konkreten Gestalt, ist nicht gegeben[55], wie richtig analysiert wird[56]. Indes wird daraus gerade nicht der Schluß gezogen, es läge eine (straflose) versuchte Beihilfe vor[57], sondern es wird darin -zutreffend- eine (strafbare vollendete) Beihilfe zum nur versuchten Einbruchsdiebstahl gesehen[58].

Mit anderen Worten geht es im folgenden keinesfalls darum, das vom Täter gegebenenfalls verwirklichte Erfolgsunrecht der Haupttat (im technischen Verständnis der *Erfolgsdelikte*) dem Gehilfen zuzurechnen. Der *Erfolg der Beihilfe* liegt vielmehr in der vollendeten oder versuchten Haupttat; diesen Erfolg muß der Gehilfe verursacht haben[59].

a) Die Gefährdungstheorien

Dabei entfernen sich diejenigen Ansichten zumindest sprachlich am weitesten von einem Kausalitätserfordernis, die unter dem gemeinsamen Oberbegriff "Gefährdungstheorien" zusammengefaßt werden können. Diesen Meinungen ist gemein, daß sie in der *Gefährdung* des tatbestandlich geschützten Rechtsguts das entscheidende Zurechnungsmoment sehen. So soll es zum einen erforderlich und für die Annahme strafbarer Beihilfe ausreichend sein, daß der Beitrag des Gehilfen zu einer feststellbaren Risikoerhöhung für das durch die Haupttat betroffene Rechtsgut kommt. Maßgeblich sei das Bestehen einer *konkreten Gefährdung*. Hilfeleisten sei jeder Beitrag,

---

[55]Und eine psychisch vermittelte Kausalität des Beitrags für den vollendeten Einbruchsdiebstahl ist zu weitgehend, dazu unten Fn 237.

[56]Insbesondere *Claß*, Stock- FS (1966), 119.

[57]Wie *Bloy*, Zurechnungstypus, 268 richtig feststellt.

[58]Insbesondere von *Claß*, Stock- FS (1966), 119; ebenso LK- *Roxin*, StGB, § 27 Rn 7, 25. Kritisch zu Recht auch *Salamon*, Vollendete und versuchte Beihilfe, 105 zu einem in der Problematik ähnlich gelagerten Beispiel. *Salamon* dort wörtlich: "Verlangt man zur Vollendung der Beihilfe jedoch Kausalität der Hilfeleistung für die Herbeiführung des Erfolges der Haupttat, ist eine solche Argumentation nicht konsequent".

[59]So zutreffend *Schild Trappe*, Harmlose Gehilfenschaft ?, 61 (in Fn 269), 94 sowie *Bloy*, Zurechnungstypus, 267 ff. Allerdings behandelt seiner Meinung nach der Streit um die "Kausalität der Beihilfe" nicht die Frage der Abgrenzung der versuchten von der vollendeten Beihilfe, sondern die Frage, ob "Beihilfe zur vollendeten Tat auch dann zu bejahen ist, wenn die Gehilfenhandlung für den Erfolg der Haupttat nicht kausal geworden ist, oder ob dies nur einer Beihilfe zum Versuch entspricht" (268). Dies ist unzutreffend, der Streit geht sehr wohl um die Problematik, die versuchte von der vollendeten Beihilfe abzugrenzen. Nur darf eben nicht, wie es zahlreiche Stellungnahmen nahelegen, auf den *Erfolg der Haupttat* abgestellt werden, sondern auf das vom *Täter verwirklichte Unrecht*, auf dessen *Tatbestandsverwirklichung*, auf die versuchte oder vollendete Haupttat. Dies ist der Erfolg der Beihilfe. Präzise Beschreibung des Erfolgsunwertes der Beihilfe insoweit bei *Roxin*, JZ 1996, 29 f.; *Küper*, JuS 1986, 864 f.

der den Erfolgseintritt der Haupttat wahrscheinlicher mache[60]. Andere gehen sogar noch weiter und sehen die Beihilfe als *abstraktes Gefährdungsdelikt*, bei der die Beihilfe als selbständiger Straftatbestand betrachtet wird. Lediglich die Hilfe müsse mit Tatherrschaft verursacht werden[61]. Denn der Täter habe "*Beistand* erhalten, und das genügt" für die Annahme vollendeter Beihilfe[62]. Den Gefährdungsgedanken wiederum modifizierend fordert die dritte Ansicht eine *abstrakt- konkrete Betrachtungsweise*, um den Begriff der Hilfeleistung zu definieren. Danach soll für § 27 I StGB maßgeblich sein, ob der Gehilfenbeitrag die konkrete Gefahr eines Rechtsgutsangriffs seitens des Täters geschaffen habe und -als einschränkendes zweites Erfordernis-, ob diesem eine abstrakte, generelle Eignung zur Rechtsgutsverletzung zukomme[63]. Entscheidend seien das Bestehen einer konkreten Gefahr hinsichtlich der Tathandlung und einer generellen Eignung zur Mitherbeiführung des Erfolges.

Allen diesen Gefährdungsansätzen muß aber entgegengehalten werden, daß sie Fälle der (straflosen) versuchten Beihilfe contra legem in (strafbare) vollendete Beihilfe umwandeln[64]. Eine objektive Gefährdung, bei der der Vorsatz auf die Herbeiführung der Rechtsgutsverletzung gerichtet sein muß -andernfalls behauptete man die Strafbarkeit des agent provocateur-, ist ihrer Struktur nach bloßer Versuch[65]. So räumen selbst Vertreter dieser Meinungen ein, daß "ein Stück Versuchsbestrafung" in die Beihilfe hineingerät[66]. Insbesondere der abstrakten Betrachtungsweise kann schon aus Praktikabilitätsgründen nicht gefolgt werden. Denn es wird nicht definiert, was unter Beistand zu verstehen ist[67]. Außerdem sind Teilnahmevorschriften zwar strafbegründend[68], jedoch nur in Verbindung mit bestimmten Deliktstypen. Beihilfe ist lediglich ein Bezugsbegriff. Ihre Unselbständigkeit zeigt sich gerade am Fehlen eines eigenen Schutzguts, sie ist vielmehr bezogen auf das und identisch mit dem Rechtsgut der Haupttat[69]. Auch die *abstrakt- konkrete* Sichtweise *Voglers* ist im Hinblick auf die ab-

---

[60]So *Schaffstein*, Honig- FS (1970), 169 (179); *Salamon*, Vollendete und versuchte Beihilfe, 140 ff., 152 ff.; *Otto*, Grundkurs Strafrecht, § 22 Rn 53; *ders.* 1982, 563; wohl ebenso *Blei*, Strafrecht I, § 80 II c (289).

[61]So *Herzberg*, GA 1971, 1 (6 ff.).

[62]So wörtlich *Herzberg*, GA 1971, 6 mit Hervorhebungen durch Verfasserin. Dazu, daß dieser Beistand in der Regel Kausalität voraussetzen dürfte, siehe unten bei Fn 164 im Text.

[63]So *Vogler*, Heinitz- FS (1972), 295 (309, 311); *ders.*, Dreher- FS (1977), 405 (418 f.).

[64]Franzen/Gast/Joecks- *Joecks*, § 369 Rn 78; Schönke/Schröder- *Cramer*, StGB, § 27 Rn 10; SK/StGB- *Samson*, § 27 Rn 8 (allerdings bei *Samson* mit dem mißverständlichen Satz, Gefährdungstheorien stellen das "unzulässige Vorhaben dar, die Beihilfe zum Versuch zur Beihilfe zur Vollendung zu machen", weshalb jene Vertreter der Gefährdungsansätze in zahlreichen Fallgruppen "zu vollendeter Beihilfe kommen", die "in Wahrheit Versuchsfälle" sind. Hier geht es aber um die Frage, ob und wann eine vollendete Beihilfe vorliegt. Damit hat die [weitere] Frage, ob [vollendete] Beihilfe zum Versuch oder zur Vollendung gegeben ist, nichts zu tun.).

[65]LK- *Roxin*, StGB, § 27 Rn 27; SK/StGB- *Samson*, § 27 Rn 8; *ders.*, Peters- FS (1974), 121 (130 ff., 132); *Jakobs*, Strafrecht, 22. Abschn. Rn 34.

[66]So wörtlich *Herzberg*, GA 1971, 7, allerdings mit dem (zutreffenden) Hinweis, dies passiere insbesondere bei der von der Rechtsprechung vertretenen Meinung ebenfalls.

[67]Schönke/Schröder- *Cramer*, StGB § 27 Rn 9; *Samson*, Peters- FS (1974), 126.

[68]So bereits oben S. 95 als Folge des restriktiven Täterbegriffs.

[69]*Vogler*, Heinitz- FS (1972), 299. Dagegen wieder *Herzberg*, GA 1971, 6 f.

strakte Gefahr zu unbestimmt[70]. Mangels Definition, was unter der geforderten "generellen Eignung des Beitrags zur Güterverletzung" zu verstehen ist, ist dieses Kriterium praktisch nicht handhabbar. Wie *Jakobs* zu Recht konstatiert, verhält sich selbst derjenige, der Diebeswerkzeug zerstört, generell geeignet zur Deliktsförderung. Denn möglicherweise wendet sich der Dieb mangels Werkzeug nunmehr dem Raub zu[71]. Die von *Vogler* beabsichtigte Einschränkung leistet dieses abstrakte Kriterium mithin keinesfalls. Eine abstrakte Gefährlichkeit läßt sich immer nur in Bezug auf bestimmte gesetzliche Tat- und Situationsbeschreibungen bejahen. Eben an einer derartigen Tat- und Situationsbeschreibungen fehlt es jedoch bei der Beihilfe[72].

b) Die Förderungsformel der Rechtsprechung

In ständiger Rechtsprechung wird das Kausalitätserfordernis auch von der Judikative[73], gefolgt von Teilen der Literatur[74], abgelehnt. Die grundlegende Entscheidung des *Reichsgerichts* vom 18.03.1924[75] führte aus, daß eine einmal geleistete Hilfe zur Tathandlung nicht allein deshalb entfallen könne, weil sie später ohne Wirkungen auf den Erfolg bleibe. Auf den Taterfolg könne der Gehilfenbeitrag somit "einflußlos" sein, entscheidend sei allein, daß die Tathandlung "tatsächlich gefördert" werde[76]. Kausalbeziehungen, wie sie im Täterschaftsbereich erforderlich sind, sollen entbehrlich sein. Denn § 27 StGB stelle bereits die Hilfeleistung an sich unter Strafe. Zudem werde dem Gehilfen nicht der Erfolg des Täters als "sein Werk" zugerechnet[77]. Strafbare Beihilfe soll nach der Judikatur stets dann vorliegen, wenn der Gehilfenbeitrag "die Rechtsgutverletzung des Haupttäters ermöglicht oder verstärkt oder ihre Durchführung erleichtert, also die Tat fördert"[78] oder sie "in irgendeiner Weise erleichtert"[79].

Es ist jedoch bereits an anderer Stelle zutreffend dargelegt worden, daß diese "Förderungsformel" in sich widersprüchlich ist[80]. Denn dem Täter kommt es auf die Tatbestandsverwirklichung, die Haupttat, an. Diese kann nur durch solche Beiträge

---

[70]Ebenso *Wolff- Reske*, Berufsbedingtes Verhalten, 105. Ausführliche Argumentation gegen die konkrete Sichtweise von *Schaffstein* bei *Samson*, Hypothetische Kausalverläufe, 202 ff.

[71]*Jakobs*, Strafrecht, 22 Abschn. Rn 35.

[72]So *Jakobs*, Strafrecht, 22 Abschn. Rn 35.

[73]RGSt 58, 113 (114); RGSt 67, 191 (193); RGSt 71, 176 (178); BGHSt 2, 129 (130 f.); *BGH* bei Dallinger, MDR 72, 16; *BGH* NStZ 1983, 462; *BGH* NStZ 1985, 318; *BGH* wistra 1996, 184 (187); *OLG Karlsruhe* NStZ 1985, 78; *abweichend* insofern BGHSt 14, 280, wo in einem Nebensatz ein "ursächlicher Zusammenhang" gefordert wird (282); ähnlich auch *BGH* DAR 81, 226: "Tatbeitrag ... für die Begehung der Haupttat ursächlich", dies wird jedoch sodann nach den Anforderungen der Förderungsformel bestimmt.

[74]Früher *Mayer*, Strafrecht AT, 323; heute insbesondere *Wessels/Beulke*, Strafrecht AT, Rn 582. Ebenso offenbar auch *Schild Trappe*, Harmlose Gehilfenschaft ?, 96 ff., nach der straflose versuchte Beihilfe nur dann vorliegen soll, wenn "*die Solidaritätsbekundung den Täter überhaupt nicht erreicht und damit keine Einwirkung auf den Täter gegeben sein kann*", so wörtlich *Schild Trappe*, Harmlose Gehilfenschaft ?, 123 (Hervorhebungen von *Schild Trappe*).

[75]RGSt 58, 113.

[76]So wörtlich RGSt 58, 115.

[77]*Wessels/Beulke*, Strafrecht AT, Rn 582.

[78]So wörtlich *BGH* NStZ 1985, 318 m.w.N.

[79]Wörtlich *OLG Karlsruhe* NStZ 1985, 78.

[80]Siehe LK- *Roxin*, StGB, § 27 Rn 23; *Wolff- Reske*, Berufsbedingtes Verhalten, 102 f.

gefördert werden, die sich auch auf den Erfolg auswirken. Ansonsten liegen scheinbare Förderungen vor, die nur nach der Intention des Beteiligten eine für den Täter günstigere Gestaltung bringen sollen. Eben in diesem Fall handelt es sich aber um eine nur versuchte Beihilfe. Diese ist nach der gesetzgeberischen Entscheidung straflos. Es ist nicht ersichtlich, wie Handlungen gefördert werden können, ohne gleichzeitig das, was sie herbeiführen, zumindest psychisch mitzuverursachen[81]. Überdies ist bereits früh nachgewiesen worden, daß in der Mehrzahl der reichsgerichtlichen Entscheidungen ohnehin Kausalität vorgelegen hat[82]. Auch hat das *Reichsgericht* selbst gelegentlich auf der Ebene des subjektiven Tatbestands das Erfordernis einer kausalen Beziehung anerkannt[83].

c) Die Kausalitätstheorien

Die überwiegende Meinung im Schrifttum verlangt dagegen für eine vollendete Beihilfe, daß der Beitrag des Gehilfen für die Tatbestandsverwirklichung ursächlich wird[84]. In dieser kausalen Verknüpfung wird das Zurechnungskriterium für den Gehilfenbeitrag gesehen. Allerdings bestehen im Detail erhebliche Differenzen, was unter der geforderten Kausalität zu verstehen ist. Allgemein wird im Strafrecht die Äquivalenz- oder Bedingungstheorie zur Bestimmung der Kausalität herangezogen. Danach liegt Kausalität dann vor, wenn die Handlung *conditio sine qua non* für den Erfolg ist, dieser demnach bei Hinwegdenken der Handlung entfiele. Mehrere Bedingungen sind gleichwertig. Können sie zwar alternativ, aber nicht kumulativ hinweggedacht werden, ohne daß der Erfolg entfällt, ist jede dieser Bedingungen kausal. Maßgeblich ist stets der Erfolg in seiner konkreten Gestalt, allein das tatsächliche Geschehen darf berücksichtigt werden. Unbeachtlich sind hypothetische Verläufe und Reserveursachen[85].

---

[81] So *Mezger*, Deutsches Strafrecht, Tz 52, 130 f.; *Claß*, Stock- FS (1966), 124.

[82] Siehe *Mezger*, Deutsches Strafrecht, Tz 52, 130 f. und *ders.*, Lehrbuch Strafrecht, 413.

[83] Siehe RGSt 60, 23 (24) m.w.N., wo ein auf den Erfolg der Haupttat gerichteter Wille gefordert wird. Hierauf weist *Mezger*, Lehrbuch Strafrecht, 413 zu Recht hin.

[84] *Jescheck/Weigend*, Strafrecht AT, § 64 III 2 c (693 f.); *Jakobs*, Strafrecht, 22. Abschn. Rn 34 ff.; *Maurach/Gössel/Zipf*, Strafrecht AT II, § 52 Rn 18 f.; Schönke/Schröder- *Cramer*, StGB, § 27 Rn 10; Tröndle/Fischer- *Tröndle*, StGB, § 27 Rn 2; *Claß*, Stock- FS (1966), 115; *Spendel*, Dreher- FS (1977), 167 (169); *Wolff- Reske*, Berufsbedingtes Verhalten, 105 ff.; *Schumann*, Handlungsunrecht, 56 f., allerdings fordert er zusätzlich eine Solidarisierung mit dem Täter; *Mezger*, Deutsches Strafrecht, Tz 52, 130; *ders.*, Lehrbuch Strafrecht, 413; SK/StGB- *Samson*, § 27 Rn 9; *ders.*, Peters- FS (1974), 130; *Kaligin*, WiPra 1996, 99; *Hassemer*, wistra 1995, 41 (42); *Vahrenbrink*, Die vorgeleistete Begünstigung, 43. Hier ist auch LK- *Roxin*, StGB, § 27 Rn 2 einzuordnen. Trotz seiner Formulierung "kausale Risikosteigerung" vertritt er nicht eine der Gefährdungstheorien. Die Risikosteigerung fordert er vielmehr als zusätzliches Kriterium zur Kausalität.

[85] Vgl. zum vorstehenden BGHSt 24, 31 (34); BGHSt 33, 322; BGHSt 39, 195 (197); *Spendel*, Dreher- FS (1977), 172 ff.; *Jescheck/Weigend*, Strafrecht AT, § 28 II (279 ff.); Schönke/Schröder- *Lenckner*, StGB, Vor §§ 13 ff. Rn 73 m.w.N. Eine Abweichung vom Dogma der Irrelevanz hypothetischer Kausalverläufe stellt jedoch die Lehre *Schaffsteins*, Honig- FS (1970), 182 (Leiterbeispiel) dar. Er setzt anstelle einer Handlung (des Gehilfen) eine ebenso chancenreiche Ersatzhandlung (des Haupttäters). Dies wird einhellig abgelehnt, vgl. *Bloy*, Zurechnungstypus, 276; LK- *Roxin*, StGB, § 27 Rn 6; *Schumann*, Handlungsunrecht, 54 f.; Schönke/Schröder- *Cramer*, StGB, § 27 Rn 10; *Wessels/Beulke*, Strafrecht AT, Rn 582.

Für die Kausalität der Beihilfe ist jedoch mehrfach versucht worden, die Äquivalenztheorie zu modifizieren oder von ihr abzuweichen. Zum einen ist die Behauptung aufgestellt worden, auch bei bloßer tatsächlicher Einflußnahme auf die Tat, bei nur das *Erscheinungsbild der konkreten Tat* verändernden Handlungen liege Kausalität vor. Erforderlich sei nicht, daß ein *Tatbestandsmerkmal* betroffen ist[86]. Allerdings wird damit "das Kausalitätserfordernis als Zurechnungsprinzip ad absurdum geführt"[87]. Zu Recht ist daher diese Erweiterung der Gehilfenhaftung selbst innerhalb der Vertreter der Kausalitätstheorie überwiegend abgelehnt worden[88]. Die Bedingungstheorie ist sodann im Bereich der Beihilfe erneut in Frage gestellt worden, weil sie am Einzeltäter entwickelt wurde. Bei der Beihilfe -ebenso wie bei der Mittäterschaft- gehe es jedoch um "Kausalketten ... die ... *neben*einandergeschaltet sind"[89], weshalb der Nachweis der vollen Abhängigkeit des Erfolgs nicht geführt werden könne. Es liege lediglich ein "herabgemindert wirksamer Kausalanteil"[90] des Gehilfen, eine "bloße Zufluß- oder Verstärkerkausalität"[91] vor. Dies ist teilweise als "wirklich überzeugende Lösung" bezeichnet worden[92]. Zu Recht entgegneten aber weitere Stimmen im Schrifttum, daß dies *keine besondere, neue Kausalität* ist, sondern mit konsequenter Anwendung der Äquivalenztheorie dieselben Ergebnisse erzielbar sind[93]. Allerdings führen dann diese Autoren selbst eine neue Bezeichnung "Modifikationskausalität"[94] ein. Andere wiederum behaupten, eine conditio- sine- qua- non- Beziehung zwischen Gehilfenbeitrag und Erfolg müsse nicht[95] oder zumindest bei der psychischen Beihilfe nur in aufgelockerter Form[96] vorliegen. Insgesamt betrachtet sind die einzelnen Voraussetzungen, die an die Kausalbeziehung gestellt werden, sehr verschieden[97]. Im Kern übereinstimmend wird jedoch vertreten, der Beitrag des Gehilfen sei dann kausal, wenn er die Tatbestandsverwirklichung durch den Haupttäter *erleichtert, ermöglicht, beschleunigt, intensiviert oder deren Gelingen absichert*[98]. Nicht erfaßt werden sollen von vornherein (kausale) Beiträge, die die Erfolgschancen der Haupttat

---

[86]*Mezger*, Lehrbuch Strafrecht, 413.

[87]Wörtlich *Schaffstein*, Honig- FS (1970), 176.

[88]Vgl. LK- *Roxin*, StGB, § 27 Rn 4; *Dreher*, MDR 1972, 553 (555); *Spendel*, Dreher- FS (1977), 176 f.

[89]Wörtlich *Claß*, Stock- FS (1966), 121 mit Hervorhebung von *Claß*.

[90]Wörtlich *Claß*, Stock- FS (1966), 125.

[91]Wiederum wörtlich *Claß*, Stock- FS (1966), 126.

[92]Wörtlich *Dreher*, MDR 1972, 555.

[93] SK/StGB- *Samson*, § 27 Rn 7; LK- *Roxin*, StGB, § 27 Rn 3; *Samson*, Peters- FS (1974), 123 ff. Für konsequente Anwendung der Äquivalenztheorie auch *Spendel*, Dreher- FS (1977), 185 f.

[94]Wörtlich LK- *Roxin*, StGB, § 27 Rn 3.

[95]Tröndle/Fischer- *Tröndle*, StGB, § 27 Rn 2; *Dreher*, MDR 1972, 556; vgl. auch *Maurach/Gössel/Zipf*, Strafrecht AT II, § 52 Rn 20 ff.

[96]*Jescheck/Weigend*, Strafrecht AT, § 64 III 2 c (694).

[97]Weshalb Kritiker anmerken, es gehe gar nicht um eine Kausalität im Sinne eines Grund- Folge-Verhältnisses, sondern allein um eine *Wertung*. So *Otto*, JK, StGB § 27/4; *ders.*, JK 93, StGB § 27/9 sowie bereits *Mayer*, Strafrecht AT, 323 f. und Fn 18 auf 327.

[98]So *Jescheck/Weigend*, Strafrecht AT, § 64 III 2 c (694); SK/StGB- *Samson*, § 27 Rn 10; *ders.*, Peters- FS (1974), 134 f.; LK- *Roxin*, StGB, § 27 Rn 2 (mit zusätzlichem Kriterium der "Risikosteigerung"); Lackner/Kühl- *Kühl*, StGB, § 27 Rn 2.

vermindern oder dessen Verwirklichung *erschweren* oder *verzögern*, demnach die Situation für den Haupttäter verschlechtert haben[99].

d) Stellungnahme unter Berücksichtigung des Strafgrundes der Teilnahme

Mit dieser soeben beschriebenen Kernaussage der Kausalitätstheorien wird bereits sprachlich deutlich, daß im Ergebnis im Vergleich zur Förderungsformel der Judikatur kaum Unterschiede bestehen dürften. Insoweit handelt es sich in der Tat mehr um eine Differenz in der Wortwahl als in der Substanz[100]. Vordringlich geht es daher im folgenden um die sachlichen Unterschiede dieser Ansichten zu den Gefährdungstheorien. Im Rahmen der Auseinandersetzung mit den verschiedenen Auffassungen kommt dem Strafgrund der Beihilfe eine besondere Bedeutung zu. Denn die Auslegung des Begriffs "Hilfe leisten" muß sich notwendigerweise daran orientieren, weshalb das "Hilfe leisten" zu Straftaten anderer überhaupt bestraft wird.

aa) Strafgrund der Teilnahme

Über den Strafgrund der Beihilfe -wie der Teilnahme allgemein- trifft das StGB keine ausdrückliche Aussage. Allerdings sind die §§ 26- 30 StGB als konkretisierte Umsetzung des Strafgrundes in subsumtionsfähige Verhaltensbewertungsregeln zu verstehen[101]. Unter dieser Prämisse muß aus diesen vereinzelten Normen zur Teilnahme ein übergreifender Grund der Strafbarkeit von Anstiftung und Beihilfe entnommen werden. Teilnahme ist im deutschen Strafrecht gekennzeichnet durch ihre limitierte Akzessorietät. Von diesem Ausgangspunkt her bieten sich zur Unrechtsbestimmung drei grundsätzlich verschiedene Denkmodelle an. Der Unwertgehalt der Teilnahme kann aus dem Unrecht der Tat des Haupttäters (Haupttat) abgeleitet werden, dann legt man den Schwerpunkt auf die Akzessorietät (nachfolgend aaa). Andererseits kann wegen der nur limitierten Abhängigkeit der Teilnahme von der Haupttat der Unwert auch allein in der selbständigen Teilnahmehandlung gesehen werden (nachfolgend bbb). Und drittens ist es auch möglich, in der Kombination beider Elemente den Grund für die Bestrafung der Teilnahme zu sehen (nachfolgend ccc).

aaa) Akzessorietätsorientierte Betrachtung

Einige Autoren im Schrifttum und die Rechtsprechung sehen den Strafgrund der Teilnahme in der Herbeiführung der tatbestandlichen Rechtsgüterverletzung[102]. Der Teilnehmer begehe Unrecht dadurch, "daß er an der Normverletzung des Täters mitwirkt". Denn nur mit dieser Sichtweise werde ausreichend klargestellt, daß der Teilnehmer nicht selbst die im Tatbestand enthaltene Norm verletzt. Vielmehr sei der Teilnehmerunwert in "Grund und Maß vom Unrecht der Haupttat abhängig"[103]. Weil sich das Unrecht der Haupttat aus Handlungs- und Erfolgsunrecht zusammensetzt, sei die Teilnahme am echten Sonderdelikt strafbar. Die Teilnahme am untauglichen Versuch bei Kenntnis des Teilnehmers von der Untauglichkeit soll hingegen straflos sein. Denn es fehle für den Gehilfen an dem die Versuchsstrafbarkeit begründenden

---

[99]*Spendel*, Dreher- FS (1977), 185 f.; LK- *Roxin*, StGB, § 27 Rn 5.

[100]*Otto*, Lenckner- FS (1998), 193 (195) m.w.N.

[101]*Mitsch*, Straflose Provokation, 61.

[102]BGHSt 4, 355 (358); *Jescheck/Weigend*, Strafrecht AT, § 64 I (685 f.); Lackner/Kühl- *Kühl*, StGB, Vor § 25 Rn 8.

[103]Wörtlich *Jescheck/Weigend*, Strafrecht AT, § 64 I (685 f.).

Handlungsunrecht. In gleicher Weise müsse auch die Straflosigkeit des agent provocateur erklärt werden, ihm sei der Handlungsunwert des Täters nicht zuzurechnen[104]. Hier entlaste den Gehilfen stets, daß sein Verhalten nicht zu einer Rechtsgutsbeeinträchtigung führen kann und er dies auch weiß[105].

Dieser das Akzessorietätselement ganz in den Vordergrund rückenden Ansicht, die jeglichen eigenen Unwertgehalt der Teilnahme verneint, sind jedoch Bedenken entgegenzuhalten. Zwar ist mit ihr die von § 28 I StGB angeordnete strafbare Teilnahme eines Extraneus am echten Sonderdelikt erklärbar. Allerdings ist im rechtswissenschaftlichen Schrifttum zutreffend dargelegt worden, daß die Straflosigkeit des agent provocateur und der notwendigen Teilnahme entgegen der Behauptung ihrer Vertreter nicht zufriedenstellend begründet werden kann. In beiden Fällen liegt eine Mitwirkung an einer vorsätzlichen rechtswidrigen Tatbestandsverwirklichung durch den Haupttäter, und damit das, was die §§ 26, 27 StGB verlangen, vor[106]. Der agent provocateur will den Versuch der Haupttat, die versuchte Tat ist vom ihm verursacht und ein Erfolg im rechtlichen Sinne[107]. Das einseitige Abstellen auf das Unrecht, welches der Haupttäter verwirklicht, steht zwar nicht im Konflikt mit gesetzlichen Regelungen. Es greift aber zu kurz, weil damit weitgehend anerkannte Konstellationen nicht erklärbar sind.

bbb) Verselbständigung des Teilnahmeunrechts

Andererseits gibt es zahlreiche Ansätze, den Unwert der Teilnahme aus ihr selbst, völlig losgelöst von der Haupttat, zu bestimmen. Ursprünglich ist dies vor allem damit begründet worden, daß der Teilnehmer den Täter in schuldhafte Handlungen verwickle (sogenannte *Schuldteilnahmetheorie*)[108]. Der Teilnehmer sei schuldig, weil "er den Täter in Schuld und Strafe verstrickt"[109]. Neben diesem Korrumpierungsgedanken sollte der Strafgrund auch darin liegen, daß der Teilnehmer an einer fremden Tat mitwirkt[110]. Da diese Auffassung mit § 29 StGB nicht zu vereinbaren ist[111], wird sie heute nicht mehr vertreten. Ihr Ausgangspunkt wurde jedoch später zur sogenannten *Unrechtsteilnahmetheorie*[112] modifiziert[113]. Danach sollte der Strafgrund in der "sozialen Desintegration"[114], welcher der Teilnehmer den Täter aussetzt und in dem Umstand, daß er "einen Rechtsgenossen in Unrecht verstrickt"[115], liegen. Allerdings galt dieses Kriterium lediglich für die Anstiftung. Bei der Beihilfe wurde der

---

[104]So Schönke/Schröder- *Cramer*, StGB, Vor § 25 ff. Rn 17.

[105]Schönke/Schröder- *Cramer*, StGB, Vor § 25 ff. Rn 17 a.E.

[106]LK- *Roxin*, StGB, Vor § 26 Rn 18.

[107]Vgl. *Roxin*, Stree und Wessels- FS (1993), 373.

[108]So zuletzt *Mayer*, Strafrecht AT, 319 f.

[109]Wörtlich *Mayer*, Rittler- FS (1957), 243 (255).

[110]So *Mayer*, Strafrecht AT, 319 f.; *Mayer*, Rittler- FS (1957), 243 (255).

[111]Einhellig, vgl. *Jescheck/Weigend*, Strafrecht AT, § 64 I (685); Schönke/Schröder- *Cramer*, StGB, Vor §§ 25 ff. Rn 19.

[112]Kritisch zur Bezeichnung *Otto*, JuS 1982, 557 (in Fn 4). Nicht zu verwechseln mit der gleichlautenden Theorie von *Stratenwerth*, Strafrecht AT I, Rn 858.

[113]Vgl. wörtlich *Trechsel*, Strafgrund der Teilnahme, 55: "neue Umschreibung des Inhaltes des Korruptionsmomentes".

[114]Wörtlich *Trechsel*, Strafgrund der Teilnahme, 55.

[115]So wörtlich *Less*, ZStW 69 (1957), 43 (47).

Strafgrund darin gesehen, daß der Gehilfe einen kausalen Beitrag zur Tatbegehung leistet[116]. Auch diese Theorie wird inzwischen kaum mehr vertreten. Bereits an der Differenzierung zwischen Beihilfe und Anstiftung tritt ihr Mangel klar zu Tage. Der Strafgrund der Teilnahme muß einheitlich bestimmt werden. Hinzu kommt, daß sich Ungereimtheiten zur gesetzlichen Anordnung der Täterstrafe in §§ 26, 27 II S. 1 StGB ergeben. Dort wird gerade nicht auf das Maß und den Grad der erreichten Desintegration des Täters abgestellt[117]. Auch § 24 II StGB spricht klar gegen diese Ansicht. Danach erlangt Straffreiheit auch derjenige, der die Desintegration des Haupttäters nicht rückgängig macht[118]. Außerdem kann mit dieser Betrachtungsweise die Straflosigkeit des agent provocateur und der notwendigen Teilnahme nicht zufriedenstellend erklärt werden[119]. Vor allen Dingen hat jeder seine soziale Desintegration selbst zu verantworten[120].

(1) Der Gedanke der Mitverursachung der Rechtsgutsverletzung

Neben diesen früher vertretenen Ansichten gibt es noch die im Detail unterschiedlichen Ansichten, die in gleicher Weise das Unrecht der Teilnahme verabsolutieren und als Strafgrund allgemein die Mitverursachung der Rechtsgutsverletzung durch den Teilnehmer sehen. Zum einen sollen Teilnahmetatbestände zwar "keine selbständigen Straftatbestände", sondern eine "Straferstreckung über die Tatbestände des Besonderen Teils hinaus" darstellen. Sie seien aber im Unrechtsgehalt losgelöst von der Haupttat zu betrachten[121]. Auch andere Autoren wenden sich "gegen das akzessorische Denken im Bereich der Teilnahme"[122], und sehen die Teilnahmebestimmungen als Modifizierungen der Tatbestände des Besonderen Teils[123]. Die Abhängigkeit des selbständigen Teilnehmerdelikts vom Vorliegen einer Haupttat sei "rein faktischer Natur"[124]. Über diese Argumentation hinaus gibt es noch weitere Vertreter der Teilnahme als selbständigem Delikt[125], die unter Hinweis auf § 257 StGB a.F.[126] das akzessorische Moment der Teilnahme in den Hintergrund drängen. Auch § 30 StGB wird zur Begründung herangezogen. Darin soll zum Ausdruck kommen, daß "der rechtsgutsverletzende Charakter der Teilnahme letztlich doch unabhängig von der Existenz einer Haupttat ist"[127].

Zu Recht haben sich auch diese Auffassungen zum Strafgrund der Teilnahme nicht durchsetzen können. Mit der proklamierten Verselbständigung der Teilnahme müßte eine Haupttat völlig entbehrlich sein, eine These, die den gesetzlichen Rege-

---

[116] *Trechsel*, Strafgrund der Teilnahme, 107 ff.

[117] *Otto*, JuS 1982, 557; *Jakobs*, Strafrecht, 22. Abschn. Rn 2; *Wolff- Reske*, Berufsbedingtes Verhalten, 97 m.w.N. Kritisch gegen das *Argument* wiederum *Keller*, Grenzen der Provokation, 163.

[118] *Mitsch*, Straflose Provokation, 95 f.

[119] LK- *Roxin*, StGB, Vor § 26 Rn 11.

[120] *Keller*, Grenzen der Provokation, 164.

[121] Wörtlich *Schmidhäuser*, Studienbuch Strafrecht, 10/10 (269).

[122] So wörtlich *Lüderssen*, Strafgrund der Teilnahme, 192.

[123] So *Lüderssen*, Strafgrund der Teilnahme, 161 ff.

[124] So wörtlich *Lüderssen*, Strafgrund der Teilnahme, 119.

[125] *Herzberg*, GA 1971, 1; *Sax*, ZStW 90 (1978), 927; *Meyer*, GA 1979, 252.

[126] Der ebenfalls einen anderen Tatbestand voraussetze, dessen Eigenständigkeit gleichwohl von niemandem bezweifelt werde. So insbesondere *Herzberg*, GA 1971, 2.

[127] Wörtlich *Meyer*, GA 1979, 255 m.w.N.

lungen in den §§ 26, 27 StGB widerspricht[128]. Damit würde die Teilnahme letztlich zu einer minderen Form der Täterschaft. Nicht zuletzt wegen des restriktiven Täterbegriffs ist dies abzulehnen[129]. Die Teilnahme des Extraneus am echten Sonderdelikt müßte konsequenterweise und entgegen der Anordnung in § 28 I StGB straflos sein[130]. Auch § 30 StGB läßt sich nicht als taugliches Argument für die Verselbständigung der Teilnahme heranziehen. Denn dieser sagt ja gerade nicht, daß eine Teilnahme, sondern daß lediglich der Versuch einer solchen vorliegt[131]. Zudem versagt § 30 StGB von vornherein, soweit es um die Beihilfe geht. Auch der Hinweis auf § 257 StGB a.F. kann die propagierte eigene Deliktsqualität nicht begründen. Denn diese Norm schützte im Unterschied zu den Teilnahmevorschriften ein stets gleichbleibendes Rechtsgut und hatte einen eigenen Strafrahmen[132].

(2) Der Solidarisierungsgedanke

In den letzten Jahren ist ein weiterer Begründungsversuch für die Selbständigkeit des Teilnahmeunrechts herausgearbeitet worden. Hiernach ist das "Erfordernis einer (mittelbaren) Rechtsgutsverletzung" lediglich eine "Minimalanforderung", diese könne nicht als "hinreichender Strafgrund" angesehen werden[133]. Vielmehr enthalte die "Teilnahmehandlung als solche schon einen besonderen Aktunwert", ein "Moment der Sozialschädlichkeit"[134]. Dieses Handlungsunrecht sei allein dann gegeben, wenn der Teilnehmer sich mit dem fremden Unwert solidarisiert. In der Solidarisierung mit dem Täter soll der Strafgrund liegen[135].

Jedoch ist auch dieser Solidarisierungsgedanke nicht in der Lage, eine gänzliche Selbständigkeit des Teilnahmeunwertes überzeugend darzutun. Zum einen läßt sich die Strafmilderung beim Gehilfen nach § 27 II S. 2 StGB nicht erklären, denn Anstifter und Gehilfe solidarisieren sich in gleicher Weise mit dem Unrecht des Haupttäters[136]. Auch die Differenzierung, die § 30 StGB vornimmt, ist aus dem Solidarisierungsgedanken heraus nicht plausibel. Denn trotz der Solidarisierung ist die versuchte Beihilfe nicht strafbar[137]. Über diese Begründungsschwierigkeiten hinaus muß dieser Ansicht entgegengehalten werden, daß sie das Handlungsunrecht zu Lasten des Erfolgsunwertes überbewertet. Die §§ 26, 27 StGB erstrecken die Verantwortung für

---

[128]Ebenso *Otto*, JuS 1982, 558; *Wessels/Beulke*, Strafrecht AT, Rn 551; *Jescheck/Weigend*, Strafrecht AT, § 64 I (686).

[129]*Schumann*, Handlungsunrecht, 45. Zur Notwendigkeit der Zugrundelegung eines restriktiven Täterbegriffs siehe bereits oben S. 95.

[130]So in der Tat früher *Schmidhäuser*, Lehrbuch Strafrecht AT, 14/98 (438: Straflosigkeit wäre "eindeutige Rechtsanwendung"), inzwischen wegen § 28 I StGB aber wieder aufgegeben, vgl. *Schmidhäuser*, Studienbuch Strafrecht, 10/38 (279 f., allerdings Befürwortung von "Sonderstrafvorschriften" auf 280). Diese inkonsequente Haltung von *Schmidhäuser* kritisiert *Sax*, ZStW 90 (1978), 928.

[131]*Roxin*, Stree und Wessels- FS (1993), 366; Schönke/Schröder- *Cramer*, StGB, Vor §§ 25 ff. Rn 20.

[132]So *Herzberg*, GA 1971, 2 selbst, allerdings führt ihn dieser Gedanke nicht von seiner Ansicht ab.

[133]So wörtlich *Schumann*, Handlungsunrecht, 44 f.

[134]Wörtlich *Schumann*, Handlungsunrecht, 49.

[135]So *Schumann*, Handlungsunrecht, 50 f.

[136]*Wolff- Reske*, Berufsbedingtes Verhalten, 98 m.w.N.

[137]*Wolff- Reske*, Berufsbedingtes Verhalten, 99.

die Haupttat als Erfolg der Beihilfe gerade auch auf den Teilnehmer[138]. Nicht die dem Täter erwiesene Sympathie, sondern die Mitherbeiführung der Rechtsgutsbeeinträchtigung wird mißbilligt[139]. Die allein auf den Handlungsunwert, auf Solidarisierungen, abstellende Betrachtung greift somit zu kurz und führt überdies zu einer Ausdehnung der (Tat-) Strafbarkeit.

ccc) Der akzessorische Rechtsgutsangriff (Kombination)

Wegen der Bedenken, die allen vorstehenden Ansichten entgegenzusetzen sind, ist in neuerer Zeit ein anderes Verständnis über den Grund der Teilnahmestrafbarkeit entwickelt worden. Dazu haben die Vorarbeiten derjenigen Autoren, die den Strafgrund der Teilnahme selbständig, unabhängig von der Haupttat sehen, infolge ihrer Herausarbeitung nichtakzessorischer Elemente des Teilnahmeunrechts entscheidend beigetragen. Danach soll sich der Unrechtsgehalt der Teilnahme aus beiden bereits vorgebrachten Elementen zusammensetzen[140]. Der Unwert der Teilnahme sei maßgeblich von dem der Haupttat abhängig, denn der Teilnehmer trage zur Haupttatverwirklichung bei[141]. Jedoch habe die Teilnahme auch einen Eigenunwert. Sie sei zugleich deshalb strafbar, weil der Teilnehmer ein auch ihm gegenüber geschütztes Rechtsgut (mittelbar) beeinträchtigt[142]. Nicht bereits deshalb, weil die Teilnahme an einer Tat, die für den Täter relevantes Unrecht darstellt, stattfindet, folge automatisch auch für den Teilnehmer Unrecht[143]. Im Angriff des Täters allein soll nicht zwangsläufig auch ein Rechtsgutsangriff des Teilnehmers liegen[144].

ddd) Stellungnahme: Kombination vorzugswürdig

Dieser Auffassung ist zuzustimmen. Das Unrecht der Teilnahme liegt im *akzessorischen Rechtsgutsangriff*[145], nur so können die Einseitigkeiten der jeweiligen Einzelmeinungen vermieden werden. Völlig losgelöst von der Haupttat kann das Unrecht nicht bestimmt werden. Denn die Teilnahme ist nach der gesetzlichen Regelung in den §§ 26, 27 StGB abhängig von einer vorsätzlichen und rechtswidrigen Haupttat. Soweit nicht mindestens der Versuch einer rechtswidrigen Tat vorliegt, ist eine Teilnahmestrafbarkeit ausgeschlossen. Jedenfalls dann liegt allein eine versuchte Teilnahme vor, die nach der gesetzlichen Anordnung in § 30 StGB allein bei Verbrechen und nur in Gestalt einer Anstiftung strafbar ist. Auch am Strafrahmen der Teilnahme wird deutlich, daß der Unrechtsgehalt der Haupttat für den Teilnehmer von Bedeutung ist. Indem die nichtakzessorischen Unrechtselemente der Teilnahme darin gesehen werden, daß der Teilnehmer auch ein ihm gegenüber geschütztes Rechtsgut an-

---

[138] *Roxin*, Stree und Wessels- FS (1993), 368; *Maurach/Gössel/Zipf*, Strafrecht AT II, § 50 Rn 59.

[139] In diesem Sinne *Niedermair*, ZStW 107 (1995), 507 (513 f.).

[140] So bereits *Stratenwerth*, Strafrecht AT I, Rn 858 ff.; LK- *Roxin*, StGB, Vor § 26 Rn 1 ff.; *ders.*, Stree und Wessels- FS (1993), 369 ff.

[141] So *Stratenwerth*, Strafrecht AT I, Rn 858; SK/StGB- *Samson*, Vor § 26 Rn 18.

[142] Vgl. *Stratenwerth*, Strafrecht AT I, Rn 860; LK- *Roxin*, StGB, Vor § 26 Rn 2; vgl. auch *Sowada*, Notwendige Teilnahme, 87, der den Angriff auf ein auch dem Angreifer gegenüber geschützten Rechtsgut als Mindeststrafbarkeitsvoraussetzung einer jeden Beteiligungsform bezeichnet.

[143] *Stratenwerth*, Strafrecht AT I, Rn 860.

[144] So *Roxin*, Stree und Wessels- FS (1993), 382.

[145] So Bezeichnung von LK- *Roxin*, StGB, Vor § 26 Rn 7.

greifen[146] muß[147], bieten sich überzeugende Begründungen für die Straflosigkeit der notwendigen Teilnahme und des agent provocateur. Bei der notwendigen Teilnahme geht es nicht um ein gegenüber dem Teilnehmer geschütztes Rechtsgut. Rechtsgutsbeinträchtigungen durch den Rechtsgutsinhaber sind schlechthin ausgeschlossen[148]. Der agent provocateur ist deshalb straflos, weil er das auch ihm gegenüber geschützte Rechtsgut nicht verletzt[149]. Die gegen diese Kombination des Unwertes der Teilnahme vorgebrachten Einwände -insbesondere, daß die Akzessorietät dem Gesetz entnehmbar sei, das Erfordernis des Rechtsgutsangriffs durch den Teilnehmer hingegen nicht[150], ja daß den Akzessorietätsregeln sogar zu entnehmen sei, daß der Rechtsgutsangriff der Tat den Unwert der Teilnahme begründe[151]- sind bereits ausführlich widerlegt worden[152]. Dieses neuere Verständnis beginnt sich allmählich durchzusetzen[153]. Auch andere Vertreter im Schrifttum leiten den Unrechtsgehalt der Teilnahme "vom Unrecht der Haupttat ab", was aber nicht bedeuten soll, "daß Anstiftung und Beihilfe keinerlei eigenen Unwert verkörpern"[154].

bb) Hilfeleisten als kausale Mitverursachung ergänzt um Elemente der objektiven Zurechnung

Für die Auslegung des Begriffs "Hilfeleisten" gewinnt vor allem dieser herausgearbeitete selbständige *Rechtsgutsangriff* des Teilnehmers auf ein ihm gegenüber geschütztes Rechtsgut an Bedeutung. Bei der Teilnahme muß das sich aus der Haupttat ergebende geschützte Rechtsgut auch gegenüber dem Gehilfen geschützt sein und von diesem (erfolgreich) beeinträchtigt werden. Von einem gelungenen Rechtsgutsangriff des Gehilfen kann nur dann gesprochen werden, wenn sich sein Beitrag bei der Tatbestandsverwirklichung ausgewirkt hat. Kausalität ist schlechthin die notwendige Bedingung für eine Zurechnung zur Begehungstat[155]. Dieses Mindestzurechnungserfordernis, welches für den Täter gilt, muß in gleicher Weise Geltung bei der Teilnahme beanspruchen. Nur so können Beiträge, die auf das Tatbestandsgeschehen ohne Einfluß bleiben, zuverlässig ausgeschieden werden. Denn schließlich wird der

---

[146]Das heißt, zur Verletzung oder Gefährdung des Rechtsguts der Haupttat beitragen muß. Siehe *Roxin*, JZ 1996, 29.

[147]So bereits *Stratenwerth*, Strafrecht AT I, Rn 860.

[148]*Sowada*, Notwendige Teilnahme, 87.

[149]So LK- *Roxin*, StGB, Vor § 26 Rn 2.

[150]*Keller*, Grenzen der Provokation, 170 f.; kritisch gegenüber der Ansicht von *Roxin* ebenfalls *Maurach/Gössel/Zipf*, Strafrecht AT II, § 50 Rn 58.

[151]*Keller*, Grenzen der Provokation, 172.

[152]Vgl. LK- *Roxin*, StGB, Vor § 26 Rn 8; *ders.*, Stree und Wessels- FS (1993), 380 f.

[153]Inwieweit tatsächlich von einem Durchsetzen gesprochen werden kann, ist zweifelhaft. Denn trotz aller sprachlichen Unterschiede dürften zwischen der akzessorietätsorientierten Betrachtung und der Kombination zum akzessorischen Rechtsgutsangriff oftmals nur geringfügige inhaltliche Differenzen bestehen. Sowohl *Jescheck/Weigend*, Strafrecht AT, § 64 I 2 (685 in Fn 5) als auch LK- *Roxin*, StGB, Vor § 26 Rn 1 (in Fn 1) verweisen auf *Stratenwerth*, Strafrecht AT I, Rn 858 ff. Vgl. auch *Otto*, JuS 1982, 558 (in Fn 22).

[154]Wörtlich *Wessels/Beulke*, Strafrecht AT, Rn 551. Ähnlich Schönke/Schröder- *Cramer*, StGB, Vor §§ 25 ff. Rn 17 a; SK/StGB- *Samson*, Vor § 26 Rn 14- 18; *Jakobs*, Strafrecht, 22. Abschn. Rn 9; *Wolff- Reske*, Berufsbedingtes Verhalten, 101; kritisch, aber im Ergebnis wohl vergleichbar *Bloy*, Zurechnungstypus, 252 ff.

[155]LK- *Roxin*, StGB, § 27 Rn 2.

Teilnehmer wie ein Täter bestraft, was die §§ 26, 27 II S. 1 StGB grundsätzlich anordnen. Zugleich ergibt sich auch aus dem *Akzessorietätselement* des Strafgrundes der Beihilfe zwingend das Kausalitätserfordernis. Denn der Verzicht auf einen ursächlichen Zusammenhang führt dazu, daß Akzessorietätsregeln zerstört werden. Es ist nicht gewährleistet, daß die verwirklichte Haupttat diejenige ist, zu welcher der Gehilfe den Beitrag geleistet hat. Diese kann vielmehr auch ausgeblieben sein[156].

Zudem besteht bei einem Verzicht auf eine Kausalität des Beitrags für die Tatbestandsverwirklichung die Gefahr der Ausweitung der Beihilfe in den straffreien Raum. Die versuchte Beihilfe war lediglich im Zeitraum von 1943 bis 1953 strafbar[157]. An dieser gesetzgeberischen Entscheidung ist nicht vorbeizukommen. Jede Ansicht, die auf das Kausalitätserfordernis verzichtet, kommt unweigerlich zur Konstruktion eines (konkreten) Gefährdungsdeliktes[158]. Dann wird das Unrecht der Beihilfe durch das Vorliegen einer Haupttat qualifiziert, ohne daß diese Tat irgendwie auf den Gehilfenbeitrag zurückführbar ist[159]. Ohne kausale Verknüpfung würde § 27 StGB vergleichbar dem § 257 StGB zum selbständigen Delikt ausgebaut[160]. Daher ist jedenfalls eine kausale Mitverursachung der Tatbestandsverwirklichung durch den Gehilfenbeitrag erforderlich, um von einem Hilfeleisten im Sinne des § 27 I StGB zu sprechen. Hierfür ist wie im Täterstrafrecht die Äquivalenztheorie zugrundezulegen[161].

Vom Grundsatz her ist somit für die Bestimmung des Hilfeleistens von der Kausalitätstheorie der herrschenden Meinung im Schrifttum auszugehen, wenngleich sich insbesondere zur Ansicht der Rechtsprechung kaum Unterschied ergeben dürften[162]. Teilweise wird auch der Streit dieser beiden Ansichten mit den Gefährdungsansätzen als bloße Differenz in der Terminologie gesehen[163]. Dies mag beim Begehungsdelikt in der Tat der Fall sein, da dort eine Kausalkette in Gang gesetzt werden muß und etwa der von *Herzberg* geforderte "Beistand"[164] regelmäßig Kausalität voraussetzen dürfte. Gleichwohl dürfte es sich -wie *Otto* selbst einräumt[165]- als Vorzug erweisen, das Kausalitätserfordernis deutlich herauszustellen. Denn es zwingt zum Nachweis einer tatsächlichen Förderung der Haupttat durch den Beitrag auch und vor allem bei der *psychischen* Beihilfe. Dies gewinnt hier an Bedeutung, da gerade die untersuchten

---

[156]So *Jakobs*, Strafrecht, 22. Abschn. Rn 34; *Bloy*, Zurechnungstypus, 283; *Rudolphi*, StV 1982, 518 (519).

[157]Alte Fassung des § 49 a III StGB. Absatz 3 ist 1943 (RGBl. I 339, 341, Verordnung vom 20.05.1943) eingeführt und mit dem 3. Strafrechtsänderungsgesetz vom 04.08.1953, BGBl. I 1953, 735 wieder aufgehoben worden.

[158]So *Rudolphi*, StV 1982, 519.

[159]*Samson*, Hypothetische Kausalverläufe, 204; vgl. auch *Bloy*, Zurechnungstypus, 282.

[160]*Jescheck/Weigend*, Strafrecht AT, § 64 III 2 c (694); Schönke/Schröder- *Cramer*, StGB, § 27 Rn 10.

[161]Ebenso *Spendel*, Dreher- FS (1977), 185.

[162]*Roxin*, Miyazawa- FS (1995), 501 (502: "Scheinproblem").

[163]So *Otto*, Lenckner- FS (1998), 195 f.

[164]Wörtlich *Herzberg*, GA 1971, 6.

[165]*Otto*, Lenckner- FS (1998), 196.

Verhaltensweisen der Bankmitarbeiter sich allenfalls als psychische Beihilfe einordnen lassen[166].

Hinzutretend zur Kausalität ist jedoch ein weiteres und diese begrenzendes Kriterium notwendig. Die Kausalität ist nicht mehr als eine notwendige, keinesfalls aber hinreichende Bedingung der Erfolgszurechnung[167]. Das Strafrecht mit seinen einschneidenden Wirkungen kann nicht nur auf einen Zusammenhang zwischen dem Verhalten einer Person und dessen Wirkung abstellen. Genau darum geht es, wenn die Vertreter der Verursachungstheorie aus dem *Wortlaut* "Hilfeleisten" und aus dem *Sinn* dieses gesetzlichen Tatbestandsmerkmals folgern, daß der Beitrag des Gehilfen die Position des Täters verbessern muß[168]. Teilweise werden zur Begründung die Kriterien der *Risikoerhöhung*[169], der *Adäquanz*[170] oder der *Intensivierung und Übernahme*[171] angeführt. Richtig ist daran, daß eine Betrachtung, die allein auf Grund des kausalen Rechtsgutsangriffs die strafrechtliche Haftung bejaht, zu kurz greift. Die Kausalität eines Verhaltens für eine bestimmte Wirkung ist nicht mehr als die bloße Mindestvoraussetzung der strafrechtlichen Verantwortlichkeit, die äußere Grenze der Haftung[172]. In einem weiteren Schritt muß untersucht werden, ob der sozialschädliche Erfolg bei wertender Betrachtung letztlich das Werk der handelnden Person ist[173]. Parallel zum Täterstrafrecht[174] ist auch im Bereich der Teilnahme, speziell der Beihilfe, nach der Kausalitätsbetrachtung eine normative Überprüfung des Ergebnisses vorzunehmen. Andernfalls würden einseitig die haftungsbegründenden Kriterien zur Kausalität -uferlose Äquivalenztheorie- aus dem Täterstrafrecht abgeleitet werden. Damit müßte der nur in Abhängigkeit von einer Haupttat verantwortliche Teilnehmer weiter haften als der Haupttäter. Ohne eine Einschränkung würde ein Hilfeleisten beispielsweise schon dann vorliegen, wenn der Beitrag des Gehilfen die Verletzung des von der Haupttat betroffenen Rechtsguts zwar nicht verhindert, aber doch den Täter behindert, indem die Verletzung verzögert oder erschwert wird[175]. Wollte man erst durch Verneinung des Vorsatzes die bei wertender Betrachtung keinen Beihilfeunwert

---

[166]Genauer unten ab S. 118.

[167]Einhellig, vgl. etwa Schönke/Schröder- *Lenckner*, StGB, Vor §§ 13 ff. Rn 92.

[168]So explizit *Spendel*, Dreher- FS (1977), 185 f.

[169]So LK- *Roxin*, StGB, § 27 Rn 5.

[170]*Maurach/Gössel/Zipf*, Strafrecht AT II, § 52 Rn 20.

[171]*Samson*, Hypothetische Kausalverläufe, 163 ff. Intensivierung meint dabei, daß der Erfolg ohne den potentiellen Gehilfen nicht oder nicht in dieser Intensität eingetreten wäre. Übernahme bedeutet, daß dem Täter eine rechtswidrige Leistung abgenommen worden sein muß, die dieser sonst hätte selbst erbringen müssen.

[172]So *Spendel*, Dreher- FS (1977), 169; *Mezger*, Lehrbuch Strafrecht, 412. Zur hypothetischen Kausalität bei Unterlassungsdelikten vgl. *Jescheck/Weigend*, Strafrecht AT, § 28 I 2 (278).

[173]*Wessels/Beulke*, Strafrecht AT, Rn 176.

[174]Wo eine wertende und die Haftung erforderlichenfalls einschränkende Betrachtung im Anschluß an die Kausalitätsprüfung erfolgt. Vgl. *Jescheck/Weigend*, Strafrecht AT, § 28 I 2 (277 f.); *Wessels/Beulke*, Strafrecht AT, Rn 179.

[175]LK- *Roxin*, StGB, § 27 Rn 5.

verkörpernden Beiträge herausfiltern[176], wäre dies eine Stufe zu spät[177]. Subjektive Umstände sind prinzipiell schwer nachweisbar und bis zu einem gewissen Grade von der Einlassung des Beschuldigten abhängig. Soweit das Strafrecht gleichwohl auf innere Momente abstellt, geschieht dies allein als Korrelat zu bereits objektiv begründetem Unwert. Dieses muß bei Vorsatztaten auch vom Vorsatz umfaßt sein, § 15 StGB. Subjektive Umstände können aber kein Unrecht und keine Strafbarkeit begründen. Dies wäre eine Bestrafung der bösen Absicht und damit Gesinnungsstrafrecht[178]. Vorsätzliche Straftaten können in ihrem objektiven Tatbestand und Unrecht nicht weiter reichen als entsprechende Fahrlässigkeitsdelikte. Bei letzteren ist anerkannt, daß bereits im objektiven Tatbestand die Unrechtsbegrenzung vorzunehmen ist[179].

Diese Korrekturen sind mittels der im Täterstrafrecht herausgebildeten und dort weitgehend anerkannten[180] *Lehre von der objektiven Zurechnung* vorzunehmen. Diese Auffassung beginnt sich in neuerer Zeit vermehrt durchzusetzen[181]. Auch und gerade bei der Teilnahme muß die Lehre von der objektiven Zurechnung als haftungseinschränkendes Korrektiv Anwendung finden. Schranken, die für den Täter gelten, müssen den Teilnehmer gleichfalls vor Strafe schützen[182]. Mit der Lehre von der objektiven Zurechnung wird die strafrechtliche Haftung bei vorsätzlichen oder fahrlässigen Erfolgsdelikten auf diejenige für den Erfolg (Verletzung oder Gefahr) mitursächlich werdende Handlung begrenzt, die *verbotswidrig ein entsprechendes Erfolgs-*

---

[176]So bislang ganz überwiegend die Rechtsprechung. Vgl. etwa BGHSt 12, 75 (77 ff.); BGHSt 4, 182 (184 f., 187); offengelassen für die Behandlung der Abweichungen vom Kausalverlauf in BGHSt 38, 32 (34) m.w.N. In den Fällen der eigenverantwortlichen Selbstgefährdung verneint die Rechtsprechung jedoch in neuerer Zeit bereits den objektiven Tatbestand. Vgl. etwa *BGH* NJW 1991, 307 (308 f.); *BayObLG*, NJW 1990, 131 (132).

[177]*Jescheck/Weigend*, Strafrecht AT, § 28 III 1 (284); *Ransiek*, wistra 1997, 42; *Wolff- Reske*, Berufsbedingtes Verhalten, 183; *Meyer- Arndt*, wistra 1989, 281; *Hassemer*, wistra 1995, 44; *Behr*, wistra 1999, 248.

[178]*Hassemer*, wistra 1995, 43. Vgl. auch *Löwe- Krahl*, wistra 1995, 203.

[179]*Herzberg*, NZV 1990, 375 (376).

[180]Nachweise und Einzelheiten etwa bei Schönke/Schröder- *Lenckner*, StGB, Vor §§ 13 ff. Rn 91 a ff. und *Reyes*, ZStW 105 (1993), 108 (128 ff.). Kritik an der Lehre von der objektiven Zurechnung bei *Kaufmann*, Jescheck- FS (1985), 251 ff.; *Samson*, ZStW 99 (1987), 617 (633 f.); *Frisch*, Tatbestandsmäßiges Verhalten, 64 f. Modifizierung mit dem Prinzip der *Risikoerhöhung* durch *Roxin*, ZStW 74 (1962), 411 [431 f.]); *ders.*, Honig- FS (1970), 133 (138); *Stratenwerth*, Strafrecht AT I, Rn 225; *Schaffstein*, Honig- FS (1970), 171; SK/StGB- *Rudolphi*, Vor § 1 Rn 65 f. Zu anderen Ansätzen wie die Kriterien der *Übernahme und Intensivierung* siehe Samson, Hypothetische Kausalverläufe, 163 ff.; kritisch hierzu LK- *Roxin*, StGB, § 27 Rn 29 und *Wolff- Reske*, Berufsbedingtes Verhalten, 107 oder der *Adäquanztheorie* vgl. *Maurach/Gössel/Zipf*, Strafrecht AT II, § 52 Rn 20; zur Kritik an dieser Theorie siehe *BGH* (Zivilsenat), NJW 1981, 983 und Schönke/Schröder- *Lenckner*, StGB, Vor §§ 13 ff. Rn 88.

[181]Vgl. etwa *Herzberg*, NZV 1990, 376; *ders.*, JuS 1987, 617 (621); *ders.*, GA 1991, 145 (150 f.); *Wolff- Reske*, Berufsbedingtes Verhalten, 107 f.; *Volk*, BB 1987, 139 (141 und 144 f.); Lackner/Kühl- *Kühl*, StGB, § 27 Rn 2 a; *Rogat*, Zurechnung, 47 ff.; anklingend auch bei *Niedermair*, ZStW 107 (1995), 508. In dieser Richtung auch der *BGH* JZ 1997, 209, zustimmend zu diesem Urteil *Roxin*, JZ 1997, 210 f.; *Fahl*, JA 1997, 11 (14).

[182]*Herzberg*, GA 1991, 149.

risiko geschaffen beziehungsweise ein solches erhöht hat und gerade diese rechtlich verbotene Gefahr sich in dem *konkreten Erfolg auch tatsächlich realisiert* hat[183]. In atypischen Situationen ist diese Kernaussage durch weitere normative Kriterien einschränkend beziehungsweise ergänzend zu präzisieren[184]. Die Zurechnung wird verneint, sobald sich konkrete Anhaltspunkte dafür ergeben, daß der Erfolg auch bei pflichtgemäßem Verhalten eingetreten wäre[185]. Damit wird dem Grundsatz in dubio pro reo genüge getan.

Insgesamt liegt ein Hilfeleisten im Sinne des § 27 I StGB dann vor, wenn Beiträge für die Verwirklichung der Haupttat *mitursächlich* werden *und* sich in der Tatbestandsverwirklichung durch den Täter gerade diejenige *rechtlich verbotene, pflichtwidrig gesetzte Gefahr realisiert* hat, die der Gehilfenhandlung innewohnt. Nur solche mittelbaren, aber eigenen Rechtsgutsangriffe wirken strafbegründend im Sinne des § 27 I StGB[186]. Das Handeln des Gehilfen ist entscheidend, er muß die Regeln des freiheitlichen Zusammenlebens verletzen[187]. Handlungen zugunsten des Rechtsguts, die Schutz vor Verletzungen durch den Täter bieten, oder die die Position des Täters per Saldo nicht verbessern, sondern ihn im Gegenteil behindern oder zu Verzögerungen bringen, sind keine pflichtwidrigen Maßnahmen[188]. Solche Beiträge sind keine Hilfeleistungen im Sinne des § 27 I StGB[189]. Schließlich wird im Täterstrafrecht die Zurechnung unter anderem dann verneint, wenn zwar die Handlung der Person für den Erfolg kausal geworden ist, diese aber letztendlich zu einer Verringerung oder Verzögerung der Rechtsgutsverletzung geführt hat[190].

II. Kausale Verursachung der nachfolgenden Steuerhinterziehungen durch Bankmitarbeiter ?

Ob die dargelegten Anforderungen an ein Hilfeleisten im hier zu entscheidenden Sachverhalt vorliegen, wird nunmehr stufenweise untersucht. Gegenstand der nachfolgenden Betrachtung ist das Verhalten der Mitarbeiter der Kreditinstitute allein unter dem Blickwinkel der Äquivalenztheorie. Erst nach dieser Kausalitätsprüfung werden

---

[183]Schönke/Schröder- *Lenckner*, StGB, Vor §§ 13 ff. Rn 92; *Jescheck/Weigend*, Strafrecht AT, § 28 IV (287); *Wessels/Beulke*, Strafrecht AT, Rn 179; LK- *Jescheck*, StGB, Vor § 13 Rn 71; Tröndle/Fischer- *Tröndle*, StGB, Vor § 13 Rn 17; *Wolff- Reske*, Berufsbedingtes Verhalten, 107 f.; *Reyes*, ZStW 105 (1993), 129 f.

[184]Schönke/Schröder- *Lenckner*, StGB, Vor §§ 13 ff. Rn 92 a; *Wessels/Beulke*, Strafrecht AT, Rn 179 ff. Zur Präzisierung bei neutralen und berufstypischen Handlungen siehe ab S. 176.

[185]*Wessels/Beulke*, Strafrecht AT, Rn 197.

[186]*Roxin*, Stree und Wessels- FS (1993), 380.

[187]Ebenso *Ransiek*, wistra 1997, 42; *Wolff- Reske*, Berufsbedingtes Verhalten, 108.

[188]Insoweit besteht eine Übereinstimmung zu den oben (bei Fn 98 auf S. 108 f.) genannten Autoren, die diese Einschränkung mittels anderer Kriterien und Ansätze vornehmen.

[189]So *OLG Stuttgart* NJW 1979, 2573, wo erstaunlicherweise nicht erst der Vorsatz, sondern bereits die "objektive Zurechnung als Gehilfenbeitrag" bei gegebener Risikoverringerung verneint wird. Ebenso *Rudolphi*, StV 1982, 520.

[190]Vgl. zu diesem Punkt *Jescheck/Weigend*, Strafrecht AT, § 28 IV 2 (287 f.) m.w.N.

Wertungen angestellt. Eine Beihilfe der Mitarbeiter kommt jedenfalls von vornherein nur durch positives Tun in Betracht[191].

1. Physische Beihilfe durch positives Tun

Physisch kausale Hilfeleistungen im Sinne des § 27 I StGB durch die Mitarbeiter liegen dann vor, wenn zur Haupttat des Kunden technische, körperliche, der Tatbestandsverwirklichung unmittelbar dienende Handlungen vorgenommen werden. Solche physischen Beiträge können insbesondere in Buchführungsarbeiten, in Belegfälschungen oder im Anfertigen unrichtiger Steuererklärungen liegen[192]. Eine derartige *physische* Mitwirkung der Bankmitarbeiter unmittelbar an den Steuerhinterziehungen der Kunden ist im vorliegenden Zusammenhang ausgeschlossen[193]. Denn zur *Tathandlung* des Kunden leistet der Mitarbeiter ersichtlich keinen *physisch* kausalen Beitrag. Es ist dem Einfluß der Bankmitarbeiter entzogen, welche Angaben der Kunde gegenüber den Finanzbehörden macht oder eben unterläßt. Dies obliegt allein dem Steuerpflichtigen selbst, der sich gegebenenfalls der Hilfe eines Angehörigen der steuerberatenden Berufe bedient. Gerade die *Zinserträge* fallen erst lange Zeit nach der Geldanlage an. An einem unmittelbaren Bezug des Bankmitarbeiters zur steuerrechtlichen Deklaration fehlt es[194]. Vor allem muß man sich vergegenwärtigen, daß selbst bei der Mitarbeit von *Steuerberatern* an den steuerlichen Erklärungen der Mandanten die Einzelheiten und die Voraussetzungen der Beihilfe umstritten sind. Nicht stets und sozusagen automatisch liegt eine Beihilfe zur Steuerhinterziehung des Mandanten vor[195]. Dort sind aber wenigstens konkrete Bezüge zur Tatbestandsverwirklichung des Kunden sichtbar. Der Steuerberater ist deutlich "näher dran" an der Hinterziehung des Kunden und setzt zumindest einen seine Mitwirkung kennzeich-

---

[191]Denkbarer Ansatzpunkt für ein Unterlassen ist allein, daß der Berater im konkreten Gespräch mit dem Kunden nicht auf die auch im Ausland bestehende (Einkommen-) Steuerpflicht der Erträge hingewiesen hat. Indes ist bereits die Garantenstellung im Sinne des § 13 StGB zweifelhaft. Kreditinstitute haben keine Garantenpflicht bezüglich der Erfüllung steuerlicher Pflichten ihrer Kunden, vgl. *Ransiek*, wistra 1997, 43. Sie belehren ihre Kunden über die Steuerpflicht von Zinserträgen allein auf freiwilliger Grundlage (vgl. Briefwechsel zwischen *Streck/Rainer* und dem *Bundesfinanzminister*, StuW 1989, 281; *Denkert*, Zinsen und Steuern, 248 ff.). Jedenfalls dürfte die Steuerhinterziehung dem Berater regelmäßig nicht zuzurechnen sein. Ein Pflichtwidrigkeitszusammenhang (dazu *Wessels/Beulke*, Strafrecht AT, Rn 713, 197) ist nicht erkennbar. Vor allem aber stellt sich die höchst strittige Frage, ob Beihilfe durch Unterlassen überhaupt möglich ist. Siehe LK-*Roxin*, StGB, § 27 Rn 43 und § 25 Rn 201 ff.; Schönke/Schröder- *Cramer*, StGB, Vor §§ 25 ff. Rn 101; kritisch *Kaufmann*, Die Dogmatik der Unterlassungsdelikte, 291 ff.

[192]Vgl. *BGH* wistra 1988, 261.

[193]Im Ergebnis für die in Rede stehende Kapitalexportthematik ebenso *Ranft*, WiB 1996, 49 (51 f.); *Ransiek*, wistra 1997, 41 (in Fn 4); *Löwe- Krahl*, wistra 1995, 202; *Kaligin*, WM 1996, 2269; wohl auch *Messner*, DB 1996, 2196 (2197). Allgemein für die Bankangestellten *Kniffka*, wistra 1987, 309: "Die Beihilfe des Bankangestellten ist im Regelfall eine psychische".

[194]*Messner*, DB 1996, 2198.

[195]Denn letztendlich ist der Steuerberater nicht der verlängerte Arm des Finanzamtes. Die Steuererklärung bleibt auch bei Mitwirkung des Beraters die des Steuerpflichtigen. Eine Pflicht, Straftaten anderer zu verhindern, gibt es nur im Rahmen des § 138 StGB, der die Steuerhinterziehung nicht aufführt. Vgl. *Meilicke*, BB 1984, 1855 (1889 f.); *Wannemacher*, Steuerberater als Mandant, Rn 591 ff.; Franzen/Gast/Joecks- *Joecks*, § 378 Rn 23 sowie *BGH* wistra 1996, 184 und *BayObLG*, wistra 1994, 34.

nenden Stempel oder Vermerk unter die Erklärungen[196]. In vergleichbarer Argumentation ist auch ein physisches Mitwirken am *Taterfolg* nicht zu erkennen. Die Festsetzung durch die Finanzbehörden wird regelmäßig entsprechend den schriftlichen Angaben des Steuerpflichtigen, gegebenenfalls konkretisiert durch Rücksprachen, vorgenommen. Insofern ist ein physischer Beitrag der Mitarbeiter zur Festsetzung weder im Falle des § 370 I Nr. 1 AO noch bei der Nr. 2 des § 370 I AO erkennbar. Allein dann, wenn Bankmitarbeiter ihren Mitwirkungspflichten nach der AO bewußt falsch oder unvollständig nachkommen[197], ist ein physischer und zu geringe Festsetzungen kausal verursachender Beitrag denkbar. Um solche Situationen geht es hier aber ersichtlich nicht. Bei der nicht rechtzeitigen Festsetzung, im Fall des Unterlassens nach § 370 I Nr. 2 AO, sind bereits theoretisch physische Beiträge nur schwer vorstellbar[198].

2. Psychische Beihilfe durch positives Tun

Vielmehr bezieht sich der Hauptvorwurf gegenüber den Bankmitarbeitern in den hier untersuchten Bankenverfahren auf das Bereitstellen des speziellen *Transfersystems*. Die Art und Weise des der Haupttat weit vorgelagerten Kapitaltransfers rückt damit in den Blickpunkt der Strafverfolgung. Weitaus naheliegender erscheint daher eine Mitwirkung der Mitarbeiter an der Haupttat des Kunden, die allein über die *Psyche* wirkt.

Bedauerlicherweise ist dies vom Bundesgerichtshof in seiner bedeutsamen Entscheidung zur Strafbarkeit der Bankmitarbeiter nicht zutreffend erfaßt worden. Der *5. Strafsenat* hat ohne jede Begründung behauptet, es liege kein "Fall der psychischen Beihilfe" vor, "der bei fest entschlossenen Haupttätern besonders sorgfältiger Prüfung bedürfe"[199]. Das ist die einzige Stelle im Urteil, wo zur Frage, ob psychische oder physische Beihilfe anzunehmen ist, Stellung bezogen wird. Angesichts des Umstandes, daß die psychische Beihilfe in Teilbereichen weit umstrittener ist als die physische[200] und schon aus diesem Grund eine sorgfältige Einordnung zwingend geboten ist, sind die Aussagen des *Bundesgerichtshofs* deutlich zu knapp. Abgesehen davon treffen sie im Ergebnis nicht zu. Die vorliegenden Sachverhalte zeichnen sich gerade dadurch aus, daß die Mitarbeiter nur vermittelt über die Psyche der Kunden an den Steuerhinterziehungen mitwirken. Hinzu kommt, daß hier eine spezielle Form der psychischen Einwirkung vorliegt, wie sogleich[201] darzustellen sein wird. Insoweit geht

---

[196]Darauf weist *Kaligin*, WM 1996, 2268 zu Recht hin, allerdings nennt er als Beispiel die wissentliche Falscherstellung der Erklärung durch den Berater. Dies ist freilich gerade der einhellige und im Schrifttum nicht umstrittene Fall. Dann soll jedenfalls Beihilfe vorliegen, siehe *Dörn*, wistra 1994, 290 m.w.N.

[197]Etwa durch unwahre Beantwortung der Anfragen nach § 93 I S. 3 AO, weil schon zuvor Auskunftssicherungspflichten -beispielsweise Aufbewahrung von Dokumenten und Belegen- verletzt worden sind. Möglich ist auch, daß das Kreditinstitut keine oder unzutreffende Meldungen an die Finanzbehörde gemäß § 33 ErbStG macht oder dem Kunden auf dessen Wunsch bewußt unrichtige Erträgnisaufstellungen für das Finanzamt aushändigt.

[198]Schönke/Schröder- *Cramer*, StGB, Vor §§ 25 ff. Rn 99: Beihilfe zum Unterlassungsdelikt ist regelmäßig nur durch psychische Beihilfe möglich. Vgl. auch *Otto*, Grundkurs Strafrecht, § 22 Rn 60 f.

[199]Wörtlich *BGH* NJW 2000, 3012.

[200]Siehe sogleich ab S. 127.

[201]Ab S. 122.

es um die Problematik vorgeleisteter Strafvereitelungen und Begünstigungen, ihre Strafbarkeit als Beihilfe sowie um ihr Verhältnis zu den §§ 257, 258 StGB. Diese Fragen sind bislang noch wenig geklärt. Eine grundsätzliche Stellungnahme des *Bundesgerichtshofs* wäre insofern außerordentlich wünschenswert gewesen.

Festzuhalten bleibt, daß vorliegend nur psychische Beihilfe der Bankmitarbeiter in Betracht zu ziehen ist.

a) Intellektuelle Einwirkung

Eine Einflußnahme auf die *intellektuelle Seite der Psyche* dürfte dabei im hier interessierenden Zusammenhang weitgehend ausgeschlossen sein. Intellektuelle Einwirkungen des Gehilfen liegen dann vor, wenn dieser dem Täter technische Anweisungen, Ratschläge, gibt, die sich auf die konkrete Durchführung der Tat auswirken. Von daher werden diese Beiträge auch als "technische Rathilfe" bezeichnet[202]. Von der Anstiftung unterscheiden sie sich dadurch, daß der Anstifter den Rat gibt, einen Erfolg herbeizuführen. Hier bei der technischen Rathilfe geht es dagegen um Ratschläge, den Erfolg auf eine bestimmte Art und Weise zu bewerkstelligen[203]. Vom Strafgrund der Teilnahme gesehen ist es kein Unterschied, ob der Gehilfe physisch an der Rechtsgutsbeeinträchtigung mitwirkt oder durch seine Erklärungen und Hinweise den Rechtsgutsangriff durch den Täter in fördernder Weise modifiziert. Die Kausalität für den Erfolg liegt in beiden Fällen vor[204]. Im großen und ganzen werden Ratschläge der Bankmitarbeiter zum Inhalt und Anfertigen der Erklärungen gegenüber dem Finanzamt im hier interessierenden Zusammenhang eher selten vorliegen[205]. Ein konkret die *Tatbestandsverwirklichung* des Kunden betreffender und *diese* fördernder Ratschlag könnte allein in solchen Hinweisen zu sehen sein, die in Bezug auf etwaige Rückfragen des Finanzamtes nach Abgabe der steuerlichen Erklärungen der Kunden, im Festsetzungsverfahren, gegeben und sodann von dem Kunden auch umgesetzt worden sind[206].

b) Voluntative Einwirkungen

Weitaus häufiger als diese unmittelbar die Durchführung der Steuerhinterziehung betreffenden Ratschläge könnte im vorliegenden Zusammenhang eine Einflußnahme auf die *voluntative Seite der Psyche* des Kunden vorliegen. Unter solchen voluntativen Beiträgen versteht man das Bestärken des Täters in seinem Tatentschluß[207].

aa) Bestärken des Täters im Tatentschluß durch einzelne Aussagen

Vorliegend rücken damit weniger einzelne *Aussagen* von Bankmitarbeitern zum Sinn des Steuerzahlens im Beratungsgespräch anläßlich des Transfers in den Mittelpunkt. Denn selbst wenn derartige Stabilisierungen des Tatentschlusses als psychische

---

[202] Vgl. LK- *Roxin*, StGB, § 27 Rn 11; *Samson*, Hypothetische Kausalverläufe, 187 ff.

[203] Vgl. *Mayer*, Allgemeiner Teil des Strafrechts, 398.

[204] Diese Fallgruppe der psychischen Beihilfe wird -soweit ersichtlich- einhellig anerkannt, vgl. LK- *Roxin*, StGB, § 27 Rn 11; *Samson*, Hypothetische Kausalverläufe, 187 ff., 196; SK/StGB- *Samson*, § 27 Rn 13; *Rudolphi*, StV 1982, 520; *Löwe- Krahl*, Steuerstrafrechtliche Risiken, 104.

[205] Im Ergebnis wird die Rathilfe für die Kapitalexportthematik ebenso abgelehnt von *Dörn*, in Steuerstraf- und Steuerordnungswidrigkeitenrecht (DAI), 240.

[206] So etwa *Löwe- Krahl*, wistra 1995, 203; *Philipowski*, in: Kohlmann, Strafverfolgung, 1983, 148 f.

[207] *Samson*, Hypothetische Kausalverläufe, 189 ff.; LK- *Roxin*, StGB, § 27 Rn 13.

Beihilfe grundsätzlich erfaßt werden könnten[208], so müßten sich solche bestärkenden Aussagen jedenfalls einem ganz konkreten Bankmitarbeiter nachweisen lassen, und es muß ebenfalls bewiesen werden, daß der Tatentschluß des Kunden dadurch auf eine verstärkte und gefestigte Grundlage gesetzt worden ist. Dies dürfte im Einzelfall beträchtliche Schwierigkeiten aufwerfen, vor allem, weil bereits der Einfluß der Werbekampagnen auf den Tatentschluß untersucht werden muß. Diese meist überörtlichen Reklamemaßnahmen für den Finanzplatz Luxemburg durch deutsche Kreditinstitute[209] können einem einzelnen Bankmitarbeiter, der den Kunden berät, wohl kaum zugerechnet werden[210]. Er hat sie nicht mit entworfen (positives Tun) und strafrechtlich auch keine Pflicht, sich von Aussagen seines Arbeitgebers zu distanzieren.

Verbale Bestärkungen des Kunden in dessen deliktischen Plänen dürften deshalb eher selten in nachweisbarer Form vorliegen.

bb) Vorgeleistete Strafvereitelung und Begünstigung durch Bereitstellung des Transfersystems ?

Bedeutsamer ist das *Transfersystem* mit seinen einzelnen Bestandteilen. Bereits die unkomplizierte Eröffnung eines (Depot-) Kontos von Deutschland aus, welches rechtlich im Ausland geführt wird, ist hier zu nennen. Vor allem aber im Ausfüllen der Auftragsbelege dergestalt, daß der Auftraggeber (Kunde) nicht leicht zu identifizieren ist beziehungsweise in der Entgegennahme derartiger Aufträge[211] liegen Beiträge, die die Anlage in Luxemburg verschleiern. Spätere Nachforschungen durch Behörden werden erschwert. Dies gilt ebenso für die Möglichkeit, überhaupt Überweisungen aufzuspalten und auf das Korrespondenzbankkonto bar einzuzahlen sowie dieses Konto auch für den Kapitalrückfluß zu nutzen. Denn damit befinden sich auf dem eigenen laufenden Kundenkonto im Inland keine Hinweise auf die Anlage in Luxemburg. Auch die Barauszahlung von Schecks ohne Kundenkontenberührung und das Inaussichtstellen von Vernichtungen in großem Umfang[212] gehören zu diesem System. Es geht ferner um Erklärungen der Bankmitarbeiter bezüglich des geringen Entdeckungsrisikos der Kapitalanlage im Ausland und um Hinweise auf die rechtlichen Rahmenbedingungen in Luxemburg und Deutschland.

Alle diese Transfereinzelheiten sind durch ein übereinstimmendes Merkmal gekennzeichnet. Es sind Verhaltensweisen, die bereits *vor* Abschluß der Haupttat (Steuerhinterziehung des Kunden) erbracht werden. Sie erstreben aber eine begünstigende

---

[208]Denn die psychische Beihilfe durch Einwirkungen auf die voluntative Seite der Psyche ist nicht unumstritten, dazu sogleich unten ab S. 125.

[209]Zu den Werbekampagnen siehe oben ab S. 5.

[210]Ohne Angabe von Gründen ebenso *Philipowski*, Steuerfahndung in der Bank (Forum), 3. Dagegen sieht *Ranft*, WiB 1996, 52 das Werbeverhalten als Indiz für eine Beihilfe.

[211]Und auch durch Zurverfügungstellung von blanko unterschriebenen Einzahlungsbelegen der luxemburgischen Tochter in Deutschland, wie im Verfahren des *LG Bochum* vom 02.06.1993, Az. 35 Js 244/92 (nicht veröffentlicht).

[212]Dies ist offenbar im Verfahren des *LG Frankfurt* wistra 1997, 117 (118) der Fall gewesen.

oder strafvereitelnde[213] Wirkung *nach* dieser Haupttat. Gemeint sind damit die bereits von *Elvers*[214] und *Binding*[215] zu Beginn des Jahrhunderts erkannten Situationen, in denen zugunsten des Täter *vor* der Haupttat ein Beitrag *geleistet* wird, der als solcher für die Tatbestandsverwirklichung irrelevant scheint. Seine Bedeutung entfaltet er ohne weiteres Zutun des den Beitrag Erbringenden erst später, nach der Haupttat. Die Beiträge zielen darauf ab, den Täter persönlich zu schützen, seine Entdeckung durch Ermittlungsbehörden und die Strafverfolgung zu erschweren *oder* aber ihm die sachlichen Vorteile der Straftat zu sichern. Denkbar sind somit sowohl vorgeleistete Strafvereitelungen als auch vorgeleistete Begünstigungen[216]. *Vorgeleistet* sind dabei nur die Beiträge, die vor der Tat in abschließender Weise *erbracht* worden sind, so daß nach der Tat kein weiteres Handeln erforderlich ist. Sie sind zu unterscheiden von dem vor der Tat bloß *versprochenen* Beistand, der nach dieser erbracht wird (vorversprochene persönliche oder sachliche Begünstigung). Hier liegen zwei Handlungen vor- das Versprechen und dessen spätere Erfüllung. Für letztere Fälle enthielt der § 257 III S. 1 StGB a.F. eine Regelung[217]. Er ordnete die vor der Tat zugesagte Unterstützung, die nach der Tat erbracht wurde, als strafbare Beihilfe zur Vortat ein.

cc) Grundsätzliche Möglichkeit der psychischen Beihilfe durch vorgeleistete Begünstigung und Strafvereitelung und ihr Verhältnis zu den §§ 257 I, 258 I StGB

Zweifelhaft ist, ob solche Fälle der vorgeleisteten Strafvereitelung beziehungsweise Begünstigung als *psychische Beihilfe* zu erfassen sind. Es liegt zwar nahe, daß solche die spätere Strafverfolgung und Tatentdeckung erschwerenden Handlungen Auswirkungen bereits auf den Tatentschluß, Steuern zu hinterziehen, haben. Das geringe Entdeckungsrisiko könnte die Kunden in deliktischen Zielen psychisch bestärken. Bedenken gründen sich aber zunächst darauf, daß die Fallgruppe der psychischen Beihilfe außerhalb der technischen Rathilfe von Teilen des Schrifttums gänzlich abgelehnt wird. Bereits *Elvers* als einer der ersten Autoren, der sich mit der vorgeleisteten persönlichen und sachlichen Begünstigung befaßte, lehnte die Möglichkeit ab, jene Situationen als Beihilfe zu erfassen, weil er die psychische Beihilfe auf die Fälle der Rathilfe beschränkte[218]. Insofern könnte aus innerhalb des Beihilfetatbestandes selbst liegenden Gründen eine Strafbarkeit dieser Verhaltensweisen als Beihilfe ausgeschlossen sein.

---

213 Gemeint sind damit hier nur die Situationen des § 258 I StGB. Der *Vollstreckungsvereitelung* (§ 258 II StGB) kommt vorliegend keine Bedeutung zu. Zur vorgeleisteten Vollstreckungsvereitelung siehe *Vahrenbrink*, Die vorgeleistete Begünstigung, 132 ff. sowie *Plümer*, Verhältnis, 49 f.

214 *Elvers*, ZStW 31 (1911), 893 (895 ff.).

215 *Binding*, Lehrbuch Strafrecht BT, 658 ff.

216 Dagegen sprachen *Elvers* und *Binding* auf Grund der alten Fassung des § 257 StGB nur von vorgeleisteter Begünstigung. Die Trennung von persönlicher (§ 258 StGB) und sachlicher Begünstigung (§ 257 StGB) ist erst mit dem Einführungsgesetz zum Strafgesetzbuch (EGStGB) vom 02.03.1974, BGBl. I 1974, 469 (in Art 19 Änderung des Besonderen Teils des StGB) vorgenommen worden.

217 Abgedruckt bei LK- *Ruß*, StGB, § 257 vor Rn 1.

218 Siehe *Elvers*, ZStW 31 (1911), 897 f.

Außerdem weckt die Existenz gerade der §§ 257 I, 258 I StGB Zweifel, ob nicht eine Handlung, die der Sache nach Begünstigungs- oder Strafvereitelungscharakter hat, *ausschließlich* nach diesen Tatbeständen zu beurteilen ist. So meinte beispielsweise *Claß*, eine "Eliminierung der vorgeleisteten Begünstigung, die in den Bereich der Beihilfe überhaupt nicht gehört"[219], vornehmen zu müssen. Ebenso lehnte *Sefzig* die Bestrafung der vorgeleisteten Begünstigungen und Strafvereitelungen als Beihilfe zur Vortat ab, da dies ein "segeln unter falscher Flagge" sei[220]. Andere Autoren hingegen scheinen ganz selbstverständlich von der *parallelen* Anwendbarkeit der §§ 257 I, 258 I und § 27 StGB auszugehen, wenngleich "in erster Linie" die Begünstigungstatbestände zu prüfen seien[221]. Im neueren Schrifttum wird regelmäßig kurz festgestellt, "oftmals"[222] oder "in vielen Fällen"[223] seien diese vorgeleisteten persönlichen und sachlichen Begünstigungen als psychische Beihilfe zu erfassen[224]. Problematisiert wird allein, ob die §§ 257 I, 258 I StGB tatbestandlich erfüllt sind[225]. Betrachtet man die *Rechtsprechung* in diesem Zusammenhang, so scheint sich diese des Problems nicht bewußt zu sein. In den Fällen der vorgeleisteten persönlichen oder sachlichen Begünstigung wird ganz selbstverständlich *allein* die psychische Beihilfe geprüft. So nahm bereits das *Reichsgericht* im berühmten "Staubhemdfall" eine psychische Beihilfe desjenigen an, der das Hemd vor Tatbegehung (gefährliche Körperverletzung des Haupttäters) zur Verfügung stellte[226]. Dabei erkannte das *Reichsgericht*, daß es sich um einen Beitrag handelt, "um den Thäter der Entdeckung und Bestrafung zu entziehen". Weil dieser aber schon vor Verübung der Haupttat erbracht wurde, sei er "vor allem aus dem Gesichtspunkte der Beeinflussung des Entschlusses des Thäters und der hieraus sich ergebenden Förderung der That zu prüfen"[227]. Auch die Rechtsprechung des *Bundesgerichtshofs* liegt auf dieser Linie, wenngleich sie vorwiegend die vorversprochene persönliche oder sachliche Begünstigung betrifft. Bereits 1951 wurde in einem Fall der vor Begehung der Tat zugesagten persönlichen Begünstigung durch Entwertung einer Straßenbahndauerkarte für den Täter, um diesem die Möglichkeit eines Abwesenheitsbeweises zu verschaffen, die psychischen Beihilfe zur Haupttat angenommen[228]. Die Anwendbarkeit des § 257 I StGB a.F. verneint der Bundesgerichtshof unter Hinweis darauf, daß die Haupttat zu diesem Zeitpunkt "noch nicht begangen" sei[229]. Ebenso ist das vor der Tat zugesagte Bereitstellen eines Fluchtautos vom *Bundesgerichtshof* lediglich unter dem Gesichtspunkt der psychischen Beihilfe gewürdigt worden; auf die §§ 257, 258 StGB wird nicht eingegangen[230]. Für die Begünstigung formulierte der *Bundesgerichtshof*, nur die "Teilnahme an der Vortat und nicht Begün-

---

[219]Wörtlich *Claß*, Stock- FS (1966), 118.

[220]Wörtlich *Sefzig*, Vorgeleistete Begünstigung, 114.

[221]So wörtlich *Spendel*, Dreher- FS (1977), 178.

[222]So wörtlich *Vahrenbrink*, Die vorgeleistete Begünstigung, 138.

[223]So wörtlich LK- *Roxin*, StGB, § 27 Rn 12.

[224]Ebenso *Otto*, Lenckner- FS (1998), 197; *Maurach/Schroeder/Maiwald*, Strafrecht BT II, § 100 Rn 12. Restriktiver dagegen *Schaffstein*, Honig- FS (1970), 183 f.

[225]Ausführlich etwa *Vahrenbrink*, Die vorgeleistete Begünstigung, 101 ff.

[226]RGSt 8, 267 (269).

[227]So wörtlich RGSt 8, 269.

[228]*BGH* NJW 1951, 451. Siehe auch *BGH* NJW 1999, 1327.

[229]Wörtlich *BGH* NJW 1951, 451.

[230]*BGH* BGHR StGB, § 27 I Hilfeleisten 8 = NStZ 1993, 535.

stigung" komme in Betracht, "wenn bereits vor der Tat die spätere Vorteilssicherung abgesprochen" sei[231]. Läßt sich eine psychische Unterstützung nicht nachweisen, gelangt die Rechtsprechung demzufolge zur Straflosigkeit[232].

Insofern ergibt sich in Rechtsprechung und Literatur ein uneinheitliches Bild.

aaa) Gefahr der Anerkennung der psychischen Beihilfe durch voluntative Beeinflussung

Die Anerkennung der psychischen Beihilfe durch Einflußnahme auf das voluntative Element der Psyche ist problematisch. Sie birgt in ganz besonderem Maße die Gefahr, daß die strafrechtliche Haftung des Gehilfen in den Bereich der straflosen versuchten Beihilfe hinaus ausgedehnt wird. In der Tat finden sich unter den höchstrichterlichen Entscheidungen wiederholt solche, bei denen sich eben jene Gefahr durch Anwendung der sogenannten "Förderungsformel" realisiert hat. So ist bereits vom *Reichsgericht* die psychische Beihilfe als Auffangform für mißlungene physische Beiträge genutzt worden, ohne die tatsächliche Stabilisierung des Tatentschlusses des Täters im einzelnen nachzuweisen. Etwa sind die Übergabe einer Zange an den Einbrecher, die dann vom Täter nicht verwendet wurde[233], oder das Zurverfügungstellen von Abtreibungsgerätschaften für eine Schwangere[234], die später ebenfalls nicht zum Einsatz kamen, als vollendete und damit strafbare Beihilfe verurteilt worden[235]. Hierher gehört auch die bereits oben angesprochene Entscheidung vom 20.04.1882[236]. Die Beihilfe zum *vollendeten* Einbruchsdiebstahl als *Haupttat*, die das *Reichsgericht* angenommen hat, liegt nur vor, wenn man eine psychische Stärkung des in sonstiger Weise einbrechenden Täters annimmt[237]. Aber auch in späteren Entscheidungen der Rechtsprechung kann man sich gelegentlich des Eindruckes nicht erwehren, daß diese Fallgruppe der psychischen Beihilfe vorschnell und insbesondere bei *Beweisschwierigkeiten* als Auffangtatbestand herangezogen wird[238]. Die Zusage, einen bestimmten Gehilfenbeitrag zu leisten, sei "in der Regel geeignet, den Haupttäter in seinem Tatentschluß zu bestärken und ihm ein erhöhtes Gefühl der Sicherheit zu geben"[239]. Sogar bloße Solidarisierungs- und Zustimmungsbekundungen sind ohne

---

[231]So wörtlich *BGH* wistra 1994, 94. Vgl. auch BGHSt 6, 20 (23).

[232]So im Fall *BGH* BGHR StGB, § 27 I Hilfeleisten 5.

[233]So *RG* vom 07.11.1913, Az. IV 1075/13, zitiert in RGSt 58, 113 (115 f.).

[234]So RGSt 58, 115 f.

[235]Kritisch hierzu LK- *Roxin*, StGB, § 27 Rn 25.

[236]RGSt 6, 169. Dazu oben bei Fn 53 (S. 103 f.) im Text. Hier hatte der Täter zunächst versucht, mit dem vom Gehilfen zur Verfügung gestellten Nachschlüssel das Schloß zu öffnen, nachdem das mißlang, behalf er sich mit anderen Mitteln für den Einbruchsdiebstahl.

[237]Dies ist indes zu weitgehend und wird in der Entscheidung auch nicht angesprochen. Zur Erklärung der reichsgerichtlichen Lösung siehe SK/StGB- *Samson*, § 27 Rn 5. Eine vollendete (physische) Beihilfe zum versuchten Einbruchsdiebstahl, zu *dieser* (zunächst begangenen) *Haupttat*, liegt jedenfalls vor. Der vom Gehilfen gegebene Nachschlüssel, mit dem sich die Tür nicht öffnen ließ, ist dafür kausal geworden. Um diese Haupttat geht es hier aber nicht, sondern um die Frage der vollendeten Beihilfe an der *anschließenden* (zweiten) *Haupttat* des Täters, dem vollendeten Einbruchsdiebstahl ohne Schlüssel, in sonstiger Weise. Zur Beihilfe kommt man hier nur durch die unterstellte Stabilisierung und Bestärkung des Täters infolge des mißlungenen physischen Beitrags des Gehilfen.

[238]Kritisch dazu insbesondere *Samson*, Hypothetische Kausalverläufe, 181 f.

[239]So wörtlich *BGH* NStZ 1993, 535.

konkreten Nachweis des Einflusses auf den Täterentschluß als Bestärkung und damit als psychische Beihilfe eingeordnet worden[240]. Selbst die Fortsetzung eines Liebesverhältnisses mit einer verheirateten Person in Kenntnis der von dieser gehegten Tötungsabsicht am Ehepartner sei eine psychische Stärkung des Tötungsentschlusses[241]. Bei Kenntnis des Gehilfen von der Tat soll auch die erkennbare Billigung ohne tatfördernden Beitrag, durch bloßes Dabeistehen, dem Täter ein erhöhtes Sicherheitsgefühl vermitteln, mit der Folge, daß eine strafbare psychische Beihilfe vorliegt[242]. Die damit verbundene weitere Gefahr der Umgehung der Strafbarkeitsvoraussetzungen der unechten Unterlassungsdelikte[243] hat die Rechtsprechung zwischenzeitlich erkannt und tritt ihr entgegen. Die Entscheidung des *2. Senats* vom 17.05.1982[244] hat noch ausdrücklich offengelassen, ob eine psychische Unterstützung durch bloßes körperliches Dabeisein eine Strafbarkeit wegen *positiven Tuns* zu begründen vermag. Der *3. Senat* hat inzwischen zwar deutlich gemacht, daß die "bloße einseitige Kenntnisnahme von der Tat eines anderen und gegebenenfalls deren Billigung ohne einen die Tatbegehung objektiv fördernden Beitrag" nicht ausreiche, "um die Annahme von Beihilfe zu begründen"[245]. Insofern wird zumindest erkannt, daß ansonsten die *Grenze zum straflosen Versuch der Beihilfe* überschritten wird. Er will aber, sobald feststeht, daß "das bloße Dabeisein die Tatbegehung in ihrer konkreten Gestalt objektiv gefördert oder erleichtert hat und daß der Gehilfe sich dessen bewußt war", wegen *positiven Tuns* bestrafen[246]. Deutlicher formuliert es der *2. Senat*, wonach "Billigung

---

[240]So in *BGH* VRS 59 (1980), 185 (186: "Los drauf und hinterher" und "volles Rohr drauf" als Bestärkung des Täters, schnell und zielgerichtet zu fahren). Kritisch zu dieser Entscheidung LK-*Roxin*, StGB, § 27 Rn 41; *Geilen*, JK 81, StGB § 27/1. Dagegen will *Schild Trappe*, Harmlose Gehilfenschaft ?, 98 f. solche bloßen Zustimmungs- und Solidarisierungsbekundungen, auch wenn sie den bereits gefaßten Tatentschluß nicht beeinflussen, stets als Hilfeleistungen im Sinne des § 27 StGB ansehen.

[241]So *OLG Stuttgart* NJW 1950, 118 f. Kritisch hierzu LK- *Roxin*, StGB, § 27 Rn 41.

[242]So *BGH* bei Dallinger, MDR 1967, 173, sowie die dort zitierte Entscheidung des *BGH* vom 18.12.1964, Az. 5 StR 346/64. Kritisch hierzu *Stoffers*, Jura 1993, 11 (16).

[243]Denn Billigen durch bloßes schweigendes Dabeistehen ist rechtlich ein Unterlassen, ein Nichthandeln oder Nichtwidersprechen. Der Schwerpunkt liegt auf dem Nichteingeifen. Selbst bei *erwiesener* Stärkung des Tatentschlusses durch ein erhöhtes Sicherheitsgefühl beim Täter ist eine Beihilfestrafbarkeit *allein* unter den Voraussetzungen des § 13 StGB möglich. Denn ansonsten wäre die bloße Anwesenheit eines Nichtgaranten am Tatort psychische Beihilfe durch positives Tun, sobald sich der Täter sicherer gefühlt hat. Dieses Ergebnis stünde aber im Widerspruch zu den §§ 138, 323 c StGB, die Handlungspflichten des Nichtgaranten nur unter den dortigen Voraussetzungen normieren. So zu Recht LK- *Roxin*, StGB, § 27 Rn 15; *Stoffers*, Jura 1993, 17; *Vahrenbrink*, Die vorgeleistete Begünstigung, 79. Davon abgesehen stellt sich vor allem die Frage, inwieweit Beihilfe durch Unterlassen überhaupt möglich ist (weiterführend dazu LK- *Roxin*, StGB, § 27 Rn 43 und § 25 Rn 201 ff. sowie Schönke/Schröder- *Cramer*, StGB, Vor §§ 25 ff. Rn 101 jeweils m.w.N. und kritisch *Kaufmann*, Die Dogmatik der Unterlassungsdelikte, 291 ff.). Abzulehnen sind daher *BGH* StV 1982, 517 sowie die in Fn 242 aufgeführten Entscheidungen des *BGH*.

[244]*BGH* StV 1982, 517.

[245]So wörtlich *BGH* NStZ 1993, 233; ebenso *BGH* NStZ 1993, 385; restriktiver bereits *BGH* GA 1985, 233.

[246]So wörtlich *BGH* NStZ 1993, 233; zustimmend *Otto*, JK 93, StGB § 27/9. Ähnlich bereits zuvor *BGH* NStZ 1984, 549.

im Sinne bloßen Einverständnisses mit der Tat" noch keine Beihilfe sei, damit würde lediglich "eine innere Einstellung, nicht aber ein als Hilfeleisten zu wertendes Handeln" vorliegen. Etwas anderes könne nur dann gelten, wenn die "Billigung der Tat gegenüber dem Täter zum Ausdruck gebracht und dieser dadurch in seinem Tatentschlusse oder in der Bereitschaft, ihn weiterzuverfolgen, bestärkt" werde. *Jede* Form der Beihilfe, auch die psychische, setze "einen durch Handeln erbrachten Tatbeitrag des Gehilfen unabdingbar" voraus, der allerdings auch im Dabeisein, im Begleiten des Täters, liegen könne, soweit dessen Entschluß dadurch tatsächlich stabilisiert werde[247]. Diese Auffassung kann inzwischen als gefestigte Rechtsprechung bezeichnet werden[248].

(1) Ablehnung der psychischen Beihilfe außerhalb der Rathilfe von Teilen des Schrifttums

Wie diese Beispiele zeigen, hat die Rechtsprechung in der Vergangenheit mittels ihrer "Förderungsformel" sehr schnell eine Bestärkung des Tatentschlusses angenommen. Vielfach -so bei den Solidarisierungsbekundungen und bei den mißglückten physischen Beiträgen- wurde dies anscheinend sogar bloß unterstellt oder blieb zumindest die Führung des Nachweises einer Stabilisierung vage[249]. Deshalb wird die psychische Beihilfe außerhalb der Fälle der Rathilfe von einigen Autoren gänzlich abgelehnt[250]. Zum einen, so wird argumentiert, werde der Grundsatz in dubio pro reo umgangen. Die Strafbarkeit wegen psychischer Beihilfe in der Fallgruppe der Stabilisierung des Tatentschlusses sei generell unüberwindlichen Beweisschwierigkeiten ausgesetzt und führe dazu, daß ohne kausale Solidarisierungshandlungen wegen vollendeter Beihilfe bestraft werde[251]. Außerdem müsse innerhalb einer rational zu verstehenden Teilnahme klar differenziert werden, worauf sich die Einwirkung des Teilnehmers beziehe, auf die *Tat*, mithin das Geschehen, oder eben den *Täter* als Subjekt. Mit dieser Differenzierung könne als Beihilfe nach § 27 StGB lediglich ein Beitrag gewertet werden, der sich auf die *Tat* auswirke. Bei der Einflußnahme auf den *Täter* sei allein der Anwendungsbereich der Anstiftung nach § 26 StGB eröffnet, diese erfasse jedoch -insofern durchaus anerkannt[252]- lediglich das Hervorrufen und nicht auch das Bestärken des Tatentschlusses[253]. Bereits *Elvers* hatte gegen die Anerkennung der psychischen Beihilfe außerhalb der Rathilfe aus diesem Grunde Bedenken. Alle Handlungen, die den Bereich des Tatentschlusses treffen, seien der Anstiftung zugeordnet[254]. Zudem sah *Elvers* im früheren § 257 III StGB ein Hindernis für die

---

[247]So wörtlich *BGH* NStZ 95, 490 f.

[248]Vgl. *BGH* wistra 1996, 184 (187); *BGH* NStZ 1995, 122.

[249]Kritisch auch *Stratenwerth*, Strafrecht AT I, Rn 899.

[250]*Hruschka*, JR 1983, 177 (178 f.); SK/StGB- *Samson*, § 27 Rn 15; *ders.*, Hypothetische Kausalverläufe, 187 ff., 196; *Löwe- Krahl*, Steuerstrafrechtliche Risiken, 104 ff., 107; zumindest sympathisierend mit *Hruschka* auch *Meyer- Arndt*, wistra 1989, 281 f.

[251]So SK/StGB- *Samson*, § 27 Rn 15. Auf diese Beweisprobleme weist bereits *Mayer*, Strafrecht AT, hin, der das Kausalitätserfordernis der Beihilfe (auch deshalb) ablehnt, weil es bei der psychischen Beihilfe nie nachweisbar sei. Er führt in Fn 18 (327) wörtlich aus: "Man sollte nicht Theorien aufstellen, welche den Tatrichter zum schwindelhaften Mißbrauch der freien Beweiswürdigung verführen".

[252]Vgl. oben bei der Anstiftung (ab S. 99).

[253]So *Hruschka*, JR 1983, 178 f.

[254]In diesem Sinne *Elvers*, ZStW 31 (1911), 898.

umfassende Strafbarkeit der psychischen Beihilfe. Denn wäre "die psychische Beihilfe allgemein zu strafen, so brauchte der eine Fall bei der Begünstigung nicht besonders aufgeführt zu werden"[255].

(2) Stellungnahme: Psychische Beihilfe auch durch voluntative Beeinflussung möglich

Diese gänzliche Ablehnung vermag jedoch nicht zu überzeugen und hat sich im rechtswissenschaftlichen Schrifttum auch nicht durchsetzen können[256]. Zunächst überzeugt die Differenzierung zwischen Einwirkungen auf den Täter und solchen auf die Tat nicht. Natürlich verlangt der Wortlaut des § 27 I StGB eine Hilfe zur "Tat". Allerdings hat jede Beeinflussung des Täters unweigerlich Auswirkungen auf die Tat. Eine strikte Trennung ist nicht möglich[257]. Wenn auf den zu einem bestimmten Delikt entschlossenen Täter dergestalt Einfluß genommen wird, daß dieser danach zu einer qualitativ völlig anderen Straftat bereit ist, hat jene Einwirkung sehr wohl Folgen für die Tat als solche -sie ist eine andere. Außerdem wirkt sich auch die Erteilung technischer Ratschläge erst über die Psyche des Täters aus. Die psychische Beihilfe durch intellektuelle Einwirkungen ist daher auch keine Einwirkung auf die Tat[258]. Konsequenterweise müßte diese Fallgruppe der psychischen Beihilfe in gleicher Weise abgelehnt werden.

Auch der frühere § 257 III S. 1 StGB läßt sich bei diesem Verständnis erklären. Seine Bedeutung für die *Beihilfe* war richtigerweise lediglich deklaratorisch[259], weshalb er bei der Trennung der persönlichen und sachlichen Begünstigung in unterschiedliche Tatbestände im Rahmen der Strafrechtsreform 1974 nicht beibehalten wurde[260].

Vor allem ist die Ausweitung der Beihilfehaftung in den straflosen Versuch hinein maßgeblich Folge der "Förderungsformel" der Rechtsprechung und kann durch konsequentes Anwenden der Bedingungstheorie vermieden werden. Damit ist einerseits eine Umgehung des Grundsatzes in dubio pro reo ausgeschlossen und es werden andererseits die für die Tat mitursächlichen Beiträge nicht straflos gestellt. Die Bedenken der Kritiker dieser Fallgruppe lassen sich somit zerschlagen und machen es nicht erforderlich, diese Einwirkungen auf die voluntative Seite der Psyche vollständig

---

[255]Wörtlich *Elvers*, ZStW 31 (1911), 898.

[256]Bestärkung des Tatentschlusses als Fallgruppe der psychischen Beihilfe wird anerkannt von LK-*Roxin*, StGB, § 27 Rn 13 f.; *Jescheck/Weigend*, Strafrecht AT, § 64 III 2 a (691 f.); *Spendel*, Dreher-FS (1977), 178 f.; *Rudolphi*, StV 1982, 520 f.; *Otto*, Grundkurs Strafrecht, § 22 Rn 55 ff.; *ders*, JuS 1982, 564; *ders.*, Lenckner- FS (1998), 198 f.; *Wessels/Beulke*, Strafrecht AT, Rn 581; Schönke/Schröder- *Cramer*, StGB, § 27 Rn 12; Tröndle/Fischer- *Tröndle*, StGB, § 27 Rn 7; *Maurach/Gössel/Zipf*, Strafrecht AT II, § 52 Rn 2, 6; *Jakobs*, Strafrecht, 22. Abschn. Rn 36.

[257]Ebenso LK- *Roxin*, StGB, § 27 Rn 14.

[258]Siehe *Otto*, Lenckner- FS (1998), 198 f.

[259]Ebenso *Sefzig*, Vorgeleistete Begünstigung, 53. Die eigentliche Bedeutung des § 257 III S. 1 StGB a.F. lag darin, das Konkurrenzverhältnis zwischen der Zusage der späteren Hilfe vor der Tat und der späteren tatsächlichen Beistandsleistung zu regeln. Allerdings wurde diese Norm sehr weit ausgedehnt, indem man in sie als eine Art unwiderlegliche Vermutung für psychische Beihilfe auffaßte. Siehe BGHSt 6, 20 (23); *Binding*, Lehrbuch Strafrecht BT, 660 und kritisch *Sefzig*, Vorgeleistete Begünstigung, 53 f.

[260]Siehe Begründung zum Gesetzesentwurf der Bundesregierung BT- Drucks. 7/550, 248: Möglichkeit, dies "auch ohne ausdrückliche Vorschrift als Beihilfe zu bestrafen".

aus dem Bereich der strafbaren Beihilfe auszuschließen[261]. Im Gegenteil, so würden Situationen, in denen kausale Rechtsgutsangriffe des Gehilfen gegeben sind, von vornherein nicht ihrem Beihilfeunwert entsprechend bestraft werden können. Denn es sind auch bei Einwirkungen auf das voluntative Element der Psyche durchaus Situationen denkbar, in welchen die Tat in ihrer konkreten Gestalt kausal mitverursacht wird. So liegt es, wenn das äußere Tatbild dergestalt modifiziert wird, daß die Tathandlungen des Täters intensiviert werden[262]. Dies gilt auch dann, wenn der Gehilfe dem Täter ein zusätzliches Motiv für dessen Tatentschluß liefert oder ein beim Täter vorhandenes Gegenmotiv ausredet. Wird dies vom Gehilfen aufgenommen und trägt damit nachweisbar zur Festigung und Verbreiterung seines Entschlusses bei, ist eine Kausalität des Gehilfenbeitrags zu dem so veränderten Tatentschluß und dessen Realisierung nicht zu verkennen. Denn der bloß hypothetische Umstand, daß die Tat möglicherweise auch ohne das neue Motiv des Gehilfen stattgefunden hätte, darf nach der Äquivalenztheorie nicht berücksichtigt werden[263]. Dagegen wird der Tatentschluß durch *bloße Solidarisierungs- und Zustimmungsbekundungen* nicht berührt. § 27 I StGB kann nicht auf bloße Sympathisanten erstreckt werden, dies würde in jedem Fall die Wortlautgrenze -Hilfe zur "Tat"- überschreiten[264]. Und dort, wo es absolut ausgeschlossen ist, dem Tatentschluß des Täters neue Motive hinzuzufügen, weil dieser bereits *fest und unumstößlich* seinen Motivationsprozeß abgeschlossen hat, ist eine psychische Beihilfe durch Stärken des Tatentschlusses nicht (mehr) möglich[265]. Bei nachweisbarer Stabilisierung liegt hingegen ein kausales Hilfeleisten psychischer Art im Sinne des § 27 I StGB vor. Wo sich eine Stärkung nicht eindeutig nachweisen läßt, kann nach dem Grundsatz in dubio pro reo nicht wegen psychischer Beihilfe bestraft werden[266].

Damit ist es möglich, die Fälle der vorgeleisteten Begünstigung ebenso wie die vergleichbaren Sachverhalte der Strafvereitelung als psychisches Bestärken des Tatentschlusses für die Haupttat und damit als psychische Beihilfe zu dieser zu sehen[267]. Es handelt sich um einen speziellen Fall der voluntativen Beeinflussung, dessen Besonderheit allein im *subjektiven* Tatbestand liegt. Denn es kommt dem Gehilfen nicht in erster Linie auf die *Haupttat* an. In den Fällen der vorgeleisteten persönlichen oder sachlichen Begünstigung ist vielmehr die *vorteilssichernde* beziehungsweise die *strafvereitelnde Wirkung* seines Beitrags das primäre Anliegen[268]. Der § 257 III S. 1 StGB a.F. brachte dies zumindest im Ansatz zum Ausdruck. Indem er die vor der Tat

---

[261]In diesem Sinne auch *Otto*, Lenckner- FS (1998), 198 f.

[262]Vgl. LK- *Roxin*, StGB, § 27 Rn 13 mit Beispiel.

[263]So zu Recht *Rudolphi*, StV 1982, 520.

[264]*Otto*, Grundkurs Strafrecht, § 22 Rn 56; LK- *Roxin*, StGB, § 27 Rn 13; *Roxin*, JZ 1996, 29. Dieser Punkt erscheint als die geeignete Stelle, um die Straflosigkeit des den Täter Bewirtenden oder medizinisch Versorgenden zu begründen: Es geht nicht um die "Tat", die Handlungen haben allein Sympathiewert. In diesem Sinne *Niedermair*, ZStW 107 (1995), 515.

[265]Vgl. *Otto*, JuS 1982, 564: dies wäre "Fiktion". Anders insoweit wohl *Ransiek*, wistra 1997, 41 (in Fn 4).

[266]Ebenso *Rudolphi*, StV 1982, 520.

[267]Ebenso LK- *Roxin*, StGB, § 27 Rn 12; LK- *Ruß*, StGB, § 257 Rn 5 und § 258 Rn 6; *Ransiek*, wistra 1997, 41 (in Fn 4); *Maurach/Schroeder/Maiwald*, Strafrecht BT II, § 100 Rn 12; *Spendel*, Dreher- FS (1977), 178 f.

[268]In diesem Sinne *Elvers*, ZStW 31 (1911), 897.

zugesagte Unterstützung als strafbare Beihilfe zur Vortat einordnete, ließ er erkennen, daß Sicherungsmaßnahmen bestärkende Wirkung auf den Täter in Bezug auf die Haupttat haben können[269]. Was somit bei Zusagen als bloße einseitige Versprechen für denkbar gehalten wurde, gilt um so mehr bei der Erbringung der die spätere Entdeckung ausschließenden oder vermindernden Beiträge vor der Tat. Dies kann *erst recht* den Haupttäter bestärken. Denn damit werden sozusagen vollendete Tatsachen geschaffen, deren Eignung, den Täter im Tatentschluß zu stabilisieren, weitaus größer ist, als bei bloß einseitigem Versprechen der Beistandsleistung für die Zeit nach der Tat. Läßt sich der Haupttäter vom Verhalten des Gehilfen nachweisbar bestärken, dann handelt es sich sachlich um Beihilfeunrecht. In diesem Fall liegt ein kausales Mitwirken bereits zur Haupttat in psychischer Form vor, der Handelnde greift *auch* das vom Haupttäter verletzte Rechtsgut an. Insofern ist es zumindest mißverständlich, wenn *Claß* sagt, daß die vorgeleistete Begünstigung "ihrem rechtlichen Wesen nach ... Begünstigung" sei, "da sie das in § 257 StGB geschützte Rechtsgut verletzt"[270]. Denn bei nachweisbarer Stabilisierung des Tatentschlusses des Täters liegt jedenfalls *auch* ein kausaler Angriff auf das von der Haupttat geschützte Rechtsgut vor, gleichsam *mittelbar* wird das von dieser geschützte Gut ebenfalls angegriffen. Nur dann, wenn keine kausale Verbindung zwischen dem Beitrag und der vom Täter verwirklichten Haupttat besteht, greifen Täter und der den Beitrag Leistende verschiedene Rechtsgüter an. In diesem Falle ist eine Strafbarkeit gemäß § 27 I StGB wegen des Strafgrundes der Teilnahme gerade ausgeschlossen. Es liegt dann keine Verletzung des auch gegenüber dem Teilnehmer geschützten Rechtsguts der Haupttat, kein akzessorischer Rechtsgutsangriff des Gehilfen vor.

Als Zwischenergebnis ist daher festzuhalten, daß sich aus § 27 I StGB keine Gründe ergeben, die eine Behandlung der hier untersuchten Fälle der vorgeleisteten sachlichen und persönlichen Begünstigung als Beihilfe ausschließen.

bbb)Verhältnis der Beihilfe zu den §§ 257, 258 StGB

Wenn demzufolge grundsätzlich die Möglichkeit besteht, die Fälle der vorgeleisteten persönlichen und sachlichen Begünstigung als psychische Beihilfe zu bestrafen, so erhebt sich die Frage nach dem Verhältnis zu den §§ 257 I, 258 I StGB. Es geht hierbei um mehrere, ineinander übergreifende Probleme.

So muß zum einen erörtert werden, ob bei den in Rede stehenden *vorgeleisteten* Verhaltensweisen die §§ 257 I, 258 I StGB tatbestandlich überhaupt erfüllt sind und ob sich hieraus Folgen für die Beihilfestrafbarkeit ergeben. Denn wenn die vorgeleisteten Beiträge den §§ 257 I, 258 I StGB tatbestandlich nicht unterfallen, so könnte es *einerseits* die Aufgabe der Beihilfe sein, diese Lücke zu schließen. Kommt der Beihilfe nicht diese Aufgabe zu, so könnte *andererseits* die Bejahung der Beihilfestrafbarkeit gerade zum Unterlaufen der tatbestandlichen Voraussetzungen der §§ 257 I, 258 I StGB führen. Insofern könnte die Beihilfe tatbestandlich aus diesem Grunde auszuschließen sein. Zudem ist als *dritte Möglichkeit* denkbar, daß die Frage der Tatbestandsmäßigkeit dieser Handlungen nach den §§ 257 I, 258 I StGB nichts mit der Beihilfestrafbarkeit zu tun hat. Werden diese Beiträge hingegen tatbestandlich

---

[269]Daß in dieser Regelung eine unwiderlegliche Vermutung für das Vorliegen von psychischer Beihilfe gesehen wurde, greift hingegen zu weit. Siehe soeben Fn 259.

[270]So wörtlich *Claß*, Stock- FS (1966), 118; ähnlich -für die Strafvereitelung- *Schaffstein*, Honig- FS (1970), 183.

grundsätzlich auch von §§ 257 I, 258 I StGB erfaßt, so ist gleichfalls ihr Verhältnis zur Beihilfe zu klären. Denn dann verwirklicht eine Handlung mehrere Straftatbestände. Entweder führt dies dazu, daß die vorgeleisteten Beiträge aus der Beihilfe[271] oder der persönlichen und sachlichen Begünstigung[272] eliminiert[273] werden müssen oder aber eine Lösung auf der Konkurrenzebene entwickelt werden muß.

Wenn die Untersuchung ergibt, daß eine Bestrafung der in Rede stehenden vorgeleisteten Beiträge als Beihilfe trotz der Existenz der §§ 257, 258 StGB möglich ist, so schließt sich hieran die weitere Frage an, ob es zumindest einen Zusammenhang, eine Parallelität zwischen den §§ 257 I, 258 I StGB und der Beihilfe in Gestalt der vorgeleisteten persönlichen oder sachlichen Begünstigung gibt. Gemeint ist damit die von *Otto* für die vorgeleistete Strafvereitelung durch neutrale und berufstypische Handlungen aufgeworfene These, daß als Beihilfe nicht bestraft werden könne, was - zeitlich später erbracht- nicht den Unrechtsgehalt der Strafvereitlung verwirkliche[274]. Losgelöst von der Frage, ob die vorgeleisteten Beiträge überhaupt den §§ 257 I, 258 I StGB unterfallen, lautet die Fragestellung, ob etwas als Beihilfe in Gestalt der vorgeleisteten Begünstigung oder Strafvereitelung bestraft werden kann, was aus *sonstigen* Gründen[275] tatbestandlich *keine* Begünstigung oder Strafvereitelung ist.

Alle diese Fragen und Probleme berühren das grundsätzliche Verhältnis der Beihilfe zu den §§ 257, 258 StGB und können nicht ohne Betrachtung der geschichtlichen Entwicklung der Begünstigungstatbestände gelöst werden. Denn es erweist sich, daß gerade in einem fehlerhaften historischen Verständnis dieser Delikte die Ursachen für die bestehenden Abgrenzungsschwierigkeiten liegen. Vor allem beruht noch heute der Wortlaut des § 257 I StGB auf diesem "historischen Abweg"[276] und verhindert eine vollständige Korrektur mittels Auslegung[277].

(1) Überblick über die geschichtliche Entwicklung der Begünstigungstatbestände

Die (persönliche und sachliche) Begünstigung als eigener Tatbestand des Besonderen Teils findet sich erstmals im Strafgesetzbuch für den Norddeutschen Bund von 1869[278].

Die Entwicklung bis zu diesem Zeitpunkt war zunächst durch die Erkenntnis geprägt, daß einem Täter Beistand vor, bei und auch noch nach der Tat geleistet werden kann[279]. Erstmalig hatten italienische Juristen im Mittelalter die Einsicht gewonnen, daß sich je nach dem zeitlichen Verhältnis von Haupttat und Beihilfe diese drei Bei-

---

[271]In diesem Sinne *Claß*, Stock- FS (1966), 118 und *Sefzig*, Vorgeleistete Begünstigung, 114.

[272]In diesem Sinne *Laubenthal*, Jura 1985, 630 (633) für den Zeitraum zwischen Vollendung und Beendigung der Haupttat. Wohl ebenso *Vogler*, Dreher- FS (1977), 417.

[273]Etwa mittels einer teleologischen Tatbestandsreduktion.

[274]So *Otto*, Lenckner- FS (1998), 219 f.

[275]Nochmals: Unabhängig von der Vorleistungseigenschaft der Beiträge (etwa weil keine tauglichen Hilfeleistungen im Sinne des § 257 I StGB vorliegen).

[276]Wörtlich *Elvers*, ZStW 31 (1911), 895.

[277]Denn Auslegung kann nur innerhalb des Wortlauts erfolgen. Siehe *Larenz*, Methodenlehre, 324.

[278]*Mezger*, ZStW 59 (1939), 549 (566 f.) m.w.N.

[279]Überblick über die Rechtsentwickung bei *Mezger*, ZStW 59 (1939), 550 ff.

hilfeformen unterscheiden lassen[280]. Jene Differenzierung zwischen auxilium ante delictum, in delicto und post delictum führte zum Wissen, daß der Beistand nach der Tat ein besonderer ist. Denn dieser kann auf die bereits abgeschlossene Haupttat keinen Einfluß gehabt haben, weshalb man sich in der Folgezeit -hauptsächlich, um das Interesse an einer milderen Bestrafung zu befriedigen- um eine schärfere Abgrenzung dieser subsequenten Teilnahme bemühte[281]. Insofern wurde zwar der Unterschied der nachfolgenden Teilnahme zur Teilnahme vor und während der Haupttat erkannt, man sprach nur von uneigentlicher Teilnahme. Der bleibende Gewinn dieser Unterscheidung war jedoch nur ein geringer. Denn durch die Einordnung der Begünstigungssituationen als Teilnahme im weitesten Sinne oder nachfolgende Teilnahme versperrte man sich den Weg zu einer Verselbständigung des auxilium post delictum[282].

Dieser Teilnahmegedanke wurde im wesentlichen unverändert bis zur Mitte des 18. Jahrhunderts aufrechterhalten. Die persönliche und sachliche Begünstigung wurde als eine Teilnahme im weitesten Sinne, als eine nachfolgende Teilnahme behandelt. Erst ab diesem Zeitpunkt zeichnete sich allmählich die Auflösung des Teilnahmegedankens ab. Ursächlich hierfür war die Beschäftigung der Literatur mit der Frage, wann eine Beihilfe zur Haupttat vorliegt. Dies kam mittelbar auch der Durchdringung der persönlichen und sachlichen Begünstigung zugute[283]. In dieser Zeit wurde dann im Schrifttum das erste Mal terminologisch von Begünstigung gesprochen[284]. Diese Begrifflichkeit ist erstmalig im Bayerischen Strafgesetzbuch von 1813 übernommen worden, wenngleich es die Begünstigung im Allgemeinen Teil im Zusammenhang mit der Teilnahme und einem von der Haupt-/Vortat abgeleiteten Strafrahmen regelte[285].

Einen wesentlichen Fortschritt stellte in der Folge das Preußische Strafgesetzbuch von 1851 dar. Auch dort wurde zwar die Begünstigung als eigene Deliktsart systematisch im Abschnitt, der die Teilnahme betraf, aufgeführt. Allerdings findet sich hier bereits eine deutliche Differenzierung zwischen der persönlichen und sachlichen Begünstigung, und dieses Delikt wurde mit einem eigenen, von der Haupttat losgelösten Strafrahmen versehen[286]. Insofern stellt jene Kodifizierung eine Art *Übergangsstufe* zur 1869 erfolgten Ausgliederung der Begünstigung aus dem Allgemeinen Teil dar[287]. Zwar orientierte sich der erste Entwurf eines Strafgesetzbuches für den Norddeutschen Bund von 1869 an dem Preußischen Strafgesetzbuch und führte die Begünstigung weiterhin im Allgemeinen Teil bei der Teilnahme. Jedoch bewirkte die Kritik an dem systematischen Standort im Laufe des Gesetzgebungsverfahrens die Verschiebung der Begünstigung in den Besonderen Teil des Strafgesetzbuchs für den Norddeutschen Bund[288].

---

[280] *Gretener*, Begünstigung, 22 ff.

[281] Vgl. *Mezger*, ZStW 59 (1939), 554 m.w.N.

[282] *Gretener*, Begünstigung, 26 f.; *Mezger*, ZStW 59 (1939), 554 f.

[283] *Gretener*, Begünstigung, 40.

[284] Nachweise bei *Gretener*, Begünstigung, 42.

[285] Siehe *Gretener*, Begünstigung, 45 ff., 51 und *Mezger*, ZStW 59 (1939), 559.

[286] *Gretener*, Begünstigung, 52 f.

[287] So *Gretener*, Begünstigung, 53.

[288] *Mezger*, ZStW 59 (1939), 566 f. m.w.N.

Bei der Schaffung dieses Tatbestandes im Jahre 1869 wurde jedoch ein "Denkfehler" begangen, der auch im Strafgesetzbuch für das Deutsche Reich von 1871 nicht korrigiert wurde und dessen Aufdeckung das Verdienst *Elvers*[289] ist. Insofern ist die Schaffung eines eigenen Begünstigungstatbestandes im Besonderen Teil des Strafgesetzbuchs "Rückschritt und Fortschritt zugleich"[290], weil der Verselbständigung der persönlichen und sachlichen Begünstigung von Anfang an ein "Geburtsfehler" anhaftete. Denn gerade die Kritik an der Dreiteilung der Teilnahme in zeitlicher Hinsicht und damit der Behandlung der Begünstigung als nachfolgende Teilnahme führte zwar zur Schaffung eines speziellen Tatbestandes für die sachliche und persönliche Begünstigung. Hierbei wurde aber der Begünstigung zeitlich nur insoweit Raum gegeben, wie eine Beihilfe auszuschließen war. Aus der Erkenntnis, daß eine Beihilfe mangels Kausalität nach der Tat nicht mehr möglich sei, wurde infolge der mangelnden dogmatischen Durchdringung der Begünstigung diese auf die Zeit nach der Beihilfe beschränkt. Eher aus einer lebensnahen Betrachtungsweise[291] denn aus dogmatischer Notwendigkeit ging man davon aus, daß nur jenseits der zeitlichen Grenzen der Beihilfe eine Begünstigung vorliegen könne. Der Fehler lag darin, daß man aus dem Umstand, daß eine Beihilfe nach der Tat nicht mehr möglich ist, folgerte, daß die Begünstigung nur nach der Tat denkbar ist. Die ehemalige Teilnahme post delictum wurde somit mit der Begünstigung gleichgesetzt[292]. Dies schlug sich von Anfang an im Tatbestand der Begünstigung nieder, indem der zur Vorteilssicherung oder Strafvereitelung geleistete Beistand "nach Begehung eines Verbrechens oder Vergehens" bestraft wurde[293]. Der an sich beabsichtigten Verselbständigung der Begünstigung als eigenes, strafwürdiges Unrecht wurde somit von Beginn an zeitlich Raum nur nach der echten Teilnahme gelassen.

Die Fehlerhaftigkeit dieser zeitlichen Eingrenzung der Begünstigung wurde trotz der Vorarbeit von *Elvers* auch bei der tatbestandlichen Trennung der persönlichen und sachlichen Begünstigung im Rahmen der Strafrechtsreform 1974[294] nicht erkannt und beseitigt. Nur zufällig kann seitdem eine persönliche Begünstigung nur gegenüber demjenigen, "der eine rechtswidrige Tat begangen hat", (§ 257 I StGB), hingegen die Strafvereitelung "wegen einer rechtswidrigen Tat" (§ 258 I StGB) erfolgen. Denn in der Begründung zum Gesetzentwurf wird mehrfach betont, eine sachliche Änderung zum bislang geltenden Recht sei nicht beabsichtigt und sowohl die Passagen zu § 257 als auch die zu § 258 StGB gehen demzufolge von einer begangenen Vortat als Grundlage dieser Tatbestände aus[295].

(2) Herkömmliche Bestimmung des zeitlichen Anwendungsbereichs der Begünstigungstatbestände

Dieser "Geburtsfehler" der Begünstigungstatbestände wirkt sich auf die Frage, ob Strafvereitelungen und Begünstigungen durch vorgeleistete Beiträge möglich sind,

---

[289] *Elvers*, ZStW 31 (1911), 893.

[290] So wörtlich *Gretener*, Begünstigung, 55.

[291] So *Vahrenbrink*, Die vorgeleistete Begünstigung, 22.

[292] *Elvers*, ZStW 31 (1911), 894.

[293] Die bis 1975 geltende Fassung des § 257 StGB ist abgedruckt bei LK- *Ruß*, StGB, § 257 vor Rn 1.

[294] Einführungsgesetz zum Strafgesetzbuch vom 02.03.1974 (EGStGB), BGBl. I 1974, 469.

[295] Siehe BT- Drucks. 7/550, 248 ff.

aus. Im untrennbaren Zusammenhang zu dieser Frage steht das Verhältnis der Beihilfe zu den Begünstigungstatbeständen.

So hat zwar *Elvers* bereits 1911 die Fehlerhaftigkeit der zeitlichen Trennung der Beihilfe von persönlicher und sachlicher Begünstigung aufgedeckt. Das von ihm statt der zeitlichen Abgrenzung vorgeschlagene Kriterium der Kausalität leidet im Grunde genommen aber an dem selben Fehler. Denn auch er bestimmt die Reichweite der Begünstigungstatbestände nicht aus diesen selbst heraus, sondern von der Beihilfe her. Seiner Ansicht nach ist die "echte Teilnahme ... diejenige, die für das Verbrechen kausal ist und daher diesem zeitlich nur vorangehen kann. Die Begünstigung aber ist diejenige Beistandsleistung, die für die Tat nicht kausal ist"[296]. Eine persönliche oder sachliche Begünstigung vor der Tat ist damit nach *Elvers* zwar nicht ausgeschlossen[297]. Wegen des Wortlauts des § 257 StGB a.F. sei aber eine Bestrafung nach dieser Norm nicht möglich. Im Ergebnis gelangt er zur Straflosigkeit, da *Elvers* die psychische Beihilfe durch Bestärkung des Tatentschlusses ebenfalls ablehnt[298]. Damit trennt er sich der Sache nach nicht wirklich von der alten zeitlichen Dreiteilung der Teilnahme. Denn er folgert aus dem Kausalitätserfordernis der Beihilfe, daß die Begünstigungstatbestände nur durch nicht kausale Beiträge verwirklicht werden können[299].

Trotz des Beitrags von *Elvers* nahm das *Reichsgericht* auch in der Folgezeit grundsätzlich allein eine zeitliche Abgrenzung vor. Beihilfe sollte zunächst nur bis zum Abschluß der Vortat im Sinne der *formellen Vollendung* möglich sein und erst ab diesem Zeitpunkt wurde den Begünstigungstatbeständen Raum gegeben[300]. Insofern ging das *Reichsgericht* offenbar von einer strengen zeitlichen Ausschließlichkeit aus. Entweder war das Verhalten Beihilfe oder es unterfiel den Begünstigungstatbeständen[301]. Gerade der "Staubhemdfall" zeigt dies eindrücklich[302]. Eine Strafbarkeit der vorgeleisteten persönlichen oder sachlichen Begünstigung nach dem § 257 StGB a.F. war bei diesem Verständnis ausgeschlossen.

Zu diesem Ergebnis gelangt auch *Claß*, der sich nach *Elvers* erstmals ausführlich mit den vorgeleisteten Beiträgen befaßte[303]. Unter § 257 StGB a.F. seien sie wegen des klaren Wortlauts nicht einzuordnen. Seiner Ansicht nach gehören diese Beiträge auch nicht in den Beihilfetatbestand, da sie die Rechtsgüter der persönlichen und sachlichen Begünstigung angreifen und verletzen. Insofern konstatiert er eine Gesetzeslücke, die ohne Verstoß gegen das Analogieverbot nicht geschlossen werden könne[304].

In der Folge beschäftigte sich *Sefzig* ausführlich mit den vorgeleisteten Beiträgen. Er kritisiert die zeitliche Abgrenzung der Beihilfe von sachlicher und persönlicher Begünstigung[305]. Ausgehend vom geschützten Rechtsgut der Begünstigungstatbestände gelangt er zu dem Ergebnis, daß es unbeachtlich sei, wann die Beistandslei-

---

[296]So wörtlich *Elvers*, ZStW 31 (1911), 895.

[297]*Elvers*, ZStW 31 (1911), 895.

[298]So *Elvers*, ZStW 31 (1911), 897 f.

[299]In diesem Sinne *Vahrenbrink*, Die vorgeleistete Begünstigung, 97 und bereits *Plümer*, Verhältnis, 98.

[300]Vgl. RGSt 8, 177 (179); RGSt 22, 2 (3 f.); RGSt 52, 202.

[301]In diesem Sinne *Vahrenbrink*, Die vorgeleistete Begünstigung, 92.

[302]Zum Staubhemdfall des *RG* siehe oben Fn 227.

[303]*Claß*, Stock- FS (1966), 115.

[304]So *Claß*, Stock- FS (1966), 117 f.

[305]*Sefzig*, Vorgeleistete Begünstigung, 98 f.

stung dem Täter erbracht werde. Aus Gerechtigkeitsgesichtspunkten und kriminalpolitischen Gründen sei kein Unterschied zwischen dem nach der Tat geleisteten Beistand und den vorgeleisteten Beiträgen festzustellen[306]. Allerdings verhindere der Wortlaut der alten Fassung des § 257 StGB die Einbeziehung dieser vorgeleisteten Beiträge, weil dieser das zeitliche Element festschreibe. *Sefzig* blieb daher nur, dem künftigen Gesetzgeber die Abschaffung der zeitlichen Komponente in den Begünstigungstatbeständen vorzuschlagen[307].

Später untersuchte *Plümer* anhand des neugeschaffenen § 258 I StGB die vorgeleistete Strafvereitelung. Dabei gelangte auch er zu dem Ergebnis, daß das von § 258 I StGB geschützte Rechtsgut bereits durch vor der Tat geleisteten Beistand verletzt werden könne[308]. Nach dem Wesen der Strafvereitelung sei eine Einbeziehung dieser Beiträge in den Tatbestand des § 258 I StGB möglich, sofern nach der Tat eine strafvereitelnde Wirkung eintritt[309]. Dies scheitere nach den gesetzgeberischen Veränderungen auch nicht mehr am Wortlaut des persönlichen Begünstigungstatbestandes[310]. Eine Erfassung der vorgeleisteten Strafvereitelung in § 258 I StGB ist nach *Plümer* somit möglich.

Trotz dieser zahlreichen Kritik an der zeitlichen Abgrenzung der Beihilfe von den Begünstigungstatbeständen wurde diese Sichtweise in Rechtsprechung und Literatur überwiegend aufrechterhalten.

Selbst als die Judikatur und ein Teil des Schrifttums die Möglichkeit der Beihilfe über den Zeitpunkt der formellen Vollendung der Haupttat hinaus bis zur *materiellen Tatbeendigung* ausdehnten[311], wurde die konkrete Gelegenheit zum Überdenken der zeitlichen Abgrenzung nicht ergriffen. Denn zwar war Folge dieser Ausdehnung der Beihilfe in den bis dahin den Begünstigungstatbeständen vorbehaltenen zeitlichen Bereich, daß nunmehr zwischen Vollendung und Beendigung der Haupttat sowohl Beihilfe als auch persönliche oder sachliche Begünstigungen möglich waren. Eine strikte zeitliche Trennung war somit zumindest in dieser Phase der Deliktsbeendigung nicht mehr möglich. Anstatt diese Chance zu nutzen, hielt jedoch vor allem die Rechtsprechung grundsätzlich an der zeitlichen Abgrenzung fest und suchte lediglich für die Beendigungsphase ein neues Kriterium. In diesem Stadium soll die subjektive Willensrichtung des Handelnden entscheiden, ob sein Verhalten noch Beihilfe zur Vortat oder schon persönliche oder sachliche Begünstigung ist[312]. Damit schließen sich Beihilfe und die Begünstigungstatbestände weiterhin grundsätzlich aus, nur in der Beendigungsphase sind Überschneidungen möglich. Konsequenz dieser Sichtweise ist, daß vorgeleistete Beiträge den Begünstigungstatbeständen nicht unterfallen.

---

306 *Sefzig*, Vorgeleistete Begünstigung, 99 ff., 83 ff.

307 Auch psychische Beihilfe lehnt *Sefzig* ab, so daß er zur Straflosigkeit gelangt. *Sefzig*, Vorgeleistete Begünstigung, 114.

308 So *Plümer*, Verhältnis, 41 ff, 53.

309 Zu § 257 StGB äußert sich *Plümer* nur am Rande, siehe *Plümer*, Verhältnis, 85 (in Fn 4).

310 So *Plümer*, Verhältnis, 54 ff.

311 Siehe oben Fn 44.

312 Vgl. BGHSt 4, 132 (133); *OLG Köln* NJW 1989, 587 (588). Weitere Nachweise in *Otto*, Grundkurs Strafrecht BT, § 57 Rn 4 (in Fn 11).

Hingegen halten diejenigen Autoren, die eine zeitliche Ausdehnung der Beihilfe bis zur Deliktsbeendigung ablehnen, grundsätzlich[313] an der *Vollendung* als zeitliche Trennlinie zwischen Beihilfe und den Begünstigungstatbeständen fest[314]. Demgegenüber verlagert ein weiterer Teil des Schrifttums die zeitliche Grenze zwischen Beihilfe und persönlicher sowie sachlicher Begünstigung der Sache nach auf die *Tatbeendigung*[315]. Der Ansatz der Rechtsprechung -Ausdehnung der Beihilfe bis zur Beendigung- wird somit geteilt, nicht aber deren Abgrenzungskriterium der subjektiven Willensrichtung. Vielmehr soll bis zur Beendigung des Delikts im Ergebnis nur Beihilfe vorliegen[316]. Ob zwischen Vollendung und Beendigung § 257 I StGB *tatbestandlich* vorliege, wird etwa von *Stree* ausdrücklich offengelassen, da jedenfalls eine Bestrafung wegen des Gedankens aus § 257 III StGB nicht erfolgen dürfe[317]. *Laubenthal* tendiert hingegen erkennbar zu einer teleologischen Tatbestandsreduktion der §§ 257 I, 258 I StGB in dem Zeitraum zwischen Vollendung und Beendigung[318]. Seiner Ansicht nach bedarf es eines Rechtschutzes durch § 257 StGB überhaupt erst dann, wenn wegen Tatbeendigung kein Raum mehr für eine Beihilfestrafbarkeit sei.

Allerdings wird sowohl von den Autoren, die in der *Vollendung* der Vor-/Haupttat das entscheidende Zeitmoment für die Abgrenzung sehen, als auch von dem Teil des Schrifttums, der auf die *Beendigung* abstellt, überwiegend eine bedeutsame *Differenzierung* vorgenommen. Denn es komme nicht auf den Zeitpunkt der begünstigenden oder strafvereitelnden *Handlung* an. Für die Begünstigung und Strafvereitelung sei vielmehr allein entscheidend, ob die Handlung ihre *Wirkung* erst nach der Vollendung beziehungsweise der Tatbeendigung zeige[319]. Diese Unterscheidung findet sich bereits bei *Binding*[320]. Der Sache nach wird damit der Anwendungsbereich der Begünstigungstatbestände ausgedehnt. Vorgeleistete Beiträge können nach dieser Ansicht als Strafvereitelungen oder Begünstigungen erfaßt werden, sofern sie nur nach der Vollendung beziehungsweise Tatbeendigung wirken. Nimmt man diese Differenzierung allerdings nicht vor, können vorgeleistete Handlungen allein Beihilfe zur Vor-/Haupttat darstellen. Konsequenterweise fordert etwa *Roxin* einen neuen Absatz in § 258 StGB, um die vorgeleistete Strafvereitelung dort zu erfassen[321].

Erstaunlicherweise wird diese Differenzierung zwischen Handlung und Wirkung der Beiträge nicht näher begründet. Auch die Vereinbarkeit mit dem Wortlaut der

---

[313]Ausnahmen sollen für Dauerdelikte gelten, siehe LK- *Roxin*, StGB, § 27 Rn 39.

[314]*Jakobs*, Strafrecht, 22. Abschn. Rn 40 f.; *Maurach/Gössel/Zipf*, Strafrecht AT II, § 52 Rn 13; SK/StGB- *Rudolphi*, Vor § 27 Rn 9; SK/StGB- *Samson*, § 27 Rn 18; LK- *Roxin*, StGB, § 27 Rn 35; LK- *Ruß*, StGB, § 257 Rn 5 und § 258 Rn 7.

[315]So Schönke/Schröder- *Stree*, StGB, § 257 Rn 8; *Vogler*, Dreher- FS (1977), 417; *Laubenthal*, Jura 1985, 631; *Geppert*, Jura 1980, 269 (273) und deutlicher *Geppert*, Jura 1994, 441 (442).

[316]Auch bei Dauerdelikten, siehe Schönke/Schröder- *Stree*, StGB, § 257 Rn 8.

[317]So Schönke/Schröder- *Stree*, StGB, § 257 Rn 8, 31; ebenso *Seelmann*, JuS 1983, 32 (33 f.). Für die Strafvereitelung tendiert *Stree* hingegen zum tateinheitlichen Verhältnis zwischen Beihilfe und Strafvereitelung, wenngleich er an dieser Stelle allein die vorversprochene Strafvereitelung nennt, vgl. Schönke/Schröder- *Stree*, StGB, § 258 Rn 42.

[318]*Laubenthal*, Jura 1985, 633. Wohl ebenso *Vogler*, Dreher- FS (1977), 417.

[319]So Schönke/Schröder- *Stree*, StGB, § 257 Rn 7; *Geppert*, Jura 1980, 273; *Laubenthal*, Jura 1985, 631; SK/StGB- *Samson*, § 257 Rn 27; *Blei*, Strafrecht II, § 109 III 1 c (430); LK- *Ruß*, StGB, § 257 Rn 5 und § 258 Rn 6; *Seelmann*, JuS 1983, 34.

[320]*Binding*, Lehrbuch Strafrecht BT, 658 f.

[321]LK- *Roxin*, StGB, § 27 Rn 12.

§§ 257 I, 258 I StGB wird nicht untersucht. In einer ausführlichen Darstellung widmet sich *Vahrenbrink* diesen Fragen. Dabei bestimmt er zunächst die geschützten Rechtsgüter und die Schutzzwecke der §§ 257, 258 StGB[322]. Im Anschluß an *Sefzig* und *Plümer* begründet er dann, daß vom Wesen und Rechtsgüterschutz die Bestrafung der vorgeleisteten Beiträge als Begünstigungen und Strafvereitelungen nicht nur möglich, sondern sogar geboten sei. Maßgeblich sei allein, ob sich ein Beitrag nach der Tat begünstigend oder strafvereitelnd auswirkt. Denn bereits dann seien die jeweiligen Schutzbereiche tangiert, zumal diese Unterscheidung zwischen dem Zeitpunkt der Vornahme der Handlung und dem ihrer Wirkung im Strafrecht nicht ungewöhnlich sei[323]. Seiner Ansicht nach scheitert diese Sichtweise auch nicht am Wortlaut der §§ 257 I, 258 I StGB[324], worauf sogleich noch näher einzugehen sein wird.

Vor diesem Hintergrund der überwiegend vorgenommenen Beschränkung der Begünstigungstatbestände auf die Zeit nach der vollendeten oder beendeten Vortat erscheint es inkonsequent, daß für diese Delikte eine im *(strafbaren) Versuch steckengebliebene Vortat* nach allgemeiner Ansicht ausreicht. Die Vortat ist in diesem Fall noch nicht abgeschlossen im Sinne der soeben aufgeführten verschiedenen Ansichten. Dennoch erfährt die zeitliche Abgrenzung mittels des Kriteriums der abgeschlossenen Vortat hier eine durchweg anerkannte Ausnahme. Unter Berufung auf das Wesen und das geschützte Rechtsgut des § 257 I StGB soll, soweit der Versuch bereits restituierbare Vorteile gebracht hat, eine Begünstigung möglich sein[325]. Auch bei § 258 I StGB wird in einem strafbaren Versuch eine taugliche Vortat gesehen[326].

(3) Stellungnahme: Anwendungsbereich der §§ 257 I, 258 I StGB eigenständig zu bestimmen

Angesichts dieser vorherrschenden zeitlichen Beschränkung der Begünstigungstatbestände auf die Zeit nach der Beihilfe[327] drängt sich insgesamt der Eindruck auf, daß die §§ 257 I, 258 I StGB weiterhin als eine Art nachfolgende Teilnahme gesehen werden[328]. Bereits die Bezeichnung der §§ 257, 258 StGB als *Anschluß*delikte[329] kann als Indiz hierfür gesehen werden. Die durch Schaffung von Begünstigungstatbeständen im Besonderen Teil formal erreichte Verselbständigung gegenüber der Teilnahme wird insofern materiell nicht konsequent umgesetzt[330]. Der "Geburtsfehler" der Begünstigungstatbestände, wird, obschon er bereits frühzeitig nachgewiesen wurde, gedanklich nicht korrigiert. Statt dessen wird zusätzlich auf das Kriterium der

---

[322] *Vahrenbrink*, Die vorgeleistete Begünstigung, 101 ff.

[323] *Vahrenbrink*, Die vorgeleistete Begünstigung, 118 ff.

[324] Siehe *Vahrenbrink*, Die vorgeleistete Begünstigung, 120 ff.

[325] Siehe RGSt 53, 284 (285); Schönke/Schröder- *Stree*, StGB, § 257 Rn 6, Tröndle/Fischer- *Fischer*, StGB, § 257 Rn 4; Lackner/Kühl- *Kühl*, StGB, § 257 Rn 2; *Geppert*, Jura 1980, 273.

[326] So RGSt 50, 218 (220); LK- *Ruß*, StGB, § 258 Rn 6; Schönke/Schröder- *Stree*, StGB, § 258 Rn 5.

[327] Unabhängig davon, ob man damit die Vollendung oder Beendigung der Haupttat meint.

[328] So etwa von *Vogler*, Dreher- FS (1977), 417. Siehe auch Tröndle/Fischer- *Fischer*, StGB, § 257 Rn 1: "nachträglich versuchte Beihilfe zur Vortat".

[329] So beispielsweise *Geppert*, Jura 1980, 269.

[330] In diesem Sinne *Vahrenbrink*, Die vorgeleistete Begünstigung, 100.

Willensrichtung abgestellt, welches unrealistisch und eine reine Fiktion ist[331]. Wenn aber die persönlichen und sachlichen Begünstigungen eigenes strafwürdiges Unrecht darstellen[332], weshalb man sie als spezielle Tatbestände im Besonderen Teil aufnahm, so muß aus den von diesen Tatbeständen *geschützten Rechtsgütern* und ihren *Wesen* bestimmt werden, wann diese Delikte vorliegen. Die zeitliche Reichweite der Beihilfe zur Vortat kann darüber keinen Aufschluß geben, jedenfalls dann nicht, wenn man die Verselbständigung ernst meint. Es ist ein Widerspruch, jedenfalls aber inkonsequent, die §§ 257, 258 StGB zu eigenständigen Delikten zu erklären, aber zugleich zu behaupten, sie könnten nur nach der Vortat begangen werden[333].

(a) Eigenständigkeit der §§ 257 I, 258 I StGB in Bezug auf Schutzgut und Wesen

Welche Rechtsgüter die §§ 257 I, 258 I StGB schützen, wird zwar in Literatur und Rechtsprechung nicht einheitlich gesehen[334]. So soll teilweise im fremden Vermögen das von § 257 I StGB geschützte Rechtsgut liegen[335], was aber seit der Neufassung der §§ 257 ff. StGB im Jahre 1974 kaum dem Wortlaut des § 257 I StGB gerecht wird. Denn im Unterschied zu § 259 I StGB verlangt § 257 I StGB weder eine gegen "fremdes Vermögen gerichtete" Vortat, noch eine Bereicherungsabsicht als typische Merkmale eines Vermögensdelikts[336]. Andere Autoren sehen den Schutz des von der Vortat betroffenen Rechtsguts und damit allein den Individualrechtsschutz als Aufgabe des § 257 I StGB[337]. Nach überwiegender und vorzugswürdiger Ansicht schützt die Begünstigung jedoch kumulativ die Allgemeininteressen und das Interesse des von der Vortat Betroffenen an der Restitution[338], wenngleich die Einzelheiten noch nicht abschließend geklärt sind und auch hier nicht geklärt werden können[339].

So soll nach der überwiegenden Ansicht das Wesen der Begünstigung in der *Hemmung der Rechtspflege* liegen. Die Wiederherstellung des gesetzmäßigen Zustands, welcher ansonsten durch staatliche Organe oder das Eingreifen des Verletzten

---

[331]Nicht zuletzt wegen der Beweisschwierigkeiten und der Manipulationsmöglichkeiten des Helfenden. Siehe *Vahrenbrink*, Die vorgeleistete Begünstigung, 147; LK- *Roxin*, StGB, § 27 Rn 35; *Jakobs*, Strafrecht, 22. Abschn. Rn 41; *Vogler*, Dreher- FS (1977), 416: "nicht ohne Willkür".

[332]Was vom Schrifttum betont wird, siehe Schönke/Schröder- *Stree*, StGB, Vor §§ 257 ff. Rn 3; ebenso *Schaffstein*, Honig- FS (1970), 183 f.

[333]Ebenso *Vahrenbrink*, Die vorgeleistete Begünstigung, 100.

[334]Ausführlich *Vahrenbrink*, Die vorgeleistete Begünstigung, 101 ff.

[335]So bereits *Gretener*, Begünstigung, 108. Aus heutiger Zeit *Otto*, Grundkurs Strafrecht BT, § 57 Rn 1.

[336]Ebenso *Vahrenbrink*, Die vorgeleistete Begünstigung, 102.

[337]So SK/StGB- *Samson*, § 257 Rn 5.

[338]So *BGH* NStZ 1994, 187 (188) m.w.N.; *Zipf*, JuS 1980, 24 (26); Tröndle/Fischer- *Fischer*, StGB, Vor § 257 Rn 2; *Geppert*, Jura 1994, 442; *ders.*, Jura 1980, 270; Schönke/Schröder- *Stree*, StGB, § 257 Rn 1; Lackner/Kühl- *Kühl*, § 257 Rn 1; *Wessels//Hillenkamp*, Strafrecht BT II, Rn 802; LK- *Ruß*, StGB, § 257 Rn 2; *Seelmann*, JuS 1983, 33.

[339]Insbesondere ist die Stellungnahme zu den unterschiedlichen Auffassungen hinsichtlich des geschützten Allgemeininteresses entbehrlich. Es geht hier nur um die Verdeutlichung der Eigenständigkeit der §§ 257, 258 StGB bezüglich der geschützten Rechtsgüter, auch wenn dabei Unterschiede im Detail bestehen. Trotz einiger auf den ersten Blick überzeugender Argumente *Vahrenbrinks* wird im folgenden die herrschende Ansicht (§ 257 StGB als Restitutionsvereitelungsdelikt) zugrundegelegt.

erzielt werden könnte, werde verhindert, verzögert oder erschwert[340]. Der Begünstigung soll der Gedanke zugrundeliegen, daß sich "eine Straftat nicht rentieren darf"[341]. Mit anderen Worten wird das von § 257 I StGB geschützte Allgemeininteresse als Interesse des Staates an der *Restitution* definiert.

Diesen Charakter als Restitutionsvereitelungsdelikt stellt neuerdings *Vahrenbrink* in Frage. Das gegebenenfalls[342] neben den Individualinteressen geschützte Allgemeininteresse liege nicht im staatlichen Interesse an einer Restitution. Denn weder komme der Zivilrechtspflege die Aufgabe zu, strafbare Handlungen zu restituieren noch bestehe ein sonstiger öffentlicher Anspruch auf Restitution aller deliktisch erlangten Sachen[343]. Der Staat habe somit nicht die allgemeine Aufgabe der Restitution, sondern die Pflicht, den Täter zu bestrafen. Die Begünstigung schütze deshalb vielmehr die *Strafrechtspflege* in ihrer Aufgabe, durch Zugriff auf die Vorteile der Tat die *Beweislage* zu sichern[344].

Bei der Strafvereitelung besteht hingegen über das geschützte Rechtsgut weitgehend Einigkeit. Es soll sich um ein Delikt gegen den Staat und dessen Straf- und Maßnahmeanspruch handeln[345]. Geschützt werde die Strafrechtspflege in ihrer speziellen Aufgabe, den Täter einer rechtswidrigen Tat zu bestrafen oder Maßnahmen zu unterwerfen[346]. Das Wesen der Strafvereitelung besteht mithin in einer Behinderung der Verwirklichung des staatlichen Strafanspruchs und der Unterwerfung von Maßnahmen im Sinne des § 11 I Nr. 8 StGB[347].

(b) Zeitliche Verselbständigung: Zeitpunkt der Vornahme der Tathandlung irrelevant

Damit wird trotz aller Unterschiede im Detail jedenfalls deutlich, daß Schutzzweck und Wesen der §§ 257, 258 StGB *nicht identisch* mit dem durch § 27 StGB in Verbindung mit einer Haupttat sanktionierten Unwert sind. Das Wesen der Teilnahme ist, daß der Gehilfe gerade ein auch ihm gegenüber geschütztes Rechtsgut -nämlich das der Haupttat- selbständig angreift[348]. Die Vor-/Haupttat hat bei der Beihilfe eine

---

[340]So BGHSt 24, 166 (167); *BGH* NStZ 1987, 22; Tröndle/Fischer- *Fischer*, StGB, § 257 Rn 1; *Geppert*, Jura 1994, 442; Franzen/Gast/Joecks- *Joecks*, § 369 Rn 176; LK- *Ruß*, StGB, § 257 Rn 2.

[341]Wörtlich *Vogler*, Dreher- FS (1977), 413. Ebenso *Geppert*, Jura 1994, 442.

[342]Denn ob § 257 StGB auch Individualinteresen schützt, läßt *Vahrenbrink*, Die vorgeleistete Begünstigung, 106 f, 114 explizit offen.

[343]So *Vahrenbrink*, Die vorgeleistete Begünstigung, 104 f. Anders in Bezug auf die Zivilrechtspflege *Sefzig*, Vorgeleistete Begünstigung, 99 f. (insbesondere in Fn 283).

[344]*Vahrenbrink*, Die vorgeleistete Begünstigung, 105.

[345]SK/StGB- *Samson*, § 258 Rn 2.

[346]So BGHSt 30, 77 (78); LK- *Ruß*, StGB, § 258 Rn 1; SK/StGB- *Samson*, § 258 Rn 2; Schönke/Schröder- *Stree*, StGB, § 258 Rn 1; vergleichbar *Vahrenbrink*, Die vorgeleistete Begünstigung, 111 f.: Strafrechtspflege in ihrem Interesse, Zugriff auf den Täter zu bekommen; allgemeiner Lackner/Kühl- *Kühl*, StGB, § 258 Rn 1 (Delikt gegen die staatliche Rechtspflege) und in dieser allgemeinen Form auch noch BGHSt 23, 360 (361).

[347]Schönke/Schröder- *Stree*, StGB, § 258 Rn 1.

[348]So der hier vertretene Strafgrund der Teilnahme, vgl. ab S. 113.

andere Bedeutung als bei den Begünstigungstatbeständen[349]. Die Beihilfe ist kraft gesetzlicher Anordnung limitiert akzessorisch, §§ 27 I, 29 StGB. Bei den Begünstigungstatbeständen setzen alle im Detail unterschiedlichen Ansichten zum Rechtsgut eine Vortat nur als geschichtliches Ereignis, als Bedingung, welches das real verletzbare Schutzobjekt erst zur Entstehung bringt, voraus[350]. Das Unrecht der Begünstigungstatbestände wird somit von dem Unwert der Vortat nicht in der Weise bestimmt, wie es bei der Beihilfe der Fall ist. Dort muß der Gehilfe zwar ein auch ihm gegenüber geschütztes Rechtsgut selbständig angreifen. Aber dieses Rechtsgut muß wegen der Akzessorietät immer das von der *Haupttat* verletzte oder gefährdete Gut sein.

Wenn somit am *Schutzgut* und *Wesen* die Verselbständigung der Begünstigungstatbestände gegenüber der Teilnahme in Rechtsprechung und Schrifttum materiell bereits vollzogen wurde, so muß dies folgerichtig auch für die (zeitliche) *Reichweite dieser Tatbestände* umgesetzt werden. Erfüllen Begünstigung und Strafvereitelung gegenüber der Beihilfe andere Schutzzwecke, dann kann sich ihr Eingreifen auch nur danach bemessen, gegen welche Angriffe sie schützen sollen und von welchem Zeitpunkt an derartige Angriffe vorliegen[351]. Es ist kein Grund ersichtlich, daß die Begünstigungstatbestände nur Handlungen erfassen sollen, die *nach* abgeschlossener Vortat geleistet werden. Weder persönliche noch sachliche Begünstigungen sind *wesensmäßig* nur nach einer abgeschlossenen Tat möglich[352].

Ob die *Begünstigung* neben der Verletzung von Individualinteressen durch Restitutionsvereitelung gekennzeichnet ist, wie überwiegend vertreten wird, oder dadurch, wie *Vahrenbrink* meint, daß die Beweislage zu Lasten der Strafrechtspflege verschlechtert wird, ist sekundär. Denn stets sind Handlungen denkbar, die bereits vor der Vortat auf die Restitutionsvereitelung oder Beweisverschlechterung zielen und somit neben den so verstandenen Allgemeininteressen die Belange des Individuums beeinträchtigen. Es kann vom Schutzgut der Begünstigung betrachtet nicht darauf ankommen, *wann* die gegen das geschützte Gut zielende Handlung erbracht wird. Für den vollständigen und umfassenden Schutz dieses Guts ist vielmehr entscheidend, *ob* der Beitrag rechtgutsbeeinträchtigende Wirkungen hat. Ist dies der Fall, liegt strafwürdiges Begünstigungsunrecht vor.

Nichts anderes gilt für die *Strafvereitelung*. Auch hier muß es darauf ankommen, ob die Strafrechtspflege in ihrer Aufgabe, den Täter zu bestrafen oder einer Maßnahme zu unterwerfen, beeinträchtigt wird. *Wann* die dahingehende Handlung erbracht wird, ist zweitrangig. Gerade die hier in Rede stehenden vorgeleisteten Beiträge der Bankmitarbeiter verdeutlichen dies eindrücklich. Die Enttarnung des transferierenden steuerunehrlichen Kundens zum Zwecke der Strafverfolgung ist gleichermaßen schwierig und zeitaufwendig, wenn dieser das Transfersystem zur Vorbereitung der Steuerhinterziehung oder erst nach einer solchen Tat mit akkumulierten Beträgen nutzt. Seine Bestrafung für die Steuerhinterziehung wird in beiden Fällen gleich erschwert und verzögert.

---

[349]Wenngleich auch bei den Begünstigungstatbeständen lange Zeit von einer Akzessorietät gesprochen und versucht wurde, hieraus Folgen für die Angleichung der §§ 257, 258 StGB an die Teilnahme herzuleiten. Siehe etwa BGHSt 1, 47 (49). Kritisch hierzu Schönke/Schröder- *Stree*, StGB, Vor §§ 257 ff. Rn 3.

[350]In diesem Sinne auch *Plümer*, Verhältnis, 105.

[351]Ebenso *Sefzig*, Vorgeleistete Begünstigung, 99 f.; *Plümer*, Verhältnis, 96.

[352]*Elvers*, ZStW 31 (1911), 895.

Insgesamt ist es somit vom Schutzzweck und Wesen der §§ 257 I, 258 I StGB betrachtet kein Unterschied, ob die Beistandsleistung vor oder erst nach der Haupttat erbracht wird[353]. Mit anderen Worten ist der Zeitpunkt der Vornahme der Handlung irrelevant. Entscheidend ist allein die strafvereitelnde oder begünstigende Wirkung nach der Tat.

(c) Konstruktive Bedenken ?

Allerdings bedeutet dies für die vorgeleisteten Beiträge, daß zur Zeit der Vornahme der *Handlung* noch gar kein konkretes *Schutzobjekt* besteht. Dies begegnet auf den ersten Blick konstruktiven Bedenken. Denn ein geschütztes Rechtsgut ist ideell und bedarf zur realen Verletzung oder Gefährdung einer Konkretisierung durch ein Objekt der Seinswelt[354]. Ein real verletzbares Objekt der Begünstigung -konkreter Restitutions- oder Beweismittelsicherungsanspruch des Staates sowie spezielles Restitutionsinteresse des durch die Vortat Verletzten- existiert erst mit der Vortat. Auch bei der Strafvereitelung entsteht eine konkrete Strafverfolgungsaufgabe (Bestrafung oder Maßnahmeunterwerfung) als tatsächlich verletzbares Objekt erst im Moment der Vortat.

Gleichwohl ist der Streit, ob das real verletzbare Schutzobjekt bereits bei *Willensbetätigung* des Handelnden, bei der *Einwirkung* auf das Tatobjekt oder erst bei *Erfolgseintritt* bestehen muß[355], vorliegend irrelevant[356]. Dies gilt jedenfalls dann, wenn man den frühestmöglichen Zeitpunkt der *Willensbetätigung* des Handelnden als zu weitgehende und nicht sachgerechte Einengung der Tatbestandsmäßigkeit ablehnt[357]. Denn bei den Begünstigungstatbeständen liegt zum Zeitpunkt der Einwirkung auf das Tatobjekt (zweitmöglicher Zeitpunkt) stets bereits ein real verletzbares Schutzobjekt vor. Wie *Vahrenbrink* nachgewiesen hat, setzt die Einwirkung der Handlung auf das Tatobjekt voraus, daß ohne die Existenz des Schutzobjekts ein Zustand besteht, der von der Handlung überhaupt erreicht werden kann[358]. Er nennt dies "Vorzustand", den es etwa vor dem geschützten Rechtsgut Leben in Form der Leibesfrucht gibt, der aber bei den Begünstigungstatbeständen fehlt. Denn diese schützen keinen Zustand, sondern eine bestimmte Aufgabe, eine Funktion, wie auch immer man diese definiert[359]. Vor der Konkretisierung des geschützten Rechtsguts zu einem Schutzobjekt kann die begünstigende oder strafvereitelnde Handlung nichts bewirken. Mit anderen Worten kann eine Handlung bei den Begünstigungstatbeständen immer erst *nach* Begehung der Haupttat eine spezifische Wirkung erreichen. Die nach außen in Erscheinung tretende Wirkung der Willensbetätigung, die Einwirkung, ist

---

[353]In diesem Sinne *Elvers*, ZStW 31 (1911), 895; *Sefzig*, Vorgeleistete Begünstigung, 83 ff., 99 ff.; *Plümer*, Verhältnis, 53; *Vahrenbrink*, Die vorgeleistete Begünstigung, 118 ff. und *Binding*, Lehrbuch Strafrecht BT, 658 f.

[354]*Plümer*, Verhältnis, 59 m.w.N.

[355]Ausführlich dazu *Plümer*, Verhältnis, 60 ff. m.w.N. Vgl. auch BGHSt 31, 348 (351), wo jedenfalls für die Tötungsdelikte der Zeitpunkt der *Wirkungen* des Verhaltens des Täters für maßgeblich erklärt wurde.

[356]Ebenso *Vahrenbrink*, Die vorgeleistete Begünstigung, 131 f.

[357]Vgl. *Plümer*, Verhältnis, 60 ff.; *Vahrenbrink*, Die vorgeleistete Begünstigung, 131.

[358]*Vahrenbrink*, Die vorgeleistete Begünstigung, 131.

[359]Zu den geschützten Rechtsgütern eben unter (a).

notwendigerweise der Begehung der Vortat nachgelagert[360]. Wenn aber mit der Begehung der Vortat zugleich das geschützte Rechtsgut konkretisiert wird, bedeutet dies, daß zur Zeit der der Vortat immer nachfolgenden Einwirkung das Schutzobjekt bereits existent ist. Der Umstand, daß überhaupt eine Vortat notwendig ist, bedeutet daher nicht, daß erst nach dieser die rechtsgutsbeeinträchtigende Handlung vorgenommen werden kann.

Dies zeigt auch der (vorsichtige[361]) Vergleich mit der Beihilfe[362]. Es ist kein Grund ersichtlich, Handlungen, die vor Begehung der Haupttat noch nicht zu einer Verletzung des geschützten Rechtsgut führen können, bei der Beihilfe zu ahnden und bei den Begünstigungstatbeständen nicht. Denn auch die dem Haupttäter vor Beginn der Haupttat geleistete Hilfe kann eine Beihilfe im Sinne des § 27 I StGB sein[363].

Zusammenfassend ist festzuhalten, daß die auf Rechtsgutsbeeinträchtigung zielende Handlung bereits vor der Vortat erfolgen kann. Die Einbeziehung dieser vorgeleisteten Beiträge in die Begünstigungstatbestände ist zum umfassenden Güterschutz geboten. Dann ist es vom dogmatischen Ansatz möglich, daß durch einen einzigen Beitrag tatbestandlich sowohl Beihilfeunrecht als auch ein persönlicher oder sachlicher Begünstigungsunwert verwirklicht wird. Folge der historisch bedingten unzutreffenden zeitlichen Einengung der Begünstigungstatbestände ist aber, daß die Umsetzung dieser an Schutzgut und Wesen der Begünstigungstatbestände entwickelten Sichtweise am Wortlaut zumindest des § 257 I StGB scheitert.

(4) Folge der geschichtlichen Entwicklung: Vorgeleistete Begünstigung nach dem Wortlaut nicht möglich

Die vorgeleistete Begünstigung kann entgegen ihrem Schutzzweck wegen des in der geschichtlichen Entwicklung der Begünstigungstatbestände begründeten *Wortlauts* nicht dem § 257 I StGB unterfallen[364]. Das vom Schutzzweck und Wesen überzeugende Argument, es reiche, daß die *Wirkungen* der Hilfeleistung erst nach der Vortat eintreten, scheitert am Wortlaut[365]. Denn der § 257 StGB ist gerade nicht als Erfolgsdelikt ausgestaltet. Wenn damit das Ausbleiben eines *Erfolgs* tatbestandsunschädlich ist, die konkreten *Wirkungen* der Tathandlung demnach nicht entscheidend sein sollen, kann es somit allein auf die Hilfeleistungs*handlung* ankommen. Genau diese Handlung ist es, die der § 257 I StGB bestraft. Eben diese Handlung muß nach dem Wortlaut der Vortat und damit der Vorteilserlangung nachfolgen. Es ist zwar durchaus zutreffend, daß eine Hilfeleistung nicht nur dann denkbar ist, wenn etwas

---

[360] *Vahrenbrink*, Die vorgeleistete Begünstigung, 132.

[361] Vgl. Schönke/Schröder- *Cramer*, StGB, § 27 Rn 11. Kritisch hierzu *Vogler*, Dreher- FS (1977), 416.

[362] Ebenso *Sefzig*, Vorgeleistete Begünstigung, 100 f.

[363] Vgl. oben S. 102 bei Fn 43 im Text.

[364] Ebenso für den seit 1975 geltenden Wortlaut Franzen/Gast/Joecks- *Joecks*, § 369 Rn 179; *Spendel*, Dreher- FS (1977), 177 f.; Hübschmann/Hepp/Spitaler- *Hübner*, AO, § 369 Rn 95 m.w.N.

[365] Anders Schönke/Schröder- *Stree*, StGB, § 257 Rn 7; *Blei*, Strafrecht II, § 109 III 1 c (430); *Laubenthal*, Jura 1985, 631; SK/StGB- *Samson*, § 257 Rn 27 unter Hinweis auf die nach den Ausführungen von *Claß* veränderte Fassung des § 257 I StGB; *Geppert*, Jura 1980, 273 und deutlicher *ders.*, Jura 1994, 442; *Vahrenbrink*, Die vorgeleistete Begünstigung, 120 f.; LK- *Ruß*, StGB, § 257 Rn 5 m.w.N.

vorliegt, zu dem Hilfe geleistet werden kann[366]. Denn auch einem erst in der Zukunft liegenden Bezugsobjekt kann schon Unterstützung zu Teil werden, wie auch der (vorsichtige[367]) Vergleich mit dem Hilfeleisten in § 27 I StGB zeigt[368]. Aber aus der Gegenwartsform des Hilfeleistens in Bezug auf die Vergangenheitsform der Vortat ("begangen hat") ist zu schließen, daß das Hilfeleisten zeitlich später als die Vortat stattfinden muß. Wenn *Vahrenbrink* hiergegen einwendet, die Vergangenheitsform der Vortat könne auch so verstanden werden, daß sie nur spätestens im Zeitpunkt der Verurteilung wegen Begünstigung vorliegen müsse[369], so wird dies dem Wortlaut nicht gerecht. Zuerst findet sich die in Vergangenheitsform beschrieben Vortat eines anderen, danach wird die Hilfeleistung in Gegenwartsform aufgeführt. Nicht nur aus den verwendeten Zeitformen, sondern auch aus dieser *Reihenfolge* ergibt sich, daß die Hilfeleistung der bereits begangenen Vortat nachfolgen soll. Die von *Vahrenbrink* vorgeschlagene Auslegung, bei der die begangene Vortat der Sache nach die Funktion einer objektiven Bedingung der Strafbarkeit erhält, ist abzulehnen.

Wie nachgewiesen, ist es zwar vom *Schutzzweck* und *Wesen* kein Unterschied, ob der Beistand schon vor der Tat erfolgt oder erst danach. Wichtig ist nur, daß die Tat erfolgt und sich der Beistand dann begünstigend auswirkt. Jedoch ist der *Wortlaut* der Begünstigung eindeutig, die vorgeleistete Begünstigung unterfällt nicht dem § 257 I StGB[370]. Dieser Wortlaut des § 257 I StGB reflektiert die ungereimte zeitliche Eingrenzung der Begünstigung durch den Gesetzgeber und verhindert eine am Schutzzweck und Wesen orientierte Korrektur. Andernfalls würde man gegen das verfassungsrechtlich in Art. 103 II GG abgesicherte Analogieverbot[371] verstoßen[372]. Die terminologische Änderung bei der Gesetzesänderung von 1974 kann nicht als Gegenargument herangezogen werden[373]. Denn inhaltliche Neuerungen waren mit jenem sprachlichen Wechsel von "Beistand leisten" zu "Hilfe leisten" gerade nicht beabsichtigt, was der Blick in die Gesetzesmaterialien zeigt[374].

Um die vorgeleisteten Beiträge als Begünstigungen zu bestrafen, ist deshalb eine Gesetzesänderung notwendig. Der § 257 I StGB könnte dabei lauten: "Wer einem anderen in der Absicht Hilfe leistet, ihm die Vorteile seiner strafbaren Tat zu sichern, wird bestraft"[375]. Damit wird deutlich, daß der Zeitpunkt der Hilfeleistung nicht relevant ist, sondern es allein darauf ankommt, ob eine Hilfe zu Sicherung der Vorteile aus der Vortat stattgefunden hat. Zudem sollte die Versuchsstrafbarkeit eingeführt werden.

---

[366] *Vahrenbrink*, Die vorgeleistete Begünstigung, 121.

[367] Siehe eben Fn 361.

[368] Dort ist anerkannt, daß die Hilfeleistung auch bereits lange Zeit vor der Vortat erfolgen kann, siehe oben S. 102 bei Fn 43 im Text.

[369] *Vahrenbrink*, Die vorgeleistete Begünstigung, 121 f.

[370] *Spendel*, Dreher- FS (1977), 177 nennt dies eine "bedauerliche Gesetzeslücke".

[371] Zum verfassungsrechtlichen Analogieverbot siehe BVerfGE 71, 108 (114 ff.).

[372] In diesem Sinne *Spendel*, Dreher- FS (1977), 177 f.

[373] So aber SK/StGB- *Samson*, § 257 Rn 27.

[374] Siehe Begründung zum Gesetzesentwurf BT- Drucks. 7/550, 248 f.; *Vogler*, Dreher- FS (1977), 411 (in Fn 35).

[375] Anderer Vorschlag bei *Sefzig*, Vorgeleistete Begünstigung, 114.

(5) Vorgeleistete Strafvereitelung wird dagegen vom Wortlaut des § 258 I StGB erfaßt

Dagegen ist § 258 I StGB seit der Gesetzesänderung von 1974 als Erfolgsdelikt ausgestaltet[376]. Wenn es sich auch um eine unbeabsichtigte Änderung handelt[377], so ermöglicht dies die Einbeziehung der vorgeleisteten Beiträge in die Strafvereitelung[378]. Strenggenommen handelt es sich in den Fällen, in welchen bereits eine *versuchte* Tat - hier die Steuerhinterziehung- begangen worden ist, ohnehin nicht um eine "vorgeleistete" Strafvereitelung. Denn der *Versuch* stellt bereits eine taugliche Vortat im Sinne des § 258 I StGB dar, wie allgemein anerkannt ist[379]. Dann folgen dieser Vortat sowohl die Vereitelungs*handlung als auch der -erfolg* nach. Nur bezüglich der dem Transfer erst nachfolgenden Steuerhinterziehungen, die noch nicht einmal versucht sind, liegen tatsächlich *der Vortat vorgeleistete* Handlungen vor, die ihre Wirkungen (Erfolg) erst später entfalten. Aber auch diese können als tatbestandliche Strafvereitelungen gewürdigt werden. Denn wann die Strafvereitelungshandlung vorgenommen wird, ist nach dem Wortlaut des § 258 I StGB irrelevant. Dieser verlangt allein, daß die Bestrafung "wegen einer rechtswidrigen Tat" vereitelt wird[380]. Es ist verfassungsrechtlich unbedenklich, allein auf die nach der Tathandlung eintretenden Wirkungen, auf den Zeitpunkt des Erfolges, abzustellen. Vor allem die bei der Gesetzesänderung zufällig bewirkte Ausgestaltung als ein Erfolgsdelikt ermöglicht daher eine andere Sichtweise als bei § 257 I StGB. Wie bei anderen Erfolgsdelikten im Strafrecht kann damit die Handlung selbst bereits lange vor dem Vereitelungserfolg liegen. Maßgeblich ist lediglich der Zeitpunkt des *Erfolgseintrittes*[381].

(6) 1. Zwischenergebnis: Beihilfe und §§ 257 I, 258 I StGB sind tatbestandlich unabhängig voneinander

Eine Eliminierung dieser vorgeleisteten Beiträge aus der Beihilfe, wie sie *Claß* und der Sache nach auch *Sefzig* befürwortet haben[382], ist abzulehnen. Erfüllen sie den den Grund der Strafbarkeit der Beihilfe bildenden Unwert, müssen sie auch diesem Unwert entsprechend geahndet werden. Da sie in gleicher Weise das Unrecht der §§ 257 I, 258 I StGB verwirklichen können, müssen vom Schutzzweck und Wesen jener Delikte auch diese Tatbestände einschlägig sein. Eine Eliminierung durch teleologische Tatbestandsreduktion[383] ist abzulehnen. Allerdings scheitert eine Einbeziehung der vorgeleisteten Begünstigung am Wortlaut des geltenden § 257 I StGB. Weder ist die Erfassung der vorgeleisteten Beiträge als Beihilfe ein Unterlaufen der Voraussetzungen der §§ 257 I, 258 I StGB. Noch ist es gerade die Aufgabe der Beihilfe, die vorgeleisteten Beiträge *anstelle* der §§ 257 I, 258 I StGB zu erfassen. Viel-

---

376 *BGH* NJW 1984, 135.

377 Vgl. Lackner/Kühl- *Kühl*, StGB, § 258 Rn 1.

378 Anderer Ansicht LK- *Roxin*, StGB, § 27 Rn 12.

379 Siehe bereits oben bei Fn 325 im Text.

380 In diesem Sinne auch *Spendel*, Dreher- FS (1977), 177 f.

381 Ebenso *Plümer*, Verhältnis, 73; Schönke/Schröder- *Stree*, StGB, § 258 Rn 5; *Maurach/Schroeder/Maiwald*, Strafrecht BT II; § 100 Rn 12; *Spendel*, Dreher- FS (1977), 177 f.; LK- *Ruß*, StGB, § 258 Rn 6; *Vahrenbrink*, Die vorgeleistete Begünstigung, 121 f.; SK/StGB- *Samson*, § 258 Rn 41.

382 *Claß*, Stock- FS (1966), 118 und *Sefzig*, Vorgeleistete Begünstigung, 114.

383 In diesem Sinne *Laubenthal*, Jura 1985, 633 für den Zeitraum zwischen Vollendung und Beendigung der Haupttat. Wohl ebenso *Vogler*, Dreher- FS (1977), 417.

mehr sanktioniert § 27 StGB etwas anderes als die §§ 257 I, 258 I StGB, weshalb ihr tatbestandliches Vorliegen unabhängig voneinander bestimmt werden muß. Das Vorliegen des Beihilfetatbestands hat mit den Begünstigungstatbeständen nichts zu tun. Da deshalb de lege lata eine Handlung tatbestandlich sowohl Beihilfe als auch persönliche Begünstigung[384] sein kann, ist eine Lösung auf der *Konkurrenzebene* erforderlich. Wie diese auszusehen hat, wird untersucht, sobald feststeht, daß die hier in Rede stehenden Beiträge der Bankmitarbeiter tatsächlich sowohl Beihilfe als auch vorgleistete Strafvereitelungen sind[385].

(7) 2. Zwischenergebnis: Auch Parallelität oder Gleichklang besteht nicht

Konsequenz dieses Verhältnisses der Beihilfe zu den Begünstigungstatbeständen ist, daß auch eine Parallelität oder ein Gleichklang zwischen den Tatbeständen nicht besteht. Wenn ein Verhalten die Voraussetzungen des § 27 I StGB erfüllt, so ist irrelevant, ob es aus sonstigen, in den Tatbeständen der §§ 257 I, 258 I StGB liegenden Gründen dort nicht erfaßt werden kann. Die eingangs aufgestellte Frage, ob etwas als Beihilfe in Gestalt der vorgeleisteten persönlichen oder sachlichen Begünstigung sanktioniert werden könne, wenn es unabhängig von der Vorleistungseigenschaft des Beitrags keine Begünstigung oder Strafvereitelung ist, ist somit nach dem hier entwickelten Standpunkt eindeutig zu verneinen. Das eine hat mit dem anderen nichts zu tun. Wegen Beihilfe werden vorgeleistete Beiträge bestraft, weil und wenn sie über eine Stabilisierung des Tatentschlusses des Haupttäters kausal das geschützte Rechtsgut der Haupttat beeinträchtigen. Ob derselbe Beitrag zugleich eine Hilfeleistung im Sinne des § 257 I StGB darstellt oder die Vereitelung des staatlichen Straf- und Maßnahmeanspruchs im Sinne des § 258 I StGB bewirkt, ist eine andere Frage. Die terminologische Bezeichnung als vorgeleistete *Begünstigung* und *Strafvereitelung* ist insofern im Rahmen der Beihilfe irreführend. Denn sie verleitet zu eben jener Überlegung, ob es sich denn -unabhängig von der Vorleistungseigenschaft- überhaupt um Begünstigungen oder Strafvereitelungen handelt. Darauf kann es aber für die Beihilfe nicht ankommen.

Die von *Otto* speziell zur Strafvereitelung und den neutralen und berufstypischen Handlungen aufgestellte These, es könne nicht als Beihilfe durch vorgeleistete Strafvereitelung strafbar sein, was nicht den Unrechtsgehalt der Strafvereitelung verwirkliche, ist zwar im *Ergebnis* zutreffend. Dies hat aber nichts mit der Einordnung dieser Beiträge als *vorgeleistete* persönliche oder sachliche Begünstigung zu tun. Vielmehr ist dies das *Resultat* der hinter der Problematik der neutralen oder berufstypischen Handlungen stehenden generellen *Wertungsfrage*, die sich immer bei derartigen Verhaltensweisen stellt und daher bei jedem Tatbestand, den diese Handlungen zu verwirklichen scheinen, diskutiert werden muß. Mit anderen Worten ist die Herausnahme bestimmter Handlungen aus dem Beihilfetatbestand das Ergebnis bestimmter *Wertungen*, die bei allen Tatbeständen und somit auch bei den §§ 257 I, 258 I StGB zum Tragen kommen. Die dabei gefundenen Ergebnisse sind identisch. Was im Rahmen der Beihilfe neutral oder berufstypisch und daher straflos ist, muß auch bei anderen Tatbeständen straflos sein. Lediglich insoweit ist *Otto* zuzustimmen. Es handelt sich hierbei aber, anders, als *Otto* meint, nicht um ein Problem der *vorgeleisteten* Beiträge.

---

[384]Und bei Änderung des § 257 I StGB de lege ferenda auch sachliche Begünstigung.

[385]Siehe unten ab S. 231.

Die Ablehnung eines Gleichklangs zwischen den Tatbeständen führt zwar zu auf den ersten Blick merkwürdig anmutenden Ergebnissen. So sind etwa einige Einzelheiten des Transfersystems als *Beihilfe* in Gestalt der vorgeleisteten persönlichen und sachlichen Begünstigung strafbar, wie noch zu zeigen sein wird. Wird aber eben dieses Transfersystem mit bereits in der Vergangenheit hinterzogenen und akkumulierten Beträgen begangen, scheitert eine *Begünstigung* daran, daß unabhängig von der Problematik der neutralen Handlungen keine *Hilfe* im Sinne des § 257 I StGB *geleistet* wird. Denn es fehlt an der objektiv restitutionsvereitelnden Eignung der Tathandlung der Bankmitarbeiter[386]. Mit anderen Worten befindet die Existenz eines Steuerbescheides über die Strafbarkeit der Bankmitarbeiter. Der Kunde steht -bildlich gesprochen- mit ein und demselben Geldkoffer vor dem Bankmitarbeiter. In dem einem Fall hat der Kunde bereits einen Steuerbescheid, dann ist das Zurverfügungstellen des Transfersystems keine Begünstigung im Sinne des § 257 I StGB. Liegt ein Steuerbescheid insoweit jedoch noch nicht vor, kann das verschleiernde Transfersystem den Kunden in seinem Tatentschluß bestärken und somit grundsätzlich[387] strafbare Beihilfe zur Steuerhinterziehung sein.

Ebenso ungereimt mag es erscheinen, daß ein Angehöriger wegen Beihilfe bestraft wird, der, hätte er seinen Beitrag zeitlich später[388] erbracht, wegen Strafvereitelung nicht bestraft werden könnte (§ 258 VI StGB).

Wenn es aber unterschiedliche Schutzgüter sind, die die Beihilfe und die Begünstigungstatbestände schützen, so können zwangsläufig auch unterschiedliche Ergebnisse entstehen. Eine "Ungereimtheit" liegt deshalb bei genauerer Betrachtung nicht vor. Dieser Eindruck drängt sich vielmehr nur deshalb auf, weil terminologisch innerhalb der Beihilfe von vorgeleisteter *Begünstigung* und *Strafvereitelung* die Rede ist, obwohl möglicherweise Begünstigungs- oder Strafvereitelungsunwert nicht vorliegt. Verdeutlicht man sich den Hintergrund des § 258 VI StGB, der einer besonderen notstandsähnlichen Lage Rechnung tragen will[389], so liegt es auf der Hand, daß die Situation bei der notwendigerweise vor der Haupttat stattfindenden *Beihilfe* eine andere ist. Zu diesem Zeitpunkt kann auf den Angehörigen noch Einfluß genommen und dieser von der Begehung einer Straftat abgehalten werden. Das "Kind" ist sozusagen "noch nicht in den Brunnen gefallen". Bestärkt der Angehörige den Haupttäter in dessen deliktischen Zielen, so hat er sich dazu im Rechtssinn frei entschieden und muß hierfür dann auch die Verantwortung tragen, kommt es infolgedessen zur Haupttat.

3. Folgen für die Bankmitarbeiter

Die einzelnen Bestandteile des Transfersystems können über eine Bestärkung des Kunden in seinem Tatentschluß, Steuern zu hinterziehen, die Haupttat kausal mitverursacht haben. Die *konkreten* Verhaltensweisen lassen sich leicht einem bestimmten Bankmitarbeiter (anhand von Unterschriftskürzeln oder ähnlichem) zuordnen. Denn die Soll- Belege der Aufträge sind von den Kreditinstituten aufzubewahren.

---

[386]Ausführlich ab S. 239.

[387]Vorbehaltlich etwaiger Einschränkungen innerhalb der Zurechnung.

[388]Für die vorgeleistete Strafvereitelung kann § 258 VI StGB keine Anwendung finden, da die den Grund für § 258 VI StGB bildende seelische Zwangslage, die notstandsähnliche Situation, bei vor der Tat geleisteten Handlungen gerade noch nicht besteht. Ebenso *Vahrenbrink*, Die vorgeleistete Begünstigung, 149.

[389]Schönke/Schröder- *Stree*, StGB, § 258 Rn 39.

Damit können auch noch Jahre später Beiträge eines Mitarbeiters für einen konkreten Kunden bewiesen werden. Die erforderliche Bestärkung des Täters in seinem deliktischen Ziel, die psychisch kausale Mitverursachung der Steuerhinterziehungen der Kunden, muß aber nachgewiesen werden. Allerdings steht zu befürchten, daß sich die Kunden in den Strafverfahren generell zur eigenen Entlastung oder zur Verteilung der Verantwortlichkeit auf die Mitwirkung und "bestärkende" Hilfe der Bankmitarbeiter berufen werden[390]. Zudem dürfte den konkreten Tätigkeiten aus der Sicht des Kunden im Vergleich zu bloßen verbalen Erklärungen regelmäßig ein stärkeres Gewicht zukommen[391]. Nur dann, wenn der Kunde in nachweisbarer Form durch diese Beiträge tatsächlich bestärkt worden ist, Steuern zu hinterziehen, liegt ein kausales Mitverursachen der Steuerhinterziehung durch den jeweiligen Bankmitarbeiter vor. Die haupttatfördernde Eignung seines Verhaltens dürfte dabei nur selten einem Bankmitarbeiter verborgen geblieben sein, nicht zuletzt deshalb, weil viele Kunden sehr offen ihr Ziel, welches sie mit der Kapitalanlage im Ausland verfolgen, deutlich gemacht haben[392]. Indes ist und bleibt dies eine anhand des Einzelfalls zu entscheidende Tatfrage.

Mit dieser "Sperre", daß eine Bestärkung des Kunden in seinen deliktischen Zielen notwendig und nachzuweisen ist, werden vor allem die *Schalterangestellten* von der strafrechtlichen Haftung weitestgehend ausgenommen. Denn natürlich ermöglicht etwa die Barauszahlung vom Spar-, Festgeld- oder Girokonto die Kapitalanlage in Luxemburg, damit die Zinsentstehung und insofern auch die Hinterziehung der darauf entfallenden Steuern. Allerdings dürfte es ausgeschlossen sein, bei solchen untergeordneten Maßnahmen eine Stabilisierung des Tatentschlusses zur Hinterziehung nachzuweisen. Der Schalterangestellte, der dem Kunden tatsächlich Geld bar ausbezahlt hat und mit dem weiteren Transfer und der Beratung dazu nichts zu tun hat, dürfte aus diesem Grunde[393] in den Strafverfahren wegen Beihilfe zu Steuerhinterziehung keine Rolle spielen. Zudem sind ohnehin nur selten mehrere Personen in der Bank oder Sparkasse in den Transfer eingeschalten gewesen[394]. In der Regel gab es nur einen Mitarbeiter (Berater), der sich um die Beratung und die konkrete Durchführung gekümmert hat. Dann kommt möglicherweise auch solchen sekundären Handlungen im Gesamtverhalten Bedeutung für die Motivation und Psyche des Kunden zu.

Weiterhin ist es nach der hier vertretenen Ansicht nicht möglich, aus dem *Zurverfügungstellen des inländischen Geschäftsbetriebs* des Kreditunternehmens allgemein[395] ein Hilfeleisten eines *einzelnen* konkreten Bankmitarbeiters abzuleiten. Allein unter Hinweis darauf, daß von seiten der Kreditinstitute für das Finanzprodukt "Kapitalanlage in Luxemburg" bestimmte, das spätere Entdeckungsrisiko verringernde Transferwege angeboten und bereitgehalten worden sind, kann eine Beihilfe nicht be-

---

390 In diesem Sinne auch *Kohlmann*, § 370 Rn 17.8, zustimmend *Messner*, DB 1996, 2197.

391 Auch *Hamacher*, WuB X. § 370 AO 1.95 (575) räumt ein, daß diese Tätigkeiten "eine Art psychologisches Unterstützen" sein können.

392 In diesem Sinne *Ransiek*, wistra 1997, 41.

393 Im übrigen ist ohnehin deren doppelter Gehilfenvorsatz problematisch. Jemand, der lediglich an der Kasse tätig ist und auf Verlangen Geld auszahlt, dürfte nur selten und zufällig wissen, was damit beabsichtigt wird.

394 Siehe bereits oben S. 93.

395 Wie es in den Durchsuchungsbeschlüssen des *AG Düsseldorf* und in der Beschwerdeentscheidung des *LG Düsseldorf* AG 1994, 119 (Dresdner Bank AG) anklingt.

gründet werden. Es ist zwar durchaus naheliegend, daß dieses von den (im gesellschaftlichen Leben anerkannten) Banken und Sparkassen angebotene System ohne große Datenspuren bei den Kunden eine bestärkende Wirkung in ihren deliktischen Plänen und ihrem Tun hervorgerufen hat. Ein strafrechtlicher Vorwurf knüpft jedoch an faßbares einzelnes Verhalten -Tun oder Unterlassen- an. Derlei globale Vorwürfe sind gegenüber einem einzelnen Berater nicht möglich. Er kann nur für das, was er selbst getan (oder unterlassen) hat, zur Verantwortung gezogen werden. Dies sind obige konkret von ihm erbrachten Beiträge, Einzelmaßnahmen bei der Durchführung des Kapitalexportes. Der Vorwurf, ein *Gesamtsystem* zu Verfügung gestellt zu haben, ist allein gegenüber denjenigen möglich, die jenes entworfen und ausgedacht haben.

III. Zurechenbarkeit der verursachten Steuerhinterziehungen: Verwirklichung einer rechtlich verbotenen Gefahr ?

Während sich die bisherige Darstellung mit den für die Haupttat kausalen Beiträgen der Bankmitarbeiter beschäftigte, geht es im folgenden um die Frage der Zurechnung. Es wird untersucht, ob die Steuerhinterziehung des Kunden bei wertender Betrachtung tatsächlich "das Werk" der Bankmitarbeiter ist. Denn praktisch setzt jeder für alles eine kausale Ursache.

Auch bei der Frage der Verantwortlichkeit der Mitarbeiter der Geldinstitute zeigt sich diese Weite. Sobald der Kunde durch Erklärungen oder die Art und Weise des Transfers in seinem deliktischen Ziel bestärkt wird, sind nahezu alle einzelnen Maßnahmen rund um die verzinsliche Kapitalanlage in Luxemburg kausal werdende Bedingungen für die Entstehung von Zinserträgen und damit Grundlage für die Hinterziehung der darauf entfallenden Steuern. Deshalb muß eine wertende Überprüfung mittels der Lehre von der objektiven Zurechnung stattfinden, um unter den zahlreichen die Tat mitverursachenden Bedingung diejenigen auszusortieren, die normativ keinen Unwert verkörpern. Strafrechtlich als Beihilfe zu sanktionierendes Unrecht verkörpern nur die für die Tat kausal werdenden Beiträge, denen eine rechtlich verbotene Gefahr innewohnt, die sich in der Tatbestandsverwirklichung des Täters realisiert[396]. Die soeben herausgearbeiteten Einzelheiten des verschleiernden Transfersystems als kausal die Haupttaten mitverursachende Beiträge der Bankmitarbeiter unterscheiden sich jedoch von anderen Beiträgen[397] bei näherem Hinsehen in einem zentralen Punkt, der nicht ohne Auswirkungen auf die Zurechnung bleiben kann.

1. Kausale Beiträge mit eindeutig deliktischem Sinnbezug

Sobald konkrete Ratschläge oder Hinweise gegeben werden, wie bestimmte steuerpflichtige Einkünfte vor dem Finanzamt verborgen und damit hinterzogen werden können[398] und auch dann, wenn tatsächlich verbal durch Zureden zur Steuerhinterziehung oder durch Ausreden von Bedenken[399] Einfluß genommen wird, liegen seitens der Angestellten der Institute Verhaltensweisen vor, die einen *eindeutigen de-*

---

[396]Oben ab S. 114.

[397]Die hier nur denkbar sind und allenfalls ausnahmsweise vorliegen.

[398]Fälle der Rathilfe S. 121.

[399]Oben S. 121 f.

liktischen Sinnbezug zur Tat haben[400]. Die Beiträge sind unmittelbar auf die Steuerhinterziehungen der Kunden zugeschnitten. Sie beziehen sich auf die Haupttat und fördern die anschließende Tatbestandsverwirklichung direkt. Diese Beiträge können als geborene Hilfeleistungen bezeichnet werden[401]. Mit verbalen Hinweisen, wie am sichersten der staatliche Steueranspruch verletzt werden kann oder mit dem Zureden zu einer geplanten Verletzung wird *unmittelbar* ein Erfolgsrisiko gesetzt, welches die Rechtsgutsbeeinträchtigung ermöglicht, erleichtert oder ihr Gelingen absichert. Mit der Begehung der Steuerhinterziehung durch den Kunden realisiert sich diese den Beiträgen innewohnende Gefahr. In diesen Fällen sind die (versuchten oder vollendeten) Steuerhinterziehungen dem einzelnen Mitarbeiter tatsächlich zuzurechnen. Ein Hilfeleisten im Sinne des § 27 I StGB liegt dann vor[402].

2. Kausale Beiträge ohne eindeutig deliktischen Sinnbezug

Dagegen geht es bei den hier maßgeblichen Beiträgen der psychischen Beihilfe durch voluntative Beeinflussung (vorgeleistete persönliche oder sachliche Begünstigung) nicht primär um eine Steuerhinterziehung des Kunden. Die Aufklärung über und die Werbung für bestimmte Finanzprodukte ist ebenso wie die Beratung über die steuerrechtliche Situation oder die Hilfe bei der Abwicklung der Angelegenheiten (Eröffnung, Verfügungen, Löschung) zu dem (Depot-) Konto bei der ausländischen Tochter für sich genommen alltäglich und neutral. Derartige Bankgeschäfte gehören sowohl sprachlich als auch im juristischen Sinn unter Zugrundelegung der Berufsdefinition des Art. 12 I GG zur Berufsausübung eines Angestellten im Kreditinstitut. Diese Tätigkeiten sind auf gewisse Dauer angelegt, sie dienen der Schaffung und Erhaltung der Lebensgrundlage und sind, wenn man dies als einschränkendes Berufskriterium fordert[403], nicht verboten. Die Werbung für ein bestimmtes Finanzprodukt, die Beratung für Anlageformen, die Aufklärung über Anlagerisiken und in gewissem Umfang auch über steuerliche Fragen gehört ebenso wie der Transfer von Geld oder Wertpapieren zum "täglichen Brot" der Mitarbeiter. Diesen Beiträgen *fehlt der eindeutige deliktische Sinnbezug*. Sie sind nicht unmittelbar auf Steuerhinterziehungen der Kunden bezogen und zugeschnitten. Vielmehr sind sie neutral und behalten auch ohne nachfolgendes deliktisches Verhalten eines Dritten ihren Sinn. Für sich allein wohnt diesen Handlungen keine rechtsgutsgefährdende Tendenz inne[404]. Unterstellt man jedoch die erfolgreiche Führung des Nachweises einer bestärkenden Wirkung der Beiträge auf den Tatentschluß des Kunden, wirken sich eben diese für sich genommen neutralen Handlungen über die Psyche des Täters tatfördernd und somit mittelbar rechtsgutsbeeinträchtigend aus. Hier ist die Bejahung der Beihilfe zu den Taten der Kunden schwierig. Im Kern lautet die Problematik, ob Handlungen, die für sich

---

[400] Dies gilt in gleicher Weise für die zumindest bei einem Institut vorgekommene "Hilfe" eines Bankmitarbeiters dergestalt, daß dieser im Ausland die Zinsscheine für den Kunden eingelöst hat. Auch ohne nähere Einzelheiten liegt es nahe, daß insoweit die Strafbarkeitsgrenze überschritten wurde. Zu diesem Fall *Bilsdorfer*, DStR 1996, 1956 (in Fn 39).

[401] So die Bezeichnung von *Tag*, JR 1997, 49 (55).

[402] Ob Beihilfe zur vollendeten Steuerhinterziehung gegeben ist, hängt davon ab, ob der Gehilfenbeitrag zum Erfolg der Haupttat *mitursächlich* geworden ist. Ist das nicht der Fall, kommt trotz vollendeter Haupttat nur eine Beihilfe zum Versuch in Betracht.

[403] Wie das BVerfGE 7, 377 (397 f.) und ebenso *BVerwG*, BVerwGE 95, 15 (20); zustimmend *Pieroth/Schlink*, Grundrechte, Rn 810; von Münch/Kunig- *Gubelt*, GG, Art 12 Rn 8 f. m.w.N.

[404] Kritisch zu dieser Eingruppierung *Niedermair*, ZStW 107 (1995), 507 f.

gesehen neutral und alltäglich und meist Bestandteil der Berufsausübung sind, und die von einem Dritten zur Begehung von Straftaten "ausgenutzt" werden, straflos sind. Es geht um die Herausnahme "sozialethisch neutraler Handlungsweisen"[405] aus dem Beihilfetatbestand, um die Ausgrenzung von "neutralen"[406], "berufstypischen"[407], "berufsbedingten"[408], "sozialadäquaten"[409] Verhalten beziehungsweise Handlungen, die "harmlos und alltäglich"[410] seien, kurz: um die Strafbarkeit desjenigen, der "sich 'an sich' ordnungsgemäß verhält"[411].

3. Neutrale beziehungsweise berufstypische Handlungen und Beihilfe

a) Die Notwendigkeit einer differenzierten Lösung

Derartige neutrale, berufstypische, alltägliche, sozialadäquate oder wie auch immer zu bezeichnende Verhaltensweisen sind im täglichen Leben nicht selten. Fast jede Handlung kann als nützlicher Baustein in einem deliktischen Plan gebraucht werden und zum Einsatz kommen. Gerade berufliche Verhaltensweisen sind durch eine Ambivalenz hinsichtlich ihrer Verwendungsmöglichkeiten gekennzeichnet. Zu denken ist insbesondere an die unzähligen und tagtäglich vorkommenden Verkaufsvorgänge. Praktisch nicht nur das Messer, der Schraubenzieher, ein zu vergiftendes Brötchen, sondern nahezu jeder Gegenstand kann deliktische (tatfördernde) Verwendung finden. Nicht anders ist es bei den Erklärungen über eine bestimmte (rechtliche) Situation. Es gibt mithin eine Vielzahl von alltäglichen Verhaltensweisen eines Erstverursachers, die von einem Zweitverursacher zu Straftaten oder Ordnungswidrigkeiten ausgenutzt werden können. Unstreitig ist jedoch nicht jede Grundrechtsausübung verboten, die anderen die Möglichkeit der Straftatbegehung bietet[412]. Jede dieser Handlungen als Hilfeleisten im Sinne des § 27 I StGB einzuordnen, hieße, spezielle Freiheiten wie etwa die Berufsfreiheit im Sinne des Art. 12 GG oder zumindest die allgemeine Handlungsfreiheit des Art. 2 I GG über Gebühr einzuschränken. Ein striktes Verbot würde dem Rechtsgüterschutz nicht viel nützen, wohl aber den Helfenden empfindlich belasten[413]. Soziale Kontakte müßten dann unterbleiben, bloß weil sie anderen zu schadensträchtigem Verhalten Anlaß geben oder dieses erleichtern[414]. Anderseits können jene alltäglichen Beiträge nicht per se von der strafrechtlichen Haftung ausgenommen werden. Denn immerhin handelt es sich um Verhalten,

---

[405]So die Bezeichnung bei *Frisch*, JuS 1983, 915 (922) bei der parallelen Problematik der Strafvereitelung.

[406]So *Meyer- Arndt*, wistra 1989, 281; *Hassemer*, wistra 1995, 41, 81; *Tag*, JR 1997, 49.

[407]So *Otto*, Kreditwesen 1994, 775. Ebenso Bezeichnung bei *Löwe- Krahl*, Steuerstrafrechtliche Risiken.

[408]So Terminologie bei *Wolff- Reske*, Berufsbedingtes Verhalten.

[409]So *Philipowski*, in: Kohlmann, Strafverfolgung, 1983, 131; *Welzel*, Strafrecht, 56 f.; *Schmoller*, Triffterer- FS (1996), 223 (246 f.).

[410]Wörtlich *Jakobs*, Strafrecht, 24. Abschn. Rn 13.

[411]So wörtlich *Kniffka*, wistra 1987, 310.

[412]So *Keller*, Grenzen der Provokation, 254; *Frisch*, Tatbestandsmäßiges Verhalten, 240 f. Anders *Niedermair*, ZStW 107 (1995), 537 ff., insbesondere 540: "Strafbarkeitslücken in einem Bereich ..., der wegen seiner Lukrativität besonders starke Anreize bietet".

[413]*Tag*, JR 1997, 55.

[414]*Derksen*, Handeln auf eigene Gefahr, 84; *Roxin*, Tröndle- FS (1989), 177 (187).

welches kausal die Begehung von Straftaten ermöglicht, erleichtert oder absichert -und dies ist nun mal nicht üblich[415]. Notwendig ist vielmehr eine differenzierte Lösung, wie auch der Blick auf die Rechtsprechung des *Bundesgerichtshofs* bestätigt. So kann zwar auch durch "äußerlich neutrale Handlungen", wie etwa die "enge Zusammenarbeit mit dem Haupttäter in einem Betrieb", eine Beihilfe zu (Steuer-) Straftaten begangen werden[416]. Allerdings gibt es eine Grenze der Verantwortlichkeit, einen Punkt, an dem der fremde Verantwortungsbereich beginnt. Denn man darf durchaus einen Werkvertrag mit Unternehmern abschließen, auch wenn man weiß, daß diese die vertragliche Vergütung später nicht zutreffend versteuern werden[417]. Nicht jede Mitwirkung in Kenntnis einer nachfolgenden Steuerhinterziehung soll für ein als Beihilfe einzuordnendes Verhalten ausreichen. Erst wenn eine besondere Sachlage gegeben sei, etwa wenn das gesamte Unternehmen, an dem der Helfende mitarbeitet, ausschließlich darauf gerichtet ist, Gewinn durch Steuerhinterziehung zu erreichen, könne ein Hilfeleisten vorliegen[418].

Es geht mithin um die Trennung von *strafbarer* eigener Beteiligung am fremden Delikt und der bloßen Schaffung einer Lage, in der andere ein Delikt begehen. Letzteres ist *straflos*[419].

b) Die herkömmlichen Abgrenzungsversuche

Die Frage, wie diese Abgrenzung der straflosen neutralen oder berufstypischen Handlungen von denen, die strafbar sind, vorzunehmen ist, ist äußerst zweifelhaft und wird in neuerer Zeit zunehmend diskutiert[420]. Einvernehmliches Ziel ist jedenfalls, die weite Gehilfenhaftung bereits materiellrechtlich einzuschränken[421]. Über diesen Ausgangspunkt hinaus herrscht aber ein heilloses Durcheinander. Die dogmatischen Ansätze sind überaus heterogen. In der Tat ist zu konstatieren, daß "fast jedes Instrument aus dem Arsenal der strafrechtsdogmatischen Begriffskammer recht zu sein" scheint[422]. Auf diese unterschiedlichen dogmatischen Argumentationen wird sogleich zurückzukommen sein.

aa) Übersicht über die konkreten Strafbarkeitskriterien

Zunächst aber werden die überwiegend hergeleiteten konkreten Kriterien aufgezeigt, bei deren Vorliegen eine Beihilfestrafbarkeit bejaht wird. Denn analysiert man die verschiedenen Veröffentlichungen zur Strafbarkeit der neutralen und berufstypischen Handlungen, so ergibt sich ein angesichts der Vielzahl an dogmatischen Ansätzen erstaunliches Bild. Die Kriterien, wann die Beihilfestrafbarkeit konkret zu bejahen sei, gleichen sich -abgesehen von terminologischen Abweichungen- vielfach.

---

[415]So *Barton*, StV 1993, 156 (158 f.); *Niedermair*, ZStW 107 (1995), 544; *Ransiek*, wistra 1997, 42; *Arzt*, NStZ 1990, 1 (4); ähnlich *Roxin*, Tröndle- FS (1989), 196 f.; *Otto*, Kreditwesen 1994, 778.

[416]Wörtlich *BGH* HFR 1985, 429. Bestätigend *BGH* wistra 1988, 261.

[417]*BGH* NStZ 1992, 498.

[418]*BGH* wistra 1988, 261.

[419]Treffend *Jakobs*, Strafrecht, 24. Abschn. Rn 13.

[420]Auch bei der identischen Problematik innerhalb des § 261 StGB, vgl. *Barton*, StV 1993, 156.

[421]Siehe insbesondere *Tag*, JR 1997, 54; *Hassemer*, wistra 1995, 45. Anders *Niedermair*, ZStW 107 (1995), 537 ff., 540.

[422]Wörtlich *Hassemer*, wistra 1995, 45.

Regelmäßig soll dann die Grenze der Strafbarkeit überschritten sein, sobald einer der nachfolgenden Umstände vorliegt[423].

* Der Helfende verstößt mit Erbringung seines Beitrags gegen Schutzgesetze, Sorgfaltspflichten beziehungsweise gegen geschriebene oder ungeschriebene Berufsregeln (Rollen- oder Erwartungsbilder), die gerade dieses Rechtsgut der Haupttat vor Verletzungen schützen sollen[424].

* Der Beitrag fördert Katalogtaten des § 138 StGB[425] oder Delikte, die eine Hilfeleistungspflicht nach § 323 c StGB auslösen würden[426].

* Der Helfende erbringt einen Beitrag, obwohl eine Tatbegehung hinreichend sicher ist[427].

* Er weiß positiv um die Tatbegehung[428] beziehungsweise solidarisiert sich absichtlich mit der vom Täter beschlossenen Haupttat[429].

* Der Helfende paßt sich objektiv erkennbar der deliktischen Planung des Täters an und sein Verhalten erhält dadurch einen eindeutig deliktischen Sinnbezug[430], er kann somit nicht mehr distanziert werden von dem deliktischen Ziel des Täters[431] be-

---

[423]Natürlich nur unter den sonstigen Voraussetzungen der Strafbarkeit.

[424]*Otto*, Kreditwesen 1994, 780; *Messner*, DB 1996, 2198; *Hefendehl*, Jura 1992, 374 (377); *Ransiek*, wistra 1997, 43 f.; *Carl/Klos*, DStZ 1995, 306; *Wolff- Reske*, Berufsbedingtes Verhalten, 123 ff.; *Philipowski*, in: Kohlmann, Strafverfolgung, 1983, 142 ff.; *Hassemer*, wistra 1995, 81 ff.; in diesem Sinne wohl auch *Kniffka*, wistra 1987, 310; *Kohlmann*, § 370 Rn 17.8; Hübschmann/Hepp/Spitaler- *Engelhardt*, AO, § 370 Rn 140 g; Franzen/Gast/Joecks- *Joecks*, § 370 Rn 251.

[425]*Hefendehl*, Jura 1992, 377; *Tag*, JR 1997, 56 f.; in begrenztem Umfang auch *Frisch*, Tatbestandsmäßiges Verhalten, 308 ff. Nach *Philipowski*, in: Kohlmann, Strafverfolgung, 1983, 147 soll dagegen nur eine Strafbarkeit nach § 138 StGB möglich sein; ebenso *Jakobs*, Strafrecht, 24. Abschn. Rn 20.

[426]So *Hefendehl*, Jura 1992, 377; und in begrenztem Umfang *Frisch*, Tatbestandsmäßiges Verhalten, 308 ff.

[427]*Ransiek*, wistra 1997, 44 f.; *Wohlleben*, Beihilfe durch äußerlich neutrale Handlungen, 159; ähnlich auch *Bloy*, Zurechnungstypus, 139; vergleichbar auch *Roxin*, Stree und Wessels- FS (1993), 380: Beitrag "trotz erkennbarer Tatgeneigtheit"; siehe auch *ders.*, Tröndle- FS (1989), 190 f. zur Einordnung seiner Lösung. In diesem Sinne auch *Wohlleben*, Beihilfe durch äußerlich neutrale Handlungen, 159 f.

[428]*Kohlmann*, § 370 Rn 17.8. In ähnlicher Weise *subjektiv* die Formel a) bei *Jakobs*, ZStW 89 (1977), 1 (23), indes sieht er dies inzwischen selbst kritisch, *ders.*, GA 1996, 253 (260 in Fn 15).

[429]*Schild Trappe*, Harmlose Gehilfenschaft ?, 180.

[430]*Löwe- Krahl*, wistra 1995, 205; LK- *Roxin*, StGB, § 27 Rn 17; *ders.*, Stree und Wessels- FS (1993), 378 ff.; (*Roxin* jeweils mit der Einschränkung, daß *sicheres* Wissen um die Tatbegehung vorliegen muß); *Samson*, ZStW 99 (1987), 633; *Frisch*, Tatbestandsmäßiges Verhalten, 289. Ähnlich *Otto*, Grundkurs Strafrecht, § 22 Rn 69.

[431]So *Jakobs*, Strafrecht, 24. Abschn. Rn 15; *Jakobs*, GA 1996, 263; *Derksen*, Handeln auf eigene Gefahr, 84; *Wolff- Reske*, Berufsbedingtes Verhalten, 123.

ziehungsweise arbeitet er kollusiv mit dem Täter zusammen[432]. Ähnlich ist auch das Kriterium, daß der Helfende sich mit dem Täter und damit mit dem deliktischen Plan solidarisiert, wofür die Tatnähe -Vorbereitungsstadium oder Versuch- und die Nähe der Förderung am Unrechtskern entscheidend sein sollen[433].

* Er fördert oder ermöglicht mit seinem Beitrag ein kriminelles Unternehmen oder hält dieses damit am Leben[434].

* Ohne die deliktische Tat ist der Beitrag des Helfenden wirtschaftlich, sozial oder individuell sinnlos[435] oder anders ausgedrückt ist die deliktische Verwendung des Beitrags der einzig denkbare Zweck[436], wobei mal mehr auf die Sicht des Täters[437] und von anderen eher auf den objektiven Beitrag selbst[438] abgestellt wird.

* Er fördert mit seiner Handlung eine Tat, zu deren Verhinderung er als Garant verpflichtet ist[439].

* Er leistet dem Täter einen Beitrag, der nicht überall ohne Offenbarung der deliktischen Verwendung erhältlich ist beziehungsweise wofür er eine Monopolstellung hat[440].

---

[432] *Hefendehl*, Jura 1992, 377 und in der Sache wohl ebenso *Frisch*, Tatbestandsmäßiges Verhalten, 289.

[433] *Schumann*, Handlungsunrecht, 57 ff. Bezüglich des Tatnähekriteriums besteht eine gewisse Nähe zu *Frisch*, Tatbestandsmäßiges Verhalten, 289. Auf einen "zeitlichen und aktionsmäßigen Zusammenhang" stellt auch *Schmoller*, Trifterer- FS (1996), 247 ab.

[434] *BGH* wistra 1988, 261; *Otto*, Kreditwesen 1994, 779 f.; ebenso *Messner*, DB 1996, 2198; *Carl/Klos*, DStZ 1995, 306; Hübschmann/Hepp/Spitaler- *Engelhardt*, AO, § 370 Rn 140 f; *Wohlleben*, Beihilfe durch äußerlich neutrale Handlungen, 161 f.

[435] So *Meyer- Arndt*, wistra 1989, 287 (zugleich auf "tatspezifische Handlungen" abstellend); *Jakobs*, Strafrecht, 24. Abschn. Rn 15, 17; ähnlich *ders.*, ZStW 89 (1977), 23 (Formel b) wonach sozialer Handlungssinn entscheidend ist. Zumindest bei *sicherem Wissen* um die Tatbegehung ähnlich, wenn auch in subjektiver Formulierung, LK- *Roxin*, StGB, § 27 Rn 17; *Roxin*, Stree und Wessels- FS (1993), 379.

[436] *Stratenwerth*, Strafrecht AT I, Rn 1164. Vergleichbar insofern *Frisch*, Tatbestandsmäßiges Verhalten, 290 f., der darauf abstellt, daß das Verhalten offensichtlich keinen anderen Sinn als die Förderung fremden deliktischen Verhaltens haben kann.

[437] LK- *Roxin*, StGB, § 27 Rn 17.

[438] *Meyer- Arndt*, wistra 1989, 287.

[439] *Löwe- Krahl*, Steuerstrafrechtliche Risiken, 127; *ders.*, wistra 1995, 205; *Wolff- Reske*, Berufsbedingtes Verhalten, 157 ff.; *Jakobs*, Strafrecht, 7. Abschn. Rn 66 und 24. Abschn. Rn 19; *Jakobs*, ZStW 89 (1977), 21 und 23 (Formel c); *Tag*, JR 1997, 56 f.; *Stratenwerth*, Strafrecht AT I, Rn 1159; *Frisch*, Tatbestandsmäßiges Verhalten, 352 f.; Schönke/Schröder- *Lenckner*, StGB, Vor §§ 13 ff. Rn 101 b; SK/StGB- *Rudolphi*, Vor § 1 Rn 72; wohl ebenso *Ransiek*, wistra 1997, 43.

[440] *Löwe- Krahl*, Steuerstrafrechtliche Risiken, 119; *ders.*, wistra 1995, 205. Teilweise vergleichbar *Otto*, Grundkurs Strafrecht, § 22 Rn 69, der zumindest dann die Strafbarkeit ausschließen will, wenn der Täter den Beitrag "mühelos und ohne weiteren Aufwand" anderweitig erlangen kann.

Angesichts dieser relativen Übereinstimmung bei den konkreten Strafbarkeitskriterien ist es wiederum erstaunlich, daß die regelmäßig als Beispiele herangezogenen Fälle unterschiedlich gelöst werden.

So soll der Bäcker, der das Brötchen in (positiver) Kenntnis der Vergiftungsabsicht dem Kunden veräußert, nach *Jakobs*[441] wegen des Charakters als bloßes Austauschgeschäft des täglichen Lebens straflos[442], nach *Roxin*[443] und *Ransiek*[444] hingegen strafbar sein. Ebenso diametral verschieden sind die Ergebnisse zwischen *Roxin* einerseits sowie *Schmoller* und *Schumann* andererseits, sobald es um den Verkäufer des Schraubenziehers geht, der diesen in Kenntnis des Einbruchs an den Täter veräußert[445]. Kontrovers sind ebenfalls die Ergebnisse in den Transportfällen, in denen trotz sicheren Wissens um die gerade begangene oder erst am Zielort zu begehende Tat der Täter chauffiert wird. Dies ist vom *Bundesgerichtshof* als strafbares Verhalten eingeordnet worden[446], auch von Teilen der *Literatur* wird dies für strafbar gehalten[447], wohingegen es *Jakobs*[448] wegen des normalen Austauschcharakters und *Ransiek*[449] als bloße Befriedigung von grundlegenden Lebensbedürfnissen aus der Strafbarkeit herausnehmen wollen. *Derksen* geht sogar so weit, beim Vergleich eines Verkäufers, der von den Mord- oder Selbstmordabsichten in Kenntnis gesetzt ist, den gewünschten Hammer gleichwohl veräußert und einem privaten Nachbarn, der diesen wissentlich zur Verfügung stellt, dem Verkäufer -im Gegensatz zum Nachbarn- von vornherein keinerlei strafrechtliche Verantwortung zuzuweisen, soweit sich seine Förderung "als Rollenverhalten ausweisen läßt"[450]. Dagegen will *Löwe- Krahl*, der die darin liegende Privilegierung Berufstätiger erkennt, konsequent auch den Privaten aus der strafrechtlichen Haftung herausnehmen, wenn der Berufstätige nicht strafbar ist[451].

---

[441] *Jakobs*, Strafrecht, 24 Abschn. Rn 17.

[442] Wobei dies nicht ganz zutreffend ist. Denn *Jakobs* weist explizit darauf hin, daß auch bei fehlender Deliktsbeteiligung eine Strafbarkeit nach den §§ 138, 323 c StGB möglich ist. Siehe *Jakobs*, Strafrecht, 24. Abschn. Rn 20. Gerade bei dem Brötchenbeispiel geht es um Mord oder Totschlag, § 138 I Nr. 6 StGB.

[443] LK- *Roxin*, StGB, § 27 Rn 17.

[444] *Ransiek*, wistra 1997, 45.

[445] Strafbar nach LK- *Roxin*, StGB, § 27 Rn 17 (lediglich bei bloßem Eventualvorsatz straflos, vgl. *Roxin*, Stree und Wessels- FS [1993], 380); straflos nach *Schumann*, Handlungsunrecht, 57 und *Schmoller*, Triffterer- FS (1996), 247.

[446] Vgl. zum Abholen eines Einbrechers vom Tatort BGHSt 4, 107 (sachliche Begünstigung); zum Transport zu Drogengeschäften nach Amsterdam *BGH* GA 1981, 133 (Beihilfe).

[447] Etwa *Roxin*, Stree und Wessels- FS (1993), 379; Schönke/Schröder- *Cramer*, StGB, § 27 Rn 10 a.E.; *Schmoller*, Triffterer- FS (1996), 247 f. (jedoch nur, solange es um Fahrten *unmittelbar* zum Tatort geht, bei Fahrten zum Flughafen, wissentlich, daß [erst] *am Flugziel* Straftaten begangen werden, soll wieder Straflosigkeit vorliegen).

[448] *Jakobs*, Strafrecht, 24 Abschn. Rn 17.

[449] *Ransiek*, wistra 1997, 45.

[450] Wörtlich *Derksen*, Handeln auf eigene Gefahr, 84.

[451] So *Löwe- Krahl*, Steuerstrafrechtliche Risiken, 127.

bb) Die unterschiedlichen Begründungsansätze für diese Strafbarkeitskriterien

aaa) Restriktionen im objektiven Beihilfetatbestand

Zum überwiegenden Teil wird die Problematik, strafbare von den straflosen neutralen beziehungsweise berufstypischen Handlungen wertend abzugrenzen, im objektiven Beihilfetatbestand behandelt.

(1) Einschränkung mittels Kriterien der Sozialadäquanz und der professionellen Adäquanz

Dabei wird für die Restriktion des Tatbestandes teilweise mit der von *Welzel* begründeten Lehre von der *Sozialadäquanz* gearbeitet. Nach *Welzel* sollen die sozialüblichen Verhaltensweisen, Handlungen, die sich völlig im Rahmen der normalen sozialen Ordnung bewegen, aus dem Bereich des Strafrechts herausgenommen werden. Dies müsse auch dann gelten, wenn eine Handlung mittelbar Rechtsgutsverletzungen zur Folge habe und sich nachteilig auswirkt[452]. *Welzel* hat diesen Gedanken explizit als Tatbestandsrestriktion gesehen[453]. Strafrechtsmethodisch geht es insofern um die restriktive Tatbestandsauslegung und die teleologische Reduktion[454]. In dieser Richtung argumentiert auch ein Teil der neueren Literatur. So soll die "Indizfunktion des typisierten Unrechtsbildes", der objektive Tatbestand, ausgeschlossen sein, wenn "das zu beurteilende Verhalten rechtskonform oder sozialadäquat" ist[455]. Andere entwickeln diesen Ausgangspunkt von *Welzel* fort, weil "es 'den' Bereich des Sozialen normativ"[456] nicht gebe. So wird von *Hassemer* eine situations- und gruppenspezifische Einschränkung vorgenommen, aus der er für Berufsgruppen eine *professionelle Adäquanz* entwickelt. Diese Bereiche seien normativ vorstrukturiert und würden somit präzise und einschränkende Kriterien zur Bestimmung des strafrechtlichen Unrechts geben. Diejenigen, die sich innerhalb dieser Ordnung verhalten, hätten die "Vermutung strafrechtsgemäßen Handelns auf ihrer Seite"[457], was lediglich im Einzelfall widerleglich sei.

(2) Einschränkungen durch Verhältnismäßigkeitsgesichtspunkte und Güterabwägung

Dogmatisch anders löst *Frisch* die Problematik der Strafbarkeit der neutralen Handlungen. Er sieht im Schutz von Rechtsgütern die entscheidende Aufgabe des Strafrechts[458]. Ausgehend vom verfassungsrechtlichen *Verhältnismäßigkeitsgrundsatz* komme eine Beschränkung der Handlungsfreiheit durch den Einsatz von Strafe nur

---

[452] *Welzel*, Strafrecht, 56 f.

[453] *Welzel*, Strafrecht, 57. Ebenso *OLG München* NStZ 1985, 549 (550) m.w.N.

[454] *Wolff- Reske*, Berufsbedingtes Verhalten, 64.

[455] So wörtlich *Maurach/Zipf*, Strafrecht AT I, § 17 Rn 21. Ähnlich Tröndle/Fischer- *Tröndle*, StGB, Vor § 32 Rn 12; Schönke/Schröder- *Lenckner*, StGB, Vor §§ 32 ff. Rn 107 a. *Anders* (Sozialadäquanz als Rechtfertigungsgrund) etwa *Otto*, Grundkurs Strafrecht, § 6 Rn 67 ff.; *Schmidhäuser*, Studienbuch Strafrecht, 6/102 (173 f.); *Philipowski*, in: Kohlmann, Strafverfolgung, 1983, 142 (insbesondere in Fn 22).

[456] So wörtlich *Hassemer*, wistra 1995, 81.

[457] So *Hassemer*, wistra 1995, 81 ff. (Zitat auf 87).

[458] *Frisch*, Tatbestandsmäßiges Verhalten, 29, 77.

dann in Betracht, wenn dies zum Rechtsgüterschutz geeignet und erforderlich sei und insbesondere keinen unangemessenen Eingriff darstelle. Nur unter diesen Voraussetzungen sei die *Mißbilligung* bestimmter Verhaltensweisen als Beschränkung der Handlungsfreiheit legitimierbar[459]. Dort, wo es um Gegenstände und Leistungen gehe, die mühe- und gefahrlos auch von anderen Personen zu erlangen seien, stelle sich ein Handlungsverbot, eine Mißbilligung, als ungeeignet zum Güterschutz und daher als unverhältnismäßige Beschränkung dar[460]. Insbesondere die Befriedigung grundlegender Lebensbedürfnisse "gelegentlich der Tat"[461] und die Erbringung von Leistungen, die durch den Täter selbst hätten erbracht werden können, seien für das Rechtsgut nicht risikoerhöhend. Eine Mißbilligung und damit strafbares Verhalten scheide dann aus[462].

In vergleichbarer Weise wird von *Löwe- Krahl* und *Hefendehl* die Grenze zum strafbaren Verhalten mittels einer umfassenden *Güterabwägung* bestimmt[463]. Auch hierbei wird von *Löwe- Krahl* dem verfassungsrechtlichen Grundsatz der Verhältnismäßigkeit erhebliches Gewicht beigemessen, da dieser die Leitlinie für jedes staatliche Handeln bilde[464]. Hingegen stellt *Hefendehl* im Rahmen der Güterabwägung maßgeblich auf die gesetzgeberischen Wertentscheidungen in §§ 138, 323 c StGB ab. Entscheidend sei, ob es um Katalogtaten des § 138 StGB oder um Delikte, die eine Hilfeleistungspflicht nach § 323 c StGB auslösen, gehe[465]. Von Bedeutung soll zudem eine etwaige Kollusion zwischen dem Erst- und Zweitverursacher sein, diese führe stets zur Strafbarkeit[466].

(3) Begrenzung des Tatbestands durch Betrachtung des Inhalts der verletzten Norm

Dagegen will *Samson*[467] aus dem *Inhalt der verletzten Norm* heraus die Handlungsfreiheit normativ beschränken. Er geht davon aus, daß beim Zusammentreffen mehrerer Handlungen und bei fehlender spezieller Zuteilung von Freiheiten derjenige, der zuerst handelt, den Freiraum nutzen dürfe und die zeitlich später Hinzutretenden diese Ausnutzung zu respektieren hätten. Darin liege das "der Rechtsordnung primär zugrundeliegende Prinzip"[468]. Eine Zurechnung des vom Zweiten verursachten deliktischen Erfolgs würde dem Ersten, der sich rechtstreu verhalten wolle, den Handlungsspielraum nehmen und müsse daher auf die Fälle begrenzt werden, in denen

---

[459]*Frisch*, Tatbestandsmäßiges Verhalten, 70 f., 74 f., 77 ff. Maßgebliches Kriterium für die Strafbarkeit ist für *Frisch* neben der Kausalität die *mißbilligte Risikoschaffung*. Dieses Kriterium will er das Leitthema eine Lehre vom *tatbestandsmäßigen* Verhalten verstanden wissen (58 ff.). Tendenziell ebenso *Kniffka*, wistra 1987, 310.

[460]So *Frisch*, Tatbestandsmäßiges Verhalten, 286.

[461]Wörtlich *Frisch*, Tatbestandsmäßiges Verhalten, 294. Damit meint er die Lieferung von Essen und Getränken an einen Einbrecher oder die Bewirtung des Täters einer Dauerstraftat.

[462]*Frisch*, Tatbestandsmäßiges Verhalten, 294.

[463]*Löwe- Krahl*, Steuerstrafrechtliche Risiken, 114 ff.; *Hefendehl*, Jura 1992, 377.

[464]*Löwe- Krahl*, Steuerstrafrechtliche Risiken, 114 ff.

[465]*Hefendehl*, Jura 1992, 377.

[466]*Hefendehl*, Jura 1992, 377 und in der Sache wohl ebenso *Frisch*, Tatbestandsmäßiges Verhalten, 289.

[467]*Samson*, ZStW 99 (1987), 632 f.

[468]Wörtlich *Samson*, ZStW 99 (1987), 632.

die Ersthandlung vom deliktischen Ziel der Zweithandlung "erst ihren Sinn bekommt"[469].

(4) Entfallen der Tatbestandsmäßigkeit bei Erfüllung zivilrechtlicher Pflichten

Teilweise wird die Tatbestandsmäßigkeit verneint, sobald es um Beiträge geht, die sich als *Erfüllung zivilrechtlicher Pflichten* darstellen. Erst wenn das Verhalten über die zivilrechtliche Pflichterfüllung hinausgehe, könne es strafbar sein[470]. Es handele sich hierbei um eine Abwägung zwischen der Erfüllung der zivilrechtlichen Ansprüche und den strafrechtlichen Vorschriften[471].

(5) Erfordernis eines deliktischen Sinnbezugs beziehungsweise tatspezifischer oder immanent deliktsgefährlicher Beiträge

Roxin argumentiert hingegen primär aus dem Strafgrund der Teilnahme heraus. Zudem zieht er anerkannte Zurechnungsgrundsätze heran[472]. Er will zwischen zwei unterschiedlichen Fallgruppen differenzieren[473]. In den Fällen, in welchen der Handlende *positiv weiß*, daß er deliktisches Handeln unterstützt, sei maßgeblich, ob das Tun einen "deliktischen Sinnbezug" habe[474]. Dieser sei dann gegeben, wenn "der fördernde Beitrag ohne die strafbaren Handlungen des Täters für diesen keinen Sinn mehr" habe. In diesen Fällen müsse die Strafbarkeit bejaht werden. Bleibe der Beitrag hingegen auch ohne die strafbare Handlung "für den Täter sinnvoll", sei Straflosigkeit anzunehmen[475]. Denn dann fehle es an einem Rechtsgutsangriff des Gehilfen[476]. In anderen Situationen, in welchen der Handelnde die Begehung von Straftaten lediglich *für möglich halte* (dolus eventualis), sei sein Verhalten durch den Vertrauensgrundsatz gedeckt. Die "Förderungshandlung des Außenstehenden" bewege sich innerhalb "des durch den Vertrauensgrundsatz geschaffenen erlaubten Risikos"[477]. Andernfalls sei "ein normales Leben" nicht mehr möglich[478]. Eine Zurechnung der nachfolgenden Straftaten sei in diesen Fällen ausgeschlossen, da eine vorsätzliche Schaffung eines unerlaubten Risikos, ein Rechtsgutsangriff, nicht vorliege[479]. Etwas anderes gelte nur

---

[469]Wörtlich *Samson*, ZStW 99 (1987), 633.

[470]*Schmoller*, Triffterer- FS (1996), 248 f.; zumindest im Rahmen der parallel verlaufenden Problematik bei der Strafvereitelung ebenso LK- *Ruß*, StGB, § 258 Rn 10 b a.E.; in ähnlicher Weise auf das Zivilrecht abstellend *Volk*, BB 1987, 145: Schulden zu begleichen sei "rechtlich geboten".

[471]So *Schmoller*, Triffterer- FS (1996), 249, der das Problem zwar erst in der Rechtswidrigkeit lösen will, jedoch wegen des Abstellens auf die zivilrechtlichen Pflichten bereits hier genannt wird.

[472]Weshalb seine Einordnung schwierig ist. Obwohl er mit dem Vertrauensgrundsatz arbeitet, wird er wegen der Bezugnahme auch auf den Teilnahmestrafgrund bereits hier und nicht erst sogleich unter (6) erörtert.

[473]LK- *Roxin*, StGB, § 27 Rn 16 ff; *ders.*, Stree und Wessels- FS (1993), 378 ff.; ausführlich *ders.*, Miyazawa- FS (1995), 512 ff.

[474]Wörtlich LK- *Roxin*, StGB, § 27 Rn 17.

[475]So wörtlich LK- *Roxin*, StGB, § 27 Rn 17.

[476]LK- *Roxin*, StGB, § 27 Rn 22.

[477]Wörtlich LK- *Roxin*, StGB, § 27 Rn 21. Siehe auch *ders.*, Stree und Wessels- FS (1993), 380.

[478]Wörtlich *Roxin*, Stree und Wessels- FS (1993), 380.

[479]LK- *Roxin*, StGB, § 27 Rn 22.

dann, wenn "der Mitwirkende es trotz erkennbarer Tatgeneigtheit des potentiellen Täters darauf ankommen läßt"[480].

In vergleichbarer Weise argumentiert *Meyer- Arndt*, der generell allein *tatspezifische* Beiträge für strafbar hält[481]. Nahestehend ist auch der Ansatz, wonach die Strafbarkeit von der *immanenten Deliktsgefährlichkeit* des Beitrags abhängen soll[482].

(6) Lösungen mittels anerkannter Modelle der Lehre von der objektiven Zurechnung

Teilweise wird versucht, die Lehre von der objektiven Zurechnung für die vorliegende Problematik fruchtbar zu machen. Dazu wird ihre Grundaussage -Kausalität plus Realisation einer rechtlich verboten Gefahr- mit aus dem Täterstrafrecht anerkannten oder fortentwickelten Kriterien näher präzisiert und konkretisiert. Zu einer solchen anerkannten Einschränkung der Zurechnung gelangt man zum einen mittels einer Analyse dessen, was die verletzte Norm schützen will (**Schutzzweck der verletzten Norm**)[483]. So hat *Lenckner*[484] für den Tatbestand der *Strafvereitelung* herausgearbeitet, daß das Gesetz die Absicht verfolge, lediglich "Strafvereitelungen durch Solidarisierung mit dem Vortäter zu verhindern"[485]. Aus diesem Grunde seien Situationen, wie die Veräußerung von Benzin an einen offensichtlich flüchtenden Straftäter durch einen Tankwart an der Grenze, aus Normzweck- beziehungsweise Norminhaltserwägungen *keine* Strafvereitelung. Hinausgehend über die Zustimmung, die dieser Gedanke im Bereich der Strafvereitelung gefunden hat[486], ist von *Philipowski*[487] befürwortet worden, ihn auch bei der Beihilfe anzuwenden. Allerdings wird diese Überlegung von ihm nicht weiter verfolgt[488].

Tatsächlich Eingang in die Diskussion der Strafbarkeit neutraler beziehungsweise berufstypischer Handlungen als Beihilfe hat der Solidarisierungsgedanke bei *Schumann* gefunden, der ausdrücklich auch auf *Lenckner* Bezug nimmt[489]. Dogmatischer Ausgangspunkt ist für *Schumann* das **Prinzip der Selbstverantwortung**. Der Gedanke der Abgrenzung von Verantwortungsbereichen wird innerhalb der objektiven Zurechnung im Täterstrafrecht vor allem dann herangezogen, wenn es um die durch Dritt- oder Opferverhalten vermittelte Kausalität geht[490]. Nach *Schumann* beschränkt das Selbstverantwortungsprinzip die Strafbarkeit auf das eigene Verhalten. Jeder habe sein Verhalten nur darauf einzurichten, daß er selbst keine Rechtsgüter verletzt oder gefährdet. Handlungsunwert folge nicht allein daraus, daß eine Handlung objektiv

---

480 Wörtlich *Roxin*, Stree und Wessels- FS (1993), 380.

481 *Meyer- Arndt*, wistra 1989, 287. Ähnlich auch *Behr*, wistra 1999, 249.

482 In diesem Sinne *Jescheck/Weigend*, Strafrecht AT, § 54 IV 1 (573).

483 Siehe zu diesem Aspekt im Rahmen der Zurechnung allgemein Schönke/Schröder- *Lenckner*, StGB, Vor §§ 13 ff. Rn 95 f. m.w.N.

484 *Lenckner*, GS- Schröder (1978), 339 (355 ff.).

485 So wörtlich *Lenckner*, GS- Schröder (1978), 356.

486 Vgl. etwa Schönke/Schröder- *Stree*, StGB, § 258 Rn 21.

487 *Philipowski*, in: Kohlmann, Strafverfolgung, 1983, 141 f.

488 Vielmehr präferiert *Philipowski* im Ergebnis die Anwendung von Sozialadäquanz und erlaubtem Risiko als Rechtfertigungsgründe, dazu sogleich.

489 *Schumann*, Handlungsunrecht, 58 f. Zudem bezieht er sich dort auch auf *von Bar*.

490 Siehe Schönke/Schröder- *Lenckner*, StGB, Vor §§ 13 ff. Rn 100 ff. m.w.N.

vorhersehbar zur Mitursache eines anderen in dessen Delikt werde[491]. Die §§ 26, 27 StGB seien eine Durchbrechung dieses Selbstverantwortungsprinzips, weil sie die (Mit-) Verantwortlichkeit für eine fremde Tat anordnen. Grund und Grenze dieser Durchbrechung ist nach *Schumann* die Solidarisierung des Handelnden mit dem fremden Unwert[492]. Für fremdes Verhalten liege ein strafwürdiges Unrecht somit erst und nur dann vor, wenn man sich mit diesem solidarisiert[493]. Der Gehilfe müsse deshalb "erkennbar auf die Seite des Unrechts" treten[494]. *Schumann* will damit auf den objektiven Eindruck, den der Handelnde hinterläßt, abstellen. Im Ergebnis sieht er sich bestätigt durch die Auffassung von *Jakobs*[495], der seinerseits ausgehend von *Luhmann* die expressive Bedeutung des Verhaltens für maßgeblich erklärt[496]. Zur Konkretisierung dieses Solidarisierungskriteriums stellt *Schumann* auf die Tat- und Unrechtsnähe als Indizien ab. Damit meint er, ob die fremde Tat gerade unter dem Aspekt gefördert werde, die ihren Unrechtskern ausmacht[497]. Ausgeschlossen sei eine Beihilfehaftung dann, wenn ein Beitrag erbracht werde, der lediglich eine "stereotype Tätigkeit" darstellt und als bloße "Aktualisierung eines jederzeit abrufbaren Leistungsangebots erscheint"[498]. Als Beispiel nennt *Schumann* in diesem Zusammenhang den Verkauf eines Schraubenziehers.

Das erwähnte Zurechnungsmodell *Jakobs*'[499] basiert hingegen auf einem neueren -besser: erweiterten- Verständnis des **Regreßverbotes**[500]. Die Bezeichnung "erweitertes Verständnis" muß gewählt werden, um den Ansatz von *Jakobs* von der "Neuen Lehre vom Regreßverbot" abzugrenzen. Nach dieser mit Unterschieden im Detail vertretenen Lehre, die sich im Schrifttum zu Recht nicht durchsetzen konnte[501], handelt es sich bei dem Regreßverbot zwar immerhin um ein Zurechnungsproblem. Ursprünglich sollte der Kausalzusammenhang unterbrochen sein, sobald jemand (Erstverursacher) nur fahrlässig und mittelbar eine von einem anderen (Zweitverursacher) vorsätzlich und voll verantwortlich begangenen Straftat verursacht hat[502]. Ex-

---

[491]*Schumann*, Handlungsunrecht, 42.

[492]*Schumann*, Handlungsunrecht, 49 ff., 51.

[493]So *Schumann*, Handlungsunrecht, 54 ff. für die Beihilfe.

[494]Wörtlich *Schumann*, Handlungsunrecht, 57.

[495]*Jakobs*, ZStW 89 (1977), 23 ff.

[496]*Schumann*, Handlungsunrecht, 61 f.

[497]*Schumann*, Handlungsunrecht, 57 ff.

[498]So wörtlich *Schumann*, Handlungsunrecht, 64.

[499]Grundlegend *Jakobs*, ZStW 89 (1977), 1 und *ders*, GA 1996, 260 ff. Mit anderen Ergebnissen stellt NK- *Puppe*, StGB, Vor § 13 Rn 155 ff. ebenfalls auf das Regreßverbot für vorliegende Problematik ab.

[500]Hierzu Schönke/Schröder- *Lenckner*, StGB, Vor §§ 13 ff. Rn 101 e m.w.N.

[501]Die Zurechnung ist auch bei mittelbarer fahrlässiger Verursachung einer vollverantwortlich begangenen Vorsatztat eines anderen möglich, Schönke/Schröder- *Lenckner*, StGB, Vor §§ 13 ff. Rn 101 e. sowie ausführlich *Wolff- Reske*, Berufsbedingtes Verhalten, 115 ff.

[502]Zu dieser alten Lehre vom Regreßverbot als reine Kausalitätstheorie vgl. ausführlich *Bloy*, Zurechnungstypus, 126 ff.; *Frisch*, Tatbestandsmäßiges Verhalten, 233 ff. sowie *Roxin*, Tröndle- FS (1989), 177 ff. Mit der Äquivalenztheorie zur Bestimmung der Kausalität ist dies nicht vereinbar, die erste Ursache vermittelt gerade den Zusammenhang zum Erfolg in seiner konkreten Gestalt. So *Wolff- Reske*, Berufsbedingtes Verhalten, 113 f. und *Roxin*, Tröndle- FS (1989), 177.

emplarisch führt *Otto* als ein Vertreter dieser "Neuen Lehre" aus, die "Steuerungsmöglichkeit der ursprünglich Tätigen" ende, "wo eine andere Person -im Rechtssinne frei- das Geschehen bewußt ihren eigenen Plänen gemäß gestaltet oder den zuvor Handelnden aus dem Einflußbereich auf das Risiko ausschließt"[503]. *Jakobs* kritisiert diese Zurechnungslehre, insbesondere weil die §§ 26, 27 StGB gerade durch das Fehlen von Tatherrschaft als einer Form der Beherrschbarkeit gekennzeichnet seien[504]. Die Zurechnung zum Erstverursacher soll somit nicht von vornherein ausgeschlossen sein, ein Regreßverbot in dieser strikten Form lehnt er ab. Allerdings will er, und darin liegt die Erweiterung, die Frage, wann und unter welchen Voraussetzungen eine Erfolgszurechnung, ein Regreß, möglich ist, *unabhängig* von Vorsatz oder Fahrlässigkeit des Erstverursachers begründen, von dessen Bewußtsein hänge "hierbei nichts ab"[505]. Er sieht die Aufgabe des Strafrechts nicht im Schutz von Rechtsgütern, sondern in der *Stabilisierung von Verhaltenserwartungen.* Gerade mit der Enttäuschung dieser werde die Strafbarkeit begründet[506]. Da mit dem Strafrecht keinesfalls die Erwartung stabilisiert werden könne, "daß niemand einem anderen die Möglichkeit gibt, die Auswirkungen des eigenen Verhaltens bis zu einem deliktischen Erfolg umzulenken", ist nach seinem Verständnis des Regreßverbotes eine Erfolgszurechnung und damit strafbares Verhalten erst dann möglich, wenn "es Gründe dafür gibt, daß den mittelbar Verursachenden die deliktische Planung des anderen etwas angeht"[507]. Wie bei den Unterlassungsdelikten könne Strafbarkeit auch und gerade bei den neutralen Handlungen erst dann vorliegen, wenn der Urheber eines schädigenden Verlaufs nicht mehr von den Folgen distanziert werden könne[508]. Die "üblichen Austauschgeschäfte des täglichen Lebens" wie etwa der Veräußerung des zu vergiftenden Brötchens seien stets straflos, da immer eine solche Distanzierungsmöglichkeit bestehe[509]. *Jakobs* stützt sich in den zentralen Punkten seines Zurechnungsmodells auf die Rechtssoziologie *Luhmanns*[510].

Von *Wolff- Reske* wird dieser Gedanke von *Jakobs* aufgegriffen. Sie sieht die normativ festzulegende Grenze für strafbares Verhalten dort, wo die mittelbare Verursachung des Ersten "als Teil des durch das Nachfolgeverhalten entworfenen Deliktsplanes anzusehen ist", wofür maßgeblich sein soll, "ob die Ersthandlung selbst schon als normwidriger Entwurf interpretiert werden" müsse[511]. Solange wie berufstypisches Handeln von der deliktischen Planung distanziert werden kann, soll es ihrer Ansicht

---

[503]So wörtlich *Otto*, Maurach- FS (1972), 91 (97).

[504]*Jakobs*, ZStW 89 (1977), 9 (in Fn 28).

[505]Wörtlich *Jakobs*, GA 1996, 265. Siehe auch *Jakobs*, ZStW 89 (1977), 5 ff.

[506]So *Jakobs*, ZStW 89 (1977), 18 f. Dabei stellt *Jakobs* auf die Verfügbarkeit des Beitrags ab; auf 20 führt er aus: "wenn niemand erwarten kann, ein Einbruch unterbleibe mangels Verfügbarkeit eines ordinären Schraubenziehers, wieso muß dann die Erwartung stabilisiert werden, daß niemand dem erkanntermaßen zu solcher Tat Entschlossenen einen ordinären Schraubenzieher verkauft ?". Allerdings werden damit hypothetische Umstände herangezogen, so *Schumann*, Handlungsunrecht, 54.

[507]Wörtlich *Jakobs*, ZStW 89 (1977), 20. Zustimmend *Reyes*, ZStW 105 (1993), 116 ff.

[508]So *Jakobs*, Strafrecht, 24. Abschn. Rn 15.

[509]Wörtlich *Jakobs*, Strafrecht, 24. Abschn. Rn 17.

[510]Dazu näher ab S. 183.

[511]Wörtlich *Wolff- Reske*, Berufsbedingtes Verhalten, 123 unter Bezugnahme auf *Jakobs*.

nach straflos sein. Strafbarkeitsbegründend sei erst die **Verhaltensmodifikation**, die Abweichung von dem, was üblicherweise vom Handelnden hätte erwartet werden können. Damit schneide der Handelnde sein Tun speziell auf die Bedürfnisse des Täters zu[512]. Den Normalfall, was üblicherweise zu erwarten ist, sollen Erwartungsbilder beziehungsweise Rollen festlegen[513]. Damit beruft sich dieses Zurechnungsmodell -wie das von *Jakobs* auch- letztlich auf rechtssoziologische Erkenntnisse und Ansichten namentlich von *Luhmann*[514].

Hingegen sieht *Ransiek* das entscheidende Kriterium in der **Pflichtwidrigkeit** eines Verhaltens[515]. Nicht nur im Bereich der Fahrlässigkeits- und unechten Unterlassungsdelikte, sondern stets sei die Verwirklichung einer pflichtwidrig gesetzten Gefahr notwendig. Bei den vorsätzlichen Begehungsdelikten liege dieses strafbarkeitsbegründende Kriterium "etwas versteckt"[516] in der objektiven Zurechnung des Erfolges. Pflichtwidrigkeit versteht *Ransiek* als "Beziehung zwischen Täter oder Teilnehmer und Verletztem: das Interaktionsverhältnis"[517]. Sodann beschreibt er mehrere Fallgruppen, in denen pflichtwidriges Verhalten vorliegen soll[518].

In vergleichbarer Weise argumentiert *Rudolphi*, der Strafbarkeit dann bejaht, sobald "der Ersttäter die Straftat des Zweittäters auch in *pflichtwidriger* Weise ermöglicht, gefördert oder sonst wie begünstigt hat"[519]. Daran fehle es in "zahlreichen sozialadäquaten Verhaltensweisen", so daß der Ersttäter dann straflos sei[520].

Otto will das Problem mittels der Rechtsfigur des **erlaubten Risikos**[521] lösen[522]. Er stützt sich dabei auf den von *Philipowski* für den Bereich der neutralen und be-

---

512 *Wolff- Reske*, Berufsbedingtes Verhalten, 127 f. In diesem Sinne auch *Derksen*, Handeln auf eigene Gefahr, 84.

513 So *Wolff- Reske*, Berufsbedingtes Verhalten, 127 f., 129 ff.

514 Vgl. unten ab S. 183.

515 *Ransiek*, wistra 1997, 42.

516 Wörtlich *Ransiek*, wistra 1997, 42.

517 So wörtlich *Ransiek*, wistra 1997, 42.

518 Etwa die Verletzung schutzgutsbezogener Pflichten, vgl. *Ransiek*, wistra 1997, 43 ff.

519 Wörtlich *Rudolphi*, Gleichstellungsproblematik, 135 (Hervorhebung von *Rudolphi*).

520 So wiederum wörtlich *Rudolphi*, Gleichstellungsproblematik, 135.

521 Ein Unterfall des erlaubten Risikos ist der Vertrauensgrundsatz (zu diesem sogleich im Text), mit dem der Bereich des Erlaubten ermittelt werden kann, vgl. *Roxin*, Tröndle- FS (1989), 186. Das erlaubte Risiko wird rechtsdogmatisch an mehreren Punkten verwendet. Bei den Fahrlässigkeitsdelikten dient es primär der Begrenzung des Tatbestandes, erst in zweiter Linie soll es einen Rechtfertigungsgrund darstellen. Siehe Schönke/Schröder- *Cramer*, StGB, § 15 Rn 144 ff. und Schönke/ Schröder- *Lenckner*, StGB, Vor §§ 32 ff. Rn 94, 100. Außerdem ist die Frage, ob eine rechtlich relevante Gefahr geschaffen worden ist, die sich eben nicht mehr im Rahmen des Erlaubten hält, auch für die Lehre von der objektiven Zurechnung von Bedeutung, siehe Schönke/Schröder- *Lenckner*, StGB, Vor §§ 13 ff. Rn 93 m.w.N. Nach *Maurach/Zipf*, Strafrecht AT I, § 28 Rn 23 ist das erlaubte Risiko ein Rechtfertigungsgrund, habe aber wegen der notwendigen Abgrenzung zur Sozialadäquanz als Tatbestandsrestriktion nur einen sehr kleinen Anwendungsbereich.

522 *Otto*, Kreditwesen 1994, 779 f.

rufstypischen Handlungen fruchtbar gemachten Gedanken[523], daß es Handlungen gebe, die eine Gefährdung geschützter Rechtsgüter mit sich bringen, gleichwohl aber für die Gemeinschaft unentbehrlich seien. Für all diese gefährlichen Handlungen seien im Laufe der Zeit Verhaltensvorschriften entwickelt worden, die das Verletzungsrisiko mindern sollen, ohne es je vollständig ausschließen zu können und wollen. Daraus ergebe sich, daß der Staat bewußt bestimmte Risiken in Kauf nehme[524]. Deshalb müsse, so *Otto*, bei den neutralen beziehungsweise berufstypischen Verhaltensweisen geprüft werden, ob die Gefahr für das geschützte Rechtsgut über das erlaubte Maß hinaus begründet oder erhöht worden ist. Erst dann sei eine Strafbarkeit anzunehmen[525]. Ebenfalls mit dem erlaubten Risiko als eigenständigem Kriterium der objektiven Zurechnung bei der Beihilfe arbeitet *Rogat*. Zur Präzisierung dieses Kriteriums sei zunächst das "Bezugsrisiko"[526] zu ermitteln, welches der Gehilfe mit seinem Beitrag gesetzt hat. Handele es sich dabei um ein unerlaubtes Risiko (*Qualifizierung* anhand der jeweiligen Haupttat sowie des Umfelds des Gehilfenbeitrags[527]), müsse anschließend eine *Quantifizierung* dieses Risikos vorgenommen werden. Geringfügige Risiken für Rechtsgüter seien von der Strafbarkeit auszunehmen[528].

Andere Autoren sehen den dogmatischen Ansatz, um die Problematik der neutralen oder berufstypischen Handlungen einer allgemeingültigen Lösung zuzuführen, eher in Kriterien, die primär für den Bereich der Fahrlässigkeitsdelikte zur Begrenzung und inhaltlichen Bestimmung der Sorgfaltspflichten entwickelt worden sind. So wird insbesondere mit dem -vor allem für den Straßenverkehr anerkannten[529] aber auch darüber hinaus Geltung beanspruchenden[530]- **Vertrauensgrundsatz**[531] argumentiert. Danach habe jeder sein Verhalten grundsätzlich nur darauf einzurichten, daß er selbst keine geschützten Rechtsgüter verletzt beziehungsweise gefährdet. Daß andere sich rechtswidrig verhalten, müsse grundsätzlich nicht in Rechnung gestellt werden. Mit anderen Worten dürfe man auf rechtmäßiges Verhalten anderer Menschen vertrauen[532].

---

[523]*Philipowski*, in: Kohlmann, Strafverfolgung, 1983, 131 sieht jedoch in dem erlaubten Risiko neben der Sozialadäquanz einen Rechtfertigungsgrund, dazu sogleich ccc).

[524]So *Philipowski*, in: Kohlmann, Strafverfolgung, 1983, 145 ff., der als Beispiel die Teilnahme am Straßen-, Schienen- und Luftverkehr anführt.

[525]So *Otto*, Kreditwesen 1994, 779. Vgl. auch *ders.*, Grundkurs Strafrecht, § 22 Rn 69, wo eine deutlich subjektivere Ansicht vertreten wird. Dort führt er aus: "Kein Verhalten ist rechtlich faßbar, wenn es losgelöst wird vom Wissen und Wollen des Handelnden".

[526]So die Terminologie von *Rogat*, Zurechnung, 89 ff.

[527]Ausführlich *Rogat*, Zurechnung, 89 ff.

[528]*Rogat*, Zurechnung, 97 ff.

[529]Siehe Schönke/Schröder- *Cramer*, StGB, § 15 Rn 211 ff. m.w.N.

[530]So *Stratenwerth*, Strafrecht AT I, Rn 1156; Schönke/Schröder- *Cramer*, StGB, § 15 Rn 151.

[531]Zur sorgfaltspflichtbegrenzenden Wirkung des Vertrauensgrundsatzes als Unterfall des gerade angesprochenen erlaubten Risikos bei den Fahrlässigkeitsdelikten siehe Schönke/Schröder- *Cramer*, StGB, § 15 Rn 148 ff. Zum Vertrauensgrundsatz als generelles Problem der Zurechnung siehe NK-*Puppe*, StGB, Vor § 13 Rn 150 ff.

[532]So *Stratenwerth*, Strafrecht AT I, Rn 1155; *Bloy*, Zurechnungstypus, 139; *Tag*, JR 1997, 55 f.

Die hier in Rede stehenden Verhaltensweisen seien daher erst dann strafbar, wenn im Einzelfall dem Vertrauen die Grundlage entzogen ist[533].

bbb) Behandlung im subjektiven Tatbestand

Obschon sich die Rechtsprechung in letzter Zeit mehrfach mit der Frage der Beihilfe durch "äußerlich neutrale Handlungen"[534] befassen mußte[535], verweist sie, statt konkrete Zurechnungskriterien zur Hand zu geben, auf eine wertende Betrachtung des Einzelfalls[536]. Erst eine "besondere Sachlage" könne die "Wertung als Beihilfe" nahelegen[537]. Vor allem aber ordnet die *Rechtsprechung* dem subjektiven Tatbestand die maßgebliche normative Funktion zu. Seit der grundlegenden Entscheidung des *Reichsgerichts*[538] wird auf einen Tatförderungswillen abgestellt. In dieser Entscheidung ist dahingehend argumentiert worden, der Wille und das Bewußtsein eines Beraters (konkret eines Rechtsanwalts) seien üblicherweise nur darauf gerichtet, pflichtgemäß Rat zu erteilen, nicht jedoch darauf einzuwirken, was der Mandant beabsichtige. Erst wenn die "Geistes- und Willenstätigkeit"[539] darauf hingehe, mehr als den Beruf zu erfüllen und die Ausführung einer Straftat zu fördern, liege strafbares Verhalten vor[540]. In diese Richtung geht auch die gegenwärtige Rechtsprechung. Exemplarisch ist dafür die Entscheidung des *Bundesgerichtshofs* vom 21.08.1992[541]. Dort wird unter Bezugnahme auf die soeben zitierte Entscheidung des *Reichsgerichts* ausgeführt: "Das Bewußtsein und der Wille eines Rechtsanwalts sind bei Erteilung eines Rechtsrats in der Regel darauf gerichtet, pflichtgemäß Rat zu erteilen, und nicht darauf, eine Straftat zu fördern"[542].

Von daher ist es kaum verwunderlich, daß der *Bundesgerichtshof* auch in der Entscheidung zur Strafbarkeit von Bankmitarbeitern im hier interessierenden Zusammenhang dem subjektiven Tatbestand die entscheidende Filterfunktion zugewiesen hat[543]. Der *5. Strafsenat* differenziert dort zwischen dem *positiven Wissen* um die deliktischen Ziele des Haupttäters und den Situationen, wo diesbezügliche Pläne vom Helfenden nur *für möglich gehalten* werden. Im ersten Fall liege stets Beihilfe vor, da die Handlung dann den "Alltagscharakter" verliere. In der zweiten Konstellation sei hingegen erst dann eine Beihilfestrafbarkeit anzunehmen, wenn das vom Helfenden "erkannte Risiko strafbaren Verhaltens des von ihm Unterstützten ... derart hoch" war, daß er "sich mit seiner Hilfeleistung 'die Förderung eines erkennbar tatgeneigten Täters angelegen sein' ließ"[544].

---

[533]Vgl. zu den Einschränkungen des Vertrauensgrundsatzes *Stratenwerth*, Strafrecht AT I, Rn 1157 ff.

[534]So wörtlich *BGH* wistra 1988, 261.

[535]Siehe *BGH* HFR 1985, 429; *BGH* wistra 1988, 261; *BGH* NStZ 1992, 498.

[536]So insbesondere *BGH* wistra 1988, 261.

[537]Wörtlich *BGH* wistra 1988, 261.

[538]RGSt 37, 321 (323 f.).

[539]So wörtlich RGSt 37, 324. Siehe auch RGSt 39, 44 (48 f.).

[540]RGSt 37, 323 f.

[541]*BGH* NJW 1992, 3047.

[542]Wörtlich *BGH* NJW 1992, 3047.

[543]*BGH* NJW 2000, 3011.

[544]Wörtlich *BGH* NJW 2000, 3011.

Auch im aktuellen Schrifttum findet diese Rechtsprechung mit ihrer subjektiven Lösung Anklang[545], wogegen die frühere Literatur versucht hat, beim bloßem *Eventualvorsatz* den Tatbestand generell zu verneinen. Nach *von Bar* sollte "Beihülfe" voraussetzen, "daß der objektiv für die Ausführung eines Deliktes Hülfeleistende entweder diese Ausführung erstrebt, oder aber sie als mit einem anderen erstrebten Ziele notwendig verbunden betrachtet". Denn andernfalls bestehe die Möglichkeit, daß "harmlose Handlungen" durch den "Gedanken, daß ein anderer den dadurch hergestellten Zustand zur Begehung eines Verbrechens benutzen könnte, strafbar werden"[546]. In diese Richtung geht auch der Ansatz von *Wohlleben*, dessen Ausgangspunkt der Lösungsfindung darin liegt, die Vorstellung des Agierenden über die von diesem ausgelösten Abläufe in der Außenwelt zu *ermitteln*[547]. In einem weiteren Schritt soll dann jene Vorstellung *bewertet* werden. Überwiegen dabei aus objektiver Sicht die "Vorteile der konkret *vorgestellten* Abläufe", so daß es sich insgesamt um ein sozial nützliches Verhalten handelt, so soll eine Beihilfestrafbarkeit ausscheiden. Wenn dagegen die Nachteile überwiegen, so könne "keine Billigung durch die Gesellschaft erfolgen" und liege deshalb Unrecht vor [548]. Jedenfalls aber sei eine Beihilfe durch neutrale oder im Rahmen der Berufsausübung erbrachte Beiträge nicht strafbar, wenn der Handelnde "die Begehung der Haupttat lediglich für möglich gehalten" hat[549].

ccc) Bewältigung der Problematik in der Rechtswidrigkeit

Seltener wird die Frage der Strafbarkeit von neutralen beziehungsweise im Rahmen einer beruflichen Tätigkeit erbrachten Handlungen (erst) in der *Rechtswidrigkeit* entschieden. In diesem Sinne argumentiert vor allem *Philipowski*, der den von *Welzel* begründeten Gedanken der *Sozialadäquanz* speziell für die Strafbarkeit von Bankangestellten aufgreift. Jedoch sieht er darin einen Rechtfertigungsgrund. Selbst wenn als Folge von sozial üblichen und von der Allgemeinheit gebilligten Handlungen ein Schaden eintrete, sei dies lediglich "die unglückliche Folge eines nach wie vor rechtmäßigen Handelns"[550]. Außerdem stützt er seine Argumentation zugleich mit den Grundsätzen des *erlaubten Risikos*. Aus dieser soeben erläuterten Rechtsfigur folge, daß bei Verhaltensweisen, die sich innerhalb der vom Staat bewußt hingenommene Risiken bewegen, die Rechtswidrigkeit des Handelns grundsätzlich ausgeschlossen sei[551].

---

[545]Vgl. *Wannemacher*, Steuerberater als Mandant, Rn 592 ff.; *Baumgarte*, wistra 1992, 41 (43 für Anstiftung und 45 f. für Beihilfe).

[546]Wörtlich *von Bar*, Gesetz und Schuld im Strafrecht, Bd. II, § 359 (693).

[547]*Wohlleben*, Beihilfe durch äußerlich neutrale Handlungen, 121 f.

[548]Wörtlich *Wohlleben*, Beihilfe durch äußerlich neutrale Handlungen, 122 mit Hervorhebungen von *Wohlleben*. Die allgemeinen Überlegungen werden sodann durch 15 Regeln weiter präzisiert, 159 ff.

[549]So wörtlich *Wohlleben*, Beihilfe durch äußerlich neutrale Handlungen, 163 (Regel 14). Ebenso will *Schild Trappe*, Harmlose Gehilfenschaft ?, 180 entscheiden, nach ihr soll es bei bloßem Eventualvorsatz in Bezug auf die Haupttat an der geforderten Solidarisierung mit dem Haupttäter fehlen, so daß eine strafbare Beihilfe ausscheidet. Zum Ansatz von *Schild Trappe* zu Recht kritisch *Roxin*, JZ 1996, 29.

[550]Wörtlich *Philipowski*, in: Kohlmann, Strafverfolgung, 1983, 142. In dieser Richtung auch *Kniffka*, wistra 1987, 310.

[551]So *Philipowski*, in: Kohlmann, Strafverfolgung, 1983, 145 ff.

c) Auswertung der Lösungsansätze

aa) Dogmatischer Standort der Lösungsfindung

Im Rahmen der Auseinandersetzung mit dem speziellen Problem der Beihilfe durch neutrale beziehungsweise berufstypische Handlungen kann auf die bereits im Rahmen der allgemeinen Definition dessen, was als Hilfeleisten für § 27 I StGB zu fordern ist, getroffenen Überlegungen zurückgegriffen werden. Dort ist begründet worden, daß ein Hilfeleisten zweierlei voraussetzt. Ein Beitrag ist nur dann als Hilfeleisten im Sinne des § 27 I StGB einzuordnen, wenn er für die Verwirklichung der Haupttat mitursächlich wird und sich darin gerade diejenige rechtlich verbotene, pflichtwidrig gesetzte Gefahr realisiert hat, die dieser Handlung innewohnt. Nichts anderes kann für neutrale oder im Rahmen von Berufsausübungen erbrachte Beiträge gelten. Für die strafrechtliche Begutachtung solcher Verhaltensweisen als Beihilfe ist keine neue Kategorie, keine weitere Theorie notwendig.

aaa) Einwände gegen die Problemlösung im subjektiven Tatbestand und auf der Ebene der Rechtswidrigkeit

Insofern sind alle Versuche, dieses spezielle Problem erst auf der *subjektiven Ebene der Beihilfe* anzugehen, von vornherein abzulehnen. Es ist bereits dargelegt worden, daß der subjektive Tatbestand nicht der geeignete Ort ist, um normative Wertungen anzustellen[552]. Gerade hier zeigt sich die Gefahr einer solchen Lösung. Zwei äußerlich gleichbleibende Verhaltensweisen -etwa Verkauf eines Messers an einen Kunden, von dem der Veräußerer, woher auch immer, weiß, daß dieser damit ein Tötungsdelikt begehen will, und an jemanden, bei dem er diese Kenntnis gerade nicht hat- unterscheiden sich allein im subjektiven Moment des Veräußerers. Nur wegen dessen (zufälligen) Sonderwissen im ersten Fall kann eine Strafbarkeit nicht begründet werden. Denn Strafgrund sind dann allein die Interna[553]. Außerdem würde sich jeder Verkäufer seiner ihn vor Strafbarkeit schützenden Gutgläubigkeit erhalten, oder diese zumindest behaupten. Zwar ist es zutreffend, daß bei den §§ 257 I, 258 I StGB der subjektive Tatbestand deshalb qualifizierte Anforderungen stellt, um die rechtlich tolerierbaren Verhalten auszugrenzen[554]. Indes werden auch bei diesen Tatbeständen bereits objektiv Einschränkungen vorgenommen[555]. Das entscheidende Argument gegen einen derartigen Vergleich mit den §§ 257 I, 258 I StGB ist aber, daß die Beihilfe einen solchen qualifizierten Vorsatz gerade nicht voraussetzt. § 27 I StGB erfordert (einfachen) Vorsatz, schlichter dolus eventualis genügt. Auf der subjektiven Ebene ist die Problematik keinesfalls dogmatisch zufriedenstellend zu lösen. Schon deshalb vermag das seinerzeit mit Spannung erwartete Urteil des *Bundesgerichtshofs*[556] zur

---

[552] Siehe oben ab S. 114.

[553] So *Jakobs*, ZStW 97 (1985), 751 (762); *Hassemer*, wistra 1995, 43; *Löwe- Krahl*, Steuerstrafrechtliche Risiken, 56.

[554] In diesem Sinne LK- *Ruß*, StGB, § 258 Rn 10 b.

[555] Bei § 257 I StGB wird etwa diskutiert, ab wann die Unterstützung eines Vortäters bei dessen (strafloser) Selbstbegünstigung strafbar ist. Dazu Schönke/Schröder- *Stree*, StGB, § 257 Rn 20 m.w.N. Bei § 258 I StGB geht es beispielsweise um die Problematik, ob die Gewährung von Rechtsrat durch Anwälte oder das Zurverfügungstellen von Unterkunft, Verpflegung oder medizinischer Betreuung tatsächlich strafrechtlich relevant ist. Siehe Schönke/Schröder- *Stree*, StGB, § 258 Rn 20 ff.

[556] *BGH* NJW 2000, 3010.

Strafbarkeit der Bankmitarbeiter nicht zu überzeugen. Überdies wird diese Entscheidung den in sie gesetzten Erwartungen kaum gerecht[557]. Denn eine vertiefte Auseinandersetzung des *5. Strafsenats* mit den verschiedenen Meinungen zum Problem der neutralen oder berufstypischen Handlungen bleibt aus. Vielmehr wird nach der Darstellung einzelner unterschiedlicher Ansätze lediglich auf einige wenige Entscheidungen aus dem Bereich der Beihilfe zum Betrug verwiesen, die allgemeingültige Aussagen enthalten sollen. Dagegen wäre lediglich dann nichts einzuwenden, wenn in diesen früheren Urteilen eine ausführliche inhaltliche Diskussion stattgefunden hätte[558]. Insbesondere ist dem *Bundesgerichtshof* entgegenzuhalten, daß nicht einmal im Ansatz thematisiert wird, warum eine Einschränkung der Strafbarkeit bei neutralen oder berufstypischen Handlungen nicht bereits auf der Ebene des objektiven Tatbestandes vorzunehmen sein soll[559].

Abzulehnen sind im Ergebnis ebenfalls diejenigen Versuche, erst im Rahmen der *Rechtswidrigkeit* straflose neutrale beziehungsweise berufstypische Verhalten auszugrenzen. Denn der Tatbestand ist vertyptes Unrecht[560] und Rechtfertigungsgründe sind im Verbrechensaufbau dazu da, an sich sozialwidriges Verhalten im Ausnahmefall von der Strafbarkeit auszunehmen. Wenn das rechtgutsbeeinträchtigende Verhalten durch einen Erlaubnissatz gedeckt ist, wird das Handeln um der Erreichung anderer Ziele willen von der Rechtsordnung gebilligt[561].

bbb)Bedenken an den von der Lehre von der objektiven Zurechnung abweichenden Lösungsansätzen (objektiver Tatbestand)

Die Aufgabe besteht vielmehr darin, bereits objektiv den Beihilfetatbestand zu begrenzen, und zwar mittels der *Lehre von der objektiven Zurechnung*. Andere Modelle zur Restriktion des objektiven Beihilfetatbestandes sind Bedenken ausgesetzt, die im folgenden verdeutlicht werden.

(1) Kritische Überlegungen zur Sozialadäquanz und der professionellen Adäquanz

Abzulehnen ist zunächst die Beschränkung des objektiven Tatbestands mit dem Argument der sozialen Adäquanz eines Verhaltens.

Zum einen wird mit diesem evident vagen Begriff strafloses Verhalten nicht *begründet*, sondern nur *behauptet*. Kriterien zur Beantwortung der Frage, wann eine Handlung mißbilligt wird, werden gerade nicht geliefert[562]. Zu Recht hat *Wiethölter* ausgeführt, die soziale Adäquanz "gehört zu jenen verführerischen Vokabeln, die bei der Auslegung nur das enthüllen, was vorher an wünschenswertem Ergebnis in sie hineingelegt worden ist. Als Schlagwort ... mag sie ihren Wert haben, nicht aber als

---

[557]Ebenso *Behr*, BB 2000, 2240 (2241).

[558]Dies ist indes nicht der Fall, dazu unten ab S. 179.

[559]Immerhin setzte sich die Vorinstanz mit der Frage auseinander (*LG Wuppertal* wistra 1999, 474).

[560]Lackner/Kühl- *Kühl*, StGB, Vor § 13 Rn 17.

[561]Vgl. *Wessels/Beulke*, Strafrecht AT, Rn 271 f.

[562]*Stratenwerth*, Strafrecht AT I, Rn 1156; *Frisch*, Tatbestandsmäßiges Verhalten, 237; *Ransiek*, wistra 1997, 42; *Otto*, Kreditwesen 1994, 777. Kritisch gegen das Kriterium der sozialen Adäquanz als generelle Tatbestandsrestriktion oder Auslegungsregel ebenfalls Schönke/Schröder- *Lenckner*, StGB, Vor §§ 13 ff. Rn 69 f.; *Barton*, StV 1993, 158 f.; *Hefendehl*, Jura 1992, 376 f.; *Tag*, JR 1997, 52.

Lösungsmethode. Sie ist ein Ziel, kein Weg"[563]. Warum ist das Verhalten eines Taxifahrers beziehungsweise eines privaten Chauffeurs sozial inadäquat[564]? Und worin besteht der Unterschied zu dem Besteller eines Werkvertrages zum Hausumbau mit den potentiellen Lohnsteuerhinterziehern[565]? Gerade hier in der Kapitalexportthematik zeigt sich die Unbestimmtheit des Kriteriums der sozialen Adäquanz. Vor der Einführung des steuerlichen Zinsabschlags war es nicht üblich, dem Kunden den Zugriff auf das Korrespondenzbankkonto zu gestatten. Dessen notwendige Zwischenschaltung bei Sachverhalten mit Auslandsberührung geschah vielmehr bankintern, unabhängig vom Einfluß des Bankkunden. Nach den steuerlichen Veränderungen war es jedoch bei allen (zumindest allen bislang durchsuchten) Kreditinstituten und jedenfalls für zahlreiche Kunden möglich, unmittelbar über dieses Konto der ausländischen Korrespondenzbank Transaktionen vorzunehmen. Ist die Einschaltung des Korrespondenzbankkontos damit zu Beginn der Kapitalverlagerungswelle unüblich gewesen beziehungsweise ist sie heute, durch inzwischen jahrelange Übung üblich und sozialadäquat, und wenn ja, wie lange schon ?

Zum anderen geht es bei der Sozialadäquanz methodisch um zwei unterschiedliche Aspekte[566], wobei im vorliegenden Zusammenhang nur einem Bedeutung zukommt. So werden als sozialadäquat *einerseits* bestimmte nicht deliktstypische, oft geringfügige und sozial tolerierte Verhaltensweisen aus dem Tatbestand ausgeschieden. Beispielsweise betrifft dies die ehrverletzenden Äußerungen über Dritte im engsten Familienkreis oder kleine Neujahrsgeschenke an Beamte. Insoweit liegen keine Beleidigungen oder Bestechungen vor, weil die geschilderten Handlungen zwar vom Wortlaut, nicht aber vom Schutzbereich der jeweilige Tatbestände erfaßt werden[567]. Strafrechtsmethodisch handelt es sich daher um teleologische Reduktionen[568]. Die Berufung auf die Sozialadäquanz jener Verhaltensweisen würde demgegenüber die Gefahr begründen, ohne genaue Analysen des Tatbestands nach (eigenen) sozialethischen Vorstellungen über die Strafwürdigkeit des Verhaltens zu befinden[569]. Ob *diesem* Aspekt der Sozialadäquanz bei der *Beihilfe* generell keine Bedeutung zukommt, wie etwa *Rogat* unter Hinweis auf fehlenden eigenen Deliktstyp und fest umrissenen Tatbestand in § 27 I StGB meint[570], ist zweifelhaft. Denn es ist kein Grund ersichtlich, warum eine Tatbestandsreduktion von vornherein nur den Tatbestand der *Haupttat* treffen kann. Immerhin konstituiert § 27 I StGB den *Beihilfetatbestand*, der der Sache nach ebenso teleologisch reduziert werden kann wie jeder andere Tatbestand auch.

Diese Frage braucht jedoch nicht vertieft zu werden. Denn die hier diskutierte Problematik betrifft den *zweiten* methodischen Aspekt der Sozialadäquanz. Beispielsweise geht es hierbei um die Fälle der Verletzungen im Zusammenhang mit dem ordnungsgemäßen Betrieb von Eisen- oder Straßenbahnen[571]. Allgemein sind die Si-

---

[563]Wörtlich *Wiethölter*, Rechtfertigungsgrund des verkehrsrichtigen Verhaltens, 57.

[564]Siehe *BGH* GA 1981, 133 (Beihilfe) und BGHSt 4, 107 (sachliche Begünstigung).

[565]Siehe *BGH* NStZ 1992, 498 (Straflosigkeit).

[566]Ausführlich *Roxin*, Klug- FS (1983), 303 (310 ff.).

[567]*Roxin*, Klug- FS (1983), 312.

[568]So *Rogat*, Zurechnung, 63 unter Berufung auf *Roxin*, Klug- FS (1983), 312 (insbesondere Fn 47). Anders (Auslegung) *Wessels/Beulke*, Strafrecht AT, Rn 57.

[569]Zutreffend *Roxin*, Klug- FS (1983), 313.

[570]*Rogat*, Zurechnung, 66 f.

[571]Siehe *Rogat*, Zurechnung, 64.

tuationen dadurch gekennzeichnet, daß ein Verhalten an den Tag gelegt wird, welches selbst dann nicht tatbestandsmäßig ist, wenn in dessen Folge eine Rechtsgutsbeeinträchtigung eintritt. Dabei handelt es sich jedoch um ein *Zurechnungsproblem*[572], so daß es insoweit nicht des höchst unbestimmten Kriteriums der Sozialadäquanz bedarf. Andere Modelle -wie die hier favorisierte Lehre von der objektiven Zurechnung- stehen bereit, um dogmatisch konsequenter diese Wertungsfragen zu beantworten[573]. Die Sozialadäquanz ist diesbezüglich ein verzichtbares (bloßes) Schlagwort.

Gegen den von *Hassemer* begründeten Ansatz der professionellen Adäquanz spricht, daß er vordringlich eine Lösung für die beruflich Handelnden anstrebt. Zwar seien für "andere Zwecke" andere "Einteilungen" denkbar, als Beispiel nennt er die Adäquanz von Generationen oder von sozialen Handlungsfeldern[574]. Wie für diese Bereiche das jeweils Adäquate ermittelt werden soll, wird von *Hassemer* aber nicht verdeutlicht. Vor allem will er den Bereich des professionell Adäquaten nicht nur durch *gesetzliche* Regelungen bestimmen. Vielmehr stützt er sich auch auf verbreitete und beachtete Übungen wie etwa Sachgebietsanweisungen, wobei er beispielhaft auf Veröffentlichungen des Bundesverbandes deutscher Banken e.V. verweist[575]. Dies kann nicht überzeugen. Denn damit hätten es private Interessenverbände in der Hand, die Grenzen der (Beihilfe-) Strafbarkeit zu bestimmen[576].

Unabhängig davon kann selbst den *gesetzlich* kodifizierten Berufsregeln keine abschließende Aussage über die Strafbarkeit oder Straflosigkeit entnommen werden. Bei Einhaltung solcher außerstrafrechtlichen kodifizierten Berufsregeln und Sorgfaltspflichten kann nicht automatisch auf pflichtgemäßes, von der Handlungsfreiheit umfaßtes und damit strafloses Verhalten geschlossen werden. Denn es geht nicht um die Frage, ob ein Verhalten berufstypisch ist, ob es sich in den staatlichen oder gesellschaftlichen Regeln, die für diese Berufsgruppe gelten, vollzieht. Vielmehr gilt es zu entscheiden, ob und wann ein Verhalten -sei es auch berufstypisch- strafbare Beihilfe ist[577]. Eine allgemeine Vermutung, wonach berufstypisches Handeln, Verhalten innerhalb der professionellen Regeln, straflos ist, gibt es nicht[578]. Die Einhaltung der kodifizierten Berufsregeln begründet keine Sperrwirkung für das Strafrecht[579]. Andernfalls bestünde ein nicht auflösbarer *Wertungswiderspruch* zwischen Privaten und Berufstätigen, soweit sie identische Handlungen vornehmen[580]. So beteiligt sich etwa derjenige, der einem zu einem Tötungsdelikt Entschlossenem bewußt und gewollt die Schußwaffe veräußert, an der Tötung. Dann aber muß auch derjenige, der trotz Vorlage eines gültigen Waffenscheins einem Kunden während der Berufsausübung in Kenntnis der Tötungsabsicht die Schußwaffe verkauft, strafbar sein. In beiden Fällen führt die Überlassung der Waffe dazu, daß das Tötungswerkzeug, ein Tatmittel, zur Verfügung gestellt wird.

---

572 *Roxin*, Klug- FS (1983), 310; gefolgt von *Rogat*, Zurechnung, 66.

573 Im Kern ebenso *Rogat*, Zurechnung, 64 f.; *Roxin*, Klug- FS (1983), 310 ff.

574 *Hassemer*, wistra 1995, 81 (in Fn 69).

575 Siehe *Hassemer*, wistra 1995, 84 (in Fn 98).

576 Kritisch auch *Tag*, JR 1997, 52.

577 So treffend *Otto*, Kreditwesen 1994, 777; *ders.*, StV 1994, 410; zustimmend *Tag*, JR 1997, 52.

578 *Tag*, JR 1997, 52.

579 *Ransiek*, wistra 1997, 44 (in Fn 40).

580 In diesem Sinne *Tag*, JR 1997, 52.

Eine andere Lösung könnte nur so aussehen, daß in dem gewählten Beispiel sowohl der Private als auch der beruflich Tätige straflos sind. Keinesfalls aber darf bei einem die Beihilfestrafbarkeit bejaht, hingegen der andere straflos gestellt werden. Denn objektiv gleiche Beiträge wie etwa das Zurverfügungstellen von einem Tatmittel (Schußwaffe) durch einen Privaten oder einen Verkäufer im Waffengeschäft müssen bei identischem Wissen und Wollen auch gleich behandelt werden. Die Absurdität einer Differenzierung zwischen dem Privaten -strafbar- und dem Berufstätigen - straflos, weil Einhaltung aller Berufsregeln- zeigt sich deutlich, wenn das Beispiel mit ein und derselben Person gebildet wird, die einmal während der Arbeitszeit und einmal nach Feierabend denselben Beitrag -Überlassung einer Schußwaffe in Kenntnis der Verwendungsabsicht- leistet[581]. Zu Recht hat daher der *Bundesgerichtshof* einerseits den *Taxifahrer*, der im Rahmen seiner *beruflichen* Tätigkeit den Einbrecher vom Tatort abholt, und andererseits den *Privaten*, der seinen Bekannten mit dem Privatwagen zu Drogengeschäften nach Amsterdam fährt, strafrechtlich zur Verantwortung gezogen[582].

(2) Ablehnung von Verhältnismäßigkeitsbetrachtung und Güterabwägung

Die Ansätze von *Frisch* und *Löwe- Krahl* bestechen zunächst durch den verfassungsrechtlichen Bezug zum Verhältnismäßigkeitsprinzip. Denn in der Tat hat sich von diesem Grundsatz jedes staatliche Verhalten leiten zu lassen. Andererseits kommt der von den Autoren betonten "strafrechtlichen Verhältnismäßigkeit" jedenfalls in der verfassungsrechtlichen Rechtsprechung nicht die propagierte Bedeutung zu[583]. Das *Bundesverfassungsgericht* leitet aus dem verfassungsrechtlichen Verhältnismäßigkeitsgrundsatz für das Strafrecht in ständiger Rechtsprechung lediglich her, daß "die angedrohte Strafe in einem gerechten Verhältnis zur Schwere der Tat und zu dem Verschulden des Täters stehen muß"[584]. Insofern wird dessen Bedeutung im vorliegenden Zusammenhang vermutlich überschätzt[585].

(a) Einwände gegen hypothetische Betrachtungen

Jedenfalls stößt es auf erhebliche Bedenken, daß beide Autoren *hypothetische* Gesichtspunkte berücksichtigen wollen. Zum einen führt die Berücksichtigung dessen, ob der Täter einen solchen Beitrag jederzeit und überall ohne Offenbarung der deliktischen Pläne erhalten kann[586], und damit mit einiger Sicherheit die gleiche Wirkung zur annähernd gleichen Zeit auch ohne den Beitrag eingetreten wäre, nicht weiter. Dies dürfte in einer Vielzahl von Fällen gegeben sein. Vor allem aber kann solchen Kriterien aus rechtlichen Gründen nicht zugestimmt werden. Die Berücksichtigung hypothetischer Umstände im Rahmen der Zurechnung wird zu Recht fast

---

[581]Ebenso *Löwe- Krahl*, Steuerstrafrechtliche Risiken, 127.

[582]BGHSt 4, 107; *BGH* GA 1981, 133.

[583]Siehe *Wohlleben*, Beihilfe durch äußerlich neutrale Handlungen, 77 f. m.w.N.

[584]Wörtlich BVerfGE 34, 261 (267) m.w.N. In diesem Sinne auch BVerfGE 50, 125 (133 f.).

[585]*Wohlleben*, Beihilfe durch äußerlich neutrale Handlungen, 77.

[586]So explizit *Löwe- Krahl*, Steuerstrafrechtliche Risiken, 119; *ders.*, wistra 1995, 205. Ähnlich *Frisch*, Tatbestandsmäßiges Verhalten, 294.

einhellig abgelehnt[587]. Im Interesse der Achtung der Rechtsgüter und deren optimaler Bestandssicherung muß ihre Beeinträchtigung auch dann untersagt sein, wenn sie ohnehin dem Untergang geweiht sind[588]. Denn sobald man alle Risiken für ein Rechtsgut in einer Prognose berücksichtigt, würde die Bestandsgarantie ganz entfallen[589]. Außerdem ist jenes von *Löwe- Krahl* hergeleitete Kriterium, der Handelnde liefere einen Beitrag, der nicht überall ohne Offenbarung der deliktischen Verwendung erhältlich ist und wofür er eine *Monopolstellung* habe[590], auch der Sache nach nicht überzeugend. Denn das Abstellen auf eine Monopolstellung ermöglicht kaum differenzierte Ergebnisse. Alle hier untersuchten Einzelheiten des Kapitaltransfers konnten nur von Bank- oder Sparkassenangestellten vorgenommen werden. Damit sind alle kontenbezogenen Handlungen Monopolleistungen[591] und führt letztlich allein die berufliche Qualifikation zur Innehabung einer Monopolstellung. Wenn *Löwe- Krahl* hiergegen einwendet, eine Monopolleistung liege nach seinem Verständnis nur bei bankuntypischen Dienstleistungen vor, die nicht jeder Kunde an beliebiger Stelle bei allen Kreditinstituten erhalten könne[592], so überzeugt dies nicht. Denn dann dient die Frage des Vorliegens einer Monopolstellung gerade nicht mehr der Bestimmung der Grenzen der Beihilfestrafbarkeit, sondern umschreibt nur das (durch Betrachtung des für alle Kunden allerorts Banktypischen) gefundene Ergebnis.

(b) Keine "Vor- Wertung" der §§ 138, 139, 323 c StGB

Auch die Berücksichtigung der Solidaritätsnormen §§ 138, 139, 323 c StGB[593] als gesetzgeberische "Vor- Wertung"[594], wie es *Hefendehl* und eingeschränkt auch *Frisch* befürworten[595], kann nicht überzeugen[596]. Zwar könnte man in der Tat meinen, wenn unbeteiligte Personen zur Verhinderung bestimmter Güterbeeinträchtigungen in die Pflicht genommen werden, so müßten diese erst recht aktive rechtsgutsbeein-

---

[587]Und zwar unabhängig davon, ob die Ersatzursachen *rechtmäßig* oder *rechtswidrig* sind. Vgl. Schönke/Schröder- *Lenckner*, StGB, Vor §§ 13 ff. Rn 97 f.; NK- *Puppe*, StGB, Vor § 13 Rn 136; *Maurach/Gössel/Zipf*, Strafrecht AT II, § 52 Rn 30; *Schumann*, Handlungsunrecht, 54; LK- *Roxin*, StGB, § 27 Rn 19; *Volk*, BB 1987, 141; *Hefendehl*, Jura 1992, 376; *Baumgarte*, wistra 1992, 45; ausführlich *Frisch*, Tatbestandsmäßiges Verhalten, 562 ff. und *Wolff- Reske*, Berufsbedingtes Verhalten, 117 ff.; anderer Ansicht *Stratenwerth*, Strafrecht AT I, Rn 227 f. und *Samson*, Hypothetische Kausalverläufe, 142 f.

[588]So NK- *Puppe*, StGB, Vor § 13 Rn 136.

[589]*Jakobs*, Strafrecht, 7. Abschn. Rn 74 f.

[590]*Löwe- Krahl*, Steuerstrafrechtliche Risiken, 119; *ders.*, wistra 1995, 205.

[591]*Otto*, Kreditwesen 1994, 779.

[592]So *Löwe- Krahl*, wistra 1995, 204 (in Fn 63) als Erwiderung zu *Otto* (Fn 591).

[593]Wobei der § 138 StGB lex specialis zu § 323 c StGB ist und diesen gesetzeskonkurrierend (Subsidiarität) verdrängt. So die überwiegende Ansicht, vgl. BGHSt 3, 65 (68); Schönke/Schröder- *Cramer*, StGB, § 323 c Rn 33; Tröndle/Fischer- *Fischer*, StGB, § 323 c Rn 11 jeweils m.w.N.

[594]So Bezeichnung bei *Frisch*, Tatbestandsmäßiges Verhalten, 313 ff.

[595]*Hefendehl*, Jura 1992, 377; *Frisch*, Tatbestandsmäßiges Verhalten, 308 ff. Ebenso *Tag*, JR 1997, 56.

[596]Abgelehnt wird auch das von *Hefendehl* und wohl auch *Frisch* aufgestellte Kriterium der Kollusion. Denn ohne den Rückgriff auf subjektiven Ziele und Absichten des den Beitrag Erbringenden und des Haupttäters kann eine gemeinsame Vorgehensweise zum Nachteil Anderer und damit eine Kollusion nicht festgestellt werden. Es handelt sich somit nicht um ein rein objektives Merkmal. *Hefendehl*, Jura 1992, 377; *Frisch*, Tatbestandsmäßiges Verhalten, 289.

trächtigende Handlungen unterlassen[597]. Allerdings verkennt eine solche Argumentation zunächst, daß hinter diesen Gebotsnormen keine sicheren Wertentscheidungen zugunsten bestimmter Güter stehen. So ist zum einen bei § 323 c StGB umstritten, bei welchem Kreis von Straftaten die Annahme eines Unglücksfalls oder einer gemeinen Gefahr oder Not überhaupt gerechtfertigt ist[598]. Eine klare "Vor- Wertung" des Gesetzgebers ist nicht zu erkennen. Denn im Grunde genommen gibt es, wie der Streit bei dieser Norm nahelegt, keine einheitliche sozialethische Überzeugung über das Ausmaß der ausnahmsweise auferlegten erhöhten Solidarpflichten[599]. Bei § 138 StGB hingegen scheinen diese Bedenken auf den ersten Blick nicht zu bestehen, gibt es doch dort einen enumerativen Katalog[600] von Straftaten. Und, wie zutreffend zur Argumentation herangezogen wird, kommt diesen Katalogtaten immerhin auch im Zusammenhang mit dem strafprozessualen Verfolgungszwang bei außerdienstlich erlangtem Wissen von Polizisten und Staatsanwälten zur Begrenzung der Privatsphäre Bedeutung zu[601]. Indes trügt diese angebliche Sicherheit infolge der Begrenzung auf bestimmte Straftaten. Das Grundproblem, daß über das Ausmaß der Solidarpflichten und über die kriminalpolitische Einschätzung der Straftaten keine einheitliche sozialethische Überzeugung besteht, zeigt sich bei § 138 I StGB an den zahlreichen Veränderungen des Katalogs im Laufe der Zeit durch den Gesetzgeber[602]. Insofern gibt es zwar dem Wortlaut nach bei § 138 I StGB einen festumrissenen Kreis, auch der § 323 c StGB mag restriktiv ausgelegt werden. Dahinter steht aber keine eindeutige Überzeugung, daß nur in diesen Fällen erhöhte Solidarpflichten abverlangt werden. Auch für den "sehr *begrenzten* Zweck"[603] der Feststellung von mißbilligten Verhaltensweisen können diese Solidaritätsnormen somit nicht herangezogen werden. Selbst wenn die Normen tatsächlich die feste gesetzgeberische und gesellschaftliche Überzeugung zum Ausdruck bringen, daß (nur) in diesen Fällen Solidarität von jedermann geboten ist, ist die Strafbarkeit der Beihilfe gerade nicht auf bestimmte Haupttaten begrenzt. Vielmehr wird jedem gegenüber Vorsatztaten geschützten Rechtsgut ein Mindestschutz vor aktiven Angriffen gewährt[604]. Außerdem geht es in diesen Solidaritätsnormen darum, einem *Nichtteilnehmer* bestimmte Pflichten zugunsten des Schutzes bestimmter Rechtsgüter vor gravierenden Beeinträchtigung aufzuerlegen. Hier, bei der Frage der Beihilfestrafbarkeit, geht es hingegen um die Frage, was "*echten Tatbeteiligten* abverlangt oder zugestanden wird"[605] und darüber ist den §§ 138 f., 323 c StGB nichts zu entnehmen. Vor allem setzen diese Solidaritätsnormen lediglich einen Gefährdungsvorsatz voraus. Hier geht es dagegen um Verletzungsdelikte, wofür ein Verletzungsvorsatz notwendig ist. Sie haben einen geringeren Unwertgehalt, der sich im Unterlassen, in der Nichtvornahme einer bestimmten Handlung ohne Rücksicht

---

[597]In diesem Sinne *Hefendehl*, Jura 1992, 377; *Tag*, JR 1997, 56.

[598]Dies räumt *Frisch*, Tatbestandsmäßiges Verhalten, 313 f. selbst ein. Zu diesem Streit siehe Schönke/Schröder- *Cramer*, StGB, § 323 c Rn 5 m.w.N. Kritisch insoweit auch *Niedermair*, ZStW 107 (1995), 519 f.

[599]*Niedermair*, ZStW 107 (1995), 520.

[600]Siehe Schönke/Schröder- *Cramer*, StGB, § 138 Rn 7.

[601]*Hefendehl*, Jura 1992, 377 m.w.N.

[602]*Niedermair*, ZStW 107 (1995), 520 mit Hinweis auf LK- *Hanack*, StGB, § 138 Rn 5.

[603]Wörtlich *Frisch*, Tatbestandsmäßiges Verhalten, 321 mit Hervorhebung von *Frisch*.

[604]*Niedermair*, ZStW 107 (1995), 521 f.

[605]Wörtlich *Niedermair*, ZStW 107 (1995), 522 mit Hervorhebung von Verfasserin.

darauf, ob und welche Folgen dies hat, erschöpft[606]. Von ihrem Vorliegen kann nicht auf höheren Unwert verkörpernde Verletzungsdelikte geschlossen werden[607]. Wegen der unterschiedlichen Schwere des Handlungsunwertes besteht insbesondere zwischen § 138 StGB und der strafbaren Beteiligung an einer anzeigepflichtigen Tat ein normatives Stufenverhältnis[608]. Insgesamt betrachtet kann aus den §§ 138 f., 323 c StGB für die hier untersuchte Frage, wann ein pflichtwidriges und als Beihilfe zu wertendes Verhalten vorliegt, nichts geschlossen werden. Wenn diese Normen im Einzelfall erfüllt sind, dann macht sich der Unterlassende danach strafbar. Ob sein Verhalten auch als Beihilfe einzuordnen ist, ist eine andere Frage und kann jedenfalls nicht aus der Verletzung dieser Normen abgeleitet werden[609].

Die allgemeine freie Abwägung im jeweiligen Einzelfall, wie sie von *Löwe-Krahl* und *Hefendehl* vertreten wird[610], steht zudem im Spannungsverhältnis mit dem verfassungsrechtlichen Bestimmtheitsgrundsatz für strafbares Verhalten, Art. 103 II GG[611].

Insgesamt sind daher sowohl gegen die Ansätze als auch gegen die daraus hergeleiteten Strafbarkeitskriterien von *Frisch*, *Löwe- Krahl* und *Hefendehl* erhebliche Bedenken angezeigt.

(3) Bedenken gegen die Tatbestandsbegrenzung durch Betrachtung des Inhalts der verletzten Norm

An dem von *Samson* entwickelten Modell ist vor allem der dogmatische Ausgangspunkt zu kritisieren. Daß das "der Rechtsordnung primär zugrundeliegende Prinzip"[612] darin liege, daß der zuerst Handelnde den Freiraum nutzen dürfe und die zeitlich später Hinzutretenden diese Ausnutzung zu respektieren hätten, ist letztlich eine bloße Behauptung. Die nähere Begründung bleibt aus. Gerade weil die bloße zeitliche Sichtweise in Einzelfällen zu unbilligen Ergebnissen führen kann, wäre eine ausführliche Fundierung notwendig gewesen.

(4) Unzulänglichkeit der Abwägung mit der Erfüllung zivilrechtlicher Pflichten

Gleichfalls abzulehnen ist der Ansatz, das pflichtwidrige Verhalten mittels der Existenz und dem Gewicht zivilrechtlicher Pflichten zu bestimmen. Denn der dahinterstehende Gedanke der Einheit der Rechtsordnung trägt nicht. Das Zivilrecht selbst nimmt Korrekturen bei Handlungs- und Leistungspflichten vor, wenn strafbares Verhalten in Rede steht. Die §§ 134, 138 BGB bewirken mit der Nichtigkeitsanordnung

---

606 So für die unterlassene Hilfeleistung BGHSt 3, 65 (67).

607 In diesem Sinne *Wolff- Reske*, Berufsbedingtes Verhalten, 182.

608 Weshalb eine Wahlfeststellung ausgeschlossen ist, siehe SK/StGB- *Rudolphi*, § 138 Rn 35 m.w.N.

609 Ebenso *Wolff- Reske*, Berufsbedingtes Verhalten, 181 f.; *Niedermair*, ZStW 107 (1995), 521; *Jakobs*, Strafrecht, 7. Abschn. Rn 67, 24. Abschn. Rn 20. In diesem Sinne ebenfalls *Philipowski*, in: Kohlmann, Strafverfolgung, 1983, 147.

610 *Löwe- Krahl*, Steuerstrafrechtliche Risiken, 114 ff.; *Hefendehl*, Jura 1992, 377.

611 In diesem Sinne *Frisch*, Tatbestandsmäßiges Verhalten, 272. Aus diesem Grunde bestehen im übrigen Bedenken an einer Kombination einer Vielzahl an Regeln, wie sie von *Wohlleben*, Beihilfe durch äußerlich neutrale Handlungen, 159 ff. vertreten wird.

612 Wörtlich *Samson*, ZStW 99 (1987), 632.

gerade, daß eine Verpflichtung nicht existiert. Insofern ist es ein Zirkelschluß, mit zivilrechtlichen Pflichten die Strafbarkeit zu verneinen, wenn diese gerade nicht bestehen, soweit es um Straftaten geht[613]. Zudem böte dieses Berufen auf zivilrechtliche Verträge dem Täter die Schutzbehauptung, er habe seinen Beitrag verkauft[614]. Vor allem geht es sowohl bei einer Taxifahrt[615] als auch bei einem Werkvertrag mit Handwerker[616] um zivilrechtliche Verträge. Die unterschiedlichen Ergebnisse des *Bundesgerichtshofs* lassen sich nicht erklären.

(5) Kritik am Erfordernis eines deliktischen Sinnbezugs beziehungsweise tatspezifischer oder immanent deliktsgefährlicher Beiträge

Auf den ersten Blick überzeugend ist der Bezug zum Strafgrund der Teilnahme bei *Roxin*. Immerhin geht es um die Strafbarkeit der neutralen Handlungen als Beihilfe. Auf den zweiten Blickt sind diesem Argument jedoch Bedenken entgegenzuhalten. Denn es wird ein Zurechnungsmodell zwar im konkreten Fall für die Beihilfe gesucht. Die Problematik der neutralen und im Rahmen der Berufsausübung erbrachten Handlungen stellt sich aber nicht nur im Rahmen der Beihilfe. Vielmehr ist dies ein generelles Problem, welches bei jedem Tatbestand, den diese Verhaltensweisen zu erfüllen scheinen, zu Zurechnungsfragen führt. Notwendig sind daher allgemeingültige und nicht speziell auf die Beihilfe zugeschnittene Modelle.

Nicht nur dieser dogmatische Ansatz stößt auf Kritik. An der Ansicht von *Roxin* überzeugt gleichfalls nicht, daß es auf Kriterien wie die *erkennbare Tatgeneigtheit*[617] ankommen soll. Damit befindet er sich unter Vernachlässigung sprachlicher Unterschiede in Übereinstimmung mit anderen Autoren im Schrifttum, die auf eine *hinreichende Sicherheit der Tatbegehung*[618] abstellen wollen. Auf derartige Umstände kann es jedoch nicht ankommen. Denn mehr oder weniger deutlich werden damit subjektive Umstände, Kenntnisse des Helfenden, was er erkannt hat und wie sicher und wahrscheinlich die Tatbegehung seiner Ansicht nach war, herangezogen[619]. Die Abgrenzung von strafbaren und straflosen Beiträgen kann aber nicht mittels subjektiver Momente des Helfenden vorgenommen werden[620]. Vor allem können solche Kriterien

---

[613] *Hefendehl*, Jura 1992, 376; *Frisch*, Tatbestandsmäßiges Verhalten, 273 f.

[614] *Vahrenbrink*, Die vorgeleistete Begünstigung, 85.

[615] Siehe BGHSt 4, 107 (sachliche Begünstigung). Dagegen dürfte es sich in der weiteren "Transportentscheidung" des *BGH* GA 1981, 133 (Beihilfe eines Privaten, der seinen Bekannten zu Drogengeschäften nach Amsterdam fährt) um ein bloßes Gefälligkeitsverhältnis handeln, selbst wenn der Fahrer die Unkosten ersetzt bekommen hat.

[616] Vgl. *BGH* NStZ 1992, 498.

[617] LK- *Roxin*, StGB, § 27 Rn 21; *ders.*, Stree und Wessels- FS (1993), 380; ausführlich *ders.*, Tröndle- FS (1989), 190 ff.

[618] *Ransiek*, wistra 1997, 44 f.; *Wohlleben*, Beihilfe durch äußerlich neutrale Handlungen, 159; ähnlich auch *Bloy*, Zurechnungstypus, 139; *Frisch*, Tatbestandsmäßiges Verhalten, 264 ff. Vergleichbar auch die Formel a) bei *Jakobs*, ZStW 89 (1977), 23 mit Selbstkritik in GA 1996, 260 (in Fn 15).

[619] Ebenfalls kritisch gegenüber solchen Kriterien wegen der subjektiven Tendenz *Wolff- Reske*, Berufsbedingtes Verhalten, 121.

[620] Anders insoweit *Niedermair*, ZStW 107 (1995), 533: "Die Erkennbarkeit von Vorsatztaten Dritter" bilde die Grenze, "jenseits derer die Rechtsordnung von jedem" das Zurückstellen eigener Interessen verlangt.

jedenfalls nicht als Einschränkungen des *Vertrauensgrundsatzes*[621] oder, wie ebenfalls gelegentlich zu lesen ist, des Grundsatzes der *Eigenverantwortlichkeit*[622] dargestellt werden. Denn die Verantwortlichkeit ist unabhängig von der Vorhersehbarkeit eines Pflichtverstoßes. Der Grad des Wissens korreliert nicht mit der Verantwortung[623].

Im übrigen ist die "erkennbare Tatgeneigtheit" nicht weniger vage als das Abstellen auf konkrete Anhaltspunkte und hinreichende Sicherheit der Tatbegehung[624]. Eine hinreichende Sicherheit der Tatbegehung soll sich vor allem aus der Einweihung des Helfenden durch den Täter oder "aus dem allgemeinen Sinnzusammenhang"[625] ergeben. Die erkennbare Tatgeneigtheit soll aus dem "Kontext der Intentionen des potentiellen Vorsatztäters"[626] geschlossen werden. In jedem Fall endet die Kette somit beim Helfenden, dessen Einsicht und Einordnung zwischen nur möglicher oder eben hinreichender Sicherheit der Deliktsbegehung ist entscheidend.

Wenn es schon auf die subjektive Einschätzung des Helfenden ankommen soll, dann ist überdies unklar, warum nach *Roxin* bei dolus eventualis die erkennbare Tatgeneigtheit des Täters zur Zurechnung führt, aber bei sicherem Wissen um die Tatbegehung *zusätzlich* ein "deliktischer Sinnbezug" erforderlich sein soll. Dies ist ein Wertungswiderspruch[627].

Bedenken bestehen gleichfalls in Bezug auf das Modell von *Meyer- Arndt*. Keinesfalls kann es, wie dieser meint, darauf ankommen, ob der Beitrag ohne ein nachfolgendes deliktisches Verhalten objektiv wirtschaftlich, individuell oder sozial sinnvoll ist, oder ob er ausschließlich deliktische Verwendung finden kann[628]. Zu Recht wird die Differenzierung zwischen dem Verkauf von Gift (mit dem ein Brötchen für Vergiftungszwecke präpariert werden soll) und dem Verkauf des Brötchens selbst - wohlgemerkt bei identischer Kenntnis der Verkäufers um die deliktische Verwendung- für nicht evident gehalten[629]. Davon abgesehen gibt es ohnehin -sowohl bei objektiver Betrachtung des Beitrags als solchem[630] als auch, wenn auf die subjektive Vorstellung des Täters[631] abgestellt wird- keine Beiträge, die *ausschließlich* deliktisch verwendbar sind. Auch das "giftigste Gift" kann legal verwendet werden, es gibt faktisch keine

---

[621]So offenbar LK- *Roxin*, StGB, § 27 Rn 21.

[622]Wie es bei *Bloy*, Zurechnungstypus, 139 anklingt.

[623]*Derksen*, Handeln auf eigene Gefahr, 84.

[624]Insofern trifft die von *Roxin*, Tröndle- FS (1989), 188 f. geäußerte Kritik in gleicher Weise auf ihn zu.

[625]So wörtlich *Ransiek*, wistra 1997, 45.

[626]Wörtlich *Roxin*, Tröndle- FS (1989), 190.

[627]Ebenso *Niedermair*, ZStW 107 (1995), 533.

[628]*Meyer- Arndt*, wistra 1989, 287.

[629]*Otto*, Lenckner- FS (1998), 204; *Niedermair*, ZStW 107 (1995), 531 m.w.N. Diese Differenzierung findet sich auch bei NK- *Puppe*, StGB, Vor § 13 Rn 156, allerdings aus anderen Gründen. Sie stellt nicht auf die ausschließliche deliktische Verwendbarkeit, sondern auf die Existenz spezieller Vertriebsverbote ab. Kritisch zum Ansatz von *Puppe Niedermair*, ZStW 107 (1995), 534 ff.

[630]Wie sie etwa *Meyer- Arndt*, wistra 1989, 287 vornehmen will.

[631]Dies betont LK- *Roxin*, StGB, § 27 Rn 17. Dazu, daß er sich gleichwohl der Ansicht, die diese Betrachtung objektiv, allein anhand des Beitrags, vornehmen will, nähert, siehe die nachfolgende Fn.

Beiträge, die ausschließlich deliktisch verwendbar sind[632]. Ebensowenig gibt es Beiträge, die zwingend die Gefahr einer deliktischen Verwendung bergen[633]. Auf die *immanente Deliktsgefährlichkeit* eines Beitrags selbst[634] kann somit gleichfalls nicht abgestellt werden[635].

ccc) Vorteil einer Lösung mittels der Lehre von der objektiven Zurechnung: Systemkonformität

Gegen die Lösung der neutralen und im Rahmen von beruflichen Tätigkeiten erbrachten Beiträge mit den Elementen der objektiven Zurechnung wird von *Löwe-Krahl* eingewendet, damit werde ein sich generell stellendes Problem je nach Deliktsart unterschiedlich loziert. So versage die Lösung mittels der Lehre von der objektiven Zurechnung etwa bei der Begünstigung, wenn der Bankmitarbeiter Geldbeträge, die vom Kunden in der Vergangenheit nicht zutreffend versteuert und akkumuliert worden sind, in Kenntnis der Umstände anlege[636].

Dieser Einwand ist aber nicht zwingend. Der Vorteil der Lösung innerhalb der objektiven Erfolgszurechnung liegt darin, daß damit ein für alle *Erfolgsdelikte* einheitlicher Standort gefunden ist. An dieser Stelle werden die mittels der Äquivalenztheorie gefundenen Ergebnisse wertend überprüft. Dort wird bei diesem Deliktstyp die *Pflichtwidrigkeit* untersucht[637]. Mangelnde Risikoverwirklichung, atypische Schadensfolgen oder Geschehensverläufe, die objektiv nicht vorhersehbar waren, mit denen somit vernünftigerweise nicht gerechnet zu werden brauchte, werden bei normativer Betrachtung von der Strafbarkeit ausgenommen. Dies gilt ebenso für Situationen, bei denen pflichtgemäßes Verhalten zum gleichen Erfolg geführt hätte oder der Schadenseintritt außerhalb des Schutzzweckes der Norm beziehungsweise des Beherrschungsvermögens liegt. Um nichts anderes geht es bei der Frage, ab wann die Verursachung einer fremden Vorsatztat trotz Vorhersehbarkeit des Geschehensablaufs nicht mehr strafbar ist. Handlungsweisen, wie sie hier in Rede stehen, lassen sich somit zwanglos in den Kanon der herkömmlichen problematischen Zurechnungsfragen einordnen[638]. Der Eigenart der Erfolgsdelikte entsprechend ist damit an dieser Stelle *systemkonform* die "Pflichtwidrigkeit" von neutralen oder im Rahmen der Berufsausübung erbrachten Beiträgen zu untersuchen. Die Tatsache, daß die Problematik der neutralen Handlungen bei den schlichten *Tätigkeitsdelikten* nicht als Frage der objektiven Erfolgszurechnung behandelt werden kann, vermag an diesem dogmatischen Standort innerhalb der Beihilfe nichts zu ändern. Jenem Deliktstypus entsprechend muß vielmehr dort die Pflichtwidrigkeit der Tätigkeit selbst untersucht

---

[632]In diesem Sinne *Derksen*, Handeln auf eigene Gefahr, 84; *Frisch*, Tatbestandsmäßiges Verhalten, 290 f. Auch *Roxin* stellt dies einerseits selbst fest (in Tröndle- FS [1989], 190), zitiert aber andererseits im LK, StGB, § 27 Rn 17 bei der nach ihm entscheidenden *subjektiven Tätervorstellung Meyer- Arndt*, der gerade jene *objektive* Betrachtung der Sinnhaftigkeit des Beitrags präferiert. Näher zu dieser Annäherung von *Roxin* an die Betrachtung nach der Deliktsförderung als einzig objektiv denkbarer Zweck des Beitrags siehe *Wolff- Reske*, Berufsbedingtes Verhalten, 125 f.

[633]*Wolff- Reske*, Berufsbedingtes Verhalten, 126.

[634]In diesem Sinne *Jescheck/Weigend*, Strafrecht AT, § 54 IV 1 (573).

[635]Ebenso *Roxin*, Tröndle- FS (1989), 188.

[636]So *Löwe- Krahl*, Steuerstrafrechtliche Risiken, 111 f.

[637]*Ransiek*, wistra 1997, 42.

[638]Ebenso *Volk*, BB 1987, 143; Lackner/Kühl- *Kühl*, StGB, § 27 Rn 2 a.

werden. Denn alle Straftatbestände enthalten ein übereinstimmendes und die Haftung begrenzendes Merkmal: Den *Pflichtverstoß*, oder anders ausgedrückt, die *Pflichtwidrigkeit*[639]. Daraus folgt jedoch nicht, daß diese Pflichtwidrigkeit auch bei allen Tatbeständen an der selben dogmatischen Stelle behandelt werden muß.

Vor allem aber hat die Suche nach einer für alle Delikte einheitlichen Stelle im Deliktsaufbau einen weiteren nicht zu vernachlässigenden Hintergrund. Sie wird überwiegend von denjenigen Autoren vertreten, die die Lehre von der objektiven Zurechnung bei den Erfolgsdelikten ablehnen[640]. Diese Bedenken werden hier gerade nicht geteilt; auch und insbesondere bei der Teilnahme muß die Lehre von der objektiven Zurechnung als haftungseinschränkendes Korrektiv Anwendung finden. Denn Schranken, die für den Täter gelten, müssen den Teilnehmer gleichfalls vor Strafe schützen.

bb) Präzisierung der objektiven Zurechnungskriterien

Ausgangspunkt der hier vertretenen Lösung der Begrenzung der Beihilfestrafbarkeit (auch) bei den neutralen und berufstypischen Beiträgen mittels Elementen der objektiven Zurechnung ist der Gedanke, daß sich die vom Gehilfen pflichtwidrig gesetzte Gefahr in der vom Täter begangenen Haupttat realisieren muß. Aufgabe der Zurechnung zum objektiven Tatbestand ist es, diejenigen Umstände anzugeben, die aus der Verursachung die rechtlich relevante Tatbestandsverwirklichung machen[641]. Denn die entscheidende Frage, ob ein Erfolg einem Menschen zugerechnet werden kann, hängt maßgeblich von den Beurteilungskriterien ab, denen die mittels der Äquivalenztheorie gefundenen Ergebnisse unterworfen werden. Damit vollzieht sich das Schwergewicht der Handlungslehre vom ontischen in den normativen Bereich[642]. Die Lehre von der objektiven Zurechnung verfolgt das Ziel, mittels normativer Kriterien festzustellen, ob ein bestimmter Erfolg in den rechtlichen Verantwortungsbereich des Handelnden fällt. Insofern geht es um die wertende Abgrenzung von Verantwortungsbereichen[643].

aaa) Grundlegung

Für die nähere Präzisierung der Zurechnungskriterien als Teil des Strafrechtssystems ist die funktionale Beziehung zwischen Recht und Gesellschaft von Bedeutung.

Recht dient der Erhaltung der Gesellschaft. Die Mitglieder der Gesellschaft stellen untereinander gewisse Erwartungen an das Verhalten. Dabei bestehen nicht nur Erwartungen an das Verhalten anderer, sondern auch das eigene Verhalten ist bestimmten Erwartungshaltungen der anderen Gesellschaftsmitglieder ausgesetzt. Daraus ergeben sich "Erwartungen von Erwartungen"[644], die angesichts der Vielfalt menschlicher Begegnungen zu unübersichtlichen Mengen anwachsen. Und da es praktisch unmöglich ist, sich diese Erwartungsstrukturen faktisch und konkret stets zu

---

[639] So zu Recht *Ransiek*, wistra 1997, 42.

[640] Siehe *Löwe- Krahl*, Steuerstrafrechtliche Risiken, 110; *Frisch*, Tatbestandsmäßiges Verhalten, 18 ff., 22 ff.; *Samson*, ZStW 99 (1987), 633 f. Zur Kritik an der Lehre von der objektiven Zurechnung bereits oben Fn 180 in diesem Kapitel.

[641] *Roxin*, Strafrecht AT, § 11 Rn 41.

[642] *Roxin*, Honig- FS (1970), 133.

[643] *Reyes*, ZStW 105 (1993), 109; *Wolff- Reske*, Berufsbedingtes Verhalten, 88 f.

[644] Wörtlich *Luhmann*, Rechtssoziologie, 33.

vergegenwärtigen und nach ihnen das eigene Verhalten auszurichten, existieren Normen und Regeln[645]. Durch die Festlegung abstrakter Verhaltensanforderungen erspart man sich einerseits, die "Verzahnung konkreter Erwartungen überhaupt ins Bewußtsein zu rufen". Anderseits ist man mit der existierenden Regel in der Lage, "davon auszugehen, daß derjenige, der abweicht, falsch gehandelt hatte; daß die Diskrepanz also nicht (eigenem) falschem Erwarten, sondern (fremdem) falschem Handeln zuzurechnen ist"[646].

Insofern stabilisieren Normen kontrafaktisch Erwartungen[647] und ermöglicht dies die Zurechnung der Erwartungsabweichung. Denn zwar wird die Diskrepanz sowohl vom Erwartenden als auch vom Handelnden kausal verursacht. Auf Grund der "Vorverständigung auf der Ebene des Erwartens" ist aber eine eindeutige Zurechnung möglich. Nicht der "Erwartende hatte falsch erwartet, sondern der Handelnde hatte falsch oder doch ungewöhnlich gehandelt"[648].

Diese Mechanismen wirken auch im Strafrecht. Strafrecht dient dem Schutz besonders wichtiger Rechtsgüter und elementarer Gemeinschaftswerte[649]. Im Interesse der staatlichen Gemeinschaft an der Erhaltung ihrer Grundwerte und an der Bewahrung des allgemeinen Rechtsfriedens innerhalb der Gesellschaft muß die Rechtsordnung bestimmte sozialschädliche Verhaltensweisen bei Strafe verbieten. Allein eine zivilrechtliche Schadensersatzverpflichtung nach einer geschehenen Beeinträchtigung fremder Rechtsgüter böte keinen ausreichenden Rechtsgüterschutz.

Insofern richten sich im Strafrecht die Verhaltenserwartungen auf den Schutz der Rechtsgüter vor Verletzungen und sogar vor bloßen abstrakten oder konkreten Gefährdungen. Dies ist für die Bestimmung der rechtlich mißbilligten Gefahr bedeutsam. Denn wenn es generell um den Rechtsgüterschutz geht, so ist eine rechtlich mißbilligte Gefahr *allgemein* eine Gefahr, die sich aus der Enttäuschung einer dem Schutz des Rechtsguts dienenden Verhaltenserwartung ergibt.

Verfassungsrechtlich handelt es sich insoweit um Einschränkungen grundrechtlicher Freiheiten zugunsten anderer Güter. Denn die Handlungsfreiheit konkurriert mit dem Rechtsgüterschutz, zu dem der Staat verpflichtet ist. Keine Freiheit kann wegen der Existenz der Freiheiten anderer Personen uneingeschränkt Geltung beanspruchen. Mit dem Grundsatz der Verhältnismäßigkeit wird deshalb die grundrechtliche Freiheit, der Handlungsspielraum des Einzelnen, im Interesse der Rechtsgütererhaltung beschränkt. Kein strafwürdiges Unrecht stellen deshalb diejenigen Handlungen dar, die die Regeln des freiheitlichen Zusammenlebens (noch) nicht verletzen. Ein solches Verhalten ist Ausdruck spezieller Freiheiten oder zumindest der allgemeinen Handlungsfreiheit. Derjenige, der die ihm gezogenen Grenzen seiner Handlungsfreiheit überschreitet, bewegt sich hingegen nicht mehr innerhalb der Regeln des freiheitlichen Zusammenlebens. Er enttäuscht dem Rechtsgüterschutz dienende Erwartungen. Er

---

[645] *Luhmann*, Rechtssoziologie, 35 f.

[646] Wörtlich *Luhmann*, Rechtssoziologie, 39.

[647] *Luhmann*, Rechtssoziologie, 43; ihm folgend *Jakobs*, ZStW 89 (1977), 19; *Wolff- Reske*, Berufsbedingtes Verhalten, 85; *Reyes*, ZStW 105 (1993), 116, 118.

[648] Wörtlich *Luhmann*, Rechtssoziologie, 55.

[649] Vgl. BVerfGE 27, 18 (29); BVerfGE 39, 1 (57); BVerfGE 45, 187 (254 f.).

bricht Gefahrschaffungsverbote[650]. Sein Verhalten selbst ist dann pflichtwidrig und bildet den Grund dafür, ihm die vom Zweitverursacher begangene Tat zuzurechnen. Es findet keine Zurechnung auf Grund von Akzessorietätsregeln statt[651]. In diesem Fall ist die mittelbar über den Täter begangene Rechsgutsbeeinträchtigung auch eine eigene des Gehilfen. Dann liegt in Übereinstimmung mit dem Strafgrund der Beihilfe strafbares Hilfeleisten im Sinne des § 27 I StGB vor. Der Eigenunwert der Beihilfe, der darin liegt, daß der Teilnehmer ein auch ihm gegenüber geschütztes Rechtsgut (mittelbar über den Täter) beeinträchtigt, ist verwirklicht.

Andererseits führt die fehlende Gefahrschaffung, pflichtgemäßes Verhalten, zur Straflosigkeit. Die mangelnde Realisation der Gefahr in einer tatbestandsmäßigen Rechtsgüterverletzung bewirkt hingegen nur das Entfallen der Vollendungsstrafbarkeit[652]. Das Wegfallen der Vollendungsstrafbarkeit bedeutet bei der Beihilfe Straflosigkeit.

Die spezielle Problematik liegt darin, näher zu bestimmen, wann eine rechtlich verbotene, eine pflichtwidrig gesetzte Gefahr vorliegt. Diese Präzisierung der schutzgutsbezogenen Verhaltensnormen hat mittels normativer Kriterien zu erfolgen; die Lehre von der objektiven Zurechnung zeichnet sich durch diese Hinwendung zur wertenden Haftungsbegrenzung aus. Es gilt zu ermitteln, wo die vom Gesetzgeber festgesetzten Grenzen liegen, innerhalb derer man sich unbehelligt ohne strafrechtliche Sanktionen bewegen darf.

bbb) Kritik an erlaubtem Risiko und Vertrauensgrundsatz

Als untauglich erweisen sich dabei allgemeine Begriffe wie *erlaubtes Risiko* oder *Vertrauensgrundsatz*. Diese sind keine Letztkriterien, mit denen unmittelbar Lösungen möglich sind. Vielmehr bedürfen sie ihrerseits selbst noch der Konkretisierung. Die Tatsache, daß man in bestimmten Situationen vertrauen darf, ergibt sich nicht aus einem existierenden Vertrauensgrundsatz. Vielmehr ist dies lediglich die Folge, eine "Konsequenz tieferliegender normativer Erwägungen"[653]. Wenn einer Handlung keine rechtlich verbotene Gefahr innewohnt, dann darf so gehandelt und auch darauf vertraut werden, daß Dritte dies nicht zu deliktischen Zwecken ausnutzen[654]. Der Bereich des Erlaubten kann vor allem nicht ohne Berücksichtigung des Schutzzwecks der verletzten Norm festgestellt werden[655]. Daher sind die Kriterien, wann der Bereich des Erlaubten verlassen sein soll, wenig konkret. So verweist etwa *Otto* darauf, daß die Strafbarkeit dort beginne, wo mit dem Beitrag ein kriminelles Unternehmen gefördert oder am Leben gehalten werde[656]. Damit bezieht er sich zwar auf die Rechtsprechung des *Bundesgerichtshofs*[657]. Diese Formulierung ist jedoch lediglich

---

[650]So der von *Frisch*, Tatbestandsmäßiges Verhalten, 322 aufgeworfene Begriff.

[651]Ebenso *Jakobs*, GA 1996, 264 f.; *Wolff- Reske*, Berufsbedingtes Verhalten, 108.

[652]*Wolff- Reske*, Berufsbedingtes Verhalten, 91.

[653]Wörtlich *Frisch*, Tatbestandsmäßiges Verhalten, 237.

[654]*Frisch*, Tatbestandsmäßiges Verhalten, 237 f.

[655]*Wolff- Reske*, Berufsbedingtes Verhalten, 69 f.

[656]So *Otto*, Kreditwesen 1994, 779 f.; ebenso *Messner*, DB 1996, 2198; *Carl/Klos*, DStZ 1995, 306; Hübschmann/Hepp/Spitaler- *Engelhardt*, AO, § 370 Rn 140 f; *Wohlleben*, Beihilfe durch äußerlich neutrale Handlungen, 161 f.

[657]Vgl. *BGH* wistra 1988, 261.

die Umschreibung eines *Ergebnisses* ohne Substanz. Daß in solchen Situationen eine Beihilfestrafbarkeit zu bejahen sei, ist durchaus naheliegend und überzeugend. Wann eine solche Förderung krimineller Unternehmen vorliegen soll oder ein derartiges Unternehmen am Leben gehalten wird, haben aber weder der *Bundesgerichtshof* noch *Otto* näher präzisiert.

ccc) Die Verhaltensmodifikation als Instrument der wertenden Abgrenzung von Verantwortungsbereichen

Als ausbaufähiger Ansatz zur Konkretisierung der rechtlich mißbilligten Gefahrschaffung überzeugt das vom Schrifttum in unterschiedlicher Deutlichkeit und mit Differenzen im Detail herausgearbeitete Kriterium der *Verhaltensmodifikation*. Es findet sich erstmals bei *Jakobs*. Dieser will eine Beihilfestrafbarkeit dann bejahen, "wenn der mittelbar Verursachende sein Verhalten solchen Plänen eines anderen anpaßt, die als nicht deliktische Pläne nicht motiviert sein können"[658]. Das zu erwartende Verhalten soll nach *Jakobs* mittels soziologischer Erwartungsbilder und Rollen bestimmt werden[659]. Für *Schumann* liegt hingegen in der Solidarisierung mit dem Zweitverursacher die strafbare Verhaltensmodifikation. Daß es ihm auf das äußerliche Verhalten und dessen Bedeutung ankommt, zeigt sich deutlich in der Bezugnahme auf *Jakobs*[660] und in der Feststellung, daß zu dessen Ansicht "kein sachlicher Unterschied bestehen" dürfte[661]. In ähnlicher Weise und gleichfalls unter Bezugnahme auf *Jakobs* formuliert *Derksen*, es komme allein darauf an, "daß der mittelbar Verursachende seine Welt so umorganisiert, daß sie Teil der *fremden* Planung des Ausführenden wird"[662]. Auch bei *Wolff- Reske* bildet die Verhaltensmodifikation den Mittelpunkt ihres Zurechnungsmodells. Das erwartete Verhalten soll sich aus gesellschaftlichen Rollen ergeben und damit durch die Übernahme rechtssoziologischer Perspektiven in die objektive Zurechnung bestimmt werden[663]. Damit weist diese Ansicht kaum Unterschiede zur Auffassung *Jakobs'* auf. Denn die Möglichkeit der Distanzierung soll nach *Jakobs* dann nicht bestehen, wenn das mittelbar ursächliche Verhalten "durch deliktische Planung zu definieren" ist[664]. Dies sei dann der Fall, wenn "eine Vorfeldorganisation speziell so gestaltet wird, daß sie in einen deliktischen Zusammenhang paßt"[665]. Die "Gestaltung der an den Beteiligten gerichteten Erwartung", der "Inhalt der Pflicht" sei für die Beurteilung entscheidend[666]. Insofern kommt der Rollenabweichung bei *Jakobs* eine Indizfunktion zu, bei *Wolff- Reske* hat sie hingegen die Funk-

---

[658] Wörtlich *Jakobs*, ZStW 89 (1977), 23. Der zweite Halbsatz wird zu Recht überwiegend abgelehnt. Denn ein nur deliktischer Verlauf der Verhaltensmodifizierung wird kaum jemals der Fall sein. Siehe *Derksen*, Handeln auf eigene Gefahr, 84 (in Fn 247); *Wolff- Reske*, Berufsbedingtes Verhalten, 128.

[659] *Jakobs*, GA 1996, 260 (insbesondere Fn 15, 264 f.) sowie *ders.*, Strafrecht, 2. Abschn. Rn 17 f. und 24. Abschn. Rn 18.

[660] *Schumann*, Handlungsunrecht, 61 f.

[661] Wörtlich *Schumann*, Handlungsunrecht, 62.

[662] Wörtlich (mit Hervorhebung im Original) *Derksen*, Handeln auf eigene Gefahr, 84.

[663] *Wolff- Reske*, Berufsbedingtes Verhalten, 127 ff.

[664] Wörtlich *Jakobs*, ZStW 89 (1977), 23.

[665] Wörtlich *Jakobs*, GA 1996, 263.

[666] Wörtlich *Jakobs*, GA 1996, 264 f.

tion eines direkten Maßstabes[667]. Deutlich formuliert auch *Löwe- Krahl* die Verhaltensmodifikation als einen maßgeblichen Grund der Zurechnung des mittelbar verursachten Verhaltens. Allerdings will er die Frage, wann eine Anpassung vorliegt, mittels umfassender Abwägung ermitteln[668].

Betont wird das Kriterium der Verhaltensanpassung nunmehr auch vom *Bundesgerichtshof.* In der Entscheidung zur Strafbarkeit der Bankmitarbeiter stützte der *5. Strafsenat* die Annahme einer strafbaren Beihilfe darauf, daß der Mitarbeiter "sein berufliches Verhalten unter Verwendung eines vorhandenen Verschleierungssystems dem von ihm angenommenen deliktischen Ziel der Kunden"[669] angepaßt hat.

Nach der hier vertretenen Ansicht führen die Kriterien des Gerichts zur Frage, ob eine Modifikation des Verhaltens vorliegt, allerdings von vornherein nicht weiter. Denn die Problematik soll nach dem *5. Strafsenat* durch Differenzierung der *Vorsatzarten* des Gehilfen, mithin erst im subjektiven Tatbestand der Beihilfe entschieden werden. Die Solidarisierung mit dem Haupttäter liege, so das Gericht, dann vor, wenn der Helfende *sicheres Wissen* um die deliktische Pläne des Haupttäters habe. Bei bloßem *Eventualvorsatz* sei hingegen erforderlich, daß das vom Helfenden "erkannte Risiko strafbaren Verhaltens des von ihm Unterstützten ... derart hoch" war, daß er "sich mit seiner Hilfeleistung 'die Förderung eines erkennbar tatgeneigten Täters angelegen sein' ließ"[670]. Mit dieser Formulierung nimmt das Gericht Bezug auf frühere Entscheidungen aus dem Bereich des Betrugs, wogegen grundsätzlich nichts einzuwenden ist. Jedoch fällt auf, daß weder in diesen Urteilen noch in der Entscheidung vom 01.08.2000 hinreichend *konkrete* Kriterien, wann bei Eventualvorsatz eine derartige Verhaltensanpassung und damit eine Beihilfestrafbarkeit gegeben sein soll, genannt werden. Der bloße Hinweis auf ein "erkanntes" hohes Risiko des Helfenden, daß sein Beitrag einen "erkennbar" Tatgeneigten fördert, ist mehr als vage. Warum genau dann und auch nur in diesen Situationen eine Strafbarkeit vorliegen soll und welche Wertungen hierbei vorgenommen werden, wird nicht aufgedeckt. Das ist bedauerlich, weil die hier in Rede stehende Problematik ein Wertungsproblem darstellt. Ohne Offenlegung greifbarer Kriterien, mittels derer die Lösung zu erfolgen hat, bleibt das propagierte Ergebnis beliebig und manipulierbar.

Dies gilt um so mehr, als in der Literatur für die Frage der Beihilfestrafbarkeit der Bankmitarbeiter ein objektives Kriterium durchweg thematisiert worden ist[671]. Gemeint ist dabei der Verstoß gegen § 154 AO oder eine Umgehung dieser Bestimmung. Auch die gerichtlichen Entscheidungen zur Zulässigkeit strafprozessualer Zwangsmaßnahmen in den Kreditinstituten stützten sich regelmäßig auf einen Verstoß gegen diese Norm, um den Tatverdacht auf eine Beihilfestrafbarkeit zu begründen[672]. In der Entscheidung des *5. Strafsenats* hätte man daher Ausführungen zu dieser Norm oder zumindest eine Stellungnahme, ob es hier für die Frage der Beihilfe tatsächlich

---

[667] *Wohlleben*, Beihilfe durch äußerlich neutrale Handlungen, 28.

[668] *Löwe- Krahl*, wistra 1995, 201 (205).

[669] Wörtlich *BGH* NJW 2000, 3011.

[670] Wörtlich *BGH* NJW 2000, 3011.

[671] Vgl. etwa *Kohlmann*, § 370 Rn 17.8; *Trzaskalik*, DB 1994, 551 f; *Otto*, Kreditwesen 1994, 780.

[672] Allen voran in den Durchsuchungsbeschlüssen des *AG Düsseldorf* und in der Beschwerdeentscheidung des *LG Düsseldorf* AG 1994, 119 (Dresdner Bank AG) sowie in den diesbezüglichen Beschlüssen des *BVerfG* WM 1994, 691 = StV 1994, 353 und *BVerfG* WM 1995, 234 = wistra 1995, 139.

auf eine Verletzung oder Umgehung des § 154 AO ankommt, erwarten können. Der Bundesgerichtshof vermeidet indes jede Bemerkung hierzu; auf § 154 AO wird an keiner Stelle eingegangen.

Zudem ist in auch früheren Entscheidungen anderer Strafsenate bereits ein objektives Kriterium genannt worden, mit dem sich der *5. Senat* nicht im Ansatz auseinandergesetzt hat. So soll nach Ansicht des *1. Strafsenats* eine Beihilfehandlung vorliegen, wenn dem Haupttäter ein entscheidendes *Tatmittel* an die Hand gegeben und somit das Risiko der Tatbestandsverwirklichung erhöht wird[673]. Eine Diskussion dieses Ansatzes wäre zumindest deshalb wünschenswert gewesen, weil immerhin das *LG Bochum*[674] ausdrücklich auf die Argumentation des *1. Strafsenats* abgestellt und damit die Strafbarkeit begründet hat. Überdies scheint dieses Merkmal zumindest greifbarer als die vom *5. Senat* vorgenommene Differenzierung im subjektiven Tatbestand. Es hätte sich daher angeboten, das Kriterium aufzugreifen und weiterzuentwickeln[675].

Unabhängig von dieser Kritik an der Entscheidung des *Bundesgerichtshofs* bleibt festzuhalten, daß auch dort dem Kriterium der Verhaltensanpassung eine Bedeutung zugesprochen worden ist.

Mit diesem im Kern gemeinsamen Kriterium der Verhaltensanpassung ist immerhin zumindest ein *ausbaufähiger* Ansatz gefunden. Auch bei neutralen und berufstypischen Handlungen wird eine mißbilligte Gefahr dann geschaffen, wenn *der Erstverursacher im Hinblick auf die deliktischen Pläne des Zweitverursachers (Haupttäter) sich nicht so verhält, wie er es hätte tun sollen und sich dadurch Gefahren für das geschützte Rechtsgut ergeben.* Realisieren sich später die vom mittelbar Verursachenden geschaffenen Gefahren in der Haupttat, so ist die Zurechnung zu bejahen. Das Strafrecht kann zwar nicht die Erwartung stabilisieren, daß "niemand einem anderen die Möglichkeit gibt, die Auswirkungen des eigenen Verhaltens bis zu einem deliktischen Erfolg umzulenken"[676]. Aber erwartet wird, daß das eigene Verhalten nicht speziell auf die deliktischen Ziele des Zeitverursachers zugeschnitten und damit Teil dieser fremden Tat wird[677]. Diese Formulierung ist zugegebenermaßen noch allgemein und bedarf im Hinblick auf die Bestimmung von Erwartungen der weiteren inhaltlichen Ausgestaltung. Bedeutsam ist jedoch, daß hiermit nicht nur das Ergebnis umschrieben wird -Zurechnung bei Vorliegen einer Verhaltensmodifikation-, sondern daß damit ein Rechtsfindungsinstrument, ein konkreter Weg, vorgezeichnet wird. Die Feststellung einer Verhaltensmodifikation setzt die Ermittlung der Erwartung und den Vergleich mit dem tatsächlich an den Tag gelegten Verhalten voraus. Ergibt dies eine Abweichung vom Erwarteten, ist zu überprüfen, ob diese Veränderung im Hinblick auf den deliktischen Plan des Zweitverursachers erfolgte (Verhaltensanpassung) oder aber zufälliger Natur ist. Denn für bloße Zufälle interessiert sich das Strafrecht nicht[678]. Die Verhaltensmodifikation erweist sich damit als *Instrument* zur wertenden Abgrenzung der Verantwortungsbereiche. Im Unterschied zur Ansicht *Schumanns* geht es aber nicht um die Selbstverantwortung des Zweit-/Letztverursachers. Vielmehr

---

673 Vgl. BGHSt 42, 135 (138).

674 NJW 2000, 1430 (1431).

675 Ebenso *Behr*, BB 2000, 2240 (2241).

676 Wörtlich *Jakobs*, ZStW 89 (1977), 20.

677 *Derksen*, Handeln auf eigene Gefahr, 84.

678 Vgl. *Wolff- Reske*, Berufsbedingtes Verhalten, 128.

bildet das *eigene* Verhalten des mittelbar Verursachenden den Bezugspunkt für die Zurechnung[679]. Wenn dieses Verhalten die Bedingungen eines deliktischen Verlaufs komplettiert, dann geht den nur mittelbar Verursachenden die deliktische Planung des anderen etwas an. Dann ist er zuständig für den deliktischen Erfolg (die Haupttat)[680]. Insofern geht es, anders als *Schumann* meint, nicht darum, ihn für *fremdes* Verhalten haftbar zu machen[681]. Dies wäre im übrigen mit dem Strafgrund der Teilnahme nicht zu vereinbaren. Danach ist der Gehilfe nur dann strafbar, wenn er ein ihm gegenüber geschütztes Rechtsgut beeinträchtigt. Dies ist gerade der *Eigenunwert* der Beihilfe[682]. Vielmehr geht es in derartigen Situationen um die Haftung des Erstverursachers für *eigenes* Verhalten und um die Konstellation der Überschneidung von Verantwortungsbereichen. Für diese problematischen Zurechnungsfragen beim Handeln mehrerer Personen bietet das Modell *Schumanns* keine Lösungen. Sofern ein Erfolg mehreren Personen zugerechnet werden kann, so müssen sie alle dafür haftbar gemacht werden können; Verantwortlichkeit bedeutet eben nicht stets Alleinverantwortlichkeit[683]. Davon abgesehen kann in der Eigenverantwortlichkeit des Zweitverursachers ohnehin nicht das *einzige* Kriterium der Zurechnung liegen. Denn damit wird nur über einen Umweg, über die Auswirkungen, die das Verhalten des Ersten bei Dritten hervorruft, die Frage beantwortet, ob das Handeln des Erstverursachers eine strafrechtliche Haftung auslöst[684].

(1) Möglichkeit der Abgrenzung von Verantwortungsbereichen auch bei der Teilnahme

Entgegen der Auffassung von *Rogat* ist diese Abgrenzung von Verantwortungsbereichen, wie sie im Bereich der Täterschaft speziell dort notwendig wird, wo es um Dritt- oder Opferverhalten vermittelte Kausalität geht[685], auch bei der Teilnahme *möglich*. *Rogat* verneint dies deshalb, weil bei der Teilnahme "per definitionem ... die Haupttat im Verantwortungsbereich des Täters" bleibe und der Gehilfe dennoch zu bestrafen sei[686]. Bei der Teilnahme könne die Abgrenzung von Verantwortungsbereichen deshalb nur dadurch aufrechterhalten werden, indem man die besonderen Gründe, bei deren Vorliegen der Hintermann ausnahmsweise für das fremde Verhalten zuständig wird, stets annimmt. Damit aber werde die Theorie untauglich, im Bereich der Teilnahme etwas zur objektiven Zurechnung auszusagen[687].

In dieser Aussage wird indirekt deutlich, daß *Rogat* Strafgrund und Wesen der Teilnahme allein in der Haftung für *fremdes* Unrecht sieht[688]. Denn nur mit dieser Sichtweise läßt sich vertreten, der Gehilfe hafte *ausnahmsweise*, obwohl er selbst kein

---

679 *Wolff- Reske*, Berufsbedingtes Verhalten, 93.

680 *Jakobs*, ZStW 89 (1977), 20.

681 *Meurer*, NJW 1987, 2424 (2425). *Meurer* vermißt zudem eine umfassendere Begründung des *Schumann*schen Selbstverantwortungsprinzips.

682 Siehe oben ab S. 113.

683 Zutreffend *Meurer*, NJW 1987, 2425. Ähnlich auch *Derksen*, Handeln auf eigene Gefahr, 74.

684 *Wolff- Reske*, Berufsbedingtes Verhalten, 93. Kritisch gegen die Eigenverantwortlichkeit als alleiniges Kriterium auch *Frisch*, Tatbestandsmäßiges Verhalten, 241 f.

685 Siehe Schönke/Schröder- *Lenckner*, StGB, Vor §§ 13 ff. Rn 100 ff. m.w.N.

686 Wörtlich *Rogat*, Zurechnung, 110.

687 So *Rogat*, Zurechnung, 111.

688 Die Analyse des Teilnahmestrafgrundes hat *Rogat* extra ausgeklammert (Zurechnung, 6).

rechtsgutsbeinträchtigendes Verhalten an den Tag lege. Nach der hier vertretenen Auffassung zum Strafgrund der Teilnahme hat die Teilnahme durchaus ihren eigenen Unwertgehalt. Denn der Gehilfe muß ein auch ihm gegenüber geschütztes Rechtsgut angreifen[689]. Insofern ist die Gehilfenhaftung in § 27 StGB keine Ausnahme vom Grundsatz, daß eine strafrechtliche Verantwortlichkeit nur bei eigener Rechtsgutsbeeinträchtigung besteht. Der § 27 StGB bestätigt vielmehr diesen Grundsatz, indem Beihilfe eben nur vorliegt, wenn der Gehilfe tatsächlich mittelbar das Rechtsgut der Haupttat beeinträchtigt. Bei richtigem Verständnis zum Grund der Teilnahmestrafbarkeit ist es daher keinesfalls so, daß die Abgrenzung von Verantwortungsbereichen bei der Teilnahme ausgeschlossen oder unmöglich ist.

(2) Ablehnung der Übernahme soziologischer Analysen und Rollenbilder

Entscheidend ist, woraus sich das erwartete Verhalten ergibt. *Schumann* gibt hierauf keine Anwort. Denn ausgehend vom Selbstverantwortungsprinzip geht er im wesentlichen der Frage nach, wann die *Solidarisierung* als Verhaltensanpassung gegeben ist. Die von ihm aufgestellten Kriterien der *Tat- und Unrechtsnähe*[690] dienen allein der Präzisierung der Solidarisierung[691]. Rückschlüsse auf die Bestimmung des zu erwartenden Verhaltens erlauben sie nicht. Demgegenüber definieren *Jakobs* und *Wolff- Reske* das erwartete Verhalten auf der Basis und weitgehend mit den Begrifflichkeiten der Rechtssoziologie *Luhmanns*. Nach *Luhmann* liegt die gesellschaftliche Funktion des Rechts in einer kongruenten Generalisierung von Verhaltenserwartungen[692]. *Jakobs* nimmt diese *Luhmann*sche Funktion des Rechts zum Ausgangspunkt seiner Betrachtung, indem er der Strafe die Aufgabe zuweist, "Erwartenssicherheit bei sozialen Kontakten" zu garantieren und die Gesellschaft zu ermöglichen[693]. *Wolff-Reske* definiert in ähnlicher Weise wie *Luhmann* die Funktion des Rechts als Steuerung von Verhaltenserwartungen zur Aufrechterhaltung der Gesellschaft[694]. Nur sozial stabilisierte Verhaltenserwartungen seien maßgeblich[695]. Der Erwartungsbildung mittels Rollen und Programmen wird von *Luhmann* die höchste Komplexität und

---

[689]Siehe oben ab S. 113.

[690]*Schumann*, Handlungsunrecht, 57 ff.

[691]Darüber hinaus vermögen diese Kriterien ohnehin nicht zu überzeugen. Denn der sozialpsychologisch gefährliche Eindruck, das sich gemein machen mit dem Täter, kann nicht von solchen Zufälligkeiten wie Wahl der Tatzeit und der Tatmittel abhängen. Kritisch ebenfalls *Niedermair*, ZStW 107 (1995), 514; *Derksen*, Handeln auf eigene Gefahr, 85 (in Fn 250). Es ist nicht überzeugend, daß derjenige, der im Vorbereitungsstadium in Kenntnis des Tötungsdeliktes dem Täter die Schußwaffe verkauft und damit gegen das Waffengesetz verstößt, sich mit diesem gemein macht, indes derjenige, der ebenfalls in diesem Stadium und bewußt einen Schraubenzieher zum Einbruch veräußert, nicht (*Schumann*, Handlungsunrecht, 64). In beiden Fällen wird das Tatwerkzeug zur Rechtsgutsbeeinträchtigung bewußt, in Kenntnis der nachfolgenden deliktischen Verwendung überlassen. Kritisch auch LK- *Roxin*, StGB, § 27 Rn 19; *Tag*, JR 1997, 53.

[692]*Luhmann*, Rechtssoziologie, 105.

[693]Wörtlich *Jakobs*, Strafrecht, 1. Abschn. Rn 18. Zustimmend *Reyes*, ZStW 105 (1993), 116, 118, 126.

[694]*Wolff- Reske*, Berufsbedingtes Verhalten, 86.

[695]*Wolff- Reske*, Berufsbedingtes Verhalten, 90 unter Bezugnahme auf *Luhmann*.

überzeugendste Kongruenz des erwarteten Verhaltens zugeschrieben[696], worauf sich *Wolff- Reske* explizit bezieht[697].

Gegen jene Übernahme rechtssoziologischer Analysen und Rollenbilder in die strafrechtliche Zurechnung sprechen jedoch mehrere Argumente.

Zunächst läßt sich die (ungefilterte) Übernahme von Realitäten und Rollen oder allgemein von soziologischen Erkenntnissen zur Lösung juristischer Probleme jedenfalls nicht auf *Luhmann* stützen[698]. Die Rechtssoziologie *Luhmanns* geht vielmehr dahin, das Rechtssystem und die Soziologie strikt voneinander zu trennen. So seien Rechtstheorie und Rechtsdogmatik wissenschaftliche Behandlungen des Rechts, die soziologisch betrachtet eine Form der *Selbstbeschreibung* des Rechtssystems darstellen. Die Soziologie hingegen beschreibe und betrachte das System von *außen*. Diese unterschiedlichen Perspektiven sollen nach *Luhmann* beachtet und die sich daraus ergebenden Unterschiede dürften weder verschleiert noch abgeschwächt werden[699]. Das Rechtssystem sei ein normativ geschlossenes, wegen der Orientierung an der Umwelt jedoch kognitiv offenes System[700]. Welche Verhaltenserwartungen zu stabilisieren sind, beurteilt sich nach *Luhmann* somit gerade nicht anhand der real funktionierenden Gesellschaft in ihrer konkreten Gestalt. Die normativen Verhaltenserwartungen sollen vielmehr den eigenbezüglichen Reflexionsmechanismen des Rechtssystems selbst entnommen werden, was nach *Luhmann* sogar die Notwendigkeit der Abschirmung gegen eine Beeinflussung durch andere Prozesse ergebe[701]. Perspektivwechsel dergestalt, daß die Juristen die Sichtweise der das System beschreibenden Soziologen einnehmen und ihren systeminternen Entscheidungen zugrunde legen, sind bei dem Verständnis *Luhmanns* nicht vorgesehen[702]. Insofern kann die Bezugnahme gerade auf *Luhmann* in den Ansätzen von *Jakobs* und *Wolff- Reske* nicht überzeugen.

Darüber hinaus spricht gegen die Übernahme rechtssoziologischer Analysen und Rollenbilder vor allem die Gefahr der *Aufgabe des Normbewußtseins*. Sie zeigt sich in der Suche nach gesellschaftlichen Verhaltenserwartungen, die wenig greifbar sind[703]. Zur Beantwortung der Frage, wie die Gesellschaft realiter funktioniert und welche Erwartungen sie tatsächlich stellt, werden mehr oder weniger deutlich die *eigenen* Einschätzung des "richtigen" Verhaltens für maßgeblich erklärt. *Wohlleben* hat dies anhand die Ausführungen *Jakobs'* verdeutlicht[704]. Bei dem Modell von *Wolff- Reske* lassen sich eigene Einschätzungen jedenfalls dann nicht mehr ausblenden, wenn es um den nicht normierten Bereich geht. Denn hier soll die Beantwortung der Frage, ob ein Überschreiten der Berufsrolle gegeben ist, anhand der *sozialen Wirklichkeit* erfolgen[705]. Damit werden unweigerlich eigene Positionen und Deutungen einbezogen.

---

696 *Luhmann*, Rechtssoziologie, 102.

697 Siehe *Wolff- Reske*, Berufsbedingtes Verhalten, 129 f.

698 Ebenso *Wohlleben*, Beihilfe durch äußerlich neutrale Handlungen, 89.

699 Siehe *Luhmann*, Rechtssoziologie, 360 f.

700 *Luhmann*, Rechtssoziologie, 356 f.

701 *Luhmann*, Rechtssoziologie, 217.

702 *Wohlleben*, Beihilfe durch äußerlich neutrale Handlungen, 85 f.

703 *Wohlleben*, Beihilfe durch äußerlich neutrale Handlungen, 86 f.

704 Siehe *Wohlleben*, Beihilfe durch äußerlich neutrale Handlungen, 86 f. (insbesondere in Fn 85 und 88).

705 *Wolff- Reske*, Berufsbedingtes Verhalten, 154.

Zudem spricht *Wolff- Reske* den kodifizierten Berufsregeln Bedeutung nur insoweit zu, als deren Übung und Praktizierung die Rollen bilden. Die Rolle soll durch rechtliche Tatsächlichkeit gebildet werden. Die Berufsrolle erfahre ihre Ausprägung durch die Regelungen der Berufsausübung[706]. Die Abweichung von dem infolge der Beachtung der Normen gebildeten *Rollenverständnis*, und nicht der *Normverstoß* direkt führt zur Zurechnung. Damit wird die Rolle normativ aufgewertet und darin zeigt sich die Gefahr der Aufgabe des Normbewußtseins. Denn hinter Rollen und gesellschaftlichen Erwartungen stehen Interessenabwägungen[707]. Es ist nun aber so, daß im Gesetzgebungsverfahren das effektivste Mittel liegt, gesellschaftlichen Konsens und damit das Ergebnis dieser Interessenabwägungen festzuschreiben[708]. Weniger die tatsächliche Realität, sondern die dogmatischen Wertungen und vom Gesetzgeber vorgenommenen Abwägungen müssen entscheidend sein. Diese Maßgeblichkeit gerade des Gesetzgebers findet sich auch bei *Luhmann*. Er hat herausgearbeitet, daß die Gesetzgebung im Unterschied zur Rechtsprechung bestehende rechtlich normierte Erwartungen aus den verschiedensten Gründen[709] den Tatsachen anpassen kann. Der Gesetzgeber "darf, ja er muß Bereitschaft zeigen, Erwartungen zu korrigieren. Er ist der Adressat für Änderungswünsche, die Instanz für institutionalisiertes Lernen im Recht. Er hat die Möglichkeit der Selbstkorrektur, und von ihm wird erwartet, daß er sie benutzt und daß er auch noch das Unterlassen der Korrektur, die Ablehnung des Lernens verantwortet"[710].

Zudem hat die Suche nach den gesellschaftlichen Anforderungen einen weiteren Nachteil. Berufstätige halten sich nicht nur an die außerstrafrechtlichen Berufsregeln und schaffen so eine rechtliche Tatsächlichkeit. Sie pflegen sich auch an spezielle Empfehlungen, Ratschläge und Richtlinien von privaten Organisationen zu halten. Zumindest kann das reale Verhalten nicht immer zweifelsfrei auf Normen zurückgeführt werden. Es fließen auch sonstige, sozusagen *nichtrechtliche Tatsächlichkeiten* in die Rolle ein. Damit haben es private Organisationen oder Interessenverbände in der Hand, die Grenzen der Erwartung und so auch der Beihilfestrafbarkeit zu bestimmen. Es bestehen insofern die bereits im Rahmen der Auseinandersetzung mit dem Ansatz von *Hassemer* geäußerten Bedenken[711].

Als Ergebnis bleibt deshalb festzuhalten, daß die Erwartungen nicht auf der Basis und mit den Begrifflichkeiten der Rechtssoziologie ermittelt werden können. Vielmehr ist der Gesetzgeber derjenige, der Erwartungen der Gesellschaft mit den insoweit existierenden demokratischen Mitteln ermittelt, festschreibt und, wenn nötig, auch korrigiert. Daher müssen Rechtsnormen als institutionalisierte Verhaltenserwartungen angesehen werden.

---

[706] Vgl. *Wolff- Reske*, Berufsbedingtes Verhalten, 141.

[707] *Wohlleben*, Beihilfe durch äußerlich neutrale Handlungen, 95.

[708] *Wohlleben*, Beihilfe durch äußerlich neutrale Handlungen, 87.

[709] *Luhmann* nennt beispielsweise die Quote der etwaigen Nichtbefolgung einer Norm, die Kosten der Normdurchsetzung und die Verhaltenskonflikte, die die Norm möglicherweise auslöst.

[710] Wörtlich *Luhmann*, Rechtssoziologie, 239.

[711] Siehe oben ab S. 168.

(3) Bestimmung des zu erwartenden Verhaltens

Für die Feststellung von Erwartungen im Rahmen der Zurechnung sind demzufolge primär die Wertungen und Interessenabwägungen entscheidend, die der Gesetzgeber in den ihm zur Verfügung stehenden Verfahren vorgenommen hat. Hieraus lassen sich zwei konkrete Verhaltensanforderungen ableiten. Zum einen hat der Gesetzgeber mit der Kodifizierung spezieller außerstrafrechtlicher schutzgutsbezogener *Berufsregeln und Sorgfaltspflichten* klar zum Ausdruck gebracht, welches Verhalten erwartet wird. Bei einem Verstoß gegen diese Normen liegt mithin eine Abweichung von Erwartungen vor (nachfolgend a). Aus der Einhaltung der außerstrafrechtlichen Sorgfaltspflichten folgt jedoch nicht automatisch pflichtgemäßes und damit strafloses Verhalten[712]. Denn eine Handlung kann durchaus mehrere unterschiedliche Verhaltenserwartungen enttäuschen. Der Ansatz ist somit dahingehend zu präzisieren, daß zumindest, aber eben nicht nur die außerstrafrechlich normierten schutzgutsbezogegen Regelungen Aufschluß über die Verhaltenserwartungen geben. Darüber hinaus ist die Garantenstellung auch im Bereich der Begehungsdelikte ein zurechnungsrelevanter Faktor (nachfolgend b).

(a) Verletzung von kodifizierten schutzgutsbezogenen Berufsregeln und Sorgfaltspflichten

Die naheliegende und einfachste Möglichkeit, eine Verletzung von schutzgutsbezogenen Verhaltensnormen festzustellen, ist die Suche nach speziellen außerstrafrechtlichen Berufsregeln beziehungsweise Sorgfaltspflichten[713]. Sobald diese dem Schutz eines Rechtsguts dienen, dessen Verletzung gerade unmöglich gemacht oder zumindest erschwert werden soll, wird mit ihrer Nichteinhaltung eine schutzgutsbezogene Verhaltensnorm verletzt. Wenn eine Handlung im Rahmen der Berufsausübung gegen schutzgutsbezogene Verhaltensregeln verstößt, und in der Folge gerade deshalb eine Rechtsgutsbeeinträchtigung eintritt, die diese Norm verhindern oder erschweren wollte, realisiert sich in der Haupttat diese gesetzte verbotene Gefahr. Beispiele dafür bilden etwa die Regelungen der Gefahrstoff- VO[714] oder die des WaffenG[715], woraus sich Vertriebsverbote beziehungsweise bestimmte Voraussetzungen für den Vertrieb ergeben[716]. Im Bankenbereich sind Regelungen des Außenwirtschaftsgesetzes (AWG)[717] und die Außenwirtschaftsverordnung (AWV)[718], des Geldwäschegesetzes (GwG)[719] und insbesondere der in § 154 AO statuierte Grundsatz der Kontenwahrheit maßgeblich, wobei jedoch, soweit es um die Nichteinhaltung *steuerlicher Pflichten,*

---

712 Deutlich *Ransiek*, wistra 1997, 44 (in Fn 40: "Die Pflichterfüllung begründet also keine Sperrwirkung").

713 Wie dies von weiten Teilen der Literatur getan wird, oben bei Fn 424 im Text.

714 Neufassung vom 26.10.1993, BGBl. I 1993, 1782.

715 Waffengesetz vom 19.09.1972, BGBl. I 1972, 1797 in der Fassung durch Gesetz vom 21.11.1996, BGBl. I 1996, 1779.

716 Näher dazu *Wolff- Reske*, Berufsbedingtes Verhalten, 143 f., 147 ff.

717 Außenwirtschaftsgesetz vom 28.04.1961, BGBl. 1961 I, 481, 495, 1555 in der Fassung des Gesetzes vom 21.12.1992, BGBl. 1992 I, 2150.

718 Außenwirtschaftsverordnung vom 18.12.1986, BGBl. 1986 I, 2671 in der Fassung durch die 31. Änderungsverordnung vom 14.12.1993, Bundesanzeiger 239/1993, 10937.

719 Geldwäschegesetz vom 25.10.1993, BGBl. I 1993, 1170.

um Steuerhinterziehung, geht, allein dem § 154 AO Relevanz zukommt. Die Bestimmungen des GwG sowie AWG und AWV dienen anderen Zwecken[720].

Wird mit der Erbringung des Beitrags gegen außerstrafrechtliche schutzgutsbezogene Berufsregeln oder Sorgfaltspflichten verstoßen, so liegt eine Verletzung einer dem Schutz des Rechtsguts dienenden Verhaltensnorm, eine Verhaltensmodifikation und damit eine mißbilligte Risikoschaffung vor[721]. Kommt es infolgedessen zu einer Verletzung oder Gefährdung des Rechtsguts, realisiert sich diese rechtlich verbotene Gefahr.

(b) Verhaltensgebote aus Garantenstellungen

Zudem lassen die vom Gesetzgeber in § 13 StGB getroffenen Wertungen Verhaltensanforderungen deutlich werden. Danach ist die Garantenstellung im Bereich der unechten *Unterlassungsdelikte* ein zurechnungsrelevanter Faktor. Denn sobald der Unterlassende eine Garantenstellung mit Pflichten für das tatbestandlich geschützte Rechtsgut innehat und die Verwirklichung des Tatbestandes durch Unterlassen derjenigen durch Tun gleichwertig ist, werden Unterlassungen auch außerhalb der echten Unterlassungsdelikte strafrechtlich sanktioniert. Wenn jedoch der Einzelne unter diesen Voraussetzungen bestraft wird, weil er es unterlassen hat, die Gefahr für das Gut zu reduzieren oder ganz zu verhindern muß er *erst recht* zur Verantwortung gezogen werden können, sobald er durch positives Tun die Gefahr für jenes fremde Gut sogar erst erhöht oder schafft. Wer dafür Sorge zu tragen hat, daß das fragliche Gut überhaupt unversehrt bleibt oder zumindest vor bestimmten drohenden Gefahren geschützt wird, muß nicht nur alles Zumutbare tun, um dieser Verantwortlichkeit nachzukommen, sondern auch bestimmte Handlungen unterlassen, die dem Gut schaden. Insofern muß die Garantenstellung auch im *Begehungsbereich* ein zurechnungsrelevanter Faktor sein, um das Rechtsgut umfassend zu schützen[722]. Denn den Garanten trifft gerade eine "*gesteigerte Verantwortung*"[723], und zwar für den Nichteintritt eines Erfolges[724]. Es wäre somit in der Tat ein Wertungswiderspruch, ihn zur Gefahr*abwendung* zu verpflichten, ihm jedoch Handlungen, die Gefahren erst *schaffen*, zu erlauben[725]. Wer bereits für das Unterlassen der möglichen und zumutbaren Er-

---

[720]Insbesondere zu den Aufgaben von AWG und AWV bereits oben (S. 12 ff.). Zu den Zwecken des GwG siehe *BGH* (Zivilsenat), BB 1995, 62 (64).

[721]Sofern diese Verhaltensmodifizierung eine Anpassung an die deliktischen Pläne des Zweitverursachers darstellt.

[722]So *Wolff- Reske*, Berufsbedingtes Verhalten, 157 f.; *Jakobs*, Strafrecht, 7. Abschn. Rn 66 und 24. Abschn. Rn 19; *Löwe- Krahl*, Steuerstrafrechtliche Risiken, 127; *ders.*, wistra 1995, 205; *Jakobs*, ZStW 89 (1977), 21 und 23 (Formel c); *Tag*, JR 1997, 56 f.; *Stratenwerth*, Strafrecht AT I, Rn 1159, in diesem Sinne wohl ebenfalls *Keller*, Grenzen der Provokation, 255 f.

[723]So wörtlich *Frisch*, Tatbestandsmäßiges Verhalten, 353 mit Hervorhebung von *Frisch*.

[724]*Wolff- Reske*, Berufsbedingtes Verhalten, 158.

[725]*Frisch*, Tatbestandsmäßiges Verhalten, 353; zustimmend *Wolff- Reske*, Berufsbedingtes Verhalten, 158.

folgsabwendung zur Verantwortung gezogen werden kann, vom dem muß man um so mehr erwarten können, daß er aktive Verschlechterungsmaßnahmen unterläßt[726].

Eine haftungsbegrenzende Wirkung hätte dieses Abstellen auf die Zurechnungskriterien des unechten Unterlassens allerdings dann nicht, wenn wegen der Gefahr für das geschützte Rechtsgut, die der Ersthandelnde mitbegründet, stets eine Garantenstellung aus Ingerenz vorläge[727].

Dem ist jedoch nicht so. Denn auch im Unterlassungsbereich kann die bloße (hypothetische) Kausalität nicht zur strafrechtlichen Haftung führen, da dies die uferlose Strafbarkeit zur Folge hätte[728]. Vielmehr müssen auch insoweit wertend die verschiedenen Verantwortungsbereiche abgegrenzt werden. Diese Funktion erfüllt im Begehungsbereich die Lehre von der objektiven Zurechnung. Sie beansprucht Geltung auch bei den Unterlassungsdelikten[729]. Denn bei diesen gelten dieselben Grundsätze wie bei den Fahrlässigkeitsdelikten, da das fahrlässige Delikt und das Unterlassungsdelikt eng miteinander verwandt sind. Vereinfacht ausgedrückt kann fahrlässiges Verhalten als das Unterlassen der erforderlichen Sorgfalt beschrieben werden[730]. Und eben im Bereich der fahrlässigen Delikte hat die Lehre von der objektiven Zurechnung ihre Hauptbedeutung[731].

Insofern haftet der Unterlassende nur dann als Garant dafür, daß sich die von ihm geschaffene Gefahr in einem tatbestandsmäßigen Unrechtserfolg realisiert, wenn schon sein Vorverhalten ein dahingehendes rechtlich mißbilligtes Risiko geschaffen hat[732]. Zudem muß der durch das Vorverhalten verletzten Sorgfaltspflicht gerade die Aufgabe zukommen, vor Gefahren wie der eingetretenen zu schützen. Auch muß die eingetretene Gefahr tatsächlich Folge des rechtswidrigen Vorverhaltens sein[733]. Es ist deshalb der Ansicht zuzustimmen, die eine Garantenstellung aus Ingerenz lediglich bei

---

[726]Aus diesem Ergebnis folgt ein weiteres Argument gegen die Bedeutung der §§ 138 f., 323 c StGB im Rahmen der Zurechnung (vgl. oben ab S. 169 unter b). Denn sie betreffen im Verhältnis zur Garantenstellung schwächere Mindestsolidaritätspflichten (*Jakobs*, Strafrecht, 7. Abschn. Rn 57). Aus ihrer Verletzung können richtigerweise auch keine Garantenpflichten abgeleitet werden, vgl. BGHSt 3, 65 (67 f.); *Wessels/Beulke*, Strafrecht AT, Rn 717; SK/StGB- *Rudolphi*, § 138 Rn 34 und § 13 Rn 19. Ihnen auch im Begehungsbereich Bedeutung zukommen zu lassen hieße somit, sie mit der Garantenstellung auf eine Stufe zu stellen und damit dieses unterschiedliche Gewicht der Pflichten zu vernachlässigen.

[727]In diesem Sinne *Roxin*, Tröndle- FS (1989), 184.

[728]SK/StGB- *Rudolphi*, § 13 Rn 40.

[729]Zutreffend *Wolff- Reske*, Berufsbedingtes Verhalten, 158.

[730]*Rudolphi*, JR 1987, 162 (163); *Wolff- Reske*, Berufsbedingtes Verhalten, 91.

[731]*Roxin*, Strafrecht AT, § 11 Rn 44.

[732]Sogenannter Plichtwidrigkeits- und Schutzzweckzusammenhang, siehe SK/StGB- *Rudolphi*, § 13 Rn 39 a; *Rudolphi*, JR 1987, 163; Schönke/Schröder- *Stree*, StGB, § 13 Rn 35 a.

[733]*Wolff- Reske*, Berufsbedingtes Verhalten, 159.

objektiv pflichtwidrigem, bei rechtswidrigem Vorverhalten annimmt[734]. Denn ansonsten hätte insbesondere auch das den Angreifer in Notwehr nach § 32 StGB verletzende Opfer diesem gegenüber eine Garantenstellung- eine Lösung, die dem Sinn des Notwehrrechts evident widerspricht[735]. Zudem würde die gegenteilige Sichtweise die Grenzen der Verantwortlichkeit des Handelnden für die Konsequenzen seines Tuns durch die Konstruktion eines Unterlassungsdelikts unterlaufen. Rechtmäßiges Vorverhalten wäre -obwohl es im Begehungsbereich nicht zur Zurechnung führt- für den Unterlassungsbereich zurechnungsrelevant[736].

Die begrenzte Strafbarkeit der neutralen und berufstypischen Handlungen als Beihilfe kann somit wegen der Parallelität der Haftungsvoraussetzung nicht durch die Garantenstellung aus Ingerenz unterlaufen werden.

Die vorstehenden Ausführungen zur Bedeutung der Garantenstellung als zurechnungsrelevanter Faktor im Begehungsbereich beanspruchen uneingeschränkte Geltung jedenfalls für die sogenannten *Beschützergaranten.* Denn diese sind gerade dazu da, von ihrem Schutzobjekt Beeinträchtigungen fernzuhalten[737]. Ihre Funktion liegt in der Schaffung einer Schutzposition (Obhut) gegenüber einem Rechtsgut gegen alle Angriffe (Rundumverteidigung)[738]. Aber auch dann, wenn die Funktion der Garantenstellung in der Überwachung der von einer Gefahrenquelle (Mensch oder Gegenstand) ausgehenden Risiken für andere geschützte Rechtsgüter (*Überwachergaranten*) liegt, sind Auswirkungen auf die Zurechnung im Begehungsbereich denkbar. Denn aus der Beherrschbarkeit gefährlicher Gegenstände folgt grundsätzlich die Pflicht, dafür Sorge zu tragen, daß diese nicht in die Hände ungeeigneter oder unzuverlässiger Personen gelangen[739]. Wie weit der Kreis der Sicherungspflichten im einzelnen reicht, hängt von der Gefährlichkeit der Gefahrenquelle ab und ist regelmäßig gesetzlich kodifiziert. Aus diesem Grunde wird in Bezug auf die Überwachergaranten

---

734 So die überwiegende Meinung, vgl. BGHSt 37, 106 (115 ff.); LK- *Jescheck*, StGB, § 13 Rn 33, *Wessels/Beulke*, Strafrecht AT, Rn 725; *Wolff- Reske*, Berufsbedingtes Verhalten, 158 ff.; Tröndle/Fischer- *Tröndle*, StGB, § 13 Rn 11; *Rudolphi*, Gleichstellungsproblematik, 157 ff.; SK/StGB- *Rudolphi*, § 13 Rn 40; *Blei*, Strafrecht I, § 87 I 2 c (324); Schönke/Schröder- *Stree*, StGB, § 13 Rn 35, für Dauergefahr siehe Rn 36; Lackner/Kühl- *Kühl*, StGB, § 13 Rn 13 ebenso mit Besonderheiten bei Dauergefahren aus erlaubten Tätigkeiten. Anders noch BGHSt 2, 279 (283 f.) und *Jakobs*, Strafrecht, 29. Abschn. Rn 39.

735 So BGHSt 23, 327 (328). Anderer Ansicht *Maurach/Gössel/Zipf*, Strafrecht AT II, § 46 Rn 100.

736 So *Rudolphi*, JR 1987, 163.

737 In diesem Sinne auch *Frisch*, Tatbestandsmäßiges Verhalten, 353 ff.

738 Diese neuere Einteilung der Garantenstellungen nach materiellen Kriterien *(materielle Betrachtung)* geht zurück auf *Kaufmann*, Die Dogmatik der Unterlassungsdelikte, 283 ff. und ist im neueren Schrifttum anerkannt, wenngleich die Einzelheiten sehr umstritten und noch im Fluß sind, vgl. etwa LK- *Jescheck*, StGB, § 13 Rn 20 ff.; Schönke/Schröder- *Stree*, StGB, § 13 Rn 9 ff. Früher wurden die Garantenstellungen nach ihrem Entstehungsgrund (*formale Betrachtung*) eingeteilt (Gesetz, Vertrag, vorangegangenes gefährliches Tun [Ingerenz] und enge Lebensgemeinschaft, siehe RGSt 58, 130 [131 f.]; RGSt 63, 392 [394] sowie BGHSt 2, 150 [153 f.]; BGHSt 30, 391 [393 ff.]). Sinnvoll und geboten erscheint eine Kombination zwischen materieller und formaler Betrachtung, vor allem, um die Beziehung zwischen den verschiedenen Entstehungsgründen und ihrem materiellen Gehalt zu klären und die Garantenpflichten nicht uferlos auszudehnen. So *Rudolphi*, Gleichstellungsproblematik, 54; *Jescheck/Weigend*, Strafrecht AT, § 59 IV 2 (621); Schönke/Schröder- *Stree*, StGB, § 13 Rn 8.

739 Siehe *Frisch*, Tatbestandsmäßiges Verhalten, 358 f., 360.

in der Regel bereits die eben dargelegte Fallgruppe "Verletzung schutzgutsbezogener Sorgfaltspflichten" erfüllt sein.

Insgesamt handelt somit pflichtwidrig, wer Gefahren für das Rechtsgut schafft, obwohl er gerade für dessen Unversehrtheit eine besondere Verantwortung hat. Kommt es infolgedessen zu einer fremden Haupttat gegen dieses Rechtsgut, realisiert sich diese rechtlich verbotene Gefahr. Im Einzelfall ist jedoch der jeweilige Inhalt und die Zielrichtung der Pflichten, die aus der Garantenstellung resultieren, ihr spezifischer Schutzzweck und Pflichtenbereich, zu ermitteln[740].

(4) Erwartungen außerhalb des kodifizierten Bereichs

Wenn bislang gesagt wurde, Normen institutionalisieren Verhaltenserwartungen, so bedeutet dies nicht, daß *nur* Gesetze Erwartungen an das Verhalten stabilisieren. Denn obwohl der Gesetzgeber verfassungsrechtlich verpflichtet ist, typisch gefahrträchtige Verhaltensweisen gesetzlichen Regelung zu unterwerfen[741], existieren einerseits keine abschließenden Kodifizierungen für alle Konstellationen menschlichen Zusammentreffens. Angesichts der Vielfalt der Situationen und Anforderungen ist es auch nahezu ausgeschlossen, alle Verhaltenserwartungen positivrechtlich festzulegen[742]. Vertriebsverbote beziehungsweise Reglementierungen für alle irgendwie mißbrauchbaren Gegenstände oder Informationen kann es schon deshalb nicht geben, weil eine derartige Regelungsflut das Sozialleben zum Erliegen bringen würde. Denn beinahe jedes Allerweltswerkzeug ist deliktisch nutzbar[743].

Vor allem besteht andererseits die im Rahmen der Auseinandersetzung mit dem Modell *Hassemers* konstatierte Privilegierung des Berufstätigen nach wie vor. Es darf nicht zu einer Ungleichbehandlung gleicher Sachverhalte kommen. Deshalb müssen objektiv gleiche Beiträge wie etwa das Zurverfügungstellen von einem Tatmittel (Schußwaffe) durch einen Privaten oder einen Verkäufer im Waffengeschäft bei identischem Wissen und Wollen auch gleich behandelt werden[744]. Dies wird nicht erreicht, wenn man den beruflich Tätigen bereits wegen der Einhaltung der gesetzlichen Berufsregeln von der strafrechtlichen Haftung ausnimmt.

Das heißt, daß selbst dann, wenn keine Enttäuschung gesetzlicher Erwartungen vorliegt, immer noch *allgemeine* Verhaltenserwartungen enttäuscht werden können. Daß die bislang herausgearbeiteten gesetzlichen Verhaltenserwartungen *nicht abschließend* sind, bestätigt der Blick auf die einschlägige Rechtsprechung. Derjenige, der einen Werkvertrag mit dem Handwerker in Kenntnis dessen, daß jener die Vergütung nicht zutreffend versteuern wird[745], ist ebenso straflos wie der Arbeitnehmer, der in Kenntnis der nachfolgenden Umsatzsteuerhinterziehung seines Arbeitgeber dessen Umsätze fördert[746]. Warum hingegen derjenige, der den Drogenhändler bewußt zum Tatort fährt[747] oder als Taxifahrer von dort den Einbrecher in Kenntnis der soeben

---

740 Siehe Schönke/Schröder- *Stree*, StGB, § 13 Rn 14.

741 Vgl. von Münch/Kunig- *von Münch*, GG, Vorb. Art. 1- 19, Rn 22 f. m.w.N.

742 NK- *Puppe*, StGB, Vor § 13 Rn 144.

743 Ebenso *Niedermair*, ZStW 107 (1995), 536.

744 Vgl. oben S. 168 f.

745 So *BGH* NStZ 1992, 498.

746 Nur in bestimmten Situationen soll Strafbarkeit gegeben sein, *BGH* wistra 1988, 261.

747 Siehe *BGH* GA 1981, 133 (Beihilfe).

verübten Tat abholt[748], strafrechtlich zur Verantwortung gezogen werden kann, ist mit den bisher entwickelten Kriterien nicht begründbar.

In diesem nichtkodifizierten Bereich kann mangels präziser Regeln die Verhaltenserwartung nur allgemein dahingehend beschrieben werden, daß jedermann gefahrerhöhende Maßnahmen für die Rechtsgüter anderer zu unterlassen hat[749]. Konkret den Erwartungen widerspricht es, wenn ein Beitrag geleistet wird, der in der *speziellen* tatfördernden Verwendung zwangsläufig *nur* deliktischen Zielen dient. Nicht die abstrakte Verwendbarkeit ist maßgeblich, sondern es kommt auf die konkrete Verwendung an. Wenn dagegen die deliktische Nutzung des Täters zugleich eine nichtdeliktische, eine legale Verwendung beinhaltet, kann die Mitwirkung an der Rechtsgutsverletzung nicht isoliert werden[750]. Denn im letzteren Fall bestehen zwei sich widersprechende Wertungen. Das Handlungsinteresse steht auf gleicher Stufe mit dem Interesse an der Nichthandlung, am Rechtsgüterschutz. Ein konkreter Tatbezug ist in diesem Fall nicht auszumachen[751]. Oder anders ausgedrückt: Die kausale Kette bis zur Straftat ist in diesem Fall deutlich länger. Sie führt zwangsläufig und untrennbar über einen legalen Zwischenschritt. Dies spricht dafür, im Rahmen der Abwägung der Handlungsfreiheit den Vorrang zu lassen, um sie nicht über Gebühr und damit unverhältnismäßig einzuschränken[752]. Solche Beiträge, die zumindest auch legalen Zwecken dienen, enttäuschen keine Erwartungen der Gesellschaft. Sie sind nicht pflichtwidrig. Der den Beitrag Leistende trägt nur dann umgekehrt zur Verschlechterung der Position für das geschützte Rechtsgut über die ohnehin bestehende Gefahr durch den Täter bei, wenn sein Beitrag in der Tatförderung nur deliktischen Zielen dient. Wer den Hammer verkauft, stellt dem damit tötenden Täter das Tatmittel für das Tötungsdelikt zur Verfügung. In dieser konkreten Tatförderung findet der Hammer keine zwangsläufige legitime Nutzung. Er trägt allein zum Töten bei. Das Zurverfügungstellen des Tatwerkzeugs ist eine Abweichung gegenüber den allgemeinen Erwartungen. Es widerspricht dem Interesse am gedeihlichen Zusammenleben aller Mitglieder der Gesellschaft untereinander. Weiß der Handelnde um diese Tötung mittels Hammer, so hat er den erforderlichen doppelten Gehilfenvorsatz und strafrechtlich dafür einzustehen, daß er bewußt und gewollt dem Täter das Tatwerkzeug zur Verfügung gestellt hat. Arbeitet der Gehilfe im Heimwerkerladen, ändert sich hieran nichts. Denn der Verkauf von Tatwerkzeugen ist nun einmal nicht der Beruf des Handelnden. Der Handelnde schafft dann eigene Gefahren für das von der Haupttat betroffene

---

748 Siehe BGHSt 4, 107 (sachliche Begünstigung).

749 Vgl. auch *Jakobs*, Strafrecht, 7. Abschn. Rn 103, der in der Risikoerhöhung ein notwendiges Merkmal zur Bestimmung des unerlaubten Verhaltens sieht.

750 Dieses Kriterium hat *Ransiek*, wistra 1997, 46 f. als eine Fallgruppe der nach ihm entscheidenden Pflichtwidrigkeit herausgearbeitet. Im übrigen klingt das Merkmal bereits an bei *Meyer- Arndt*, wistra 1989, 286 (irreführend -weil auf die abstrakte objektive *Verwendbarkeit* abstellend- dagegen seine Formulierung auf 287). In abgewandelter Form findet sich dieser Punkt auch bei *Wohlleben*, Beihilfe durch äußerlich neutrale Handlungen, 122. Er untersucht, ob die Vorstellungen des Handelnden "vom Standpunkte der Gesellschaft aus zu billigen, gutzuheißen und daher nicht als Unrecht anzusehen" sind. Im Grunde genommen wird damit untersucht, ob der konkrete Beitrag aus der Sicht eines objektiven Betrachters ausschließlich oder überwiegend deliktischen Zielen dient.

751 So *Ransiek*, wistra 1997, 46; ähnlich *Meyer- Arndt*, wistra 1989, 286.

752 In diesem Sinne *Meyer- Arndt*, wistra 1989, 286.

Rechtsgut. Dies kann und muß objektiv festgestellt werden[753]. Dann liegt eine Abweichung von den Erwartungen vor. Erfolgte diese Veränderung im Hinblick auf die deliktischen Ziele des Zweitverursachers, wurde das Verhalten auf dessen Bedürfnisse zugeschnitten und ist eine pflichtwidrige Gefahrschaffung zu bejahen.

Eine solche Differenzierung zwischen Beiträgen, die in der konkreten Verwendung durch den Täter einmal ausschließlich deliktisch geprägt sind und im anderen Fall zugleich und zwangsläufig auch legalen Zwecken dienen, läßt sich mit der Argumentation des *Bundesgerichtshofs* vereinbaren. In der Entscheidung zum Werkvertrag mit dem Unternehmer und der von diesem begangenen Lohnsteuerhinterziehung wird die Straflosigkeit des Bestellers damit begründet, daß die "Tätigkeit des Werkunternehmers nicht ausschließlich dem Ziel, eine Steuerhinterziehung vorzubereiten"[754], diente. Damit wird auf ein früheres Urteil des *3. Senats* Bezug genommen[755], wo ausgeführt worden ist, daß ein als Beihilfe zu wertendes Verhalten dann vorliegen kann, wenn das gesamte Unternehmen ausschließlich darauf gerichtet ist, Gewinn durch Steuerhinterziehung zu erzielen. Dann sei das Umsatzgeschäft, an dem der potentielle Gehilfe mitwirkt, "lediglich ... eine zur Zielerreichung unerläßliche Vorbereitung der angestrebten Steuerhinterziehung"[756]. Das heißt nichts anderes, als daß dann der Beitrag in der konkreten Verwendung zur Haupttat *nur* einen deliktsfördernden Zweck erfüllt und nicht *auch* der (erwünschten) Begründung der Umsatzsteuerpflicht dient[757].

Mit diesem Kriterium lassen sich auch die herkömmlichen Beispielsfälle einer zufriedenstellenden Lösung zuführen. Der Taxifahrer, der den Täter nur zum Zwecke der Straftatbegehung zum Tatort transportiert, wird ausschließlich deliktisch tätig[758]. Derjenige, der einen Werkvertrag mit dem potentiellen Steuerhinterzieher abschließt, ermöglicht dagegen, daß überhaupt erst steuerpflichtige Umsätze beziehungsweise Einkünfte entstehen (legal, sogar fiskalisch erwünscht), damit ermöglicht er natürlich auch, daß diese Objekt einer Straftat wie der Steuerhinterziehung werden[759]. In der Verwendung eines Schraubenziehers zum Einbruch durch den Täter liegt eine ausschließliche deliktische Nutzung. Es ist unbeachtlich, ob der den Schraubenzieher bewußt Überlassende privat oder im Rahmen seiner beruflichen Tätigkeit handelt. Eine Privilegierung des Berufstätigen soll, so das Anliegen des Zurechnungsmodells, gerade vermieden werden. Das Gift, welches in Kenntnis der Vergiftungsabsicht ver-

---

[753]Ob es zu dieser (Haupt-) Tat kommt und ob der Helfende dann auch den Vorsatz hinsichtlich dieser einen denkbaren und ausschließlich deliktischen Verwendung hat, muß im Einzelfall ermittelt werden und betrifft eine andere Frage.

[754]Wörtlich *BGH* NStZ 1992, 498.

[755]*BGH* wistra 1988, 261.

[756]So wörtlich *BGH* wistra 1988, 261.

[757]Ebenso *Ransiek*, wistra 1997, 46.

[758]So *Meyer- Arndt*, wistra 1989, 286. Unklar insoweit *Ransiek*, wistra 1997, 45 f., der die Beförderung als bloße Befriedigung grundlegender Lebensbedürfnisse auch dann aus der Strafbarkeit ausnehmen will, wenn am Ziel nichts anderes außer Straftaten begangen werden (bei Fn 60), dagegen Strafbarkeit bejaht, soweit die Beförderung gerade dem Delikt angepaßt wird (bei Fn 63).

[759]Zutreffend *Ransiek*, wistra 1997, 46. Auf den Aspekt, daß derjenige, der die reale Basis der Steuerhinterziehung überhaupt erst schafft, nicht zugleich wegen Beihilfe zur Hinterziehung bestraft werden kann, hat bereits *Meyer- Arndt*, wistra 1989, 285 überzeugend hingewiesen.

äußert oder privat überlassen wird, wird in dieser einen Nutzung durch den Täter ausschließlich deliktisch verwendet, ebenso liegt es bei dem dazugehörigen Brötchen. Derjenige, der ein Darlehen für den Hausbau an den künftigen Wucherer bewußt gewährt, begeht im Unterschied zum Darlehensgeber für Drogengeschäfte[760] keine Beihilfe zu den späteren Taten. Der Hausbau ist ein legaler und legitimer Zwischenschritt, er ist untrennbar mit der deliktischen Nutzung verbunden[761].

cc) Zusammenfassung

Eine rechtliche mißbilligte Gefahr wird auch mit neutralen und berufstypischen Handlungen dann geschaffen, wenn das Verhalten des Handelnden im Vergleich zum Erwarteten zum Nachteil des jeweils betroffenen Rechtsguts verändert wird und diese Modifizierung im Hinblick auf die deliktischen Ziele des Zweitverursachers erfolgt. Die Erwartungen ergeben sich in erster Linie aus den gesetzlichen Regelungen. Wenn mit der Erbringung des Beitrags gegen Bestimmungen des Gesetzes verstoßen wird und es infolgedessen zu einer Beeinträchtigung des Rechtsguts kommt, die diese Normen gerade verhindern oder erschweren will, dann realisiert sich die dem risikoschaffenden Verhalten innewohnende Gefahr. Zum anderen muß den Garantenstellungen auch im Begehungsbereich zurechnungsrelevante Bedeutung zukommen. Wem die Pflicht obliegt, ein bestimmtes Gut vor Gefahren zu schützten, muß nicht nur positiv einschreiten, sondern hat erst recht aktive Beeinträchtigungen zu unterlassen. In dem ohne gesetzliche Kodifizierungen verbleibenden Bereich gilt die allgemeine Erwartung, daß niemand die Gefahren für die Rechtsgüter anderer über das ohnehin existierende Maß hinaus erhöht. Diese Erwartung wird konkret dann enttäuscht, wenn der Beitrag in der Tatförderung durch den Haupttäter ausschließlich deliktischen Zielen dient. Ist dagegen die spezielle Verwendung des Beitrags durch den Täter nicht ausschließlich deliktisch, sondern zwangsläufig und untrennbar auch mit legalen Zwecken verbunden, dann hat die Handlungsfreiheit des den Beitrag Leistenden Vorrang.

d) Anwendung dieser Zurechnungskriterien in der Kapitalexportthematik

Im folgenden werden die psychisch kausalen Beiträge der Bankmitarbeiter (vorgeleistete Strafvereitelungen beziehungsweise Begünstigungen) mittels der geschilderten Zurechnungskriterien analysiert.

Dabei erweist sich zunächst, daß für die Frage der Abweichung von gesetzlichen Verhaltenserwartungen allein den schutzgutsbezogenen Berufsregeln und Sorgfaltspflichten -speziell der Regelung in § 154 AO[762]- Bedeutung zukommen kann. Denn eine Garantenstellung der Bankmitarbeiter kommt hier von vornherein nicht in Betracht. Das von der Haupttat betroffene Rechtsgut ist der Anspruch des Staates auf den vollen und rechtzeitigen Ertrag aus jeder einzelnen (inländischen[763]) Steuer. Es

---

[760] Für Kuppelei statt Drogengeschäften in diesem Sinne (strafbare Beihilfe) RGSt 39, 44 (45 ff.).

[761] So *Ransiek*, wistra 1997, 46.

[762] Bestimmungen des GwG, AWG und der AWV dienen jedenfalls keinen steuerlichen Zielen.

[763] Vgl. *Mösbauer*, Steuerstraf- und Steuerordnungswidrigkeitenrecht, 54.

handelt sich insofern um ein Vermögensdelikt[764]. Bezüglich dieses geschützten Guts fehlt es an einer rechtlichen Einstandspflicht[765], einer Garantenstellung der Bankmitarbeiter[766]. Diese haben nicht für die Steuerehrlichkeit ihrer Kunden einzustehen. Insbesondere belehren sie ihre Kunden über die Steuerpflicht von Zinserträgen allein auf freiwilliger Grundlage[767].

aa) Verletzung beziehungsweise Umgehung des § 154 AO als gesetzlicher Verhaltenserwartung

Das *LG Düsseldorf*[768] hat im Beschluß zur Beschwerde der Dresdner Bank AG gegen die Durchsuchungsbeschlüsse die Verletzung des § 154 AO -allerdings ohne nähere Erklärung- bejaht. Zum gleichen Ergebnis kommt das *Bundesverfassungsgericht* in seinem ersten Beschluß in diesem Verfahren, wobei auch hier keine Begründung gegeben wird[769]. Allerdings taucht dort bereits der Gedanke der *Umgehung* dieser Norm durch den verschleiernden Transfer ohne Einschaltung von laufenden Kundenkonten unter Namensnennung auf, welcher im zweiten Beschluß des *Bundesverfassungsgerichts* ganz in den Mittelpunkt rückt[770]. Von daher kommt dem § 154 AO in der Kapitalexportthematik eine Schlüsselrolle zu. In der Literatur wird die Einhaltung der Norm im vorliegenden Zusammenhang kontrovers beurteilt[771].

Der in § 154 AO festgelegte Grundsatz der Kontenwahrheit[772] dient der umfassenden Mitwirkungs- und Aufklärungspflicht der Kreditinstitute im Besteuerungsverfahren der Bankkunden[773]. Zum Zwecke der Überprüfung der steuerlichen Verhältnisse werden bereits im Vorfeld eines konkreten Verfahrens öffentlich- rechtliche Pflichten und Verbote statuiert, damit das Auskunftsersuchen nach § 93 I S. 3 AO wahrheitsgemäße und vollständige Auskünfte zu Tage fördert[774]. Mit der Norm sollen die steuerlichen Verhältnisse jedenfalls des Kontoinhabers transparent gemacht wer-

---

[764]Vgl. *BayObLG*, NStZ 1981, 147; *Mösbauer*, DStZ 1985, 562; Koch/Scholtz- *Scheurmann-Kettner*, AO, § 370 Rn 8; Lammerding/Hackenbroch/Sudau- *Hackenbroch*, Steuerstrafrecht, 28; *Kohlmann*, § 370 Rn 9.4; Erbs/Kohlhaas- *Senge*, Nebenstrafrecht- AO, § 370 Rn 2; Hübschmann/Hepp/Spitaler- *Hübner*, AO, § 370 Rn 9- 9 g; Franzen/Gast/Joecks- *Joecks*, § 370 Rn 14, 17 m.w.N.

[765]Vgl. § 13 I StGB "rechtlich dafür einzustehen hat".

[766]Ebenso *Otto*, Kreditwesen 1994, 780; *Kohlmann*, § 370 Rn 17.8; *Löwe- Krahl*, wistra 1995, 205 f.; *Messner*, DB 1996, 2198; *Ransiek*, wistra 1997, 43; *Carl/Klos*, DStZ 1995, 305. So im übrigen auch die Dresdner Bank AG in ihrer Beschwerde, siehe AG 1994, 119 (121).

[767]Vgl. Briefwechsel zwischen *Streck/Rainer* und dem *Bundesfinanzminister*, StuW 1989, 281; *Denkert*, Zinsen und Steuern, 248 ff.

[768]AG 1994, 124.

[769]*BVerfG* WM 1994, 691 = StV 1994, 354.

[770]*BVerfG* WM 1995, 234 = wistra 1995, 140 f.

[771]Vgl. einerseits *Carl/Klos*, DStZ 1995, 298 ff. sowie *dies.*, wistra 1994, 213 f. und andererseits *Ransiek*, wistra 1997, 43 f.; *Hamacher*, DB 1995, 2285 ff.

[772]Präziser: Grundsatz der *formalen* Kontenwahrheit, vgl. das grundlegende Urteil des *BGH* (Zivilsenat), BB 1995, 62.

[773]*Carl/Klos*, DStZ 1995, 298.

[774]Hübschmann/Hepp/Spitaler- *Trzaskalik*, AO, § 154 Rn 2; weitergehend *Carl/Klos*, DStZ 1995, 298: allgemeiner Tatbestand der "ausgelagerten Steuerüberwachung".

den[775]. So ist zum einen nach § 154 I AO die Verwendung eines falschen oder erdichteten Namens insbesondere bei der Errichtung eines Kontos verboten. Ein Irrtum über die Identität des im Vertrag bezeichneten Geschäftspartners darf nicht erweckt werden[776]. Zum zweiten bestimmt Absatz 2 dieser Regelung, daß insbesondere derjenige, der das Konto führt, sich zuvor von der Person und der Anschrift des Verfügungsberechtigten Gewißheit verschaffen muß und diese Angaben auch zu registrieren hat, um jederzeit Auskunft geben zu können[777]. Diese Pflichten richten sich ausschließlich an den Kontoführer (beziehungsweise Verwahrer, Pfandnehmer, Überlasser [Vermieter] eines Schließfaches), was nicht nur, aber praktisch am häufigsten, ein Kreditinstitut sein wird[778]. Absatz 3 des § 154 regelt dann, daß bei einem Verstoß gegen Absatz 1 kraft Gesetzes eine Kontosperre eintritt.

Für eine nähere Betrachtung der § 154 AO ist es zunächst einmal wichtig, welches Verhalten exakt auf die Vereinbarkeit mit dieser Norm untersucht wird. Das **Beratungsgespräch** als solches kann jedenfalls nicht entscheidend sein. Für Erklärungen zu den Rahmenbedingungen der Geldanlagen in Luxemburg, also insbesondere dem Umstand, daß dort ein umfassend geschütztes Bankgeheimnis existiert, für Zinserträge ausländischer Anleger keine Quellensteuer erhoben wird sowie der Rechts- und Amtshilfeverkehr zwischen Luxemburg und Deutschland in Steuersachen vergleichsweise schwach ausgebaut ist, spielt § 154 AO keine Rolle. Dies gilt ebenso für die unkomplizierte **Eröffnung** eines (Depot-) Kontos bei der luxemburgischen Tochter von Deutschland aus. § 154 AO wird dabei nicht berührt[779]. Denn es geht allein um die *Vermittlung* für die ausländische Tochter durch die deutsche Mutter, wobei die gesetzlichen Bestimmungen des *Auslands* einzuhalten sind. Ob nach *deutschem* Recht die Kontoführung unter einer Nummer statthaft ist, ist irrelevant. Im Hinblick auf der Grundsatz der Kontenwahrheit in § 154 AO gewinnen aber die einzelnen **Buchungen im Rahmen des Transfers** an Bedeutung. Diese könnten gegen die Norm verstoßen oder selbige umgehen. Allerdings ist auch dieser Vorwurf noch zu allgemein und daher weiter aufzugliedern.

Der Transfer zeichnet sich dadurch aus, daß er zunächst einmal *ohne die Einschaltung von Konten der Kunden*, die diese im Inland unterhielten, stattgefunden hat. Möglich war dies allein dadurch, daß dem Kunden der zielgerichtete Zugriff auf das Korrespondenzbankkonto eingeräumt worden ist. Dies gilt sowohl für den Hinweg zum Ausland, wo zahlenmäßig am häufigsten Bareinzahlungen auf jenes Konto statt-

---

[775] So *Hamacher*, DB 1995, 2286; Schwarz- *Dumke*, AO, § 154 Rn 1; *Kohlmann*, § 379 Rn 48.

[776] So etwa Schwarz- *Dumke*, AO, § 154 Rn 6. Zulässig ist jedoch die Errichtung eines Kontos auf den Namen eines Dritten. Die Einzelheiten sind hierbei umstritten, vgl. *einerseits Hamacher*, DB 1987, 1324 (1325), der eine doppelte Legitimationsprüfung für den Errichter und den Dritten (Kontoinhaber) bejaht und *andererseits Carl/Klos*, wistra 1990, 42 f. die nur den Dritten (Kontoinhaber) der Prüfung unterziehen wollen, anders freilich wieder *Carl/Klos*, DStZ 1995, 302.

[777] Koch/Scholtz- *Baum*, AO, § 154 Rn 2; Tipke/Kruse- *Tipke*, AO, § 154 Rn 1; *Schebesta*, WM 1985, 1329. Zu den Identifizierungs-, Registrierungs- und Auskunftssicherungspflichten siehe *Carl/Klos*, wistra 1990, 42 f.; *Philipowski*, WM 1992, 721 (722); Schwarz- *Dumke*, AO, § 154 Rn 14 ff.

[778] *BGH* (Zivilsenat), BB 1995, 63; Koch/Scholtz- *Baum*, AO, § 154 Rn 7; *Hamacher*, DB 1995, 2285; Schwarz- *Dumke*, AO, § 154 Rn 13.

[779] Anonyme Konten sind auch in Luxemburg nicht zulässig, vgl. oben ab S. 39.

gefunden haben, als auch für den Kapitalrückfluß mittels auf dieses Konto gezogener Schecks, die sodann bar (und ohne Kundenkonteneinschaltung, dazu sogleich) ausbezahlt worden sind. Vor allem sind den *Bareinzahlungen* auf das Korrespondenzbankkonto vielfach Barauszahlungen vom laufenden Kundenkonto bei der Muttergesellschaft vorausgegangen und umgekehrt sind nach den Scheckeinreichungen die dem Kunden ausbezahlten Beträge von diesem auf sein inländisches Kundenkonto bar eingezahlt worden. Dabei ist dem Kunden oftmals der Geldbetrag nicht einmal physisch ausbezahlt worden. Einheitlich betrachtet handelt es sich dabei um *Überweisungen* (in das Ausland und von dort), die, um keine Spuren auf den Kontoauszug zu hinterlassen, in Einzelvorgänge aufgespaltet worden sind. Denn diese umständliche Einschaltung des Kundenkontos der ausländischen Tochter bei der inländischen Mutter hat sichergestellt, daß auf den Auszügen der Kunden zu ihrem inländischen Privat- oder Geschäftskonto keine direkte Verbindung nach Luxemburg sichtbar ist[780]. Vor allem war diese Möglichkeit der *direkten Bareinzahlung* des Kunden auf das generell bei Auslandssachverhalten einzuschaltende Korrespondenzbankkonto[781] ein Novum. Vor der Einführung des steuerlichen Zinsabschlags war es nicht üblich, dem Kunden den Zugriff auf das Korrespondenzbankkonto zu gestatten. Dessen notwendige Berührung geschah vielmehr bankintern und unterlag nur bedingt dem Einfluß des Kunden. Nach den steuerlichen Veränderungen war es jedoch bei allen (zumindest allen bislang durchsuchten Kreditinstituten und jedenfalls für zahlreiche Kunden) möglich, unmittelbar über dieses Konto der ausländischen Korrespondenzbank Transaktionen, insbesondere Barzahlungsvorgänge vorzunehmen.

Zusammenfassend betrachtet hat somit erst diese Zugriffsmöglichkeit auf das Korrespondenzbankkonto die Voraussetzung dafür geschaffen, Überweisungen in Barzahlungsvorgänge aufzuspalten und damit "Spuren" auf dem eigenen Konto in Deutschland zu vermeiden. Denn vom Konto des Kunden in Deutschland gab es keine Verbindung nach Luxemburg, allenfalls bei Scheckeinreichungen und Überweisung auf das Korrespondenzbankkonto war ein Kontakt -und dann auch nur zu einem anderen *inländischen* Konto (der Auslandsbank)- sichtbar. Dieses Konto ist mithin zentraler Bestandteil des Kapitalexportes und die entscheidende Stelle im "Finanzprodukt Luxemburg". Bereits diese Einschaltung des Korrespondenzbankkontos könnte gegen § 154 AO verstoßen oder diese Norm umgehen (nachfolgend aaa).

Zudem ist unter der Geltung des Grundsatzes der Kontenwahrheit fraglich, ob die Bareinzahlungsvorgänge auf das Konto der ausländischen Tochter in Deutschland anonym in der Form, daß nur die Referenznummer, Allerweltsnamen als Einzahler, Namen, die den Einzahler ersichtlich nicht bezeichnen oder reine Phantasienamen angegeben worden sind, zulässig sind. Denn diese "zweite Sperre" hat sichergestellt, daß auch vom Korrespondenzbankkonto aus[782] eine Identifizierung des Bareinzahlers nicht ohne weiteres möglich gewesen ist. In Verbindung mit der Buchung über das Korrespondenzbankkonto war es daher *weder vom laufenden Kundenkonto noch von diesem Konto der ausländischen Tochter in Deutschland* aus möglich, sofort den Ein-

[780]Sondern lediglich Barauszahlungen und gegebenenfalls auch Bareinzahlungen.

[781]Siehe dazu bereits oben in der Sachverhaltsschilderung (ab S. 69).

[782]Mit den Mikrofiches zu diesem Konto und der damit möglichen Auffindung der Originalbelege, siehe oben ab S. 71.

zahler zu erkennen (nachfolgend bbb)[783]. Allgemein geht es insoweit um alle *Belege*, die den tatsächlich Verfügenden nicht ohne weiteres erkennen lassen. Neben den Bareinzahlungsbelegen sind damit auch die teilweise vorgenommenen Anonymisierungen auf den Schecks angesprochen[784].

Sodann ist es zweifelhaft, ob die in umgekehrter Richtung beim Kapitalrückfluß aus dem Ausland vorgenommenen Maßnamen mit § 154 AO zu vereinbaren sind. Über den bereits angesprochenen Transfer über das Korrespondenzbankkonto[785] und die Anonymisierung der Schecks hinaus stellt sich die Frage, ob die *Barauszahlung* von Schecks *ohne Kundenkontenberührung* gegen den Grundsatz der Kontenwahrheit verstößt oder den § 154 AO umgeht (nachfolgend ccc).

aaa) Die Zwischenschaltung des Korrespondenzbankkontos

Die Fragestellung lautet, ob bereits allein mit der zielgerichteten Einschaltung des Korrespondenzbankkontos der Grundsatz der Kontenwahrheit in § 154 AO mißachtet worden ist. Zentrale Voraussetzung dafür ist zunächst einmal, daß es sich dabei überhaupt um ein Konto im Sinne des § 154 AO handelt.

(1) Konto im Sinne des § 154 AO

Rechtlich nicht vorgeschrieben, indes generell anerkannt[786] ist die Differenzierung zwischen bankinternen/betriebsinternen und kundenbezogenen Konten sowie dem Conto pro Diverse (CpD- Konto). Kundenkonten sind personenbezogen, insofern geht es um die buch- und rechnungsmäßige Darstellung der (laufenden) Geschäftsbeziehung zwischen Kunden und Institut. Auf ihnen werden Ansprüche ausgewiesen, die von einem anderen als dem Kontoführer einseitig geltend gemacht werden können[787]. In der Praxis werden sie noch weiter unterteilt[788]. Die bank- oder betriebsinternen Konten betreffen im Unterschied dazu keine Kunden. Vielmehr handelt es sich dabei um die (Bestands-, Erfolgs- oder Betriebsverrechnungs-) Konten, auf denen die bilanzierende Bank oder Sparkasse die (allein) sie betreffenden Geschäftsvorfälle buchhalterisch erfaßt[789]. So werden etwa die Tafelgeschäfte[790] im Sinne des § 44 I S. 4 Nr. 1 a, bb EStG grundsätzlich[791] auf solchen betriebsinternen

---

[783]Dagegen sieht *Ransiek*, wistra 1997, 43 (insbesondere Fn 25 und 34) in der Verwendung von Phantasienamen und dergleichen offenbar keine zusätzliche Tatförderung.

[784]Siehe den Fall der Dresdner Bank AG, *BVerfG* WM 1994, 691 = StV 1994, 353 f.: "u.i.o." und Unterschrift des Mitarbeiters.

[785]Womit Auslandsüberweisungen zum Kundenkonto im Inland umgangen werden können.

[786]*Hamacher*, DB 1995, 2285 m.w.N.

[787]So *Hamacher*, DB 1995, 2285; *Müller- Brühl*, Legitimationsprüfung, 145.

[788]Vgl. dazu *Müller- Brühl*, Legitimationsprüfung, 145.

[789]*Müller- Brühl*, Legitimationsprüfung, 145.

[790]Dies sind Wertpapiergeschäfte, bei denen ohne Festhaltung des Namens des Kunden die Abwicklung zwischen ihm und dem Kreditunternehmen am Schalter, durch Übergabe der effektiven Stücke gegen Barzahlung, stattfindet.

[791]Nur wenn die Aushändigung der Dokumente (Devisen, Wertpapiere) nicht *zeitgleich* mit der Barzahlung stattfindet (Hauptfall: Dokument ist nicht lieferbar), muß die Bank Geld oder Wertpapiere buchungsmäßig -soweit vorhanden- auf personenbezogenen Konten verbuchen, hilfsweise kommen die CpD- Konten zum Einsatz. Siehe *Müller- Brühl*, Legitimationsprüfung, 149 f.

Konten -Bestandskonten der Wertpapiere, des Goldbestandes o.ä. und Kassenkonto- verbucht. Das Conto pro Diverse ist als dritte Kontenart von den beiden anderen abzugrenzen und nimmt eine mittlere Position zwischen jenen ein[792]. Allgemein ist ein CpD- Konto ein Zwischen- beziehungsweise Durchgangskonto, das dazu dient, Geschäftsvorfälle buchungsmäßig unterzubringen, bei denen ein Konto oder Kontoinhaber nicht sofort ermittelbar ist. Es geht also um die Unterbringung eines nicht für das Kreditinstitut bestimmten Betrages auf Eigenkonten der Bank[793]. Darin liegt der entscheidende Unterschied zum betriebs oder bankinternen Konto[794]. Im Gegensatz zu einem Kundenkonto, wo die laufende Geschäftsverbindung zu einem bestimmten Kunden spiegelbildlich dokumentiert wird, sind die Vorfälle auf dem CpD- Konto einmalig beziehungsweise vorläufig. Vor allem aber betreffen die Buchungen verschiedene Personen, die häufig Nicht- Kunden des Instituts sind[795]. Es geht somit nicht um die Aufnahme einer vertraglich vereinbarten Geschäftsbeziehung[796]. Insbesondere bei unklarer oder falscher Kontenbezeichnung beziehungsweise unleserlicher Namensangabe erlangt es damit Bedeutung[797].

Nicht für alle diese drei Kontenarten werden in § 154 AO Regelungen getroffen, wie sich an der Verwendung des Wortes "Verfügungsberechtigten" (in § 154 II AO) und am Wortlaut des Absatzes 1 zeigt. Einen solchen Verfügungsberechtigten gibt es zum einen nicht bei den bankinternen Konten. Die Verbuchung von Geschäftsvorfällen auf jenen Konten bemißt sich allein nach den Regeln des Handels- und Steuerbilanzrechts. Aber auch bei dem CpD- Konto gibt es (noch) keinen solchen Verfügungsberechtigten[798]. Jenes Konto kann somit ebenfalls kein Konto im Sinne des § 154 AO sein[799]. Damit verbleibt für den Anwendungsbereich des § 154 AO anerkanntermaßen allein das kundenbezogene Konto, wo es einen Gläubiger der Forderung, jemanden, der dieses Konto errichten lassen kann, gibt[800].

(2) Art des Korrespondenzbankkontos

Insofern kann in dem hier interessierenden Zusammenhang nur dann eine Verletzung oder Umgehung des § 154 AO vorliegen, wenn es sich bei dem Korrespondenzbankkonto um ein solches Kundenkonto handelt.

Im Zusammenhang mit dem Kapitaltransfer nach Luxemburg werden divergierende Angaben zu der Art des Kontos der ausländischen Tochter bei der inländischen Mutter gemacht. So soll es sich hierbei nach einigen Autoren um ein Conto pro Di-

---

[792]*Schebesta*, WM 1985, 1333.

[793]Vgl. *Baumbach/Hopt*, HGB, (7) Bankgeschäfte, A 42.

[794]Insofern ist die Bezeichnung *bankinternes Verrechnungskonto* etwa bei *Carl/Klos*, DStZ 1995, 303 und bei *Kohlmann*, § 379 Rn 59 zumindest mißverständlich.

[795]Siehe *BGH* (Zivilsenat), WM 1986, 1182 (1183); *Schebesta*, WM 1985, 1332.

[796]So *Müller- Brühl*, Legitimationsprüfung, 145.

[797]*Kaligin*, WM 1996, 2267 m.w.N.

[798]*Schebesta*, WM 1985, 1332.

[799]Hübschmann/Hepp/Spitaler- *Trzaskalik*, AO, § 154 Rn 14; *Hamacher*, DB 1995, 2285.

[800]Tipke/Kruse- *Tipke*, AO, § 154 Rn 2, 4; Hübschmann/Hepp/Spitaler- *Trzaskalik*, AO, § 154 Rn 4; *Hamacher*, DB 1995, 2285; *Carl/Klos*, DStZ 1995, 299 m.w.N. Zur Frage, ob nur dieser Gläubiger der Forderung als Verfügungsberechtigter im Sinne des § 154 II S. 1 AO anzusehen ist, siehe sogleich Fn 876.

verse (CpD- Konto) handeln[801]. Für die Einordnung des Kontos der luxemburgischen Tochter bei der inländischen Muttergesellschaft als CpD- Konto läßt sich zwar anführen, daß es sich aus der Sicht des Tochterunternehmens um ein Sammelkonto für die vielen und verschiedenen (neuen) luxemburgischen Kunden handelt. Alle Bewegungen auf dem Korrespondenzbankkonto, die diese Kunden betreffen, müssen noch den entsprechenden Konten, die diese Kunden bei der luxemburgischen Tochter innehaben, zugeordnet werden ("Pipeline- Konto"[802]). Aus deutscher Sicht besteht jedoch zwischen dem ausländischen Unternehmen und dem inländischen Kreditinstitut eine dauerhafte Geschäftsbeziehung. Das ausländische Kreditinstitut ist eine selbständige juristische Person und kann demzufolge über die Salden ihrer Konten verfügen. Für die verschiedenen Kunden der luxemburgischen Tochter mag das Korrespondenzbankkonto lediglich ein Zwischenziel sein. Aus der Sicht der inländischen Mutter geht es jedoch stets um einen ihrer Kunden (das ausländische Institut). Der Umstand, daß es sich bei diesem um ein Tochterunternehmen der deutschen Muttergesellschaft handelt, ist für die Einordnung des Kontos als solches irrelevant. Die ausländische Tochter ist formal betrachtet Kunde der inländischen Mutter.

Insofern muß die Einordnung als ein Conto pro Diverse als unzutreffend zurückgewiesen werden. Vielmehr handelt es sich um ein normales Kundenkonto der ausländischen Tochter bei einer inländischen Bank oder Sparkasse[803]. Eine Überprüfung der Vorgänge über dieses Konto am Maßstab des § 154 AO ist insofern möglich.

(3) Verletzung des § 154 I, II AO

§ 154 I AO ist im vorliegenden Zusammenhang nicht einschlägig. Es geht nicht um Buchungen auf einem Konto unter falschem oder erdichtetem Namen beziehungsweise um die Errichtung derartiger Konten, sondern allein um Buchungen über das als solches ordnungsgemäß errichtete Korrespondenzbankkonto. Von ihrem Anwendungsbereich her spielt diese Norm eher bei den anonymisierten Bareinzahlungsbelegen eine Rolle, wo es zu Buchungen gekommen ist, die den Auftraggeber nicht zweifelsfrei und ohne weiteres erkennen lassen[804]. Vor allem aber ist bereits fraglich, inwieweit diese Norm sich überhaupt (auch) an Bankmitarbeiter richtet.

Ein Verstoß gegen den **§ 154 II AO** wird bei der zielgerichteten Benutzung und generellen Zwischenschaltung des Korrespondenzbankkontos von Teilen des Schrifttums darin gesehen, daß damit bei der Mutter ein "Spezialkonto für besondere Kunden mit partiellem Sammelkontocharakter"[805] geführt wird. Denn bereits das Abwickeln einer Mehrzahl von Transfervorgängen stelle das Errichten und Führen eines Kontos nach § 154 AO dar. Es liege eine dauernde Geschäftsbeziehung oder

---

[801]So jedenfalls *Streck*, StV 1994, 355; *Bilsdorfer*, INF 1994, 547; offensichtlich auch *BVerfG* WM 1994, 691 = StV 1994, 353 (354); wohl auch *Ranft*, WiB 1996, 51; in diesem Sinne auch Hübschmann/Hepp/Spitaler- *Engelhardt*, AO, § 370 Rn 140 g. Siehe auch Wirtschaftswoche 46/1994, 180 f. Undeutlich *Behr*, wistra 1999, 246.

[802]So Bezeichnung bei *Carl/Klos*, DStZ 1995, 306.

[803]Ebenso Franzen/Gast/Joecks- *Gast- de Haan*, § 379 Rn 39 a.E.; *Hamacher*, DB 1995, 2285; *Kaligin*, WiPra 1996, 100 und *ders.*, WM 1996, 2267; deutlich auch *Leisner*, BB 1994, 1943: Diskussion um CpD- Konten sei "neben der Sache". Auch das bei *Philipowski*, Steuerfahndung in der Bank (Forum), 19 beschriebene Zwischenkonto ist, wie er zu Recht ausführt, kein CpD-, sondern ein Vor- Konto für das Korrespondenzbankkonto.

[804]Dazu sogleich bbb).

[805]So wörtlich *Carl/Klos*, DStZ 1995, 307.

zumindest eine Rechnung, bei der die laufenden Zu- und Abgänge erfaßt würden, vor[806]. Und eben für jenes "Pipeline- Konto" erfülle das Kreditinstitut nicht die Anforderungen des § 154 II AO. Insbesondere die Zuordnung von Referenznummern und Kundennamen in einer nur vertraulichen Kladde sei nicht ausreichend[807].

Zutreffend ist daran, daß die Angaben zur Person und zur Anschrift, die nach § 154 II S. 1 AO gewonnen werden, auf dem Stammblatt, auf den Eröffnungsunterlagen oder mittels EDV in gleicher Weise eindeutig festzuhalten sind. Den Anforderungen des § 154 II AO ist nicht genüge getan, wenn das Konto nur unter einer Nummer geführt wird und die Angaben zur Person und Anschrift der Verfügungsberechtigten lediglich einigen Angestellten in einer vertraulichen Liste zur Verfügung stehen. Konten, die nach der Legitimationsprüfung auf bloße Nummern oder Codenamen geführt werden (sogenannte namensgeschützte Konten), sind unzulässig[808].

Was jedoch an dieser Argumentation auf erheblichen Widerspruch stößt, ist ihre Prämisse. Denn bei dem Korrespondenzbankkonto handelt es sich um ein Konto der ausländischen Bank oder Sparkasse. Sie ist Kontoinhaberin, ihre Identität ist bei Errichtung des Kontos geprüft worden und diese Angaben werden in der von § 154 II S. 2 AO geforderten Weise innerhalb des kontoführenden Kreditinstituts in Deutschland festgehalten und aufbewahrt[809]. Die zweifellos gegebene Tatsache, daß dieses Konto von einer Vielzahl anderer Kunden, die nicht Kontoinhaber sind, in beträchtlichem Umfang genutzt wird, stellt auf *materielle* Gesichtspunkte ab. § 154 AO dient jedoch ausweislich seines Wortlauts, seiner Systematik und seiner Entstehungsgeschichte allein der *formalen* Kontenwahrheit[810]. Es soll allein die Feststellung der wahren Identität des Verfügungsberechtigten und die Auskunftsbereitschaft darüber sichergestellt werden[811]. Die Tatsache, daß das von einem Dritten errichtete Konto später ausschließlich von einem anderen im eigenen Interesse verwendet wird, ist für § 154 AO irrelevant[812]. Formal betrachtet ist es nun einmal die Tochter, die dieses Konto hat errichten lassen. Allein dadurch, daß andere dieses nutzen, wird es nicht "umgewidmet" oder errichtet jene dieses (oder gar ein anderes ?) Konto neu. Eine *Verletzung* des § 154 II AO liegt insofern mit der Zwischenschaltung des Korrespondenzbankkontos keinesfalls vor.

---

[806] *Carl/Klos*, DStZ 1995, 307.

[807] So *Carl/Klos*, DStZ 1995, 307. Von einer Kladde war im Verfahren gegen die Dresdner Bank AG die Rede, vgl. *BVerfG* WM 1994, 691 = StV 1994, 353.

[808] Tipke/Kruse- *Tipke*, AO, § 154 Rn 8; *Kohlmann*, § 379 Rn 58 m.w.N.; *Müller- Brühl*, Legitimationsprüfung, 24; *Carl/Klos*, wistra 1990, 41; Koch/Scholtz- *Baum*, § 145 Rn 4, 13; *Kohlmann*, § 379 Rn 58. Anderer Ansicht dagegen Franzen/Gast/Joecks- *Gast- de Haan*, § 379 Rn 39 m.w.N.

[809] *Hamacher*, DB 1995, 2285.

[810] So *BGH* (Zivilsenat), BB 1995, 63 f. m.w.N. zur Ansicht in der Literatur, die ganz überwiegend ebenfalls nur die formale Wahrheit als geschützt sieht.

[811] *Kohlmann*, § 379 Rn 48.1.

[812] So bereits die der Revisionsentscheidung des *BGH* (Zivilsenat), BB 1995, 62 vorangehende Berufungsentscheidung des *OLG Hamm* WM 1994, 108 (109 f.); zustimmend Franzen/Gast/Joecks- *Gast- de Haan*, § 379 Rn 39.

Aus § 154 AO selbst ergibt sich zusammenfassend jedenfalls nicht, daß Überweisungen auch *als solche* vorzunehmen sind, demnach nicht in Barzahlungsvorgänge aufgespaltet werden dürfen[813].

(4) Umgehung des § 154 II AO

Möglicherweise ist aber § 154 II AO *umgangen* worden, indem generell dieses Korrespondenzbankkonto -sei es nun bei Bareinzahlungen oder Überweisungen oder beim Kapitalrückfluß mittels darauf gezogener Schecks- zwischengeschalten werden konnte. Denn es gilt zu bedenken, wie der Transfer abgelaufen wäre, hätte nicht die Möglichkeit der Bareinzahlung auf jenes Korrespondenzbankkonto bestanden. Dann wäre die Aufspaltung von Überweisungen in Barzahlungsvorgänge nicht ohne weiteres möglich gewesen.

Zwar hätten natürlich Barauszahlungen von den laufenden inländischen (Giro-) Konten stattfinden können. Es hätte jedoch eines Kontos bedurft, auf welches bar eingezahlt werden konnte und von wo aus der Betrag -quasi selbständig- den Weg zum luxemburgischen Anleger- (Depot) Konto findet. Denn auf das luxemburgische Anlegerkonto oder Depot kann jedenfalls von Deutschland aus nicht bar eingezahlt oder zugriffen werden[814]. Als ein solches Konto für Bareinzahlungen hätte ohne das Korrespondenzbankkonto nur ein CpD- Konto bei der inländischen Mutter zur Verfügung gestanden. Nun ist es aber so, daß auf diesen CpD- Konten nach § 154 II AO, genauer: nach Nr. 3 Satz 3 des AEAO zu dieser Norm[815], nur unter bestimmten Voraussetzungen Geschäftsvorfälle verbucht werden dürfen. Buchungen auf CpD- Konten sind danach nur zulässig, wenn der Name des Beteiligten nicht bekannt ist und auch nicht ohne weiteres ermittelt werden kann sowie dann, wenn für ihn kein entsprechendes Konto geführt wird[816]. Ein entsprechendes Konto in diesem Sinne ist beim Zahlungsverkehr allein ein Girokonto, für Wertpapiere dagegen ein Depot[817].

Hintergrund dieser Regelung ist, daß mittels der Verbuchung auf CpD- Konten Einzelvorgänge trotz Vorhandenseins eines entsprechenden Kontos ohne dessen Einschaltung abgewickelt werden können und sich daher auf den Kontoauszügen der Kunden keine Hinweise auf die Vorgänge ergeben. Damit könnten steuerpflichtige Geschäftsvorfälle verschleiert oder verdeckt werden[818]. Denn diesbezügliche Auskunftsersuchen nach § 93 I S. 3 AO laufen leer, Legitimationsprüfungen nach § 154 II

---

[813] So erstaunlicherweise auch *Carl/Klos*, DStZ 1995, 299 und 304.

[814] Vgl. aber Sachverhaltsschilderung in *LG Bochum* vom 02.06.1993, Az. 35 Js 244/92 (nicht veröffentlicht).

[815] AEAO vom 24.09.1987, Az. IV A 5- S 0062- 38/87, BStBl. I 1987, 664, geändert durch AEAO vom 08.10.1991, Az. IV A 5- S 0062- 15/91, BStBl. I 1991, 932.

[816] Die entscheidende Stelle lautet "Verboten ist die Abwicklung von Geschäftsvorfällen über sog. CpD- Konten, wenn der Name des Beteiligten bekannt ist oder unschwer ermittelt werden kann und für ihn bereits ein entsprechendes Konto geführt wird". Zum Anwendungsbereich der CpD- Konten *Müller- Brühl*, Legitimationsprüfung, 148. Gleichwohl finden sich in der Praxis immer wieder Fälle, wo dies nicht eingehalten worden ist, siehe etwa Sachverhaltsschilderungen in *LG Köln* StV 1983, 56; *FG Saarland* wistra 1990, 272; *LG Arnsberg* ZIP 1984, 889; *LG Baden- Baden* ZIP 1989, 764; *LG Baden- Baden* ZIP 1989, 766 und dazu Hübschmann/Hepp/Spitaler- *Engelhardt*, AO, § 370 Rn 140 b.

[817] *Schebesta*, WM 1985, 1334; *Carl/Klos*, DStZ 1995, 303 f.

[818] *Müller- Brühl*, Legitimationsprüfung, 146.

S. 1 AO sind bei CpD- Konten gerade nicht vorzunehmen. Insofern ist die Überprüfungsmöglichkeit von Geschäften über CpD- Konten naturgemäß begrenzt[819]. Wenn in der Praxis gleichwohl oftmals der Name des Beteiligten festgehalten wird, dann geschieht dies allein zur besseren Einordnung des Geschäfts und aus Sicherheitsgründen. Vor allem aber werden die Angaben dann nicht sortiert und geordnet aufbewahrt[820].

Zwar findet sich in § 154 II AO selbst kein Hinweis auf CpD- Konten und die Buchung über solche Konten. Gleichwohl wird die Ansicht der Verwaltung im Anwendungserlaß zu diesen Konten -soweit ersichtlich- nicht in Frage gestellt[821]. Im Gegenteil, sogar im Rahmen strafrechtlicher Entscheidungen[822] und Darstellungen[823] findet sich der Hinweis auf diesen Anwendungserlaß, ohne weitere Problematisierung wird er zumindest mit herangezogen. Vor dem Hintergrund des Art. 103 II GG[824], wonach die Strafbarkeit einer Tat "gesetzlich bestimmt" sein muß, und die Verletzung des § 154 I AO zumindest bußgeldrechtlich sanktioniert wird[825], aber eben auch im Rahmen der Beihilfestrafbarkeit an Bedeutung gewinnt, ist dies nur solange unbedenklich, wie sich die Ansicht der Verwaltung mit den herkömmlichen Auslegungsmethoden auch aus dem Gesetz selbst ergibt[826].

Jedenfalls aber verdeutlicht diese Überlegung, daß ohne das Korrespondenzbankkonto die Mehrzahl der Transaktionen zu ausländischen Finanzplätzen direkt vom -nahezu in allen Fällen vorhandenen- inländischen (Giro-) Konto zum Konto im Ausland per Auslandsüberweisung hätten stattfinden müssen[827]. Barzahlungsvorgänge wären somit wegen Verstoßes gegen § 154 II AO -respektive dem Anwendungserlaß dazu- eine seltene Ausnahme[828] geblieben, statt wie hier den Regelfall zu bilden.

---

[819] *Kohlmann*, § 379 Rn 60.

[820] Siehe *Schebesta*, WM 1985, 1333; *Carl/Klos*, DStZ 1995, 304.

[821] Ausdrückliche Zustimmung dazu von *Otto*, Kreditwesen 1994, 780. In den Kommentaren finden sich regelmäßig kritiklose Hinweise darauf oder es werden die Formulierungen des Anwendungserlasses nur wiederholt. Vgl. etwa Franzen/Gast/Joecks- *Gast- de Haan*, § 379 Rn 39; *Kohlmann*, § 379 Rn 59; Koch/Scholtz- *Baum*, AO, § 154 Rn 5; Tipke/Kruse- *Tipke*, AO, § 154 Rn 7 m.w.N.

[822] Vgl. etwa *LG Düsseldorf* wistra 1995, 201 (202).

[823] Siehe etwa *Kohlmann*, § 370 Rn 17.8, wo ausgeführt wird, daß strafbares Tun bei Verstoß "gegen ... Schutzgesetze, die der Durchsetzung des Steueranspruchs dienen (insb. § 154), und gegen die diese Gesetze näher präzisierenden Ausführungsbestimmungen der Finanzverwaltung (vgl. den Anwendungserlaß zu § 154 AO, ...)" vorliegen soll.

[824] Dagegen will *Ransiek* diesen verfassungsrechtlichen Maßstab bei der Auslegung des § 154 AO nicht anlegen, *Ransiek*, wistra 1997, 44 m.w.N. Wie hier *BGH* (Zivilsenat), BB 1995, 64 und etwa *Kaligin*, WiPra 1996, 99.

[825] Siehe insbesondere § 379 II Nr. 2 AO.

[826] Auch *Carl/Klos*, wistra 1990, 42 f. räumen dies im Ergebnis ein, wenngleich "zugegebenermaßen die Beamten, die den Gesetzestext und auch den Anwendungserlaß entworfen haben, eigentlich am besten wissen müßten, was sie regeln wollten". Ohne weitere Vertiefung wird für die nachfolgende Betrachtung davon ausgegangen, daß sich die Regelung in Nr. 3 Satz 3 des Erlasses zu § 154 AO auch mit den herkömmlichen Auslegungsmethoden ergibt. Kritisch jedoch *Streck/Mack*, BB 1995, 2142; *Behr*, wistra 1999, 249.

[827] Deutlich allgemeiner, aber in diesem Sinne *Carl/Klos*, DStZ 1995, 306.

[828] Nur dann, wenn kein inländisches geeignetes Konto vorhanden ist.

Eine *Umgehung* des § 154 II AO könnte bei der Einschaltung des Korrespondenzbankkontos nun darin gesehen werden, daß man erstens dieses Korrespondenzbankkonto -wenn schon nicht als CpD- Konto, so doch wegen der bloß vorläufigen Buchungen und des Zwischenzielcharakters- als *CpD- ähnlich* einstuft und dann zweitens Nr. 3 Satz 3 im AEAO zu § 154 auch in diesem Fall noch für einschlägig erachtet. Man könnte überlegen, ob nicht die Schaffung eines Kontos -beziehungsweise die Einräumung der Möglichkeit, auf dieses Zugriff zu nehmen[829]- welches eben kein CpD Konto ist, aber einem solchen Konto vergleichbare Aufgaben übernimmt, nur dazu dient, die Regelung in § 154 II AO i.V.m. den AEAO auszuschalten. Nur mit einer solchen Argumentation könnte man bei Existenz des Korrespondenzbankkontos und der generellen Möglichkeit (zumindest für einige Kunden), darauf bar einzuzahlen und darauf gezogene Schecks zu empfangen, begründen, daß eine Umgehung des Grundsatzes der Kontenwahrheit vorliegt. Diese Schlußfolgerung wird jedoch -soweit ersichtlich- weder vom Schrifttum noch von der Rechtsprechung gezogen[830]. Von der Ähnlichkeit zwischen den Korrespondenzbank- und CpD- Konten scheint die Finanzverwaltung in neuerer Zeit allerdings auszugehen, wenngleich bislang noch in einem anderen Zusammenhang. Im Verwaltungserlaß des *Finanzministeriums von Nordrhein- Westfalen* vom 08.07.1996[831] wird verfügt, Betriebsverrechnungskonten, worunter neben Konten für "innerbetriebliche Verrechnungen mit Niederlassungen, Zweigstellen und Betriebsabteilungen" auch das "Giroausgangskonto" fällt, hätten CpD- Charakter[832]. Aus diesem Grunde dürften, darin liegt der eigentliche Inhalt des Erlasses, auch jene Konten neben den (echten) CpD- Konten für Kontrollmaterialzwecke anläßlich einer Betriebsprüfung bei einem Kreditinstitut ausgewertet werden. Insbesondere das Giroausgangskonto habe eine "besondere Bedeutung, weil es alle Überweisungen von Kunden auf Konten bei anderen Banken, sei es im Inland oder im Ausland, nachweist"[833]. Gemeint sind damit offensichtlich (auch) Korrespondenzbankkonten.

Allerdings drängen sich gegen diese Umgehungsüberlegung sogleich Einwände auf. Denn wenn § 154 AO -vor allem dessen Absatz 1- lediglich die *formale* Kontenwahrheit schützt[834], dürfen auch nur *formale* Aspekte untersucht werden. Gerade die soeben erwogene CpD- Ähnlichkeit des Korrespondenzbankkontos ist aber allein damit begründet worden, daß es inhaltlich bei den Buchungen auf diesem Konto stets um vorläufige Vorfälle geht, die weiteren (Depot-) Konten in Luxemburg zugeordnet werden müssen. Im Grunde läuft dies auf das Argument hinaus, daß andere Personen als der Kontoinhaber im eigenen Interesse dieses Konto in großem Umfang nutzen beziehungsweise umgekehrt jenes nicht ausschließlich oder überwiegend von Kon-

---

[829]Denn wie gesagt, geschaffen wurde dieses Korrespondenzbankkonto nicht neu. Es gab solche Konten schon immer (siehe oben ab S. 69).

[830]Vgl. etwa Hübschmann/Hepp/Spitaler- *Engelhardt*, AO, § 370 Rn 140 g, wo ohne Angabe von Gründen, aber unter Bezugnahme auf die CpD- Kontenregelung im Anwendungserlaß behauptet wird, es liege eine Umgehung der Norm vor.

[831]Az. S 1505- 14- V C 5, DB 1997, 1254 f. Zurückzuführen ist dieser Erlaß auf eine Fallsammlung der *Oberfinanzdirektion Münster* vom 30.04.1996, Az. S 1507- 5- St 22- 32, die bei *Tischbein*, WM 1996, 1949 ff. zitiert und dargestellt wird.

[832]So wörtlich der Erlaß, DB 1997, 1254 f.

[833]Wörtlich der Erlaß, DB 1997, 1255.

[834]Woran spätestens seit dem Urteil des *BGH* (Zivilsenat), BB 1995, 62 kein Zweifel mehr bestehen dürfte.

toinhaber -der ausländischen Tochter- verwendet wird. Dies aber sind materielle Erwägungen, denen bei § 154 I, II AO gerade keine Bedeutung zukommen soll. Vor allem ist äußerst fragwürdig, ob eine solche -bei Licht betrachtet- Analogie zu § 154 II AO oder genauer, eigentlich zu Nr. 3 Satz 3 des AEAO, für strafrechtliche Überlegungen tatsächlich angestellt werden darf. Es geht um die Begründung einer rechtlich mißbilligten Gefahr durch einen bestimmten Beitrag und damit im weiteren Sinne um die Frage der Strafbarkeit eines Verhaltens. Analogien zu Lasten des Täters sind aber nicht zulässig[835].

Insgesamt betrachtet sind diese Umgehungsvorwürfe somit abzulehnen. Allein die generelle Einschaltung des Korrespondenzbankkontos -mag es auch tatsächlich als "Pipeline- Konto"[836] fungieren und dazu führen, daß vorhandene laufende Kundenkonten nicht einbezogen werden müssen- verstößt weder gegen § 154 I, II AO noch umgeht sie § 154 II AO. Mitarbeiter der Kreditinstitute in Deutschland, die solche Buchungen empfohlen oder konkret bei deren Veranlassung mitgewirkt haben, haben jedenfalls den Grundsatz der Kontenwahrheit nicht beeinträchtigt. Dies gilt auch dann, wenn bewußt Vorgänge, die wirtschaftlich gesehen Überweisungen darstellen, nicht als solche behandelt, sondern in (teilweise nur fingierte) Barzahlungsvorgänge aufgespalten werden.

bbb) Die anonymisierten Belege

Problematischer ist dagegen, ob § 154 I, II AO bei Buchungen ohne vollständige und zutreffende Namensangabe des Einzahlers verletzt oder umgangen wird. Insbesondere unter den Bareinzahlungsbelegen[837], die bei den Bankendurchsuchungen gefunden und beschlagnahmt worden sind, fanden sich zahlreiche, bei denen nur die Referenznummer, Phantasienamen, den Einzahler ersichtlich nicht treffende Namen oder gar Allerweltsnamen verwendet worden sind. Diese sind vom Kunden selbst so ausgefüllt worden und der Bearbeiter hat sie anstandslos entgegengenommen. In einigen Fällen soll dem Vernehmen nach der Berater den Beleg sogar komplett bis hin zur (unzutreffenden) Namensangabe ausgefüllt haben. Auch beim Kapitalrückfluß haben teilweise Verschleierungen auf den Scheckbelegen stattgefunden[838]. Insgesamt ist es somit für den Kunden möglich gewesen, anonyme Buchungen zu veranlassen und durchzuführen, so daß er vom Korrespondenzbankkonto aus[839] nicht ohne weiteres identifiziert werden konnte.

(1) Verletzung des § 154 I, II AO

Zunächst stellt sich die Frage, ob **§ 154 I AO** durch diese Vorgehensweise verletzt wird. Der Absatz 1 des § 154 AO verbietet eine Identitätstäuschung bei bestimmten Geschäften[840]. Als solche werden in § 154 I AO genannt: "Konto errichten oder Buchungen vornehmen lassen, Wertsachen (Geld, Wertpapiere, Kostbarkeiten) in

---

[835] Vgl. BVerfGE 71, 108 (114 ff.) und von Münch/Kunig- *Kunig*, GG, Art 103 Rn 26.

[836] So *Carl/Klos*, DStZ 1995, 306.

[837] Nur dort macht ein etwaiger Verschleierungsversuch überhaupt Sinn. Bei Überweisungen und Schecks kann mit dem Bezug zu einem Konto jedenfalls dessen Inhaber identifiziert werden.

[838] Siehe den Fall der Dresdner Bank AG, *BVerfG* WM 1994, 691 = StV 1994, 353 f.: "u.i.o." und Unterschrift des Mitarbeiters.

[839] Mit den Mikrofiches und den Originalbelegen, siehe oben ab S. 69.

[840] Vgl. *Carl/Klos*, DStZ 1995, 299.

Verwahrung geben oder verpfänden oder sich ein Schließfach geben lassen". Die Norm soll verhindern, daß infolge der Verwendung unrichtiger oder erdichteter Namen der wahre Verfügungsberechtigte im Sinne des § 154 II AO nicht ermittelt werden kann[841]. Zumindest von *Buchungen* ist in diesem Absatz somit die Rede. Unter diesen Buchungen versteht man Gut- und Lastschriften auf den kundenbezogenen Konten[842]. Die Täuschung über den Vertragspartner, der an dem dokumentierten Rechtsgeschäft beteiligt ist, soll mit dieser Variante verhindert werden[843]. Ein Name ist falsch, wenn er einen anderen als den Verfügungsberechtigten bezeichnet[844]. Ist er frei erfunden ist, liegt ein erdichteter Name im Sinne der Vorschrift vor[845]. Die entscheidende Frage ist jedoch, ob sich § 154 I AO überhaupt auch an den Kontoführer, denjenigen, der die Buchungen vornimmt oder das Schließfach überläßt -de facto die Kreditinstitute- richtet. Nur wenn dies der Fall ist, kann er auch von jenen verletzt werden. Der Adressatenkreis dieser Norm ist mithin entscheidend, und zwar ganz besonders in Bezug auf die hier relevante Variante "Buchungen vornehmen lassen".

Jedenfalls richtet sich § 154 I AO an denjenigen, der ein Konto errichten läßt -den Kontoinhaber. Insoweit besteht im Schrifttum Einvernehmen[846]. Unter dem Kontoinhaber wird dabei derjenige verstanden, der als Verfügungsberechtigter im Sinne des § 154 II AO gilt[847]. Ob aber § 154 I AO ausschließlich den Kunden -Kontoinhaber, Schließfachmieter und dergleichen- eine zusätzliche Verpflichtung auferlegt (enges Verständnis) oder sich auch an die Seite der Kontoführer, Schließfachvermieter, demnach vor allem an Kreditinstitute (weites Verständnis) richtet, wird kontrovers diskutiert und ist durch Auslegung zu ermitteln.

Der *Wortlaut* spricht dabei für ein enges Verständnis. Zwar steht nach dem "Konto errichten" kein "lassen" wie nach dem "Buchungen vornehmen", so daß der Errichter des Kontos selbst auch einbezogen scheint. Der die Buchungen Vornehmende könnte durch Aufspaltung der Formulierung in "Buchungen vornehmen" und "Buchungen vornehmen lassen" als Adressat der Regelung anzusehen sein[848]. Einzuräumen ist ebenfalls, daß die Formulierung "niemand", mit der § 154 I AO beginnt, eher für eine weite Auslegung des Kreises der Verpflichteten spricht[849]. Gegen einen umfassenden Adressatenkreis ist jedoch einzuwenden, daß sich die Norm in ihren Formulierungen insgesamt an die Seite der *Kunden* richtet[850]. Insbesondere taucht das "lassen" offenbar allein aus sprachlichen Gründen, und zwar zur Vermeidung von Wiederholungen, erst nach dem "Buchungen vornehmen" auf, bezieht sich aber

---

[841]*Kohlmann*, § 379 Rn 56.

[842]Hübschmann/Hepp/Spitaler- *Trzaskalik*, AO, § 154 Rn 4; *Carl/Klos*, DStZ 1995, 299.

[843]Schwarz- *Dumke*, AO, § 154 Rn 7.

[844]So *BGH* (Zivilsenat), BB 1995, 63 m.w.N.

[845]Franzen/Gast/Joecks- *Gast- de Haan*, § 379 Rn 40.

[846]Vgl. *Carl/Klos*, DStZ 1995, 299 f.; *Hamacher*, DB 1995, 2284 f.; Schwarz- *Dumke*, AO, § 154 Rn 2.

[847]*BGH* (Zivilsenat), BB 1995, 63; Schwarz- *Dumke*, AO, § 154 Rn 4; *Hamacher*, DB 1995, 2285.

[848]In diesem Sinne ohne Angabe von Gründen Franzen/Gast/Joecks- *Gast- de Haan*, § 379 Rn 41 m.w.N.

[849]Auf dieses "jemand" nimmt Franzen/Gast/Joecks- *Gast- de Haan*, § 379 Rn 41 Bezug.

[850]So *Carl/Klos*, DStZ 1995, 300; *Kohlmann*, § 379 Rn 49.

gleichwohl auch schon auf das "Konto errichten"[851]. Vor allem ist die Verwendung von "jedermann" sprachlich notwendig, weil im Absatz 1 verschiedene Vorfälle aufgeführt sind, die nicht auf falschem oder erdichtetem Namen vorgenommen werden dürfen. Um denjenigen, der Buchungen vornehmen läßt, ebenso zu erfassen, wie jenen, der ein Schließfach mietet oder ein Konto errichten läßt, ist ein Sammelbegriff wie "jedermann" erforderlich. Daraus kann aber gerade nicht geschlossen werden, daß auch die "andere Seite" einbezogen ist. Hätte tatsächlich auch der Kontoführer, Verwahrer und so weiter verpflichtet werden sollen, müßte dies am Wortlaut deutlicher zum Ausdruck kommen. Dies spricht vor allem gegen die Aufspaltung von Formulierungen im eben dargestellten Sinn. Im übrigen ergibt sich ein weiteres Argument aus dem Wortlaut. Wenn die Bank oder Sparkasse Adressat der Norm sein sollte, dann dürfte es nicht "Niemand darf auf" sondern "Niemand darf unter" heißen[852].

Klare, wenngleich nicht unumstrittene Argumente gegen einen umfassenden Adressatenkreis des § 154 I AO folgen auch aus der Betrachtung des *Regelungszusammenhangs* dieser Norm. § 154 II AO enthält mit Absatz 1 korrespondierende Pflichten, die sich ausschließlich an den Kontoführer (beziehungsweise Verwahrer, Inpfandnehmer, Überlasser eines Schließfaches) richten[853]. § 154 II AO ist somit in Verbindung mit dem Absatz 1 zu sehen[854]. Es besteht aber gerade keine vollständige Kongruenz zwischen den beiden Absätzen. Insbesondere die Buchungen werden in Absatz 2 nicht genannt, und dies, obwohl ansonsten alle übrigen Vorfälle des Absatzes 1 sprachlich identisch in § 154 II AO auftauchen. Wenn auch Banken oder Sparkassen in den Kreis der Adressaten des Absatzes 1 einbezogen sein sollten, dann müßten konsequenterweise alle Vorfälle mit korrespondierenden Prüfungs- und Aufbewahrungspflichten bedacht werden. Denn wozu sollte man auch die Banken oder Sparkassen einbeziehen, wenn ihre Aussagen mangels Prüfung und Verwahrung nicht besonders aussagekräftig sein können[855]? Nach anderer Ansicht soll die Tatsache, daß in Absatz 2 bezüglich der Buchungen keine konkreten Handlungsanweisungen für die Kontoführer aufgestellt sind, nicht gegen die Einbeziehung jener in den Kreis der Verpflichteten des Absatzes 1 sprechen[856]. Denn aus dem Kreis der Vorfälle des § 154 II AO seien die Buchungen allein aus "Rechtsstaatsgesichtspunkten" herausgenommen. Aus dem "Sinnzusammenhang zwischen § 154 I und § 154 III AO"[857] ergebe sich aber, daß auch Kreditinstitute Adressaten des Absatzes 1 sind. Denn sinnvollerweise könnte das Gesetz nicht anordnen, daß erkennbar gegen § 154 I AO verstoßende

---

[851]So *Carl/Klos*, DStZ 1995, 299 f.

[852]*Hamacher*, DB 1995, 2285.

[853]Einhellig, vgl. etwa *BGH* (Zivilsenat), BB 1995, 63; *Hamacher*, DB 1995, 2285; *Carl/Klos*, DStZ 1995, 300.

[854]*Kohlmann*, § 379 Rn 49.

[855]In diesem Sinne *Ransiek*, wistra 1997, 43; anders dagegen *Carl/Klos*, DStZ 1995, 301 und 303.

[856]So insbesondere *Carl/Klos*, DStZ 1995, 301.

[857]Wörtlich *Carl/Klos*, DStZ 1995, 301.

Buchungen von ihnen vorzunehmen sind, um unmittelbar darauf eine Kontensperre folgen zu lassen[858].

Die "Irrationalitäten"[859], die von jenen Autoren für den gegenteiligen Fall -Buchungen unter Verstoß gegen Absatz 1 und im Anschluß Kontensperre- gesehen werden[860], sind freilich nicht ohne weiteres erkennbar. Aus welchem Grunde sollte die Kontensperre nur als ultima ratio eintreten, also eine "Sperre" im Sinne einer Buchungsverweigerung durch den Bankmitarbeiter zwischengeschaltet sein ? Immerhin führt die Kontensperre dazu, daß das Finanzamt des Verfügungsberechtigten eingeschaltet wird. Wenngleich dies einen nicht zu unterschätzenden Verwaltungsaufwand bedeutet, so ist es doch aber gerade die Aufgabe dieser Behörde, sich um die steuerlichen Verhältnisse des Kontoinhabers zu kümmern, etwaige Verfehlungen aufzudecken und weiterzuleiten. Die Kreditinstitute haben nicht für die Steuerehrlichkeit ihrer Kunden einzustehen. Und würde nicht das Fehlen der Prüfungspflicht bezüglich der Buchungen in Absatz 2 -ob nun aus den bezeichneten Rechtsstaatserwägungen heraus oder aus sonstigen Gründen- gerade *umgangen* werden, wollte man den Kontoführer über den Umweg des § 154 III AO doch wieder verpflichten, zumindest erkennbar unzulässige Buchungen zu verhindern ? Wenn auch für die Buchungen eine Prüfungspflicht -und sei es nur in abgemilderter Form im Sinne einer Plausibilitätskontrolle, denn diese Autoren meinen nur offensichtlich unzulässige Buchungen ("Dagobert Duck" als Name)[861]- bestehen sollte, hätte diese in Absatz 2 klar verankert werden müssen. Denn schließlich werden mit dieser Norm *Private* in das Besteuerungsverfahren, wenn auch weit im Vorfeld, eingebunden. Ihre Pflichten müssen daher fest umrissen und gesetzlich eindeutig festgelegt werden[862]. Ein weiteres Argument läßt sich gegen diese Ansicht anführen. Wenn sich der Absatz 1 insgesamt auch an den Kontoführer richtet und das sich aus dem Sinnzusammenhang zu Absatz 3 ergeben soll, warum gibt es dann überhaupt § 154 II AO ? Er wäre überflüssig[863]. Aus seiner Existenz und der Nichterwähnung der Buchungen in Absatz 2 muß vielmehr gerade geschlossen werden, daß sich der Gesetzgeber bewußt gegen eine Prüfungspflicht der Banken und Sparkassen als hauptsächliche Kontenführer entschieden hat.

Der *Sinn und Zweck* des § 154 AO, die formale Kontenwahrheit zu sichern, um die steuerlichen Verhältnisse nachzuprüfen und aus diesem Grunde die Verwendung falscher oder erdichteter Namen zu erschweren[864], spricht zwar dafür, die Norm möglichst weit auszulegen und zumindest über den § 154 III AO die Kreditinstitute zum

---

858 So wiederum *Carl/Klos*, DStZ 1995, 301. Bereits im Verfahren, welches zur revisionsrechtlichen Entscheidung des *Bundesgerichtshofs* zur formalen Kontenwahrheit (*BGH* [Zivilsenat], BB 1995, 62) führte, hat die beklagte Bank in ähnlicher Weise argumentiert. Sie führte aus, daß der "Schutzzweck des § 154 AO" darin liege "zu verhindern, daß die Bank "sehenden Auges" einen Mißbrauch begleite, der geeignet sei, die Ansprüche des Fiskus zu verkürzen" und diesem Zweck "entspreche die Anwendung des § 154 Abs. 1, 3 AO" (so wörtlich in *OLG Hamm* WM 1994, 108).

859 *Carl/Klos*, DStZ 1995, 301.

860 Und die "selbst dem deutschen Steuergesetzgeber nicht unterstellt werden sollten", so wörtlich *Carl/Klos*, DStZ 1995, 301.

861 Siehe *Carl/Klos*, DStZ 1995, 301.

862 So die Argumentation des *BGH* (Zivilsenat), BB 1995, 64 gegen eine erweiternde Auslegung des § 154 AO im Zusammenhang mit der materiellen Kontenwahrheit.

863 In diesem Sinne Hübschmann/Hepp/Spitaler- *Trzaskalik*, AO, § 154 Rn 27.

864 So *BGH* (Zivilsenat), BB 1995, 63 f.; *OLG Hamm* WM 1994, 109 f.

Verbot von Buchungen, die gegen § 154 I AO verstoßen, anzuhalten. Jedoch sind einer solchen erweiterten Auslegung nicht zuletzt im Hinblick auf Art. 103 II GG Schranken gesetzt[865]. Eine extensive Interpretation des § 154 AO über seinen Regelungsbereich hinaus ist auch zur Ermittlung von Steuerhinterziehern nicht zu rechtfertigen[866].

Die *historische* Entstehung des § 154 AO läßt keine Rückschlüsse auf die Frage des Adressatenkreises zu. Diese Norm ist aus der Reichsabgabenordnung in die Abgabenordnung 1977 übernommen worden[867]. Die Begründung zum Gesetzentwurf der Bundesregierung für eine Abgabenordnung in der sechsten Legislaturperiode ist an der fraglichen Stelle -§ 84 des Entwurfes- nicht eindeutig. Zwar wird dort ausgeführt, daß "die Errichtung von Konten sowie die Wertsachenverwahrung, die Wertsachenverpfändung und die Verschaffung eines Schließfaches unter unrichtigem Namen" nach Absatz 1 untersagt ist[868]. Insofern könnte sprachlich auch der Kontoführer, Verwahrer und Überlasser des Schließfaches (mit-) einbezogen sein[869]. Dies ist aber nicht zwingend, denn die "Kontoführer usw."[870] werden in der Begründung explizit erst bei Absatz 2 angesprochen. Die Stellungnahme des Bundesrates erhellt wenig, bezüglich dieser Norm werden keine Vorschläge gemacht[871]. Infolge der vorzeitigen Auflösung des Bundestages kam es nicht zur Verabschiedung. Der Gesetzesentwurf ist jedoch in der darauffolgenden Legislaturperiode von den Fraktionen der SPD und FDP aufgegriffen worden. Allerdings vermitteln die dabei entstandenen Materialien keine weiteren Aufschlüsse[872]. Insofern läßt sich der historischen Auslegung nicht mit letzter Sicherheit entnehmen, daß auch Kreditinstitute als Adressaten des Absatzes 1 anzusehen sind[873].

Zusammengefaßt ergibt die Auslegung daher, daß sich § 154 I AO ausschließlich an denjenigen richtet, der ein Konto errichtet, Buchungen vornimmt oder sich ein Schließfach geben *läßt* beziehungsweise Wertsachen in Verwahrung *gibt* oder *ver-*

---

[865]Die Verletzung des Grundsatzes der Kontenwahrheit wird in § 379 II Nr. 2 AO bußgeldrechtlich sanktioniert und spielt im Rahmen der Beihilfestrafbarkeit eine Rolle. Wegen der bußgeldrechtlichen Sanktionsmöglichkeit hat das *OLG Hamm* WM 1994, 110 eine erweiterte Auslegung zum Schutze der materiellen Kontenwahrheit abgelehnt.

[866]So *BGH* (Zivilsenat), BB 1995, 64; zustimmend *Messner*, DB 1996, 2197; *Streck/Mack*, BB 1995, 2142.

[867]Ausführliche Darstellung der Geschichte des § 154 AO, insbesondere dessen Absatz 2 bei *Philipowski*, WM 1992, 765 (767 ff.), allerdings speziell zur Frage der Auslegung des Begriffs "Verfügungsberechtigter".

[868]Wörtlich Begründung zum Entwurf der Bundesregierung, BT- Drucks. VI/1982, 123.

[869]*Carl/Klos*, DStZ 1995, 301 f.

[870]Wörtlich Begründung zum Entwurf der Bundesregierung, BT- Drucks. VI/1982, 123.

[871]Siehe Stellungnahme des Bundesrats zum Entwurf der Bundesregierung, BT- Drucks. VI/1982, 208 ff.

[872]Vgl. den Gesetzesentwurf der Fraktionen SPD und FDP zur Abgabenordnung, BT- Drucks- VII/79 sowie Bericht des Finanzausschusses in BT- Drucks. VII/4292. Erst vom Finanzausschuß ist der § 84 in § 154 verändert worden.

[873]Anders freilich *Carl/Klos*, DStZ 1995, 301 f.

pfändet. Allein die Seite der *Kunden* wird angesprochen[874]. Erst in Absatz 2 werden Pflichten für die Kreditinstitute begründet. § 154 III AO erschöpft sich darin, bestimmte Folgen kraft Gesetzes eintreten zu lassen, sobald gegen Absatz 1 verstoßen wird. Prüfungspflichten für Kreditinstitute können daraus nicht hergeleitet werden. Dieses Ergebnis bestätigt die Begründung zu § 2 IV im Entwurf des Gewinnaufspürungsgesetzes[875]. Dort geht es um die geltenden Identifikationspflichten der Kreditinstitute bei Bargeldzahlungen, und es wird explizit nur § 154 II AO zitiert. Offenbar geht auch der Entwurf davon aus, daß von den verschiedenen Absätzen dieser Norm *allein* § 154 II AO an Banken und Sparkassen gerichtet ist.

Die Verletzung von **§ 154 II AO** läßt sich vor diesem Hintergrund schnell verneinen. Die in Absatz 1 genannten Buchungen werden dort gerade nicht aufgeführt. Angeordnet wird allein eine Pflicht zur Prüfung der Identität der Verfügungsberechtigten vor der Führung eines Kontos, Verwahrung und Inpfandnahme von Wertsachen und vor Überlassung eines Schließfaches, § 154 II S. 1 AO. Wenngleich im einzelnen höchststrittig ist, wer unter den Begriff des Verfügungsberechtigten fällt[876], so ist jedenfalls anerkannt, daß nicht jeder, der auf ein Konto einzahlt, von diesem Geld ausbezahlt bekommt oder Überweisungen veranlaßt, in diesem Sinne Verfügungsberechtigter ist[877]. Zweck des § 154 II AO ist allein, Täuschungen über den Verfügungsberechtigten zu verhindern[878]. § 154 AO schützt lediglich die *formale* Kontenwahrheit[879]. Der Name des Auftraggebers ist somit nicht zu prüfen und auch nicht "auf dem Konto", wie § 154 I S. 1 AO festlegt, festzuhalten[880]. Ein derartiges Kontrollverfahren wäre zudem überaus aufwendig und hätte in der Tat die Abschaffung des

---

[874]Ebenso die überwiegende Ansicht im Schrifttum, vgl. *Kohlmann*, § 379 Rn 49; *Ransiek*, wistra 1997, 43; *Messner*, DB 1996, 2197 f.; *Hamacher*, DB 1995, 2285 f.; *Behr*, wistra 1999, 249 f. Anderer Ansicht dagegen *Carl/Klos*, DStZ 1995, 299 ff.; Franzen/Gast/Joecks- *Gast- de Haan*, § 379 Rn 41 m.w.N.

[875]Entwurf der Bundesregierung für ein Gesetz über das Aufspüren von Gewinnen aus schweren Straftaten, BT- Drucks. 12/2704, 13.

[876]Die Frage lautet, ob nur der Gläubiger der ausgewiesenen Forderung (Kontoinhaber) oder auch weitere Personen unter diesen Begriff fallen. Dies bezieht sich insbesondere auf die rechtsgeschäftlichen und gesetzlichen Vertreter des Kontoinhabers und auch auf die Fälle, in denen auf den Namen eines Dritten ein Konto eröffnet wird. Bejahendenfalls hat dies zur Folge, daß deren Identität geprüft und ein Vertreterverzeichnis in den Kreditinstituten geführt werden muß. Siehe *Philipowski*, WM 1992, 721, 765; *Hamacher*, DB 1987, 1324 ff. Die Problematik hat sich in der Praxis entschärft, seit der AEAO (siehe eben Fn 815) sowohl die dahingehende Prüfungspflicht als auch die Aufbewahrungspflicht bestimmt hat und nur für wenige Konstellationen Ausnahmen vorsieht (vgl. Nr. 7 zu § 154). Dieser Anforderung kommen die Institute nach, wenngleich möglicherweise nur deshalb, "um eine noch ungünstigere Gesetzesänderung zu vermeiden", so wörtlich Tipke/Kruse- *Tipke*, AO, § 154 Rn 6. Offengelassen in *BGH* (Zivilsenat), BB 1995, 63.

[877]*Carl/Klos*, DStZ 1995, 301; Hübschmann/Hepp/Spitaler- *Trzaskalik*, AO, § 154 Rn 4, 12.

[878]Hübschmann/Hepp/Spitaler- *Trzaskalik*, AO, § 154 Rn 12.

[879]*BGH* (Zivilsenat), BB 1995, 63 f.

[880]*Ransiek*, wistra 1997, 43.

modernen Bankverkehrs zur Folge[881]. Überweisungen per Telefon oder PC zu veranlassen wäre ebensowenig möglich, wie der Bank entsprechende Aufträge durch Einwurf in den dafür vorgesehenen "Auftragskasten" in der Filiale zu erteilen. Dieses am Wortlaut und dem Zweck der Norm entwickelte Ergebnis bestätigt erneut die bereits soeben zitierte Begründung zum Entwurf des Gewinnaufspürungsgesetzes, wo ausgeführt wird, daß "eine Identifikation dessen, der auf ein Konto einzahlt"[882] nach § 154 II AO nicht stattfindet. Insbesondere "Bareinzahlungen auf Auslandskonten" werden erst mit diesem Gesetz einer Identifizierungspflicht unterworfen[883]. Die mit Erlaß jenes Gesetzes begründete Pflicht gilt aber erst seit dem 29.11.1993 (Art. 6 GwG[884]). Für die hier erörterten Sachverhalte aus den Jahren 1992 und 1993 fände sie demnach ohnehin keine Anwendung. Überdies geht es nicht um Pflichten zum Zwecke des Steuerrechts, sondern um Geldwäschebestimmungen.

Eine rechtliche Pflicht der Kreditinstitute, insbesondere bei den Bareinzahlungen den Namen des Einzahlers zu prüfen, hat somit zur Zeit der hier untersuchten massenhaften Kapitalverlagerungen nicht bestanden und existiert auch heute nur für einen Teilbereich (Einzahlungen ab 20.000 DM nach § 2 I des GwG)[885]. Wenn gleichwohl behauptet wird, § 154 I, II AO werde mit derartigen Vorgehensweisen von Mitarbeitern der Kreditinstitute verletzt[886], kann dem nicht gefolgt werden[887]. Diese Ansicht mag wohl darauf zurückzuführen sein, daß jene Autoren in § 154 AO einen allgemeinen Tatbestand der "ausgelagerten Steuerüberwachung"[888], eine Norm im "Steuerkontrollinteresse"[889] sehen, die es deshalb überaus weit auszulegen gilt[890].

Eine Verletzung des Grundsatzes der Kontenwahrheit bei der Barein- oder -auszahlung auf oder vom Korrespondenzbankkonto unter einer bloßen Nummer oder unzutreffender Namensangabe -allgemein bei Buchungen ohne vollständige und

---

[881]So *Trzaskalik*, DB 1994, 551; zustimmend *Behr*, wistra 1999, 250. Gegen diese Argumentation aber *Carl/Klos*, DStZ 1995, 301 (insbesondere in Fn 41 und 44). Die Ablehnung ist allerdings fragwürdig, da jene Autoren (ebenfalls auf 301) selbst ausführen, daß die Herausnahme der Buchungen aus dem Absatz 2 "aus einer Abwägung zwischen der Belastung der betroffenen Banken und dem Nutzen solcher Aufzeichnungen für das Besteuerungsverfahren" resultiert. Insofern wird gerade ein nicht unerheblicher Aufwand eingeräumt.

[882]Wörtlich im Entwurf der Bundesregierung für ein Gesetz über das Aufspüren von Gewinnen aus schweren Straftaten, BT- Drucks. 12/2704, 13.

[883]Wörtlich im Entwurf (vorstehende Fn), 12.

[884]Gesetz über das Aufspüren von Gewinnen aus schweren Straftaten (Geldwäschegesetz) vom 25.10.1993, BGBl. I 1993, 1770.

[885]Einhellige Ansicht, vgl. etwa *Carl/Klos*, DStZ 1995, 301; *Otto*, StV 1994, 410; *Kohlmann*, § 370 Rn 17.8 m.w.N.

[886]So insbesondere *Carl/Klos*, DStZ 1995, 306 f. Ebenso offenbar *Dörn*, BuW 1996, 50.

[887]Auch im Schrifttum wird die Verletzung des § 154 AO bezüglich der Bareinzahlungen auf das Korrespondenzbankkonto ohne zutreffende Namensangabe überwiegend abgelehnt. Vgl. *Ransiek*, wistra 1997, 43; *Messner*, DB 1996, 2197 f.; *Streck/Mack*, BB 1995, 2142; *Trzaskalik*, DB 1994, 551 f.; *Hamacher*, DB 1995, 2285 f.; *Kohlmann*, § 370 Rn 17.8; *Otto*, Kreditwesen 1994, 781 (in Lösung zu Fall 7).

[888]Wörtlich *Carl/Klos*, DStZ 1991, 26 und *dies.*, DStZ 1995, 298.

[889]Wörtlich *Carl/Klos*, DStZ 1995, 299; ähnlich *dies.*, DStZ 1994, 399: "Sinn und Zweck des § 154 AO ist es, anonyme Geldtransfers von Steuerpflichtigen zu vermeiden".

[890]Kritisch gegen diese weite Auslegung insbesondere *Streck/Mack*, BB 1995, 2142, die darauf hinweisen, daß *Carl/Klos* sogar noch über den Anwendungserlaß zu § 154 AO hinausgehen.

wahrheitsgemäße Angaben zur Person- durch *Bankmitarbeiter*[891] ist nicht festzustellen. Auch die Tatsache, daß einige der Schecks anonymisiert ausgestellt worden sind (keine Angaben/nur Referenznummer/Codename/Name des Beraters in Luxemburg und dergleichen), ist im Hinblick auf § 154 AO ebenfalls irrelevant[892]. Angestellte von Kreditinstituten, die solche Belege entgegengenommen oder gar selbst in dieser Weise ausgefüllt (und verbucht) haben, haben jedenfalls nicht gegen § 154 AO verstoßen. Der Absatz 1 dieser Vorschrift richtet sich nicht an Kreditinstitute und § 154 II AO regelt insoweit keine Prüfungs- und Aufbewahrungspflichten. Auch aus dem § 154 III AO folgt nichts Gegenteiliges.

(2) Umgehung des § 154 I, II AO

Mit den bislang gemachten Äußerungen läßt sich zudem der Einwand, mit dieser Vorgehensweise werde § 154 I, II AO umgangen[893], widerlegen. Natürlich ist es zutreffend, daß de facto vom Inland aus ein anonymes Konto unterhalten werden kann[894]. In Luxemburg ist die Führung eines Kontos beziehungsweise Depots entsprechend der dortigen Rechtslage anonymisiert möglich[895]. Der Kunde kann von Deutschland aus alle Angelegenheiten bezüglich dieses rechtlich im Ausland angesiedelten Kontos problemlos vornehmen, ohne irgendwelche Datenspuren auf dem eigenen laufenden Kundenkonto im Inland oder dem Korrespondenzbankkonto bei der inländischen Mutter zu hinterlassen[896]. Trotzdem ist die ausländische Tochter ein Kunde der inländischen Muttergesellschaft, die bei dieser ein (Kunden-) Konto unterhält und für welches die Anforderungen des § 154 II AO erfüllt worden sind. Und wenn § 154 AO allein die formale Kontenwahrheit schützt, mithin lediglich Zweifel über den Verfügungsberechtigten zum Zwecke der steuerlichen Transparenz verhindern soll, kann es auf die ausschließliche oder vorwiegende Nutzung dieses Kundenkontos durch andere Personen als den Verfügungsberechtigten im Zusammenhang mit § 154 AO nicht ankommen. Barzahlungsvorgänge unter Nummern oder unzutreffenden Namensbezeichnungen sind insoweit irrelevant. Der Umgehungsvorwurf ist mithin nicht haltbar.

ccc) Die Vorgänge beim Kapitalrückfluß

Die letzte Einzelheit innerhalb des Transfers betrifft Situationen, in denen Kapital vom ausländischen (Depot-) Konto nach Deutschland zurücktransferiert worden ist. Durch die Einschaltung des Korrespondenzbankkontos sind auch hierbei keine Kundenkonten angesprochen worden (keine Auslandsüberweisung in umgekehrter

---

[891]Dagegen haben *Kunden*, an die sich der § 154 I AO ebenfalls richtet, bei der Angabe von falschen oder erdichteten Namen gegen § 154 I AO verstoßen. Die Verletzung des § 154 I AO stellt gemäß § 379 II Nr. 2 AO eine Ordnungswidrigkeit des jeweiligen Kunden dar. Daran könnten sich Bankmitarbeiter beteiligt haben, § 14 OWiG i.V.m. § 377 II AO. In diesem Sinne *Kohlmann*, § 379 Rn 59.1. Fälle ohne Namensangabe oder die bloße Angabe der Referenznummer werden vom Wortlaut des § 154 I AO nicht erfaßt, vgl. *Ransiek*, wistra 1997, 43.

[892]Ebenso *Kohlmann*, § 370 Rn 17.8.

[893]So insbesondere *Carl/Klos*, wistra 1994, 213.

[894]Wie *Carl/Klos*, wistra 1994, 213 feststellen. Zustimmend ebenso *Ransiek*, wistra 1997, 43.

[895]Sogenannte "namensgeschützte Konten", siehe oben ab S. 39.

[896]Wenngleich nach den Darstellungen auf S. 69 ff. eine Identifizierung der transferierenden Kunden dennoch nicht ausgeschlossen ist. Eine "Papierspur" gibt es nach wie vor, nur ist diese äußerst schwer zu entschlüsseln.

Richtung). Vielmehr wurde üblicherweise mit Schecks gearbeitet. Diese waren von der luxemburgischen Tochter auf ihr Konto im Inland bei der Muttergesellschaft gezogen und deren Gegenwert ist dem Kunden sodann ohne Verbuchung über Kundenkonten bar ausbezahlt worden. Dabei sind ganz überwiegend Barschecks verwendet und diese vor allem als Inhaberpapiere ausgestellt worden. Damit ist der Vorteil verbunden, daß grundsätzlich an jeden Inhaber mit schuldbefreiender Wirkung geleistet werden kann. Der Einreicher ist allein durch den Besitz des Papiers legitimiert, eine weitergehende Identitätsprüfung ist nicht erforderlich[897]. Teilweise waren die Barschecks aber auch als Orderbarschecks von der luxemburgischen Bank oder Sparkasse an den jeweiligen Kunden ausgestellt. Hier ist jedoch eine Legitimation des Einreichers erforderlich. Das Kreditinstitut, bei dem der Scheck eingereicht wird, hat zu prüfen, ob der Einreicher förmlich legitimiert ist. Nur selten wurde mit Verrechnungsschecks gearbeitet[898].

Es erhebt sich die Frage, ob diese *Barauszahlungen des Scheckgegenwertes ohne Kundenkontenberührung*[899] mit § 154 I, II AO zu vereinbaren ist. Hierbei handelt es sich keineswegs um eine spezielle Problematik der Kapitalverlagerungen. Daher existieren Vorarbeiten und Stellungnahmen des Schrifttums[900]. Auch die Rechtsprechung mußte sich bereits damit beschäftigen, wenngleich es hierbei regelmäßig um strafprozessuale Maßnahmen ging, die von den betroffenen Kreditinstituten gerichtlich angegriffen worden sind[901]. In den Vordergrund der Darstellung rückt § 154 II AO i.V.m. Nr. 3 Satz 3 des AEAO zu dieser Norm[902], wonach die Verbuchung über CpD- Konten nur in bestimmten Konstellationen statthaft ist und angenommen wird, daß diese Ansicht der Verwaltung auch mit den herkömmlichen juristischen Auslegungsmethoden aus § 154 II AO selbst folgt[903].

Teilweise wird behauptet, die Barauszahlung von Schecks ohne Einschaltung von Kundenkonten würde (immer) gegen § 154 II AO verstoßen[904]. Auch im Zusammenhang mit dem Kapitalexport nach Luxemburg ist der Vorwurf erhoben worden, der Geldrückfluß verstoße gegen diese Norm, weil er nicht über das vorhandene Kundenkonto im Inland, sondern "über bankinterne Konten (CpD)"[905] verbucht worden ist. In dieser Allgemeinheit[906] kann dem jedoch nicht zugestimmt werden[907]. Es

---

[897] *OLG Düsseldorf* (Zivilsenat) WM 1995, 524. Vertiefend hierzu *Baumbach/Hefermehl*, WG/ScheckG, Art. 21 ScheckG Rn 4 m.w.N.

[898] Siehe oben im Sachverhalt (ab S. 78).

[899] Es geht jetzt nicht (mehr) darum, daß der Scheck überhaupt auf das Korrespondenzbankkonto gezogen oder anonymisiert ausgestellt war. Dazu bereits eben S. 197 ff., 204 ff.

[900] Siehe etwa *Stützle*, ZIP 1990, 1316; *Pütz*, ZIP 1990, 703.

[901] Vgl. etwa *LG Düsseldorf* wistra 1985, 201; *LG Köln* StV 1983, 56.

[902] Siehe eben Fn 815 und 816.

[903] Siehe eben Fn 826.

[904] In diesem Sinne *LG Düsseldorf* wistra 1985, 202; *Pütz*, ZIP 1990, 704 ff.

[905] Wörtlich im Vermerk des BMF zur Sitzung des Finanzausschusses am 13.11.1996, Az. IV A 5- S 1900- 95/96.

[906] Wobei das *LG Düsseldorf* wistra 1985, 202 immerhin noch zwischen *Inkasso* und *Diskontgeschäft* differenziert. Anders aber *Pütz* ZIP 1990, 704 ff. und Ausführungen des BMF im Vermerk (siehe vorstehende Fn).

erweist sich vielmehr, daß angesichts der wertpapierrechtlichen Eigenarten verschiedene Konstellationen einzeln auf die Vereinbarkeit mit § 154 II AO hin untersucht werden müssen. Diese scheckrechtliche Ausgangslage zeichnet sich durch Unterschiede zwischen Bar- und Verrechnungsschecks sowie der Differenzierung in Scheckankauf und Hereinnahme zum Inkasso aus.

(1) Scheckrechtliche Ausgangslage

Der Scheck ist bei Vorlage zahlbar, wie Art. 28 I S. 1 ScheckG bestimmt. Dabei ordnet der Art. 39 II S. 1 ScheckG an, daß der Bezogene Verrechnungsschecks allein im Wege der Gutschrift einlösen darf und diese gemäß Art. 39 II S. 2 ScheckG dann als Zahlung gilt. Sinn dieser Regelung ist die Vorbeugung vor Gefahren, die sich aus der mißbräuchlichen Verwendung des Schecks ergeben können. Die Buchung über ein Kundenkonto stellt sicher, daß zumindest der letzte Inhaber ermittelt werden kann[908].

Allerdings ist das Verbot in Art. 39 II S. 1 ScheckG in mehrerer Hinsicht "lükkenhaft". Denn zum einen richtet es sich seinem klaren Wortlaut nach allein an den Bezogenen. Andere als der Bezogene dürfen somit ohne Verstoß gegen Art. 39 II ScheckG oder einen Handelsbrauch den Verrechnungsscheck ankaufen und dadurch dem Einreicher den Gegenwert in bar verschaffen[909]. Denn auch der Verrechnungsscheck ist ein zum Umlauf bestimmtes Wertpapier, der nicht nur bei dem Bezogenen vorgelegt werden kann[910]. Scheckankauf bedeutet dabei, daß die Bank oder Sparkasse den Gegenwert im eigenen Namen und auf eigene Rechnung bei dem bezogenen Institut einzieht[911]. Dadurch unterscheidet sich das Diskontgeschäft von der Hereinnahme eines Schecks zum Inkasso. Dort wird das Kreditinstitut nur im fremden Namen und auf Rechnung des Einreicher- Kontos tätig[912]. Gerade deshalb bildet die Diskontierung in der Bankpraxis eher die Ausnahme und der Scheckeinzug den Regelfall. Beim Inkassogeschäft erteilt die erste Inkassostelle lediglich eine Gutschrift unter der aufschiebenden Bedingung des Eingangs des Gegenwertes von der bezogenen Bank und behält sich das Recht vor, für den Fall des Nichteintrittes der Bedingung diese (vorläufige) Gutschrift zu stornieren. Diese Möglichkeit besteht beim Ankauf nicht, hier kann nur beim Einreicher Rückgriff genommen werden[913]. Insgesamt werden Schecks von Kreditinstituten allenfalls dann angekauft, wenn der hereinnehmenden Bank die Bonität des Ausstellers bekannt ist und auch keine Bedenken gegen die bezogene Bank bestehen[914].

---

[907]Kritisch auch *Kohlmann*, § 370 Rn 17.8 und *Stützle*, ZIP 1990, 1316.

[908]*Baumbach/Hefermehl*, WG/ScheckG, Art. 39 ScheckG Rn 2.

[909]*BGH* (Zivilsenat), WM 1995, 1950 (1951).

[910]*Baumbach/Hefermehl*, WG/ScheckG, Art. 39 ScheckG Rn 8.

[911]*Müller- Brühl*, Legitimationsprüfung, 158.

[912]*Müller- Brühl*, Legitimationsprüfung, 158.

[913]Näher zu diesen Rückgriffsansprüchen nach dem BGB und dem ScheckG sowie nach den AGB der Banken und Sparkassen *Müller- Brühl*, Legitimationsprüfung, 158.

[914]Vgl. etwa Nr. 23 I der AGB (Sparkasse), abgedruckt bei *Baumbach/Hefermehl*, WG/ScheckG, (6) Bankbedingungen sowie *Müller- Brühl*, Legitimationsprüfung, 158 f. Der *BGH* (Zivilsenat) hat in WM 1995, 1951 f. sehr weitreichende Prüfungspflichten der Kreditinstitute für den Fall des Verrechnungsscheckankaufs aufgestellt (materielle dingliche Berechtigung und Scheckforderungsberechtigung, soweit Verdachtsmomente bestehen).

Gerade diese Voraussetzungen werden aber dann, wenn die hereinnehmende Bank zugleich der Bezogene ist, oftmals erfüllt sein. Die Bonität des Ausstellers kann, wenn es sich dabei nicht um eine Großbank mit einer Vielzahl von Filialen handelt, vom entgegennehmenden Bankmitarbeiter leicht festgestellt werden[915]. Es stellt sich daher zum anderen die Frage, welche Folgen der Verstoß gegen Art. 39 II S. 1 ScheckG hat. Präziser ausgedrückt: *Kann* der Bezogene Verrechnungsschecks nicht ankaufen oder *darf* er es nur nicht ? Aus Absatz 4 der Norm ergibt sich, daß der Verstoß allein mit dem Entstehen von zivilrechtlichen Ersatzansprüchen verbunden ist. Selbst wenn der Scheckbetrag somit nicht zuerst einem Konto (regelmäßig dem des Einreichers[916]) gutgeschrieben und die Barauszahlung auf jenem Konto als Belastung sichtbar ist[917], sondern der Scheckgegenwert sogleich ohne Kundenkontenberührung bar ausbezahlt wird, so wird der Barzahlung jedenfalls nicht ihre Wirkung genommen[918]. Damit bleibt es auch bei einem Verrechnungsscheckankauf durch den Bezogenen selbst, bei Verstoß gegen den Art. 39 II S. 1 ScheckG, weiterhin ein Bargeschäft[919]. Zusammenfassend bedeutet dies, daß Verrechnungsschecks sowohl vom Bezogenen als auch von fremden Kreditinstituten angekauft als auch zum Inkasso hereingenommen werden können.

Bei Barschecks ist die scheckrechtliche Lage nur teilweise eine andere. Zwar kommt die bezogene Bank der mittels Scheck erteilen Zahlungsanweisung eines ihrer Kunden hier durch Barauszahlung des Gegenwertes nach[920]. Eine dem Art. 39 II S. 1 ScheckG vergleichbare Regelung fehlt. Dafür muß bei der Scheckeinreichung bei fremden Instituten wie beim Verrechnungsscheck zwischen der Hereinnahme zum Inkasso und dem Diskontgeschäft unterschieden werden[921], wobei wegen des Bonitätsrisikos auch hierbei in der Praxis der Einzug überwiegt. Die Folgen sind in beiden Konstellationen identisch mit denen beim Verrechnungsscheck. Das bedeutet, daß im seltenen Fall des Scheckankaufs der Scheckeinreicher (Verkäufer) sofort den Gegenwert bar ausbezahlt erhält. Es liegt dann ein Bargeschäft vor. Beim Inkasso des Barschecks durch ein fremdes Institut wird dagegen dem Einreicher lediglich eine vorläufige Gutschrift unter der aufschiebenden Bedingung der Einlösung des Schecks bei der bezogenen Bank erteilt.

(2) Verstoß gegen § 154 I, II AO

§ 154 I AO betrifft allein Buchungen auf Kundenkonten[922]. Soeben ist herausgearbeitet worden, daß Scheckankäufe Barvorgänge sind. Diese sind abgeschlossen, wenn der Scheckvorleger (Verkäufer) sofort den Betrag in bar ausbezahlt erhält. Es

---

[915] *Müller- Brühl*, Legitimationsprüfung, 160.

[916] Zu den Arten der Gutschrift im Sinne des Art. 39 II S. 1 ScheckG siehe *Baumbach/Hefermehl*, WG/ScheckG, Art. 39 ScheckG Rn 3.

[917] Und damit dem Verbot nach Art. 39 II S. 1 ScheckG entsprochen worden ist, siehe *OLG Düsseldorf* (Zivilsenat) WM 1995, 525.

[918] *Baumbach/Hefermehl*, WG/ScheckG, Art. 39 ScheckG Rn 2; zustimmend *Stützle*, ZIP 1990, 1316 f.

[919] *Stützle*, ZIP 1990, 1316 f.

[920] *Stützle*, ZIP 1990, 1316.

[921] Vgl. *Müller- Brühl*, Legitimationsprüfung, (157 ff. im Beispiel 1); *Stützle*, ZIP 1990, 1317.

[922] Siehe oben ab S. 197.

handelt sich dann um ein Tafelgeschäft[923]. Diese betreffen aber ihrer Struktur nach[924] nicht den Anwendungsbereich des § 154 I, II AO[925]. Sie lösen keine Buchungen auf Kunden- oder gar CpD- Konten aus[926]. Wird ein Scheck angekauft[927], mag dabei, soweit es sich um den Ankauf eines Verrechnungsschecks durch den Bezogenen handelt, ein Verstoß gegen Art. 39 II S. 1 ScheckG gegeben sein. Der Grundsatz der Kontenwahrheit ist jedoch nicht betroffen[928]. Der Art. 39 II S. 1 ScheckG selbst ist keine Schutzvorschrift zum Zwecke des Steuerrechts[929]. Die Bestimmungen im ScheckG dienen allein dem reibungslosen Scheckverkehr, aus ihrer Verletzung ergeben sich jedenfalls keine steuerstrafrechtlichen Folgen.

Allenfalls bei den Schecks, die zum Inkasso hereingenommen werden, geht es um den Anwendungsbereich des Grundsatzes der Kontenwahrheit[930]. Dies gilt bei Verrechnungsschecks sowohl für die Vorlage bei der bezogenen Bank als auch bei fremden Instituten. Sobald der Inhaber bei der hereinnehmenden Stelle Kunde ist und ein für den Zahlungsverkehr geeignetes Konto (Girokonto) hat, ist darauf die vorläufige Gutschrift vorzunehmen. Bereits vor Eingang des Gegenwertes von der bezogenen Bank kann über dieses Guthaben verfügt werden. Allerdings hat das Institut das Recht zur Rückbelastung, sobald die Einlösung bei der bezogenen Bank scheitert[931]. Nur wenn ein solches geeignetes Kundenkonto nicht vorhanden ist -der Einreicher hat etwa nur ein Sparkonto- oder wenn der Einreicher kein Kunde dieses Instituts ist, darf gemäß § 154 II AO i.V.m. Nr. 3 des AEAO der Scheckgegenwert vorläufig einem CpD- Konto bei der ersten Inkassostelle gutgeschrieben werden. Freilich ist die Auszahlung des Scheckbetrages dann erst nach einigen Tagen, nachdem die einreichende Stelle den Scheck bei der bezogenen Bank eingelöst hat, möglich. Bis dahin erhält der Einreicher statt Bargeld lediglich eine Quittung. Bei Barschecks ist der Anwendungsbereich von § 154 I AO nur betroffen, soweit es um das Inkassogeschäft bei fremden Instituten geht. Nur in diesem Fall gelten die soeben dargelegten Grund-

---

[923]Vgl. *Müller- Brühl*, Legitimationsprüfung, 157 ff.

[924]Bei Tafelgeschäften handelt das Kreditinstitut im eigenen Namen und auf eigene Rechnung, es geht um die Vermögenssphäre der Bank. Siehe *Dahm/Hamacher*, WM 1993, 445 (451). Ausführlich zu den Tafelgeschäften *Kottke*, NWB Fach 21, 1117.

[925]Hübschmann/Hepp/Spitaler- *Trzaskalik*, AO; § 154 Rn 4; Parlamentarischer Staatssekretär *Haehser* für die Bundesregierung, AG- R 1979, 224; *Dahm/Hamacher*, WM 1993, 451. Anderer Ansicht dagegen *Carl/Klos*, DStZ 1991, 28 ff. m.w.N.

[926]*Hamacher*, WuB X. § 370 AO 1.95 (573); Hübschmann/Hepp/Spitaler- *Trzaskalik*, AO, § 154 Rn 4; *Otto*, Kreditwesen 1994, 780 f. (in der Lösung zu Fall 5); *Müller- Brühl*, Legitimationsprüfung, 157 ff.; *Kohlmann*, § 379 Rn 60; *Schebesta*, WM 1985, 1334; *Stützle*, ZIP 1990, 1317.

[927]Nach *Löwe- Krahl*, Steuerstrafrechtliche Risiken, 134 f. (Fall 5) soll bei einem Ankauf von Verrechnungsschecks offenbar stets Beihilfestrafbarkeit gegeben sein, weil der Käufer (Geldinstitut) insoweit eine Monopolstellung habe.

[928]In diesem Sinne auch *LG Düsseldorf* wistra 1985, 202; *Behr*, wistra 1999, 251.

[929]*Kohlmann*, § 370 Rn 17.8; *Messner*, DB 1996, 2199; *Otto*, Kreditwesen 1994, 780 (in der Lösung zu Fall 3); *Stützle*, ZIP 1990, 1318 m.w.N.

[930]Aus diesem Grunde ist vom *LG Düsseldorf* wistra 1985, 202 zumindest die Möglichkeit des Ankaufs angesprochen und verneint worden.

[931]Vgl. Nr. 23 II der AGB (Sparkasse), abgedruckt bei *Baumbach/Hefermehl*, WG/ScheckG, (6) Bankbedingungen; sowie Nr. 9 der AGB (private Kreditinstitute), abgedruckt bei *Baumbach/Hefermehl*, WG/ScheckG, (1) Bankbedingungen.

sätze, das heißt, der Einreicher erhält, sofern er bei dem hereinnehmenden Institut Girokonto- Kunde ist, bloß eine vorläufige Gutschrift, über die bereits verfügt werden kann. Lediglich für Nicht- Girokonto- Kunden ist die Verbuchung über CpD- Konten nach dem Grundsatz der Kontenwahrheit statthaft. Für die Vorlage bei dem bezogenen Institut geht die im Barscheck enthaltene Anweisung dagegen immer dahin, den Scheckgegenwert bar zu zahlen[932]. Dann ist es völlig unerheblich, ob der Einreicher überhaupt irgendwo ein Konto hat, welches zur Verbuchung geeignet ist. Es handelt sich immer um einen Barvorgang, um ein Tafelgeschäft, mit der Folge, daß bei der Barauszahlung des Scheckgegenwertes von vornherein nur bankinterne Konten angesprochen werden.

Aus diesem Grunde ergibt sich zusammenfassend für den Kapitalrückfluß folgendes: Das bezogene Institut ist dasjenige, welches das Korrespondenzbankkonto führt und verwaltet, üblicherweise somit die jeweilige Zentrale der Institutsgruppe (etwa Dresdner Bank AG). Regelmäßig sollten die Kunden die Schecks aus Luxemburg bei bestimmten einzelnen örtlichen Filialen der Institutsgruppe einreichen. Insofern war nur im Ausnahmefall das hereinnehmende Institut zugleich der Bezogene[933].

Diese Erkenntnis ist für die Frage des Scheckankaufs irrelevant. Dabei sind allein bankinterne Konten betroffen. Für eine Buchung auf Kunden- oder gar CpD- Konten ist kein Raum, insofern kann der Grundsatz der Kontenwahrheit nicht verletzt sein. Wenn von der fremden[934] Bank oder Sparkasse Bar- oder Verrechnungsschecks angekauft worden sind, so läßt sich bei der hier gegebenen Konstellation nichts dagegen einwenden[935]. Denn der Aussteller desselben ist die luxemburgische Tochter der deutschen Muttergesellschaft, insofern ein Unternehmen derselben Institutsgruppe. Der Kontostand des Korrespondenzbankkontos beziehungsweise die Frage, ob vom luxemburgischen Aussteller der entsprechende Betrag zur Verfügung gestellt worden ist, konnte durch einen Anruf beim zuständigen luxemburgischen Berater problemlos ermittelt werden. Bedenken gegen die bezogene Bank oder im Hinblick auf die Bonität des Ausstellers, die den Grund für die Seltenheit des Ankaufs bilden, bestehen mithin nicht.

Der Umstand, daß der Hereinnehmende nur selten zugleich der Bezogene gewesen ist, ist hingegen bedeutsam für die Hereinnahme von Bar- oder Verrechnungsschecks zum Inkasso. Hier ist der Grundsatz der Kontenwahrheit verletzt, wenn nicht die vorhandenen Girokonten der Kunden beim hereinnehmenden Institut Verwendung fanden, sondern der Gegenwert CpD- Konten gutgeschrieben wurde. Dies ist möglicherweise (zumindest) im Fall der Dresdner Bank AG recht häufig vorgekommen. Denn das *Bundesverfassungsgericht* führt in seinem ersten Beschluß im Verfahren dieser Bank aus, daß "über Jahre hinweg unter Verletzung der Vorschrift des § 154 AO Kundengelder über CpD- Konten" gelaufen sind[936]. Damit können allenfalls die

---

[932]Hübschmann/Hepp/Spitaler- *Engelhardt*, AO, § 370 Rn 140 h.

[933]Für die Frage, wer Bezogener ist, ist allein die Bankleitzahl entscheidend.

[934]Die Bezeichnung "fremdes Institut" soll lediglich sicherstellen, daß es sich nicht um den Bezogenen handelt. Das mag hier irreführend sein, da beim Kapitalexport und -rückfluß regelmäßig Filialen der deutschen Mutter mit dieser und der ausländischen Tochter zusammen arbeiten, insofern üblicherweise nur eine Institutsgruppe involviert ist.

[935]*Otto*, Kreditwesen 1994, 780 f. (in der Lösung zu Fall 5) will auch bei "Unüblichkeit des Geschäfts" nicht zwingend strafbares Verhalten des Bankangestellten annehmen.

[936]So wörtlich *BVerfG* WM 1994, 691 = StV 1994, 354.

Vorgänge beim Kapitalrückfluß gemeint sein, da das Korrespondenzbankkonto selbst kein solches CpD- Konto ist.

Beim Kapitalrückfluß aus Luxemburg mittels auf das Korrespondenzbankkonto gezogener Schecks ist gegen § 154 II AO i.V.m. Satz 3 der Nr. 3 des AEAO hierzu[937] verstoßen worden, wenn

- *Bar- oder Verrechnungsschecks* nicht beim Bezogenen (Zentrale, wo das Korrespondenzbankkonto verwaltet und geführt wird), sondern bei *fremden* Banken und Sparkassen zum *Inkasso* hereingenommen und der Gegenwert statt auf dort vorhandenen Girokonten des Einreichers auf CpD- Konten verbucht worden sind, oder wenn
- *Verrechnungsschecks* beim *bezogenen* Institut zum *Inkasso* hereingenommen und der Gegenwert statt auf dort vorhandenen Girokonten des Einreichers auf CpD- Konten verbucht worden sind.

In diesen Fällen liegen objektiv als Beihilfe zur Steuerhinterziehung zu würdigende Verhaltensweisen vor[938]. In den übrigen Fällen des Ankaufs von Bar- oder Verrechnungsschecks von einem fremden Institut wird der Grundsatz der Kontenwahrheit ebensowenig tangiert wie bei der Barauszahlung von Bar- oder Verrechnungsschecks ohne Kundenkontenberührung vom Bezogenen[939]. Sie stellen auf der Seite des bezogenen Instituts bei Verrechnungsschecks einen Verstoß gegen Art. 39 II S. 1 ScheckG dar, der gegebenenfalls zivilrechtliche Ersatzansprüche nach Absatz 4 entstehen läßt, jedoch steuerstrafrechtlich irrelevant ist. In allen diesen Konstellationen handelt es sich um Barvorgänge, um Tafelgeschäfte, die dieser Norm nicht unterfallen und im übrigen vom Gesetzgeber toleriert werden[940]. Die mit diesen Geschäften verbundenen Gefahren -Einkünfte aus Kapitalvermögen können der Besteuerung entzogen werden- sind seit langem bekannt[941]. Spätestens mit der Einführung des steuerlichen Zinsabschlags auch für Tafelgeschäfte und dort mit einem erhöhten Prozentsatz von 35 % sind jene Geschäfte jedenfalls anerkannt, vgl. § 43 a I Nr. 4 EStG.

ddd) Zusammenfassung

Der im Zusammenhang mit dem Kapitalexport sehr schnell erhobene Vorwurf[942] des Verstoßes gegen den Grundsatz der Kontenwahrheit oder der Umgehung von

---

[937]Siehe eben Fn 815 und 816.

[938]Vgl. *Otto*, Kreditwesen 1994, 780 (in der Lösung zu Fall 4); wohl ebenso *Kohlmann*, § 379 Rn 59.1.

[939]Für Barscheckauszahlung vom Bezogenen wird Beihilfe zu Recht verneint von Hübschmann/ Hepp/Spitaler- *Engelhardt*, AO, § 370 Rn 140 h.

[940]Vgl. *FG Niedersachsen* NJW- RR 1999, 414 (416); *Kohlmann*, § 370 Rn 17.8; *Messner*, DB 1996, 2198 f.; Franzen/Gast/Joecks- *Joecks*, § 370 Rn 251; *Philipowski*, in: Kohlmann, Strafverfolgung, 1983, 151 ff.

[941]Vgl. etwa Äußerung des Parlamentarischen Staatssekretärs *Haehser* für die Bundesregierung, AG- R 1979, 224.

[942]So vor allem von *Carl* und *Klos*, die sich in zahlreichen Aufsätzen um eine entsprechende Begründung bemühen. Siehe etwa DStZ 1995, 296; wistra 1994, 211; DStZ 1994, 391. Von anderen wird dagegen ohne Präzisierung auf eine Verletzung oder Umgehung der Norm verwiesen, so etwa *Ranft*, WiB 1996, 51; unter Verkennung des Sachverhaltes ebenso *Streck*, StV 1994, 355 f.

§ 154 AO ist in dieser Form nicht haltbar[943]. Bei der generellen Zwischenschaltung des Korrespondenzbankkontos ist zwar der Anwendungsbereich der Norm berührt. Es handelt sich dabei um ein Kundenkonto, statt wie hier und da zu lesen ist, um ein CpD- Konto. Jedoch verlangt § 154 AO nicht, daß Überweisungen auch als solche vorgenommen werden müssen und nicht in Barzahlungsvorgänge aufgespalten werden dürfen. Ebensowenig liegt eine Verletzung oder Umgehung des Grundsatzes der Kontenwahrheit durch Mitarbeiter der Kreditinstitute vor, wenn diese Barzahlungsaufträge ohne zutreffenden und vollständigen Namen des Veranlassers bearbeiten, anregen oder gar selbst Belege in dieser Form ausfüllen. Nichts anderes gilt für anonymisiert ausgestellte Schecks. Bei der Barauszahlung von Schecks im Rahmen des Kapitalrückflusses ist eine Verletzung des § 154 AO im übrigen nur für den Fall denkbar, daß Verrechnungsschecks vom Bezogenen sowie Bar- oder Verrechnungsschecks vom fremden Institut zum Inkasso hereingenommen und dann nicht auf vorhandenen und geeigneten Kundenkonten, sondern auf CpD- Konten verbucht worden sind.

In den Fällen des Verstoßes gegen § 154 AO sind die nachfolgenden oder bereits versuchten Steuerhinterziehungen dem Beitragleistenden zuzurechnen. Außerdem ist bei der Diskussion um den Grundsatz der Kontenwahrheit im Rahmen der Beihilfestrafbarkeit zu bedenken, daß im Hinblick auf Art. 103 II GG sowohl der pauschale Verweis auf den Anwendungserlaß zu § 154 AO bedenklich ist ("*gesetzlich* bestimmt") als auch die Zugrundelegung juristisch umstrittener Auslegungen dieser Norm für die Strafbarkeit nur begrenzt zulässig ist ("gesetzlich *bestimmt*")[944].

bb) Ausschließlich deliktische Verwendung des Beitrags

Auf den ersten Blick scheint es, als ob das weitere Zurechnungskriterium der ausschließlichen deliktischen Verwendung hier beim Kapitalexport nie einschlägig sein könnte. Schließlich geht es bei allen Beiträgen um die Anlage von Kapital durch legale Ausnutzung der Kapitalverkehrsfreiheit oder die Vorbereitung derselben. Und in ungefähr 30- 60 % der Fälle der steuerinduzierten Verlagerung ging es zudem um *Neu*anlagen im Ausland[945], so daß der Mitarbeiter gerade dazu beiträgt, daß durch die Anlage von Kapital überhaupt erst Zinsen und damit Einkünfte, die steuerpflichtig sein können, entstehen. Er verhilft insofern dem Schutzobjekt des § 370 AO zur Entstehung.

Jedoch verkennt eine solche Argumentation, daß strafrechtlich konkret faßbares Verhalten einer einzelnen Person zu betrachten ist. Ebensowenig wie aus dem Zurverfügungstellen des inländischen Geschäftsbetriebs des Kreditunternehmens allgemein ein kausales Mitwirken eines einzelnen konkreten Bankmitarbeiters abzuleiten

---

[943]Die Verletzung oder Umgehung des § 154 AO für die Kapitalexportthematik wird insgesamt abgelehnt oder zumindest in Frage gestellt von *Ransiek*, EWiR 1995, 149 (150); *ders.*, wistra 1997, 43 f.; *Messner*, DB 1996, 2198; *Streck/Mack*, BB 1995, 2142 f.; *Trzaskalik*, DB 1994, 551 f.; *Behr*, wistra 1999, 249 ff.; *Hamacher*, DB 1995, 2285 ff.; *Bundesverband deutscher Banken*, AG- R 1994, 80.

[944]Siehe *Kaligin*, WM 1996, 2269 und *ders.*, WiPra 1996, 99; ähnlich *Ransiek*, wistra 1997, 44, der allerdings nicht den Maßstab des Art. 103 II GG anwenden will.

[945]Im Unterschied zur bloßen Verlagerung von bestehenden Anlageformen (Altanlagen) zu ausländischen Finanzplätzen. Dabei dürfte es sich regelmäßig nur um *Wertpapiere* handeln, für die der Verwahrungsort (Safe oder Depot) verändert wird. Bestehende *Geldanlagen* können nicht ohne weiteres transferiert werden. Hier kommt üblicherweise nur eine Neuanlage -gegebenenfalls im Anschluß an die Auflösung der bestehenden Anlage- in Betracht.

ist[946], können hier *allgemeine* Vorteile und legale Zwecke, die mit dem Transfer generell verbunden sein können und verbunden sind, bei der Frage der Verantwortlichkeit des Einzelnen in die Betrachtung einbezogen werden. Hier geht es stets um einzelne Maßnahmen innerhalb der Abwicklung des Transfers -etwa (Depot) Kontoeröffnung, Entgegennahme von Bareinzahlungsbelegen, Barauszahlung von Schecks. Diese einzelnen Beiträge sind auf ihre Strafbarkeit als Beihilfe im Sinne des § 27 I StGB zu untersuchen. Von daher läßt sich das Kriterium der ausschließlich deliktischen Verwendung nicht pauschal ablehnen[947].

Im folgenden geht es deshalb um die einzelnen Bestandteile des Transfersystems und die Frage, ob die konkrete Verwendung der Beiträge durch den Kunden ausschließlich deliktisch geprägt ist. Sofern die Nutzung untrennbar und zwangsläufig auch legalen Zwecken dient, wird seitens der Bankmitarbeiter keine rechtlich mißbilligte Gefahr geschaffen.

Von den hinterziehenden Kunden wird weder das **Beratungsgespräch** über das "Finanzprodukt Luxemburg" noch die **Vermittlung** der **(Depot-) Konteneröffnung** für die luxemburgische Tochter ausschließlich deliktisch genutzt. Die **Beratung** über eine Geldanlage, über deren Risiken und in begrenztem Umfang auch über deren steuerliche Behandlung sowie -gerade bei ausländischen Sachverhalten- über die Rahmenbedingungen im jeweiligen Ausland dient vor allem der Anlage selbst[948]. Nur bei ordnungs- und wahrheitsgemäßer Aufklärung entschließt sich der Kunde überhaupt zur Kapitalanlage[949] und zum Gebrauch seiner ihm zustehenden Kapitalverkehrsfreiheit. Noch genereller betrachtet ist die Beratung eine Voraussetzung für das Entstehen von (gegebenenfalls) steuerpflichtigen Erträgen (bei den *Neu*anlagen) und insofern fiskalisch sogar erwünscht. Es besteht daher eine Parallele zu der Entscheidung des *Bundesgerichtshofs*[950], in der Beihilfe zur Steuerhinterziehung bezüglich der Vergütung allein durch den Abschluß des Werkvertrages abgelehnt worden ist. Denn dieser ist erforderlich, um überhaupt erst steuerpflichtige Einnahmen zur Entstehung zu bringen.

Vor allem steht das Ergebnis -keine Zurechnung der späteren Taten bei wahrheitsgemäßer Information über tatsächliche und rechtliche Umstände- im Einklang mit den Lösungen, die bei den sonstigen Beratern, etwa Steuerberatern oder Rechtsanwälten, präferiert werden[951]. Wahrheitsgemäße Auskünfte und Informationen dürfen auch dann gegeben werden, wenn zu befürchten steht, daß sich der andere dadurch zu Straftaten motivieren lassen wird[952]. Demnach führen solche Erklärungen der beratenden Bankmitarbeiter jedenfalls nicht zur Zurechnung der von ihren Kunden später begangenen oder bereits versuchten Steuerhinterziehungen[953]. Die **Eröffnung**

---

[946]Dazu bereits oben bei Fn 395 im Text.

[947]Nach *Ransiek*, wistra 1997, 46 f. ist dieses Kriterium hier in der Kapitalexportthematik dagegen generell nicht erfüllt.

[948]Ebenso *Ransiek*, wistra 1997, 46.

[949]Zudem drohen dem Berater bei unzulänglicher Aufklärung zivilrechtliche Schadensersatzansprüche.

[950]NStZ 1992, 498.

[951]Vgl. etwa *Jakobs*, Strafrecht, 24. Abschn. Rn 18; *Wannemacher*, Steuerberater als Mandant, Rn 594; Hübschmann/Hepp/Spitaler- *Engelhardt*, AO, § 370 Rn 140 m.

[952]So deutlich NK- *Puppe*, StGB, Vor § 13 Rn 158.

[953]Im Ergebnis für die Kapitalexportthematik ebenso *Ransiek*, wistra 1997, 46.

eines (Depot-) Kontos dient ebenfalls nicht ausschließlich deliktischen Zwecken. Darauf, daß der Vorwurf, alle "Luxemburg- Sparer" seien Steuerhinterzieher, nicht haltbar ist, ist bereits mehrfach hingewiesen worden. Ähnliches gilt für die regelmäßige Einschaltung des **Korrespondenzbankkontos** als Zwischenstation. Es dient generell dem Transfer in das Ausland und umgekehrt, insofern zugleich dem legitimen Gebrauchmachen von der Kapitalverkehrsfreiheit. Mit dieser Aufspaltung von (wirtschaftlich betrachtet) Überweisungen in Barzahlungsvorgänge konnten Geld oder Wertpapiere zudem billiger, teilweise sogar kostenlos transferiert werden. Insofern ist dieser Beitrag -Korrespondenzbankkontoeinschaltung- ebenfalls nicht als Beihilfe strafbar[954]. Der Umstand, daß damit Überweisungen umgangen werden konnten und die Barzahlungsvorgänge teilweise sogar nur fingiert waren[955], ist allenfalls unter dem Blickwinkel des § 379 I AO von Bedeutung[956]. Im übrigen ist es kaum vorstellbar, solche fingierten Barzahlungsvorgänge nachzuweisen[957]. Die Auszahlung von Geld von einem Spar-, Festgeld- oder Girokonto auf Verlangen des Kunden ist *als solche* ohnehin nicht pflichtwidrig. Dies gilt auch dann, wenn sie bewußt dazu geschieht, dem Kunden Geld zur Anlage nach Luxemburg mit dem Ziel, die auf die Zinsen entfallenden Steuern oder den Stamm selbst (weiterhin) nicht zu versteuern, zu ermöglichen. Denn insoweit wird der Handlungsspielraum des Kunden nicht erweitert. Es handelt sich um Kapital, welches ihm ohnehin zur Verfügung gestanden hätte[958].

Etwas anders gilt jedoch für die von Mitarbeitern nicht beanstandete, angeratene oder selbst in die Wege geleiteten[959] **Bareinzahlungen** ohne zutreffende und vollständige Namensangabe sowie das Geschäftsgebaren bei der Auszahlung des **Schecks.** Gemeint sind (nur) die Situationen in denen unabhängig von der Art und Weise der Verbuchung -über das Korrespondenzbankkonto und ohne Einschaltung der vorhandenen laufenden Girokonten- die **Soll- Belege** verschleiert worden sind. Es sind die Fälle, in denen bei den *Bareinzahlungen* entweder ein für den fraglichen Kunden ersichtlich nicht zutreffender Name (Theo Waigel, Erich Honecker) oder ein reiner Phantasiename (Donald Duck) anstelle des (korrekten) Namens, Allerweltsnamen oder gar der Name des jeweiligen Anlageberaters in der ausländischen Tochterbank oder gar kein Name und nur die Referenznummer in Luxemburg auf den Belegen

---

[954]Ebenso *Philipowski*, Steuerfahndung in der Bank (Forum), 20. In diesem Sinne *Ransiek*, wistra 1997, 47 und wohl auch schon *ders.*, EWiR 1994, 573 wo allerdings von der "Verwendung bankinterner Konten" gesprochen wird.

[955]Fingiert meint, daß der Kunde das angeblich bar ausbezahlte (und so verbuchte) Geld vom Spar-, Festgeld- oder Girokonto nicht physisch erhalten und demnach auch nicht, wie verbucht, physisch bar auf das Korrespondenzbankkonto eingezahlt hat.

[956]Für § 379 I Nr. 1 AO offenbar *Ransiek*, wistra 1997, 43 (in Fn 35); für § 379 I Nr. 2 dagegen wohl *Kohlmann*, § 379 Rn 59.1.

[957]Ob das Geld bei einer Barauszahlung auch tatsächlich physisch ausbezahlt worden ist, ist nicht einmal auf den Kassenstreifen/ -journalen ersichtlich.

[958]In dieser Richtung *Otto*, Kreditwesen 1994, 775 (Fall 1, Lösung auf 780); *Ransiek*, wistra 1997, 47.

[959]Ohne zwischen den verschiedenen Varianten zu unterscheiden. Denn es geht stets um (verfälschte) Soll- Belege. In Bezug auf diese trifft Bankmitarbeiter eine Prüfpflicht, da nur so sichergestellt werden kann, daß alle für die Auftragsdurchführung erforderlichen Angaben im Beleg enthalten sind. Diese Pflicht wird in allen drei beschriebenen Varianten gleichermaßen verletzt. Zudem böte sich bei Differenzierung zwischen den drei unterschiedlichen Verhaltensweisen die Möglichkeit von Schutzbehauptungen der Bankmitarbeiter.

angegeben worden ist. Für die *Scheckeinlösungen* betrifft es die Situationen, bei denen der Empfänger des Geldes auf den Soll- Belegen nicht deutlich wird, weil etwa -wie im Falle der Dresdner Bank AG- mit der ausgeschriebenen Referenznummer quittiert werden konnte[960]. Bei diesen verfälschten Soll- Belegen ist eine zugleich legale Verwendung ausgeschlossen. Es geht nicht um die Verbringung von Kapital ins Ausland sowie um den unproblematischen Zugriff darauf und damit letztlich die Ausnutzung und den Gebrauchmachen der Kapitalverkehrsfreiheit (das "*ob*"). Wenn der Einzahler oder der Empfänger von Geld mittels Scheck nicht mehr ohne weiteres identifizierbar ist, betrifft dies ausschließlich Verschleierungszwecke (damit das "*wie*"). Es ist weder für die legale Ausnutzung der Kapitalverkehrsfreiheit und der legitimen Vermeidung des steuerlichen Zinsabschlags zur Umgehung von Liquiditätsnachteilen noch aus sonstigen Geheimhaltungsinteressen erforderlich, derartige Verschleierungen vorzunehmen. Als solche anderen Gründe für den anonymen Transfer werden etwa die angestrebte Gläubigerbenachteiligung oder die Benachteiligung des Ehegatten im Rahmen des scheidungsbedingten Zugewinnausgleichs genannt. Jene beabsichtigte Geheimhaltung würde nicht erreicht, könnte man die Existenz einer solchen Anlage aus Buchungsunterlagen oder den Kontoauszügen entnehmen[961].

Dazu ist anzumerken, daß es natürlich auch solche außersteuerlichen Geheimhaltungsinteressen geben mag. Ob sie legitim sind, sei ebenfalls dahingestellt[962]. Nun ist es aber so, daß diesen bereits mit der Einschaltung des Korrespondenzbankkontos Genüge getan wird. Damit können Überweisungen in Barzahlungsvorgänge aufgespalten werden. Auf dem eigenen laufenden Kundenkonto ist der Vorgang nicht sichtbar, die Kontoauszüge verraten nichts. Vor umfassenden Auskünften über Kapitalanlagen einer Person sowie generell Indiskretionen über deren finanzielle Situation schützt außerdem in ausreichendem Umfang das zivilrechtliche Bankgeheimnis[963]. Diese *zusätzliche* Anonymisierung bei der Einzahlung auf das Korrespondenzbankkonto und ebenso das zumindest bei der Dresdner Bank AG vorgekommene Verhalten, bei der Auszahlung von anonymen Barschecks[964] den Empfänger allein mit der ausgeschriebenen Referenznummer den Geldempfang quittieren zu lassen[965], ist allein mit Steuerhinterziehungszwecken begründbar. Es geht insgesamt darum, zu verhindern, daß auf (aufzubewahrenden) *Soll- Belegen* keinesfalls Hinweise auf den Veranlasser sichtbar sind. Neben dieser Förderung von Steuerhinterziehungen beinhalten jene Maßnahmen keine weitere und untrennbar legitime Verwendung. Es fehlt dafür in der Tat ein "wirtschaftlicher Hintergrund"[966].

---

[960] Zusammen mit dem Kürzel "u.i.o." und einer unleserlichen Paraphe, vgl. *BVerfG* WM 1994, 691 = StV 1994, 354.

[961] So etwa Franzen/Gast/Joecks- *Joecks*, § 370 Rn 251.

[962] Im übrigen ist auch in diesen Fällen das Ziel, legitime Ansprüche Dritter durch Vermögensverschleierungen leerlaufen zu lassen. Überzeugend insofern *Schwintowski/Schäfer*, Bankrecht, § 1 Rn 137 (zu anonymen Konten).

[963] *Löwe- Krahl*, wistra 1995, 206.

[964] Die als solche nicht zu beanstanden sind.

[965] So die Schilderung in *BVerfG* WM 1994, 691 = StV 1994, 353 f.

[966] Wörtlich Beschwerdeentscheidung des *LG Düsseldorf* AG 1994, 124. Im übrigen hat sich bereits das *LG Braunschweig* vom 03.05.1993, Az. Qs 3, 4/93 (nicht veröffentlicht) mit der Verwendung von Kennwörtern befaßt und selbst unter Berücksichtigung der sonstigen, oben genannten Gründe für die Geheimhaltung den Anfangsverdacht für Steuerstraftaten bejaht.

Insofern haben Mitarbeiter, die Belege für den Kunden so ausgefüllt haben, daß sowohl beim Transfer als auch beim Rückfluß des Geldes der zutreffende Name auf den jeweiligen Soll- Belegen nicht auftaucht, oder die einen entsprechenden Rat erteilt haben, einen Beitrag geleistet, der in der konkreten Verwendung durch den Kunden für Steuerhinterziehungen ausschließlich deliktisch genutzt wird[967]. Jedenfalls die Angabe des vollständigen und zutreffenden Namens ist erforderlich. Diese Vorgänge können nicht von nachfolgenden oder bereits versuchten Hinterziehungen der Kunden gelöst werden. Es handelt sich ausschließlich um Handlungen zur Sicherung der Tatvorteile und zum Schutz vor Strafverfolgung[968]. Es geht keinesfalls darum, in Zukunft Bankmitarbeiter für die Steuerehrlichkeit ihrer Kunden einstehen zu lassen[969]. Nur sollen diese auch nicht die Unehrlichkeit der Kunden fördern und decken. Solche Beiträge verletzen Gefahrschaffungsverbote, die nachfolgenden oder bereits versuchten Steuerhinterziehungen sind dann auch das Werk des jeweiligen Bankmitarbeiters[970]. Es liegen objektiv als Beihilfehandlungen zu wertende Verhaltensweisen vor.

Diese Überlegungen gelten in gleicher Weise für die Situationen, wo *besondere Dienste* von Mitarbeitern des Instituts angeboten und bereitgestellt worden sind. Dies gilt zum einen für den Fall, daß dem Kunden deutlich gemacht wird, alle "problematischen" Belege und Unterlagen würden in der deutschen Filiale nach der Kontoeröffnung (und nach erfolgter Weiterleitung an die Tochter) vernichtet; auch seine Kontoauszüge würden für ihn bis zur Abholung verwahrt[971]. Von grundsätzlich legitimen Zwecken -Vereinbarung einer Postabholabrede zur Vermeidung hoher Portogebühren[972], Vernichtung von nach deutschem Recht nicht aufzubewahrenden[973] Papieren nicht zuletzt aus Platzgründen- kann aber dort keine Rede mehr sein, wo in den Anweisungen oder durch Erklärungen und Geschäftsgebaren der eigentliche Hintergrund der Spurenverwischung klar genannt und bestimmt wird[974]. Dann geht es ausschließlich darum, die Kapitalanlage des Kunden in Luxemburg und die eigene Mitwirkung dabei zu verbergen. Dies gilt in gleicher Weise für den besonderen Service, daß im Vorfeld von Mitarbeitern der luxemburgischen Tochter blanko unterschriebene Bareinzahlungsbelege in Deutschland zu Bareinzahlungen unmittelbar auf das Anleger-

---

[967]Vgl. Antwort des Parlamentarischen Staatssekretärs *Faltlhauser* vom 09.12.1994 auf Anfrage eines Abgeordneten in BT- Drucks. 13/104, 9: "Verwendung von Phantasienamen wie 'Dagobert Duck' ist nicht banküblich".

[968]Insoweit besteht eine Parallele zur Entscheidung des *BGH* wistra 1988, 261, wo ausgeführt wird, daß in einer solchen Situation die "Wertung als Beihilfe" gegeben sein "kann".

[969]So der Einwand von *Otto*, Kreditwesen 1994, 780.

[970]Für Beihilfestrafbarkeit bei verschleierten Bareinzahlungsbelegen ebenfalls *Kohlmann*, § 370 Rn 17.8; *Carl/Klos*, DStZ 1995, 308; anderer Ansicht dagegen *Messner*, DB 1996, 2198; *Otto*, Kreditwesen 1994, 781 (in der Lösung zu Fall 7).

[971]Wie es offenbar bei Teilen der M.L. Gruppe der Fall gewesen ist, siehe *LG Frankfurt* wistra 1997, 117 (118).

[972]Grundsätzlich daher kein als Beihilfe zu würdigender Beitrag, ebenso *Philipowski*, in: Kohlmann, Strafverfolgung, 1983, 136 und 144 f.; offenbar ebenso *Kohlmann*, § 370 Rn 17.8 (im Beispiel 20 f).

[973]Was regelmäßig bei den vernichteten Unterlagen nicht der Fall war. Zumeist handelte es sich um Papiere, die die ausländische Tochter betrafen.

[974]So im Fall des *LG Frankfurt* wistra 1997, 118.

konto oder Depot verwendet werden konnten[975]. Nur in diesen Konstellationen sind Beiträge gegeben, die in der konkreten Verwendung durch den Kunden ausschließlich deliktische Verwendung finden.

4. Ergebnis zur Zurechenbarkeit

Nur in vereinzelten Fällen und in wenigen Konstellationen sind im vorliegenden Zusammenhang tatsächlich Hilfeleistungen im Sinne des § 27 I StGB gegeben[976]. Konkret handelt es sich dabei um Situationen, in denen Verrechnungsschecks vom Bezogenen sowie Bar- oder Verrechnungsschecks vom fremden Institut zum Inkasso hereingenommen und dann nicht auf vorhandenen und geeigneten Kundenkonten, sondern auf CpD- Konten verbucht worden sind. Zum anderen geht es um diejenigen Verhaltensweisen, die in der konkreten Verwendung durch den Kunden bei der Tat ausschließlich deliktisch genutzt werden und neben der Tatförderung nicht zugleich und zwangsläufig auch legitimen Zwecken dienen. Solche Beiträge liegen in der Ermöglichung oder Anregung von verschleierten beziehungsweise verfälschten Soll-Belegen, insbesondere bei den Bareinzahlungsbelegen sowie im Zusammenhang mit der Einlösung von Schecks beim Kapitalrückfluß. Gleichfalls erfaßt werden die besonderen Dienste einiger Institute (umfangreiche Vernichtungen sowie Zurverfügungstellen von im Vorfeld in Luxemburg blanko unterzeichneten Einzahlungsbelegen). In allen übrigen Fällen liegen möglicherweise Ordnungswidrigkeiten vor, die hier nicht vertieft werden. Beihilfe zur nachfolgenden oder bereits versuchten Steuerhinterziehung der Kunden an Kapitalstamm oder Erträgen ist aber insoweit ausgeschlossen.

Nur in diesem Umfang ist dem *Bundesgerichtshof*[977] in der zwischenzeitlich ergangenen Entscheidung zur Frage der Strafbarkeit eines Wuppertaler Bankmitarbeiters zuzustimmen. Nicht zu überzeugen vermag jedoch, daß die Beihilfestrafbarkeit dort auch für Situationen bejaht wurde, in denen der Mitarbeiter "zwei getrennte Bargeschäfte aufspaltete, um den eigentlichen Übertragungsvorgang anonym vornehmen zu können"[978]. Denn nach der hier vertretenen Ansicht handelt es sich dabei um einen

---

[975]So im Fall des *LG Bochum* vom 02.06.1993, Az. 35 Js 244/92 (nicht veröffentlicht). Dies wird auch bei *Philipowski*, Steuerfahndung in der Bank (Forum), 20 als "Sonderfall" bezeichnet, gemeint ist offenbar die Strafbarkeit.

[976]Beihilfestrafbarkeit wird für die Kapitalexportthematik generell abgelehnt oder doch zumindest in Frage gestellt von *Hassemer*, wistra 1995, 87; *Ransiek*, wistra 1997, 47; *ders.*, EWiR 1994, 573; *ders.*, EWiR 1995, 150; *Kaligin*, WM 1996, 2271; *ders.*, WiPra 1996, 98 99 f.; *Hamacher*, DB 1995, 2289; *ders.*, WuB X. § 370 AO 1.95 (572 ff.); *Messner*, DB 1996, 2198 f.; offenbar ebenso *Streck/Mack*, BB 1995, 2142 f.; *Trzaskalik*, DB 1994, 552. Für generelle Beihilfestrafbarkeit dagegen *Löwe- Krahl*, wistra 1995, 206; *Carl/Klos*, DStZ 1994, 397 ff.; *dies.*, DStZ 1995, 306 ff.; *dies.*, wistra 1994, 212 ff.; *Ranft*, WiB 1996, 51 f.; *Bilsdorfer*, INF 1994, 548 f.; offenbar auch *Gallandi*, wistra 1996, 81 (83: "ambivalente Transferkonstruktionen"). Differenziertes Ergebnis zur Beihilfestrafbarkeit im vorliegenden Sachverhalt *Otto*, Kreditwesen 1994, 780 f. (in den Lösungen zu den Fällen); *ders.*, StV 1994, 410; *Kohlmann*, § 370 Rn 17.8; Hübschmann/Hepp/Spitaler-*Engelhardt*, AO, § 370 Rn 140 g f.

[977]NJW 2000, 3010. Zustimmend *Rolletschke*, DStZ 2000, 787; grundsätzlich zustimmend, wenn auch mit Vorbehalten in methodischer Hinsicht, *Kudlich*, JZ 2000, 1178; kritischer *Behr*, BB 2000, 2240 und *Jäger*, wistra 2000, 343.

[978]Wörtlich *BGH* NJW 2000, 3011.

nicht zu beanstandenden Vorgang[979]. Zu begrüßen ist, daß der *5. Strafsenat* das entscheidende Kriterium der Zurechnung zu den nachfolgenden Steuerhinterziehungen ebenfalls in der Anpassung des beruflich Handelnden an die deliktischen Ziele der Kunden sieht. Allerdings ist diese Verhaltensmodifikation objektiv zu bestimmen, wohingegen der *Bundesgerichtshof* an der bisherigen subjektiven Sichtweise der Rechtsprechung festhält[980], was abzulehnen ist[981].

Gerade zu diesem Punkt, nämlich der Behandlung neutraler oder berufstypischer Beiträge als Beihilfe, wird die seinerzeit mit Spannung erwartete Entscheidung des *5. Strafsenats* den in sie gesetzten Erwartungen jedoch kaum gerecht. Eine vertiefte Auseinandersetzung mit den verschiedenen Meinungen zu dem Problem bleibt das Gericht schuldig.

Ferner ist zu kritisieren, daß der *Bundesgerichtshof* -wie dargelegt[982]- ohne jede Begründung behauptet, es handele sich in den hier untersuchten Fällen nicht um eine psychische Beihilfe[983]. Denn dies ist unzutreffend und bewirkt, daß sich der *5. Strafsenat* der grundsätzlichen Diskussion über die Strafbarkeit sogenannter vorgeleisteter Strafvereitelung und Begünstigung als Beihilfe[984] sowie ihrem Verhältnis zu den §§ 257, 258 StGB bedauerlicherweise nicht stellt.

IV. Sonstige Voraussetzungen der Beihilfestrafbarkeit

Die sonstigen Voraussetzungen der Beihilfestrafbarkeit dürften regelmäßig erfüllt sein. Dies gilt zunächst für den sogenannten doppelten Gehilfenvorsatz. Der Gehilfe muß zum einen Vorsatz -bedingter genügt[985]- bezogen auf die "Vollendung einer bestimmten, nicht notwendig schon in allen Einzelheiten konkretisierten Haupttat"[986] als auch auf deren Förderung durch seine Unterstützungshandlung haben[987]. Der *Bundesgerichtshof*[988] hat diese allgemeinen Anforderungen, die an den Vorsatz des Gehilfen zu stellen sind, inzwischen grundlegend präzisiert[989]. Der Gehilfe erbringe "einen von der Haupttat losgelösten Beitrag" und strebe diese im Unterschied zum Anstifter "nicht notwendigerweise an, weiß aber und nimmt jedenfalls billigend in Kauf, daß sich sein Handeln auch ohne sein weiteres Zutun als unterstützender Be-

---

[979]Siehe ausführlich oben ab S. 197.

[980]Dazu oben ab S. 163.

[981]Dazu bereits oben ab S. 165 und S. 179 ff. Ausdrücklich zustimmend zu diesem Teil des Urteils *Jäger*, wistra 2000, 344 f.

[982]Oben S. 120 f.

[983]*BGH* NJW 2000, 3012. Ohne jedwede Stellungnahme hierzu *LG Bochum* NJW 2000, 1430, wo ebenfalls eine Beihilfestrafbarkeit eines Bankmitarbeiters bejaht wird.

[984]Siehe dazu ausführlich oben ab S. 123.

[985]*BGH* JZ 1997, 209 m.w.N.

[986]So wörtlich *Wessels/Beulke*, Strafrecht AT, Rn 584.

[987]BGHSt 3, 65 f.; *Jescheck/Weigend*, Strafrecht AT, § 64 III 2 d (695); *Wessels/Beulke*, Strafrecht AT, Rn 584.

[988]*BGH* JZ 1997, 209.

[989]Oder eine solche Präzisierung doch zumindest in die Wege geleitet. Denn in der Tat werden in diesem Urteil auch einige mißverständliche Ausführungen gemacht. Kritisiert wird zu Recht vor allem die Aussage des *BGH* die Vorstellung des Gehilfen von der jeweiligen Wahrscheinlichkeit der Tatbegehung hänge davon ab, welche Einzelheiten des Tatplans er kennt (so *BGH* JZ 1997, 210). Zur Kritik siehe etwa *Roxin*, JZ 1997, 211.

standteil einer Straftat manifestieren"[990] kann. Aus diesem Grunde könne Beihilfe bereits derjenige begehen, der "dem Täter ein entscheidendes Tatmittel willentlich an die Hand gibt und damit bewußt das Risiko erhöht, daß eine durch den Einsatz gerade dieses Mittels typischerweise geförderte Haupttat verübt wird"[991].

Diese Ausführungen sind zu begrüßen[992] und beanspruchen generell für die Beihilfe[993] Geltung. Erforderlich[994], aber auch ausreichend ist, daß der Gehilfe die Verwirklichung aller Tatbestandsmerkmale des jeweils in Betracht kommenden Delikts in seinem Vorsatz aufgenommen hat und die erkannte unterstützende Wirkung seines Beitrags zumindest billigend in Kauf nimmt. Auch ohne die Kenntnis von Einzelheiten des Tatplans und ohne Ausführungen des Täters zu dessen deliktischen Absichten ist das Vorliegen eines Gehilfenvorsatzes nicht ausgeschlossen[995].

Mit diesen Grundsätzen stehen der Bejahung des Gehilfenvorsatzes zu den Steuerhinterziehungen der Kunden im vorliegenden Zusammenhang keine unüberwindlichen Schwierigkeiten entgegen. Hinzu kommt auch, daß häufig eine gewisse "Redseligkeit" der transferierenden Kunden über ihren Unmut, Steuern auf Zinsen und Kapitalstamm zu zahlen, festzustellen ist. Die Haupttaten sind insofern bekannt oder eben erkennbar. Sie werden vom handelnden Bankmitarbeiter zumindest billigend in Kauf genommen, zumal eine "persönliche Billigung der Haupttat"[996] für den Vorsatz nicht erforderlich ist. Zumindest *dolus eventualis* kann mithin häufig angenommen werden. Anerkannt ist auch, daß dem Täter Einzelheiten wie die Art der Steuer oder die genaue Anspruchsgrundlage nicht bekannt sein müssen[997]. Dies muß erst recht für den Gehilfen der Steuerhinterziehung gelten. Die über die Psyche wirkende tatfördernde Eignung der einzelnen Beiträge dürfte dem Bankmitarbeiter nur selten verborgen geblieben sein[998]. Das Bewußtsein, daß eine Beihilfehandlung begangen wird, erfordert weitaus weniger juristische Subsumtion unter § 154 AO als von einigen Autoren[999] behauptet wird. Denn die (beschränkten) Möglichkeiten, Buchungen auf CpD- Konten (zulässigerweise) vorzunehmen, gehört zu den absoluten Grundkenntnissen eines jeden Bankmitarbeiters. Es geht keinesfalls um höchststrittige Auslegun-

---

[990]Wörtlich *BGH* JZ 1997, 210.

[991]So wörtlich *BGH* JZ 1997, 210.

[992]Zustimmend zu diesem Teil des Urteils *Roxin*, JZ 1997, 210 f.; *Fahl*, JA 1997, 14.

[993]Der *BGH* hat die Ausführungen explizit zur "Beihilfe durch Tat" gemacht, siehe *BGH* JZ 1997, 210.

[994]Diese Klarstellung vermißt *Roxin*, JZ 1997, 211 f. in den Ausführungen des *BGH*.

[995]Daß es auf die Kenntnis wesentlicher Einzelheiten des jeweiligen Tatplans für die Vorstellung der Gehilfen von der Wahrscheinlichkeit der Tatbegehung *nicht* ankommen kann (wie der *BGH* JZ 1997, 210 ausführt) zeigt sich schon daran, daß in dem dort entschiedenen Fall der Ersteller des (unzutreffenden) Gutachtens mit dem Täter über dessen deliktische Pläne gar nicht gesprochen hat. Er kannte keine Details des späteren Betrugs und konnte nur Mutmaßungen anstellen. Gleichwohl ist sein Gehilfenvorsatz bejaht worden. In diesem Sinne *Roxin*, JZ 1997, 211.

[996]Wörtlich *Jescheck/Weigend*, Strafrecht AT, § 64 III 2 d (695) m.w.N.

[997]Siehe Franzen/Gast/Joecks- *Joecks*, § 370 Rn 235 m.w.N.

[998]Dagegen will *Kaligin*, WM 1996, 2269 unter Hinweis auf die Entscheidung des *BGH* StV 1996, 87 den Vorsatz verneinen, weil der Beitrag für den Gehilfen erkennbar zum Gelingen der Tat nicht erforderlich war. Dies ist unzutreffend und beruht auf der Tatsache, daß *Kaligin* die psychische Beihilfe nicht erörtert. Zweifelnd bezüglich des Vorsatzes auch *Behr*, wistra 1999, 251 f.

[999]So vor allem von *Kaligin*, WM 1996, 2269.

gen, die dann in der Tat die Frage nach der Bestimmtheit der Tat vor ihrer Begehung hervorrufen würden[1000].

Ebensowenig problematisch ist die Bejahung des rechtswidrigen und zugleich schuldhaften Verhaltens. Insbesondere ist die Behauptung, sich nur deshalb beteiligt zu haben, um dem Institut einen besonders guten Kunden[1001] und damit letztlich auch den eigenen Arbeitsplatz zu erhalten (Umsatzzielvorgaben), kein Rechtfertigungsgrund[1002]. Die Tatsache, daß der Anlage-, Vermögens- oder Wertpapierberater in eine Hierarchie eingebunden ist und möglicherweise tatsächlich eine Anweisung[1003] von leitenden Vorgesetzten erhalten hat, in bestimmter Weise zu verfahren, wirkt weder rechtfertigend noch entschuldigend. Es geht nicht um verbindliche Weisungen, um Gehorsamspflichten in einem echten Subordinationsverhältnis (Sonderstatusverhältnis) wie sie etwa bei dienstlichen Anordnungen im Rahmen eines Beamtenverhältnisses oder bei militärischen Befehlen festzustellen sind[1004].

V. Strafrechtliche Verantwortlichkeit leitender Angestellter und der Vertreter des Instituts ?

Nachdem die strafrechtliche Verantwortlichkeit für den konkret handelnden Mitarbeiter (Berater) des Kreditinstituts unter dem Aspekt der Beteiligung an der Steuerhinterziehung der Kunden analysiert worden ist, gilt es kurz festzuhalten, welche Folgen das gefundene Ergebnis für leitende Angestellte (etwa Filialleiter) und die Vertreter des Kreditinstituts hat. In das Blickfeld rückt damit vor allem die eingangs zurückgestellte Frage der Verantwortlichkeit des Vorstands, der Geschäftsführung und der vertretungsberechtigten Gesellschafter. In der Praxis werden auch diese Personen innerhalb der Kreditinstitute allein der Beihilfe zur Steuerhinterziehung der Kunden verdächtigt[1005]; Strafvereitelung und Begünstigung werden nicht diskutiert. Die Bejahung einer strafrechtlichen Verantwortlichkeit leitender Angestellter und Vertreter des Kreditinstituts kann Konsequenzen für das Institut selbst haben, § 30 OWiG.

[1000]Insoweit ist *Kaligin*, WM 1996, 2269 zuzustimmen.

[1001]Siehe *Weyand*, wistra 1990, 294.

[1002]Vgl. *Mösbauer*, Steuerstraf- und Steuerordnungswidrigkeitenrecht, 22 m.w.N.

[1003]Zu denken sind zumindest an die üblicherweise bei jeder Institutsgruppe existierenden zentralen Anweisungen und Erklärungen für das Finanzprodukt "Geldanlage in Luxemburg".

[1004]Für diesen Bereich ist es umstritten, ob verbindliche Weisungen stets rechtfertigend (so Schönke/Schröder- *Lenckner*, StGB, Vor §§ 32 ff. Rn 87 und 89; *Jescheck/Weigend*, Strafrecht AT, § 35 II 3 (294 f.) m.w.N.) oder bei rechtswidrigen nur entschuldigend (so Tröndle/Fischer- *Tröndle*, StGB, Vor § 32 Rn 8, 16 m.w.N.) wirken. Allgemein zu dem Problem "Handeln auf dienstliche Weisung oder Befehl" *Schumann*, Handlungsunrecht, 29 ff.; LK- *Hirsch*, StGB, Vor § 32 Rn 173 ff. und Schönke/Schröder- *Lenckner*, StGB, Vor §§ 32 ff. Rn 87 ff. m.w.N.

[1005]Verurteilungen haben bereits stattgefunden, wenn auch in der Regel nach einer Verständigung zwischen Bank und Strafverfolgern, siehe Einführung zu Beginn der Arbeit, Fn 5. Bereits 1996 kam es zu einer Verurteilung zweier leitender Mitarbeiter einer Filiale der Dresdener Bank in Koblenz (im Strafbefehlsverfahren). Bei der Commerzbank AG richtet sich das Ermittlungsverfahren Pressemitteilungen zufolge auch gegen den Aufsichtsratsvorsitzenden. Hingegen soll sich bei der NordLB der Verdacht lediglich gegen fünf Sachbearbeiter richten, das mittlere oder obere Management wird nicht verdächtigt. Vgl. Berichte im Tagesspiegel vom 10.08.1996, 14.08.1996, 31.08.1996, 03.04.1998 und vom 20.06.1999.

Der Beihilfevorwurf erscheint jedoch problematisch. Zunächst müßte insoweit der Schwerpunkt auf die Schaffung einer Organisation gelegt werden. Denn eine unmittelbare Beteiligung am Transfer erscheint realitätsfremd. Allerdings kann die Schaffung einer Organisation (Transfersystem) nur insoweit strafbar sein, wie auch die Einzelheiten des Systems strafbar sind. Denn mehrere einzelne, für sich genommen straflose Handlungen können nicht allein deshalb zur strafrechtlichen Verantwortlichkeit führen, weil sie zusammen mit anderen, überwiegend ebenfalls straflosen Handlungen geplant und konzipiert worden sind. Die Verantwortlichkeit für die Summe der Einzelheiten kann nicht weiter reichen als die Haftung für die Einzelheiten selbst.

Der so reduzierte Organisationsvorwurf läßt sich im übrigen mit mehreren Erwägungen stützen. So ist zum einen davon auszugehen, daß Vertreter der Bank oder Sparkasse unmittelbar mit der Einführung neuer Finanzprodukte, ihrer Vermarktung sowie deren konkreter Durchführung und Ausgestaltung befaßt und darüber informiert sind oder zustimmen müssen. Mit dieser Prämisse sind die Einzelheiten zur "Kapitalanlage in Luxemburg" durchaus bekannt gewesen und offenbar auch nicht beanstandet worden. Zum zweiten ist jedenfalls aber für die Art und Weise des Transfers -in jeder Filiale einer Institutsgruppe einheitlich und trotz Anonymisierung reibungslos funktionierend- ein erheblicher logistischer und organisatorischer Aufwand erforderlich, der die Einschaltung hierarchisch übergeordneter Personen nahelegt[1006]. Die Entscheidung über das zum Erfolg führende Verhalten oblag insofern leitenden Angestellten bis hin zu den Organen beziehungsweise Vertretern des Instituts.

Hilfsweise[1007] könnte der Ordnungswidrigkeitentatbestand § 130 OWiG erfüllt sein. Dazu müßte allerdings vertretungsberechtigten Organen des Unternehmens beziehungsweise leitenden Angestellten[1008] die Verletzung von Aufsichtspflichten vorgeworfen werden können. Dies erscheint zweifelhaft. Denn dafür ist ein Verstoß gegen Pflichten, die den Inhaber als solchen treffen und deren Verletzung mit Strafe oder Geldbuße bedroht ist, notwendig. Als eine solche Pflicht kommt hier allein § 154 AO in Betracht, der bis auf wenige Konstellationen innerhalb des Kapitalrückflusses aber gerade nicht verletzt wurde. Parallel hierzu ist auch das Erfordernis der "betriebsbezogenen Pflichten"[1009] innerhalb des § 30 I OWiG problematisch[1010].

1006 In diesem Sinne *Löwe- Krahl*, wistra 1995, 206. Ebenso *BVerfG* WM 1994, 691 = StV 1994, 354 im Verfahren gegen die Dresdner Bank AG, freilich in Bezug auf den prozessualen Tatverdacht gegenüber diesen Personen. Dies ist ohne konkrete Anhaltspunkte höchst angreifbar, vgl. dazu unten ab S. 277.

1007 Nur dann, wenn der Aufsichtspflichtige nicht schon wegen der Zuwiderhandlung selbst verantwortlich ist, bleibt Raum für § 130 OWiG. Siehe Müller- Gugenberger/ *Schmid*, Wirtschaftsstrafrecht, § 25 Rn 109 m.w.N. § 130 OWiG ist auch im Steuerstrafrecht anwendbar, siehe Franzen/Gast/Joecks- *Joecks*, § 377 Rn 53 f. mit Hinweisen auf ablehnende Ansichten.

1008 Vgl. § 9 OWiG. Dieser ist uneingeschränkt anwendbar, vgl. *Kohlmann*, § 377 Rn 110.

1009 Unter diesen Pflichten ist bei § 30 und bei § 130 OWiG dasselbe zu verstehen, *Kohlmann*, § 377 Rn 69 und 113. Näher zu den Pflichten Franzen/Gast/Joecks- *Joecks*, § 377 Rn 58.

1010 Die andere Alternative des § 30 I OWiG -Bereicherung des Unternehmens oder Absicht dazu- dürfte in der Kapitalexportthematik eher auszuschließen sein. Näher dazu Franzen/Gast/Joecks- *Joecks*, § 377 Rn 47.

Insofern bleibt abzuwarten, inwieweit die Praxis zu weiteren[1011] Straf- oder Bußgeldverfahren gegen diesen leitenden Kreis innerhalb der Kreditinstitute führt und es in der Folge zu Verbandsgeldbußen nach § 30 OWiG gegen das Institut selbst kommt[1012].

[1011] Siehe eben Fn 1005.

[1012] Pressemitteilungen zufolge ist etwa das Verfahren gegen Mitarbeiter der Westfalenbank AG mit einer Geldbuße gegen die betroffene Bank nach § 30 OWiG, Beendigung der Ermittlungen gegen Vorstand und einigen Strafbefehlen gegen einzelnen Bankmitarbeiter abgeschlossen worden. Vgl. den Bericht in Wirtschaftswoche 19/1997, 122 (129).

3.Teil: Strafbarkeit nach den §§ 257, 258 StGB

Während sich die bisherige Darstellung mit der Strafbarkeit wegen Beteiligung an den Steuerhinterziehungen der Kunden, speziell der Beihilfestrafbarkeit, befaßte, geht es im folgenden um die Verantwortlichkeit der Bankmitarbeiter nach den §§ 257, 258 StGB. Der Hauptvorwurf gegen die Bankmitarbeiter richtet sich auf die Bereitstellung des Transfersystems, dessen Haupteigenschaft es ist, spätere Nachforschungen des Fiskus oder der Strafverfolgungsbehörden zu erschweren. Dies läßt an Begünstigung und Strafvereitelung denken, wobei jedoch zwei unterschiedliche Konstellationen auseinanderzuhalten sind.

So geht es zum einen um diejenigen Situationen, in denen das Transfersystem Verwendung fand, *bevor* die Steuerhinterziehung des Kunden abgeschlossen war (nachfolgend A.). Insoweit ist eine Beihilfe für bestimmte Verhaltensweisen der Bankmitarbeiter bejaht worden. Daß de lege lata eine Handlung tatbestandlich sowohl Beihilfe als auch *persönliche* Begünstigung sein kann, wurde in diesem Zusammenhang verdeutlicht[1]. Sofern die Verfügungstellung des Transfersystems durch die Bankmitarbeiter die Voraussetzungen des § 258 StGB erfüllt, verdient das bislang offengelassene Konkurrenzverhältnis zur Beihilfe Aufmerksamkeit. Hingegen kommt eine Begünstigung insoweit von vornherein nicht in Betracht. Denn es handelt sich um der Vorteilserlangung vorgelagerte Sicherungshandlungen, die zwar nach Sinn und Zweck des § 257 I StGB einbezogen werden müssen, jedoch dem Wortlaut nach ausgeschlossen sind[2]. Selbst im Versuch steckengebliebene Steuerhinterziehungen der Kunden bringen noch keine Vorteile, die durch das Transfersystem gesichert werden könnten. Die zunächst ins Blickfeld rückenden ("schwarzen") Gelder selbst sind keine Vorteile im Sinne des § 257 I StGB. Der Wortlaut der Norm ("die Vorteile der Tat") wie auch die Gefahr der uferlosen Ausdehnung der Straftatbestandes erfordern, daß es sich um den *unmittelbar* aus der Vortat resultierenden Nutzen handelt[3]. Jenes Geld aber ist weder vom Finanzamt noch durch die Hinterziehung selbst, sondern durch vorherige Geschäftsvorfälle und Dienstleistungen, die die Steuerpflicht erst haben entstehen lassen, erlangt[4]. Vielmehr liegt der Vorteil in der im Vergleich zum Gesetz geringeren Steuerschuld, in der insoweit fehlenden Belastung mit Abgaben[5]. Erst die Vollendung der Steuerhinterziehung bringt diese fehlende oder zu geringe Belastung mit Abgaben. Die Unmittelbarkeit ist gewahrt, solange die erlangten Steuerersparnisse als konkreter geldwerter Vorteil noch im Vermögen des Steuerpflichtigen vorhanden sind[6].

---

[1]Zu vorgeleisteten Begünstigungen und Strafvereitelungen oben ab S. 122.

[2]Siehe oben ab S. 142.

[3]So die überwiegende Ansicht, BGHSt 24, 166 (168); Schönke/Schröder- *Stree*, StGB, § 257 Rn 23 m.w.N. Wegen des weniger strengen Wortlauts gegenüber der Hehlerei vertreten einige Autoren, daß Surrogate, die bei bestimmungsgemäßer Verwendung des unmittelbar aus der Vortat stammenden Vorteils entstehen, noch erfaßt seien. So LK- *Ruß*, StGB, § 257 Rn 11. Vermittelnd Tröndle/Fischer- *Fischer*, StGB, § 257 Rn 9 (nur Geldsurrogate); tendenziell wohl auch *Geppert*, Jura 1980, 272.

[4]Vgl. *BGH* bei Dallinger, MDR 1953, 146 (147); *Philipowski*, in: Kohlmann, Strafverfolgung, 1983, 134 f.; *Kohlmann*, § 369 Rn 66; Hübschmann/Hepp/Spitaler- *Hübner*, AO, § 369 Rn 101.

[5]Vgl. *BGH* wistra 1999, 103 (104); *Philipowski*, in: Kohlmann, Strafverfolgung, 1983, 134 f.; *Kohlmann*, § 369 Rn 66.

[6]So *BGH* wistra 1999, 105.

Zum anderen geht es um die Sachverhalte, in welchen das Transfersystem *nach* vollendeten Steuerhinterziehungen genutzt wird. Hier hat der Kunde etwa in den Jahren zuvor Steuern hinterzogen und die Beträge akkumuliert. Insoweit handelt es sich um die "klassischen" Situationen der §§ 257, 258 StGB. Eine Vortat hat stattgefunden und nun geht es um die Sicherung der Vorteile aus ihr und/oder darum, den Täter der Bestrafung zu entziehen (nachfolgend B.).

A. Vorgeleistete Strafvereitelungen

Die Beiträge der Mitarbeiter der Kreditinstitute im vorliegenden Zusammenhang bezüglich der Gelder, die in der Zukunft hinterzogen werden, können grundsätzlich nach § 258 I StGB gewürdigt werden. Auch solche vorgeleisteten Handlungen werden nach der hier vertretenen Ansicht von § 258 I StGB erfaßt. Strenggenommen geht es in den Fällen, in denen bereits eine versuchte Steuerhinterziehung begangen worden ist, ohnehin nicht um eine "vorgeleistete" Strafvereitelung. Denn bei einem vorsätzlichen, rechtswidrigen und schuldhaften Versuch handelt es sich anerkanntermaßen bereits um eine taugliche Vortat im Sinne des § 258 I StGB[7]. Dann folgen dieser Vortat sowohl die Vereitelungshandlung als auch der -erfolg nach. Nur bei den dem Transfer erst nachfolgenden Steuerhinterziehungen, die noch nicht einmal versucht sind, liegen tatsächlich der Vortat vorgeleistete Handlungen vor, die ihre Wirkungen (Erfolg) erst später entfalten.

I. Voraussetzungen des § 258 StGB

Die vollendete Strafvereitelung setzt einen Vereitelungserfolg voraus. Die Bestrafung eines einzelnen Bankkunden müßte infolge der Transfereinzelheiten verzögert oder erschwert[8] werden. Auch wenn sich Verzögerungen bei den Ermittlungen nicht zwangsläufig auf das Strafverfahren auswirken[9], so dürfte bei den hier erforderlichen enorm zeitaufwendigen Entschlüsselungen des Transfersystems der Vereitelungserfolg im Einzelfall regelmäßig vorliegen. Allerdings handelt es sich nach wie vor um neutrale und berufstypische Beiträge der Bankmitarbeiter, so daß sich auch im Rahmen des § 258 I StGB die Frage stellt, ob der Erfolg tatsächlich "das Werk" der Bankmitarbeiter ist. Denn bei jedem Tatbestand, den diese neutralen Beiträge zu verwirklichen scheinen, ergeben sich Zurechnungsprobleme. Die im Rahmen der Beihilfestrafbarkeit entwickelten Zurechnungskriterien wurden mit dem Anliegen, generelle Lösungen zu ermöglichen, hergeleitet. Sie beanspruchen daher auch hier Geltung. Im Ergebnis können somit nur einige Beiträge -und zwar dieselben, die auch objektives Beihilfeunrecht verwirklichen[10]- tatsächlich als Vereitelungshandlungen angesehen werden. Soweit danach objektiv Strafvereitelungen vorliegen, dürften subjektiv insbesondere der Bejahung der Vereitelungsabsicht keine unüberwindlichen Probleme entgegenstehen. Notwendig ist die Absicht oder jedenfalls das Wissen, den Täter der Strafverfolgung zu entziehen[11]. Dieses System ist immerhin gerade darauf

---

[7]Siehe oben S. 137 bei Fn 325 im Text.

[8]Vgl. Schönke/Schröder- *Stree*, StGB, § 258 Rn 16.

[9]Vgl. *BGH* wistra 1995, 143, wo ausgeführt wird, daß sich die Verzögerung von Ermittlungshandlungen -konkret um 12 Tage bei einem Tötungsdelikt- regelmäßig nicht auf das Verfahren auswirkt, mithin der Vereitelungserfolg fehlt.

[10]Zu den Beiträgen, bezüglich derer objektiv die Beihilfe bejaht wurde, siehe oben Zusammenfassung ab S. 223.

[11]*BGH* NJW 1984, 135; Schönke/Schröder- *Stree*, StGB, § 258 Rn 22.

angelegt, keine Spuren zu legen und damit Nachforschungen zu verzögern und zu verhindern. Untersuchungen drohen allein von Seiten der Finanz- und der Strafverfolgungsbehörden.

Dem § 258 V StGB kommt im vorliegenden Zusammenhang keine Bedeutung zu. Es handelt sich um einen im Schuldbereich wurzelnden Strafausschluß aus dem Gesichtspunkt der notstandsähnlichen Lage für den Täter[12]. Hier aber kann ein und derselbe Beitrag der Mitarbeiter sowohl als Beihilfe angesehen als auch als (vorgeleistete) Strafvereitelungshandlung erfaßt werden. Den Bankmitarbeitern kann es somit nicht um die Verhinderung der eigenen Bestrafung gehen, da die Bestrafung mit eben dieser Handlung erst ermöglicht wird. Es gibt keine vorangegangene Straftat, die eine notstandsähnliche Zwangslage auslösen könnte[13].

Insgesamt können einzelne konkrete Beiträge der Bankmitarbeiter innerhalb des Transfers demnach Strafvereitelungen gemäß § 258 I StGB darstellen.

II. Konkurrenzverhältnis zur Beihilfe

Wenn jedoch lediglich die Beiträge als Strafvereitelungen erfaßt werden können, die bereits als Beihilfe eingeordnet wurden, so erhebt sich die Frage nach dem Konkurrenzverhältnis der Beihilfe zur Strafvereitelung. Eine Handlung im natürlichen Sinne bewirkt in diesen Situationen die Verwirklichung mehrerer Tatbestände. Jedenfalls Tatmehrheit im Sinne des § 53 StGB scheidet damit von vornherein aus.

Zweifelhaft ist aber, ob es sich um einen Fall der Tateinheit nach § 52 StGB oder um unechte Konkurrenz (Gesetzeskonkurrenz) handelt. Die Gesetzeskonkurrenz erfaßt die Fälle, in denen zwar mehrere Tatbestände erfüllt sind. Aus dem Verhältnis der Tatbestände zueinander ergibt sich jedoch, daß nur eine Norm anzuwenden ist, weil andernfalls kein sinnvolles Zusammenwirken der Strafrechtsordnung gewährleistet ist und ungerechte Ergebnisse eintreten[14]. Innerhalb der Gesetzeskonkurrenz wird überwiegend zwischen den Fällen der Subsidiarität, der Spezialität und der Konsumtion differenziert[15]. Ein Fall der Spezialität liegt zwischen Beihilfe und Strafvereitelung keinesfalls vor[16]. Denn die Spezialität setzt voraus, daß mehrere Tatbestände denselben Sachverhalt erfassen und sich in ihren Voraussetzungen allein dadurch unterscheiden, daß einer die Begriffsmerkmale enger begrenzt und dadurch gegenüber dem anderen Tatbestand spezieller ausgestaltet ist[17]. Die Strafvereitelung tritt aber auch

---

[12]So Begründung zum Gesetzesentwurf in BT- Drucks. 7/550, 250 f.; Schönke/Schröder- *Stree*, StGB, § 258 Rn 35.

[13]Für die vorgeleisteten Strafvereitelungen wird die Anwendbarkeit des § 258 V StGB ebenfalls abgelehnt von *Plümer*, Verhältnis, 127 (in Fn 1); *Vahrenbrink*, Die vorgeleistete Begünstigung, 151.

[14]*Geerds*, Konkurrenz im Strafrecht, 161 f., 167; LK- *Vogler*, StGB, Vor § 52 Rn 101.

[15]Siehe Tröndle/Fischer- *Tröndle*, StGB, Vor § 52 Rn 17 ff.; LK- *Vogler*, StGB, Vor § 52 Rn 105; *Geerds*, Konkurrenz im Strafrecht, 163; *Welzel*, Strafrecht, 233 ff. Insbesondere die Einzelheiten der Konsumtion sind umstritten. Teilweise wird sie bereits nicht als eigenständiger Gesichtspunkt der Gesetzeskonkurrenz anerkannt, dazu sogleich unter 1. Abweichend etwa Schönke/Schröder- *Stree*, StGB, Vor §§ 52 ff. Rn 104.

[16]Ebenso *Plümer*, Verhältnis, 111.

[17]Vgl. RGSt 60, 117 (122); *Geerds*, Konkurrenz im Strafrecht, 193; Schönke/Schröder- *Stree*, StGB, Vor §§ 52 ff. Rn 110; LK- *Vogler*, StGB, Vor § 52 Rn 108.

nicht subsidiär hinter der Beihilfe zurück oder umgekehrt[18]. Denn die Subsidiarität ist dadurch gekennzeichnet, daß ein Gesetz nur ausnahmsweise für den Fall anwendbar sein soll, daß eine andere Strafnorm nicht anzuwenden ist. Entweder ergibt sich dies aus einer ausdrücklichen gesetzlichen Anordnung oder aber aus dem Zweck und Zusammenhang der Normen[19]. Die Strafvereitelung hat einen anderen und gegenüber der Beihilfe eigenständigen Unrechtsgehalt. Löst man sich von der Strafvereitelung als nachfolgende Teilnahme, dann geht es nicht um mehrere verschiedenartige Angriffe auf ein Rechtsgut, wo eine Bestrafung allein aus der stärksten Angriffsform geboten ist.

1. Konsumtion in Form der mitbestraften Begleittat oder Tateinheit

Damit konzentriert sich die Frage des konkurrenzrechtlichen Verhältnisses auf die Entscheidung zwischen *Konsumtion* als umstrittensten Fall der Gesetzeskonkurrenz einerseits und der *Tateinheit* gemäß § 52 StGB andererseits. Die Konsumtion ist als dritter eigenständiger Gesichtspunkt der Gesetzeskonkurrenz anzuerkennen, da Spezialität und Subsidiarität wegen ihrer abstrakten Betrachtungsweise den Umfang der Gesetzeskonkurrenz nicht vollständig erschöpfen[20]. Konsumtion bedeutet, daß ein Gesetz zurücktritt, weil sein Unrechtsgehalt bereits von einem anderen Tatbestand vollständig umfaßt wird[21]. Hierunter fallen sowohl die Fälle der mitbestraften *Vor- oder Nachtat* als auch die Konstellationen der mitbestraften *Begleittat*[22].

Bei der mitbestraften[23] Vor- und Nachtat geht es um vorbereitende Maßnahmen für eine zu begehende Tat oder um Aufrechterhaltungs- und Sicherungsmaßnahmen nach einem rechtswidrigen Delikt. Regelmäßig gibt es mehrere Handlungskomplexe und stets wird der eigentliche Schaden durch die Haupttat bewirkt[24]. Erforderlich ist daher, daß sich Vor- und Haupttat beziehungsweise Haupt- und Nachtat gegen dasselbe Rechtsgut richten[25]. Bereits wegen der unterschiedlichen geschützten Rechtsgüter kann diese Form der Konsumtion hier bei der Beihilfe und der Strafvereitelung somit keinesfalls einschlägig sein[26].

Der mitbestraften Begleittat liegt hingegen der Gedanke zugrunde, daß eine Straftat regelmäßiger Begleitumstand oder regelmäßiges Mittel für die Begehung eines

---

[18]Ebenso *Plümer*, Verhältnis, 112 f.; *Vahrenbrink*, Die vorgeleistete Begünstigung, 148 jeweils mit Hinweisen auf frühere abweichende Ansichten.

[19]*Geerds*, Konkurrenz im Strafrecht, 179; LK- *Vogler*, StGB, Vor § 52 Rn 118, 120.

[20]Ebenso *Geerds*, Konkurrenz im Strafrecht, 203; LK- *Vogler*, StGB, Vor § 52 Rn 131; SK/StGB-*Samson/Günther*, Vor § 52 Rn 97 ff. Anderer Ansicht etwa Schönke/Schröder- *Stree*, StGB, Vor §§ 52 ff. Rn 104, 112. Trotz dieser Unstimmigkeiten werden die Voraussetzungen der mitbestraften Vor-, Nach- und Begleittat vielfach gleich definiert.

[21]*BGH* NJW 1968, 2115; Tröndle/Fischer- *Tröndle*, StGB, Vor § 52 Rn 20; *Geerds*, Konkurrenz im Strafrecht, 223; LK- *Vogler*, StGB, Vor § 52 Rn 131; *Welzel*, Strafrecht, 235.

[22]*Geerds*, Konkurrenz im Strafrecht, 203 ff.; LK- *Vogler*, StGB, Vor § 52 Rn 131 ff.; SK/StGB-*Samson/Günther*, Vor § 52 Rn 98, 99; *Welzel*, Strafrecht, 235.

[23]Ob es sich um eine *mitbestrafte* oder um eine *straflose* Nachtat handelt, wie im Schrifttum kontrovers diskutiert wird, ist hier irrelevant. Siehe dazu *Geppert*, Jura 1994, 444 f.

[24]Vgl. *BGH* NJW 1968, 2115; *Geerds*, Konkurrenz im Strafrecht, 205 ff.; *Geppert*, Jura 1994, 444; SK/StGB- *Samson/Günther*, Vor § 52 Rn 99.

[25]RGSt 70, 400 (402); *Welzel*, Strafrecht, 235; *Geerds*, Konkurrenz im Strafrecht, 213, 207 und auch Schönke/Schröder- *Stree*, StGB, Vor §§ 52 ff. Rn 114, 119.

[26]In diesem Sinne *Sefzig*, Vorgeleistete Begünstigung, 113; *Plümer*, Verhältnis, 120 f.

anderen Delikts sein kann[27]. Wenn beide Tatbestandsverwirklichungen in der Regel zusammenfallen, so rechtfertigt dies die Annahme, daß der Gesetzgeber dieser tatsächlichen Lage im Rahmen der Haupttat (Strafrahmen) Rechnung getragen hat. Die Begleittat kann zurücktreten. Dies gilt jedenfalls dann, wenn ihr ein erheblich geringerer Unrechtsgehalt zukommt als der Haupttat. In diesen Fällen wird der Unrechts- und Schuldgehalt der Begleittat durch die Bestrafung nach der Haupttat ausgeglichen. Diese Form der Konsumtion wird gerade bei verschiedenartigen Rechtsgütern wesentlich[28].

2. Ansichten im Schrifttum

Ob die Strafvereitelung als regelmäßige Begleittat der Beihilfe von dieser[29] gesetzeskonkurrierend verdrängt wird oder aber zwischen beiden Delikten Tateinheit anzunehmen ist, wird nur selten vertieft diskutiert[30]. Eine Diskussion zu dem konkurrenzrechtlichen Verhältnis konnte sich ohnehin erst nach der Neuregelung 1974 entwickeln[31]. Denn angesichts des früheren Wortlauts des § 257 a.F. StGB ergaben sich derartige Konkurrenzprobleme nicht. Bereits der Tatbestand war nicht einschlägig, so wie es auch heute noch in Bezug auf § 257 I StGB der Fall ist. Vom Standpunkt der Rechtsprechung stellt sich diese Frage bis in die Gegenwart nicht[32], so daß gerichtliche Entscheidungen hierzu bislang fehlen.

So erörterte etwa *Sefzig* angesichts des § 257 I StGB a. F. die Konkurrenzfrage nur am Rande und lediglich de lege ferenda[33]. Dabei lehnt er die Konsumtion in Form der mitbestraften Begleittat ab, da die Beihilfe nur selten "eine notwendige, geschweige denn eine hinreichende Bedingung der Haupttat" sei[34]. Auch nach *Plümer* soll Tateinheit vorliegen, wenn durch eine Handlung sowohl die Beihilfe- als auch die Strafvereitelungsvoraussetzungen erfüllt sind[35]. Die regelmäßige Begleittat als Fallgruppe der Konsumtion sei ausgeschlossen, da die Beihilfe nicht den Unrechtsgehalt der Strafvereitelung erfasse. Dies folge aus dem Umkehrschluß aus § 258 V StGB, der zur Bestrafung nach § 258 zwinge, wenn keine Selbstbegünstigung vorliege[36]. In-

---

[27]RGSt 60, 117 (122); RGSt 40, 430 (431); *Geerds*, Konkurrenz im Strafrecht, 216 f.; SK/StGB-*Samson/Günther*, Vor § 52 Rn 98.

[28]*Geerds*, Konkurrenz im Strafrecht, 216 ff.

[29]Die Strafvereitelung konsumiert keinesfalls die Beihilfe, vgl. § 258 V StGB. Ebenso *Plümer*, Verhältnis, 123 f.

[30]Überwiegend finden sich nur spärliche Angaben. Verhältnis offengelassen bei *Spendel*, Dreher- FS (1977), 180 f.; keine Stellungnahme bei *Wessels/Hettinger*, Strafrecht BT I, Rn 723. Für *Gesetzeskonkurrenz* wohl *Maurach/Schroeder/Maiwald*, Strafrecht BT II, § 100 Rn 12; für *Tateinheit* SK/StGB- *Samson*, § 258 Rn 41 und mit knapper Begründung auch Schönke/Schröder-*Stree*, StGB, § 258 Rn 42; unklar LK- *Ruß*, StGB, § 258 Rn 6 f.

[31]Ausnahme etwa *Binding*, Lehrbuch Strafrecht BT, 660 auf Grund seiner Lehre vom bedingten Verbrechen.

[32]Siehe oben ab S. 123.

[33]*Sefzig* erörtert ohnehin allein das Verhältnis zwischen der *persönlichen* Begünstigung und der Beihilfe. Seine diesbezüglichen Aussagen sind jedoch auch für das Verhältnis der Beihilfe zur Strafvereitelung relevant.

[34]Wörtlich *Sefzig*, Vorgeleistete Begünstigung, 113.

[35]*Plümer*, Verhältnis, 128 f.

[36]So *Plümer*, Verhältnis, 123 ff.

sofern könne dem § 258 V StGB sogar der Wille des Gesetzgebers entnommen werden, daß die Strafvereitelung generell neben der Beihilfe bestraft werden soll[37].

Hingegen nimmt *Vahrenbrink* an, daß die Strafvereitelung von der zugleich verwirklichen Beihilfe als mitbestrafte Begleittat konsumiert wird[38]. Der Gehilfenhandlung komme bei den vorgeleisteten Beiträgen typischerweise Strafvereitelungscharakter zu. Dabei begehe der Gehilfe, der auch die Bestrafung des Haupttäters vereiteln will, kein zusätzliches Unrecht[39]. Deshalb seien die Voraussetzungen der mitbestraften Begleittat erfüllt. Dieses Ergebnis stützt *Vahrenbrink* im Kern auf zwei Argumente.

Zum einen sei die Strafvereitelung in den vorgeleisteten Situationen *typische Erscheinung* der Beihilfe aus einem Grund, den er mittelbare Selbstbegünstigungstendenz nennt. Damit meint *Vahrenbrink*, daß jeder Gehilfe aus Angst vor eigener Bestrafung nicht will, daß der Haupttäter, der ihn verraten könnte, von den Strafverfolgungsorganen gefaßt wird. Diesem "natürlichen Interesse"[40] des Gehilfen sei mit der Schaffung des § 27 StGB Rechnung getragen worden. Eine zusätzliche Bestrafung bei tatsächlicher Begünstigungsabsicht sei kriminalpolitisch verfehlt und widersprüchlich. Denn sie zwinge den Gehilfen dazu, die Haupttat zu fördern, aber diese Tätigkeit so auszurichten, daß eine spätere Bestrafung des Haupttäters nicht ausgeschlossen oder erschwert wird.

Daß *kein zusätzliches Unrecht* begangen wird, begründet *Vahrenbrink* mit der Entstehungsgeschichte der Begünstigungstatbestände. Die Unmöglichkeit, alle hilfreichen Handlungen als Teilnahme zur Vortat zu erfassen, bilde den eigentlichen Entstehungsgrund der persönlichen und sachlichen Begünstigung. Insofern gehe es bei diesen Tatbeständen lediglich um das Schließen einer Strafbarkeitslücke, die die Beihilfe aufgrund ihrer zeitlichen Begrenzung läßt. Dieser Entstehungsgeschichte widerspreche eine kumulative Bestrafung einer einzigen hilfreichen Handlung sowohl unter Beihilfegesichtspunkten als auch wegen (persönlicher) Begünstigung[41].

3. Stellungnahme: Idealkonkurrierendes Verhältnis

Nach der hier vertretenen Ansicht liegen die Voraussetzungen der Konsumtion nicht vor, wenn durch eine Handlung sowohl der Beihilfe- als auch der Strafvereitelungstatbestand erfüllt wird.

a) Gesetzliche Ausgangslage

Zunächst lassen sich den gesetzlichen Regelungen in §§ 257, 258 StGB keine Antworten auf die Frage nach den Konkurrenzverhältnis zwischen Beihilfe und Strafvereitelung entnehmen. So wurde zwar verschiedentlich versucht, § 257 III S. 1 StGB a.F.[42] auch für die vorgeleisteten Beiträge fruchtbar zu machen und mit dieser Regelung ein gesetzeskonkurrierendes Zurücktreten der Strafvereitelung zu begründen[43]. Angesichts der ersatzlosen Streichung des § 257 III S. 1 StGB a.F. bei der Neu-

---

[37]So *Plümer*, Verhältnis, 126.

[38]*Vahrenbrink*, Die vorgeleistete Begünstigung, 154.

[39]*Vahrenbrink*, Die vorgeleistete Begünstigung, 152 f.

[40]Wörtlich *Vahrenbrink*, Die vorgeleistete Begünstigung, 153.

[41]So *Vahrenbrink*, Die vorgeleistete Begünstigung, 153.

[42]Zu dieser Regelung bereits oben S. 128 bei Fn 259 im Text.

[43]So namentlich *Binding*, Lehrbuch Strafrecht BT, 660.

regelung 1974 kann damit aber jedenfalls de lege lata nicht mehr argumentiert werden[44].

Nur auf den ersten Blick scheint der heutige § 257 III S. 1 StGB für die Frage des Konkurrenzverhältnisses zwischen Beteiligung an der Vortat und den Begünstigungstatbeständen eine klare Anwort zu geben. Danach wird wegen (*sachlicher*) Begünstigung nicht bestraft, wer bereits wegen Beteiligung an der Vortat strafbar ist. In dieser Regelung wird im Schrifttum der Gedanke der mitbestraften Nachtat gesehen[45]. Bereits die Begründung zum Gesetzesentwurf ging davon aus, daß es sich bei der Begünstigung sachlich um die nachträgliche Unterstützung der Tat handelt, die durch Bestrafung wegen Beihilfe an dieser Vortat bereits abgegolten ist[46]. Deshalb könne der Handelnde "nicht nochmals ... bestraft werden"[47] und daher müsse die Begünstigung als mitbestrafte Nachtat zurücktreten.

§ 257 III S. 1 StGB ist jedoch unmittelbar allein für die Situationen gedacht, in welchen eine *sachliche* Begünstigungshandlung einer Vortatbeteiligung nachfolgt und somit mehrere, zeitlich unterschiedliche Vorgänge vorliegen. Insofern könnte § 257 III S. 1 StGB für die hier in Rede stehenden Situationen, in denen Strafvereitelung und Beihilfe durch eine Handlung tatbestandlich verwirklicht werden, ohnehin nur analoge Anwendung finden[48]. Für die Analogie ist aber nicht nur eine vergleichbare Interessenlage, sondern zunächst einmal eine Gesetzeslücke unabdingbar[49]. Bereits die Existenz einer solchen Lücke ist jedoch zu verneinen. Die Existenz des § 257 III S. 1 StGB zeigt vielmehr, daß dem Gesetzgeber die Situation bekannt war, er sich aber bewußt gegen eine vergleichbare Regelung auch in § 258 StGB entschieden hat. Darüber hinaus liegt in den Situationen, in welchen durch eine Handlung Strafvereitelung und Beihilfe zur Vortat begangen werden, auch keine vergleichbare Interessenlage vor. Denn die von § 257 III S. 1 StGB angeordnete mitbestrafte Nachtat geht davon aus, daß es schon eine Haupttat gibt. Generell geht es bei der mitbestraften Nachtat um mehrere zeitlich unterschiedliche Vorgänge ("mehrere Handlungskomplexe im natürlichen Sinn")[50]. Daran fehlt es, wenn durch eine Handlung Vortat und Strafvereitelung zugleich begangen werden.

Zudem ist § 257 III S. 1 StGB insofern etwas besonderes, als diese Norm die Gesetzeskonkurrenz in Form der mitbestraften Nachtat für einen Bereich anordnet, in welchem die Voraussetzungen dieser Form der Gesetzeskonkurrenz eigentlich nicht gegeben sind. Bereits dies spricht dagegen, die Regelung über den unmittelbar gesetzlich angeordneten Bereich -nämlich auch bei der Strafvereitelung und auch bei

---

[44]Einführungsgesetz zum Strafgesetzbuch (EGStGB) vom 02.03.1974, BGBl. I 1974, 469. Siehe auch Begründung zum Gesetzesentwurf in BT- Drucks. 7/550, 248.

[45]Siehe bei Vernachlässigung der Kontroverse, ob es sich um mitbestrafte oder straflose Nachtat handelt (eben Fn 23), etwa Schönke/Schröder- *Stree*, StGB, § 257 Rn 31; Tröndle/Fischer- *Fischer*, StGB, § 257 Rn 10; *Seelmann*, JuS 1983, 33; *Geppert*, Jura 1980, 327 (329); LK- *Ruß*, StGB, § 257 Rn 21 m.w.N.

[46]Siehe Begründung zum Gesetzesentwurf in BT- Drucks. 7/550, 248 f.

[47]Wörtlich Begründung zum Gesetzesentwurf in BT- Drucks. 7/550, 248.

[48]Der Sache nach handelt es sich sogar um eine doppelte Analogie.

[49]*Larenz*, Methodenlehre, 370 ff., 381 ff.; *Canaris*, Lücken im Gesetz, 24 f.

[50]*Geerds*, Konkurrenz im Strafrecht, 205 f.; SK/StGB- *Samson/Günther*, Vor § 52 Rn 99.

"gleichzeitiger" Beihilfe und Strafvereitelung[51]- analog anzuwenden. Ohne den § 257 III S. 1 StGB müßte von Tatmehrheit zwischen Beihilfe zur Vortat und der anschließenden sachlichen Begünstigung ausgegangen werden. Die Voraussetzungen der mitbestraften Nachtat sind bei einer Teilnahme an der Vortat und anschließender (persönlicher und) sachlicher Begünstigung gerade nicht gegeben. Denn die Teilnahme an der Vortat beeinträchtigt andere Rechtsgüter als die Begünstigungstatbestände, so daß die Nachtat nicht lediglich den bereits mit der Vortat bewirkten Schaden *vertieft*. Es kann infolge der Verselbständigung der persönlichen und sachlichen Begünstigung[52] keine Rede davon sein, daß diese lediglich den Beihilfeschaden aufrechterhalten und vertiefen.

Auch mit Hilfe des § 258 VI StGB läßt sich nicht begründen, daß die gleichzeitige Strafvereitelung hinter die Beihilfe zurücktreten muß. Der von *Vahrenbrink* aufgeworfene Gedanke, daß die Interessenlage zwischen dem Angehörigen und dem Vortatbeteiligten zumindest auf den ersten Blick vergleichbar sei[53], trägt aus verschiedenen Gründen nicht. Dem Angehörigen geht es um den Schutz vor der Bestrafung einer anderen Person, der er sich verpflichtet fühlt. Der Vortatbeteiligte will sich hingegen selbst vor Bestrafung schützen. Von daher könnte eine vergleichbare Interessenlage ohnehin nur in den Konstellationen vorliegen, in denen zunächst eine Vortatbeteiligung in Rede steht und die Strafvereitelungshandlung nachfolgt (mehrere Handlungskomplexe). Denn die notstandsähnliche Situation, die den Grund für die Straflosigkeit des Angehörigen bildet[54], besteht gerade nicht, wenn -wie hier- durch eine Handlung Beihilfe und Strafvereitelung begangen werden[55]. Zum anderen führt der Gedanke *Vahrenbrinks* dazu, daß die Straflosigkeit des Vortat- Teilnehmers wegen Strafvereitelung anstelle der unzulässigen Analogie zu § 257 III S. 1 StGB durch einen "Erst- Recht- Schluß" zu § 258 VI StGB hergeleitet wird. Dies unterläuft jedoch evident die Absicht des Gesetzgebers, § 257 III S. 1 StGB nicht auch für die Strafvereitelung anzuordnen.

Und was letztlich § 258 V StGB anbelangt, so kann diesem für die hier in Rede stehenden Konstellationen nichts entnommen werden. Die dort angeordnete Straffreiheit findet ihre Rechtfertigung in der notstandsähnlichen Lage des Täters[56]. Dies ermöglicht in der Tat, wie *Plümer* herausgearbeitet hat, einen gegen Konsumtion sprechenden Umkehrschluß: Wenn nämlich der Gesichtspunkt der Selbstbegünstigung entfällt, ist die Strafvereitelung neben der Vortatbeteiligung zu bestrafen[57]. Ob § 258 V

---

[51]Für den Fall der *gleichzeitigen* sachlichen Begünstigung und Beihilfe, der sich nach der hier vertretenen Auffassung de lege lata wegen des Wortlauts des § 257 I StGB nicht stellt, läge auf den ersten Blick eine Analogie zu § 257 III S. 1 StGB zumindest nahe. In diesem Sinne *Seelmann*, JuS 1983, 33 und *Vahrenbrink*, Die vorgeleistete Begünstigung, 157 f. Allerdings hätte dies zur Folge, daß die "gleichzeitige" Begünstigung von der Beihilfe konsumiert wird, die "gleichzeitige" Strafvereitelung hingegen idealkonkurrierend zur Beihilfe tritt. Eine eingehendere Untersuchung scheint insofern geboten.

[52]Siehe oben ab S. 137.

[53]*Vahrenbrink*, Die vorgeleistete Begünstigung, 148 f. Im Ergebnis lehnt er einen "Erst- Recht-Schluß" zu § 258 VI StGB ebenfalls ab.

[54]Schönke/Schröder- *Stree*, StGB, § 258 Rn 39.

[55]Siehe bereits oben S. 146 in Fn 388.

[56]Vgl. eben Fn 12.

[57]So *Plümer*, Verhältnis, 124 f.; gefolgt von *Vahrenbrink*, Die vorgeleistete Begünstigung, 150.

StGB sogar weitergehend der Wille des Gesetzgebers entnommen werden kann, die Strafvereitelung stets neben der Beihilfe zur Vortat zu bestrafen, wenn nicht besondere Gründe hiergegen bestehen[58], kann dahingestellt bleiben[59]. Denn jedenfalls ist auch diese Bestimmung auf die Situation zugeschnitten, daß die Strafvereitelung als Nachtat zur Vortatbeteiligung hinzutritt und demnach mehrere Handlungen vorliegen[60]. Im hier interessierenden Zusammenhang kann ihr deshalb keine Bedeutung zukommen[61].

b) Voraussetzungen der mitbestraften Begleittat

Da sich den Begünstigungstatbeständen keine eindeutige Aussage zum Konkurrenzverhältnis entnehmen läßt, stellt sich die Frage, ob die allgemeinen Voraussetzungen der mitbestraften Begleittat erfüllt sind. Dies ist entgegen der Ansicht *Vahrenbrinks* zu verneinen[62].

Bereits die erste Voraussetzung, daß die Beihilfehandlung *typischerweise* strafvereitelnde Wirkung hat, ist zumindest zweifelhaft. Denn in der Regel leistet der Gehilfe lediglich einen kausalen Beitrag zur Verletzung des von der Haupttat betroffenen Rechtsguts, nicht aber zur persönlichen Sicherung des Täters[63]. Es ist sicherlich zutreffend, daß jeder Gehilfe aus Gründen des Selbstschutzes will, daß der Haupttäter nicht von den Strafverfolgungsorganen aufgegriffen wird. Dies mag als typisch für jede Beihilfehandlung bezeichnet werden. Eine Strafvereitelung liegt hierin aber noch nicht. Insofern kann man durchaus davon sprechen, daß dieses "Standardselbstbegünstigungsstreben" eines jeden Gehilfen mit der Beihilfebestrafung abgegolten wird. Liegt aber darüber hinausgehend eine Vereitelungs*absicht* des Gehilfen vor, ist die Situation eine andere. Dann geht es um mehr, nämlich um einen Angriff auf die Strafrechtspflege in ihrer speziellen Aufgabe, den (Haupt-) Täter einer rechtswidrigen Tat zu bestrafen[64]. Entgegen der Auffassung *Vahrenbrinks* ist hier eine Bestrafung wegen § 258 I StGB kriminalpolitisch geboten. Nur das "Standardselbstbegünstigungsstreben" wird jedem Gehilfen ohne zusätzliche Bestrafung zugebilligt. Es ist nicht widersprüchlich, darüber hinausgehende Verhaltensweisen und Willensrichtungen des Gehilfen zusätzlich zu sanktionieren.

Kann man somit bei der Frage, ob die Strafvereitelung *typischerweise* Begleittat der Beihilfe ist, bereits ernstliche Zweifel hegen, so liegt jedenfalls die weitere Voraussetzung der mitbestraften Begleittat nicht vor. Die Begleittat muß, um hinter die Haupttat zurücktreten zu können, bereits ihrer Natur nach einen erheblich geringeren Unrechtsgehalt haben. Denn nur dann, wenn der Unrechtsgehalt der Begleittat gegenüber der Haupttat nicht ins Gewicht fällt, ist es gerechtfertigt, allein wegen des schwereren Gesetzes zu strafen[65].

---

[58]So *Plümer*, Verhältnis, 125 f.

[59]Ablehnend *Vahrenbrink*, Die vorgeleistete Begünstigung, 151.

[60]Siehe bereits eben S. 230 f.

[61]Ebenso *Vahrenbrink*, Die vorgeleistete Begünstigung, 151; anders *Plümer*, Verhältnis, 125 f.

[62]*Vahrenbrink*, Die vorgeleistete Begünstigung, 153.

[63]Ebenso *Plümer*, Verhältnis, 127.

[64]So das von § 258 I StGB geschützte Rechtsgut (ab S. 137 unter a).

[65]*Geerds*, Konkurrenz im Strafrecht, 217 f.

Das Argument *Vahrenbrinks* gegen das Vorliegen von zusätzlichem Unrecht durch die zugleich mitverwirklichte Strafvereitelung -die Entstehungsgeschichte der Begünstigungstatbestände- ist nicht überzeugend. Es ist zwar zutreffend, daß die Begünstigungstatbestände aus der Erkenntnis heraus gegenüber der Teilnahme verselbständigt wurden, daß sie echte Teilnahme nicht sein können und dennoch eigenes strafwürdiges Unrecht darstellen. Es war jedoch gerade der historische Fehler, die ehemalige Teilnahme post delictum mit den Begünstigungstatbeständen gleichzusetzen[66], was *Vahrenbrink* anderenorts selbst erkennt[67]. Insofern kann keine Rede davon sein, die Bestrafung nach § 27 StGB *und* § 258 I StGB widerspreche der Entstehungsgeschichte der §§ 257, 258 StGB. Es geht eben nicht darum, eine hilfreiche Handlung entweder als Beihilfe *oder* als Strafvereitelung zu erfassen. Denn damit wird der Gedanke aufrechterhalten, daß es bei der Beihilfe und den Begünstigungstatbeständen immer um die Haupttat gehe und nur zu verschiedenen Zeiten das dort geschützte Gut angegriffen werde. Hierin liegt gerade der zu überwindende historische Denkfehler.

Daß der Unrechtsgehalt der Strafvereitelung mitnichten deutlich geringer ist als derjenige der Beihilfe zur Vortat, zeigt bereits der Blick auf die verschiedenen Strafrahmen. Die Strafvereitelung wird mit Freiheitsstrafe bis zu fünf Jahren oder mit Geldstrafe bestraft, wobei diese Strafe nicht höher sein darf, als die für die Vortat angedrohte Strafe (§ 258 II StGB). Damit wird die Strafe in ihrer Höhe durch die Strafe der Vortat begrenzt. Die Strafe des Gehilfen richtet sich nach der dem Täter geltenden Strafandrohung, wobei diese obligatorisch zu mildern ist (§ 27 II StGB). Insofern sind in der hier zu entscheidenden Situation, in der durch eine Handlung sowohl Beihilfe zur Haupttat als auch Strafvereitelung begangen wird, beide Strafrahmen eher annähernd gleich. Es besteht ein Unterschied zu den Konstellationen, die klassischerweise als Beispiele für mitbestrafte Begleittaten behandelt werden. So ist der geringere Unrechtsgehalt des Hausfriedensbruchs oder der Sachbeschädigung bei einem Einbruchsdiebstahl[68] angesichts der unterschiedlichen Strafrahmen ebenso offenkundig, wie der einer Sachbeschädigung an der Kleidung des Opfers eines Tötungsdelikts[69]. Ähnliches gilt für die fahrlässige Tötung, die von der Körperverletzung mit Todesfolge konsumiert wird[70].

Wenn die Voraussetzungen der mitbestraften Begleittat somit nicht vorliegen, dann stehen Strafvereitelung und Beihilfe zur Vortat, wenn sie durch dieselbe Handlung begangen werden (vorgeleistete Situationen), zueinander im Verhältnis der Idealkonkurrenz[71].

---

[66]Siehe oben ab S. 131.

[67]Etwa *Vahrenbrink*, Die vorgeleistete Begünstigung, 97.

[68]Siehe RGSt 40, 430 (431); RGSt 53, 279.

[69]SK/StGB- *Samson/Günther*, Vor § 52 Rn 98 m.w.N.

[70]BGHSt 8, 54. Zur Ausnahme -Konsumtion des § 242 StGB (Benzinverbrauch) bei an sich *milder* bestrafter unbefugter Benutzung eines Kfz- siehe BGHSt 14, 386 (388). Diese Ausnahme hat den Grund, daß wegen der in § 248 b StGB angeordneten Subsidiarität diese Norm nie einschlägig wäre, würde man den Benzinverbrauch in § 242 I StGB erfassen, so *BGH* GA 1960, 182 f.

[71]Ebenso *Sefzig*, Vorgeleistete Begünstigung, 113; *Plümer*, Verhältnis, 128 f.; SK/StGB- *Samson*, § 258 Rn 41; Schönke/Schröder- *Stree*, StGB, § 258 Rn 42.

B. Vorliegen der Voraussetzungen der §§ 257, 258 StGB bei abgeschlossenen Steuerhinterziehungen

Die nachfolgenden Ausführungen beschäftigen sich mit der Frage, ob die in Rede stehenden Verhaltensweisen der Bankmitarbeiter als Begünstigung oder Strafvereitelung strafbar sind, soweit es um bereits hinterzogene[72] Steuern geht und der Kunde die entsprechenden Beträge akkumuliert hat.

I. Begünstigung bezüglich der in der Vergangenheit hinterzogenen Beträge

Die Steuerhinterziehungen der Kunden in der Vergangenheit genügen den Anforderungen an die Vortat im Sinne des § 257 I StGB. Der Kunde hat durch diese Taten Vorteile erlangt. Sie liegen in der geringeren Steuerschuld, in der insoweit fehlenden Belastung mit Abgaben[73]. Problematisch ist jedoch, ob der Bankmitarbeiter durch den Transfer des Geldes zur Sicherung dieser Nichtbelastung *Hilfe* im Sinne des § 257 I StGB *geleistet* hat. Unter diesem Begriff sind alle Beiträge zu verstehen, die nach Lage des Falles zur Restitutionsvereitelung objektiv geeignet sind[74]. Ein enges Verständnis im Sinne einer tatsächlichen Besserstellung des Vortäters würde den Tatbestand der Begünstigung über die Wortlautgrenze hinaus in ein Erfolgsdelikt umwandeln. Die Formulierung "Hilfe leistet" stellt jedoch ersichtlich auf das Tätigwerden und nicht auf den Erfolg ab[75]. Umgekehrt ist eine Auslegung dergestalt, daß jedes aus der Sicht des Helfenden zur Vorteilssicherung geeignete Handeln genügt[76], zu weitgehend und kriminalpolitisch nicht notwendig. Denn mit der Einbeziehung aller Handlungen in Hilfstendenz würde die fehlende Versuchsstrafbarkeit der Begünstigung umgangen[77]. Vor allem wird § 257 StGB zu einem unechten Unternehmensdelikt umgestaltet[78]. Auch völlig ungefährliche und ungeeignete Beiträge und das bloße Streben nach Vorteilssicherung müßten dann bestraft werden[79]. Aus diesem Grunde hat der *Bundesgerichtshof* den Tatbestand der Begünstigung auch zutreffend für den Fall abgelehnt, daß die objektive Eignung zur Vorteilssicherung fehlte, der Handelnde jene indes irrtümlich angenommen hatte[80].

---

[72]Gemeint sind vollendete und damit zugleich beendete Steuerhinterziehungen.

[73]Siehe eben Fn 5.

[74]So BGHSt 4, 221 = NJW 1953, 1194; *BGH* NJW 1971, 525 (526); *OLG Düsseldorf* NJW 1979, 2320 (2321); Tröndle/Fischer- *Fischer*, StGB, § 257 Rn 6; Schönke/Schröder- *Stree*, StGB, § 257 Rn 15; Lackner/Kühl- *Kühl*, StGB, § 257 Rn 3; *Geppert*, Jura 1980, 274 f.; *Maurach/Schroeder/ Maiwald*, Strafrecht BT II, § 101 Rn 6; *Vogler*, Dreher- FS (1977), 421; *Kohlmann*, § 269 Rn 72; *Zipf*, JuS 1980, 27; wohl auch Franzen/Gast/Joecks- *Joecks*, § 369 Rn 181 (Handlung muß "sinnvoll sein").

[75]Ebenso *Zipf*, JuS 1980, 26; *Geppert*, Jura 1980, 274; Schönke/Schröder- *Stree*, StGB, § 257 Rn 15. Übersicht über die früheren Meinungen bei *Vogler*, Dreher- FS (1977), 405 ff. und *Kohlmann*, § 369 Rn 72 m.w.N.

[76]So offenbar *Philipowski*, in: Kohlmann, Strafverfolgung, 1983, 135; *Welzel*, Strafrecht, 394.

[77]Schönke/Schröder- *Stree*, StGB, § 257 Rn 15; *Geppert*, Jura 1980, 274.

[78]*Kohlmann*, § 369 Rn 72. Zutreffend weist *Vogler*, Dreher- FS (1977), 406 darauf hin, daß die Einordnung als unechtes Unternehmensdelikt keine Begründung ist, vielmehr voraussetzt, was erst zu beweisen ist.

[79]So Schönke/Schröder- *Stree*, StGB, § 257 Rn 15.

[80]So BGHSt 4, 221 = NJW 1953, 1195.

Die entscheidende Frage ist somit, ob der verschleierte Transfer von Kapital zu ausländischen Finanzplätzen tatsächlich eine objektive Eignung zur Restitutionsvereitelung besitzt.

Mit vergleichbaren Problemen mußte sich die Rechtsprechung bereits mehrmals befassen und ist dabei zu divergierenden Ergebnissen gelangt. Der *3. Strafsenat* des *Bundesgerichtshofs*[81] vertrat die Auffassung, die Annahme von Geld, das gegenüber den Finanzbehörden verheimlicht wurde (Steuerhinterziehung), sei nicht geeignet, die Wiederherstellung des rechtmäßigen steuerlichen Zustands zu verhindern oder zu erschweren. Denn für den staatlichen Steueranspruch sei es unerheblich, in wessen Hand sich das Geld befindet[82]. Bereits ein Jahr später entschied jedoch der *5. Strafsenat* des *Bundesgerichtshofs*[83] -wenn auch ausdrücklich nur für die Zollhinterziehung[84]- anders. Die Vorteilssicherung könne auch darin liegen, daß die Durchsetzung des staatlichen Steueranspruchs über die Hinterziehung hinausgehend noch weiter erschwert wird. Bei der Weitergabe unverzollter Ware durch den Täter an Dritte sei dies erfüllt. Die Tatsache, daß der Anspruch des Staates auf den Zoll gegenüber dem Täter unverändert bleibt, könne nicht maßgeblich sein[85]. Denn, so der *5. Strafsenat* später und ausdrücklich auch für die Steuerhinterziehung, der staatliche Anspruch auf die Steuer bleibe in allen Fällen der Steuerhinterziehung unberührt[86].

Die Literatur ist sich in der Ablehnung der Entscheidung des *3. Strafsenats* weitgehend einig[87]. Eine Sicherung der Vorteile aus der Steuerhinterziehung wird darin gesehen, daß die Verwirklichung des Anspruchs des Staates erschwert oder unmöglich gemacht wird[88].

Diesem Ausgangspunkt des Schrifttums ist zuzustimmen. Die Rechtsprechung des *5. Strafsenats* ist überzeugend. Denn nur mit diesem Verständnis der Begünstigungshandlung kann § 369 I Nr. 4 AO Rechnung getragen werden. Danach soll die Begünstigung eines Steuerhinterziehers strafbar sein, was sie nie wäre, käme es nur auf den Fortbestand des staatlichen Steueranspruchs an. § 369 I Nr. 4 AO liefe bei einem solchen Verständnis leer[89].

Gegen die von der Literatur gezogenen Schlüsse für die Mitwirkung von Bankmitarbeitern bei der Unterbringung und Anlage "schwarzer" Gelder mit Vorkehrungen zur Sicherung der Geheimhaltung gegenüber den Finanzbehörden bestehen jedoch Bedenken. Regelmäßig wird im Schrifttum unter Zugrundelegung der vorstehenden Grundsätze eine objektive Eignung zur Vorteilssicherung, eine Begünstigungshandlung, angenommen[90]. Dies ist jedoch unzutreffend[91]. Denn die Durchset-

---

[81]BGHSt 4, 221 = NJW 1953, 1194.

[82]So BGHSt 4, 221 = NJW 1953, 1195.

[83]JR 1954, 349.

[84]In *BGH* JR 1954, 349 wird ausdrücklich offengelassen, ob der Entscheidung des *3. Senats* zur Steuerhinterziehung zu folgen ist.

[85]So *BGH* JR 1954, 349.

[86]So *BGH* wistra 1999, 105.

[87]Vgl. Hübschmann/Hepp/Spitaler- *Hübner*, AO, § 369 Rn 101; *Philipowski*, in: Kohlmann, Strafverfolgung, 1983, 135 f.; *Kohlmann*, § 369 Rn 74 m.w.N.

[88]So Hübschmann/Hepp/Spitaler- *Hübner*, AO, § 369 Rn 101.

[89]*BGH* wistra 1999, 105.

[90]So *Kohlmann*, § 369 Rn 74 und 66; Hübschmann/Hepp/Spitaler- *Hübner*, AO, § 369 Rn 101; *Philipowski*, in: Kohlmann, Strafverfolgung, 1983, 136.

zung des staatlichen Steueranspruchs wird nicht erschwert oder behindert. *Entweder* ist der staatliche Anspruch mit den Instrumentarien der Abgabenordnung von den Finanzbehörden durchsetzbar (nachfolgend 1.) *oder* aber er war durch das Verhalten des Steuerhinterziehers bereits faktisch nie durchsetzbar (nachfolgend 2.). Es fehlt den in Rede stehenden Beiträgen der Bankmitarbeiter die objektive Eignung der Vorteilssicherung.

1. Durchsetzbarkeit des Anspruchs

In den Situationen, in welchen das transferierte Kapital zuvor in Deutschland Berührung mit einem (Depot-) Konto hatte und dieses dem Finanzamt bekannt ist oder vom ihm ohne großen Aufwand ermittelt werden kann, ist der staatliche Steueranspruch grundsätzlich problemlos durchsetzbar.

Infolge des Verschweigens der steuerpflichtigen Einkünfte gegenüber dem Finanzamt kann der Steueranspruch zwar nur noch mit den speziellen Eingriffsbefugnissen nach den §§ 93- 100 AO ermittelt und durchgesetzt werden[92]. Sobald dabei aber dieses inländische (Depot-) Konto entdeckt wird, ist aus den Kontoauszügen jedenfalls eine Abhebung sichtbar. Der Steuerpflichtige hat dann den Verbleib des Kapitals und die etwaige Höhe der Verzinsung zu erklären. Wenn er diesen Mitwirkungs- und Auskunftspflichten nicht ausreichend nachkommt, besteht die Möglichkeit der Schätzung der Besteuerungsgrundlagen nach § 162 AO. Damit der Steuerpflichtige aus seinem pflichtwidrigen Vorverhalten, welches überhaupt erst zur Schätzung führt, keinen steuerlichen Vorteil hat, sind dabei innerhalb bestimmter Grenzen sogar Sicherheitszuschläge zulässig[93]. So ist etwa im Fall des *FG Münster* vom 26.06.1985[94] vom Steuerpflichtigen[95] nicht ausreichend dargetan worden, daß sich der vom Konto[96] abgebuchte Betrag nicht mehr in Gestalt eines Guthabens bei Kreditinstituten in seinem Vermögen befindet. Die Finanzbehörde ist davon ausgegangen, daß dem so sei und der Betrag verzinst angelegt worden ist. Angenommen wurde ein Zinssatz von 6 %. Das Gericht begründete, daß zwar die Finanzbehörde die objektive Beweislast für solche Tatsachen trägt, die den Steueranspruch begründen. Sie müßte an sich hier die Neuanlage des abgebuchten Betrages zu einem bestimmten Zinssatz beweisen. Doch müßten für den Fall, daß trotz gehöriger Erfüllung der Ermittlungspflicht der Sachverhalt nicht aufgeklärt werden kann, Ausnahmen gelten. Immer dann, wenn es dem Steuerpflichtigen möglich und zumutbar ist, den Sachverhalt aufzuklären, vor allem, weil dieser sich in seiner Verantwortungssphäre verwirklicht hat, trägt er die Feststellungslast. Insofern war für die Besteuerung tatsächlich davon auszugehen, daß der abgebuchte Betrag "Zinserträge abwarf, die stehengelassen und ih-

---

[91]Ebenso *Kaligin*, WM 1996, 2270.

[92]Abgesehen von Nachforschungen bei einer Außenprüfung (§§ 193 ff. AO) oder bei einer Steuerfahndungsprüfung (§ 208 I AO). Die Steueraufsicht (§§ 209 ff. AO) kann hier vernachlässigt werden.

[93]Solange diese nicht den Charakter einer Strafsteuer haben, siehe Hübschmann/Hepp/Spitaler- *von Wallis*, AO, § 162 Rn 58 m.w.N.

[94]Az. IV 2169/79 E (nicht veröffentlicht).

[95]Tatsächlich ging es um den Rechtsnachfolger des verstorbenen Steuerpflichtigen.

[96]Welches sich in der Schweiz befand.

rerseits wieder verzinst wurden"[97], demnach in dieser Höhe Einkünfte aus Kapitalvermögen gegeben waren.

Wenn aber die Finanzbehörde zur Durchsetzung des Steueranspruchs nicht darauf angewiesen ist, die Existenz der Kapitalanlage mit der exakten Höhe der Verzinsung zu ermitteln, so ist es auch irrelevant, wie und mit wessen Hilfe jene geheimgehalten und verschleiert wird. Auf welchem Wege das Kapital (ins Ausland) abgeflossen ist, ob dies in verheimlichender Weise geschah, ist nebensächlich. Sobald der Verbleib des Betrages nicht (glaubhaft) erklärt oder die weitere Mitwirkung verweigert wird, muß die Finanzbehörde schätzen[98]. Der staatliche Steueranspruch ist nicht in Gefahr. Zu seiner Durchsetzung genügt, daß die Finanzbehörden um den fehlenden und nicht weiter erklärten Betrag wissen[99].

Grundsätzlich ist somit jeder auf Verschleierung oder Verheimlichung gerichtete Beitrag von Bankmitarbeitern hier in dieser Fallgruppe objektiv nicht geeignet, die Durchsetzung zu erschweren oder zu vereiteln und dem Steuerpflichtigen die Vorteile aus vorangegangenen Hinterziehungen zu sichern[100].

2. Keine über die Hinterziehung hinausgehende Erschwerung der Durchsetzbarkeit

Handelt es sich hingegen um Kapital, das zuvor keine (Depot-) Kontoberührung hatte[101] oder auf einem (Depot-) Konto war, welches dem Finanzamt verschwiegen wurde[102], dann bestand für die Finanzbehörden ohnehin praktisch keine Chance, den insoweit bestehenden Steueranspruch durchzusetzen[103]. Zwar besteht die Möglichkeit, an Kreditinstitute nach § 93 I S. 3 AO Auskunftsersuchen zu richten. Praktisch ist aber ein solches Ersuchen bereits deshalb regelmäßig ausgeschlossen, weil ohne irgendwelche Hinweise unklar ist, bei welchem der zahlreichen Institute in Deutschland nachgefragt werden könnte[104]. Nicht einmal mit der Einführung des steuerlichen Zinsabschlags und den damit verbundenen Meldungen der Kreditinstitute an das Bundesamt für Finanzen gelangen die Finanzbehörden an Informationen. Denn diese Mitteilungspflicht ist nach § 45 d II EStG gerade nicht für steuerliche Zwecke gedacht[105]. Ist aber die Wiederherstellung des rechtmäßigen Zustands bei vernünftiger Betrachtung ohnehin kaum mehr möglich, dann liegt keine objektive Eignung zur

---

[97]So wörtlich *FG Münster* vom 26.06.1985, Az. IV 2169/79 E (nicht veröffentlicht).

[98]Vgl. § 162 II AO, siehe Hübschmann/Hepp/Spitaler- *von Wallis*, AO, § 162 Rn 6.

[99]Ebenso *Kaligin*, WM 1996, 2270.

[100]Lediglich in Ausnahmefällen wie im Fall des *BGH* wistra 1999, 103 (105) kann abweichendes gelten. Dort konnte der Verbleib des Geldes wegen der Abwicklung über Rechtsanwaltsanderkonten und Domizilgesellschaften nicht festgestellt werden. Die Besonderheit lag darin, daß bei dieser Abwicklungsart kein Rückschluß auf den oder die Berechtigten möglich ist. Damit war eine Schätzung für einen bestimmten Steuerpflichtigen ausgeschlossen und der staatliche Steueranspruch tatsächlich nicht zu realisieren.

[101]Etwa weil das Kapital zu Hause akkumuliert und aufbewahrt wurde.

[102]Und mangels Querverbindungen in den Unterlagen des Steuerpflichtigen (Kontoauszüge, Erträgnisaufstellungen) für das Finanzamt auch nicht ermittelbar war.

[103]Vgl. *Philipowski*, in: Kohlmann, Strafverfolgung, 1983, 136 für den Fall, daß das Geld in einem anderen Bundesland und sogar unter anderem Namen angelegt worden ist.

[104]Siehe bereits oben bei den Ermittlungsbefugnissen der Finanzverwaltung (S. 51 ff.).

[105]Vgl. jedoch die Neuregelung des § 45 d EStG durch das Steuerentlastungsgesetz 1999/2000/2002 (Gesetz vom 24.03.1999, BGBl. I 1999, 402).

Vorteilssicherung vor. Der Schaden kann nicht vertieft werden[106]. Die Durchsetzbarkeit des staatlichen Steueranspruchs gegenüber dem Täter wird nicht, wie der *5. Strafsenat* des *Bundesgerichtshofs*[107] fordert, "noch weiter erschwert, als dies bereits durch dessen" Hinterziehung geschehen ist[108].

Insoweit fehlt den verschleierten Transfermaßnahmen die objektive Eignung, den Vorteil über das bereits vom Täter selbst erreichte Maß zu sichern. Dann aber liegen keine Begünstigungshandlungen vor.

3. Zusammenfassung

Zusammenfassend ist festzuhalten, daß die Entgegennahme unversteuerten Kapitals und die Hilfe beim Verstecken und Geheimhalten durch Mitarbeiter von Kreditinstituten im hier untersuchten Zusammenhang keine tauglichen Hilfeleistungen im Sinne des § 257 I StGB darstellen[109]. Überdies müßten im vorliegenden Zusammenhang selbst bei hypothetischer Bejahung von objektiv zur Restitutionsvereitelung geeigneten Beiträgen die im Rahmen der Beihilfe aufgestellten Grundsätze[110] auch hier zum Tragen kommen. Denn schließlich handelt es sich nach wie vor um neutrale beziehungsweise berufstypische Handlungen. Andere als die im Rahmen der Beihilfe beschriebenen Verhaltensweisen[111] könnten damit auch bei dem Tatbestand der Begünstigung nicht strafbar sein.

II. Strafvereitelung hinsichtlich der in der Vergangenheit vollendet hinterzogenen Beträge

Soweit nach abgeschlossenen Steuerhinterziehungen die Gelder mittels des Transfersystems zu ausländischen Finanzplätzen verbracht werden, so können bezüglich einiger Einzelheiten des Transfersystems Strafvereitelungen gemäß § 258 I StGB bejaht werden. Es gilt insoweit nichts anderes als in den Konstellationen, in denen das System vor Abschluß der Steuerhinterziehungen Verwendung fand[112]. Lediglich die Frage nach dem Verhältnis einer gleichzeitig verwirklichten Beihilfe zur Steuerhinterziehung kann sich hier naturgemäß nicht (mehr) stellen.

---

[106]So die Argumentation im vergleichbaren Fall des *OLG Düsseldorf* NJW 1979, 2320 (2321).

[107]JR 1954, 349.

[108]Ebenso *Kaligin*, WM 1996, 2270.

[109]Anders und mit nicht überzeugender Begründung *BGH* NJW 2000, 3012 f. Der *5. Strafsenat* stellt unter anderem darauf ab, daß im Ausland eine Überprüfung durch Steuerbehörden ausgeschlossen sei. Dies greift angesichts der eben beschriebenen und der vom *BGH* nicht einmal angesprochenen Schätzungsmöglichkeit jedoch zu kurz (siehe 241 f.). Im Ergebnis lehnt der *BGH* die Strafbarkeit gem. § 257 I StGB ebenfalls ab, allerdings wegen des Fehlens des Begünstigungsvorsatzes. Bemerkenswert ist, daß das Gericht im Rahmen der Begünstigung nicht auch die Problematik der neutralen und berufstypischen Handlungen anspricht, die sich hier ebenso wie bei der Beihilfestrafbarkeit stellt. Zumindest eine klarstellende Bemerkung dazu, daß aus übergeordneten Wertungsgesichtspunkten andere als die im Rahmen der Beihilfe beschriebenen Verhaltensweisen auch bei dem Tatbestand des § 257 StGB nicht strafbar sein können, wäre wünschenswert gewesen.

[110]Siehe oben S. 150 ff., 165 ff.

[111]Vgl. Zusammenfassung ab S. 223.

[112]Siehe eben S. 230 f.

7.Kapitel: Durchsuchungen und Beschlagnahmen bei den Kreditinstituten

Zentrale Bedeutung bei den (steuer-) strafrechtlichen Ermittlungen kommt den Durchsuchungen der Kreditinstitute zu. Diese werden mit dem Ziel der Beschaffung von Beweismitteln (richterliche Beschlagnahme) durchgeführt, und zwar sowohl im Verfahren gegen die Kunden als auch gegen die Mitarbeiter der Institute. Denn Beweise zur Erhärtung oder Entkräftung der erhobenen Vorwürfe lassen sich vor allem in den Kreditinstituten selbst finden. Bezüglich dieser strafprozessualen Zwangsmaßnahmen sind nicht nur von Vertretern der Kreditinstitute sehr schnell Begriffe wie "Ausforschungsdurchsuchung"[1] oder unzulässiger "Flächenfahndung"[2] sowie "Ermittlungen ins Blaue hinein"[3] aufgeworfen worden. Auch von einer "Bewußtseinskrise"[4] um das Bankgeheimnis und "Vorrats- Beschlagnahmen"[5] war die Rede.

Aus diesem Grunde wird die nachfolgende Darstellung die Durchsuchungen und Beschlagnahmen im hier interessierenden Zusammenhang thematisieren und der Frage nachgehen, ob die Rechtmäßigkeitsanforderungen dieser Zwangsmaßnahmen erfüllt sind.

So gibt es zwar die beiden Nichtannahmebeschlüsse der 2. Kammer des 2. Senats des *Bundesverfassungsgerichts* zu den Verfassungsbeschwerden der Dresdner Bank AG, welche die Zwangsmaßnahmen verfassungsrechtlich nicht beanstanden[6]. Mit diesen Entscheidungen des *Bundesverfassungsgerichts*, so könnte man meinen, sei die Frage der Rechtmäßigkeit der Maßnahmen[7] geklärt. Doch dem ist nicht so. Die beiden Beschlüsse haben vielmehr zahlreiche neue verfassungsrechtliche Fragen aufgeworfen[8]. Teilweise wird darin sogar eine stillschweigende Abkehr von der bisherigen Rechtsprechung gesehen[9]. Sie sind daher auch im (steuer-) strafrechtlichen Schrifttum keineswegs auf ungeteilte Zustimmung gestoßen[10]. Eine eingehendere Betrachtung trotz verfassungsgerichtlicher (Nicht-) Entscheidung oder vielmehr ge-

---

[1]So etwa wörtlich *Leisner*, BB 1994, 1946.

[2]Wörtlich die Dresdner Bank AG in ihrer Beschwerdebegründung gegen die Durchsuchungsbeschlüsse, AG 1994, 122. Ebenso *Klos*, WiB 1997, 815.

[3]Den Vorwurf der "Flächenfahndung" oder von "Ermittlungen ins Blaue hinein" hat das *BVerfG* zurückgewiesen, *BVerfG* WM 1994, 691 = StV 1994, 354 f.

[4]Wörtlich *Leisner*, BB 1995, 528. Siehe auch *Weber*, Die Bank 1996, 84 (wörtlich 87: in Deutschland sei eine "strafrechtliche Kampagne gegen die Geldanlage im Ausland im Gange" und wörtlich 90: "Das Bankgeheimnis ist aktuell durch Entwicklungen auf sehr unterschiedlichen Sektoren ... bedroht").

[5]Wörtlich *Leisner*, BB 1995, 527.

[6]*BVerfG* WM 1994, 691 = StV 1994, 353 sowie *BVerfG* WM 1995, 234 = wistra 1995, 139. Soweit sie zulässig waren, sind sie mangels Erfolgsaussichten beziehungsweise mangels grundsätzlicher verfassungsrechtlicher Bedeutung nicht zur Entscheidung angenommen worden, vgl. §§ 93 a- d BVerfGG.

[7]Zumindest was das Verfahren der Dresdner Bank AG anbelangt.

[8]Vgl. etwa *Papier/Dengler*, BB 1996, 2541, 2593.

[9]*Leisner*, BB 1994, 1941.

[10]Uneingeschränkt zustimmend *Carl/Klos*, DStZ 1994, 391, *dies.*, wistra 1994, 211; *Bilsdorfer*, INF 1994, 545; *Ranft*, WiB 1996, 49; *Weyand*, INF 1995, 159. Vorsichtiger bis ganz ablehnend *Ransiek*, EWiR 1994, 573; *ders.*, EWiR 1995, 149; Tipke/Kruse- *Seer*, AO, § 208 Rn 13 b; *Kohlmann*, § 385 Rn 122; *Arndt*, KÖSDI 1994, 9760; *Leisner*, BB 1995, 525; *ders.*, BB 1994, 1941; *Papier/Dengler*, BB 1996, 2541, 2593.

rade wegen der umstrittenen Ausführungen des *Bundesverfassungsgerichts* ist mithin erforderlich. Dies gilt um so mehr, als im Schrifttum vertreten wird, das *Bundesverfassungsgericht* habe die Strafverfolgungsbehörden für die weiteren Bankenverfahren gestärkt, "mit einem Rückenwind versehen"[11], ihnen gar einen "Freibrief"[12] ausgestellt und "Rückendeckung"[13] oder den "Startschuß"[14] für die "totale Steuerschnüffelei"[15] gegeben.

Bereits jetzt läßt sich jedoch feststellen, daß den Ausführungen des *Bundesverfassungsgerichts* und der Billigung der Durchsuchungs- und Beschlagnahmeanordnungen im Verfahren gegen die Dresdner Bank AG jedenfalls eine Schlüsselrolle zukommt.

---

[11]Wörtlich *Streck/Mack*, BB 1995, 2142.

[12]Wörtlich *Leisner*, BB 1994, 1942.

[13]Wörtlich *Bilsdorfer*, StBp 1995, 88 (90).

[14]So wörtlich *Klos*, WiB 1997, 815.

[15]Wörtlich *Tipke*, BB 1998, 243.

1.Teil: Das nichtexistente Bankgeheimnis im Strafverfahren

Die Rechtslage ist eindeutig. Es gibt kein (steuer-) strafrechtlich relevantes und vor strafprozessualen Maßnahmen schützendes Bankgeheimnis. § 30 a AO gilt im Steuerstrafrecht ohnehin nicht[1]. Soweit Auskunfts-, Aussage- oder Herausgabepflichten bestehen, können sie weder von Organen noch von (leitenden) Angestellten der Kreditinstitute unter Berufung auf ein Bankgeheimnis verweigert werden. Durchsuchungen in Kreditinstituten unterliegen keinerlei Sonderregeln[2]. Diese klarstellenden Worte sind angebracht, weil die Thematik gerade in den hier untersuchten Bankenverfahren völlig überbewertet wird[3].

Mitarbeiter oder Organe von Kreditinstituten dürfen als (normale) Zeugen vernommen werden, §§ 161 a, 163 a V StPO. Ein Zeugnis- oder Aussageverweigerungsrecht aus beruflichen Gründen steht ihnen nicht zu, was angesichts der klaren gesetzlichen Regelung in §§ 53, 53 a StPO nahezu einhellig vertreten wird[4]. Eine absolute Verschwiegenheit der Mitarbeiter der Kreditinstitute kann auch durch vertragliche Vereinbarung nicht erreicht werden, dahingehende Vereinbarungen sind unwirksam[5].

Umstritten ist allein, ob für Mitarbeiter öffentlich- rechtlicher Kreditinstitute eine Aussagegenehmigung des Dienstvorgesetzten nach § 54 StPO erforderlich ist[6]. Dies wird teilweise bejaht[7], wobei das Hauptargument hierbei die Zugehörigkeit der Angestellten zum öffentlichen Dienst ist[8]. Dabei wird allerdings gleichzeitig konstatiert, daß regelmäßig eine Pflicht des Dienstherrn beziehungsweise Arbeitgebers be-

---

[1] *BFH* NJW 1997, 2070; *Kohlmann*, § 385 Rn 121.

[2] Einhellige Ansicht, siehe *LG Frankfurt* NJW 1954, 688 (690); *LG Hamburg* NJW 1978, 958 (959); *FG Baden- Württemberg* wistra 1997, 158 (159); *KG*, NStZ 1989, 192; *LG Hof* NJW 1968, 65 mit zustimmender Anmerkung von *Müller*; *Kleinknecht/Meyer- Goßner*, StPO, § 161 Rn 4; *Kohlmann*, § 404 Rn 73; Franzen/Gast/Joecks- *Joecks*, § 399 Rn 58; Klein/Orlopp- *Orlopp*, AO, § 399 Anm 3; *Wannemacher*, Steuerberater als Mandant, Rn 1116 f.; *Blumers/Göggerle*, Handbuch, Rn 646; Koch/Scholtz- *Scheurmann- Kettner*, AO, § 399 Rn 20, 35; *Plonka*, Die Polizei 1986, 395 (396 f.); Löwe- Rosenberg- *Rieß*, StPO, § 161 Rn 27 m.w.N.

[3] Siehe etwa die von *Leisner*, BB 1995, 528 beschworene "Bewußtseinskrise" um das Bankgeheimnis oder *Weber*, Die Bank 1996, 87.

[4] *LG Hof* NJW 1968, 65 mit zustimmender Anmerkung von *Müller*; *LG Frankfurt* NJW 1980, 1478 (1479); *KG*, NStZ 1989, 192; *LG Frankfurt* NJW 1954, 688 (690), wo ausdrücklich eine Analogie zu § 53 StPO abgelehnt worden ist; *Spitzenverbände des Kreditwesens*, Bankgeheimnis und Bankauskunft in der Praxis, Rn 19; Leise/Dietz/Cratz- *Cratz*, Steuerverfehlungen, § 399 Rn 100, 102; *Spitz*, DStR 1981, 428 (430); *Plonka*, Die Polizei 1986, 396; *Hirsch*, Auskünfte durch Kreditinstitute, 20 f.; Koch/Scholtz- *Scheurmann- Kettner*, AO, § 399 Rn 20; *Kleinknecht/Meyer-Goßner*, StPO, § 53 Rn 3 m.w.N. Die Analogie zu § 53 StPO wird befürwortet von *Sichtermann*, NJW 1954, 688, nach dem das "öffentliche Interesse an der Aufrechterhaltung des Vertrauens der Wirtschaft zu den Banken auf Geheimhaltung in der heutigen Zeit des Prinzips der freien Marktwirtschaft höher zu bewerten ist als das strafrechtliche Legalitätsprinzip in Steuersachen".

[5] §§ 134, 306 BGB. Ebenso *Hirsch*, Auskünfte durch Kreditinstitute, 23.

[6] Ausführlich hierzu *Hirsch*, Auskünfte durch Kreditinstitute, 45 ff.

[7] *Spitzenverbände des Kreditwesens*, Bankgeheimnis und Bankauskunft in der Praxis, Rn 19; *Hirsch*, Auskünfte durch Kreditinstitute, 45 ff., 52; KK- *Senge*, StPO, § 54 Rn 8 m.w.N.

[8] So *Hirsch*, Auskünfte durch Kreditinstitute, 46 ff.

stehe, diese Genehmigung zu erteilen[9]. Insofern schwinden die praktischen Unterschiede zu der Ansicht, die die Notwendigkeit einer solchen Genehmigung nach § 54 StPO verneint[10]. Danach sei die per zivilrechtlichen Vertrag begründete wirtschaftliche Geheimsphäre identisch bei Privatbanken und öffentlich- rechtlichen Instituten. In Rede stehe daher ausschließlich das Interesse des Kunden an der Verschwiegenheit. Es mangele an einem im Vergleich zu den Privatbanken besonderen öffentlichen und schützenswerten Geheimhaltungsinteresse, um das es bei § 54 StPO geht. Letztere Argumente sind zumindest nicht ganz von der Hand zu weisen, was hier aber dahingestellt bleiben kann[11].

Problematisch ist für die Staatsanwaltschaft (oder die Finanzbehörde, § 399 AO) lediglich, die konkrete Person innerhalb des Kreditinstituts ausfindig zu machen, die die erwünschten Auskünfte geben kann. Es muß zunächst festgestellt werden, wer als Zeuge über bestimmte Buchungen oder Vorfälle aussagen kann. Bei mangelnder Kooperation der betroffenen Bank oder Sparkasse bleibt hier für die Strafverfolgungsorgane nur übrig, nacheinander sämtliche Mitarbeiter als Zeugen zu vernehmen, bis derjenige, der zu dem betreffenden Vorgang Wahrnehmungen gemacht hat, gefunden ist[12].

Öffentlich- rechtliche Kreditinstitute sind gemäß § 161 S. 1 1. Var. StPO verpflichtet, als Behörden Auskünfte im Strafverfahren zu geben[13]. Für private Banken besteht eine solche Pflicht dagegen nicht[14]. Diesen gegenüber können jedoch formlose Auskunfts- und Vorlageersuchen nach § 161 S. 1 2. Var. StPO ergehen. Hierauf dürfen die Mitarbeiter ohne Verstoß gegen ihre zivilrechtlichen Geheimhaltungspflichten freiwillig aussagen[15], da nur dies dem wohlverstandenen Interesse der Kreditinstitute entspricht. Denn andernfalls drohen Durchsuchungen und Beschlagnahmen oder die Auskunft wird über eine Vernehmung von Mitarbeitern als Zeugen erlangt. Die Nichtbeantwortung von formlosen Auskunfts- oder Vorlageersuchen bringt demnach aus Sicht der Bank lediglich eine zeitliche Verzögerung.

Rechtmäßig angeordnete und unmittelbar bevorstehende Durchsuchungen und Beschlagnahmen können von den Kreditinstituten stets abgewehrt werden, indem

---

[9] *Hirsch*, Auskünfte durch Kreditinstitute, 51 f.

[10] KMR- *Paulus*, StPO, § 54 Rn 13 und 22; *Kleinknecht/Meyer- Goßner*, StPO, § 54 Rn 10; *Plonka*, Die Polizei 1986, 396.

[11] Womit nicht in Frage gestellt wird, daß es auch ein öffentliches Interesse an der Geheimhaltung gibt (allgemeinwirtschaftliches Interesse am ungestörten Geld- und Kapitalmarkt). Vgl. *LG Frankfurt* NJW 1954, 690 f. mit Anmerkung von *Sichtermann*. Nur besteht jenes bei allen Banken und Sparkassen in gleicher Weise und eben nicht allein bei öffentlich- rechtlichen Instituten.

[12] Abgesehen davon können natürlich auch die Zuständigkeiten innerhalb des Instituts erfragt werden. Vgl. *Hirsch*, Auskünfte durch Kreditinstitute, 45.

[13] *Kleinknecht/Meyer- Goßner*, StPO, § 161 Rn 4; KK- *Wache*, StPO, § 161 Rn 8; Löwe- Rosenberg- *Rieß*, StPO, § 161 Rn 28. Ausführlich *Hirsch*, Auskünfte durch Kreditinstitute, 36 ff. Anders dagegen *Spitzenverbände des Kreditwesens*, Bankgeheimnis und Bankauskunft in der Praxis, Rn 25.

[14] *LG Hof* NJW 1968, 65.

[15] Ebenso Löwe- Rosenberg- *Rieß*, StPO, § 161 Rn 28 m.w.N. Nach anderer Ansicht ist dies allein zur Abwendung von bereits angeordneten Durchsuchungen und Beschlagnahmen zivilrechtlich zulässig, so *Kleinknecht/Meyer- Goßner*, StPO, § 161 Rn 4; KK- *Wache*, StPO, § 161 Rn 8; *Spitzenverbände des Kreditwesens*, Bankgeheimnis und Bankauskunft in der Praxis, Rn 25 f.; *Hirsch*, Auskünfte durch Kreditinstitute, 71 ff., 81.

freiwillig die Kopien der Geschäftsvorfälle und Unterlagen zur Verfügung gestellt werden[16]. Kreditinstitute sind nach § 95 StPO zur Herausgabe von Unterlagen verpflichtet, auch insoweit kann ein Bankgeheimnis nicht entgegengesetzt werden[17].

---

[16] *Plonka*, Die Polizei 1986, 397; Löwe- Rosenberg- *Rieß*, StPO, § 161 Rn 28; KK- *Wache*, StPO, § 161 Rn 8 m.w.N.

[17] Vgl. *KG*, NStZ 1989, 192. Zur praktischen Bedeutung des § 95 StPO siehe *LG Bonn* WM 1982, 1371 (1372: Herausgabeverlangen nur, wenn feststeht, daß sich Beweise im Gewahrsam einer Person befinden, diese aber bei der Durchsuchung nicht gefunden wurden oder der Ort des Gewahrsams nicht zu ermitteln ist).

2.Teil: Durchsuchungen von Kreditinstituten

A. Einordnung der gegenwärtigen Durchsuchungen

Durchsuchungen von Banken und Sparkassen in Steuerstrafverfahren sind bereits in der Vergangenheit vorgekommen[1]. Nur ging es ursprünglich regelmäßig allein um den Kunden als Täter einer Steuerhinterziehung. Dessen Institut ist als neutrale Institution durchsucht worden, um die erforderlichen Kontenunterlagen als Beweismittel zu beschlagnahmen. Ausnahmecharakter hatte insofern das Verfahren, welches dem Beschluß des *LG Hamburg* vom 10.01.1978[2] zugrundelag. Denn dort war alleiniges Ziel der Durchsuchung, Beweismittel im Verfahren gegen den beschuldigten Zweigstellenleiter des Kreditinstituts zu finden. Gegen ihn wurde wegen des Verdachts der Beihilfe zur Steuerhinterziehung in einer unbestimmten Anzahl von Fällen ermittelt[3].

Etwa ab Beginn der 80er Jahre rückten jedoch die Kreditinstitute in eine andere Rolle. Zahlreiche gerichtliche Entscheidungen zu Durchsuchungen und Beschlagnahmen bei Banken und Sparkassen verdeutlichen diesen Wandel[4]. In nahezu allen aufgeführten Verfahren ging es hauptsächlich oder zumindest auch um das CpD-Konto und dessen Eignung, steuerpflichtige Geschäftsvorfälle zu verschleiern. In diesem Zusammenhang ist dann auch verstärkt der Vorwurf gegen Mitarbeiter der Institute erhoben worden, sie hätten mit ihrem Verhalten Beihilfe zur Steuerhinterziehung geleistet. So finden sich Hinweise auf Verfahren gegen Bankmitarbeiter wegen des Vorwurfs der Beihilfe zur Steuerhinterziehung in den Entscheidungen des *LG Düsseldorf*[5], des *FG Saarland*[6], des *LG Baden- Baden*[7], des *LG Fulda*[8] und des *LG Köln*[9], wobei teilweise sogar bis zur Vorstandsebene ermittelt worden ist[10]. Das Vorgehen der Staatsanwaltschaft sorgte in einigen Fällen bereits damals für Aufregung, auch von unzulässiger Flächenfahndung, ja sogar von der Notwendigkeit, gesetzliche Be-

---

[1]Überblick zu steuerstrafrechtlichen Maßnahmen in Kreditinstituten bei *Denkert*, Zinsen und Steuern, 297 ff.

[2]NJW 1978, 958.

[3]*LG Hamburg* NJW 1978, 958.

[4]Vgl. *LG Göttingen* StV 1982, 364; *LG Köln* StV 1983, 56; *LG Arnsberg* ZIP 1984, 889; *LG Düsseldorf* wistra 1985, 201; *LG Baden- Baden* ZIP 1989, 764, *LG Baden- Baden* ZIP 1989, 766; *FG Saarland* wistra 1990, 272; *LG Fulda* vom 09.03.1992, Az. Qs 90/89, 92/89 u.a. (nicht veröffentlicht). Vgl. auch *AG Kempten (Allgäu)* wistra 1986, 271, wo jedoch keine Angaben zu den Gründen der Durchsuchung gemacht werden. Weitere Nachweise zu Bankendurchsuchungen im Zusammenhang mit CpD- Konten bei *Carl/Klos*, DStZ 1994, 399 (in Fn 63).

[5]wistra 1985, 201.

[6]wistra 1990, 272.

[7]ZIP 1989, 764.

[8]Vom 09.03.1992, Az. Qs 90/89, 92/89 u.a. (nicht veröffentlicht).

[9]StV 1983, 56.

[10]So in den Verfahren, die den Entscheidungen des *LG Köln* und *FG Saarland* zugrundelagen.

stimmungen zum Schutz der Kreditinstitute vor systematischen Durchsuchungen zu schaffen, war die Rede[11].

Mit Beginn der 90er Jahre war die neutrale Rolle der Banken und Sparkassen endgültig vorüber. Pressemitteilungen über Durchsuchungen und Beschlagnahmen in Kreditinstituten wegen des Verdachts der Beihilfe zur Steuerhinterziehung durch Mitarbeiter häuften sich. Nunmehr ging es statt um das CpD- Konto der Bank um den Vermögenstransfer zu ausländischen Finanzplätzen. So ist im Frühjahr 1992 eine Düsseldorfer Filiale der Schweizer Migros Bank von der Steuerfahndung durchsucht worden[12]. Am 03.05.1993 bejahte das *LG Braunschweig*[13] und am 02.06.1993 das *LG Bochum*[14] den Anfangsverdacht für strafprozessuale Zwangsmaßnahmen gegen Kreditinstitute. Anfang 1994 kam es zu der ersten aufsehenerregenden Durchsuchung bei der Dresdner Bank AG[15], und nicht zuletzt auf Grund der beiden Beschlüsse des *Bundesverfassungsgerichts* in diesem Verfahren[16] folgten weitere Maßnahmen der Strafverfolgungsbehörden gegen andere Kreditinstitute[17]. Bedeutsam ist in diesen letzten und den Gegenstand der Arbeit bildenden Verfahren vor allem, daß die Ermittlungen über den Verdacht, Mitarbeiter hätten Beihilfe zur Steuerhinterziehung geleistet, bei den Instituten beginnen. Erst mit dem dabei gefundenen und beschlagnahmten Material wird dann zu den eigentlichen Haupttätern, den Kunden, vorgerückt. Zudem gründet sich der Verdacht regelmäßig auf das Verhalten einer einzigen bekannten Person innerhalb der Bank[18], die quasi als Schlüssel für weitere, namentlich noch nicht bekannte Angestellte und Anleger fungiert.

---

[11]Gemeint sind vor allem die Vorgehensweisen der Staatsanwaltschaft Oldenburg und Düsseldorf gegenüber Kreditinstituten im Jahre 1984. Zur beschriebenen Resonanz dieser Verfahren siehe *Pütz*, ZIP 1990, 703 f.

[12]Wirtschaftswoche 51/1994, 93; Wirtschaftswoche 2/1993, 60 (61, 63).

[13]Az Qs 3, 4/93 (nicht veröffentlicht).

[14]Az. 35 Js 244/92 (nicht veröffentlicht).

[15]Durchsuchungsbeschlüsse des *AG Düsseldorf* vom 05.01.1994 und bestätigende Beschwerdeentscheidung des *LG Düsseldorf* vom 19.01.1994, beide in AG 1994, 119.

[16]*BVerfG* WM 1994, 691 = StV 1994, 353 und *BVerfG* WM 1995, 234 = wistra 1995, 139.

[17]Vgl. *OLG Frankfurt* wistra 1996, 159; *LG Koblenz* wistra 1997, 32; *LG Frankfurt* wistra 1997, 117; *FG Baden- Württemberg* wistra 1997, 158 sowie die im Anhang abgedruckten Durchsuchungs- und Beschlagnahmebeschlüsse betreffend die A- und Y- Bank. Vgl. zudem die Zusammenstellung der betroffenen Institute oben in der Einleitung (S. 2 in Fn 11).

[18]Im Verfahren gegen die Dresdner Bank AG "Frau Q", vgl. Durchsuchungsbeschlüsse des *AG Düsseldorf* und bestätigende Beschwerdeentscheidung des *LG Düsseldorf*, beides in AG 1994, 119; Mitarbeiter "Betroffener (Z)" im Verfahren des *LG Braunschweig* vom 03.05.1993, Az Qs 3, 4/93 (nicht veröffentlicht); "Beschuldigte X" im Verfahren des *LG Bochum* vom 02.06.1993, Az. 35 Js 244/92 (nicht veröffentlicht).

B. Rechtmäßigkeit exemplarischer Durchsuchungen

In den hier untersuchten Bankenverfahren[19] werden die Durchsuchungen der Zentrale und einzelner Niederlassungen üblicherweise allgemein auf die §§ 102, 103, 105 StPO[20] gestützt[21]. Die Durchsuchungen in den Kreditinstituten sollen demnach zumindest auch bei dem Verdächtigen stattfinden. Der Schwerpunkt der nachfolgenden Untersuchung wird deshalb auf der Durchsuchung gemäß § 102 StPO liegen. Die Durchsuchung bei anderen Personen (§ 103 StPO) ist an engere Voraussetzungen gebunden. Der Grund für die unterschiedliche Regelung in §§ 102, 103 I S. 1 StPO liegt zum einen in der kriminalistischen Erfahrung, daß die Durchsuchung bei dem Verdächtigen regelmäßig größere Erfolgschancen hat und zum anderen in der Wertentscheidung des Gesetzgebers, daß jenem im Interesse einer effektiven Kriminalitätsbekämpfung höhere Opfer abverlangt werden können als nichttatverdächtigen Personen[22].

I. Der Verdächtige im Sinne des § 102 StPO

§ 102 StPO setzt materiell vor allem voraus, daß die Durchsuchung bei dem einer Straftat oder der Teilnahme zu einer solchen oder einer Begünstigung, Strafvereitelung oder Hehlerei Verdächtigen stattfindet. Allgemein ist der Verdächtige durch ein tat- und ein personenbezogenes Element gekennzeichnet[23]. Es handelt sich um eine Person, von der auf Grund konkreter Tatsachen angenommen werden kann, sie habe die verfolgte Straftat begangen[24]. Diese Anhaltspunkte müssen bereits vor der Durchsuchung bestehen und nicht erst bei dieser zu Tage gefördert werden[25].

Um ein Kreditinstitut auf der Grundlage des § 102 StPO zu durchsuchen, reicht der etwaige Verdacht gegen Kunden des Instituts jedenfalls nicht aus. Andererseits steht bereits ohne nähere Prüfung fest, daß ein Kreditinstitut, ein Unternehmen als

---

[19]Nachfolgend wird es angesichts der Vielzahl der durchsuchten Institute nur um eine repräsentative Auswahl an Bankenverfahren gehen. Einbezogen werden etwa das Verfahren gegen die Dresdner Bank AG, welches zu den Beschlüssen des *BVerfG* geführt hat, die Verfahren gegen die A- Bank, X- Bank, Y- Bank (siehe jeweils Anhang). Berücksichtigt wird auch das Verfahren gegen die Commerzbank AG (vgl. *OLG Frankfurt* wistra 1996, 159), die M.L. Gruppe (vgl. *LG Frankfurt* wistra 1997, 117) sowie die Sachverhalte, die den Entscheidungen des *LG Braunschweig* (vom 03.05.1993, Az Qs 3, 4/93 [nicht veröffentlicht]), des *LG Bochum* (vom 02.06.1993 Az. 35 Js 244/92 [nicht veröffentlicht]), des *FG Baden Württemberg* (wistra 1997, 158), des *LG Bielefeld* (WM 1998, 2290) sowie des *LG Koblenz* (WM 1998, 2290) zugrunde liegen. Zudem wird auf die R- Bank e.G. eingegangen (vgl. *LG Koblenz* wistra 1997, 32).

[20]Vgl. beispielsweise die im Anhang abgedruckten Durchsuchungsbeschlüsse für A-, X (1996)- und Y- Bank. Dagegen ist bei der R- Bank e.G. nach § 103 StPO durchsucht worden, vgl. *LG Koblenz* wistra 1997, 32, ebenso die Raiffeisenbank L., vgl. *LG Koblenz* WM 1998, 2290.

[21]Unzutreffend daher *Arndt*, KÖSDI 1994, 9761, der ein Vorgehen der Steuerfahndung nach § 208 I S. 1 Nr. 3 AO annimmt.

[22]SK/StPO- *Rudolphi*, § 102 Rn 4.

[23]So *Warda*, Durchsuchung, 152, 11.

[24]So AK- *Amelung*, StPO, § 102 Rn 2; *Krekeler/Schütz*, wistra 1995, 296; ähnlich Franzen/Gast/Joecks- *Joecks*, § 399 Rn 22 und SK/StPO- *Rudolphi*, § 102 Rn 5.

[25]*Kniffka*, wistra 1987, 309; AK- *Schöch*, StPO, § 152 Rn 10.

solches, keinesfalls Verdächtiger sein kann[26]. Selbst bei bestehendem Tat- oder Teilnahmeverdacht ist es aus rechtlichen Gründen ausgeschlossen, daß tatsächliche Anhaltspunkte dafür bestehen, die eine strafrechtliche Verantwortlichkeit als möglich erscheinen lassen. Es fehlt das personale Element. Denn Personenmehrheiten sind nach deutschem Strafrecht grundsätzlich nicht strafbar[27], sie können nicht zur Verantwortung gezogen werden.

1. Zurechnung einer etwaigen Verdächtigeneigenschaft zum Kreditinstitut ?

Möglicherweise kann aber eine etwaige Verdächtigeneigenschaft von natürlichen Personen innerhalb des Unternehmens dem Institut zugerechnet werden. Gedacht wird damit an eine Möglichkeit, die juristische Person oder Personenmehrheit selbst als Verdächtige zu fingieren, indem das Verhalten einzelner Mitarbeiter der Gesellschaft als solcher zugerechnet wird. So ist es etwa für zivilrechtliche Schadenersatzansprüche gegen eine juristische Person möglich, das Fehlverhalten ihrer "Repräsentanten"[28] gemäß § 31 BGB (analog) zuzurechnen, weil das Unternehmen als solches nicht handlungs- und verschuldensfähig ist. Es stellt sich die Frage, ob im Strafprozeßrecht nicht auch eine Verdächtigeneigenschaft zugerechnet werden kann. Denn hinter § 31 BGB -vor allem hinter seiner weiten Auslegung und analogen Anwendung im Sinne dieser "Repräsentantenhaftung"- steht der Gedanke, daß juristische Personen sowie Personenmehrheiten schlechthin[29] keinen ungerechtfertigten Vorteil gegenüber natürlichen Personen haben sollen. Da sie erst durch das Verhalten natürlicher Personen als Organwalter handlungsfähig werden, haben sie auch für deren Fehlverhalten wie natürliche Personen einzustehen[30]. Eine solche Überlegung scheint auch im Strafprozeßrecht berechtigt.

In der Tat wird eine solche Zurechnung diskutiert, allerdings hauptsächlich im Bereich des Ordnungswidrigkeitenrechts[31] und eher selten im Strafrecht[32]. Ausgangspunkt dieser Autoren im Gesetz sind die §§ 30, 87 II S. 1, 88 III OWiG, welche eine partielle Gleichstellung der natürlichen mit den juristischen Personen beziehungsweise

---

[26] *Gillmeister*, Ermittlungsrechte, 54; Löwe- Rosenberg- *G. Schäfer*, StPO, § 102 Rn 13; AK- *Amelung*, StPO, § 102 Rn 6; *Warda*, Durchsuchung, 211; *Janoschek*, Durchsuchung und Beschlagnahme, 87 f.

[27] BGHSt 3, 130 (132); Schönke/Schröder- *Cramer*, StGB, Vor §§ 25 ff. Rn 119; *Jescheck/Weigend*, Strafrecht AT, § 23 VII 1 (227); LK- *Jescheck*, StGB, Vor § 13 Rn 39. Gegebenenfalls gilt aber § 30 OWiG.

[28] Über den eigentlichen Anwendungsbereich des § 31 BGB im Vereinsrecht wird er auf alle Repräsentanten angewendet. Erforderlich ist, daß dem Vertreter bedeutsame, wesensmäßige Funktionen für die juristische Person zur eigenverantwortlichen Erfüllung zugewiesen wurden. Vgl. grundlegend *BGH* (Zivilsenat), NJW 1968, 391; MüKo- *Reuter*, BGB, § 31 Rn 2 ff.

[29] Auch insoweit wird diese Norm (analog) angewendet. Dies gilt jedenfalls für die Personenhandelsgesellschaften oHG und KG auf Grund deren körperschaftlicher Struktur, vgl. *BGH* (Zivilsenat), NJW 1952, 537 (538 f.); MüKo- *Reuter*, BGB, § 31 Rn 9. Für die Gesellschaft des bürgerlichen Rechts wird dies zumindest von Teilen des Schrifttums vertreten, vgl. MüKo- *Reuter*, BGB, § 31 Rn 10 m.w.N.

[30] MüKo- *Reuter*, BGB, § 31 Rn 1.

[31] *Gillmeister*, Ermittlungsrechte, 54 ff.; *Müller*, Die Stellung der juristischen Person, 117 f.

[32] So offenbar Löwe- Rosenberg- *G. Schäfer*, StPO, § 102 Rn 13 und § 103 Rn 5, der für seine Ansicht explizit auf *Gillmeister* und *Müller* Bezug nimmt. Ebenso *Bär*, CuR 1995, 158 (166).

den sonstigen Personenvereinigungen anordnen, indem sie ihnen die Befugnisse des Betroffenen einräumen. Damit, so wird vertreten, seien Personenmehrheiten wie Betroffene zu behandeln[33]. Auch die ratio der unterschiedlichen Ermächtigungsgrundlagen der Durchsuchung, wonach derjenige in größerem Maße die Durchsuchung dulden muß, der mit seinem eigenen Verhalten Anlaß dafür gegeben hat, sei zu berücksichtigen[34]. Für diese Sichtweise werden zudem die §§ 104 I, 105 II S. 1 StPO, die von "Geschäftsräumen" reden, angeführt. Jene Normen, so wird argumentiert, haben nur einen sehr kleinen und durch sachliche Gründe nicht zu rechtfertigenden Anwendungsbereich, wären sie nur bei Einzelkaufleuten einschlägig[35].

Insgesamt soll die Durchsuchung des Unternehmens auf der Grundlage des § 102 StPO immer dann zulässig sein, wenn der Verdächtige als deren *Organ oder befugter Vertreter* gehandelt hat[36].

Nach der hier vertretenen Ansicht ist eine derartige Zurechnung der Verdächtigeneigenschaft -jedenfalls im Strafprozeßrecht- jedoch abzulehnen. Denn es besteht keine strafprozessuale Vorschrift, die eine solche Zurechnung ausdrücklich erlaubt oder vorsieht. Demnach können die genannten Normen im Ordnungswidrigkeitengesetz und darüber hinaus die §§ 29 OWiG, 75 StGB allenfalls analog angewendet werden. Die Voraussetzungen für eine Analogie liegen hier aber nicht vor. So ist für eine analoge Anwendung nicht nur eine vergleichbare Interessenlage, sondern zunächst einmal eine Gesetzeslücke unabdingbar[37].

Bereits diese *Lücke* ist hier nicht zu erkennen. Für den Fall, daß ein Kreditinstitut durchsucht wird, um dort beschlagnahmefähige Beweismittel im Strafverfahren gegen einen Bankkunden zu finden, geht es um die Bank als unbeteiligten Dritten. Der Tat oder Teilnahme verdächtig ist der Kunde, das Geldinstitut ist eine andere Person im Sinne des § 103 I S. 1 StPO[38]. Daß Personenmehrheiten "andere Personen" in diesem Sinne sein können, ist unbestritten[39]. Auch die Situation, in denen das Unternehmen durchsucht werden soll, um dort Beweismaterial für einzelne, im Dienste des Unternehmens stehenden Personen, die einer Straftat verdächtig sind, herbeizuschaffen, wird nach dem Wortlaut jedenfalls von § 103 I S. 1 StPO erfaßt. Es ist demnach nicht so, daß ohne die Zurechnung der Verdächtigeneigenschaft Durchsuchungen in als solche nicht verdächtigen Unternehmen ausgeschlossen sind.

Selbst wenn aber die Regelungslücke angenommen würde, bestehen Bedenken an der *vergleichbaren Interessenlage*. Es geht in den für die Analogie herangezogenen Bestimmungen darum, grob unbillige Ergebnisse im Vergleich zu den natürlichen Personen zu verhindern. Diese folgen daraus, daß die Gesellschaft den Vorteil aus bestimmten Taten hat, sie selbst aber nicht zur Verantwortung gezogen werden kann und

---

[33]*Gillmeister*, Ermittlungsrechte, 54; *Müller*, Die Stellung der juristischen Person, 118.

[34]*Gillmeister*, Ermittlungsrechte, 55.

[35]So die Argumentation von *Gillmeister*, Ermittlungsrechte, 55 f.

[36]Löwe- Rosenberg- *G. Schäfer*, StPO, § 102 Rn 13 und § 103 Rn 5; *Bär*, CuR 1995, 166; *Müller*, Die Stellung der juristischen Person, 117 f.; *Gillmeister*, Ermittlungsrechte, 54 ff.

[37]*Larenz*, Methodenlehre, 370 ff., 381 ff.; *Canaris*, Lücken im Gesetz, 24 f.

[38]Zu einer Bankendurchsuchung nach § 103 StPO siehe *LG Krefeld* NJW 1994, 2036.

[39]Vgl. Löwe- Rosenberg- *G. Schäfer*, StPO, § 103 Rn 3 und 5; SK/StPO- *Rudolphi*, § 103 Rn 3; *Warda*, Durchsuchung, 203 f., 204 ff.; für juristische Personen des öffentlichen Rechts ebenso *Janoschek*, Durchsuchung und Beschlagnahme, 86 f.

bei der Inanspruchnahme der Organe und befugten Vertreter der Gesellschaft Vorteile der Gesellschaft unberücksichtigt bleiben müßten[40]. Die §§ 30, 87 II S. 1, 88 III OWiG sowie die §§ 29 OWiG, 75 StGB ermöglichen damit, daß Personenvereinigungen *überhaupt* und *erstmalig* in ausgewählten Fallsituationen für Fehlverhalten ihrer Repräsentanten einstehen müssen. Ohne diese Normen wäre dies gar nicht möglich. Hier besteht jedoch eine Durchsuchungsmöglichkeit (jedenfalls) auf der Grundlage des § 103 I S. 1 StPO. Mit der Analogie wäre es nur möglich, unter den erleichterten Bedingungen des § 102 StPO zu durchsuchen.

Vor allem aber betreffen die §§ 30, 87 II S. 1, 88 III OWiG sowie die §§ 29 OWiG, 75 StGB allein den Bereich des *materiellen* Rechts, vergleichbare Vorschriften für das *Prozeßrecht* fehlen. Damit wird deutlich, daß der Gesetzgeber eine solche Repräsentantenhaftung nur in diesem (materiellen) Rechtsbereich für geboten und zulässig hält. Die Normen sind eng zu handhabende Ausnahmevorschriften[41]. Eine Ausdehnung in den hier diskutierten Bereich der Durchsuchungen und damit für prozessuale Zwecke würde diese Wertentscheidung unterlaufen[42]. Denn materielles Recht und Prozeßrecht sind grundverschieden.

Letztlich hätte die analoge Anwendung dieser Bestimmungen auch zur Folge, daß nur für einen bestimmten Kreis leitender Angestellter und Unternehmensträger und auch nur für bestimmte Taten im Rahmen der Wahrnehmung beruflicher Aufgaben für den Verband[43] die Zurechnung und damit die Anwendung des § 102 StPO zulässig wäre. Eine solche Differenzierung zwischen § 102 und § 103 StPO, je nachdem ob die Tat unter Verletzung von Pflichten, die den Verband treffen beziehungsweise unter Verfolgung von Vermögensinteressen des Verbandes stattgefunden hat oder nicht[44], ist aber nach Inhalt und Sinn der Durchsuchungsvorschriften nicht sachgerecht[45]. Außerdem billigen die §§ 87 II, 88 III OWiG dem Betroffenen allein Befugnisse und Rechte zu. Daraus kann nicht geschlossen werden, daß auch höhere Pflichten, wie sie mit der Anwendung des § 102 StPO verbunden wären, zu tragen sind[46].

Zusammenfassend ist daher eine solche Zurechnung der Verdächtigeneigenschaft einzelner, im Dienste des Unternehmens stehender Personen an das Unternehmen selbst somit ausgeschlossen[47]. Die Bank oder Sparkasse ist immer eine andere Person im Sinne des § 103 StPO[48].

---

[40]So für § 30 OWiG Begründung zum Entwurf der Bundesregierung zum Gesetz über Ordnungswidrigkeiten, BT- Drucks. V/1269, 59.

Vgl. auch *Kohlmann*, § 377 Rn 62.

[41]*Janoschek*, Durchsuchung und Beschlagnahme, 88 f.

[42]*Warda*, Durchsuchung, 211 ff. m.w.N.

[43]Vgl. § 30 I OWiG.

[44]Und ob ein leitender Mitarbeiter die Tat begangen hat oder nur ein hierarchisch untergeordneter Angestellter.

[45]Ebenso *Warda*, Durchsuchung, 266.

[46]AK- *Amelung*, StPO, § 102 Rn 6; *Janoschek*, Durchsuchung und Beschlagnahme, 88.

[47]Ebenso *Warda*, Durchsuchung, 266, 211 ff.; AK- *Amelung*, StPO, § 102 Rn 6 und 17; *Janoschek*, Durchsuchung und Beschlagnahme, 88 f.

[48]Insoweit zutreffend *Leisner*, BB 1994, 1944 (in Fn 34), siehe aber die folgende Fn.

2. Durchsuchung gemäß § 102 StPO bei Mitarbeitern des Kreditinstituts als verdächtige Personen

Wenn auch das Institut selbst immer eine andere Person im Sinne des § 103 StPO ist, so darf dies nicht zu dem Schluß verleiten, Durchsuchungen in Instituten dürften stets nur nach § 103 StPO vorgenommen werden[49]. Denn die in dem Unternehmen arbeitenden und von diesem angestellten Personen können sehr wohl einer Straftat oder Teilnahme verdächtig sein. Der § 102 StPO nennt als Durchsuchungsgegenstände sowohl die "Wohnung" als auch "andere Räume". Diese anderen Räume erfassen insbesondere auch den Arbeitsbereich des Verdächtigen[50].

a) Innehabung des Hausrechts nicht notwendig

Hierbei kommt es entgegen einer im Schrifttum vertretenen Ansicht[51] nicht darauf an, ob der verdächtige Mitarbeiter des Unternehmens Besitz an den "anderen Räumen" oder insoweit das Hausrecht innehat[52]. So wird zwar zur Begründung angeführt, das Hausrecht sei das von der Durchsuchung betroffene Rechtsgut[53]. Zudem müsse der Grundgedanke des § 102 StPO herangezogen werden, wonach dort eine umfassendere Suche zulässig ist, wo der Verdächtige andere Personen ausschließen und daher leichter etwas verbergen könne[54]. In Unternehmen dürfe daher nur dann nach § 102 StPO durchsucht werden, wenn sich der Tatverdacht gegen eine das Hausrecht ausübende Person in dem Unternehmen richtet. Dies ist bei den juristischen Personen das zur Vertretung berechtigte Organ, beispielsweise der Vorstand einer AG. Das Hausrecht ist jedoch -anerkanntermaßen[55]- delegierbar, so daß für den Fall einer Delegation auch der Tatverdacht gegen hierarchisch untergeordnete Personen ausreichen soll, um nach § 102 StPO in Unternehmen zu durchsuchen[56].

Diese Argumente vermögen jedoch nicht zu überzeugen. Denn bei den in § 102 StPO genannten *Sachen* kommt es trotz der Formulierung des Gesetzes nach einhelliger Ansicht allein auf die tatsächliche Nutzungs- und Herrschaftsgewalt, den Ge-

---

[49]So aber *Leisner*, BB 1994, 1944 (bei Fn 34 im laufenden Text). Daß die Praxis Durchsuchungen bei juristischen Personen beziehungsweise Personenvereinigungen gemäß § 102 StPO kennt, verdeutlichen bereits die zahlreichen gerichtlichen Entscheidungen. Vgl. *BGH* wistra 1997, 107 (108) (Durchsuchung einer GmbH nach § 102 StPO); *LG Köln* StV 1988, 291 (ebenfalls Durchsuchung einer GmbH nach § 102 StPO); *LG Köln* BB 1973, 973 (Durchsuchung einer AG nach § 102 StPO).

[50]KMR- *Müller*, StPO, § 102 Rn 13; Löwe- Rosenberg- *G. Schäfer*, StPO, § 102 Rn 32.

[51]So *Janoschek*, Durchsuchung und Beschlagnahme, 87 ff.; *Benfer*, Die Haussuchung, 110; AK- *Amelung*, StPO, § 102 Rn 17, 6 und § 103 Rn 4; *Krekeler/Schütz*, wistra 1995, 297; offenbar auch *Rüping*, in: Kohlmann, Strafverfolgung, 1983, 267 (270); *ders.*, Das Strafverfahren, Rn 297.

[52]Ebenso KMR- *Müller*, StPO, § 102 Rn 13; SK/StPO- *Rudolphi*, § 102 Rn 8.

[53]*Janoschek*, Durchsuchung und Beschlagnahme, 89.

[54]So AK- *Amelung*, StPO, § 102 Rn 17.

[55]Vgl. Schönke/Schröder- *Lenckner*, StGB, § 123 Rn 21 m.w.N.

[56]So AK- *Amelung*, StPO, § 102 Rn 17; dagegen trotz des Abstellens auf Hausrecht und Feststellung der Delegationsmöglichkeit explizit nur von vertretungsberechtigten Organen sprechend *Janoschek*, Durchsuchung und Beschlagnahme, 89; in dieser Richtung ebenfalls *Krekeler/Schütz*, wistra 1995, 297.

wahrsam, an[57]. Im Sinne einer der Rechtsanwendung förderlichen einheitlichen Bestimmung des maßgeblichen Zuordnungskriteriums muß dies auch für die *Wohnungen* und *anderen Räume* gelten. Außerdem liegt der Grund für die unterschiedliche Regelung in § 102 und § 103 StPO auch in der kriminalistischen Erfahrung, daß die Durchsuchung bei dem Verdächtigen regelmäßig größere Erfolgschancen hat[58]. Diese Erfolgschancen gibt es dort, wo der Verdächtige sich aufhält, bei oder in den Gegenständen, die er mit gewisser Regelmäßigkeit nutzt. Denn dort wird er Gegenstände aus Straftaten oder sonstige Beweismittel verstecken. Die Tatsache, daß Art. 13 I GG das Hausrecht schützt und von einer Durchsuchung demnach zunächst diejenigen betroffen sind, die jenes Recht ausüben, kann nicht darüber hinwegführen, daß auch und vor allem die Personen beeinträchtigt werden, die die durchsuchten Gegenstände nutzen. Denn sie können in dieser Zeit nicht wie gewohnt selbständig entscheiden und verfahren. Daß dieser Nutzer den Weisungen des Betriebsinhabers oder anderer das Hausrecht ausübender Vorgesetzter untersteht, begründet allein den übergeordneten Gewahrsam auch dieser Weisungsbefugten. Damit findet in gleicher Weise "bei" ihnen diese Zwangsmaßnahme statt[59].

b) Tatsächliche (Mit-) Nutzung und (Mit-) Beherrschung maßgeblich

Maßgeblich ist daher die konkrete Nutzung, die tatsächliche Verfügungsgewalt im Sinne des (räumlichen) Gewahrsams in dem oder über das Durchsuchungsobjekt[60]. Es kommt darauf an, ob es der Verdächtige ist, der die Wohnung rechtmäßig oder illegal tatsächlich bewohnt, ob er diesen Raum oder diesen Schreibtisch als Arbeitsplatz im Unternehmen nutzt. Nicht ausreichend ist es dagegen, wenn er bloßer Besucher oder Kunde ist. Der Gewahrsamsbereich ist je nach den Raumverhältnissen unabhängig von der betriebshierarchischen oder rechtlichen Beziehung zu entscheiden[61]. Innerhalb dieses Gewahrsamsbereichs des Verdächtigen ist § 102 StPO einschlägig. Geht es hingegen nicht mehr um seinen persönlichen Nutzungs- und Herrschaftsbereich, so kann die Durchsuchung nur auf § 103 StPO gestützt werden[62]. Besonders exponierte Stellungen in Unternehmen können die Annahme eines größeren räumlichen Gewahrsamsbereichs rechtfertigen. Bei der Führungsspitze kann er -je nach Größe des Unternehmens, Entfernung etwaiger Zweig- und Produktionsstätten, Häufigkeit des Betretens- sogar das gesamte Unternehmen umfassen[63].

---

[57]So AK- *Amelung*, StPO, § 102 Rn 20; SK/StPO- *Rudolphi*, § 102 Rn 10; *Kleinknecht/Meyer-Goßner*, StPO, § 102 Rn 10; KK- *Nack*, StPO, § 102 Rn 11; KMR- *Müller*, StPO, § 102 Rn 15; Löwe- Rosenberg- *G. Schäfer*, StPO, § 102 Rn 35; *Geerds*, Dünnebier- FS (1982), 171 (174 in Fn 15); *Bär*, CuR 1995, 227 f.

[58]Vgl. SK/StPO- *Rudolphi*, § 102 Rn 4.

[59]*Warda*, Durchsuchung, 246 f.

[60]Ebenso SK/StPO- *Rudolphi*, § 102 Rn 8; *Kleinknecht/Meyer- Goßner*, StPO, § 102 Rn 7; KK- *Nack*, StPO, § 102 Rn 8; *Warda*, Durchsuchung, 234 ff., 263 ff.; *Kramer*, Ermittlungen bei Wirtschaftsdelikten, Rn 81; Franzen/Gast/Joecks- *Joecks*, § 399 Rn 24; KMR- *Müller*, StPO, § 102 Rn 13; Tipke/Kruse- *Seer*, AO, § 208 Rn 13 d; Löwe- Rosenberg- *G. Schäfer*, StPO, § 102 Rn 12 und 30; *Ranft*, WiB 1996, 51; *Bär*, CuR 1995, 228.

[61]*Warda*, Durchsuchung, 234 ff., 241.

[62]Ebenso Franzen/Gast/Joecks- *Joecks*, § 399 Rn 24; Tipke/Kruse- *Seer*, AO, § 208 Rn 13 d; *Ranft*, WiB 1996, 51.

[63]*Kramer*, Ermittlungen bei Wirtschaftsdelikten, Rn 82.

Die hier vertretene Ansicht will keinesfalls den Grundrechtsschutz der Personenvereinigungen aus Art. 13 I GG unterlaufen und die "Räumlichkeiten einer juristischen Person immer gemäß § 102 StPO" durchsuchen[64]. Sie hat schon gar nicht zur Folge, daß "alle Räume eines Unternehmens gemäß § 102 StPO durchsucht werden" können, sobald ein "Auszubildender im Verdacht steht, Diebesgut, welches nicht im Zusammenhang mit der Firma steht, in einen der Betriebsräume verbracht zu haben"[65]. Derartige Aussagen sind zumindest irreführend. Denn bei einem Auszubildenden[66] dürfte sich der persönliche Nutzungs- und Herrschaftsbereich in den seltensten Fällen auf das gesamte Unternehmen, ja noch nicht einmal auf eine Niederlassung erstrecken. Selbst bei Großraumbüros wird regelmäßig nur der Arbeitsplatz (Schreibtisch) des Verdächtigen erfaßt. Erst bei kleinen Büros mit nur wenigen Angestellten kann er sich auf den gesamten Raum beziehen[67].

Die Rechtsprechung scheint in der tatsächlichen Herrschaftsbeziehung ebenfalls das entscheidende Kriterium zu sehen[68]. Erforderlich soll nicht einmal die *alleinige* Beherrschung des Durchsuchungsgegenstandes durch den Verdächtigen sein. Vielmehr reiche sogar der bloße Mitgewahrsam, die Mitinhaberschaft an der Wohnung[69]. Dies wird zwar in keiner der zitierten Entscheidungen und in der Kommentarliteratur, wenn überhaupt, nur äußerst knapp begründet[70]. Immerhin wird der Nichtverdächtige, der zusammen mit dem Verdächtigen die tatsächliche Nutzungs- und Herrschaftsgewalt ausübt, wie beispielsweise Ehepartner oder Kollegen im Büro, damit gegenüber der eigentlich für Nichtbeteiligte geltenden Durchsuchungsvorschrift des § 103 StPO schlechter gestellt[71]. Im Ergebnis ist diese Rechtsprechung jedoch nicht zu beanstanden. Der Grund für den Vorrang des § 102 StPO und der nur subsidiären Anwendung des § 103 I S. 1 StPO[72] ist darin zu sehen, daß die kriminalistische Erfahrung für höhere Erfolgschancen bei der Suche nach Beweismitteln oder dem Verdächtigen in der Gewahrsamspähre des Verdächtigen selbst auch bei bloßem *Mit*gewahrsam spricht. Es geht allein um den Einwirkungsbereich des Verdächtigen, selbst wenn dieser dort nicht allein "waltet". Vor allem ergibt sich dieses Ergebnis auch aus der gesetzlichen Wertung. Wenn nach § 103 II StPO bei anderen Personen ohne die Beschränkungen des § 103 I S. 1 StPO durchsucht werden darf, weil sich der Verdächtige in diese Räumlichkeiten während der Flucht kurzzeitig begeben hat oder dort aufgegriffen wurde, müssen Nichtverdächtige erst recht Durchsuchungen unter erleichterten Voraussetzungen in Kauf nehmen, wenn sich der Verdächtige dort dauerhaft oder zumindest länger aufhält[73].

---

[64]Wie *Krekeler/Schütz*, wistra 1995, 297 wörtlich kritisieren.

[65]Wörtlich *Krekeler/Schütz*, wistra 1995, 297.

[66]Wie auch bei sonstigen hierarchisch untergeordneten Angestellten und Mitarbeitern.

[67]*Kramer*, Ermittlungen bei Wirtschaftsdelikten, Rn 81 f.; *Warda*, Durchsuchung, 254 f.

[68]Tatsächliche (Mit-) Beherrschung maßgeblich, siehe *BGH* NStZ 1986, 84 (85); *BayVerfGH*, BayVBl. 1957, 20 f.; *LG Saarbrücken* JZ 1988, 727 (728); *LG Wiesbaden* StV 1988, 292 (293).

[69]Siehe *BGH* NStZ 1986, 85; *BayVerfGH*, BayVBl. 1957, 20 f.

[70]Etwa bei Löwe- Rosenberg- *G. Schäfer*, StPO, § 102 Rn 12 und bei KMR- *Müller*, StPO, § 102 Rn 2.

[71]Kritisch deshalb *Nelles*, StV 1991, 488 (489 ff.).

[72]Bei Nichttatverdächtigen, die am Durchsuchungsgegenstand *Alleingewahrsam* oder mit weiteren Unbeteiligten *Mitgewahrsam* haben.

[73]*Warda*, Durchsuchung, 255 ff.

c) Teilnahmeverdacht gegen bestimmte Bankmitarbeiter

Durchsuchungen sind nur in Verfahren, in denen der Verdacht einer verfolgbaren Straftat zu klären ist (Strafverfahren), zulässig. Dies gilt für § 102 und § 103 StPO in gleicher Weise[74]. Die Mitarbeiter der Kreditinstitute werden in der Praxis allein der Beihilfe zu Steuerhinterziehungen der Kunden verdächtigt[75]. Dies sind die verfolgbaren Straftaten. Die nach der hier vertretenen Ansicht bei noch nicht abgeschlossenen Steuerhinterziehungen der Kunden tateinheitlich zur Beihilfe vorliegenden Strafvereitelungen durch die Bankmitarbeiter spielen in der Praxis keine Rolle. Dies gilt gleichfalls für Strafvereitelungen, die bezüglich des Transfers von in der Vergangenheit hinterzogenen Beträgen in Betracht kommen. Im folgenden wird aufgezeigt, auf Grund welcher Umstände bestimmte Personen (Bankmitarbeiter und Kunden) von den Strafverfolgungsorganen hier als Verdächtige angesehen werden. Ferner wird untersucht, ob dies mit strafprozessualen Grundsätzen in Übereinstimmung zu bringen ist.

Um ein Kreditinstitut in bestimmten Bereichen auf der Grundlage des § 102 StPO zu durchsuchen, muß nach der bisherigen Darstellung von bestimmten, an den zu durchsuchenden Objekten Gewahrsam innehabenden *Bankmitarbeitern* auf Grund konkreter Tatsachen angenommen werden können, diese hätten die verfolgte Straftat begangen. Maßgeblich für die Bankendurchsuchungen auf der Grundlage des § 102 StPO kann mithin nur der Teilnahmeverdacht gegen bestimmte Bankmitarbeiter sein. Erforderlich ist insoweit ein Anfangsverdacht im Sinne der §§ 152 II, 160 I StPO. Danach werden "zureichende tatsächliche Anhaltspunkte" für eine Straftat gefordert[76]. Unter Anfangsverdacht versteht man herkömmlicherweise durch konkrete Tatsachen belegte, durch kriminalistische Erfahrung begründete Anhaltspunkte dafür, daß eine verfolgbare Straftat vorliegt. Er ist folglich von objektiven Merkmalen gekennzeichnet und deshalb abzugrenzen von bloßen vagen und unsubstantiierten Vermutungen oder sonstigen subjektiven Meinungen[77]. Diese tatsächlichen Anhaltspunkte müssen bereits zum Zeitpunkt der Anordnung der Durchsuchung bestehen. Es reicht nicht, daß mit der Zwangsmaßnahme selbst erst belastende Materialien gefunden werden sollen[78].

Es zeigt sich bei der Analyse der einschlägigen Entscheidungen und Veröffentlichungen, daß es vor allem Äußerungen und Funde in anderen Zivil-, Steuerstraf- und steuerlichen Verfahren, anonyme Anzeigen von Mitarbeitern sowie die Aussagen steuerpflichtiger Kunden sind, die den Auslöser für die hier untersuchten Ermittlungen

---

[74]Ausführlich *Warda*, Durchsuchung, 10 ff.; *Krekeler/Schütz*, wistra 1995, 296.

[75]Siehe bereits oben S. 91 f.

[76]*Benfer*, Die Haussuchung, 51 ff.; *Sommermeyer*, Jura 1992, 449 (450); *Rüping*, in: Kohlmann, Strafverfolgung, 1983, 270; *ders.*, Das Strafverfahren, Rn 296; *Geerds*, Dünnebier- FS (1982), 174; *Schlüchter*, Das Strafverfahren, Rn 326; Löwe- Rosenberg- *G. Schäfer*, StPO, § 102 Rn 15; SK/StPO- *Rudolphi*, § 102 Rn 2; KMR- *Müller*, StPO, § 102 Rn 3; *Ranft*, WiB 1996, 51; *Bruns*, Schmidt- Leichner- FS (1977), 1 (3). Anfangsverdacht -wenn auch ohne Bezugnahme auf die §§ 152 II, 160 I StPO- wird ebenfalls gefordert bzw. umgekehrt für ausreichend gehalten von *LG Köln* StV 1988, 291. In diesem Sinne auch *OLG Düsseldorf* MDR 1991, 78 f. und *LG Hannover* StV 1997, 626.

[77]Zur Definition des Anfangsverdachts siehe *OLG Düsseldorf* MDR 1991, 78 f.; *LG Offenburg* StV 1997, 626 (627); *LG Köln* StV 1983, 275; *Kleinknecht/Meyer- Goßner*, StPO, § 152 Rn 4; *Roxin*, Strafverfahrensrecht, § 37 Rn 13; KMR- *Müller*, StPO, § 152 Rn 4; *Kohlmann*, § 385 Rn 100; *Schuhmann*, wistra 1993, 94; AK- *Schöch*, StPO, § 152 Rn 10.

[78]*Kniffka*, wistra 1987, 309.

darstellen[79]. Daneben kommen auch anonyme Hinweise von weiteren Personen, die oftmals die hinterziehenden Kunden betreffen, oder Funde bei einer Außenprüfung in Betracht. Diese Äußerungen, Funde oder Angaben müßten einen Tatsachenkern bilden, aus dem sich die Möglichkeit der Strafbarkeit wegen Beihilfe zur Steuerhinterziehung ergibt. Umstände, die allein auf eine strafbare Steuerhinterziehung durch Kunden schließen lassen, genügen ebensowenig wie bloße Anhaltspunkte für Hilfeleistungen. Die Prüfung, ob ein Verdacht gegeben ist, hat sich am materiellen Recht zu orientieren. Danach ist eine Beihilfe nur bei vorsätzlichen Hilfeleistungen zu einer vorsätzlichen rechtswidrigen Haupttat strafbar, § 27 I StGB. Insofern müssen Anhaltspunkte und nicht nur Vermutungen für die Existenz einer strafbaren *Haupttat* vorliegen. Zudem müssen Vorgehensweisen, konkrete Handlungen einzelner Mitarbeiter bekannt sein, die nach materiellem Recht die Möglichkeit der Bestrafung als vorsätzliche *Hilfeleistung* nach § 27 I StGB bieten.

aa) Haupttat(en)

aaa) Argumentation der Ermittlungsbehörden und Gerichte

Bei der Analyse der Anhaltspunkte für die Haupttat(en) zeigt sich, daß vor der ersten Durchsuchung einer Institutsgruppe regelmäßig kein konkreter Fall von Steuerhinterziehung bekannt ist. Damit unterscheiden sie sich jedenfalls von den in den 80er Jahren stattgefundenen Bankenverfahren wegen unzulässiger Verbuchungspraktiken über CpD- Konten. In den Entscheidungen des *LG Düsseldorf*[80], des *FG Saarland*[81], des *LG Baden- Baden*[82], des *LG Fulda*[83] sowie des *LG Köln*[84] werden konkret bekannte Bankmitarbeiter verdächtigt, zugunsten namentlich bekannter, konkreter Bankkunden Beihilfe zur Steuerhinterziehung begangen zu haben. Problemtisch und durch die gerichtlichen Entscheidungen zu klären war allein, daß bei den Durchsuchungen Anhaltspunkte für weitere Steuerhinterziehungen durch andere Kunden gefunden wurden (Zufallsfunde).

---

[79]Vgl. Angaben in *BVerfG* WM 1994, 691 = StV 1994, 353 f.; *LG Braunschweig* vom 03.05.1993, Az Qs 3, 4/93 (nicht veröffentlicht); *LG Bochum* vom 02.06.1993 Az. 35 Js 244/92 (nicht veröffentlicht); *FG Baden Württemberg* vom 25.11.1996, Az 3 V 37/96, insoweit in wistra 1997, 158 nicht abgedruckt; *LG Koblenz* wistra 1997, 33; *LG Frankfurt* wistra 1997, 118. Spektakulär ist insoweit das Verfahren der Commerzbank AG. Hier ergaben sich die Hinweise unter anderem aus einem anderen Erpressungsverfahren. Der Täter hatte sich rechtswidrig in den Besitz von sechs Bänden Beweismittelordner gebracht. Vgl. *OLG Frankfurt* wistra 1996, 159. Nach Pressemitteilungen soll zudem ein Mitarbeiter aus der Effektenabteilung den Ermittlern im Vorfeld der Aktionen detaillierte Informationen über den Ablauf der Transaktionen nach Luxemburg und in die Schweiz bei diesem Institut und den möglichen Orten, an denen Unterlagen in der Bank gefunden werden könnten, gegeben haben (vgl. Spiegel 37/1996, 22 [27]; Bericht im Tagesspiegel vom 23.01.1997).

[80]wistra 1985, 201.

[81]wistra 1990, 272.

[82]ZIP 1989, 764.

[83]Vom 09.03.1992, Az. Qs 90/89, 92/89 u.a. (nicht veröffentlicht).

[84]StV 1983, 56.

(1) Anhaltspunkte für Steuerhinterziehungen durch andere Kunden

Vielmehr gibt es hier allenfalls Hinweise aus früheren Verfahren gegen namentlich bekannte Kunden des jeweiligen Instituts, die Steuern hinterzogen haben[85]. Aus Aussagen von Vertretern der Bank in einem früheren Zivilrechtsstreit[86] beziehungsweise -so im Fall des *LG Bochum*[87]- aus Aussagen des Beschuldigten X sowie Hinweisen im "Handbuch für das Luxemburggeschäft" wird von den Ermittlern und Gerichten geschlossen, daß es sich bei diesen bekannten Steuerhinterziehungen nicht nur um Einzelfälle handelt.

(2) Transfer gerade nach Luxemburg und genau zu diesem Zeitpunkt

Zum anderen wird der Verdacht der Steuerhinterziehung durch Kunden auf folgende Erwägungen gestützt. So wird etwa im Verfahren des *LG Braunschweig* ausgeführt, es bestünden "tatsächliche Anhaltspunkte dafür, daß der Betroffene (Z) als Mitarbeiter der Betroffenen (X) im Auftrag zahlreicher Anleger um den Jahreswechsel 1992/1993 umfangreiche Vermögenswerte in Luxemburg angelegt hat". Wohlgemerkt, es finden sich keine Anhaltspunkte für weitere Steuerhinterziehungen, sondern für weitere Anlagen von Vermögenswerten in Luxemburg. Und weiter: "Der bloße Umstand, daß Kunden des Betroffenen (Z) über ihn Gelder nach Luxemburg transferiert haben, genügt zwar nicht für einen Anfangsverdacht einer Steuerhinterziehung. Hinzu kommt jedoch der *Verdacht*, daß diese Gelder in *zeitlichem Zusammenhang* mit dem Inkrafttreten des Zinsabschlagsteuergesetzes zum 01.01.1993 transferiert wurden. Für einen *gesetzestreuen* Anleger, der die besonderen Anlagemöglichkeiten nutzen will, die Banken in Luxemburg im Gegensatz zu deutschen Banken bieten, besteht *keine Veranlassung, davon gerade in großem Umfang zu diesem Zeitpunkt* Gebrauch zu machen"[88]. In vergleichbarer Weise wird im Verfahren der Commerzbank AG argumentiert. Infolge der Weiterleitung und Auswertung des aus einem Erpressungsverfahren bekannt gewordenen Inhalts von 6 Ordnern "hatte die Staatsanwaltschaft Kenntnis davon, daß ca. 1.600, vorwiegend deutsche Kunden, der Antragstellerinnen Vermögenswerte in Luxemburg angelegt hatten, ohne daß die vollständigen Anschriften dieser Personen und die Herkunft der Vermögenswerte bekannt waren. Es ist allgemein bekannt, daß es im Staat Luxemburg ein gesetzlich verankertes Bankgeheimnis gibt, das die Verschwiegenheitspflicht deutscher Bankangestellter bei weitem übertrifft. Es ist weiter allgemein bekannt, daß der Staat Luxemburg eine Zinsabschlagssteuer nicht kennt im Gegensatz zur Bundesrepublik Deutschland ... Es ist letztlich allgemein bekannt, daß nach Einführung dieser Zinsabschlagssteuer Kapital aus der Bundesrepublik Deutschland in verstärktem Maße gerade im Staat Luxemburg angelegt worden ist". Insofern bestehe der "begründete Anfangsverdacht, daß zahlreiche Kunden der Antragstellerinnen ihr Kapital in den Staat Luxemburg trans-

---

[85]So bei der Dresdner Bank AG, vgl. *BVerfG* WM 1994, 691 = StV 1994, 353 f.; ebenso in den Verfahren, über welches das *LG Braunschweig* vom 03.05.1993, Az Qs 3, 4/93 (nicht veröffentlicht) und das *LG Bochum* vom 02.06.1993, Az. 35 Js 244/92 (nicht veröffentlicht) zu befinden hatten. Dagegen gab es im Verfahren des *LG Bielefeld* WM 1998, 2290 offenbar lediglich zwei bekannte Fälle von anonymen Transfers.

[86]So bei der Dresdner Bank AG.

[87]Vom 02.06.1993, Az. 35 Js 244/92 (nicht veröffentlicht).

[88]So wörtlich und mit Hervorhebungen der Verfasserin *LG Braunschweig* vom 03.05.1993, Az Qs 3, 4/93 (nicht veröffentlicht).

feriert hatten, um der in der Bundesrepublik Deutschland geltenden Besteuerungspflicht zu entgehen"[89].

(3) Hauptargument: Verschleierungen des Transfers

Hauptargument für die Annahme von Steuerhinterziehungen ist jedoch ein weiterer Aspekt, der in allen zitierten Bankenverfahren mehr oder weniger ausgeprägt herangezogen wird: die *Anonymisierung* des Transfers. In den genannten Verfahren gibt es tatsächliche Hinweise darauf, daß die Verlagerung von Kapital zum Finanzplatz Luxemburg in verheimlichender Art und Weise möglich war. So heißt es in den Durchsuchungsbeschlüssen im Verfahren der Dresdner Bank AG, die Angestellten sollen "den inländischen Geschäftsbetrieb der Bank in der Weise zur Verfügung stellen bzw. gestellt haben, daß die Kunden bisher nicht der Versteuerung unterworfene Einnahmen und Vermögenswerte ins Ausland verbringen oder aus dem Ausland hereinholen können bzw. konnten, ohne für diese Transaktionen eigene inländische Konten zu bewegen. Vielmehr haben die Beschuldigten unter bewußtem Verstoß gegen Normen der Abgabenordnung (§ 154 AO) die Geldbewegungen über Konten der Bank, nämlich Kasse- und CPD- Konten, statt über Kundenkonten, erfassen lassen. Die entsprechenden Buchungen erfolgten in einer verheimlichenden Art und Weise dergestalt, daß CPD- Konten benutzt wurden und dabei Belege systematisch Verwendung fanden, die den tatsächlich Verfügenden nicht bezeichneten"[90]. Bereits zuvor hatte das *LG Braunschweig* mit dieser Norm der Abgabenordnung argumentiert. Wegen der Möglichkeit, die Vermögensverwaltung ganz oder zum Teil unter Phantasienamen vorzunehmen, stehe "zwar ein Verstoß gegen § 154 AO durch die Betroffenen oder die Anleger im Inland noch nicht fest", allerdings gebe es "erhebliche Verdachtsmomente"[91]. Auch im Verfahren des *FG Baden- Württemberg*[92] wird ausgeführt, daß "zahlreiche Ein- und Auszahlungsbelege über Kapitalanlagen ..., die wegen der Anonymisierung der hinter den betreffenden Bankbelegen stehenden Kunden ... den Verdacht einer Steuerhinterziehung des Bankkunden ... begründen"[93]. Im Durchsuchungs- und Beschlagnahmebeschluß der Y- Bank[94] wird ausgeführt, Mitarbeiter hätten "den inländischen Geschäftsbetrieb ihres Kreditinstituts unter Verstoß gegen gesetzliche Vorschriften und banküblicher Gepflogenheiten in der Weise zur Verfügung gestellt", daß "es den Kunden ermöglicht wurde, Vermögenswerte anonym ins Ausland, namentlich Luxemburg, zu verbringen oder aus dem Ausland in die Bundesrepublik Deutschland zurückzutransferieren. Hierdurch wurde es den Kunden ermöglicht, die steuerpflichtigen Erträge und Werte der inländischen Besteuerung zu entziehen. Es besteht auch der Verdacht, daß Geldrückflüsse aus dem Ausland nicht über Konten der Bankkunden, sondern über bankinterne Konten gebucht wurden". In der Entscheidung des *LG Koblenz* wird ausgeführt, es konnten von Kunden "Gelder unter falschem Namen nach Luxemburg" transferiert werden[95]. Im Verfahren, über welches

---

[89]Wörtlich *OLG Frankfurt* wistra 1996, 159 f.

[90]Wörtlich in den Durchsuchungsbeschlüssen gegen die Dresdner Bank AG, AG 1994, 119.

[91]Wörtlich *LG Braunschweig* vom 03.05.1993, Az Qs 3, 4/93 (nicht veröffentlicht).

[92]wistra 1997, 158.

[93]Wörtlich aus *FG Baden- Württemberg* vom 25.11.1996, Az. 3 V 37/96, insoweit in wistra 1997, 158 nicht abgedruckt. Ähnlich insoweit *LG Bielefeld* WM 1998, 2290.

[94]Abgedruckt im Anhang.

[95]So wörtlich *LG Koblenz* wistra 1997, 33.

das *LG Bochum*[96] zu befinden hatte, existierten vor allem im Vorfeld von Luxemburger Mitarbeitern blanko unterschriebene Einzahlungsbelege, die entgegen der tatsächlichen Lage eine Einzahlung unmittelbar auf das luxemburgische Konto vorspiegeln sollten. Zudem gab es die Aussagen des Beschuldigten X, wonach Mitarbeiter Sorge zu tragen hatten, daß auf den Belegen der Kunde nicht zu erkennen sei. Bei der M.L. Gruppe gab es darüber hinaus den besonderen Service, mit den Kundenunterlagen "in geradezu geheimdienstlicher Manier umzugehen" beziehungsweise den Ratschlag für die Kunden, sich die Kontoauszüge nicht mit der Post nach Hause senden zu lassen[97].

Und da, so wird mehr oder weniger[98] ausführlich dargelegt, die Gründe für eine Anonymisierung letztendlich nur steuerrechtlicher Natur seien, gebe es tatsächliche Anhaltspunkte -Heimlichkeit-, die vermittelt durch kriminalistische Erfahrung -nur steuerrechtlichen Hintergrund- den Verdacht der Steuerhinterziehung stützen. Denn dort, wo anonymisierte Transfermöglichkeiten bestanden haben, gab es Kunden, die diese nutzten[99]. Haupttäter sind deshalb -offenbar alle- "namentlich noch nicht bekannten Anleger, für die bei den Betroffenen Unterlagen und eventuell Konten unter einem Kennwort geführt werden"[100], eine "Vielzahl von Kunden"[101] beziehungsweise eine "Auswahl der Bankkunden"[102].

bbb) Analyse und Beurteilung

Die vorstehend aufgezeigten Begründungen für die Annahme von Steuerhinterziehungen einer Vielzahl, im einzelnen noch unbekannter Kunden vermögen nicht durchweg zu überzeugen. Sie entsprechen nur teilweise den Anforderungen, die an das Vorliegen eines Tatverdachts zu stellen sind.

(1) Europarechtliche Tragweite

Dies gilt zunächst einmal für die wiedergegebenen Ausführungen des *LG Braunschweig* vom 03.05.1993[103] sowie des *OLG Frankfurt*[104], Steuerhinterziehung sei anzunehmen, weil der Transfer gerade nach Luxemburg und eben zu einem bestimmten Zeitpunkt erfolgt ist. Dies ist nicht ausreichend. So gab und gibt es auch für einen "gesetzestreuen Anleger" gute Gründe, sein Kapital außerhalb von Deutschland anzulegen. Selbst wenn er die Vermögenswerte *nur* zur Vermeidung des Zinsabschlags

---

[96] *LG Bochum* vom 02.06.1993, Az. 35 Js 244/92 (nicht veröffentlicht).

[97] So wörtlich *LG Frankfurt* wistra 1997, 118.

[98] Ausführlich noch in *LG Braunschweig* vom 03.05.1993, Az Qs 3, 4/93 (nicht veröffentlicht). Inzwischen finden sich jedoch kaum mehr Begründungen.

[99] In einem weiteren Schritt wird sodann geschlußfolgert, daß es somit auch Bankmitarbeiter gab, die diese gebilligt oder angeboten und damit die Hinterziehung gefördert hätten. Damit wird aus dem Faktum Anonymisierung sowohl die Haupttat geschlossen als auch die Hilfeleistung zu dieser. Dazu sogleich mehr.

[100] So wörtlich *LG Braunschweig* vom 03.05.1993, Az Qs 3, 4/93 (nicht veröffentlicht).

[101] Wörtlich im Durchsuchungsbeschluß der X- Bank von 1996 (im Anhang abgedruckt).

[102] So wörtlich in den Durchsuchungsbeschlüssen gegen die Dresdner Bank AG vom *AG Düsseldorf* AG 1994, 119.

[103] Az Qs 3, 4/93 (nicht veröffentlicht).

[104] wistra 1996, 159. Vergleichbar auch *LG Detmold* wistra 1999, 434; zutreffende kritische Anmerkung insoweit *Stahl/Carlé*, wistra 2000, 77 (78).

an ausländischen Finanzmärkten anlegt, was insbesondere bei institutionellen Anlegern Liquiditätsvorteile haben kann, ist dagegen nichts einzuwenden. Der Zinsabschlag als solcher, als bloße Vorauszahlung auf die Einkommensteuer, kann nicht hinterzogen werden. Seine Vermeidung durch Einschaltung ausländischer Kreditinstitute ist legal[105]. Der Besteuerungspflicht kann man nicht durch den Transfer zu ausländischen Finanzplätzen entgehen. Für die Einkommensteuer gilt das Welteinkommensprinzip, wonach es für die Besteuerung der Erträge aus Kapitalvermögen irrelevant ist, wo diese erzielt werden[106]. Der Besteuerung kann nur dadurch "entgangen" werden, daß gegenüber dem Finanzamt unzutreffende Angaben gemacht werden.

Vor allem aber zeigt sich darin eine unter europarechtlichen Gesichtspunkten bedenkliche Tendenz. Es verstößt gegen Gemeinschaftsrecht, wenn allein aus der Tatsache, daß Vermögenswerte in Luxemburg angelegt worden sind, verbunden mit dem Umstand, daß dieses Land als "Steueroase" gilt und letztlich ergänzt um den Hinweis auf die massiven Kapitalverlagerungen vor und bei Einführung des steuerlichen Zinsabschlags gerade zu diesem Finanzplatz ein strafprozessualer Anfangsverdacht der Steuerhinterziehung der Luxemburg- Anleger geschlossen wird. Die Kapitalverkehrsfreiheit gehört zu den Grundfreiheiten eines jeden Bürgers der Europäischen Union. Begünstigt werden alle Kapitalbewegungen zwischen den Mitgliedsländern; jede Diskriminierung nach Wohnort, Sitz, Niederlassungs- oder Anlageort ist unzulässig[107]. Zwar dürfen die Mitgliedstaaten zur Verhinderung von Zuwiderhandlungen insbesondere auf dem Gebiet des Steuerrechts die unerläßlichen Maßnahmen treffen, Art. 58 I b EGV. Steuerhinterziehungen dürfen und müssen natürlich weiterhin verfolgt werden. Jedoch dürfen die Strafverfolgungshandlungen keine verschleierten Beschränkungen der Kapitalverkehrsfreiheit darstellen[108]. Als Beschränkung der Kapitalverkehrsfreiheit gilt jedes Verhalten der Mitgliedstaaten, welches geeignet ist, diese Freiheit mittelbar oder unmittelbar, tatsächlich oder potentiell zu behindern[109]. Insofern stellt es eine Verletzung von Art. 58 III EGV dar, wenn jemand allein deshalb strafrechtlich verfolgt wird, weil er Vermögenswerte im europäischen Ausland angelegt und/oder dies zu einer bestimmten Zeit getan hat[110]. Es ist demzufolge nicht so, daß "bereits die bloße Auslandsanlage von Kapitalvermögen als erstes Indiz für Steuerunehrlichkeit gelten dürfte"[111], oder, wie derselbe Staatsanwalt zeitlich später ausführt, daß "schon die Auslandsanlage als solche" den "Hinterziehungsverdacht" indiziere und die "Indizwirkung ... im Einzelfall entkräftet werden"[112] müsse. Der Anleger soll sich gerade nicht rechtfertigen, warum und wann er zu bestimmten Finanzplätzen Kapital transferiert (hat). Daß "aus Sicht der Beamten kein sachlicher Grund ersichtlich" sei, "weshalb ein bundesdeutscher Kapitaleigner sein Vermögen im Ausland anlegen sollte"[113] ist schlichtweg irrelevant für die Begründung eines

---

[105]*Hamacher*, WuB X. § 370 AO 1.95 (574); *Klos*, INF 1995, 609 (611); *Trzaskalik*, DB 1994, 552.

[106]Oben S. 16.

[107]Ausführlich zur Kapitalverkehrsfreiheit als Grundfreiheit oben ab S. 12.

[108]Art. 58 III EGV.

[109]Vgl. *EuGH*, RIW/AWD 1975, 284. Ebenso *Hamacher*, DB 1995, 2287.

[110]Ebenso *LG Bielefeld* wistra 1999, 155 (156); *Ditges/Graß*, BB 1998, 1393 f.; *Hamacher*, DB 1995, 2287 ff. Letzterer vertritt jedoch im Ergebnis zu weitgehende Ansichten.

[111]Wörtlich *Weyand*, INF 1995, 160.

[112]Wörtlich *Weyand*, INF 1995, 513 (517).

[113]Wiederum wörtlich *Weyand*, INF 1995, 517. Tendenziell ebenso *Bilsdorfer*, DStR 1996, 1955 f.

strafprozessualen Anfangsverdachts der Steuerhinterziehung. Offenbar sind solche Auffassungen keine Einzelfälle[114].

Im übrigen fehlt es in einem solchen gemeinschaftsrechtswidrigen Fall bereits nach nationalem Recht am Anfangsverdacht. Denn es handelt sich um nichts anderes als Mutmaßungen. Es ist "in der Regel unzulässig", nur "allgemeine Erwägungen zu Häufigkeit und Methode der Steuerhinterziehung" und das Bestehen "der bloßen Möglichkeit, daß ein gesetzlich zulässiger Betrieb von Straftätern mißbraucht werden könnte", zur Stützung einer Tatverdachts heranzuziehen[115]. Dann liegt lediglich ein *Betriebsverdacht* vor, der keinesfalls die Eingriffe in die Grundrechte der von den strafprozessualen Maßnahmen Betroffenen rechtfertigen kann[116]. Dies bedeutet, daß zur Begründung des Anfangsverdachts *mehr* als die Verknüpfung einzelner allgemein bekannter Umstände erforderlich ist. Wenn "auf nichts weiter abgestellt würde als auf die beim Geldtransfer ins Ausland üblichen und legalen Bankdienstleistungen, auch wenn sie -wie z.B. anonyme Überweisungen auf Konten in Luxemburg oder Liechtenstein- häufig zur Hinterziehung von Steuern erfolgen", wird gegen Gemeinschaftsrecht verstoßen[117].

Vor diesen Hintergrund bleibt die Entscheidung des *LG Braunschweig* bedenklich, auch wenn dort der Verdacht der Steuerhinterziehungen durch andere Anleger zusätzlich[118] auf die Kenntnis der Möglichkeit der Vermögensverwaltung unter Phantasienamen aus sichergestellten Ordnern gestützt worden ist. Dies weise auch unter Berücksichtigung weiterer denkbarer Geheimhaltungsinteressen jedenfalls auf Steuerunehrlichkeit und somit Hinterziehung hin. Allerdings ist -worauf das *LG Braunschweig* nicht eingegangen ist- die Führung von namensgeschützen (Depot-) Konten in Luxemburg gesetzlich zulässig und keine Seltenheit oder Unüblichkeit[119].

(2) Die Anonymisierung des Transfers

Es erhebt sich im übrigen die Frage, ob aus der Anonymisierung des Transfers tatsächlich ein Anfangsverdacht der Steuerhinterziehung durch noch unbekannte Kunden herzuleiten ist. Die Verschleierung des Transfers steht dabei als Oberbegriff für verschiedene von den Strafverfolgern aufgedeckte Verhaltensweisen. Im Kern geht es Ermittlern und Gerichten darum, daß keine vorhandenen eigenen Kundenkonten im Inland für den Transfer eingeschaltet werden mußten, vielmehr über bankinterne Konten gebucht wurde (Kasse- und CpD- Konten). Zudem bezeichneten die Belege nicht den tatsächlich Verfügenden; es mußte also der Name nicht preisgegeben werden, und (darin) soll ein bewußter Verstoß gegen § 154 AO liegen. Hinzu kommt, daß die Kontoauszüge nicht per Post zugesandt werden mußten.

Nun ist es jedoch zunächst einmal so, daß die Steuerhinterziehung durch den Kunden bei dessen Angaben gegenüber dem Finanzamt beginnt. Wie er Kapital zu ausländischen Finanzplätzen transferiert hat, dessen Stamm und Erträge er gegenüber

---

[114]Vgl. *Klos*, INF 1995, 611, der konstatiert, daß Strafverfolger bei Auslandssachverhalten die Schwelle zum Tatverdacht als "sehr gering" ansehen.

[115]Wörtlich *BVerfG* WM 1995, 234 = wistra 1995, 140.

[116]BVerfGE 44, 353 (380).

[117]Wörtlich *LG Frankfurt* wistra 1997, 118.

[118]Ob der "Zeitumstand des Transfers nach Luxemburg" zur Annahme eines Anfangsverdachts reicht, wird vom *LG Braunschweig* vom 03.05.1993, Az Qs 3, 4/93 (nicht veröffentlicht) offengelassen.

[119]Zu den namensgeschützten Konten oben ab S. 39.

dieser Behörde möglicherweise verschweigen will, spielt insofern nur eine mittelbare Rolle. Zwar ist ein Zusammenhang zwischen den Angaben des Anlegers gegenüber dem Finanzamt und der Art des Transfers nicht zu verkennen. Daten und Fakten in den steuerlichen Erklärungen, deren Unrichtigkeit von der Finanzbehörde relativ problemlos festgestellt werden können, bergen für den unehrlichen Steuerpflichtigen ein erhebliches Risiko in steuerlicher und strafrechtlicher Hinsicht. Das bedeutet umgekehrt, daß bei gewissen Vorkehrungen, bei Verschleierungshandlungen, diese Entdekkungsgefahr minimiert wird. Damit ist eine etwaige Hinterziehung "attraktiver". Jedoch kann nicht allein auf Grund solcher Überlegungen geschlußfolgert werden, daß *jeder*, der (irgendwelche) Verschleierungshandlungen anläßlich der Anlage von Kapital im Ausland vornimmt, auch tatsächlich gegenüber dem Finanzamt unrichtige Angaben machen wird.

In den strafprozessualen Kontext eingebunden liegt die Schwierigkeit somit darin, zu bestimmen, wann aus einer Tatsache -(irgendwelche) Verschleierungsmöglichkeiten innerhalb des Kreditinstituts- eine bestimmte Folge -Begehung von verfolgbaren Straftaten (Steuerhinterziehungen)- geschlossen werden kann. Es geht insofern um die (gesicherte) kriminalistische Erfahrung, mittels derer aus Tatsachen die Möglichkeit der Straftatbegehung bejaht werden kann[120]. Erforderlich ist dafür, daß aus der Berufs- und Lebenserfahrung der Ermittler, aus deren Sachkenntnis aus vergleichbaren Fällen die Möglichkeit der Straftatbegehung naheliegt, sie sich gewissermaßen aufdrängt. Es ist insofern eine relativ hohe Wahrscheinlichkeit notwendig, daß diese Tatsachen in Verbindung mit Straftaten stehen[121].

Nachfolgend gilt es daher festzustellen, wie hoch die Wahrscheinlichkeit bei den einzelnen ermittelten und insofern feststehenden banktechnischen Möglichkeiten innerhalb des Transfers ist, daß der sie nutzende Anleger tatsächlich gegenüber dem Finanzamt unehrlich sein wird. Dann könnten diese in der Tat als "Sicherheitsvorkehrung" angesehen werden.

(a) Regelmäßige Zwischenschaltung des Korrespondenzbankkontos

Bezüglich der Nichtverbuchung in den laufenden eigenen Kundenkonten infolge der Barzahlungsvorgänge über das Korrespondenzbankkontos ist anknüpfend an bereits getroffene Aussagen[122] festzustellen, daß daraus nicht zwangsläufig auf steuerunehrliche Motive geschlossen werden kann[123]. Die regelmäßige Einschaltung des Kontos der ausländischen Tochter im Inland als Zwischenstation dient generell dem Transfer vom und in das Ausland, insofern zugleich dem legitimen Gebrauchmachen von der Kapitalverkehrsfreiheit. Mit dieser Aufspaltung von wirtschaftlich betrachtet Überweisungen in Barzahlungsvorgänge können Geld oder Wertpapiere zudem billiger, teilweise sogar kostenlos, transferiert werden.

Die entscheidenden Aussagen des *Bundesverfassungsgerichts* im Verfahren der Dresdner Bank AG[124] vermögen die gegenteilige Betrachtungsweise nicht ausreichend zu begründen. Im Gegenteil, sie sind nicht eindeutig und daher mißverständlich. So stellt das Gericht fest, es seien "über Jahre hinweg unter Verletzung der Vorschrift des

---

[120]Siehe zur Definition des Anfangsverdachts eben bei Fn 77 im Text.

[121]*Papier/Dengler*, BB 1996, 2599.

[122]Siehe vor allem S. 218 ff.

[123]Hingegen bejaht Tipke/Kruse- *Seer*, AO, § 208 Rn 13 e insoweit Tatverdacht.

[124]*BVerfG* WM 1994, 691 = StV 1994, 353.

§ 154 AO Kundengelder über CpD- Konten"[125] gelaufen. Damit kann jedenfalls nicht die regelmäßige Zwischenschaltung des Korrespondenzbankkontos gemeint sein. Denn dabei handelt es sich nicht um ein CpD- Konto[126]. Zudem sind Konten im Sinne des § 154 AO ohnehin keine CpD- Konten, sondern nur Kundenkonten[127]. Mit den Barzahlungsvorgängen über das Kundenkonto der ausländischen Tochter bei der inländischen Mutter (Korrespondenzbankkonto) statt der Vornahme von Überweisungen wird im übrigen nicht gegen den Grundsatz der Kontenwahrheit in § 154 AO verstoßen[128]. Die Ausführungen des *Bundesverfassungsgerichts* machen überhaupt nur dann Sinn, wenn damit Vorgänge beim Kapitalrückfluß -auch insoweit geht es um Kundengelder- gemeint sind. Denn bei der Barauszahlung von Schecks ist eine Verletzung des § 154 AO[129] für den Fall denkbar, daß Verrechnungsschecks vom Bezogenen sowie Bar- oder Verrechnungsschecks vom fremden Institut zum Inkasso hereingenommen und dann nicht auf vorhandenen und geeigneten Kundenkonten, sondern auf CpD- Konten verbucht werden[130]. Damit ist die Aussage des *Bundesverfassungsgerichts* aber mehr als bloß "interpretationsbedürftig"[131]. Denn für diese Auslegung fehlen jegliche Anhaltspunkte[132]. Sollte es aber konkrete Tatsachen für unzulässige Verbuchungen der Barauszahlung des Scheckgegenwertes über CpD- Konten[133] geben, so begegnet es keinen rechtlichen Bedenken, daraus auf eine Hinterziehungsabsicht des so verfahrenden Anlegers zu schließen[134]. Insoweit ist dem

---

[125]Wörtlich *BVerfG* WM 1994, 691 = StV 1994, 354.

[126]Ausführlich oben ab S. 198.

[127]Vgl. oben ab S. 197. Erst im AEAO als bloßer Verwaltungsvorschrift ist von CpD- Konten die Rede. Zur Kritik an der verbreiteten pauschalen Übernahme des AEAO im Rahmen der strafrechtlichen Untersuchung siehe bereits oben S. 202 in Fn 821 und 826.

[128]Ausführlich oben S. 197 ff.

[129]Genauer: der Nr. 3 Satz 3 des AEAO.

[130]Ausführlich oben ab S. 211.

[131]So wörtlich *Carl/Klos*, DStZ 1994, 398.

[132]Im übrigen wird im zweiten Beschluß des *BVerfG* im Verfahren gegen die Dresdner Bank AG, WM 1995, 234 = wistra 1995, 139 dieser Vorwurf (Verletzung der Vorschrift des § 154 AO durch Verbuchung von Kundengelder über CpD- Konten) auch nicht mehr erhoben. Vgl. *Hamacher*, WuB X. § 370 AO 1.95 (573: "Erkenntnisfortschritt"). Überhaupt wird die Begründung des Tatverdachts dort modifiziert. Es geht nicht weiter vordergründig um ein "System der Verschleierung" -den Transfer von Geld über das Konto der ausländischen Tochter bei der inländischen Mutter mit Verschleierungen-, wie noch im ersten Beschluß und damit, wie *Leisner* zu Recht bemerkt, um einen "Kontenverdacht" (wörtlich *Leisner*, BB 1995, 527). Jetzt wird vom *Bundesvesfassungsgericht* gewissermaßen ein "Betreuungsverdacht" (wiederum wörtlich *Leisner*, BB 1995, 527) entwickelt. Der Tatverdacht gegen bestimmte Personen innerhalb des Kreditinstituts rechtfertige anzunehmen, daß in dieser Bank massenhaft Verstöße gegen Normen praktiziert werden. Damit läßt das Gericht eine Klarstellung gegen das Vorliegen eines Betriebsverdachts vermissen. Es läßt mit den zitierten Bemerkungen der Sache nach einen solchen vielmehr zu. Denn es ist eben nicht so, daß aus zwei Fällen auf konkreten Mißbrauch im gesamten Unternehmen geschlossen werden kann. Kritisch dazu auch *Hamacher*, WuB X. § 370 AO 1.95 (573 f.) und *Leisner*, BB 1995, 527.

[133]Was überhaupt nur in vorbezeichneten Konstellationen denkbar ist.

[134]In diesem Sinne Hübschmann/Hepp/Spitaler- *Engelhard*, AO, § 370 Rn 140 g; Tipke/Kruse-*Seer*, AO, § 208 Rn 13 e. Siehe auch *LG Fulda* vom 09.03.1992, Az. Qs 90/89, 92/89 u.a. (nicht veröffentlicht); *LG Düsseldorf* wistra 1985, 201; *FG Saarland* wistra 1990, 272; *LG Baden- Baden* ZIP 1989, 764; weitere Nachweise bei *Pütz*, ZIP 1990, 705. Anders *LG Arnsberg* ZIP 1984, 889.

LG Düsseldorf[135] zuzustimmen, daß solchermaßen verfälschte -weil keine Angaben für diese Geschäftsvorfälle sichtbar sind- Kundenkonten mit hoher Wahrscheinlichkeit auf die Buchführung und Steuererklärung des Kunden durchschlagen. Nur ist diese Aussage zu präzisieren. Denn mit dieser Begründung müßte eine Hinterziehungsabsicht auch bei der Zwischenschaltung des Korrespondenzbankkontos bejaht werden. Auch insoweit enthalten die Belege des Kundenkontos zumindest keine die wirtschaftliche Sachlage (Überweisung) zutreffend wiedergebenden Angaben. Sichtbar sind allenfalls Barabhebungen. Der entscheidende Unterschied liegt nicht im Kundenkonto, sondern im zweiten involvierten Konto. Ein CpD- Konto soll gerade wegen seiner Eignung, steuerpflichtige Geschäftsvorfälle zu verheimlichen und zu verdecken, nur in bestimmten Ausnahmesituationen benutzt werden. Die Benutzung außerhalb dieser besonderen Situationen legt daher nahe, daß es sich um steuerunehrliche Motive handelt. Bei der Aufspaltung von Überweisungen durch Zwischenschaltung des Kontos der ausländischen Tochter geht es jedoch um Barzahlungsvorgänge auf oder von einem anderen Kundenkonto, die als solche eben nicht inkriminiert sind[136].

Zudem führt das *Bundesverfassungsgericht* aus, die Bank habe "die Abwicklung des Zahlungsverkehrs mit ihren Konten bei der DBL durch Frau Q ... über *bankinterne* Konten ermöglicht ..., obwohl die Kunden bei der Bfin. eigene Konten unterhalten hätten, die den Zahlungsverkehr mit Luxemburg ermöglicht hätten- jedoch nur unter Namensangabe. Das Bekanntwerden des jeweiligen Auftraggebers sei durch die Verwendung der *bankinternen* Konten vermieden worden"[137].

Diese Aussage bezieht sich zwar ganz offensichtlich auf die Zwischenschaltung des Korrespondenzbankkontos. Sie ist jedoch bereits in sich widersprüchlich. Zum einen handelt es sich, wie eben bereits gesagt, bei jenem Konto nicht um ein CpD- sondern um ein (normales) Kundenkonto. Selbst unter Zugrundelegung der gegenteiligen und ersichtlich vom *Bundesverfassungsgericht* vertretenen Ansicht[138], wäre zum anderen die zweimalige Bezeichnung als bankinternes Konto sachlich unzutreffend.

---

[135] wistra 1985, 202.

[136] Es ist in unserer Rechtsordnung nicht generell untersagt, sich für die Barabwicklung eines Geschäfts zu entscheiden, vgl. ausführlich oben S. 197 ff., 218 ff. Ebenso *Stützle*, ZIP 1990, 1318.

[137] Wörtlich mit Hervorhebungen durch Verfasserin *BVerfG* WM 1994, 691 = StV 1994, 354.

[138] Dafür, daß das *BVerfG* in diesem Korrespondenzbankkonto ein CpD- Konto sieht, spricht auch, daß die Zitate aus Rechtsprechung und Literatur nach dieser soeben im Text wörtlich wiedergegebenen Passage ausschließlich CpD- Konten betreffen. Die im übrigen recht einseitige Zitatbegründung an dieser Stelle wird kritisiert von *Leisner*, BB 1994, 1945. Dieser Kritik kann jedoch nicht uneingeschränkt zugestimmt werden. Denn wenn das Korrespondenzbankkonto ein CpD- Konto wäre, könnte bei Bestehen von *konkreten Anhaltspunkten* für eine *unzulässige* Verbuchungspraxis durchaus ein Hinterziehungs- und Beihilfeverdacht geschlossen werden, in diesem Sinne Hübschmann/Hepp/ Spitaler- *Engelhard*, AO, § 370 Rn 140 g; Tipke/Kruse- *Seer*, AO, § 208 Rn 13 e; *Pütz*, ZIP 1990, 705. Siehe im übrigen auch *LG Düsseldorf* wistra 1985, 201; *LG Fulda* vom 09.03.1992, Az. Qs 90/89, 92/89 u.a. (nicht veröffentlicht); *FG Saarland* wistra 1990, 272; *LG Baden- Baden* ZIP 1989, 764. Anders aber in der Tat *LG Arnsberg* ZIP 1984, 889 (892: auch bei Verbuchung über CpD- Konten bestehe "durchaus die Möglichkeit ..., daß die Gelder ordnungsgemäß versteuert worden sind" und damit nur "der äußerst vage Verdacht" für Steuerhinterziehung) und *Weyand*, wistra 1990, 295 (Fn 5). Im übrigen ist es *absolut unverständlich*, daß die Bankenvertreter die Art des Korrespondenzbankkontos nicht verdeutlichen und so diese unzutreffende Einordnung verhindern konnten.

Denn CpD- Konten sind weder personenbezogene noch bank- und betriebsinterne Konten. Sie stehen vielmehr gerade zwischen diesen beiden Kontenarten[139].

Es ist daher daran festzuhalten, daß die generelle Einbeziehung des Korrespondenzbankkontos in den Transfer und damit das Nichtverbuchen über eigene laufende Kundenkonten nicht zwangsläufig nur mit steuerunehrlichen Motiven zu erklären ist. Dagegen begegnet es keinen Bedenken, wenn aus der durch konkrete tatsächliche Anhaltspunkte belegten unzulässigen Verbuchungspraxis über CpD- Konten eine Hinterziehungsabsicht des Kunden geschlossen wird.

(b) Belegverfälschungen

Offenkundig werden die steuerunehrlichen Motive bei den Belegverfälschungen mit der Folge, daß der tatsächlich Verfügende nicht ohne weiteres erkennbar ist[140]. Mit den Verfälschungen soll entweder die Identität des Einzahlers auf das Korrespondenzbankkonto (beim Transfer ins Ausland) oder die des Empfängers (beim Kapitalrückfluß vornehmlich mittels Schecks) geheimgehalten werden. Bei den so verfahrenden Kunden drängen sich steuerunehrliche Motive geradezu auf. Denn es gibt für diese verheimlichenden Maßnahmen keine andere Gründe, als Nachforschungen der Strafverfolgungsbehörden und des Finanzamts zu erschweren und zu verhindern[141]. Vor dem gern angeführten neugierigen Ehepartner sowie etwaigen Gläubigern und Erpressern des Anlegers[142] besteht Schutz bereits durch die fehlende Einschaltung des eigenen Kontos. Damit sind auf den Auszügen zum inländischen Konto und auf den Belegen, die -neben Auszügen vom luxemburgischen Konto- beim Anleger gefunden werden könnten, keine Hinweise auf die Existenz einer Auslandsanlage sichtbar. Für die "zweite Sperre" der Verschleierungen bei Bareinzahlungen und Schecks im Rahmen des Kapitalrückflusses, für diese zusätzliche Geheimhaltung auf Belegen, die im Gewahrsam der Bank bleiben, besteht aus jenen sonstigen Motiven heraus kein Bedürfnis. Denn zu besagten Belegen und Unterlagen gelangt infolge der zivilrechtlich zu beachtenden Verschwiegenheitspflicht der Bankmitarbeiter weder der Gläubiger oder der Ehepartner noch der Erpresser. Diese Unterlagen sind allein für die steuer- und die strafrechtlichen Ermittlungen relevant. So ist für den hinterziehenden Kunden die Geheimhaltung der Existenz seiner Auslandsanlage unerläßlich, um etwaigen steuerlichen Nachforderungen und Ermittlungen zu entgehen[143]. Für den steuerehrlichen Anleger bestand immerhin die Gefahr, daß das Kapital bei derart verschleierten Angaben nicht dem richtigen (Depot-) Konto in Luxemburg zugeordnet werden kann.

---

[139] Siehe oben ab S. 197.

[140] Ebenfalls anknüpfend an die bereits im Laufe der Darstellung getroffenen Aussagen, vgl. oben S. 218 ff.

[141] Auch die Dresdner Bank AG konnte keine konkreten Gründe für diese höchstmögliche Geheimhaltung geben, siehe *BVerfG* WM 1994, 691 = StV 1994, 354. Die Anmerkungen von *Leisner*, BB 1994, 1945 zu diesem Punkt vermögen ebensowenig zu befriedigen. Er kritisiert ("unzutreffend"), daß das *BVerfG* für die Verschleierungen keinen anderen Grund als die Absicht, Steuern zu hinterziehen, angenommen hat. Nur sind seine nachfolgenden Erklärungen allgemein auf den Transfer nach Luxemburg bezogen ("etwa höhere Zinsen ... und ... erhebliche Gebührenersparnis"). Es geht aber überhaupt nicht um den Transfer nach *Luxemburg* schlechthin, sondern um den *verschleierten* Transfer. Dafür liefert er keine Gründe.

[142] Zu diesen sonstigen Geheimhaltungsinteressen bereits oben S. 221 bei Fn 962 im Text.

[143] Siehe *FG Münster* vom 26.06.1985, Az. IV 2169/79 E (nicht veröffentlicht). Zu dieser Entscheidung bereits oben ab S. 241.

Wenn kein (zutreffender) Name, sondern allein die fünfstellige Nummer für die Mitarbeiter in Luxemburg Aufschluß über das Empfänger- Depot/Konto gibt, genügt schließlich eine versehentlich falsche Ziffer, um die Transaktion fehlzuleiten.

Bei diesen Verschleierungen besteht nicht nur die Möglichkeit, sondern eine sehr hohe Wahrscheinlichkeit für steuerunehrliche Motive. Es handelt sich um banktechnische Verhaltensweisen, die auf der Seite des nutzenden Kunden nur mit dem Motiv der Hinterziehungsabsicht zu erklären sind. Dafür sprechen auch die Erfahrungswerte der Strafverfolgungsbehörden und Gerichte aus dem Bereich der illegalen Arbeitnehmerüberlassung zum Zwecke der systematischen Hinterziehung von Sozialabgaben und Steuern, woher die Anonymisierung der dahinterstehenden Personen bekannt ist[144]. Bezüglich der verschleierten Belege ist freilich ein Verstoß gegen § 154 AO ebenfalls nicht ersichtlich[145]. Das *Bundesverfassungsgericht* scheint auch an diesem Punkt ohne nähere Begründung gegenteiliger Ansicht zu sein[146].

(3) Notwendigkeit konkreter Anhaltspunkte für Steuerhinterziehungen weiterer Kunden

Allein die Tatsache, daß ein aus einem früheren Verfahren bekannter Kunde eines bestimmten Kreditinstituts Steuern hinterzogen hat und ein bestimmtes Transfersystem innerhalb des Instituts nutzen konnte, rechtfertigt hingegen nicht die Begründung eines Verdachts der Steuerhinterziehung durch weitere Kunden. Insoweit besteht allenfalls die Vermutung für weitere Straftaten. Es wäre eine "generelle Überwachung aller Bürger, die sich einmal ... strafbar gemacht haben, möglich, da die *Möglichkeit* der Begehung neuer ... Straftaten stets besteht". "Durchsuchungs- und Beschlagnahmebeschlüsse dienen aber nicht der Auffindung von Beweismitteln für neue, bisher unbekannte Straftaten bzw. Ordnungswidrigkeiten"[147]. Die Annahme eines Verdachts würde unter diesen Voraussetzungen "nicht auf konkreten Anhaltspunkten beruhen, sondern eine reine Vermutung darstellen"[148]. Denn eine begangene Straftat im Kreditinstitut rechtfertigt nicht die Annahme, auch andere Geschäfte könnten strafrechtlich relevant sein[149]. Dann handelt es sich um Ermittlungen "ins Blaue hinein".

Das Bestehen von Anhaltspunkten muß im Verfahren der Dresdner Bank AG infolge der Aussagen des Vertreters dieser Bank im Zivilrechtsstreit, daß bestimmte Vorgehensweisen nicht unüblich seien, und der aus dem früheren Ermittlungsverfahren bekannten Kladde mit mehreren fünfstelligen Nummern sowie Namen ohne Adresse bejaht werden. Insoweit sind die diesbezüglichen Aussagen des *Bundesverfassungsgerichts*[150] zur Durchsuchung dieser Bank durchaus überzeugend[151]. Soweit

---

[144]Ebenso *LG Bochum* vom 02.06.1993, Az. 35 Js 244/92 (nicht veröffentlicht).

[145]Ausführlich oben S. 204 ff.

[146]Vgl. *BVerfG* WM 1994, 691 = StV 1994, 354: "unter Verletzung der Vorschrift des § 154 AO ... ausgeschriebene Zahlen als Unterschriften passieren oder sich von dem luxemburgischen Tochterunternehmen große Summen von Kundenkonten überweisen zu lassen".

[147]So wörtlich *LG Köln* StV 1983, 56 mit Hervorhebung im Original. Hiergegen kritisch *Kniffka*, wistra 1987, 310, dem diese Entscheidung "zu vorsichtig" erscheint.

[148]So wörtlich *LG Köln* StV 1983, 275 (276).

[149]So *Kniffka*, wistra 1987, 310 m.w.N.

[150]Vgl. *BVerfG* WM 1994, 691 = StV 1994, 354.

[151]Ebenso *Ranft*, WiB 1996, 51. Anders dagegen *Leisner*, BB 1994, 1945 und *ders.* BB 1995, 527.

dies aus dem Beschluß des *LG Bochum*[152] hervorgeht, gab es auch in diesem Verfahren mehrere Hinweise[153] darauf, daß die bislang aufgedeckten Fälle von Steuerhinterziehungen im Zusammenhang mit dem Transfersystem keine Einzelfälle darstellen. Denn für den Anfangsverdacht reicht es nun einmal, daß infolge tatsächlicher Anhaltspunkte unter Berücksichtigung kriminalistischer Erfahrung die Möglichkeit einer nach materiellem Recht strafbaren Tat besteht.

Die Tatsache, daß Auszüge von dem luxemburgischen (Depot-) Konto nicht per Post zu dem Anleger nach Hause geschickt worden sind, mag insofern als zusätzliches Indiz für Steuerunehrlichkeit gelten. Für sich allein genommen dürfte aus dieser Tatsache aber wohl kaum eine Hinterziehungsabsicht hergeleitet werden können. Tatverdacht der Steuerhinterziehung kann auch nicht darauf gestützt werden, daß Tafelgeschäfte[154] vorgenommen worden sind[155]. Denn diese werden vom Gesetzgeber toleriert. Es handelt sich nicht um per se inkriminierte Vorgänge[156]. Die mit diesen Geschäften verbundenen Gefahren -Einkünfte aus Kapitalvermögen können der Besteuerung entzogen werden- sind seit langem bekannt[157]. Spätestens mit der Einführung des steuerlichen Zinsabschlags auch für Tafelgeschäfte und dort mit einem erhöhten Prozentsatz von 35 % sind jene jedenfalls anerkannt[158].

ccc) Unzulässigkeit von Scheinverfahren

Klärungsbedürftig ist, gegen wen sich der so begründete Tatverdacht der Steuerhinterziehung richtet. Denn eine *namentliche* Bezeichnung hinterziehender Anleger ist vor der Durchsuchung regelmäßig noch nicht möglich. Es gehört andererseits zu den gesicherten strafprozessualen Grundsätzen, daß Durchsuchungen (und Beschlagnahmen) nicht zu dem Zweck, Verdachtsgründe gegen noch unbekannte dritte Personen zu finden, stattfinden dürfen. Dies wäre gesetzeswidrig, weil die Voraussetzungen der §§ 94 ff., 102 ff. StPO fehlen. Ein Ermittlungsverfahren gegen Bankmitarbeiter darf nicht zum Vorwand genommen werden, um Straftaten dritter Personen zu erforschen. Scheinverfahren sind unzulässig[159]. Durchsuchungen dürfen nur zur Aufklärung der den Angestellten selbst vorgeworfenen Taten angeordnet und durchgeführt werden[160]. Regelmäßig rechtswidrig ist die Durchsuchung einer Bank nur zu dem Zweck, Zugriff auf sämtliche Konten zu erhalten und bisher unbekannte Hinterziehungsfälle zu ermitteln.

---

[152] *LG Bochum* vom 02.06.1993, Az. 35 Js 244/92 (nicht veröffentlicht).

[153] Aussagen des Beschuldigten X über blanko ausgefüllte Einzahlungsbelege aus Luxemburg über einen längeren Zeitraum, allgemeine Anweisungen im "Handbuch für das Luxemburggeschäft".

[154] Zu Tafelgeschäften bereits oben S. 28 bei Fn 149 im Text sowie in Fn 179 auf S. 33. Ausführlich zu Tafelgeschäften *Kottke*, NWB Fach 21, 1117.

[155] Ebenso *FG Niedersachsen* NJW- RR 1999, 414 (416); *Papier/Dengler*, BB 1996, 2600. Vgl. aber *LG Waldshut- Tiengen* wistra 2000, 354 und *LG Freiburg* wistra 2000, 356, wenn die Zinscoupons überwiegend im Ausland eingelöst werden. Siehe auch *LG Detmold* wistra 1999, 434.

[156] Vgl. *Kohlmann*, § 370 Rn 17.8; *Messner*, DB 1996, 2198 f.; Franzen/Gast/Joecks- *Joecks*, § 370 Rn 251; *Philipowski*, in: Kohlmann, Strafverfolgung, 1983, 151 ff.; *Carl/Klos*, DStZ 1994, 399.

[157] Vgl. etwa Äußerung des Parlamentarischen Staatssekretärs *Haehser* für die Bundesregierung, AG- R 1979, 224.

[158] Vgl. § 43 a I Nr. 4 EStG.

[159] *Kniffka*, wistra 1987, 310; *Ranft*, WiB 1996, 52, 59; *Kohlmann*, § 385 Rn 122.

[160] Vgl. BVerfGE 20, 162 (192).

Nun ist es jedoch so, daß die Durchsuchungen in den Banken wegen des Verdachts der Beihilfe zur Steuerhinterziehung durch Mitarbeiter der Institute stattfinden, § 102 StPO. Für diesen Verdacht sind Haupttaten nach dem materiellen Recht erforderlich, auch insoweit müssen Verdachtsgründe bestehen. Das bedeutet, daß es sich bei den Haupttätern zwar formal um Dritte handelt. Diese stehen aber in einer rechtlichen Beziehung zu den gegenüber den Angestellten der Banken erhobenen Vorwürfen. Bei der Aufklärung eines Beihilfevorwurfs geht es zwangsläufig auch um die Ermittlung der Haupttäter und deren Taten[161]. Notwendigerweise dient die Durchsuchung bei dem Gehilfen dazu, Beweismittel gegen die Haupttäter aufzufinden[162]. Zudem sind Strafverfahren gegen Unbekannt möglich. Insbesondere dann, wenn der Verdacht bestimmter Taten feststeht, nur diesen noch keine Personen als Täter zugeordnet werden können, richtet sich das Strafverfahren zunächst gegen Unbekannt[163].

Bei den hier untersuchten Vorgängen läßt sich der Verdacht der Steuerhinterziehung aus bestimmten Verhaltensweisen innerhalb des Transfers herleiten. Insofern ist auch das personenbezogene Element des Tatverdachts von diesen *Verhaltensweisen* her bestimmbar. Das bedeutet, daß der Personenkreis derjenigen, die der Steuerhinterziehung verdächtig sind, immerhin nach *Gruppenmerkmalen* eingegrenzt werden kann[164].

Die Eingrenzung liegt darin, daß es zum einen um die Anleger geht, die mit **Belegen**, die den tatsächlich Verfügenden nicht ohne weiteres erkennen lassen, Vermögenswerte in das oder von dem Ausland transferiert haben. Nur soweit tatsächlich diese Verschleierungen stattgefunden haben, besteht ein Tatverdacht, der sich gegen die so verfahrenden Kunden richtet. Diese Klarstellung ist geboten. Denn dem zweiten Beschluß des *Bundesverfassungsgerichts* im Verfahren der Dresdner Bank AG ist zu entnehmen, daß bei dieser Bank auch Einzahlungsbelege und Scheckkopien beschlagnahmt worden sind, die den Einzahler, Scheckaussteller sowie -nehmer namentlich, teilweise auch unter Adressenangabe bezeichnen[165]. Das Gericht sieht insoweit keine verfassungsrechtlichen Probleme. Vielmehr sei es "notwendig zu prüfen, ob die auf den Belegen genannten Angaben zutreffen oder erfunden sind" und "zu klären, ob Angestellte der Beschwerdeführerin einem ihnen bekannten Kunden bei der Abwicklung eines Geschäftsvorfalls unter falschem Namen geholfen haben"[166]. Denn alle diese Scheckbelege seien auf das "verdachtsbefangene Kontokorrentkonto"[167] der ausländischen Tochter bei der Muttergesellschaft in Deutschland bezogen.

Mit diesen Ausführungen stehen jedoch alle Kunden, die über dieses Konto Transaktionen vorgenommen haben, im Verdacht einer Steuerhinterziehung[168]. Dies ist

---

[161] *Kniffka*, wistra 1987, 311; *Kohlmann*, § 385 Rn 122; *Ranft*, WiB 1996, 52.

[162] Tipke/Kruse- *Seer*, AO, § 208 Rn 13 e.

[163] So *Ranft*, WiB 1996, 52.

[164] Ebenso *Ranft*, WiB 1996, 52.

[165] Vgl. *BVerfG* WM 1995, 234 = wistra 1995, 140. Vgl. bereits die Beschwerdebegründung der Dresdner Bank AG, abgedruckt in AG 1994, 122.

[166] Vorstehendes wörtlich aus *BVerfG* WM 1995, 234 = wistra 1995, 140.

[167] So ebenfalls wörtlich *BVerfG* WM 1995, 234 = wistra 1995, 140.

[168] Kritisch zu diesem "Kontenverdacht" *Leisner*, BB 1995, 527: "Strafrechtlicher Verdacht richtet sich in einem Rechtsstaat stets und ausschließlich gegen Menschen, nicht gegen Konten oder Vermögensmassen".

nicht haltbar. Denn nicht aus der Tatsache, daß keine Auslandsüberweisungen[169] stattgefunden haben, sondern aus den Anonymisierungen rund um das Korrespondenzbankkonto lassen sich die steuerunehrlichen Motive schlußfolgern. Dann aber können auch nur diese anonymisiert transferierenden Kunden tatverdächtig sein. So hat denn auch das *LG Bochum* zeitlich vor der Entscheidung des *Bundesverfassungsgerichts* entschieden, ein "Anfangsverdacht der genannten Art" sei nicht "hinsichtlich *aller* Zahlungsvorgänge gegeben, die auf dem Korrespondenzkonto Nr. ... abgewickelt worden sind". Es seien vielmehr "nur diejenigen einschlägig, bei denen der Name eines existierenden Kunden der Beschwerdeführerin *nicht für jedermann eindeutig aus dem Buchungsbeleg zu erkennen* ist". Nur insoweit könne ein steuerstrafrechtlicher Anfangsverdacht gegenüber den Kunden angenommen werden. Er fehle hingegen "bei allen denjenigen Kunden, die ihr Geld in der Weise nach Luxemburg transferiert haben, daß ihr *Name schon aus dem Buchungsbeleg ohne jeden Zweifel zu entnehmen* ist"[170]. Dem ist zuzustimmen, wenngleich zu konstatieren ist, daß in zahlreichen bekannten späteren Bankenverfahren die weite Ansicht des *Bundesverfassungsgerichts* zugrundegelegt worden ist[171].

Außerdem besteht der Tatverdacht insoweit, als es um **unzulässige CpD- Verbuchungen** geht. Hier richtet sich der Verdacht gegen den Kunden, dessen Geschäftsvorfälle statt auf seinem geeigneten und vorhandenen Kundenkonto auf CpD-Konten verbucht worden sind.

Insofern kann von einem *Scheinverfahren*, von einer unzulässigen Suche nach Verdachtsgründen gegen noch unbekannte Dritte, keine Rede sein. Es geht um die namentliche Ermittlung und Zuordnung von Personen zu einem bestehenden Verdacht. Vor allem gehört zur Aufklärung eines Beihilfevorwurfs die Ermittlung der Haupttäter. Eine andere Frage ist freilich, ob von (strafrechtlichen) Scheinverfahren deshalb gesprochen werden kann, weil und wenn es in Wahrheit um die Gewinnung von *steuerlichen* Informationen innerhalb der Bank geht, die mit den Befugnissen der Abgabenordnung nicht zu erlangen wären. Darauf wird später noch zurückzukommen sein[172].

bb) Vorsätzliche Hilfeleistungen

aaa) Tatbezogenes Element

Die Hilfeleistungen der Bankmitarbeiter zu den Haupttaten werden von den Strafverfolgungsorganen im wesentlichen ebenfalls aus der Tatsache, daß Verschleierungen stattgefunden haben, hergeleitet. Exemplarisch hierfür ist das Verfahren vor dem *FG Baden- Württemberg*[173], dem zu entnehmen ist, daß "zahlreiche Ein- und Auszahlungsbelege über Kapitalanlagen ..., die *wegen der Anonymisierung* der hinter den betreffenden Bankbelegen stehenden Kunden ... den *Verdacht* einer *Steuerhinter-*

---

[169] Vielmehr Barvorgänge über dieses Korrespondenzbankkonto.

[170] So wörtlich mit Hervorhebungen durch Verfasserin *LG Bochum* vom 02.06.1993, Az. 35 Js 244/92 (nicht veröffentlicht).

[171] Ausnahme insoweit *LG Bielefeld* wistra 1999, 155.

[172] So für die Frage, ob innerhalb der Bank unbegrenzt viele Informationen zu anderen, nicht tatverdächtigen Kunden gesammelt werden können (dazu ab S. 292) und zu der Problematik der steuerrechtlichen Verwertbarkeit der bei den strafprozessualen Zwangsmaßnahmen erlangten Informationen in Bezug auf die verdächtigen Kunden (unten S. 315 ff.).

[173] wistra 1997, 158.

ziehung des Bankkunden sowie bezüglich des eingeschaltet gewesenen *Bankbediensteten der Beihilfe zur Steuerhinterziehung* begründen"[174]. Bei der M.L. Gruppe kommen etwa die durch den Informanten bekannt gewordenen Unterlagenvernichtungen angesichts der Durchsuchungen anderer Institutsgruppen wegen des Vorwurfs der Beihilfe zur Steuerhinterziehung hinzu, die die Ermittlungsmaßnahmen mitveranlaßt haben[175].

Jene Herleitung der Hilfeleistungen der Bankmitarbeiter aus den stattgefundenen Verschleierungen ist zumindest *teilweise* nicht zu beanstanden. Diese Einschränkung ist jedoch erforderlich, da der vorgeworfene Sachverhalt die Möglichkeit der Bestrafung nach dem materiellen Recht bieten muß[176]. Für den Verdacht der Beihilfe ist somit eine Haupttat erforderlich. Der Verdacht der Steuerhinterziehung durch im einzelnen noch unbekannte Anleger kann hier -wie eben nachgewiesen- aber lediglich in Bezug auf einige Transfereinzelheiten angenommen werden. Im einzelnen handelt es sich um die Belegverfälschungen und um die unzulässigen Verbuchungspraktiken über CpD- Konten beim Kapitalrückfluß mittels Schecks[177]. Demnach kann auch nur bei diesen Verhaltensweisen ein etwaiger Verdacht der Hilfeleistung bestehen. Die übrigen von den Ermittlern und Gerichten aufgedeckten und beanstandeten Umstände sind für den Beihilfevorwurf irrelevant, da insoweit kein Verdacht der Haupttaten (Steuerhinterziehungen) besteht. Aus den in dieser Form eingegrenzten Verschleierungen läßt sich sodann in der Tat ein Verdacht der *Hilfeleistung* begründen. Er enthält als Tatsachenkern, daß bestimmte Verhaltensweisen innerhalb des Instituts möglich waren. Folglich sind daher auch Bedienstete desselben für einen Kunden konkret so vorgegangen. Damit besteht die *Möglichkeit*, daß sie dem hinterziehenden Kunden Hilfe geleistet haben. Denn Hilfeleistungen liegen nach der hier vertretenen Ansicht dann vor, wenn Beiträge für die Verwirklichung der Haupttat mitursächlich werden und sich in dieser Tatbestandsverwirklichung des Täters gerade diejenige pflichtwidrig gesetzte Gefahr realisiert hat, die der Gehilfenhandlung innewohnt[178]. Der in den verschleierten Transfer eingebundene Bankbedienstete hat zwar mit den Erklärungen des steuerpflichtigen Anlegers gegenüber dem Finanzamt nichts zu tun, er wirkt -anders als etwa ein Steuerberater- nicht einmal an der Tathandlung mit. Vielmehr ist der Kapitaltransfer regelmäßig der Haupttat weit vorgelagert. Damit ist zwar eine *physische* Mitwirkung an der Verletzung des geschützten Rechtsguts der Haupttat ausgeschlossen. Jedoch gibt es neben der physischen auch die *psychische* Beihilfe. Die hier in Rede stehenden Verschleierungshandlungen sichern, daß auf den Bareinzahlungsbelegen für die Einzahlungen auf das Korrespondenzbankkonto der ausländischen Tochter der tatsächlich Verfügende nicht ohne weiteres erkennbar ist. In gleicher Weise ist sichergestellt, daß bei dem Kapitalrückfluß auf den im Gewahrsam der Bank bleibenden Belegen keine Hinweise auf die Identität des Empfängers sichtbar sind (Quittierung auf den Schecks nur mit der ausgeschriebenen Nummer des Kontos in

---

[174]Wörtlich mit Hervorhebungen durch Verfasserin aus *FG Baden- Württemberg* vom 25.11.1996, Az. 3 V 37/96, insoweit in wistra 1997, 158 nicht abgedruckt.

[175]Vgl. *LG Frankfurt* wistra 1997, 118.

[176]Vgl. BVerfGE 20, 162 (185); Löwe- Rosenberg- *Rieß*, StPO, § 152 Rn 31; *Kleinknecht/Meyer-Goßner*, StPO, § 152 Rn 4.

[177]Siehe soeben S. 264 ff.

[178]Vgl. oben ab S. 114.

Luxemburg, verbunden mit "u.i.o." und einer unleserlichen Paraphe[179]). Diese Beiträge können bei unehrlichen Anlegern ebenso wie unzulässige Verbuchungen über CpD- Konten eine bestärkende psychische Wirkung im Tatentschluß für die Steuerhinterziehung hervorrufen[180]. Denn sie verhindern insgesamt eine allzu schnelle Entdeckung der Tat und des steuerunehrlichen transferierenden Kunden mit der Folge der Nachversteuerung und Bestrafung (sogenannte vorgeleistete persönliche oder sachliche Begünstigung[181]). Es besteht insofern die Möglichkeit, daß diese Beiträge etwaige Haupttaten der Kunden psychisch gefördert oder erleichtert haben. Dies genügt, um einen dahingehenden Verdacht zu begründen. Daß im Rahmen der weiteren Aufklärung gegebenenfalls bei bestimmten (neutralen beziehungsweise berufstypischen) Handlungen eine Beihilfestrafbarkeit verneint werden muß, steht dem nicht entgegen.

Zu diesem Ergebnis -Möglichkeit von Hilfeleistungen- gelangt man im übrigen auch bei Zugrundelegung der Rechtsansicht der ermittelnden Staatsanwaltschaft[182]. Denn diese hat bei der Prüfung, ob ein bestimmtes Verhalten tatbestandsmäßig ist, im Sinne der einheitlichen Rechtsanwendung und der Gleichheit vor dem Gesetz sowie um dem verfassungsrechtlichen Gewaltenteilungsprinzip gerecht zu werden, für die Auslegung des Gesetzes die gesicherte höchstrichterliche Rechtsprechung heranzuziehen. Ihrer möglicherweise anderen Rechtsansicht kann sie in der Hauptverhandlung Gehör verschaffen[183]. Für den Begriff der Hilfeleistung ist demnach die *Förderungsformel* der Rechtsprechung[184] anzuwenden. Danach soll strafbare Beihilfe dann vorliegen, wenn der Gehilfenbeitrag "die Rechtsgutsverletzung des Haupttäters ermöglicht oder verstärkt oder ihre Durchführung erleichtert, also die Tat fördert"[185] oder sie "in irgendeiner Weise erleichtert"[186]. Die Rechtsprechung sieht in psychischen Förderungen oder Erleichterungen durch Stärkungen des Tatentschlusses sogar in weiterem Umfang als hier vertreten eine strafbare Beihilfe[187].

Den *subjektiven Tatbestand* der Beihilfe wird man in der Tat aus den von der Bank selbst verwendeten Begriffen wie etwa Schwarzgeld schließen können. Denn hieraus läßt sich entnehmen, daß die Steuerunehrlichkeit der Anleger nicht nur bekannt war, sondern zumindest billigend in Kauf genommen wurde, daß die verschleierten Transferhandlungen etwaige Unehrlichkeiten unterstützen und fördern[188]. Selbst

---

[179]Vgl. *BVerfG* WM 1994, 691 = StV 1994, 354.

[180]Vgl. *LG Düsseldorf* wistra 1985, 202: die unzulässige Verbuchung über CpD- Konten "indiziert vielmehr den Tatverdacht gegen die entscheidungsbefugten Mitarbeiter der Bank".

[181]Zu dieser problematischen Form der psychischen Beihilfe oben ab S. 123.

[182]Wird das Verfahren von der Finanzbehörde geführt, gelten die Ausführungen ebenfalls. Denn soweit es nicht um den Erlaß eines Strafbefehls geht, hat diese die Akten der Staatsanwaltschaft zur weiteren Entscheidung vorzulegen, § 400 AO. Die hier untersuchten Bankenverfahren werden angesichts ihrer Bedeutung und ihres Ausmaßes ohnehin ausschließlich von der Staatsanwaltschaft geführt.

[183]BGHSt 15, 155 (158 f.).

[184]Dazu oben ab S. 106.

[185]So *BGH* NStZ 1985, 318 m.w.N.

[186]*OLG Karlsruhe* NStZ 1985, 78.

[187]Vgl. oben ab S. 125.

[188]Die diesbezüglichen Aussagen des *BVerfG* WM 1994, 691 = StV 1994, 354 verdienen vollauf Zustimmung.

wenn solche vorherigen Aussagen von Vertretern des Instituts nicht nachweisbar sind, dürfte der Vorsatz unmittelbar aus den zahlreichen Verschleierungen geschlossen werden. Denn immerhin verursachen diese innerhalb der Bank einen zusätzlichen Arbeitsaufwand, damit trotz der Verschleierungen die Gelder nicht fehlgeleitet werden. Insoweit erscheint der Schluß auf Kenntnis und Billigung der Hintergründe - Steuerunehrlichkeit- nicht fernliegend[189].

Im übrigen dürfen Ermittlungen schon dann vorgenommen werden, wenn noch nicht alle Elemente der Straftat bekannt sind. Die Straftat soll ja gerade erst aufgeklärt werden. Es muß nur zu erwarten sein, daß weitere Erkenntnisse gefunden werden[190].

bbb) Die der Beihilfe verdächtigen Angestellten (personenbezogene Komponente)

Die entscheidende Frage ist nunmehr, gegen *wen* sich der so begründete Verdacht der Beihilfe richtet. Wegen der Struktur der Ermächtigungsgrundlagen für die Durchsuchungen in §§ 102, 103 I S. 1 StPO kommt dieser Problematik eine ganz zentrale Bedeutung zu. Denn nur "bei" der als verdächtig bezeichneten Person sind die Zwangsmaßnahmen unter den erleichterten Voraussetzungen des § 102 StPO zulässig. Bei einem Verdächtigen wird nur dann durchsucht, wenn und soweit es um dessen Mitbeherrschungs- und Mitnutzungsbereich, um dessen (räumlichen) Gewahrsam geht[191]. Im Beschluß des *LG Bochum* vom 02.06.1993[192] heißt es, von dem von der Staatsanwaltschaft erhobenen Vorwurf der Beihilfe zur Steuerhinterziehung seien "alle Damen und Herren", die seit dem "1. Januar 1985 mit dem Privatkundengeschäft unmittelbar befaßt gewesen sind", betroffen. "Darüber hinaus gehören zu diesem Personenkreis aber auch alle diejenigen, die bei der Beschwerdeführerin mit und in diesem Tätigkeitsbereich mittelbar zu tun gehabt haben". Denn es bestehe der Verdacht, "daß auch dieser letztere Personenkreis von den Organen der (Bank), gegen die sich der Vorwurf der systematischen Beihilfe richtet, bei deren tatsächlichen Verwirklichung eingeschaltet worden ist". Insoweit gehe es nicht nur um den "Teilbereich 'Kundenmanagement' innerhalb des Marktbereiches 'Vermögensbetreuung Privatkunden', sondern auch dessen Teilbereich 'Funktionsmanagement'. Darüber hinaus werden auch alle die Entscheidungen der Organe umsetzenden Fachbereiche (insbesondere Recht) sowie die Fachabteilung Revision erfaßt". Im Durchsuchungsbeschluß für die Y- Bank[193] werden "namentlich zum überwiegenden Teil noch nicht bekannte Mitarbeiter der Y- Bank, die Vermögenstransfers in das und aus dem Ausland arrangieren, bearbeiten, beaufsichtigen bzw. verantworten" der Beihilfe verdächtigt. Insbesondere mit dem Wort "bearbeiten" wird die Weite augenfällig. Es geht um eine Art *Generalverdacht*. Ähnlich sind die Durchsuchungsbeschlüsse betreffend die X- Bank aus den Jahren 1996 und 1998, in denen stets nur von *Verantwortlichen der Bank* die

---

[189]So *LG Bochum* vom 02.06.1993, Az. 35 Js 244/92 (nicht veröffentlicht).

[190]Löwe- Rosenberg- *Rieß*, StPO, § 152 Rn 31; *Mayer- Wegelin*, DStZ 1984, 244 (245 f.).

[191]Siehe eben ab S. 258.

[192]Az. 35 Js 244/92, nicht veröffentlicht.

[193]Abgedruckt im Anhang.

Rede ist[194]. Dagegen heißt es im Verfahren der Dresdner Bank AG einfach Frau Q "und andere"[195] seien der Beihilfe verdächtig.

Das *Bundesverfassungsgericht* hat im Verfahren der Dresdner Bank AG ausgeführt, es sei "sachgerecht, davon auszugehen, daß die Besch. Q ... nicht die einzige Person im Betrieb der Bfin. war, die das von ihr verwendete System der Verschleierung kannte und billigte". Denn es liege nahe, "daß es einer Bankangestellten ohne Zustimmung hierarchisch übergeordneter Kreise der Bank nicht möglich" ist, die aufgedeckten Verschleierungen und Anonymisierungen vorzunehmen[196]. Es sei daher "nicht zu beanstanden, daß als Täter und Teilnehmer der verfolgten Steuervergehen nur die Besch. Q ... namentlich genannt wurde. Der Anfangsverdacht war darauf gerichtet, daß ... eine ganze Reihe weiterer, noch unbekannter Bediensteter der Bfin." Beihilfe zu Hinterziehungen der Kunden geleistet haben. Weil aber die "Ermittlungen erst am Anfang standen", war die "namentliche Nennung der weiteren Verdächtigen nicht verfassungsrechtlich geboten". Es sei den Ermittlungsbehörden "nicht verwehrt, davon auszugehen, daß die gesamte Struktur der Bfin. in die Tatbegehung eingebunden" ist[197]. Weil keine sicheren Anhaltspunkte dafür bestanden hätten "wo die zu suchenden Gegenstände *nicht* gefunden werden können" beziehungsweise welches Anwesen der Bank "*nicht* als Aufbewahrungsort hierfür"[198] diente, konnten *alle* in Frankfurt am Main befindlichen Räumlichkeiten der Institutsgruppe und in Düsseldorf die Geschäftsräume in der Altstadt sowie in der Königsallee 37 durchsucht werden.

Derartige Argumentationen werden den Anforderungen, die an die personale Komponente des Verdächtigenbegriffs zu stellen sind, nicht gerecht. Die vorstehend wiedergegebenen Ausführungen des *Bundesverfassungsgerichts* haben zur Folge, daß mit dem Vorwurf, innerhalb einer Institutsgruppe sei "systematisch" Beihilfe begangen worden, wofür ein Mitarbeiter namentlich angegeben werden sollte, aber offenbar nicht muß[199], bundesweit alle Geschäftsräume dieser Gruppe durchsucht werden können[200]. Denn erstens steht nicht genau fest, wer innerhalb der Bank in bestimmter Weise verfahren ist und zweitens folgt daraus, daß auch nicht sicher ist, wie groß dessen Mitbeherrschungs- und Nutzungsbereich ist. Damit ist der Begriff "systematisch" der *Schlüssel*[201] für die Durchsuchung der gesamten Institutsgruppe unter den erleichterten Voraussetzungen des § 102 StPO. Die Verdächtigeneigenschaft darf aber keinesfalls großzügig bestimmt werden. Vielmehr ist wegen des Gewichts der mit § 102 StPO verbundenen Eingriffsmöglichkeit der Begriff des Verdächtigen so auszulegen, daß Grundrechte Unbeteiligter vor solchen Beeinträchtigungen tunlichst bewahrt werden.

---

[194]Vgl. die im Anhang abgedruckten Beschlüsse betreffend die X- Bank.

[195]So laut Dresdner Bank AG, vgl. deren Beschwerdebegründung gegen die Durchsuchungsbeschlüsse, AG 1994, 119.

[196]Hinzu kommt als Besonderheit, daß Vertreter der Dresdner Bank AG diese Verschleierungen als üblich bezeichnet haben.

[197]So wörtlich *BVerfG* WM 1994, 691 = StV 1994, 354.

[198]Erneut wörtlich mit Hervorhebungen der Verfasserin *BVerfG* WM 1994, 691 = StV 1994, 354 f.

[199]Vgl. obiges Zitat aus dem Durchsuchungsbeschluß für die Y- Bank.

[200]Darauf hat bereits *Ransiek*, EWiR 1994, 574 hingewiesen.

[201]Andere nennen es *Zauberwort*, so *Ransiek*, EWiR 1995, 149.

Im Verfahren der Dresdner Bank AG haben sich aus den früheren Zivil- und Steuerstrafverfahren ausweislich der Angaben zu den verdachtsbegründenden Umständen in dem ersten Beschluß des *Bundesverfassungsgerichts* solche *Tatsachen* ergeben, die den Verdacht auf die Beschuldigte Frau Q als Person lenken[202]. Hiergegen lassen sich Einwände nicht erheben. Nur ist *deren* Nutzungs- und Beherrschungsbereich innerhalb der Institutsgruppe Dresdner Bank AG eng begrenzt. Frau Q ist, wie das betroffene Institut in der Beschwerdebegründung ausführt, "als Tarifangestellte in der Kassenhalle der Dresdner Bank AG, Niederlassung Düsseldorf, Königsallee 37, tätig". Sie ist Privatkundenberaterin, "nimmt keinerlei Reisetätigkeiten wahr", hat beruflich "lediglich Zugang zu ihrem Arbeitsplatz in der Kassenhalle selbst", hingegen "keinen Zugang zur Finanzbuchhaltung, wenn es um die Erfüllung ihrer dienstlichen Obliegenheiten geht. Ebensowenig hat sie kraft ihrer dienstlichen Funktionen Zugang zu irgendwelchen Räumlichkeiten der Dresdner Bank AG in Frankfurt am Main, die sich auf weit mehr als 10 Gebäude ... unter weit mehr als 10 verschiedenen Postanschriften im Stadtgebiet von Frankfurt am Main verteilen"[203]. Bereits mit der Zweigstelle in der Düsseldorfer Altstadt hatte Frau Q dienstlich keine Berührung[204]. Das bedeutet, daß für die Durchsuchung dieser Örtlichkeiten auf der Grundlage des § 102 StPO andere Personen verdächtig sein müssen, deren (Mit-) Gewahrsamsbereich diesen Umfang hat. Für den Verdacht in Bezug auf (andere) Personen müssen tatsächliche Anhaltspunkte bestehen. Der Hinweis auf "hierarchisch übergeordnete Kreise" ist insoweit bereits sprachlich verfehlt. Strafrechtlich verantwortlich sind keine *Kreise*, sondern einzelne Personen[205]. Ohne konkrete Tatsachen kann nicht einfach davon ausgegangen werden, daß dann, wenn eine Person im Unternehmen in bestimmter, den Verdacht einer Straftat begründenden Weise tätig wird, auch andere Angestellten oder sogar Vorgesetzte dies praktizieren, billigen, decken oder dulden werden. Es gibt keinen allgemeinen Erfahrungssatz, daß ein einzelner Mitarbeiter Straftaten zugunsten der Bank oder von Kunden nur mit Wissen oder Billigung der Vorgesetzen begeht[206]. Dies ist nichts anderes als eine Vermutung, Mutmaßung oder subjektive Meinung und hat letztlich zur Folge, daß "ein Strafprozeßrecht ohne konkret Verdächtige"[207] entsteht. Ohne konkrete Anhaltspunkte geht es um Ermittlungen "ins Blaue hinein", um unzulässige Ausforschung und um eine generelle Überwachung. "Durchsuchungs- und Beschlagnahmebeschlüsse dienen aber nicht der Auffindung von Beweismitteln für neue, bisher unbekannte Straftaten bzw. Ordnungswidrigkeiten"[208]. Auch hier gilt: Eine begangene Straftat im Kreditinstitut rechtfertigt nicht die Annahme, auch andere Geschäfte könnten strafrechtlich relevant sein und die Verantwortlichkeit anderer Mitarbeiter begründen[209].

Diese notwendigen Anhaltspunkte für eine Verstrickung weiterer als der bereits namentlich bekannten Person(en), insbesondere von Zweigstellen-, Filial- bezie-

---

[202]Vgl. *BVerfG* WM 1994, 691 = StV 1994, 353 f.

[203]So wörtlich in der Beschwerdebegründung, abgedruckt in AG 1994, 119.

[204]Beschwerdebegründung der Dresdner Bank AG, AG 1994, 120.

[205]Kritisch auch *Leisner*, BB 1994, 1943.

[206]Franzen/Gast/Joecks- *Joecks*, § 399 Rn 24.

[207]Wörtlich *Ransiek*, EWiR 1994, 574.

[208]So wörtlich *LG Köln* StV 1983, 56.

[209]Vgl. *Kniffka*, wistra 1987, 310.

hungsweise Niederlassungsleitern oder gar der Führungsspitze der Bank, können sich etwa daraus ergeben, daß allgemeine Anweisungen und Verhaltensregeln der Mitarbeiter für das "Finanzprodukt Luxemburg" bestehen[210]. Denn es ist sachgerecht, davon auszugehen, daß der Vorstand insgesamt oder Teile davon mit der Einführung bestimmter Finanzprodukte, ihrer Vermarktung sowie deren konkreter Durchführung und Ausgestaltung befaßt und informiert sind oder gar zustimmen müssen[211]. Es begegnet weiterhin keinen rechtlichen Bedenken, aus der Tatsache, daß über einen sehr langen Zeitraum derartige Verschleierungen möglich waren und der Transfer gleichwohl reibungslos funktioniert hat, auf einen gewissen logistischen und organisatorischen Aufwand zu schließen. Dies legt nahe, daß zumindest der Leiter der Zweigstelle, von der diese Verhaltensweisen bekannt sind, eingeschaltet ist. Möglicherweise ergeben sich auch aus Aussagen, bestimmte Vorgänge seien innerhalb einer Institutsgruppe "üblich", tatsächlich ebenfalls solche Anhaltspunkte.

Gibt es diese Anhaltspunkte vor der Durchsuchung, dann müssen aber die Personen *namentlich* ermittelt und auch in dieser Form im Durchsuchungsbeschluß benannt werden. Eine Beschreibung nur nach Gruppenmerkmalen genügt nicht. Denn es geht -anders als bei den Haupttätern[212]- insoweit um die Frage der *Ermächtigungsgrundlage* der Durchsuchung, um den aus verfassungsrechtlichen Gründen gebotenen Schutz unbeteiligter Dritter. Nur dort, wo in einem (Mit-) Gewahrsamsbereich mehrerer zumindest ein konkreter Verdächtiger besteht, darf unter den erleichterten Voraussetzungen des § 102 StPO durchsucht werden. Es ist daher unausweichlich, diesen Verdächtigen konkret und genau zu bezeichnen, um zu klären, *ob* und *wo* nach § 102 StPO durchsucht werden darf. Mit einer Eingrenzung nur nach Gruppenmerkmalen wird der Richtervorbehalt umgangen. Denn der handelnde Beamte bestimmt, wer alles -möglicherweise sogar erst auf Grund gerade gefundener Tatsachen- als verdächtig gilt. Es besteht keine vorgelagerte richterliche Kontrolle, ob für den übrigen Bereich die Voraussetzungen des § 103 I S. 1 StPO tatsächlich gegeben sind. Der Richtervorbehalt will der Gefahr vorbeugen, daß die Strafverfolgungsbehörden die materiellen Eingriffsvoraussetzungen der §§ 102, 103 I S. 1 StPO einseitig zu ihrem Gunsten interpretieren[213]. *Verfassungsrechtliche* Vorgaben -Grundrechte des Unbeteiligten und das Rechtstaatsprinzip- machen daher die namentliche Bezeichnung der Verdächtigen erforderlich. Nimmt man zu dieser Unbestimmtheit in Bezug auf den Kreis der als Gehilfen verdächtigten Personen die bereits konstatierte Unbestimmtheit hinsichtlich des Tatvorwurfs hinzu, so weiß derjenige, bei dem durchsucht wird, weder anhand des beschriebenen inkriminierten Verhaltens noch durch Angaben zu den Verdächtigen, ob er nun als Unbeteiligter oder als Verdächtiger betroffen ist. Vor allem kumuliert diese Unbestimmtheit in den Ausführungen des *Bundesverfassungsgerichts* zu den zu durchsuchenden Räumlichkeiten. Wenn noch nicht bekannt ist, wer (un-) bestimmte Handlungen vorgenommen hat und damit im Verdacht der vorsätzlichen Hilfeleistung steht, kann zwangsläufig auch nicht sicher eingegrenzt werden, wo sich Beweismittel und Spuren für die Straftaten finden. Bei dieser Weite kann, wie das Gericht selbst zweimal feststellt, nicht einmal sicher festgestellt werden, wo *keine* Unterlagen zu finden sind, nicht einmal eine *negative* Eingrenzung ist möglich.

---

[210]Wie etwa im "Handbuch für das Luxemburggeschäft" im Fall des *LG Bochum* vom 02.06.1993, Az. 35 Js 244/92 (nicht veröffentlicht).

[211]Vgl. bereits oben ab S. 226.

[212]Siehe ab S. 272.

[213]*Amelung*, NJW 1991, 2533 (2536).

Den Ermittlungszwecken ist die namentliche Angabe des oder der Verdächtigen nicht abträglich. Die Möglichkeit, daß Unterlagen und Spuren vernichtet werden könnten[214], rechtfertigt nicht, ohne Anhaltspunkte unbegrenzt viele -sozusagen "auf Vorrat"- als Verdächtige zu behandeln. Die Durchsuchung des Unternehmens muß gegebenenfalls in mehreren Abschnitten stattfinden, wenn sich erst im Laufe der Ermittlungen herausstellt, daß weitere Mitarbeiter oder Vorgesetzte ebenfalls Beihilfe begangen oder diese zumindest mitgetragen haben könnten[215]. Bis zu solchen Anhaltspunkten kann der Bereich außerhalb des räumlichen Mitgewahrsams des Verdächtigen allein auf der Grundlage des § 103 I S. 1 StPO durchsucht werden.

Bei der Bestimmung des räumlichen Mitgewahrsams der in dieser Weise als verdächtig geltenden Person ist den Umständen des Einzelfalls Rechnung zu tragen. Vergegenwärtigt man sich die Struktur der Kreditinstitute mit einer Zentrale, regionalen Hauptstellen und einer Vielzahl von Zweigstellen beziehungsweise Filialen[216], so wird auch ein Mitglied des Vorstands -Teilnahmeverdacht unterstellt- kaum über *alle* Niederlassungen im gesamten Bundesgebiet oder über *alle* Zweigstellen in der Stadt Frankfurt am Main, um bei diesem Beispiel zu bleiben, (räumlichen) Gewahrsam haben. Der tatsächliche Herrschaftsbereich der Führungsebene wird sich regelmäßig auf die Zentrale beschränken. Mit den einzelnen Niederlassungen und Zweigstellen haben sie üblicherweise nichts oder nur sehr wenig zu tun.

Zusammenfassend ist somit festzustellen, daß die hier untersuchten Verfahren in Bezug auf die der Beihilfe verdächtigen Angestellten ebenfalls zu weitgehend und ungenau sind.

II. Formelle Anforderungen an Durchsuchungsanordnungen

Nachdem bislang der Verdächtige als die zentrale materielle Voraussetzung des § 102 StPO definiert wurde, geht es nunmehr um die formellen Anforderungen der Durchsuchungsanordnungen. Es zeigt sich, daß auch insoweit rechtstaatliche Bedenken bei den hier untersuchten Bankenverfahren angezeigt sind.

Durchsuchungsbeschlüsse sind als anfechtbare Entscheidungen mit einer Begründung zu versehen[217], die gewissen Mindestanforderungen genügen muß. Dies gilt in besonderem Maße für den Vorwurf der Steuerhinterziehung als Blankettstraftatbestand. Hinzu kommt, daß § 370 AO mehrere unterschiedliche Straftatbestände enthält[218]. Der Tatverdacht ist durch ein Mindestmaß an konkreten einzelnen Umständen zu beschreiben. Dies gilt vor allem dann, wenn es um Vorgänge geht, die nicht ohne weiteres mit Strafe bedroht sind[219], wie der Kapitaltransfer zu ausländischen Finanzplätzen. Der Tatvorwurf ist zeitlich und hinsichtlich der Art der hinterzogenen Steuern zu präzisieren. Die *zeitliche Eingrenzung* des Tatvorwurfs im Durchsuchungsbeschluß ist wegen des Richtervorbehalts in Art. 13 II GG sowie § 105 I S. 1 StPO un-

---

[214]In diesem Sinne *BVerfG* WM 1994, 691 = StV 1994, 355, wonach eine "Beschränkung der Durchsuchung -etwa auf den Arbeitsplatz der Besch. Q ...- nicht angezeigt" war, weil damit bei den "unbekannten weiteren involvierten Bediensteten ... Verdunklungshandlungen" zu befürchten seien.

[215]Ebenso Franzen/Gast/Joecks- *Joecks*, § 399 Rn 24; *Kniffka*, wistra 1987, 312.

[216]Die Bezeichnungen divergieren je nach Institutsgruppe.

[217]§ 34 StPO.

[218]Die bloße Nennung des § 370 AO im Durchsuchungsbeschluß genügt daher nicht, vgl. *BVerfG* StV 1990, 483.

[219]So *LG Karlsruhe* DB 1969, 954.

entbehrlich. Andernfalls bleibt die Eingrenzung den die Durchsuchung ausführenden Beamten überlassen. Auch die Angabe der *Art der Steuer*, deren Hinterziehung vorgeworfen wird, soll das Durchsuchungsfeld weiter eingrenzen und damit den Grundrechtseingriff meßbar und kontrollierbar machen. Diese Angaben sind im Durchsuchungsbeschluß unverzichtbar, sofern sie nach dem Stand der Ermittlungen möglich und dem Zweck der Strafverfolgung nicht hinderlich sind[220]. Denn Durchsuchungen als bereits ihrer Natur nach schwerwiegende Eingriffe in den grundrechtlich geschützten Bereich des Betroffenen müssen "meßbar und kontrollierbar" bleiben. Deshalb hat der Richter als Kontrollorgan der Strafverfolgungsbehörden im Rahmen des Möglichen und Zumutbaren schon durch geeignete Formulierungen im Durchsuchungsbefehl für eine angemessene Begrenzung der Zwangsmaßnahme Sorge zu tragen[221]. Der Grundrechtsträger muß erfahren, was ihm eigentlich vorgeworfen wird. Diese Angaben versetzen ihn in den Stand, die Zwangsmaßnahme seinerseits zu kontrollieren sowie etwaigen Ausuferungen gerichtlich entgegenzutreten. Bloße schlagwortartige Bezeichnungen des Tatvorwurfs und die Wiederholung des Wortlauts des § 102 StPO genügen grundsätzlich nicht[222]. Die Einschaltung des Richters soll vor allem von vornherein sicherstellen, daß nicht aus bloßen Zweckmäßigkeitserwägungen beziehungsweise infolge von politischen oder anderweitigen sachfremden Einflüssen in die Grundrechte des Betroffenen in einem mehr als für den Zweck der Durchsuchung erforderlichen Maße eingegriffen wird[223]. Für Durchsuchungen nach § 103 I S. 1 StPO sind derartige Angaben *erst recht* erforderlich[224].

Vorstehende Forderungen nach einer Eingrenzung des Tatvorwurfs sind keinesfalls neu. Bereits an den Zitaten wird deutlich, daß sie zur gesicherten verfassungsrechtlichen sowie strafrechtlichen Rechtsprechung gehören. Diese Anforderungen werden im übrigen auch vom Schrifttum einhellig als Mindestvoraussetzungen[225] vertreten[226]. Ihre Beachtung ist gerade hier zur dringend notwendigen Einschränkung des Tatvorwurfs geboten, da sich der Tatverdacht allein durch bestimmte Verhaltensweisen im Vorfeld der Tat beschreiben läßt.

Um so verwunderlicher ist es, daß in den hier untersuchten Bankenverfahren diesbezüglich nur wenig Sensibilität bei den die Durchsuchungen anordnenden Richtern beziehungsweise den überprüfenden Gerichten vorzuherrschen scheint.

---

[220]So für die Steuerhinterziehung ausdrücklich *BVerfG* StV 1990, 483 sowie bereits *LG Mönchengladbach* StV 1986, 246 und *LG Köln* StV 1983, 275 (276 f.).

[221]Ständige Rechtsprechung, siehe BVerfGE 42, 212 (220 f.); BVerfGE 44, 353 (371); *BVerfG* NJW 1992, 551 f.; *BVerfG* NJW 1994, 3281 (3282); *BVerfG* wistra 1997, 223 (225).

[222]BVerfGE 42, 220 f.

[223]BVerfGE 20, 162 (223) und *Fezer*, Jura 1982, 126 (129).

[224]Vgl. BVerfGE 44, 371 f.

[225]Weitergehend etwa *Baur*, wistra 1983, 99 f.

[226]Vgl. SK/StPO- *Rudolphi*, § 105 Rn 14; Löwe- Rosenberg- *G. Schäfer*, StPO, § 105 Rn 15 ff.; AK- *Amelung*, StPO, § 105 Rn 16; *Kleinknecht/Meyer- Goßner*, StPO, § 105 Rn 5; KK- *Nack*, StPO, § 102 Rn 6; *Krekeler/Schütz*, wistra 1995, 298; *Papier/Dengler*, BB 1996, 2594 f.; *Ranft*, WiB 1996, 53; *Kohlmann*, § 385 Rn 150; *Roxin*, Strafverfahrensrecht, § 35 Rn 8; *Rüping*, Das Strafverfahren, Rn 301; *Burkhard*, wistra 2000, 118 (119 f.).

1. Angaben zur Art der hinterzogenen Steuer sowie zum Hinterziehungszeitraum

So heißt es etwa in den Durchsuchungsbeschlüssen im Verfahren der Dresdner Bank AG, es gehe um "Beihilfe zu Einkommenssteuer- und Vermögens-steuerhinterziehung"[227]. Dies ist die einzige Bezugnahme auf die Haupttaten der Kunden. Rückschlüsse auf den *Hinterziehungszeitraum* lassen sich allenfalls aus der angeordneten Durchsuchung der "seit 1983 entstandenen Unterlagen" ziehen[228]. Im übrigen wird in diesen Beschlüssen nicht einmal der Straftatbestand für die Haupttaten benannt[229]. Dies ist auch den im Anhang abgedruckten Durchsuchungsbeschlüssen aus den Jahren 1996 und 1998 betreffend die X- Bank entgegenzuhalten. Im Verfahren des *LG Braunschweig* geht es um den Verdacht der Hinterziehung von "Einkommens- und/oder Vermögenssteuer"[230]. Aus der Entscheidung des *FG Baden- Württemberg* vom 25.11.1996[231] geht hervor, daß dort alle Unterlagen der Bank seit 1987 betroffen waren. Um Unterlagen ab dem 01.01.1988 ging es im Verfahren des *LG Koblenz*[232]. Bei der Commerzbank AG geht es um "eine nicht unerhebliche Anzahl von Steuerhinterziehungen (§ 370 AO)"[233]. Im Durchsuchungs- und Beschlagnahmebeschluß gegen die Y- Bank[234], werden nicht nur keine Angaben zum Hinterziehungszeitraum gemacht -durchsucht werden alle Unterlagen ab 1990-. Vielmehr bleibt auch die genaue Bezeichnung des Tatbestandes der Haupttat aus. Darüber hinaus fehlen hier sogar Einzelheiten zu den Steuerarten. Damit ist der Kreis der Haupttäter und Haupttaten uferlos. Es hängt allein von den handelnden Beamten bei der Durchsuchung ab, wer alles in den Kreis der Verdächtigen einbezogen wird.

Nun hat sich zwar das *Bundesverfassungsgericht* im Verfahren der Dresdner Bank AG auf die Unmöglichkeit einer zeitlichen Eingrenzung des Tatvorwurfs berufen. Es sei "einsichtig, daß nach dem Stand der Ermittlungen eine genaue Eingrenzung des Tatzeitraums noch nicht durchgeführt werden konnte", und es begegne keinen verfassungsrechtlichen Bedenken, daß "sich die Beschreibung des Tatzeitraums darin erschöpft, daß Unterlagen ab 1983 zu suchen seien"[235].

Darin zeigt sich aber eine "Großzügigkeit", die mit den früheren strengeren Anforderungen gerade bei der Steuerhinterziehung nicht in Einklang zu bringen ist[236].

---

[227]So wörtlich in den Durchsuchungsbeschlüssen gegen die Dresdner Bank AG, AG 1994, 119. Vergleichbar insoweit auch der Durchsuchungsbeschluß für die X- Bank (1996), der im Anhang abgedruckt ist.

[228]Ebenfalls wörtlich in den vorstehend genannten Durchsuchungsbeschlüssen der Dresdner Bank AG.

[229]So die Kritik der Dresdner Bank AG in der gegen die Beschlüsse eingelegten Beschwerde, abgedruckt in AG 1994, 120.

[230]So wörtlich *LG Braunschweig* vom 03.05.1993, Az Qs 3, 4/93 (nicht veröffentlicht).

[231]Az. 3 V 37/96, insoweit in wistra 1997, 158 nicht abgedruckt.

[232]wistra 1997, 33.

[233]So wörtlich *OLG Frankfurt* wistra 1996, 160.

[234]Abgedruckt im Anhang.

[235]So wörtlich *BVerfG* WM 1994, 691 = StV 1994, 354.

[236]So wird auch im strafprozessualen Schrifttum durchweg hervorgehoben, das *Bundesverfassungsgericht* stelle sehr strenge Anforderungen an den Inhalt der Durchsuchungsbeschlüsse. Vgl. Löwe- Rosenberg- *G. Schäfer*, StPO, § 105 Rn 16; AK- *Amelung*, StPO, § 105 Rn 16.

Darüber hinaus kann diesen Ausführungen zumindest für das Ende des Tatzeitraums[237] nicht gefolgt werden. Denn ein Tatverdacht scheidet insoweit aus, als es um Zeiträume geht, für die noch nicht einmal die *Erklärungsfristen* gegenüber dem Finanzamt abgelaufen sind[238]. Die Durchsuchungsbeschlüsse für die Dresdner Bank AG vom 05.01.1994 erfassen alle Unterlagen von 1983 bis zum Tag der Durchsuchung, insofern werden auch Geschäftsvorfälle des Veranlagungszeitraumes 1993 einbezogen. Insoweit waren aber zum Zeitpunkt der Durchsuchung noch nicht einmal die gesetzlichen Einkommensteuererklärungsfristen abgelaufen, unbeschadet der sonstigen Verlängerungen dieser Fristen durch Erlasse und im Einzelfall[239]. Das Besteuerungsverfahren hatte für diesen Veranlagungszeitraum gerade erst begonnen.

2. Angaben zum Lebenssachverhalt

Üblicherweise finden sich zum Lebenssachverhalt nur Beschreibungen banktechnischer Abläufe und Möglichkeiten[240]. Sodann schließt sich der Vorwurf an, darin liege Beihilfe zur Steuerhinterziehung. So sollen etwa die Angestellten bei der Dresdner Bank AG ausweislich der Durchsuchungsbeschlüsse "den inländischen Geschäftsbetrieb der Bank in der Weise zur Verfügung stellen bzw. gestellt haben, daß die Kunden bisher nicht der Versteuerung unterworfene Einnahmen und Vermögenswerte ins Ausland verbringen oder aus dem Ausland hereinholen können bzw. konnten, ohne für diese Transaktionen eigene inländische Konten zu bewegen. Vielmehr haben die Beschuldigten unter bewußtem Verstoß gegen Normen der Abgabenordnung (§ 154 AO) die Geldbewegungen über Konten der Bank, nämlich Kasse- und CPD-Konten, statt über Kundenkonten, erfassen lassen. Die entsprechenden Buchungen erfolgten in einer verheimlichenden Art und Weise dergestalt, daß CPD- Konten benutzt wurden und dabei Belege systematisch Verwendung fanden, die den tatsächlich Verfügenden nicht bezeichneten"[241]. Daraus ergebe sich der Verdacht der Beihilfe zur Einkommen- und Vermögensteuerhinterziehung. Hinweise auf psychische Unterstützung, auf eine irgendwie geartete Subsumtion, eine Beziehung zwischen dem angegebenen tatsächlichen Geschehen und dem Hilfeleisten des Beihilfetatbestandes, fehlen. Eine Ausnahme stellt insoweit der im Anhang abgedruckte Durchsuchungs- und Beschlagnahmebeschluß für die Y- Bank dar. Der Verdacht der psychischen Beihilfe wird dort zumindest entfernt begründet. Es wird ausgeführt, infolge verschiedener Verschleierungen beim Transfer sei dem "Kunden die Möglichkeit eröffnet" worden, "Erträge und Vermögenswerte steuerlich relevant zu verschweigen, da der Kunde so nicht mit der Entdeckung der im Ausland befindlichen Vermögenswerte" rechnen müsse, "sondern auf die Aufrechterhaltung der Anonymität" vertraue. Auch der Durchsuchungsbeschluß für die A- Bank[242] enthält eine vergleichbare Begründung.

---

[237] *Leisner*, BB 1994, 1943 kritisiert zudem, daß für die Rückbeziehung bis 1983 offensichtlich die zehnjährige Festsetzungsfrist des § 169 II S. 2 AO zugrundegelegt wird und darin ein "unzulässiger zeitlicher Gesichtspunkt" liege.

[238] Ebenso *Leisner*, BB 1994, 1942; *Papier/Dengler*, BB 1996, 2599. Dem *BVerfG* explizit zustimmend jedoch *Carl/Klos*, DStZ 1994, 396.

[239] In dieser Richtung die Dresdner Bank AG, AG 1994, 121.

[240] Die zudem regelmäßig denkbar knapp und vage ausfallen, vgl. etwa den Durchsuchungsbeschluß für die X- Bank (1996), der im Anhang abgedruckt ist.

[241] So wörtlich mit Korrektur des Rechtschreibfehlers in *AG Düsseldorf* AG 1994, 119.

[242] Ebenfalls im Anhang abgedruckt.

Nun ist es zwar so, daß die Forderung, die Subsumtion eines tatsächlichen Geschehens unter den vorgeworfenen Straftatbestand müsse im Durchsuchungs- und Beschlagnahmebeschluß angegeben werden, denn allein so sei die "Tat" ausreichend beschrieben, nur vereinzelt im Schrifttum erhoben wird[243]. Der dahinterstehende Gedanke, nämlich den Eingriff in die Grundrechte des von der Zwangsmaßnahme Betroffenen meßbar und -vor allem für ihn- kontrollierbar zu machen[244], spricht in der Tat für das Erfordernis, auch die Subsumtion in den Beschlüssen darzulegen.

Jedenfalls aber wird einhellig vertreten, daß der *tatsächliche Lebenssachverhalt*, in welchem das strafbare Verhalten gesehen wird und wie er nach dem Stand der Ermittlungen bekannt ist, in dem Durchsuchungsbeschluß festgehalten werden muß[245]. Die Beschreibung des tatsächlichen Geschehens als konkretes historisches Vorkommnis muß zwar noch nicht in allen Einzelheiten erfolgen, diese sollen vielmehr erst noch ermittelt werden. Aber es müssen immerhin Umstände aufgeführt werden, die den historischen Vorgang "von denkbaren anderen ähnlichen oder gleichartigen Vorkommnissen unterscheiden"[246]. Die Straftat, die verfolgt wird, muß möglichst genau bezeichnet und beschrieben werden. Es muß aus dem Durchsuchungsbeschluß deutlich werden, durch welche konkrete Handlung jemand in den Verdacht der Straftatbegehung geraten ist[247]. Der die Zwangsmaßnahme gemäß § 105 I S. 1 StPO anordnende Richter[248] hat gemäß § 162 III StPO zu prüfen, ob die beantragte Untersuchungshandlung im speziellen Fall zulässig ist. Diese Prüfung erfordert es, daß die tatsächlichen Angaben hinreichend konkret sind[249].

In den Durchsuchungsbeschlüssen betreffend die Dresdner Bank AG findet sich aber nur der allgemeine Hinweis, "Geldbewegungen" seien nicht über Kunden-, sondern über Kasse- und CpD- Konten verbucht worden. Nur welche Geldbewegungen sind damit gemeint ? Es gehört immerhin zum Wesen der Kreditinstitute, mit Geld umzugehen und dieses "zu bewegen". Nicht jede dieser "Bewegungen" aber verstößt auch gegen § 154 AO und, so der strafrechtliche Vorwurf, ist eine Beihilfe zur Steuerhinterziehung anderer. Damit wird gerade nicht deutlich, welche Handlung konkret den Verdacht der Beihilfe begründen oder gegen den Grundsatz der Kontenwahrheit in § 154 AO verstoßen soll. Auch die diesbezüglichen Erklärungen des *Bundesverfas-*

---

[243]So vor allem von *Baur*, wistra 1983, 99 f. Tendenziell ebenso *Leisner*, BB 1994, 1942, allerdings gibt dessen Verweis auf BGHSt 22, 375 (385) keine eindeutige Antwort. Dort geht es allein um die Angaben zum tatsächlichen Geschehen. Eine klare Aussage zu einem "subsumierendem Bezug" findet sich dagegen nicht.

[244]Und damit einer ständigen Aufforderung des *BVerfG* nachzukommen, vgl. BVerfGE 42, 220 f.; BVerfGE 44, 371; *BVerfG* StV 1990, 483; *BVerfG* NJW 1992, 551 f.

[245]Vgl. *BVerfG* NJW 1994, 3282; BVerfGE 20, 224 und 227; BVerfGE 42, 220 f.; BVerfGE 44, 371; BGHSt 22, 385; BGHSt 22, 105 (106) m.w.N.; *LG Krefeld* NJW 1994, 2036; *LG Bielefeld*, wistra 1999, 155; *Krekeler/Schütz*, wistra 1995, 298; Löwe- Rosenberg- *G. Schäfer*, StPO, § 105 Rn 17; AK- *Amelung*, StPO, § 105 Rn 16; SK/StPO- *Rudolphi*, § 105 Rn 14; *Sommermeyer*, Jura 1992, 454; *Roxin*, Strafverfahrensrecht, § 35 Rn 8.

[246]So wörtlich BGHSt 22, 385.

[247]So *BVerfG* NJW 1994, 3282; *LG Köln* StV 1997, 180; vgl. auch *LG Köln* StV 1983, 275 (276 f.).

[248]Nur bei Gefahr in Verzug dürfen ausnahmsweise der Staatsanwalt oder ein Hilfsbeamter der Staatsanwaltschaft die Durchsuchung anordnen, § 105 I S. 1 StPO. Zur Definition von Gefahr in Verzug siehe Franzen/Gast/Joecks- *Joecks*, § 399 Rn 18; *Krekeler/Schütz*, wistra 1995, 298 m.w.N. In den hier untersuchten Bankenverfahren liegen regelmäßig richterliche Anordnungen vor.

[249]Vgl. *LG Köln* StV 1997, 180.

sungsgerichts erhellen wenig. Im Gegenteil, wie bereits nachgewiesen[250], sind sie mißverständlich, teilweise sogar in sich widersprüchlich[251].

Anhaltspunkte dafür, daß eine präzisere Beschreibung unmöglich ist oder gar dem Zweck der Strafverfolgung zuwiderlaufen würde, sind weder ersichtlich noch von den Ermittlern dargetan worden.

3. Angaben zu den Durchsuchungsobjekten und –zielen

Auch bezüglich der Angaben zu den zu suchenden Beweismitteln sowie den zu durchsuchenden Räumlichkeiten, Personen und Gegenständen setzt sich die bereits konstatierte Unbestimmtheit und Ungenauigkeit fort.

a) Die zu suchenden Beweismittel

In den untersuchten Bankenverfahren geht es um die Auffindung und Beschlagnahme von Beweismitteln für Ermittlungsverfahren gegen Kunden und Bankangestellte. Entsprechend den Anforderungen des *Bundesverfassungsgerichts* müssen aus dem bei Anordnung und Durchführung der Durchsuchung zu beachtenden verfassungsrechtlichen Grundsatz der Verhältnismäßigkeit die Beweismittel, nach denen beim Verdächtigen gesucht wird, zumindest annäherungsweise, gegebenenfalls nur in beispielhafter Aufzählung im Durchsuchungsbeschluß aufgeführt sein[252]. Bei anderen Personen im Sinne des § 103 I StPO ergibt bereits der Gesetzeswortlaut, daß die präzise Angabe der zu suchenden Beweismittel erforderlich ist. Üblicherweise finden sich in den Durchsuchungsbeschlüssen jedoch lediglich allgemeine Formulierungen. Es gehe um Beweismittel, die "im Zusammenhang stehen mit ... der verheimlichenden Transferierung in das und aus dem Ausland"[253] oder "die im Zusammenhang mit Geld- und/oder Wertpapiertransfers von und nach Luxemburg oder einem der vorbezeichneten Konten stehen"[254]. Sodann werden einige Beispiele gegeben, wonach "insbesondere" gesucht werden dürfe[255]. Speziell für die Durchsuchungsbeschlüsse der Dresdner Bank AG hat das *Bundesverfassungsgericht* dies nicht beanstandet. Die Beschreibung der Beweismittel mit "Unterlagen, die im Zusammenhang mit der verheimlichenden Transferierung von Geld in das und aus dem Ausland stehen" sei "wegen des Ermittlungsstandes und der vom Anfangsverdacht erfaßten sehr großen Zahl von Taten" präzise genug, was im übrigen "ohne weiteres" einleuchte[256].

Dem kann jedoch keinesfalls zugestimmt werden. Denn wenn der Ermittlungsstand und die Anzahl der Straftaten tatsächlich entscheiden sollen, so bedeutet dies zugespitzt, möglichst frühzeitig nach allem Möglichen zu suchen sowie den Kreis der Täter tunlichst nicht weiter zu begrenzen, denn später kann immer noch eingegrenzt

---

[250]Soeben ab S. 266, insbesondere bei Fn 124 und 137 im Text.

[251]Daß die banktechnischen Abläufe im Verfahren der Dresdner Bank AG nur äußerst ungenau beschrieben sind, wird im übrigen nicht nur von der Bank selbst kritisiert, vgl. AG 1994, 120 ff. Siehe vielmehr auch *Streck*, StV 1994, 355 f.; *Otto*, StV 1994, 410; *Leisner*, BB 1994, 1942 f.

[252]So BVerfGE 42, 220 f.

[253]So wörtlich in den Durchsuchungsbeschlüssen der Dresdner Bank AG vom 05.01.1994, AG 1994, 119.

[254]So im Durchsuchungs- und Beschlagnahmebeschluß der Y- Bank, abgedruckt im Anhang.

[255]Vgl. etwa die im Anhang abgedruckten Beschlüsse betreffend die A- und Y- Bank sowie beide Beschlüsse zur X- Bank, ebenso die für die Dresdner Bank AG, AG 1994, 119.

[256]Wörtlich *BVerfG* WM 1994, 691 = StV 1994, 355.

werden, was tatsächlich verfolgt wird[257]. Es ist nun aber so, daß Durchsuchungen als erhebliche Eingriffe in die Grundrechte der von ihnen Betroffenen gerade nicht zur Ausforschung eingesetzt werden dürfen[258]. Wenn die bereits aufgezeigte Unbestimmtheit des Tatvorwurfs und der verdächtigen Personen weitere Unzulänglichkeiten bei den zu suchenden Beweismitteln verantworten sollen, würde in der Tat "ein Defizit rechtsstaatlicher Beschränkung nur durch andere Defizite gerechtfertigt, am Ende wären alle Eingrenzungskriterien bei Durchsuchungsmaßnahmen weithin entwertet"[259]. Aus diesem Grunde müssen gerade umgekehrt dann, wenn der Tatvorwurf höchst unzulänglich beschrieben und der Kreis der Haupttäter sowie der Gehilfen uferlos ist, um so strengere Anforderungen an die Angabe der Beweismittel gestellt werden[260]. Dies hat das *Bundesverfassungsgericht* im übrigen in früheren Verfahren ebenso gesehen. Dann, wenn sich die Durchsuchung auf den gesamten Betrieb und das dort befindliche unüberschaubare Schriftmaterial erstreckt -konkret ging es um ein Archiv, welches zu den größten in ganz Deutschland zählte-, so sei es aus diesem Grunde unerläßlich, die zu suchenden Gegenstände möglichst genau zu beschreiben[261]. Warum dies bei einer (Zentrale einer) Großbank so grundlegend anders sein soll, bleibt unerfindlich. Die in den Beschlüssen angegebenen Unterlagen, nach denen "insbesondere" gesucht werden soll, dienen jedenfalls kaum der Präzisierung. Eine Eingrenzung findet auch in anderen Beschlüssen nicht einmal annäherungsweise statt, was sich am Durchsuchungs- und Beschlagnahmebeschluß der Y- Bank illustrieren läßt. Gesucht (und beschlagnahmt) werden sollen *sämtliche* Unterlagen und Belege, der *gesamte* Schriftverkehr, im Grunde genommen jedes Stück Papier, das nur irgendwie mit Luxemburg zu tun hat. Die gegenteiligen Aussagen des *Bundesverfassungsgerichts* sind daher entschieden abzulehnen. Sie begünstigen Ausforschungsdurchsuchungen. Nicht zuletzt erfordert die große Anzahl von nur nach Gruppenmerkmalen eingrenzbaren Haupttätern klare und deutliche Angaben zu den Beweismitteln. Wenn diese zu suchenden Beweismittel nicht ausdrücklich und unmißverständlich beschrieben werden, besteht nicht nur die Gefahr, sondern drängt sich geradezu der Verdacht auf, daß bei den regelmäßig mehrere Tage in Anspruch nehmenden Zwangsmaßnahmen (gezielt) nach Zufallsfunden gesucht wird[262].

Der Ansicht des *Bundesverfassungsgerichts* kann erst recht nicht zugestimmt werden, soweit es um die Suche nach Unterlagen geht, die für sich genommen nicht einmal bei diesem weiten Verständnis der Ermittler und Gerichte einen Bezug zum Tatvorwurf haben. So bestimmen die Durchsuchungsbeschlüsse im Verfahren der Dresdner Bank AG vom Januar 1994, daß "alle Unterlagen, die sich in der Auslands-, Revisions-, Rechts- und Organisationsabteilung, in den Räumen der Niederlassungsleitung ... befinden"[263], durchsucht werden können[264]. Der Formulierung "insbesondere" zu Beginn der beispielhaften Aufzählung in den Durchsuchungsbeschlüssen ist

---

[257]So zu Recht *Leisner*, BB 1994, 1944.

[258]*LG Zweibrücken* NJW 1990, 2760.

[259]So wörtlich *Leisner*, BB 1994, 1944.

[260]Ebenso *Leisner*, BB 1994, 1944.

[261]So BVerfGE 20, 162 (225).

[262]Ebenso *Gillmeister*, Ermittlungsrechte, 58; *Sommermeyer*, Jura 1992, 452 (in Fn 48).

[263]So wörtlich Durchsuchungsbeschlüsse vom 05.01.1994 vom *AG Düsseldorf* in AG 1994, 119.

[264]Vgl. auch die Kritik der Dresdner Bank AG in der Beschwerdebegründung, AG 1994, 123.

gerade nicht die notwendige Präzisierung zu entnehmen[265] und räumt gerade diese beispielhafte Aufzählung den handelnden Beamten einen unzulässigen Ermessensspielraum ein[266]. Dies gilt um so mehr, soweit es um den (nicht eingegrenzten) Gewahrsamsbereich geht, in welchem nicht ein konkret namentlich Verdächtiger existiert. Von der Suche nach "bestimmten" Beweismittel, wie der § 103 I S. 1 StPO erfordert, kann daher keine Rede sein[267].

b) Durchsuchungsobjekte

Die Durchsuchungsobjekte sind je nach Bankenverfahren verschieden. Stets werden die Geschäftsräume im Durchsuchungsbeschluß aufgeführt. Darüber hinaus wird teilweise auch die Durchsuchung von Personen (Mitarbeiter) sowie deren Schließfächer bestimmt.

So wird die Durchsuchung bei der A- Bank[268] angeordnet für die "A- Bank" -es folgt eine Adresse derselben in der Stadt D-, "und zwar der Geschäftsräume sowie der außerhalb dieser Geschäftsräume genutzten Gebäude oder Gebäudeteile einschließlich der angeschlossenen Zweigstellen, Filialen, Nebenstellen, Archive etc. insbesondere der Niederlassung" in der Stadt B. Im Durchsuchungsbeschluß der Y- Bank[269] wird dagegen "die Durchsuchung aller Grundstücke nebst aufstehenden Gebäuden, Fahrzeugen und Behältnissen der Y- Bank" -es folgt die Adresse für die Stadt F- "insbesondere der Büroräume der Vorstände, der Geschäftsführer, der Abteilungsleiter und der Sachbearbeiter, die mit dem Geld- und Wertpapiertransfer von und nach Luxemburg mittelbar oder unmittelbar befaßt sind oder gewesen sind einschließlich deren Person und deren Schließfächer in der Bank" angeordnet.

Auf dieser Linie liegen auch die beiden im Anhang abgedruckten Durchsuchungsbeschlüsse betreffend die X- Bank aus den Jahren 1996 und 1998. Bei der ersten Durchsuchung im Verfahren der Dresdner Bank AG läßt sich der Beschwerdebegründung der Bank gegen die Durchsuchungsbeschlüsse entnehmen, daß dort die Durchsuchung zumindest der Geschäftsräume in Frankfurt am Main sowie in Düsseldorf angeordnet worden war, und zwar offenbar ohne weitere Adressenangaben[270].

Diese Weite der zu durchsuchenden Räumlichkeiten ist eine zwangsläufige Folgeerscheinungen der ungenügend konkreten Angabe der als Beihilfe verdächtigen Personen. So begründet denn auch das *Bundesverfassungsgericht*, daß mehr als eine Eingrenzung der Stadt (!) nicht erforderlich sei, mit der "genannten Eigenart des Verdachts"[271]. Gemeint ist der Verdacht der "systematischen Beihilfe" mit Einbindung der gesamten "Struktur". In einem solchen Fall könne schließlich nicht vorher in der Bank gefragt werden, in *welchen Räumlichkeiten* sich Beweismittel dazu finden lassen, ohne daß der Zweck der Ermittlungen gefährdet sei[272].

Wären aber bereits die der Beihilfe Verdächtigen bezeichnet, hätte sich diese Frage nicht gestellt. Dann ginge es um die Durchsuchung in deren Büros bezie-

---

[265]Anders *BVerfG* WM 1994, 691 = StV 1994, 355.

[266]Vgl. *LG Chemnitz* wistra 1999, 154 (155).

[267]Vgl. *BGH* BGHR StPO, § 103 Tatsachen 2 (1).

[268]Durchsuchungsbeschluß abgedruckt im Anhang.

[269]Abgedruckt in Anhang.

[270]Vgl. AG 1994, 119 f.

[271]Wörtlich *BVerfG* WM 1994, 691 = StV 1994, 355.

[272]So die Argumentation des *BVerfG* WM 1994, 691 = StV 1994, 355.

hungsweise Schreibtischen nach § 102 StPO. Soweit es um das Auffinden weiterer bestimmter Beweismittel (etwa der Belege im Archiv) geht, müßte die Durchsuchung auf den § 103 I S. 1 StPO gestützt werden. Die Ursache kann nicht die Folge legitimieren, wenn diese ihrerseits bereits zu beanstanden ist. Andernfalls würde, wie eben bei den Beweismitteln erläutert, ein Defizit mit anderen Mängeln gerechtfertigt. Vielmehr müssen die Räumlichkeiten exakt bezeichnet werden[273]. Eine allgemeine Formulierung "und andere Räume" im Durchsuchungsbeschluß genügt nicht, dabei handelt es sich nur um eine Wiederholung der gesetzlichen Formulierungen in § 102 StPO[274]. Zwar wird in den Bankenverfahren zumindest eine Adresse für diese "anderen Räume" im Sinne des § 102 StPO gegeben. Nur verbergen sich hinter dieser ein Gebäude beziehungsweise gar ein Gebäudekomplex, in der Unbestimmtheit steht dies der bloßen Angabe "und andere Räume" nicht nach[275]. Die genau bezeichneten Räumlichkeiten, in denen durchsucht wird, müssen dem räumlichen (Mit-) Gewahrsam der Verdächtigen zuzuordnen sein. Insbesondere die Durchsuchung aller Zimmer der Vorstandsmitglieder (Y- Bank sowie X- Bank) kann daher auf § 102 StPO nur gestützt werden, wenn diese -durch konkrete Anhaltspunkte belegt und namentlich bezeichnet- der Beihilfe verdächtig sind. Ansonsten sind diese Zwangsmaßnahmen dort nur auf der Grundlage des § 103 I S. 1, 2 StPO zulässig. Hierzu fehlen in den Beschlüssen aber die erforderlichen Angaben zu bestimmten Beweismitteln und auf Grund welcher Tatsachen darauf geschlossen wird, daß sich selbige dort befinden.

Im übrigen bestehen erhebliche Zweifel, ob bei solchen allgemeinen Angaben zu den zu durchsuchenden Räumlichkeiten tatsächlich insgesamt das Bestehen der erforderlichen Auffindungsvermutung geprüft beziehungsweise zu Recht angenommen worden ist. Wenngleich die diesbezüglichen Anforderungen des § 102 StPO im Vergleich zum § 103 I S. 1 StPO weniger streng sind, so verdeutlicht jedoch bereits die Gesetzesformulierung in § 102 StPO, daß dort (positiv) Beweismittel vermutet werden müssen. Nur die Räumlichkeiten des Verdächtigen dürfen durchsucht werden, in denen die Auffindung von Beweismitteln vermutet werden kann[276]. Damit aber sind die Aussagen des *Bundesverfassungsgerichts* im Verfahren der Dresdner Bank AG, eine Eingrenzung der Räumlichkeiten über die Angabe der Stadt hinaus sei nicht möglich, weil keine sicheren Anhaltspunkte dafür bestünden "wo die zu suchenden Gegenstände *nicht* gefunden werden können" beziehungsweise welches Anwesen der Bank "*nicht* als Aufbewahrungsort hierfür"[277] diente, unvereinbar. Es geht zum einen nicht um eine Negativabgrenzung der Räumlichkeiten des konkreten Verdächtigen, sondern um eine *positive* Bestimmung der Durchsuchungsobjekte, bezüglich derer die genannte Vermutung besteht[278]. Zum zweiten aber konnte -wiederum infolge der mangelnden Bestimmung der als verdächtig geltenden Personen innerhalb der Bank- in diesem Verfahren *noch nicht einmal diese Negativabgrenzung* vorgenommen werden. Denn wenn noch nicht bekannt ist, wer alles bestimmte Handlungen vorgenommen hat und damit im Verdacht der vorsätzlichen Hilfeleistung steht, kann zwangs-

---

[273]Vgl. *Kleinknecht/Meyer- Goßner*, StPO, § 105 Rn 5; *Krekeler/Schütz*, wistra 1995, 298.

[274]Vgl. *BVerfG* NJW 1992, 551 (552).

[275]*Leisner*, BB 1994, 1944.

[276]*Leisner*, BB 1994, 1944.

[277]Wörtlich mit Hervorhebungen der Verfasserin *BVerfG* WM 1994, 691 = StV 1994, 354 f.

[278]Kritisch ebenfalls *Leisner*, BB 1994, 1944.

läufig auch nicht sicher eingegrenzt werden, in welchen Büros, Schreibtischen oder sonstigen Objekten Beweismittel für diese Verhaltensweisen gefunden werden können. Demzufolge hat das Gericht insbesondere nicht beanstandet, daß nach den Durchsuchungsbeschlüssen alle in Frankfurt am Main befindlichen Räumlichkeiten der Institutsgruppe, die sich immerhin auf mehr als 10 verschiedene Postanschriften verteilen, durchsucht werden konnten. Infolge der Schlüsselbedeutung, die den Aussagen des *Bundesverfassungsgerichts* für die nachfolgenden Bankenverfahren zukommt, ist nicht auszuschließen, daß auch in den späteren Bankendurchsuchungen nur eine solche Negativabgrenzung vorgenommen worden ist. Bezüglich der Durchsuchungen der Personen und den von ihnen genutzten Gegenständen gelten vorstehende Erwägungen in gleicher Weise. Nur wenn sie der Beihilfe verdächtig sind, können ihre Person und die ihnen zuzuordnenden Sachen nach § 102 StPO durchsucht werden. Dies gilt auch nur, soweit die Auffindungsvermutung insoweit zu bejahen ist. Ansonsten müssen die strengeren Anforderungen des § 103 I S. 1 StPO eingehalten werden.

Auch hinsichtlich der zu suchenden Beweismittel und der Angabe der zu durchsuchenden Räumlichkeiten, Personen und Gegenstände innerhalb der Institute erweisen sich die Beschlüsse demnach zum Teil als konturenlos. Zurückzuführen ist dies nicht zuletzt auf die Bestätigung der Durchsuchungsbeschlüsse im grundlegenden Verfahren der Dresdner Bank AG vom *Bundesverfassungsgericht*[279].

Insgesamt sind somit bezüglich der Einhaltung der Anforderungen an den Inhalt der Durchsuchungsbeschlüsse rechtsstaatliche Bedenken bei zahlreichen Bankenverfahren angezeigt. Die Angaben in den Durchsuchungsanordnungen sind überwiegend zu unbestimmt. Das *Bundesverfassungsgericht*[280] hat keine verfassungsrechtlichen Einwände erhoben. In dieser im Vergleich zur bisherigen gesicherten Ansicht außerordentlich weiten und großzügigen Argumentation des Gerichts dürfte die entscheidende Ursache für mangelnde Bestimmtheit von Durchsuchungsbeschlüssen in zeitlich nachfolgenden Verfahren liegen. Das folgende Beispiel des Durchsuchungsbeschlusses der Y- Bank mag die beträchtlichen Folgewirkungen verdeutlichen.

4. Auswirkungen des ersten Beschlusses des Bundesverfassungsgerichts im Verfahren der Dresdner Bank AG

Die Auswirkungen der Aussagen des *Bundesverfassungsgerichts* im Verfahren zu den die Dresdner Bank AG betreffenden Durchsuchungsbeschlüssen zeigen sich eindrücklich am Durchsuchungsbeschluß für die Y- Bank[281]. Dort werden weder die Steuerarten, um deren Hinterziehung es geht, noch der Hinterziehungszeitraum und ebensowenig das den Mitarbeitern konkret vorgeworfene Verhalten, welches die Möglichkeit der Bestrafung wegen Beihilfe bieten soll, spezifiziert. Nicht ein namentlich bezeichneter Angestellter wird angegeben. Es ist allgemein davon die Rede, Mitarbeiter hätten den "inländischen Geschäftsbetrieb ihres Kreditinstituts unter Verstoß gegen gesetzliche Vorschriften und banküblichen Gepflogenheiten in der Weise zur

---

[279] *BVerfG* WM 1994, 691 = StV 1994, 353. Kritisch *Kohlmann*, § 385 Rn 122 (in einer "bedenklich weitgehenden Entscheidung") und ebenso Tipke/Kruse- *Seer*, AO, § 208 Rn 13 b ("rechtsstaatlich bedenklich").

[280] Im Verfahren der Dresdner Bank AG, vgl. *BVerfG* WM 1994, 691 = StV 1994, 353.

[281] Abgedruckt im Anhang. Zu den Auswirkungen der Dresdner- Bank- Beschlüsse des *BVerfG* in der Praxis siehe eindrücklich *Ditges/Graß*, BB 1998, 1391 f.

Verfügung gestellt", daß "es den Kunden ermöglicht wurde, Vermögenswerte anonym ins Ausland, namentlich Luxemburg, zu verbringen oder aus dem Ausland in die Bundesrepublik Deutschland zurückzutransferieren. Hierdurch wurde es den Kunden ermöglicht, die steuerpflichtigen Erträge und Werte der inländischen Besteuerung zu entziehen. Es besteht auch der Verdacht, daß Geldrückflüsse aus dem Ausland nicht über Konten der Bankkunden, sondern über bankinterne Konten gebucht wurden". Augenfällig ist die sprachliche Bezugnahme auf das Verfahren der Dresdner Bank AG, genauer, auf die Wendungen, die das *Bundesverfassungsgericht* in seinem Beschluß über die Durchsuchungen bei dieser gebraucht hat. Es drängt sich der Eindruck auf, daß rechtliche Bedenken und Zweifel durch möglichst enge begriffliche Anlehnung an die Ausführungen des *Bundesverfassungsgerichts*, das schließlich keinerlei verfassungsrechtliche Einwände gegen die Zwangsmaßnahme bei einer anderen Bank hatte, ausgeschlossen werden sollen. Für letzte Zweifler wird sogar der erste Beschluß des *Bundesverfassungsgerichts* zitiert und ausgeführt, "es entspricht kriminalistischer Erfahrung, daß die grenzüberschreitenden Vermögensanlagen dann den Anfangsverdacht der Steuerhinterziehung bzw. der Beihilfe hierzu begründen, wenn die Anlage gezielt anonym unter Vermeidung der Angabe des zutreffenden Kundennamens im inländischen Zahlungsverkehr getätigt werden". Ein bereits bekannt gewordenes Transfersystem läßt aber nicht darauf schließen, daß in anderen Geldinstituten in gleicher Weise verfahren worden ist[282]. Verfassungsrechtliche und strafprozessuale Grundsätze erlauben keinesfalls den Gedankengang, was in einer Bank vorgekommen ist, geschieht auch in anderen Instituten, und was bei einem Institut ausweislich des *Bundesverfassungsgerichts* nicht zu beanstanden ist, kann auch bei anderen nicht fehlerhaft sein. Dann handelt es sich in der Tat um eine Ausforschung; insoweit liegen Ermittlungen "ins Blaue hinein" vor[283].

III. Gesamtergebnis zur Anordnung der Durchsuchung

Die erörterten Durchsuchungen genügen nur teilweise den Rechtmäßigkeitsanforderungen. Sicherlich konnten hier nur wenige Beschlüsse von einzelnen Instituten ausgewertet werden. Die formellen und materiellen Durchsuchungsvoraussetzungen mögen in anderen Verfahren durchaus eingehalten worden sein. Aber es ist zu vermuten, daß die Billigung der konturenlosen Durchsuchungsbeschlüsse betreffend die Dresdner Bank AG durch das *Bundesverfassungsgericht*[284] nicht nur in den hier besprochenen Beschlüssen zu den aufgezeigten Unzulänglichkeiten geführt hat[285]. Offensichtlich wird der Versuch, über eine weite Bestimmung der Verdächtigen den Bereich der Durchsuchungen auf der Grundlage des § 102 StPO auszudehnen. Konkret von der Durchsuchung betroffene Mitarbeiter wissen bei diesen Beschlüssen nicht, worin das strafbare Verhalten liegen soll, ob sie im einzelnen solche Handlungen begangen haben, demnach als Verdächtige anzusehen sind oder ob bei ihnen als "andere Person" durchsucht wird. Infolge dieser Ausdehnung des § 102 StPO fehlen für den Bereich, in welchem rechtmäßig nur auf der Grundlage des § 103 I S. 1 StPO durchsucht werden könnte, jede Angaben zu den *Tatsachen* für die

---

[282]So ausdrücklich *Kohlmann*, § 385 Rn 122.

[283]So zu Recht *Mayer- Wegelin*, DStZ 1984, 246, wenn auch zur Spendenaffäre.

[284]*BVerfG* WM 1994, 691 = StV 1994, 353.

[285]Nach Einreichung der Arbeit wurden zwei Entscheidungen des *LG Freiburg* (wistra 2000, 159 und NStZ 2000, 554) veröffentlicht, die strengere Anforderungen an die Konkretisierungen im Durchsuchungsbeschluß stellten. Dies ist zu begrüßen.

Auffindungsvermutung und ebenso eine präzise Beschreibung der *bestimmten* Beweismittel, nach denen gesucht wird.

Mit anderen Worten bedeutet dies: In den Durchsuchungsbeschlüssen werden zwar die §§ 102, 103 I S. 1 StPO als Ermächtigungsgrundlage benannt. In welchen Bereichen § 102 StPO und wo § 103 I S. 1 StPO Anwendung finden soll, wird jedoch nicht deutlich. Für bestimmte Gewahrsamsbereiche ist der § 102 StPO nicht erfüllt, weil insoweit kein Verdächtiger von der Zwangsmaßnahme betroffen ist. Die -immerhin gleichfalls angeordnete- Durchsuchung bei "anderen Personen" ist ebenfalls nicht rechtmäßig, weil es dafür an den gemäß § 103 I S. 1 StPO erforderlichen Angaben zu den bestimmten Beweismitteln und zu den Tatsachen, aus welchen geschlossen wird, daß sich eben jene im Durchsuchungsobjekt befinden, fehlt. Die Anforderungen an rechtmäßige Durchsuchungen sind mithin in diesen Fällen nicht gegeben[286]. Unverständlich ist die außerordentlich großzügige Haltung des *Bundesverfassungsgerichts* im Verfahren der Dresdner Bank AG im Vergleich zu den von eben jenem Gericht vorher in jahrelanger Übung selbst aufgestellten Grundsätzen[287]. Der Gedanke von *Leisner*, das *Bundesverfassungsgericht* habe sich von seiner eigenen Rechtsprechung stillschweigend abgewendet[288], ist daher so fernliegend nicht.

IV. Zulässige Vorfeldermittlungen der Steuerfahndung während der Zwangsmaßnahme im Institut ?

Während es bislang lediglich um Fragen der Durchsuchungsanordnung ging, thematisiert die anschließende Darstellung ein zentrales Problem bei der Durchführung der Durchsuchungen in den Kreditinstituten. Hierbei handelt es sich um die Frage nach dem zulässigen Umfang der Ermittlungen. Frühere[289] und auch bereits zu den in Rede stehenden Ermittlungsverfahren existierende[290] gerichtliche Entscheidungen verdeutlichen die Brisanz, die sich dahinter verbirgt. Es geht insoweit um die sogenannten Zufallsfunde gemäß § 108 StPO und die Vorfeldermittlung der bei den Durchsuchungen mitwirkenden Steuerfahnder gemäß §§ 208 I S. 1 Nr. 3, 194 III, 30 a III AO.

So bietet § 108 I S. 1 StPO zwar die Möglichkeit der Beschlagnahme von Unterlagen oder Materialien als Zufallsfunde. Jedoch werden hierfür besondere Anfor-

---

[286]Die Rechtmäßigkeit der Durchsuchung speziell bei der Dresdner Bank AG wird bejaht von *Carl/ Klos*, DStZ 1994, 391; *dies.*, wistra 1994, 211; *Ranft*, WiB 1996, 49; *Weyand*, INF 1995, 159; *Bilsdorfer*, INF 1994, 545. Zweifelnd oder klar ablehnend hingegen *Kohlmann*, § 385 Rn 122; Tipke/Kruse- *Seer*, AO, § 208 Rn 13 b; *Ransiek*, EWiR 1994, 573; *ders.*, EWiR 1995, 149; *Papier/Dengler*, BB 1996, 2541, 2593; *Leisner*, BB 1994, 1941; *Arndt*, KÖSDI 1994, 9760; *Tipke*, BB 1998, 243; *Ditges/Graß*, BB 1998, 1391 ff.

[287]Vor allem in den Verfahren des BVerfGE 20, 162; BVerfGE 44, 353; BVerfGE 42, 212; *BVerfG* NJW 1992, 551.

[288]So *Leisner*, BB 1994, 1945 f.

[289]Vgl. *LG Arnsberg* ZIP 1984, 889; *LG Baden- Baden* ZIP 1989, 766; *FG Saarland* wistra 1990, 272; *LG Fulda* vom 09.03.1992, Az. Qs 90/89, 92/89 u.a. (nicht veröffentlicht).

[290]Vgl. *FG Baden- Württemberg* wistra 1997, 158 und dazu Beschwerdeentscheidung des *BFH* WM 1997, 2344.

derungen aufgestellt. So müssen sich bei einer rechtmäßigen[291] Durchsuchung Anhaltspunkte für steuerunehrliches (oder sonst strafbares) Verhalten durch Anleger beziehungsweise Bankmitarbeiter ergeben, auf die sich die angeordnete Durchsuchung nicht bezieht. Danach darf allerdings nicht planmäßig Umschau gehalten werden[292] und insoweit muß tatsächlich ein Tatverdacht[293] bestehen. Außerdem muß es sich um Funde, die im Sinne des § 108 I S. 1 StPO in keiner Beziehung zur Untersuchung stehen, handeln. Soweit die Funde bereits von dem angeordneten Durchsuchungszweck erfaßt werden, gelten die §§ 94, 98 StPO und nicht der § 108 StPO[294]. Von Bedeutung ist dies insbesondere dann, wenn alle Buchungsvorgänge über CpD- Konten oder, hier deutlich relevanter, das Korrespondenzbankkonto der ausländischen Tochter durchgesehen werden. Zwar besteht der Tatverdacht der Steuerhinterziehung (und Beihilfe) bei unzulässigen Verbuchungen über CpD- Konten beim Kapitalrückfluß vornehmlich mittels Schecks und in Bezug auf Belege, die den tatsächlich Verfügenden nicht ohne weiteres erkennen lassen. Zur Erhärtung dieses Verdachts ist es daher unumgänglich, beispielsweise die CpD- Kontenunterlagen, Quittungen oder Barzahlungsbelege zu sichten. Finden sich dabei involvierte Bankkunden und Mitarbeiter, so sind dies *keine Zufallsfunde* im Sinne des § 108 I S. 1 StPO. Es handelt sich vielmehr um Ermittlungsergebnisse zum angeordneten Gegenstand der Untersuchung[295]. Daß dabei Kenntnisse von Buchungen auf CpD- Konten, die mit dem Durchsuchungszweck nichts zu tun haben, erlangt werden, ist zwangsläufig, unvermeidbar und daher nicht zu beanstanden. Davon zu unterscheiden ist aber die von § 108 StPO nicht gedeckte bewußte Suche nach solchen anderen Buchungen beziehungsweise die Überprüfung ihrer Vereinbarkeit mit § 154 AO i.V.m. dem AEAO zu dieser Norm[296]. Für Funde außerhalb des Ermittlungsanlasses werden deshalb nur selten die Vorausset-

---

[291]Für rechtswidrige Durchsuchungen kann § 108 StPO wegen des Ausnahmecharakters dieser Norm noch nicht einmal analog herangezogen werden. So *Amelung*, NJW 1991, 2537 f.; *Kühne*, NJW 1979, 1053; *Roxin*, Strafverfahrensrecht, § 35 Rn 11; vgl. auch AK- *Amelung*, StPO, § 102 Rn 30 und § 103 Rn 22 sowie KK- *Nack*, StPO, § 108 Rn 1. *Anderer* Ansicht *LG Wiesbaden* NJW 1979, 175.

[292]Die planmäßige, gezielte und systematische Suche nach Zufallsfunden ist unzulässig. Durchsuchungen dürfen nicht als Vorwand für die Suche nach anderen Gegenständen dienen. Vgl. *LG Arnsberg* ZIP 1984, 891; *LG Baden- Baden* ZIP 1989, 767; *LG Bremen* wistra 1984, 241; *KG*, StV 1985, 404; *LG Bonn* NJW 1981, 292 (293); *Kohlmann*, § 385 Rn 122.1 und 160; Franzen/ Gast/Joecks- *Joecks*, § 399 Rn 64 f.; *Mayer- Wegelin*, DStZ 1984, 246; *Kniffka*, wistra 1987, 313; *Rüping*, Das Strafverfahren, Rn 309; *Kleinknecht/Meyer- Goßner*, StPO, § 108 Rn 1; AK- *Amelung*, StPO, § 108 Rn 9; KMR- *Müller*, StPO, § 108 Rn 1; KK- *Nack*, StPO, § 108 Rn 1; Löwe-Rosenberg- *G. Schäfer*, StPO, § 108 Rn 3; SK/StPO- *Rudolphi*, § 108 Rn 1; *Wannemacher*, Steuerberater als Mandant, Rn 1085 f.; *Kramer*, Ermittlungen bei Wirtschaftsdelikten, Rn 127.

[293]Das Erfordernis, daß der Gegenstand auf die "Verübung einer anderen Straftat hindeuten" muß, entspricht dem Begriff der "tatsächlichen Anhaltspunkte" im Sinne des § 152 II StPO. So *LG Fulda* vom 09.03.1992, Az. Qs 90/89, 92/89 u.a. (nicht veröffentlicht); KMR- *Müller*, StPO, § 108 Rn 5; SK/StPO- *Rudolphi*, § 108 Rn 4; AK- *Amelung*, StPO, § 108 Rn 8; *Kohlmann*, § 385 Rn 122.1; *Carl/Klos*, wistra 1990, 47. Anders Löwe- Rosenberg- *G. Schäfer*, StPO, § 108 Rn 8 (es reiche ungewisser Verdacht) und *Kramer*, Ermittlungen bei Wirtschaftsdelikten, Rn 126; *Klos*, INF 1995, 610 (Anfangsverdacht nicht nötig).

[294]Löwe- Rosenberg- *G. Schäfer*, StPO, § 108 Rn 7.

[295]Siehe *Kohlmann*, § 385 Rn 122; *Ranft*, WiB 1996, 52.

[296]Vgl. *LG Arnsberg* ZIP 1984, 889; *LG Baden- Baden* ZIP 1989, 766; *Kohlmann*, § 385 Rn 122.1.

zungen des § 108 I S. 1 StPO vorliegen[297]. Denn nicht jeder, der Kapital zu ausländischen Finanzplätzen verlagert, und auch nicht jeder, der augenscheinlich hohes Vermögen besitzt, hinterzieht auch Steuern. Ohne Blick in die Steuerakten des Finanzamtes wird sich daher ein Anfangsverdacht der über das Korrespondenzbankkonto transferierenden Kunden kaum verifizieren lassen. Auch wiederkehrende Namen und/oder hohe Transfersummen auf dem *Korrespondenzbankkonto*[298] sind keine Tatsachen, aus denen zwangsläufig auf Unehrlichkeit gegenüber dem Finanzamt geschlossen werden kann. Sie beweisen nur, daß (viel) Kapital ins Ausland transferiert wurde, und zwar über dieses bestimmte Konto. Wenn aber erst in -vor Ort nicht vorhandene- Akten gesehen werden muß oder durch telefonische Rückfragen beim zuständigen Finanzbeamten ermittelt wird, daß Auslandsanlage samt Zinsen nicht zutreffend angegeben worden sind, wird man kaum noch von *zufälligen* Funden sprechen können[299]. Dieselbe Problematik stellt sich bei den Belegen. Vom Durchsuchungszweck erfaßt ist die Suche nach jenen, die den tatsächlich Verfügenden nicht ohne weiteres erkennen lassen. Sonstige Belege, die Bareinzahlungen auf das Korrespondenzbankkonto dokumentieren, lassen zwar möglicherweise erkennen, daß ein Vermögenstransfer nach Luxemburg stattgefunden hat. Ein Anfangsverdacht der Steuerhinterziehung aber wird in der Regel nur durch Abgleich mit den steuerlichen Angaben der betreffenden Person begründet werden können- dann liegen aber keine zufälligen Erkenntnisse mehr vor.

Welche Rechte haben jedoch die Steuerfahnder, wenn sie bei den Durchsuchungen Hinweise auf *steuerlich* relevante Vorgänge finden, die nichts mit dem eigentlichen Ermittlungsanlaß zu tun haben ? So ergab sich etwa in einem Beispielsfall bei der Durchsicht des alphabetisch abgelegten allgemeinen Schriftverkehrs des Instituts die Kenntnis von "Erträgnisaufstellungen über rund 51000 DM, Überweisung von 80000 DM auf eine Schweizer Bank in Zürich, Vorliegen von Barvermögen über 490000 DM und dazu noch das Vorhandensein verschiedener Mietshäuser"[300] von nicht verfahrensbeteiligten Bankkunden. In einem anderen Fall fanden sich bei der Durchsicht der CpD- Kontenbelege Hinweise auf unzulässige Verbuchungen durch Personen, die mit dem die Durchsuchung rechtfertigenden Gegenstand des Verfahrens ebenfalls keine Berührung haben[301]. Möglicherweise gibt es sogar in den bei der Durchsuchung sichergestellten Unterlagen eine "Auflistung der stichprobenweise von der Innenrevision überprüften Sparkassenobligationen, gegliedert nach Namen und

---

[297]Zu einem Fall von Zufallsfunden etwa *LG Freiburg*, StV 2000, 15.

[298]Dagegen mögen solche Feststellungen bei den *CpD- Konten* zu einer anderen Betrachtung zwingen. Denn wiederkehrenden Namen legen nahe, daß es sich nicht um "Laufkundschaft", sondern Kunden der Bank mit durchaus entsprechenden Konten im Sinne des § 154 AO i.V.m. der Nr. 3 Satz 3 des AEAO (siehe dazu Fn 815 und 816 auf S. 201) handelt. In diesem Sinne *Kohlmann*, § 385 Rn 122.1 a.E.; vorsichtiger *Kniffka*, wistra 1987, 313: "immerhin noch zumindest ein Abgleich mit den Kontolisten notwendig" (demnach nicht zufällig); ablehnend *LG Arnsberg* ZIP 1984, 891 f.

[299]In diesem Sinne (allerdings für Buchungen auf CpD- Konten) *Kohlmann*, § 385 Rn 122.1; *Kohlmann*, Tipke- FS (1995), 498; KK- *Nack*, StPO, § 108 Rn 2; *Carl/Klos*, wistra 1990, 47.

[300]So wörtlich, aber mit Korrektur des offensichtlichen Schreibfehlers aus *FG Baden- Württemberg* wistra 1997, 160.

[301]So bei *LG Arnsberg* ZIP 1984, 889 und *LG Baden- Baden* ZIP 1989, 766. Ebenso bei *FG Saarland* wistra 1990, 272.

Anschrift des Kunden, Nennwert der von ihm gehaltenen Wertpapiere und des zu zahlenden Zinssatzes"[302].

Liegen insoweit die Anforderungen des § 108 StPO vor, und wenn nicht, gibt es dann andere Befugnisnormen ? Dürfen also die Fahnder solche Informationen bei der Durchsuchung *abschreiben* und sodann den Wohnsitzfinanzämtern der betreffenden Bankkunden als Kontrollmitteilungen zwecks Nachprüfung der ordnungsgemäßen Versteuerung *zuleiten*[303]? § 108 StPO kann -sofern seine Voraussetzungen in diesen Fällen überhaupt erfüllt sind- von vornherein nur auf *(steuer-) strafrechtliche* Maßnahmen zielen. Da es hier letztlich um steuerrechtliche Fragen, nämlich die Auswertung solcher Funde in späteren *Besteuerungsverfahren* geht, ist eine steuerrechtliche Befugnisnorm nötig. Andererseits stellt sich die Frage, ob solche Informationen abgeschrieben werden dürfen, bereits bei der strafprozessualen Durchsuchung. Zudem werden Steuerstrafverfahren eingeleitet, sobald sich Hinweise auf steuerunehrliches Verhalten der hinter den Vorgängen stehenden Anleger ergibt[304]. Insofern betrifft dieser Punkt allgemein den Umfang der Ermittlungen in den Kreditinstituten und ist zu unterscheiden von dem weiteren und erst später[305] zu diskutierendem Bereich, der sich mit der steuerlichen Verwertbarkeit der bei den (rechtswidrig angeordneten) Durchsuchungen gefundenen Materialien in Bezug auf die *verfahrensbeteiligten* Personen (Verdächtigen) befaßt. Vorerst geht es allein darum, ob "zufällige" Funde zu steuerlich relevanten Vorgängen *nicht* in das Ursprungsverfahren -strafbares Verhalten im Zusammenhang mit der Verlagerung von Kapital zu ausländischen Finanzplätzen- involvierter Personen, die aber *in* diesem Verfahren gefunden werden, "notiert" und anschließend ausgewertet werden können.

Jedenfalls bedürfen diese Maßnahmen der Steuerfahnder einer gesetzlichen Ermächtigungsgrundlage. Denn, so hat der *Bundesfinanzhof* entschieden[306], bereits das Aufschreiben von Notizen aus solchen Unterlagen berühre Eigentumspositionen der Bank und werde daher vom Schutzumfang des Art. 14 I GG erfaßt. Wenn wörtlich abgeschrieben oder der wesentliche Inhalt zusammengefaßt wiedergegeben werde, so eigne sich der Handelnde das Gedankengut des fraglichen Papiers unter Zuhilfenahme eigener geistiger Leistungen an. Wegen der Verkörperung auf einem Materialträger stellen die handschriftlichen Bemerkungen eine dauerhafte Aneignung dar, die de facto der körperlichen Wegnahme der Schriftstücke gleichzustellen sei[307].

Worin aber die erforderliche gesetzliche Grundlage für diese Maßnahmen der Steuerfahndung liegt, ja ob es überhaupt eine gibt, ist umstritten.

---

[302]So wörtlich aus dem Fall, den das *LG Fulda* vom 09.03.1992, Az. Qs 90/89, 92/89 u.a. (nicht veröffentlicht) zu entscheiden hatte.

[303]Beziehungsweise sie zum Anlaß weiterer Ermittlungen nach § 208 I S. 1 Nr. 3 AO machen.

[304]So im Fall, über den das *LG Fulda* vom 09.03.1992, Az. Qs 90/89, 92/89 u.a. (nicht veröffentlicht) zu befinden hatte.

[305]Vgl. zur steuerlichen Verwertbarkeit unten S. 315 ff.

[306]*BFH* WM 1997, 2344.

[307]So *BFH* WM 1997, 2347 f.; *LG Arnsberg* ZIP 1984, 890 f.; *LG Baden- Baden* ZIP 1989, 766 f.; *Weyand*, wistra 1990, 298; im Ergebnis ähnlich auch *Hamacher*, WM 1997, 2153; *ders.*, DB 1996, 2462. Anders dagegen (Eigentumsschutz geht nicht so weit) *FG Baden- Württemberg* wistra 1997, 159.

1. Keine Zufallsfunde im Sinne des § 108 I S. 1 StPO

Auf § 108 I S. 1 StPO kann die vorläufige Beschlagnahme beziehungsweise das Anfertigen von Notizen durch die Steuerfahndung zu den über den eigentlichen Ermittlungsanlaß hinausgehenden Fällen regelmäßig nicht gestützt werden[308]. Denn in den eben dargestellten Beispielsfällen liegt ein strafprozessualer Anfangsverdacht zum Zeitpunkt der Durchsuchung nicht vor. Teilweise wurden die Funde auch nicht zufällig gemacht, weil der Verdacht erst durch Blick in die Steuerakten verifiziert werden konnte. Die in Rede stehenden Situationen sind vielmehr dadurch gekennzeichnet, daß relevante Informationen für das *Besteuerungsverfahren* anderer Personen gewonnen werden.

In diesem Sinne -keine Zufallsfunde gem. § 108 StPO- haben das *LG Arnsberg*[309], das *LG Baden- Baden*[310] zu den Buchungen über CpD- Konten von nicht verfahrensbeteiligten Personen entschieden. Ebenso urteilten das *FG Baden- Württemberg*[311] und auch der *Bundesfinanzhof*[312] zu den angesprochenen Funden im allgemeinen Schriftverkehr[313].

Lediglich das *LG Fulda,* das am 09.03.1992[314] über Auflistungen zu den Inhabern von Sparkassenobligationen zu befinden hatte, bejahte die Anwendbarkeit des § 108 StPO. Zwar bestehe zum Zeitpunkt der Anfertigung der Notizen kein Anfangsverdacht. Auch die Annahme, daß ungefähr die Hälfte aller Bezieher von Einkünften aus Kapitalvermögen diese nicht zutreffend gegenüber dem Fiskus angeben, begründe nur eine für § 108 I S. 1 StPO nicht genügende "gewisse Vermutung" für steuerunehrliches Verhalten. Aber, so das Gericht weiter, die Fahndung habe in Erfüllung ihrer Aufgabe aus § 208 I S. 1 Nr. 3 AO durch "Kontrollmitteilungen, telefonisches Abfragen und Beiziehung der Einkommensteuerakten" geklärt, daß die betreffenden fünf Personen nicht vollständig ihre Einkünfte aus Kapitalvermögen versteuert haben. Deshalb bestand "mehr als ein halbes Jahr später ... aufgrund der Statistik in Verbindung mit den nachträglichen Ermittlungen" ein Anfangsverdacht für die Steuerfahndung. Insofern sei § 108 I S. 1 StPO erfüllt[315].

Diese Argumentation ist jedoch schwerlich haltbar. § 108 I S. 1 StPO definiert mit dem Tatbestandsmerkmal "bei Gelegenheit einer Durchsuchung" nicht nur die Art und Weise des Fundes -nämlich zufällig und nicht geplant- sondern auch den *Zeitpunkt,* an dem der Gegenstand "einstweilen in Beschlag" genommen werden darf. Darin liegt gerade der Sinn und die Rechtfertigung der Bestimmung. Die ermittelnden Beamten dürfen wegen des drohenden Beweisverlustes bei Abwarten auf eine zweite

---

[308]Vgl. auch *Weyand*, wistra 1990, 295, 297.

[309]ZIP 1984, 891.

[310]ZIP 1989, 766 f.

[311]wistra 1997, 160.

[312]WM 1997, 2348, 2351.

[313]Das *FG Saarland* wistra 1990, 272 f. verneinte bereits den Rechtsweg zu den Finanzgerichten und enthielt sich demzufolge jeder Aussage zur Sache.

[314]Az. Qs 90/89, 92/89 u.a. (nicht veröffentlicht).

[315]Vorstehendes teilweise wörtlich aus *LG Fulda* vom 09.03.1992, Az. Qs 90/89, 92/89 u.a. (nicht veröffentlicht). Auch mit § 30 a AO setzte sich das Gericht in der Folge kurz auseinander; die Norm werde im Ergebnis -so das *LG Fulda*- nicht verletzt.

Zwangsmaßnahme und der damit einhergehenden Belastung für den Betroffenen den Gegenstand sogleich mitnehmen. Diese Mitnahme ist als vorläufige Beschlagnahme zudem eine *Ermittlungsmaßnahme*. Ausweislich des § 152 II StPO dürfen strafrechtliche Ermittlungen nur bei Vorliegen eines Anfangsverdachts vorgenommen werden. Demnach müssen zum Zeitpunkt der Maßnahme zureichende tatsächliche Anhaltspunkte für eine Straftat bestehen, die mit dem Gegenstand der Untersuchung nichts zu tun haben. Aus der Tatsache, daß es hier um Handlungen der *Steuerfahndung* geht, ergeben sich keine Besonderheiten. Diese hat bei Tätigwerden im Steuerstrafverfahren gemäß § 404 AO die Stellung der "Steuerpolizei"[316]. Sie unterliegt damit dem Legalitätsprinzip, § 152 II StPO[317]. Wenn das *LG Fulda* ausführt, daß der "Umstand, daß die Voraussetzungen des § 108 StPO erst nach weiteren Ermittlungen und in vielen Fällen übrigens erst nach einem gewissen Zeitablauf bejaht werden können", nicht nur "nicht ungewöhnlich, sondern der Bestimmung des § 108 StPO immanent"[318] sei, verkennt es diese zeitlichen Zusammenhänge.

2. Allgemeine Steueraufsicht der Fahndung ?

Wenn somit § 108 I S. 1 StPO mit "bei Gelegenheit" und dem Erfordernis eines Anfangsverdachts Grenzen setzt, so könnten die Steuerfahnder möglicherweise im Rahmen ihrer allgemeinen Steueraufsicht nach § 208 I S. 1 Nr. 3 AO (Aufdeckung und Ermittlung unbekannter Steuerfälle) tätig werden. Es erhebt sich die Frage, ob die Steuerfahnder, die wegen strafrechtlicher Vorwürfe im Auftrag der Staatsanwaltschaft oder Finanzbehörde im Kreditinstitut sind, ihre *Aufgabe* aus § 208 I S. 1 Nr. 3 AO wahrnehmen dürfen. Denn für diese Vorfeldermittlungen der Steuerfahndung bedarf es (nur) eines *hinreichenden Anlasses*, der unterhalb der Schwelle des strafprozessualen Tatverdachts liegt. Der hinreichende Anlaß wird vom *Bundesfinanzhof* dann angenommen, "wenn aufgrund konkreter Momente oder aufgrund allgemeiner Erfahrung eine Anordnung bestimmter Art geboten ist"[319]. Konkrete Anhaltspunkte im Einzelfall verlangen Umstände, die bereits aus sich selbst heraus eine erhöhte Wahrscheinlichkeit der Steuerverkürzung bieten. Die allgemeinen Erfahrungen liegen dann vor, wenn eine spezifische und durch bestimmte übereinstimmende Merkmale gekennzeichnete Gruppe objektiv belegbar (statistisches Element) über das "normale" Maß hinaus Steuerverkürzungen begeht[320]. Wenn in den dargestellten Beispielsfällen solche "hinreichenden Anlässe" für die Aufgabenzuweisung des § 208 I S. 1 Nr. 3 AO liegen, so könnte sich die *Befugnis* der Fahndung, die so erlangten Informationen über steuerlich erhebliche Sachverhalte nicht verfahrensbeteiligter Bankkunden zu

---

[316]Wörtlich *Klos/Weyand*, DStZ 1988, 615 (616).

[317]Allgemeine Ansicht, vgl. Tipke/Kruse- *Seer*, AO, § 208 Rn 3; Hübschmann/Hepp/Spitaler-*Hübner*, AO, § 404 Rn 44; Koch/Scholtz- *Scheurmann- Kettner*, AO, § 208 Rn 17 und § 404 Rn 7; Franzen/Gast/Joecks- *Joecks*, § 404 Rn 15 m.w.N.

[318]Wörtlich *LG Fulda* vom 09.03.1992, Az. Qs 90/89, 92/89 u.a. (nicht veröffentlicht).

[319]Wörtlich *BFH* BStBl. II 1988, 359 (361). Ebenso *BFH* BStBl. II 1987, 484; *BFH* BStBl. II 1990, 198 (199). Vgl. auch *BVerfG* HFR 1989, 440 (441) und die Übersicht bei Tipke/Kruse- *Seer*, AO, § 208 Rn 5 b ff. m.w.N.

[320]*Hamacher*, DB 1996, 2461 m.w.N.

notieren[321], somit aus dem *Steuerrecht* ergeben. Eben dies wird in der Rechtsprechung und im Schrifttum[322] unterschiedlich gesehen.

So hat das *LG Arnsberg*[323] entschieden, daß die *Umschau* der Fahnder nach Gegenständen, die vielleicht für weitere Steuer- (straf-) verfahren bedeutsam sein könnten, und die handschriftlichen *Notizen*, die sich die Fahnder sodann darüber machen, um sie später zu verwerten, sich nicht auf eine Rechtsgrundlage stützen lassen. Sie seien deshalb rechtswidrig. Allerdings hat das Gericht dabei *allein* § 108 StPO als mögliche Befugnisnorm erörtert. Auf § 208 I S. 1 Nr. 3 AO wurde nicht eingegangen. In gleicher Weise hat das *LG Baden- Baden*[324] entschieden. Nahezu wörtlich werden dort die entscheidenden Passagen vom *LG Arnsberg* übernommen. Demgegenüber hielt das *LG Fulda* vom 09.03.1992[325] § 208 I S. 1 Nr. 3 AO in der soeben abgelehnten Weise, daß mittels dieser Bestimmung die Fahnder *nachträglich* den für § 108 I S.1 StPO erforderlichen Anfangsverdacht ermitteln dürften, für einschlägig. Im Ergebnis ebenso vertritt das *FG Baden- Württemberg*[326] die Ansicht, Aufzeichnungen der Fahnder seien zulässig und ebenso ihre spätere Auswertung. Wenn auch -insoweit der Unterschied zum *LG Fulda*- § 108 I S. 1 StPO nicht einschlägig sei, weil die von den "erfahrenen" Fahndern festgestellten Vorgänge für sich genommen "keinerlei Anhaltspunkte für eine Straftat" böten, so begründeten die Vorgänge jedoch wegen "der Höhe der Beträge oder sonstiger Besonderheiten" einen Anlaß im Sinne des § 208 I S. 1 Nr. 3 AO[327]. Im Rahmen der gebotenen Prognoseentscheidung habe für die Fahnder die Vermutung für das Vorliegen von Steuerverkürzungen bestanden. Mit den Aufzeichnungen und der späteren Verwertung werde die Steuerfahndung somit im Rahmen von § 208 I S. 1 Nr. 3 AO zur Aufdeckung und Ermittlung unbekannter Steuerfälle tätig. Zwar dürften die Fahnder nicht "ins Blaue hinein" ermitteln oder "unzulässige Methoden" anwenden. Auch hätten sie den Grundsatz der Verhältnismäßigkeit zu beachten. Diese Prinzipien seien hier aber auch nicht verletzt. Insbesondere das Übermaßverbot sei nicht beeinträchtigt, weil die "Kontrollmitteilungen nur stichprobenweise" und nur "in Fällen, in denen ... überprüfungswürdige Vorgänge festgestellt worden sind", erfolgt seien. Der Umstand, daß im konkreten Fall "nur 15 Unterlagensätze, die im Zusammenhang mit Geldanlagen in Luxemburg standen, beschlagnahmt worden sind", während von den Fahndern "ca. 70 Kontrollmitteilungen" angefertigt wurden, begründe angesichts "der Vielzahl" der von dem Kreditinstitut "betreuten Kunden insoweit kein Mißverhältnis". Ein solches Mißverhältnis liege noch nicht einmal dann vor, so das *FG Baden- Württemberg* weiter, wenn "anläßlich der strafprozessualen Durchsuchungsaktion *keine* mit dem Tatvorwurf zusammenhängenden Unterlagen gefunden und beschlagnahmt worden wären". Gegen § 30 a III

[321]Und sodann den Wohnsitzfinanzämtern der betreffenden Bankkunden als Kontrollmitteilungen zwecks Nachprüfung der ordnungsgemäßen Versteuerung zuzuleiten beziehungsweise sie zum Anlaß weiterer Ermittlungen nach § 208 I S. 1 Nr. 3 AO zu nehmen.

[322]So wird diese Möglichkeit bejaht von *Carl/Klos*, wistra 1990, 47; *Weyand*, wistra 1990, 296 ff.; *Klos*, WiB 1997, 815 f.; wohl auch *Ranft*, WiB 1996, 55; ablehnend dagegen *Kohlmann*, Tipke- FS (1995), 498 f.; *Kohlmann*, § 385 Rn 122.2; *Hamacher*, WM 1997, 2153.

[323]ZIP 1984, 889.

[324]ZIP 1989, 766.

[325]Az. Qs 90/89, 92/89 u.a. (nicht veröffentlicht).

[326]wistra 1997, 158.

[327]Wörtlich *FG Baden- Württemberg* wistra 1997, 160.

AO könne dabei im vorliegenden Zusammenhang nicht verstoßen werden, denn diese Norm sei lediglich bei Außenprüfungen anwendbar[328].

a) Die Ansicht des Bundesfinanzhofs

Die betroffene Bank gab sich mit dieser Begründung nicht zufrieden und legte Rechtsmittel ein. Der diesbezügliche Beschluß des *Bundesfinanzhofs* vom 28.10.1997[329] bildet den vorläufigen Schlußpunkt in der Diskussion.

Dort wird zunächst ausgeführt, es sei "grundsätzlich nicht zu beanstanden", wenn die Steuerfahndung "bei der Erfüllung ihrer gesetzlichen Aufgaben 'doppelfunktional' tätig wird, d.h. anläßlich eines konkreten Einsatzes sowohl straf- als auch steuerverfahrensrechtliche Ermittlungen durchführt, auch wenn diese Ermittlungen sich gegen unterschiedliche Personen richten und im Laufe des Einsatzes, etwa bei der Durchsicht von Geschäftsunterlagen, fortlaufend Aufgabe und Ermittlungsziel gewechselt werden"[330].

Die *Aufgabenzuweisung* des § 208 I S. 1 Nr. 3 AO müsse aber im konkreten Fall tatsächlich erfüllt sein, was insbesondere das Bestehen eines "hinreichenden Anlasses" erfordert. Dabei stellt das Gericht fest, daß "das Notieren und Festhalten steuerlich erheblicher Vorgänge aus dem Schriftverkehr von Banken mit ihren Kunden mit dem Ziel der Weiterleitung der dabei gewonnenen Erkenntnisse in der Art von Kontrollmitteilungen an die für die Besteuerung der Bankkunden zuständigen Wohnsitzfinanzämter in den bezeichneten Aufgabenbereich"[331] fallen kann. Problematisiert wurde jedoch, ob im konkreten Fall der notwendige "hinreichende Anlaß" für die handschriftlichen Notizen der Fahnder aus den Geschäftsunterlagen tatsächlich gegeben war. Denn das *FG Baden- Württemberg* als Vorinstanz hatte lediglich die drei erwähnten Vorfälle ("Erträgnisaufstellungen über rund 51000 DM, Überweisung von 80000 DM auf eine Schweizer Bank in Zürich, Vorliegen von Barvermögen über 490000 DM und dazu noch das Vorhandensein verschiedener Mietshäuser"[332]) von den ungefähr 70 Kontrollmitteilungen auf jenen Ermittlungsanlaß hin überprüft. Im Ergebnis bejahte das Gericht in diesen drei Fällen den Ermittlungsanlaß.

Demgegenüber meint der *Bundesfinanzhof*, diese drei Vorfälle seien jeweils sehr unterschiedlich gelagert. Es sei daher davon auszugehen, "daß dies auch bei den nicht offengelegten Fällen der Fall ist oder daß sich darunter zumindest auch anders gelagerte Fallgestaltungen befinden" und es daher "wohl erforderlich gewesen" wäre, "jeden einzelnen Fall oder zumindest jede einzelne Fallgruppe ... auf das Bestehen eines hinreichenden Anlasses" zu überprüfen[333].

Letztlich wurde diese Frage der Aufgabenzuweisung aber offengelassen. Denn, so das Gericht weiter, jedenfalls fehlte der Steuerfahndung im konkreten Fall die *Befugnis* für diese Tätigkeiten. Zwar haben die mit der Steuerfahndung betrauten Dienststellen in steuerverfahrensrechtlicher Sicht die Ermittlungsbefugnisse, die den

---

[328]Wörtlich und mit Hervorhebungen durch Verfasserin aus *FG Baden- Württemberg* wistra 1997, 160.

[329]WM 1997, 2344. Zwischenzeitlich bestätigt durch *BFH* NJW 2000, 3157.

[330]Wörtlich *BFH* WM 1997, 2348. In diesem Sinne auch *BFH* NJW 1998, 1734 (1735).

[331]So wörtlich *BFH* WM 1997, 2349.

[332]Wörtlich, aber mit Korrektur des offensichtlichen Schreibfehlers aus *FG Baden- Württemberg* wistra 1997, 160.

[333]So wörtlich *BFH* WM 1997, 2350.

Finanzämtern im Besteuerungsverfahren zustehen, § 208 I S. 2 AO. Dies erfasse nicht nur die allgemeinen Beweiserhebungs- und Ermittlungsbefugnisse der §§ 93 ff. AO. Vielmehr gelten auch die Befugnisse, die den Finanzämtern bei der Außenprüfung von Steuerpflichtigen zustehen, "jedenfalls dann", wenn die Steuerfahndung "*funktional* Tätigkeiten der Außenprüfung" wahrnehme. Denn andernfalls seien der Steuerfahndung "bestimmte Prüfungen, die zum sachlichen Umfang einer Außenprüfung gehören (§ 194 AO 1977), verschlossen bzw. nur möglich, wenn die zuständige Finanzbehörde zuvor ihre Zustimmung hierzu erteilt" und gegebenenfalls die Steuerfahndung "mit der Durchführung einer Außenprüfung (mit Prüfungsanordnung) betraut". Dies sei jedoch umständlich, trage der Doppelaufgabe der Fahndung nicht Rechnung und sei im übrigen auch durch § 208 I S. 3 Halbsatz 2 AO nicht geboten[334]. Allerdings werde § 194 III AO im Bankenbereich wiederum eingeschränkt durch den § 30 a III AO. Auch insoweit müsse die Außenprüfung[335] funktional verstanden werden, dies sei innerhalb der Abgabenordnung auch nicht ungewöhnlich.

Wenn demnach die Steuerfahndung Tätigkeiten ausführt, die zum typischen Tätigkeitsfeld einer solchen Prüfung gehören, dann habe sie zwar "einerseits ... die Befugnisse der Außenprüfung". Sie sei aber "andererseits ... spiegelbildlich ... denselben Einschränkungen und Beschränkungen wie die Außenprüfung unterworfen, sofern das Gesetz hierzu keine abweichende Regelung trifft". Denn ansonsten könne kaum erklärt werden, "daß im Falle einer Außenprüfung bei einer Bank die betreffenden Bankkunden vor Nachforschungen und Kontrollmitteilungen geschützt sein sollen, daß dieser Schutz aber dann nicht greifen soll, wenn dieselbe Tätigkeit (Kontrolle der Geschäftsunterlagen der Bank) gelegentlich einer gegen andere Kunden der Bank gerichteten Fahndungsprüfung" durch die Beamten der Steuerfahndung ausgeführt wird. Es sei "kein Grund erkennbar", daß die Bank und die unverdächtigen Kunden wegen "des bloßen Zufalls eines gegen andere Personen eingeleiteten Strafverfahrens weitergehenden Ermittlungsbefugnissen der Finanzbehörden ausgesetzt sein sollten als im Falle einer funktional insoweit identischen Außenprüfung"[336].

b) Stellungnahme: Steuerliche Befugnisbegrenzung durch § 30 a III AO

Dieser Beschluß verdient uneingeschränkte Zustimmung. Es entspricht nun einmal der gesetzlichen Vorstellung, daß die Steuerfahndung doppelfunktional tätig werden darf und soll, § 208 I S. 1 Nrn. 1- 3 AO. Daran ist de lege lata nicht vorbeizukommen[337]. Solange die Verfahrenswechsel nicht willkürlich und nach dem Prinzip der Meistbegünstigung vorgenommen oder die Verfahren zweckwidrig genutzt werden, sind sie auch anläßlich eines konkreten Einsatzes rechtlich nicht zu beanstanden. Das Tätigwerden im Rahmen des § 208 I S. 1 Nr. 3 AO kann demnach nicht mit dem Hinweis auf ein Unterlaufen des strafprozessualen § 108 I S. 1 StPO[338] untersagt werden. Daher geht auch das Argument, es handele sich um Kontrollmitteilungen "aus

---

[334]So wörtlich mit Hervorhebungen durch Verfasserin *BFH* WM 1997, 2350.

[335]Vgl. § 30 a III S. 1 AO: "anläßlich der *Außenprüfung* bei einem Kreditinstitut".

[336]Wörtlich *BFH* WM 1997, 2351. Anders *BFH* DB 2000, 2150.

[337]Ebenso im hier interessierenden Zusammenhang *Klos*, WiB 1997, 815; *Carl/Klos*, wistra 1990, 47.

[338]So aber *Kohlmann*, Tipke- FS (1995), 498 f.; *ders.*, § 385 Rn 122.2.

Anlaß einer strafrechtlichen Durchsuchung", weshalb die Rechtsgrundlage dafür "in der StPO zu finden sein" müsse[339], fehl.

Gleichermaßen überzeugend ist die funktionale Betrachtungsweise in Bezug auf die Außenprüfung.

Die gilt zunächst für die Anwendbarkeit des § 194 III AO. Wenn die Fahndung *wie* bei einer Außenprüfung tätig wird und diese funktionale Betrachtung ausschlaggebend ist, dann dürfen somit die Verhältnisse anderer als der von der Prüfung unmittelbar betroffenen Person festgestellt und auch ausgewertet werden[340]. Diese Auffassung ist im übrigen von Teilen des Schrifttums bereits vor dieser Entscheidung vertreten worden. Für die hier in Rede stehenden Fahndungsprüfungen bei Banken anläßlich von Strafverfahren sei nicht nur § 208 I S. 1 Nr. 3 AO als Aufgabe, sondern auch § 194 III AO (analog) als Befugnis zur Ausschreibung von Kontrollmitteilungen anwendbar[341]. Ob auch § 194 III AO einen (hinreichenden) Anlaß erfordert[342], mag dahingestellt bleiben[343]. Denn jedenfalls darf eine Außenprüfung anerkanntermaßen nicht allein dazu benutzt werden, die Verhältnisse anderer Personen als der geprüften zu erforschen (Verbot der Ausforschungsprüfung)[344].

Erst recht verdient die *funktionale* Betrachtung der Außenprüfung bei § 30 a III AO Zustimmung. Sie wird in der Tat auch an anderen Stellen der Abgabenordnung praktiziert[345] und ist hier schon deshalb geboten, weil die Steuerfahndung nur mit einer solchen funktionalen Betrachtung überhaupt zur Befugnis nach § 194 III AO gelangt. Es wäre nicht einsichtig und inkonsequent, mit dem Abstellen auf Handlungen, die typischerweise (funktional) zum Tätigkeitsfeld dieser Prüfung gehören, an der "Grundbefugnis" (§ 194 III AO) haltzumachen, und bei Einschränkungen, denen selbige Befugnis nach anderen Bestimmung unterworfen ist (§ 30 a III AO), diese Sichtweise abzulehnen. Wenn der Fiskus im Kreditinstitut ist, dann ist es vom Schutzzweck des § 30 a III AO her irrelevant, ob es tatsächlich um eine Außenprüfung oder um allgemeine Steuerüberwachung geht[346]. Insbesondere die Aussage des *Bundesfinanzhofs* zum Verhältnis von § 194 III und § 30 a III AO, wonach § 30 a III AO den § 194 III AO beschränkt, verdient in diesem Zusammenhang Beachtung[347]. Denn die insoweit gegenteilige Ansicht des *8. Senats des Bundesfinanzhofs*[348] führt im

---

[339]So wörtlich *Hamacher*, WM 1997, 2153.

[340]Soweit ihre Kenntnis für die Besteuerung dieser anderen Person bedeutsam ist oder die Feststellung eine unerlaubte Hilfe in Steuersachen betreffen, § 194 III AO.

[341]Siehe *Carl/Klos*, wistra 1990, 47 unter Hinweis auf eine unveröffentlichte Entscheidung des *LG Münster* vom 21.10.1985. Ebenso offenbar *Weyand*, wistra 1990, 298, der aber nicht problematisiert, daß es sich nicht um eine Außenprüfung handelt. Vgl. auch *Dörn*, BuW 1997, 577.

[342]Tendenziell *BFH* NJW 1997, 2071 f.; klar bejahend *Hamacher*, DB 1996, 2461 f.; Hübschmann/ Hepp/Spitaler- *Schick*, AO, § 194 Rn 410 f.; ablehnend jedoch Tipke/Kruse- *Tipke*, AO, § 194 Rn 9.

[343]Vgl. bereits oben bei § 30 a III AO (S. 56 ff.).

[344]Vgl. Koch/Scholtz- *Mösbauer*, AO, § 194 Rn 10 a.E.; *Weyand*, wistra 1990, 298; Tipke/Kruse- *Tipke*, AO, § 194 Rn 10 m.w.N.

[345]Etwa bei § 171 IV, 173 II AO, vgl. Tipke/Kruse- *Kruse*, AO, § 173 Rn 35 und § 171 Rn 12.

[346]*Klos*, WiB 1997, 815 (816). Ebenso offenbar auch *Ranft*, WiB 1996, 55 und *Weyand*, wistra 1990, 298, die aber nicht problematisieren, daß es sich nicht um eine Außenprüfung handelt.

[347]Dazu bereits oben bei § 30 a III AO (S. 59 ff.).

[348]*BFH* NJW 1997, 2067.

Grunde genommen dazu, daß sich die Fahndung bei der Durchsuchung in der Bank - und damit in der Sphäre des Steuerpflichtigen, denn die Konten sind nichts anderes als eine "ausgelagerte Privatsphäre"[349]- einen "hinreichenden Anlaß" schaffen kann. Dieser rechtfertigt dann das Anfertigen von Notizen als Kontrollmitteilungen nach § 194 III AO zur späteren Auswertung, ohne daß § 30 a III AO dem Grenzen setzt, weil die Anforderungen des *8. Senats* an den hinreichenden Anlaß nicht allzu hoch sind[350]. Das kann nicht richtig sein, wie sich an den von den "erfahrenen" Steuerfahndern gemachten Aufzeichnungen zeigt, denen die Vorinstanz, das *FG Baden-Württemberg*[351], immerhin einen solchen Anlaß bescheinigt. In den drei offengelegen Fällen liegen bei Lichte betrachtet lediglich gute finanzielle Verhältnisse vor[352]. Daß jemand Barvermögen über 490.000 DM und noch dazu verschiedene Mietshäuser hat oder 80.000 DM auf eine Schweizer Bank in Zürich überweist, und deshalb die Möglichkeit einer Steuerverkürzung oder das Auffinden von steuererheblichen Tatsachen besteht, ist nichts anderes als eine gefühlsmäßige Vermutung dergestalt, daß derjenige, der viel Geld hat, dies nicht zutreffend versteuert. Bei den Erträgen von rund 51.000 DM mag man zu einer anderen Entscheidung neigen, da bei den Einkünften aus Kapitalvermögen, insbesondere den Zinseinkünften bekannt ist, daß sie in nur geringem Umfang tatsächlich der Versteuerung zugeführt werden. Andererseits fehlen gesicherte "Statistiken" über die prozentuale Häufigkeit der Hinterziehung in diesem Bereich. Überdies lassen sich die "besonderen Erfahrungen" der Steuerfahnder kaum *objektivieren*. Ihre gefühlsmäßige Einstellung kann aber kaum ausreichend sein[353].

Erfreulich ist im übrigen, daß der *Bundesfinanzhof* auch bei den Konten und Depots im Sinne des § 30 a III S. 1 AO eine *funktionale* Betrachtung angestellt hat. Auch dann, wenn es nicht unmittelbar um Kontenblätter von Guthabenkonten und Depots, bei deren Eröffnung die Legitimationsprüfung nach § 154 II AO stattgefunden hat, geht, müsse unter bestimmten Voraussetzungen der Schutz durch § 30 a III AO eingreifen. Dies gelte namentlich für den alphabetisch abgelegten allgemeinen Schriftverkehr, jedenfalls dann, wenn sich der Schriftverkehr auf die genannten Objekte des § 30 a III S. 1 AO beziehe und es auch aus diesen Unterlagen möglich ist, die Konten und Depots im Sinne des § 30 a III S. 1 AO festzustellen. Denn "zöge man derartige, Guthabenkonten bzw. Depotbewegungen offenbarende Geschäftsunterlagen nicht in den Schutzbereich der Vorschrift ein, könnte der Zweck der Vorschrift, bestimmte identitätsgeprüfte, also nicht a priori anrüchige oder verdächtige Konten einem besonderen Vertrauensschutz zu unterstellen, leicht umgangen werden"[354]. Dem ist nichts hinzuzufügen.

Festzuhalten ist indes, daß auch bei dieser weiten Auslegung des § 30 a III AO durch den *Bundesfinanzhof* diese Norm dann der Ausschreibung auf der Grundlage

---

[349]*Dörn*, BuW 1997, 577.

[350]Siehe *BFH* NJW 1997, 2071.

[351]wistra 1997, 158.

[352]*Dörn*, BuW 1997, 577.

[353]Ebenso *Hamacher*, WM 1997, 2151 f.

[354]Wörtlich *BFH* WM 1997, 2350 f. Für weiten (funktionalen) Kontenbegriff auch *FG Niedersachsen* NJW- RR 1999, 410 (413); *FG Niedersachsen* NJW- RR 1999, 414 (415); Hübschmann/ Hepp/Spitaler- *Hellwig*, AO, § 30 a Rn 24 und *Hamacher*, DB 1996, 2464. Anders *Klos*, WiB 1997, 816.

des § 194 III AO nicht entgegensteht, wenn es um die Kontrolle und Auswertung betriebseigener Konten der Banken beziehungsweise CpD- Konten geht[355].

3. Ergebnis

Ergebnis der Betrachtung ist, daß die Fahnder außerhalb der Voraussetzungen des § 108 I StPO nur solche Informationen bei der Durchsuchung abschreiben dürfen, die nicht den vom *Bundesfinanzhof* zuerkannten "Kernbestand des Bankgeheimnisses"[356] betreffen. § 30 a III AO untersagt grundsätzlich das Abschreiben von legitimationsgeprüften Guthabenkonten und Depots und das Anfertigen von Kontrollmitteilungen anläßlich einer Außenprüfung oder einer funktional entsprechenden Handlung und läßt nur in engen Ausnahmefällen (Tatverdacht in Bezug auf Steuerverkürzung) Ausnahmen zu (gebundenes Ermessen)[357]. Damit ist auch für das Tätigwerden der Fahndung mit steuerlichen Befugnissen auf Grund der Aufgabenzuweisung des § 208 I S. 1 Nr. 3 AO im hier interessierenden Zusammenhang bezüglich dieser Konten und Depots ein strafprozessualer Tatverdacht erforderlich. Im Ergebnis stellen die steuerlichen Befugnisse somit keine wesentliche Erweiterung der Möglichkeiten gegenüber § 108 I StPO dar[358]. § 30 a III AO steht aber dann der Ausschreibung nicht entgegen, wenn es um betriebseigene Konten der Banken oder CpD- Konten geht.

V. Verhältnismäßigkeit

Abschließend geht es nunmehr um den Grundsatz der Verhältnismäßigkeit, der sowohl bei der Anordnung als auch bei der Durchführung dieser Zwangsmaßnahme zu beachten ist. Er verlangt, daß der Eingriff in einem angemessenen Verhältnis zu der Schwere der Straftat und zur Stärke des bestehenden Verdachts steht und daß gerade dieses Zwangsmittel erforderlich ist, um die Tat zu verfolgen und andere, weniger einschneidende Mittel nicht zur Verfügung stehen[359]. Aus ihm können sich inhaltliche Einschränkungen für eine nach dem Gesetzeswortlaut zulässige Durchsuchung ergeben[360]. Weil aber hierfür der jeweilige Einzelfall maßgeblich ist, wird hier nur dargestellt, welchen Überlegungen im Rahmen der Verhältnismäßigkeit in den Bankenverfahren keine Bedeutung zukommen kann (unter 1. und 3.) und welche Erfordernisse umgekehrt zwingend einzuhalten sind (unter 2.).

1. Ungeeignetheit der Wiederherstellung der steuerlichen Belastungsgleichheit als Abwägungskriterium

Dies gilt zunächst für die steuerliche Belastungsgleichheit, genauer, um die ihre Wiederherstellung durch Vorgehen gegen diejenigen, die sich dem staatlichen Steuer-

---

[355]Die Finanzverwaltung geht in jüngerer Zeit verstärkt zu einem weiten Verständnis des Begriffs der CpD- Konten über. Vgl. Verwaltungserlaß des *Finanzministeriums von Nordrhein- Westfalen* vom 08.07.1996, Az. S 1505- 14- V C 5, DB 1997, 1254. Zurückzuführen ist dieser Erlaß auf eine Fallsammlung der *Oberfinanzdirektion Münster* vom 30.04.1996, Az. S 1507- 5- St 22- 32, die bei *Tischbein*, WM 1996, 1949 zitiert und dargestellt wird. Kritisch hierzu *Klos*, WiB 1997, 816 sowie *Hamacher*, DB 1996, 2460.

[356]Wörtlich *BFH* WM 1997, 2352.

[357]Ausführlich oben ab S. 56.

[358]Lediglich das Zufallserfordernis des § 108 StPO entfällt.

[359]Vgl. BVerfGE 20, 162 (186 f.); BVerfGE 42, 212 (219 f.); BVerfGE 59, 95 (97); *BVerfG* NJW 1991, 690 (691); *BVerfG* NJW 1994, 3281 (3282).

[360]Vgl. *LG Bremen* NJW 1981, 592 und *LG Bonn* NJW 1981, 292 (293).

anspruch entziehen. Entgegen der Ansicht des *Bundesverfassungsgerichts* im Verfahren der Dresdner Bank AG[361] ist die Wiederherstellung der steuerlichen Belastungsgleichheit kein legitimes Ziel beziehungsweise Abwägungskriterium für eine Durchsuchung.

Für sich genommen liegt in der gleichmäßigen Besteuerung zweifellos ein außerordentlich erstrebenswerter Zweck. Es handelt sich hierbei um ein im Rechtsstaatsprinzip und Gleichbehandlungsgebot verankertes öffentliches Interesse, das in seiner Bedeutung noch über das fiskalische Interesse an der Sicherung des Steueraufkommens hinausgeht[362]. Jedoch ist das Straf- und Strafprozeßrecht zum einen auf den Nachweis einer individuellen Verantwortlichkeit zugeschnitten, mit dem strukturelle Probleme des Besteuerungsverfahrens[363] nicht oder kaum bewältigt werden können[364]. Überdies ist zweifelhaft, ob die steuerliche Belastungsgleichheit durch Nachversteuerung der Zinseinkünfte mit Hinterziehungszinsen gemäß § 71 AO überhaupt *wieder*hergestellt werden kann. Denn die zugrundeliegende Besteuerungsnorm verfehlt selbst dieses Ziel und entspricht aus strukturellen Gründen nicht dem Gleichheitsgebot im Sinne der steuerlichen Belastungsgleichheit[365]. Insofern kann bereits die Zweckförderlichkeit der Maßnahme im Hinblick auf das Ziel[366] in Abrede gestellt werden. Zudem ist Strafrecht das schärfste dem Staate zur Verfügung stehende Mittel zur Verhaltenslenkung der Bürger. Soll die steuerliche Belastungsgleichheit (wieder-) hergestellt werden und alle Steuerpflichtigen die tatsächlich erzielten Einnahmen, insbesondere die aus Kapitalvermögen, der Besteuerungsnorm gemäß auch versteuern, sind primär steuerliche Ermittlungen der Finanzbehörden angezeigt. Hierfür hat der Gesetzgeber geeignete abgabenrechtliche Befugnisse zur Verfügung zu stellen[367]. Damit bestehen Bedenken gegen die Erforderlichkeit von strafprozessualen Maßnahmen. Und wäre diese abstrakte Zielsetzung tatsächlich bei strafprozessualen Maßnamen zu berücksichtigen, dann könnten Grundrechtseingriffe im Steuerstrafrecht fast regelmäßig legitimiert werden. Denn die steuerliche Belastungsgleichheit hat ihre Wurzeln im Rechtsstaatsprinzip sowie im Gleichbehandlungsgebot des Art. 3 I GG. Ihr hoher verfassungsrechtlicher Rang ist daher unbestreitbar, und im Steuerstrafrecht geht es immer um die steuerliche Belastungsgleichheit[368].

Die Strafbarkeit einzelner aufzuklären und nicht die Durchsuchung selbst als Drohung gegen anonymen Kapitaltransfer durch Steuerunehrliche ist das (legitime) Ziel der Durchsuchung[369]. Gemessen an *diesem* Zweck müssen die strafprozessualen Zwangsmaßnahmen somit geeignet, erforderlich und angemessen sein.

---

[361]Vgl. *BVerfG* WM 1994, 691 = StV 1994, 355 sowie *BVerfG* WM 1995, 234 = wistra 1995, 140. Ebenso *LG Bielefeld* WM 1998, 2290.

[362]So BVerfGE 67, 100 (139 f.); *BVerfG* BStBl. II 1991, 654 = NJW 1991, 2129 (2132).

[363]Zu diesen strukturellen Problemen ab S. 63.

[364]Ebenso *Ransiek*, EWiR 1994, 574; *Papier/Dengler*, BB 1996, 2596.

[365]Daß die geltende Zinsbesteuerung verfassungswidrig ist, ist nicht ganz von der Hand zu weisen. Dazu oben ab S. 63. Vgl. zudem *Papier/Dengler*, BB 1996, 2595 f.

[366]So der Inhalt des Geeignetheitskriteriums, *Pieroth/Schlink*, Grundrechte, Rn 283 f.

[367]*Papier/Dengler*, BB 1996, 2596.

[368]Ebenso *Papier/Dengler*, BB 1996, 2596 f.

[369]Ebenso *Ransiek*, EWiR 1994, 574; *Leisner*, BB 1995, 527; *Papier/Dengler*, BB 1996, 2595 ff. Dagegen wird die Sicherung der Belastungsgleichheit von *Weyand*, INF 1995, 160 hervorgehoben.

2. Abwendungsbefugnis als milderes und gleich geeignetes Mittel

Das Übermaßverbot erfordert im Durchsuchungsbeschluß eine Abwendungsklausel[370]. Selbst wenn in der Anordnung keine ausdrückliche Abwendungsklausel enthalten ist, müssen die Betroffenen regelmäßig die Möglichkeit haben, die gesuchten Unterlagen freiwillig herauszugeben[371]. Dies gilt auch und erst recht für Durchsuchungen auf der Grundlage des § 103 I S. 1 StPO[372]. Ausnahmen können sich ergeben, wenn dadurch der Durchsuchungszweck gefährdet wird. Denn die Durchsuchung ist nur dann erforderlich, wenn weniger einschneidende, aber gleich geeignete Mittel nicht zur Verfügung stehen[373]. Die Abwendung der Durchsuchung durch freiwillige Herausgabe[374] der gesuchten Unterlagen und Informationen ist aus der Sicht der Kreditinstitute ein milderes Mittel, da dies für die Kunden und Öffentlichkeit weniger auffällig ist[375]. Die gleiche Eignung wurde zwar vom *Bundesverfassungsgericht* im ersten Dresdner Bank AG- Beschluß verneint. Denn die Einräumung einer Abwendungsbefugnis verbiete sich wegen der Gefahr der Verdunkelungsmaßnahmen durch bislang noch unbekannte weitere involvierte Bediensteten der Bank[376].

Dem kann nicht jedoch nicht gefolgt werden. Zweifellos können durch breit angelegte Ermittlungen schon bei der ersten Durchsuchung einer Institutsgruppe Verdunkelungshandlungen durch andere Personen verhindert werden. Was durch die Ermittlungsbehörden erst einmal sichergestellt ist, kann schließlich nicht vernichtet werden. Nur darf gerade nicht auf Vorrat nahezu alles Mögliche durchsucht und sichergestellt werden. Nur dasjenige, wonach zulässigerweise gesucht werden dürfte, kann (und muß dann auch vollständig) von den Instituten herausgegeben werden. Staatsanwaltschaft und Steuerfahndung dürfen im Kreditinstitut diejenigen Unterlagen suchen, die als Beweismittel für die Aufklärung einer Straftat, bezüglich derer bereits bei Anordnung der Durchsuchung ein Verdacht besteht. (Potentielle) Beweismittel in Bezug auf diejenigen Personen, auf die (noch) keine Anhaltspunkte als Verdächtige weisen, dürfen hingegen nicht gesucht werden. Daß diese möglicherweise belastende Unterlagen vernichten können, ist hinzunehmen, die Strafprozeßordnung gebietet nicht die Wahrheitsforschung um jeden Preis[377]. Auch wenn die Strafverfolgungsorgane im Kreditinstitut durchsuchen würden, hätten sie somit bei Wahrung der Rechtmäßigkeitsanforderungen gewisse Verdunkelungsmaßnahmen noch unbekannter weiterer Bediensteter hinzunehmen. Insofern ist die Gefahr von Verdunkelungshand-

---

[370]Siehe etwa Durchsuchungsbeschluß der A- Bank (im Anhang abgedruckt).

[371]Vgl. *Sommermeyer*, Jura 1992, 452; *Wannemacher*, Steuerberater als Mandant, Rn 1118; Löwe-Rosenberg- *G. Schäfer*, StPO, § 94 Rn 50; SK/StPO- *Rudolphi*, § 94 Rn 23; AK- *Amelung*, StPO, § 94 Rn 27 f. m.w.N.

[372]Vgl. Löwe- Rosenberg- *G. Schäfer*, StPO, § 103 Rn 8; *Kleinknecht/Meyer- Goßner*, StPO, 103 Rn 1.

[373]Vgl. *LG Bremen* NJW 1981, 592 sowie *Pieroth/Schlink*, Grundrechte, Rn 285.

[374]Wobei mit Herausgabe nicht die des § 95 I StPO gemeint ist. Es geht allein um einen Mitwirkungsakt des Betroffenen, um der staatlichen Zwangsmaßnahme zuvorzukommen. Vgl. Löwe- Rosenberg- *G. Schäfer*, StPO, § 95 Rn 10; AK- *Amelung*, StPO, § 95 Rn 3.

[375]Fahndungsstärken von 200, 300 oder gar 600 Beamten (vgl. dazu die Übersicht in Fn 11 in der Einführung) lassen die Durchsuchung kaum unauffällig ablaufen.

[376]*BVerfG* WM 1994, 691 = StV 1994, 355.

[377]So für das Beweisrecht BGHSt 14, 358 (365); BGHSt 31, 304 (309).

lungen kein Spezifikum der Abwendungsbefugnis der Kreditinstitute, sondern Folge der Durchsuchungsanforderungen in den §§ 102, 103 StPO[378].

3. Keine unrechtsverstärkende Wirkung des Gesamtausmaßes der verfolgten Taten

Für die Überprüfung der Verhältnismäßigkeit im engeren Sinne sind insbesondere die Schwere der Straftat und die Stärke des bestehenden Verdachts entscheidend, diese müssen in einem angemessenen Verhältnis zur Durchsuchung stehen[379]. Dabei hat der Umstand, daß unbekannt viele Steuerhinterziehungen und Beihilfen ermittelt werden sollen (Gesamtausmaß der verfolgten Taten) keine den Unrechtsgehalt verstärkende Wirkung. Zu Recht wird darauf hingewiesen, daß die Höhe der jährlichen Schäden, die etwa viele einzelne Ladendiebstähle insgesamt verursachen, nicht die Durchsuchung aller Kaufhausbesucher rechtfertigt[380]. Der Tatvorwurf wird nicht "schwerer", nur weil er sich gegen unbekannt viele Personen richtet[381]. Daß Teile des Schrifttums in dem zu begutachtenden Verhalten der Bankangestellten und Kunden gar "Züge der organisierten Kriminalität", die "Schäden in mehrstelliger Milliardenhöhe zur Folge haben kann"[382], sehen wollen, trägt zur Unrechtsbestimmung somit nicht bei. Überdies haben die enttäuschenden Einnahmen des Fiskus aus der Zinsabschlagsteuer, aus denen die "Milliardenschäden" abgeleitet werden[383], nur zu einem geringen Teil mit den Kapitalverlagerungen deutscher Anleger zu ausländischen Finanzplätzen zu tun[384].

Es geht vielmehr um den einzelnen Steuerhinterzieher und die psychischen Hilfeleistungen von Mitarbeitern hierzu. Generell bewegt sich das Unrecht der Steuerhinterziehungen innerhalb der Gesamtkriminalität grundsätzlich[385] eher in einer unterdurchschnittlichen Größenordnung[386].

---

[378]Besonderheit der Abwendung der Durchsuchung ist aber, daß Zufallsfunde der Strafverfolger dann ausgeschlossen sind.

[379]Vgl. BVerfGE 20, 162 (186 f.); BVerfGE 59, 95 (97); *BVerfG* NJW 1991, 690 (691); *BVerfG* NJW 1994, 3281 (3282). Allgemein zur Angemessenheit *Pieroth/Schlink*, Grundrechte, Rn 289 ff.

[380]So vor allem *Papier/Dengler*, BB 1996, 2601; *Leisner*, BB 1995, 527.

[381]*Leisner*, BB 1995, 527.

[382]So wörtlich *Ranft*, WiB 1996, 52.

[383]So *Ranft*, WiB 1996, 52 (in Fn 29).

[384]Vgl. Monatsbericht der Deutschen Bundesbank, Januar 1994, 48 f. und bereits oben S. 38 f.

[385]Die konkreten Umstände des Einzelfalls -Ausmaß der hinterzogenen Steuern, Begehungsweise- sind entscheidend. Vgl. *Papier/Dengler*, BB 1996, 2600.

[386]So *LG Arnsberg* ZIP 1984, 892. Kritisch dagegen *Pütz*, ZIP 1990, 705; zustimmend jedoch *Leisner*, BB 1994, 1945; *ders.*, BB 1995, 527; *Kohlmann*, § 385 Rn 160.

3.Teil: Folgen der rechtswidrigen Durchsuchungen für die Beschlagnahme bei den Instituten

Nachdem Fehler bei den Durchsuchungen aufgezeigt wurden, drängt sich die Frage auf, welche Folgen sich daraus für die Beschlagnahme der dabei aufgefundenen Unterlagen und Materialien ergeben. Die Beschlagnahme wird in den hier untersuchten Bankenverfahren nicht selten zusammen mit der Durchsuchung angeordnet[1].

A. Vorliegen von Beschlagnahmeverboten infolge fehlerhafter Durchsuchungen ?

Sicherstellung ist die Herstellung der staatlichen Gewalt über das potentielle Beweismittel, die formlos oder durch Beschlagnahme begründet werden kann[2]. Sowohl die formlose Sicherstellung als auch die Beschlagnahme setzen voraus, daß es sich um "Gegenstände, die als Beweismittel für die Untersuchung von Bedeutung sein können" handelt, § 94 I, II StPO. Daher muß bereits vor der Zwangsmaßnahme ein Tatverdacht bestehen. Einfacher Verdacht im Sinne des § 152 II StPO genügt. Beschlagnahmen, die erst der Gewinnung von zureichenden tatsächlichen Anhaltspunkten dienen, sind unzulässig[3]. Im hier untersuchten Zusammenhang läßt sich in Teilbereichen der Verdacht der Steuerhinterziehung durch Anleger und der vorsätzlichen Hilfeleistung durch Angestellte zu diesen Haupttaten bejahen[4]. Der staatliche Inbesitznahmeanspruch bezieht sich zudem nur auf Gegenstände, denen eine Beweismitteleignung zukommt. Ausreichend, aber auch erforderlich ist nach dem Wortlaut eine potentielle Beweisbedeutung[5]. Es genügt das Bestehen einer konkreten und nicht allzu fern liegenden Möglichkeit, diesen Gegenstand im Verfahren zu Untersuchungszwecken irgendwie -und sei es auch nur verstärkend- zu verwerten (Progno-

---

[1]Vgl. etwa die im Anhang abgedruckten Durchsuchungs- und Beschlagnahmebeschlüsse betreffend die Y- Bank und die A- Bank.

[2]Vgl. Löwe- Rosenberg- *G. Schäfer*, StPO, § 94 Rn 24; *Kleinknecht/Meyer- Goßner*, StPO, § 94 Rn 11; Franzen/Gast/Joecks- *Joecks*, § 399 Rn 15.

[3]Vgl. *LG Köln* StV 1983, 56; *LG Köln* StV 1983, 275; *Roxin*, Strafverfahrensrecht, § 34 Rn 3; Franzen/Gast/Joecks- *Joecks*, § 399 Rn 15; SK/StPO- *Rudolphi*, § 94 Rn 7; Löwe- Rosenberg- *G. Schäfer*, StPO, § 94 Rn 12; *Kleinknecht/Meyer- Goßner*, StPO, § 94 Rn 8; KK- *Nack*, StPO, § 94 Rn 8; *Rogall*, GA 1985, 1 (16); *Kramer*, Ermittlungen bei Wirtschaftsdelikten, Rn 133; *Schlüchter*, Das Strafverfahren, Rn 289; KMR- *Müller*, StPO, § 94 Rn 4; AK- *Amelung*, StPO, § 94 Rn 9 m.w.N. Dagegen soll nach *LG Karlsruhe* DB 1969, 954 mehr als einfacher Tatverdacht erforderlich sein. Die Beschlagnahme setze "einen stärker konkretisierten Verdacht" als den der §§ 152 II, 160 I StPO voraus. Zum Begriff des einfachen Tatverdachts im Sinne des § 152 II StPO siehe oben S. 260 bei Fn 77 im Text.

[4]Vgl. S. 260 ff. Die materiell- rechtlich denkbare Strafvereitelung durch Bankmitarbeiter spielt in der Praxis keine Rolle.

[5]Ihre Bedeutung für die Untersuchung kann sich auf die Tataufklärung oder die sonstige Vorbereitung des gerichtlichen Verfahrens beziehen; erfaßt werden beispielsweise Beweisgegenstände für die Schuld- und Straffrage oder die Ermittlung bloß verfahrensrechtlicher Umstände wie der Aufrechterhaltung der Untersuchungshaft. So *OLG Hamm* wistra 1989, 359; *OLG Hamburg* NJW 1967, 166; SK/StPO- *Rudolphi*, § 94 Rn 8 und 12; KMR- *Müller*, StPO, § 94 Rn 3; Löwe- Rosenberg- *G. Schäfer*, StPO, § 94 Rn 6 und 15; *Kleinknecht/Meyer- Goßner*, StPO, § 94 Rn 5; KK- *Nack*, StPO, § 94 Rn 7, 11; AK- *Amelung*, StPO, § 94 Rn 5.

seentscheidung im Augenblick der Ingewahrsamnahme)[6]. Die Beweisbedeutung für Strafverfahren gegen Mitarbeiter und Kunden kann in Bezug auf Gegenstände wie Mikrofiches oder Belege unproblematisch angenommen werden. Infolge der weiten Auslegung des Begriffs "Beweisbedeutung" werden sogar[7] die Belege erfaßt, die eine Verschleierungsabsicht gerade nicht erkennen lassen[8]. Denn zumindest kommt ihnen eine mittelbare Beweisbedeutung für die tatsächlich verschleierten Belege zu[9].

Schließlich ist, und eben dies ist hier problematisch, anerkannt, daß der Beweisgegenstand nicht dem Zugriff der Strafverfolgungsbehörden entzogen sein darf. Hierbei handelt es sich um eine negative Voraussetzung der Beschlagnahme. Die wichtigste Grenze setzt hierbei § 97 StPO, der an die Zeugnisverweigerungsrechte der §§ 52, 53 und 53 a StPO anknüpft und deren Umgehung verhindern will[10]. Jedoch regelt § 97 StPO nach allgemeiner Ansicht die Beschlagnahmefreiheit strafprozessualer Beweisobjekte nicht abschließend[11]. So können sich Beschlagnahmeverbote auch unmittelbar aus der Verfassung ergeben[12]; namentlich die allgemeinen Beweisverwertungsverbote begrenzen diese Zwangsmaßnahme[13]. Es wäre unverhältnismäßig, Gegenstände, die im weiteren Strafverfahren ohnehin nicht verwertet werden dürfen, dennoch "als Beweismittel" zu beschlagnahmen. Der Grundsatz der Verhältnismäßigkeit erfordert, daß nur solche Gegenstände der Beschlagnahme unterfallen, die zur Untersuchung der Straftat oder zu Beweiszwecken unbedingt erforderlich und notwendig sind[14]. Ein Verwertungsverbot zieht somit ein Beschlagnahmeverbot nach sich, da eine Rechtfertigung für die mit der Beschlagnahme einhergehenden Grundrechtseingriffe fehlt.

---

[6]Einhellig, vgl. *BVerfG* WM 1995, 234 = wistra 1995, 139 f.; *BGH* StV 1992, 308 (311); *BGH* BGHR StPO, § 94 Beweismittel 3 (1); *BGH* BGHR StPO, § 94 Beweismittel 2 (2); *OLG Düsseldorf* StV 1991, 473; *OLG Düsseldorf* StV 1983, 407; Löwe- Rosenberg- *G. Schäfer*, StPO, § 94 Rn 20; *Rogall*, GA 1985, 16; AK- *Amelung*, StPO, § 94 Rn 6; SK/StPO- *Rudolphi*, § 94 Rn 12; KK- *Nack*, StPO, § 94 Rn 7; *Kleinknecht/Meyer- Goßner*, StPO, § 94 Rn 6.

[7]Obwohl insoweit ein Tatverdacht nicht besteht, vgl. oben ab S. 272.

[8]Ebenso *Ransiek*, EWiR 1995, 150. Kritisch *Leisner*, BB 1995, 527.

[9]Insoweit ist dem *Bundesverfassungsgericht* im Verfahren der Dresdner Bank AG zuzustimmen, siehe *BVerfG* WM 1995, 234 = wistra 1995, 139 f. Allerdings erscheint in Bezug auf diese gerade keine Verschleierung erkennen lassenden Belege nur eine stichprobenartige beziehungsweise schrittweise Beschlagnahme als verhältnismäßig. Denn insoweit wird es auch um völlig unverdächtige Kunden der Bank gehen, die von den Strafverfolgungsmaßnahmen betroffen sind. Der Verhältnismäßigkeitsgrundsatz verbietet eine Beschlagnahme, wenn der erstrebte Vorteil -(nur) mittelbar beweisbedeutsame Unterlagen- außer Verhältnis zum dabei entstehenden Schaden - Beeinträchtigung der Rechte von unbeteiligten Dritten- steht. Vgl. AK- *Amelung*, StPO, § 94 Rn 29. Im Zweifel (noch dazu bei derartigen Großermittlungen) ist somit ein stufenweises Vorgehen angebracht. Ebenso *Leisner*, BB 1995, 527; anders *BVerfG* WM 1995, 234 = wistra 1995, 140.

[10]Vgl. BVerfGE 20, 162 (188); BVerfGE 32, 373 (385).

[11]Vgl. statt vieler AK- *Amelung*, StPO, § 97 Rn 45 m.w.N.

[12]*LG Fulda* NJW 1990, 2946 f.; *LG Hamburg* StV 1989, 243 (244); *LG Aschaffenburg* StV 1989, 244 f.

[13]*OLG Celle* NJW 1965, 362 (363); AK- *Amelung*, StPO, § 94 Rn 11; *Kleinknecht/Meyer- Goßner*, StPO, § 94 Rn 20; KK- *Nack*, StPO, § 94 Rn 19; Löwe- Rosenberg- *G. Schäfer*, StPO, § 94 Rn 55 f.; SK/StPO- *Rudolphi*, § 94 Rn 13.

[14]*LG Chemnitz* wistra 1999, 154 m.w.N.

Gerade vor diesem Hintergrund drängen sich Bedenken gegen die Rechtmäßigkeit der Beschlagnahmen auf. Die nachfolgende Untersuchung wird deshalb in aller Kürze der Frage nachgehen, ob Beweisverwertungsverbote in Bezug auf die bei den Durchsuchungen gefunden Gegenstände bestehen. Denn dann sind die Beweisgegenstände dem Zugriff der Strafverfolgungsorgane entzogen und es liegen die Voraussetzung der Beschlagnahme nicht vor.

I. Ermittlung der Folgen fehlerhafter Durchsuchungen

Wann die bei einer fehlerhaften Durchsuchung gefundenen Beweismittel[15] im weiteren Strafverfahren[16] verwertet werden dürfen, wird weitgehend einheitlich beurteilt. Oft finden sich Aussagen dergestalt, daß die Beschlagnahme eines durch rechtswidrige Durchsuchung gefundenen Gegenstandes "nicht ohne weiteres"[17] oder "nicht unbedingt"[18] rechtswidrig ist und sich erst bei schwerwiegenden Verstößen[19] oder gar besonders schwerwiegenden Verstößen[20] etwas anderes ergeben soll. Die Folgen fehlerhafter Durchsuchungen sollen somit der Sache nach durch Abwägung im Einzelfall ermittelt werden[21]. Hierbei kommt etwa dem Gewicht der aufzuklärenden Tat, der Schwere des begangenen Verstoßes und der Frage, ob es sich sogar um einen bewußten Mißbrauch staatlicher Zwangsbefugnisse handelt, Bedeutung zu[22].

Dieser Auffassung ist beizupflichten. Denn es handelt sich bei der in Rede stehenden Problematik um eine Wertungsfrage[23]. Es geht um das Spannungsfeld zwischen dem Schutz des Einzelnen und der Effektivität des Strafverfahrens. Nur durch eine Abwägung im jeweiligen Einzelfall läßt sich der Konflikt dieser gegenläufigen Interessen angemessen lösen[24]. Die Existenz einer Information, die es nach der gesetzgeberischen Wertentscheidung nicht geben dürfte, bildet den Konflikt, über dessen Auflösung das einfache Recht schweigt. Denn dem Gesetz kann nicht mehr als der

---

[15]Die Durchsuchung selbst ist kein Beweismittel, deren Verwertung verboten sein könnte, Löwe-Rosenberg- *G. Schäfer*, StPO, § 105 Rn 52.

[16]Zur Verwertung im Besteuerungsverfahren siehe ab S. 315.

[17]So wörtlich Franzen/Gast/Joecks- *Joecks*, § 399 Rn 66.

[18]Wörtlich *Kohlmann*, § 385 Rn 210.

[19]So *Kohlmann*, § 385 Rn 210; Franzen/Gast/Joecks- *Joecks*, § 399 Rn 66; KK- *Nack*, StPO, § 94 Rn 20.

[20]So *Kleinknecht/Meyer- Goßner*, StPO, § 94 Rn 21.

[21]So *LG Bonn* NJW 1981, 292 (293); *LG Arnsberg* ZIP 1984, 892; *LG Berlin* StV 1987, 97 (98); *KG*, StV 1985, 404 f.; *LG Bremen* wistra 1984, 241; *LG Wiesbaden* StV 1988, 292; *LG Baden-Baden* ZIP 1989, 766 (767); *LG Wiesbaden* NJW 1979, 175; *Baumann/Brenner*, Die strafprozessualen Beweisverwertungsverbote, 154; *Krekeler*, NStZ 1993, 263; Löwe- Rosenberg- *G. Schäfer*, StPO, § 98 Rn 82; *Roxin*, NStZ 1989, 376 (378).

[22]*LG Baden- Baden* ZIP 1989, 767.

[23]So zu den Beweisverwertungsverboten generell *Kleinknecht/Meyer- Goßner*, StPO, Einl. Rn 55; *Beulke*, ZStW 103 (1991), 657 (658 f.); *Rogall*, in: Wolter, Theorie und Systematik des Strafprozeßrechts, 1995, 113 (155 f.).

[24]Abweichend hiervon etwa die öffentlich- rechtlichen Neukonzeptionen von *Amelung*, Informationsbeherrschungsrechte im Strafprozeß, 38 ff.; *ders.*, NJW 1991, 2533 sowie *Störmer*, Jura 1994, 621 (626 ff.); *ders.*, Dogmatische Grundlagen der Verwertungsverbote, 223 ff. Diese argumentieren mit dem öffentlich- rechtlichen Folgenbeseitigungsanspruch (so *Amelung*, Informationsbeherrschungsrechte im Strafprozeß, 38 ff.) oder dem auf Unterlassen gerichteten Abwehranspruch (*Störmer*, Dogmatische Grundlagen der Verwertungsverbote, 215 ff.).

Umstand, daß eine jemanden schützende Norm existiert, entnommen werden. Die Folgen ihrer Verletzung hat der Gesetzgeber -mit Ausnahme weniger Vorschriften- gerade nicht bestimmt. Durch Abwägung ist deshalb zu entscheiden, welches der betroffenen Interessen im konkreten Fall höher zu bewerten ist- die subjektiven Individualgrundrechte des Einzelnen oder das ebenfalls mit Verfassungsrang ausgestattete öffentliche Interesse an der Erforschung der materiellen Wahrheit. Aufgabe und Funktion der Verwertungsverbote ist es, die Individual(grund)rechte zu schützen und zu bewahren[25]. Deshalb muß der individuelle Fall im Vordergrund stehen und gefragt werden, ob dieser konkret Betroffene überhaupt Rechtsnachteile bei der in Rede stehenden Informationsverwertung zu befürchten hat.

Bei der Bestimmung und Gewichtung der Individualinteressen ist insbesondere zu ermitteln, ob die verletzte Norm dem Schutz gerade dem Betroffenen dient, wie schwer sie verletzt worden ist und wie tief die geplante Verwertung in seine Individualrechte eingreifen würde[26]. Wenn die verletzte Norm dazu bestimmt ist, die Grundlagen der verfahrensrechtlichen Stellung des Beschuldigten/Angeklagten zu sichern, liegt die Annahme eines Verwertungsverbotes nahe[27]. Zudem beeinflußt eine etwaige positive Verlaufshypothese grundsätzlich[28] die Abwägung. Schutzwürdigkeit und Schutzbedürftigkeit des Betroffenen sind dann gemindert, wenn diese Information hypothetisch fehlerfrei gewonnen werden könnte. Dies rechtfertigt sich aus der Überlegung, daß nur so die Belange und Interessen des einzelnen von der rechtswidrigen Maßnahme Betroffenen angemessen bewertet werden können. Die Individualinteressen erscheinen in einem anderen Licht, wenn sie ohnehin dem staatlichen Zugriff ausgesetzt sind[29]. Im übrigen entspricht diese Ansicht prozeßökonomischen Grundsätzen. Eine Wiederholung der Informationserlangung auf fehlerfreie Weise ist erst dann notwendig, wenn die Abwägung zu einem Verwertungsverbot führt[30].

Allgemein wird man sagen können, daß bei tiefgreifenden Verfahrensverstößen zur Aufklärung von Delikten, die nicht zur Schwerstkriminalität zählen, die Annahme eines Verwertungsverbotes näher liegt, als in den Situationen, in denen die Rechtsstellung des Einzelnen nicht so stark beeinträchtigt wird.

Abgelehnt werden Extrempositionen, wonach jeder Fehler bei der Durchsuchung die Verwertung verhindere oder umgekehrt, daß kein Mangel eine solche Wirkung herbeizuführen vermag[31]. Denn diesen Ansichten ist vorzuhalten, daß sie den

---

[25]*Grünwald*, JZ 1966, 489 (494); *Rogall*, ZStW 91 (1979), 1 (11 ff., 19, 21); *ders.*, in: Wolter, Theorie und Systematik des Strafprozeßrechts, 1995, 148; KK- *Nack*, StPO, Vor § 94 Rn 9; AK-*Kühne*, StPO, Vor § 48 Rn 47; *Störmer*, Jura 1994, 626; *ders.*, Dogmatische Grundlagen der Verwertungsverbote, 203 ff.; ähnlich *Amelung*, NJW 1991, 2534; *Amelung*, Informationsbeherrschungsrechte, 24 ff. m.w.N. Ob darüber hinausgehend den Verwertungsverboten *weitere Aufgaben* zukommen, kann hier dahingestellt bleiben.

[26]In diesem Sinne *Kleinknecht/Meyer- Goßner*, StPO, Einl. Rn 55 m.w.N.

[27]So BGHSt 38, 214 (220).

[28]Ausnahmen gelten etwa dann, wenn der Richtervorbehalt tangiert ist. Siehe sogleich S. 313.

[29]So *Rogall*, NStZ 1988, 385 (391 f.).

[30]Vgl. *Rogall*, NStZ 1988, 387, 391.

[31]Für ein *Verwertungsverbot* als Folge eines jeden Verfahrensverstoßes bei Durchsuchungen *Kühne*, NJW 1979, 1053 (1054); *Dagtoglou*, JuS 1975, 753 (758 f., allerdings mit einer Ausnahme bei Verletzung unwesentlicher Förmlichkeiten); *Grünwald*, JZ 1966, 496; für gegenteilige Lösung (*grundsätzliche Verwertbarkeit*) KMR- *Müller*, StPO, vor 94 Rn 26. In dieser Richtung auch *BGH* NStZ 1983, 375 (376); *BGH* StV 1989, 289 (290).

bestehenden Interessenkonflikt einseitig und damit zu Lasten eines Guts lösen. Die hier aufgeworfene Frage der Folgen fehlerhafter Durchsuchungen fügt sich in den übergeordneten Fragenkreis der Beweisverbote im Strafverfahren ein. Auch dort werden derartige Extrempositionen, daß Verwertungsverbote nie oder stets auf die rechtswidrige Informationserlangung folgen, zu Recht kaum mehr vertreten[32].

II. Verwertungsverbot bei Durchsuchungen ohne Ermächtigungsgrundlage ?

Die Durchsuchungen in den Bankenverfahren werden sehr weitgehend auf der Grundlage des § 102 StPO angeordnet. An das personelle Element des Verdächtigenbegriffs werden keine allzu hohen Anforderungen gestellt, ebensowenig an die Beachtung der räumlichen Grenzen des (Mit-) Gewahrsams. Mit anderen Worten wird auf der Grundlage des § 102 StPO in Gewahrsamsbereichen durchsucht, in welchen nicht ein konkreter namentlich bezeichneter Angestellter auf Grund von Tatsachen der Beihilfe verdächtigt wird. Dies ist neben der sogleich zu erörternden Unbestimmtheit der zentrale Kritikpunkt.

Dieser Fehler der Durchsuchungen in den Bankenverfahren führt bei Abwägung der konfligierenden Interessen zu einem Verwertungsverbot.

Zwar ist, wie soeben dargelegt, innerhalb der Abwägung grundsätzlich eine etwaige positive Verlaufshypothese zu berücksichtigen. Wenn demnach eine Durchsuchung auf § 102 StPO gestützt wird, dessen Voraussetzungen aber nicht erfüllt sind, so ist der von ihr Betroffene nur bedingt des Schutzes durch ein Verwertungsverbot bedürftig und würdig, wenn diese Durchsuchung ihre Rechtsgrundlage auch in § 103 I S. 1 StPO hätte finden können und eine Anordnung nach dieser Norm höchstwahrscheinlich ergangen wäre[33]. Das Schutzbedürfnis ist noch geringer, wenn eine Durchsuchung auf § 103 I S. 1 StPO gestützt worden ist, tatsächlich aber § 102 StPO die richtige Ermächtigungsgrundlage bildet[34]. Das Nichtvorliegen der Voraussetzungen des § 102 StPO wäre somit irrelevant, wenn die Anforderungen des § 103 I S. 1 StPO zum Zeitpunkt der Anordnung vorgelegen hätten (hypothetischer Verlauf).

Dies ist hier aber gerade nicht der Fall. So werden die Zwangsmaßnahmen in den untersuchten Bankenverfahren zwar regelmäßig auf die §§ 102 *und* 103 I S. 1 StPO gestützt, in welchen Bereichen welche Ermächtigungsgrundlage konkret Anwendung finden soll, wird nicht deutlich gemacht. Soweit es um die weite Ausdehnung des § 102 StPO in Gewahrsamsbereiche, die nicht ein konkret Verdächtiger mitnutzt, geht, ist aber *weder* § 102 StPO einschlägig *noch* kann die Zwangsmaßnahme auf die gleichzeitig angeordnete Durchsuchung nach § 103 I S. 1 StPO gestützt werden[35]. Das bedeutet, daß für jene Durchsuchungen jegliche Ermächtigungsgrundlage fehlt. Der in Art. 20 III GG vorausgesetzte Vorbehalt des Gesetzes[36] wird mißachtet[37]. Jeder

---

[32]Für generelle Unverwertbarkeit nach Verstoß gegen Beweiserhebungsvorschriften indes *Koriath*, Beweisverbote, 105. Nachweise zu den früheren Extrempositionen bei *Rogall*, ZStW 91 (1979), 23.

[33]So zu Recht *LG Wiesbaden* StV 1988, 293; *Krekeler*, NStZ 1993, 266.

[34]In diesem Fall dürfte ein Verwertungsverbot sehr fern liegen. Ebenso BGHSt 28, 57 (60); kritisch jedoch *Krekeler*, NStZ 1993, 266.

[35]Siehe oben ab S. 291. Es fehlt zumindest an den Angaben zu bestimmten Beweismitteln und zu der durch Tatsachen belegten Auffindungsvermutung.

[36]Dazu von Münch/Kunig- *Schnapp*, GG, Art. 20 Rn 38. Der Gesetzesvorrang wird aus dem Art. 20 III GG -Gesetzmäßigkeit der Verwaltung- hergeleitet.

[37]So zu Recht *Nelles*, StV 1991, 491

Eingriff in ein Grundrecht muß sich auf eine gesetzliche Ermächtigungsgrundlage zurückführen lassen; gerade im Bereich der Grundrechtsausübung gilt der Gesetzesvorbehalt in besonderem Maße (sogenannte Wesentlichkeitstheorie)[38]. Durchsuchungen als ohnehin schon schwerwiegende Eingriffe in die grundrechtlich geschützte Sphäre des von ihr Betroffenen erweisen sich als gravierende Grundrechtsverletzungen, wenn sie sich nicht auf gesetzliche Grundlagen zurückführen lassen. Insofern muß bei diesem Fehler die Abwägung zugunsten des Betroffenen ausfallen, für das öffentliche Interesse streitet die Erforschung und Ahndung von ihrem Gewicht nach eher untergeordneten Straftaten, für das Individuum indes geht es um tiefgreifende Grundrechtsverletzungen und den verfassungsrechtlichen Grundsatz des Gesetzesvorbehalts. Insoweit muß ein Verwertungsverbot für die bei den Durchsuchungen erlangten Informationen angenommen werden[39].

III. Verwertungsverbot bei unbestimmten Durchsuchungsbeschlüssen ?

Als weiteres zentrales Problem erweist sich die Bestimmtheit der Durchsuchungsbeschlüsse. Die Angaben zum Tatvorwurf sind in Bezug auf die Haupttaten und die Beihilfe dazu regelmäßig wenig präzise. Das Verhalten, welches den namentlich nicht näher bezeichneten Bankmitarbeitern vorgeworfen wird, läßt sich den einschlägigen Beschlüssen ebensowenig sicher entnehmen wie eine Eingrenzung des Hinterziehungs- beziehungsweise Beihilfezeitraums und die Art der Steuern, um deren Hinterziehung es gehen soll. Die Durchsuchungsobjekte und die Gegenstände, nach denen gesucht wird, werden teilweise nur allgemein bezeichnet. Die Informationserlangung auf der Grundlage solcher Beschlüsse ist rechtswidrig.

Die gebotene Abwägung der Individualinteressen des von der Durchsuchung Betroffenen mit dem gegenläufigen öffentlichen Interesse an der Erforschung der materiellen Wahrheit und der Aufklärung der Straftaten ergibt auch bei diesen Fehlern ein Überwiegen der Interessen des Einzelnen, mithin ein Verwertungsverbot. Denn auf der einen Seite ist das für das öffentliche Interesse entscheidende konkrete Strafverfolgungsinteresse von eher untergeordnetem Rang. Die Steuerhinterziehung und die Beihilfe dazu bewegen sich innerhalb der Gesamtkriminalität dem Unrechtsgehalt nach eher in einer unterdurchschnittlichen Größenordnung. In vielen der hier aufzuklärenden Fällen sind Geldstrafen (im Strafbefehlsverfahren) zu erwarten, das Gesamtausmaß der verfolgten Taten hat keine unrechtsverstärkende Wirkung[40]. Demgegenüber geht es auf der Seite der von der Durchsuchung Betroffenen um das gewichtige Grundrecht auf Unverletzlichkeit der Wohnung[41] sowie die Nichteinhaltung

---

[38]Vgl. BVerfGE 61, 260 (275); BVerfGE 88, 103 (116).

[39]In diesem Sinne *LG Wiesbaden* StV 1988, 292 f.; *Krekeler*, NStZ 1993, 266; *Nelles*, StV 1991, 491 f.; und wohl auch *Rüping*, Das Strafverfahren, Rn 308; *Störmer*, Jura 1994, 628; *Amelung*, NJW 1991, 2536; AK- *Amelung*, StPO, § 98 Rn 37, § 102 Rn 30 und § 103 Rn 22; *Hofmann*, JuS 1992, 587 (590); *Grünwald*, JZ 1966, 496 (in Fn 68). Unklar jedoch *Baumann/Brenner*, Die strafprozessualen Beweisverwertungsverbote, 150 ff., 154.

[40]Siehe bereits oben S. 306.

[41]Dem Schutzbereich dieses Grundrechts unterfallen neben der Wohnung im engeren Sinne jedenfalls auch für die Öffentlichkeit *nicht* zugängliche Betriebs- und Geschäftsräume von Unternehmen. Vgl. BVerfGE 32, 54 (68 ff.); BVerfGE 44, 353 (371); BVerfGE 76, 83 (88); *BVerfG* wistra 1997, 223 (225); Maunz/Dürig- *Maunz*, GG, Art. 13 Rn 3 c und 4; *Pieroth/Schlink*, Grundrechte, Rn 876.

der aus dem Verhältnismäßigkeitsgrundsatz folgenden Bestimmtheitserfordernisse. Sie sollen zum Schutz der von der Zwangsmaßnahme betroffenen Personen für meßbare und kontrollierbare Grundrechtseingriffe sorgen. Richterliche Durchsuchungsanordnungen, die infolge ihrer Unbestimmtheit keinerlei personelle und sachliche Begrenzung beinhalten, bewirken, daß die Funktion der präventiven richterlichen Kontrolle leerläuft. Denn obwohl der Richter formal den Durchsuchungsbeschluß erlassen hat, entscheidet letztlich der handelnde Beamte, wonach er bei wem auf welcher Grundlage durchsucht[42]. Eben dies zu verhindern ist die Aufgabe des Richtervorbehalts in Art. 13 II GG und § 105 I S. 1 StPO.

Wenn der Richtervorbehalt mittelbar tangiert ist, dann können nicht einmal etwaige positive Verlaufshypothesen als ein das Schutzbedürfnis des Einzelnen mindernder Faktor berücksichtigt werden. Denn insoweit geht es um besonders gravierende Rechtsverletzungen der staatlichen Organe[43]. Der präventive Rechtsschutz des betroffenen Bürgers wird verhindert beziehungsweise läuft leer. Würde man hier nach der Zwangsmaßnahme unter Hinweis darauf, daß die richterliche Anordnung jederzeit hätte erlangt werden können, die Verwertung der gewonnenen Information für zulässig erklären[44], wäre die präventive Funktion der richterlichen Prüfung für die Anordnung von Grundrechtseingriffen vereitelt, der Richtervorbehalt liefe leer[45]. Nachträgliche richterliche Kontrolle vermag die präventive Überprüfung nicht zu ersetzen[46], zumal gerade bei der Durchsuchung das Rechtsinstitut der prozessualen Überholung dem späteren Rechtsschutz lange Zeit Grenzen gesetzt hat[47].

Das Interesse an der Funktionstüchtigkeit der Strafrechtspflege muß bei diesem Fehler der Durchsuchungen zurücktreten. Bei abstrakter Betrachtung kann die vorzunehmende Abwägung nur zugunsten des Einzelnen ausfallen. Die Nichteinhaltung der Bestimmtheitserfordernisse muß zu einem Verwertungsverbot der so erlangten Kenntnisse führen[48].

B. Ergebnis

Die hier festgestellten Fehler bei den Durchsuchungen bewirken, daß die dabei gefundenen Beweismittel nicht verwertet werden dürfen. Aus diesem Grunde ist ihre

---

[42]So zu Recht *Fezer*, StV 1989, 290 (295); *Krekeler*, NStZ 1993, 265.

[43]Eine Heilung kommt nur durch fehlerfreie Wiederholung der Informationserlangung in Betracht, vgl. *Rogall*, NStZ 1988, 391; *Roxin*, Strafverfahrensrecht, § 24 Rn 21; *Hofmann*, JuS 1992, 589; vergleichbar auch *Meurer*, JR 1990, 389 (392); *Kohlmann*, § 385 Rn 376.

[44]In dieser Richtung *BGH* StV 1989, 289 (290); *Roxin*, NStZ 1989, 379; *Meurer*, JR 1990, 392; Klein/Orlopp- *Orlopp*, AO, § 399 Anm 14. Anders -für die Überwachung des Fernmeldeverkehrs ohne richterliche Anordnung- BGHSt 35, 32 (34).

[45]So *Rogall*, NStZ 1988, 391 f.; *Fezer*, StV 1989, 294 f.; *Hofmann*, JuS 1992, 589; *Krekeler*, NStZ 1993, 263 f.; *Roxin*, Strafverfahrensrecht, § 24 Rn 21; differenzierend *Meurer*, JR 1990, 392.

[46]So speziell für die Durchsuchung BVerfGE 51, 97 (114).

[47]Dieses Rechtsinstitut ist nunmehr für die Durchsuchung explizit vom *Bundesverfassungsgericht* aufgegeben worden, siehe *BVerfG* wistra 1997, 219. Erneut bestätigt in *BVerfG* wistra 1997, 224. Zustimmend ebenfalls *LG Hannover* StV 1997, 626.

[48]In diesem Sinne *Rüping*, Beweisverbote, 55; *Krekeler*, NStZ 1993, 265; *Fezer*, StV 1989, 295; *Ranft*, WiB 1996, 55; Franzen/Gast/Joecks- *Joecks*, § 399 Rn 65 m.w.N. Anders *LG Wiesbaden* NJW 1979, 175: "Lediglich die nicht genügende Vollständigkeit und Genauigkeit des richterlichen Beschlusses nahm ihm ... die Rechtmäßigkeit"; *Störmer*, Jura 1994, 628 und wohl auch *Amelung*, NJW 1991, 2537.

Beschlagnahme nicht zulässig. Insoweit besteht ein Beschlagnahmeverbot. Unabhängig davon ist festzustellen, daß auch an der Verhältnismäßigkeit der Beschlagnahmen erhebliche Bedenken bestehen. Es geht insoweit um die Anordnungen von "Mammutbeschlagnahmen"[49], um die Sicherstellung von praktisch allen Schriftstücken, die irgend etwas mit Luxemburg zu tun haben.[50].

[49]So wörtlich *Leisner*, BB 1995, 525.

[50]So sind beispielsweise bei der Dresdner Bank AG im Januar 1994 ungefähr 40.000 Belege beschlagnahmt worden, was vom *Bundesverfassungsgericht* als "nachvollziehbar, keineswegs willkürlich" bezeichnet wurde. So wörtlich *BVerfG* WM 1995, 234 = wistra 1995, 139. An der Verhältnismäßigkeit hatte das Gericht keine Zweifel. Im Verfahren, über welches das *LG Koblenz* WM 1998, 2290 zu befinden hatte, ging als um ca. 700 Kartons (2 LKW- Ladungen).

4.Teil: Auswirkungen der strafprozessualen Verwertungsverbote auf das Besteuerungsverfahren der Bankkunden ("übergreifende Verwertungsverbote")

Der letzte Abschnitt hat die Verwertbarkeit der bei den Durchsuchungen aufgefundenen Kenntnisse und Beweismittel im *Besteuerungsverfahren* der *verdächtigen* Kunden[1] zum Gegenstand.

Denn die bei den strafprozessualen Zwangsmaßnahmen beteiligten Steuerfahnder haben bei der strafrechtlichen Ermittlung zugleich auch die Besteuerungsgrundlagen zu ermitteln, § 208 I S. 1 Nr. 2 AO. Jene Aufgabe bezieht sich zwar auf die Fälle des § 208 I S. 1 Nr. 1 AO. In diesem abgesteckten Rahmen geht § 208 I S. 1 Nr. 2 AO jedoch über die Aussage der Nummer 1 hinaus. Denn die Ermittlungen beschränken sich nicht auf die für die strafrechtliche Seite nötigen Umstände. Vielmehr dürfen auch die mit der Tat zusammenhängenden Besteuerungsgrundlagen für das Besteuerungsverfahren erforscht werden[2]. Zum einen wäre ansonsten die Anordnung einer (weiteren) Aufgabe überflüssig[3]. Vor allem aber steht nur dieses Ergebnis im Einklang mit § 393 I AO und vermeidet Wertungswidersprüche[4]. Im übrigen spricht auch die sprachliche Formulierung "Besteuerungsgrundlagen" als Formulierung des Besteuerungsverfahrens[5] für diese Deutung[6].

Die aus *strafrechtlichem* Anlaß erlangten Informationen der Steuerfahnder können und sollen mithin nach der gesetzlichen Vorstellung grundsätzlich *steuerrechtlich* ausgewertet werden. Es erhebt sich die Frage, ob dies auch dann gilt, wenn strafprozessuale *Verwertungsverbote* bestehen. Wenn, wie gezeigt, im Strafverfahren gegen

---

[1]Für die Bankmitarbeiter hat die strafrechtliche Unverwertbarkeit allenfalls im Hinblick auf § 71 AO Bedeutung.

[2]So *BFH* NJW 1998, 1734 f. m.w.N.; Franzen/Gast/Joecks- *Joecks*, § 404 Rn 22 f.; *Schleifer*, wistra 1986, 250 (251 f.); Tipke/Kruse- *Seer*, AO, § 208 Rn 4; Klein/Orlopp- *Orlopp*, AO, § 208 Anm 3; Koch/Scholtz- *Scheurmann- Kettner*, AO, § 208 Rn 22 ff.; *Kohlmann*, § 404 Rn 40; *Kohlmann*, Tipke- FS (1995), 490. Anderer Ansicht Hübschmann/Hepp/Spitaler- *Schick*, AO, § 208 Rn 95 ff. sowie wohl *BFH* BStBl. II 1983, 482 (483 f.), die die Nummer 2 dem Strafverfahren zuordnen.

[3]Koch/Scholtz- *Scheurmann- Kettner*, AO, § 208 Rn 22/2; anders Hübschmann/Hepp/Spitaler- *Schick*, AO, § 208 Rn 95.

[4]§ 208 I S. 3 Halbsatz 1 AO ordnet auch für den Fall des § 208 I S. 1 Nr. 2 AO an, daß der Steuerfahndung bestimmte Befugnisse aus dem Besteuerungsverfahren zustehen und zwar sogar ohne die an sich bestehenden Beschränkungen. Wenn die Nummer 2 Teil des Strafverfahrens wäre und nicht über die Aussage des § 208 I S. 1 Nr. 1 AO hinausginge, dann hätte dies zu Folge, daß der Steuerfahndung die strafrechtlichen Befugnisse und zusätzlich die Befugnisse aus dem Besteuerungsverfahren zustehen. Eben dies ist aber unvereinbar mit der Anordnung des § 393 I S. 1 AO, wonach sich die Rechte und Pflichten der Beteiligten nach den Vorschriften des jeweiligen Verfahrens richten. Die Steuerfahndung soll *entweder* strafrechtliche *oder* steuerliche Befugnisse haben, je nachdem, in welchem Verfahren sie sich bewegt. Hätte die Fahndung tatsächliche Befugnisse aus dem Besteuerungsverfahren und dem Strafverfahren für die Erfüllung der Aufgabe aus § 208 I S. 1 Nr. 2 AO, dann stünde ihr mehr zu als der Staatsanwaltschaft oder der Finanzbehörde, sobald diese das Ermittlungsverfahren selbständig führt. Dies ist ein Wertungswiderspruch. Ebenso Koch/Scholtz- *Scheurmann- Kettner*, AO, § 208 Rn 22/4 m.w.N.

[5]Siehe § 199 I AO.

[6]Koch/Scholtz- *Scheurmann- Kettner*, AO, § 208 Rn 22/2.

die Anleger und Mitarbeiter der Kreditinstitute die bei den Durchsuchungen erlangten Informationen nicht verwertet werden dürfen, so gilt es zu ermitteln, ob ihre Verwendung im Besteuerungsverfahren ebenfalls ausgeschlossen ist. Es geht insoweit nicht um die originäre steuerliche Sachverhaltsermittlung durch das Finanzamt, die mit (eigenen) Fehlern behaftet sein kann[7]. Gegenstand der Untersuchung ist vielmehr die Frage nach den Folgen der strafrechtlichen Unverwertbarkeit im parallel verlaufenden Besteuerungsverfahren (sogenannte übergreifende Verwertungsverbote).

Die Auswirkungen strafrechtlicher Verwertungsverbote im steuerlichen Festsetzungsverfahren werden kontrovers beurteilt. Denn klare gesetzliche Regelungen zu den Verwertungsverboten fehlen ebenso wie im Strafprozeßrecht. Nur vereinzelt finden sich in der Abgabenordnung Verwertungsverbote[8]. Anerkannt ist jedoch, daß die Aufklärungspflicht und die Ermittlungsbefugnisse der Finanzbehörde nicht unbegrenzt gelten. Auch im Steuerrecht gibt es keinen allgemeinen Grundsatz, wonach die Wahrheit um jeden Preis erforscht werden muß[9]. Vielmehr stehen sich die grundrechtlich geschützten Individualinteressen des Steuerpflichtigen und das öffentliche Interesse an der materiell richtigen und gleichmäßigen Besteuerung gegenüber. Die Gleichmäßigkeit und Gesetzmäßigkeit der Besteuerung ist ein im Rechtsstaatsprinzip und im Gleichbehandlungsgebot verankertes öffentliches Interesse, welches in seiner Bedeutung noch über das fiskalische Interesse an der Sicherung des Steueraufkommens hinausgeht[10]. Diese widerstreitenden verfassungsrechtlichen Interessen sind in Ausgleich zu bringen, was den steten Vorrang des einen vor dem anderen verbietet.

A. Die Ansicht des Bundesfinanzhofs

Der *Bundesfinanzhof*[11] stellt mit Zustimmung vereinzelter Stimmen in der Literatur[12] für das Vorliegen eines übergreifenden Verwertungsverbotes (offensichtlich allein) auf die erfolgreiche gesonderte Feststellung der Rechtswidrigkeit ab. In ständiger Rechtsprechung fordert der *Bundesfinanzhof* diese formale Voraussetzung für die Anerkennung eines steuerlichen Verwertungsverbotes. Lediglich dann, wenn die

---

[7]Die Frage, inwieweit rechtswidriges Verhalten der Finanzbehörden bei der Ermittlung der Besteuerungsgrundlagen für die Steuerfestsetzung relevant ist und die Unverwertbarkeit zur Folge hat, ist äußerst umstritten und weitgehend ungeklärt. Siehe *Rüping*, Beweisverbote sowie Blumers/Frick/Müller- *Müller*, Betriebsprüfungshandbuch, G Rn 331 ff. m.w.N. Generell kommt der Problematik im Besteuerungsverfahren jedoch geringere Bedeutung im Vergleich zum Strafverfahren zu. Der Steuerpflichtige und die Finanzbehörde versuchen hier regelmäßig, sich über die anstehenden Fragen zu einigen, wobei der Verfahrensverstoß der Behörde dann ein "bloßer Rechnungsposten" (wörtlich *Rüping*, Beweisverbote, 18) ist. Nur wenn eine solche Einigung mißlingt, wird das Finanzgericht eingeschaltet. Vgl. *Streck*, BB 1980, 1537 [541 f.]; *Rüping*, Beweisverbote, 18).

[8]Vgl. etwa §§ 393 II S. 1, 117 III Nr. 2 AO.

[9]Blumers/Frick/Müller- *Müller*, Betriebsprüfungshandbuch, G Rn 333; Hübschmann/Hepp/Spitaler- *Söhn*, AO, § 88 Rn 116; Hübschmann/Hepp/Spitaler- *Schick*, AO, Vor § 193 Rn 342; Tipke/Kruse- *Seer*, AO, § 88 Rn 7; Tipke/Kruse- *Tipke*, AO, Vor § 193 Rn 14.

[10]So BVerfGE 67, 100 (139 f.); *BVerfG* BStBl. II 1991, 654 = NJW 1991, 2129 (2132).

[11]Vgl. *BFH* BStBl. II 1979, 704 (705).

[12]So offenbar *Hellmann*, Neben- Strafverfahrensrecht, 114 f. (in Fn 15), anders freilich für Verstöße gegen das "nemo- tenetur- Prinzip", 384 ff., bei denen es auf die gerichtliche Feststellung eines Verstoßes gerade *nicht* ankommen soll.

Verwertung den bereits gewährten gerichtlichen Rechtsschutz unterlaufen würde, könne ein steuerliches Verwertungsverbot angenommen werden[13]. Dieses steuerliche Verwertungsverbot sei dann auch nur auf den Rechtsbehelfsführer beschränkt[14]. Wenn die rechtswidrige Maßnahme, mit der die Tatsachen oder Beweismittel erlangt worden sind, in einem Verwaltungsakt besteht, müsse der Rechtsweg gegen diesen beschritten werden. Nur bei vorheriger verbindlicher Feststellung der Rechtswidrigkeit in einem (anderen) Verfahren[15] wird die Unverwertbarkeit für die steuerliche Festsetzung bejaht. Handelt es sich dagegen um nichtige Akte der Finanzbehörden[16] oder ist die Maßnahme kein Verwaltungsakt[17], so habe der Steuerpflichtige seine Rechte im Rechtsbehelfsverfahren gegen die Steuerfestsetzung wahrzunehmen (einstufiges Verfahren)[18].

Hintergrund für diese formale Anforderung zur Anerkennung eines Verwertungsverbotes im steuerlichen Festsetzungsverfahren ist, daß der effektive Rechtsschutz gegen die rechtswidrigen Maßnahmen nicht unterlaufen werden soll[19]. Im Grunde folgt das Verwertungsverbot somit aus Art. 19 IV GG[20].

Das *Bundesverfassungsgericht* hat diese Rechtsprechung des *Bundesfinanzhofs* nicht beanstandet[21].

B. Literatur: Grund der strafprozessualen Unverwertbarkeit entscheidend

Der überwiegende Teil des Schrifttums vertritt hingegen die Ansicht, daß der Grund für die strafprozessuale Unverwertbarkeit entscheiden soll. Wenn das Verwertungsverbot typischen strafprozessualen Charakter habe, so sei nichts gegen die Verwertung im Besteuerungsverfahren einzuwenden. Etwas anderes habe zu gelten, wenn das Verbot einem allgemeinen Rechtsgedanken entspricht oder Grundrechte verletzt

---

[13]Vgl. aus der Rechtsprechung zu den steuerlichen Verwertungsverboten *BFH* BStBl. II 1979, 704 (705); *BFH* BStBl. II 1978, 501 (502); *BFH* BStBl. II 1982, 659 (660); *BFH* BStBl. II 1984, 285 f.; *BFH* BStBl. II 1984, 512 (513); *BFH* BStBl. II 1986, 2 (3); *BFH* BStBl. II 1986, 21 (23); *BFH* BStBl. II 1987, 408 (409); *BFH* BStBl. II 1992, 59 (60); *FG Köln* EFG 1987, 52; vgl. auch *FG Rheinland- Pfalz* EFG 1991, 91 (92). Zustimmend Koch/Scholtz- *Helsper*, AO, § 85 Rn 5; Koch/Scholtz- *Förster*, AO, § 127 Rn 7; Tipke/Kruse- *Seer*, AO, § 88 Rn 7; Tipke/Kruse- *Tipke*, AO, Vor § 193 Rn 14.

[14]Vgl. *BFH* BStBl. II 1985, 191 (193) zur Lohnsteueraußenprüfung (Anordnung wurde vom Arbeitgeber angegriffen, gegenüber Arbeitnehmer laut *BFH* kein Verwertungsverbot).

[15]Vgl. *BFH* BStBl. II 1982, 660. Es muß kein Finanzgericht sein, vgl. *BFH* BStBl. II 1979, 705.

[16]*BFH* BStBl. II 1988, 165 (166 f.). Was bei nichtigen Verwaltungsakten gilt, wurde in *BFH* BStBl. II 1982, 660 noch offengelassen.

[17]*BFH* BStBl. II 1986, 3; *BFH* BFH/NV 1989, 416 (418) m.w.N.

[18]Vgl. zusammenfassend *BFH* BFH/NV 1989, 418 m.w.N.

[19]So Hübschmann/Hepp/Spitaler- *Söhn*, AO, § 88 Rn 139.

[20]So Koch/Scholtz- *Förster*, AO, § 127 Rn 7.

[21]*BVerfG* StRK AO 1977, § 193 R. 21.

sind. Dann greife die strafrechtliche Unverwertbarkeit auf das Steuerrecht über (sogenannte übergreifende Verwertungsverbote)[22].

C. Stellungnahme

I. Die Irrelevanz einer vorherigen gerichtlichen Überprüfung

Die vom *Bundesfinanzhof* geforderte formale Voraussetzung ist abzulehnen[23]. Gegen dieses Erfordernis spricht, daß ein unselbständiges Verwertungsverbot an die Verletzung einer Vorschrift, an die mangelhafte Sachverhaltsermittlung und Beweismittelerlangung als solche, anknüpft. Dieser Verfahrensverstoß wird aber nicht durch Zeitablauf -nämlich Verstreichenlassen der Rechtsbehelfsfrist gegen die Ermittlungsmaßnahme- legal. Das Verwertungsverbot ist an das rechtswidrige *Verhalten* der Finanzbehörde geknüpft, nicht an die *Rüge* dieses Verhaltens[24]. Die Einengung der Prüfungskompetenz der Finanzgerichte und Behörden läßt sich im übrigen auch nicht mit Art. 20 III GG vereinbaren, wonach alle staatliche Gewalt zur Einhaltung und Beachtung von Recht und Gesetz verpflichtet ist.

Gegen die Rechtsauffassung des *Bundesfinanzhofs* läßt sich ein weiteres Argument aus dem öffentlichen Recht der staatlichen Ersatzleistungen anführen. Wird ein Amtshaftungsanspruch gemäß Art. 34 GG, § 839 BGB darauf gestützt, daß ein rechtswidriger Verwaltungsakt erlassen worden ist, so hat das Zivilgericht[25] nach überwiegender Ansicht in Rechtsprechung und Schrifttum die Prüfungskompetenz für die Frage der Rechtmäßigkeit des Aktes auch dann, wenn dieser bestandskräftig ist[26]. Die Zivilgerichte sind zur Prüfung der Rechtmäßigkeit des Verwaltungsaktes befugt, selbst wenn der Geschädigte den Primärrechtsschutz versäumt oder unterlassen hat. Die bloße Bestandskraft berührt nicht die Vorfragenkompetenz der Gerichte[27]. Nur in

---

[22]Ebenso *Kohlmann*, § 385 Rn 393; Franzen/Gast/Joecks- *Joecks*, § 393 Rn 50; *Rüping*, Beweisverbote, 33; Hübschmann/Hepp/Spitaler- *Söhn*, AO, § 88 Rn 120 m.w.N. In diesem Sinne ebenfalls *Streck*, BB 1980, 1541. Vgl. auch die Sondersituation in *FG Baden- Württemberg* EFG 1990, 507 (509 ff.), wo die *strafprozessual rechtmäßig* erlangten Informationen aus einer Telefonüberwachung im *Besteuerungsverfahren* nicht verwendet werden durften, weil diese mit den Mitteln der Abgabenordnung nicht hätten erlangt werden können (Grundrechtseingriffe ohne abgabenrechtliche Ermächtigungsgrundlage; Befugnisse des Strafrechts im Steuerrecht nicht anwendbar). Zustimmend dazu *Seer*, StuW 1991, 165 (171 ff.). Beachte aber auch Klein/Orlopp-*Orlopp*, AO, § 399 Anm 14, der ausführt, daß "von der überwiegenden Literaturmeinung" -freilich ohne weitere Angaben- bei rechtswidrigen Durchsuchungsanordnungen ein Verwertungsverbot "auch für steuerliche Zwecke grundsätzlich verneint" werden soll.

[23]Ablehnend *FG Rheinland- Pfalz* EFG 1981, 5 f.; *FG Rheinland- Pfalz* EFG 1981, 546 (457); *FG Münster* EFG 1982, 601 (602); Blumers/Frick/Müller- *Müller*, Betriebsprüfungshandbuch, G Rn 346 f.; Hübschmann/Hepp/Spitaler- *Söhn*, AO, § 88 Rn 139; *Rüping*, Beweisverbote, 50 f.; *Rüping*, FR 2000, 193 (197); *Ehlers*, StBp 1981, 97 f.; wohl auch *Streck*, BB 1980, 1541 und *Kohlmann*, § 385 Rn 393; zustimmend Tipke/Kruse- *Seer*, AO, § 88 Rn 7; Tipke/Kruse- *Tipke*, AO, Vor § 193 Rn 14; Koch/Scholtz- *Helsper*, AO, § 85 Rn 5; Koch/Scholtz- *Förster*, AO, § 127 Rn 7.

[24]So zu Recht *FG Münster* EFG 1982, 602.

[25]Vgl. § 17 II S. 2 GVG, Art. 34 S. 3 GG.

[26]Ständige Rechtsprechung der Zivilgerichte, vgl. BGHZ 2, 209 (213 ff.); BGHZ 9, 129 (131 f.); *BGH* NJW 1983, 2823; *BGH* NJW 1991, 1169 f.; aus der Literatur etwa Maunz/Dürig- *Papier*, GG, Art. 34 Rn 311 ff. m.w.N.

[27]So *BGH* (Zivilsenat), NJW 1979, 2097 (2098).

Fällen, in denen die Bestandskraft mit einem gerichtlichen Erkenntnis verbunden ist, sind die Zivilgerichte gebunden[28]. Zwar läßt sich diese Ansicht auch rechtsdogmatisch auf § 839 III BGB stützen, der gerade auf mehr als die bloße Bestandskraft als solche abstellt und der leerlaufen würde, sollte dem Gericht bei rechtswirksamen Verwaltungsakten bereits die Prüfungskompetenz fehlen[29], wogegen hier eine dem § 839 III BGB vergleichbare Norm fehlt. Aber die Gemeinsamkeit zwischen dieser Amtshaftungsproblematik und der vorstehend diskutierten Frage der steuerrechtlichen Verwertbarkeit besteht darin, daß dann, wenn es das *rechtswidrige Verhalten* ist, woran sich unter weiteren Voraussetzungen eine bestimmte *Folge*[30] anschließt, auch nur das rechtswidrige Verhalten entscheidend sein kann. Die Frage, ob die Rechtswidrigkeit noch vom Bürger gegenüber dem Staat geltend gemacht werden kann, darf dem nicht entgegenstehen. Die verwaltungsrechtliche Bestandskraft von Verwaltungsakten wird bei inzidenter Prüfung der Rechtmäßigkeit im Rahmen der Steuerfestsetzung dort ebensowenig wie hier unterlaufen[31].

Außerdem hat die Rechtsprechung des *Bundesfinanzhofs* zur Folge, daß weniger gravierende Verstöße ein Verwertungsverbot im Besteuerungsverfahren nur deshalb nach sich ziehen, weil die zugrundeliegenden Ermittlungsmaßnahmen der Finanzbehörde vom Steuerpflichtigen angegriffen worden sind, schwerer wiegende und vielleicht sogar offenkundige Zuwiderhandlungen gegen gesetzliche Vorschriften infolge des Ablaufs der Rechtsbehelfsfrist dagegen steuerlich ausgewertet werden dürfen. Mit der (Haupt-) Funktion der Verwertungsverbote, die Individualgrundrechte des Einzelnen zu schützen, ist dies nicht in Einklang zu bringen[32]. Dieser aus verfassungsrechtlichen Gründen gebotene Schutz des Einzelnen durch Verwertungsverbote ist nicht effizient, wenn er von Voraussetzungen abhängig gemacht wird, die -wie die Feststellung der Rechtswidrigkeit in einem vorhergehenden anderen (Gerichts-) Verfahren- noch zusätzlich erschwerend wirken[33]. Zudem spricht auch der Vergleich mit dem Strafverfahrensrecht gegen die Annahme eines Verwertungsverbotes allein bei vorheriger erfolgreicher gerichtlicher Anfechtung der zugrundeliegenden Maßnahme[34]. Hier wie dort geht es um eine Begrenzung der Erforschung der materiellen Wahrheit. Diese Pflicht besteht in beiden Verfahren von Amts wegen, sie wird nur zum Schutz der Individualgrundrechte des Einzelnen beschränkt[35].

Auf die Ausschöpfung des Rechtsweges gegen die zugrundeliegende rechtswidrige Maßnahme kann es somit nicht ankommen. Die inzidente Prüfung der Rechtswidrigkeit einer Maßnahme der Finanzbehörden und -bejahendenfalls- die weitere

---

[28]*BGH* (Zivilsenat), NJW 1991, 1169.

[29]So *BGH* (Zivilsenat), NJW 1991, 1169 f.

[30]Amtshaftungsanspruch in dem einen, Verwertungsverbot in dem anderen Fall.

[31]In diesem Sinne für den Amtshaftungsanspruch *BGH* (Zivilsenat), NJW 1979, 2098.

[32]Ebenso Blumers/Frick/Müller- *Müller*, Betriebsprüfungshandbuch, G Rn 346.

[33]*Rüping*, Beweisverbote, 50.

[34]So wird zwar maßgeblich von der Rechtsprechung im Strafprozeßrecht eine Widerspruchslösung vertreten, nach der der Beschuldigte/Angeklagte der Verwertung rechtzeitig widersprechen muß. Jedoch ist dieser Widerspruch keine vorherige Überprüfung der Rechtmäßigkeit der Maßnahme, wie sie für das Steuerrecht gefordert wird. Vielmehr kann der Widerspruch bis zu dem in § 257 StPO genanten Zeitpunkt *in der tatrichterlichen Verhandlung* erklärt werden (siehe BGHSt. 38, 214 [225 f.] sowie allgemein *Kleinknecht/Meyer- Goßner*, StPO, § 136 Rn 21 a).

[35]Ebenso Hübschmann/Hepp/Spitaler- *Söhn*, AO, § 88 Rn 118.

Frage, ob jene die Unverwertbarkeit zur Folge hat, wird nicht dadurch ausgeschlossen, daß die Rechtsbehelfsfrist gegen die zugrundeliegende Maßnahme abgelaufen und diese damit bestandskräftig geworden ist. Andererseits liegt jedenfalls dann ein Verwertungsverbot für das Besteuerungsverfahren vor, wenn tatsächlich positiv gerichtlich die Rechtswidrigkeit einer Maßnahme festgestellt und daher dieser Informationserlangung die Rechtsgrundlage entzogen worden ist[36].

II. Hypothetische Erlangbarkeit der Information mit steuerlichen Befugnissen entscheidend

Für die Frage, ob strafprozessuale Verwertungsverbote auch im Besteuerungsverfahren wirken, ist vielmehr maßgeblich, ob das Ermittlungsergebnis steuerrechtlich hätte erlangt werden können[37]. Wie im Schrifttum zu Recht betont wird, kommt es darauf an, ob das Verwertungsverbot typischen strafprozessualen Charakter hat oder Allgemeingültigkeit beansprucht[38].

Dagegen kann nicht eingewendet werden, es seien nun einmal strafrechtliche Erkenntnisse und eben diese dürften im Strafverfahren nicht verwertet werden[39]. Darum geht es nicht, und das wird auch nicht in Abrede gestellt. Bei der Frage, ob das Ergebnis auch mit den Mitteln der Abgabenordnung im Besteuerungsverfahren hätte erlangt werden können, geht es im Grunde um die Berücksichtigungsfähigkeit von positiven Verlaufshypothesen und damit allgemein um die Begrenzung des Schadens, der durch das rechtswidrige Verhalten des Staates eingetreten ist[40].

Das Strafprozeßrecht verpflichtet zur Heilung von Verfahrensfehlern. Dies bedeutet, entweder die fehlerhaft gewonnene Information für die weitere Entscheidungsfindung nicht zu berücksichtigen (Verwertungsverbot) oder aber -um dieser Wirkung zu entgehen- den Beweisgewinnungsvorgang fehlerfrei zu wiederholen[41]. Nichts anderes kann aber im Bereich des *Steuerrechts* gelten. Denn die Annahme eines Verwertungsverbotes infolge von Verfahrensverstößen ist auch für den Fiskus unvorteilhaft. Bei den übergreifenden Verwertungsverboten handelt es sich noch nicht einmal um Verfahrensverstöße aus den "eigenen Reihen" innerhalb der Finanzbehörden. Eine Einflußnahme auf das Verhalten der Strafverfolgungsbehörden und ein Einwirken zu rechtmäßigem und fehlerfreiem Verhalten ist insofern ausgeschlossen. Die Wiederholung des strafprozessualen Informationsgewinnungsvorgangs durch die an der Verwertung interessierten Finanzbehörden ist gleichfalls nicht möglich. Ihnen stehen die strafprozessualen Befugnisse nicht zu[42].

---

[36]So zu Recht Hübschmann/Hepp/Spitaler- *Söhn*, AO, § 88 Rn 139 m.w.N.

[37]Vgl. *FG Baden- Württemberg* EFG 1990, 507 (509 ff.).

[38]Siehe Franzen/Gast/Joecks- *Joecks*, § 393 Rn 50; *Rüping*, Beweisverbote, 33; *Rüping*, FR 2000, 193 (195 f.).

[39]So aber *Hellmann*, Neben- Strafverfahrensrecht, 114 f. (in Fn 15); gegen ihn kritisch Franzen/Gast/Joecks- *Joecks*, § 393 Rn 50.

[40]In diesem Sinne zu den positiven Verlaufshypothesen im Strafprozeßrecht *Rogall*, NStZ 1988, 387.

[41]Aus dem Strafprozeßrecht *Dencker*, Verwertungsverbote im Strafprozeß, 82 f.; *Schlüchter*, Das Strafverfahren, Rn 4.2 ; *Rogall*, NStZ 1988, 387 m.w.N.

[42]Zudem ist die Wiederholung auch im Strafprozeßrecht oftmals unmöglich oder doch sehr umständlich, vgl. für den Strafprozeß *Dencker*, Verwertungsverbote im Strafprozeß, 82 ff.

Die Überlegung, einen hypothetisch fehlerfreien (positiven) Verlauf der Informationsgewinnung im Steuerrecht -so er denn vorliegt- zu berücksichtigen und damit die Verwertung (trotz strafrechtlicher Unverwertbarkeit) zu erlauben, rechtfertigt sich auch aus dem nachfolgenden Grund. Denn ansonsten besteht die Gefahr, den gleichzeitig beschuldigten Steuerpflichtigen besser zu stellen als den Steuerpflichtigen, gegen den keine Strafverfolgungsmaßnahmen vorgenommen werden[43]. Informationen, die auch im normalen Besteuerungsverfahren hätten gewonnen werden können, dürfen nicht allein deshalb unverwertbar sein, weil der Steuerpflichtige zugleich Beschuldigter eines (Steuer-) Strafverfahrens ist und die mit den strafprozessualen Befugnissen erlangten Tatsachenkenntnisse oder Beweismittel einem strafrechtlichen Verwertungsverbot unterliegen.

III. Bedeutung für die in Rede stehenden Bankenverfahren

Im hier interessierenden Zusammenhang wird man diese positive Verlaufshypothese angesichts der begrenzten steuerlichen Ermittlungsmöglichkeiten der Finanzbehörden im Bankenbereich durch § 30 a AO regelmäßig verneinen müssen.

Denn die Finanzverwaltung benötigt ohnehin für jedes Tätigwerden einen hinreichenden Ermittlungsanlaß. Dieser erfordert ein vor den Ermittlungen liegendes, zumeist von außen an die Verwaltung herangetragenes Ereignis[44]. Das bedeutet, daß gegenüber *allen* als verdächtig geltenden steuerpflichtigen Kunden nachweislich ein solcher Ermittlungsanlaß bestehen müßte. Dies erscheint nahezu ausgeschlossen. Ohne Anlaß sind steuerliche Ermittlungen jedoch rechtswidrig.

Jedenfalls aber läßt sich generell feststellen, daß mit den Befugnissen der Abgabenordnung eine solche *Informationsfülle*, wie sie von den Fahndern über die als verdächtig bezeichneten Bankkunden gewonnen werden, steuerlich nicht hätte erlangt werden können. Jene Vielfalt resultiert vielmehr daraus, daß die Fahnder infolge der *strafrechtlichen* Ermittlungen schon im Kreditinstitut sind und dadurch Zugriff auf die "ausgelagerte Privatsphäre"[45] unzähliger Kunden haben. *In* das Kreditinstitut gelangt die Finanzverwaltung zwar auch mit steuerlichen Befugnissen (Außenprüfung gemäß der §§ 193 ff. AO). Aber ihre Informationsgewinnung in Bezug auf Kunden wird bei der Außenprüfung durch § 30 a III AO gerade begrenzt. Auch den grundsätzlich zulässigen *Sammelauskunftsersuchen* der Steuerfahndung gemäß §§ 208 I S. 1 Nr. 3, 93 I AO werden gegenüber den Kreditinstituten durch § 30 a II AO Schranken gesetzt. Die Namen aller "Luxemburg- Sparer" bei einem Institut oder die Namen und Anschriften der bestimmte Summen zu bestimmten Zeitpunkten oder in bestimmter banktechnischer Weise transferierenden Kunden kann mit ihnen nicht erlangt werden, wie bereits ausführlich dargetan worden ist. Auch anderweitige *Vorfeld- Ermittlungen* der Steuerfahndung sind nur bei hinreichenden Anlässen zulässig[46].

Zwar muß für die Frage, ob die Informationen mit steuerlichen Mitteln erlangt werden könnten, der einzelne Fall im Vordergrund stehen. Jedoch spricht auch die Tatsache, daß es sich bei den konstatierten strafverfahrensrechtlichen Fehlern für die Betroffenen um gewichtige Grundrechtsverletzungen handelt, gegen eine Verwertung

---

[43]So überzeugend Franzen/Gast/Joecks- *Joecks*, § 393 Rn 50.

[44]Vgl. *Dörn*, BuW 1997, 578.

[45]So die treffende Bezeichnung bei *Dörn*, BuW 1997, 577.

[46]Siehe oben ab S. 45.

im Besteuerungsverfahren und damit für ein Übergreifen der strafprozessualen Unverwertbarkeit.

8.Kapitel: Schlußbetrachtung

Unstreitig kommt den Kreditinstituten in Deutschland bei der Steuerfluchtbewegung in den Jahren 1992 und 1993 eine besondere Bedeutung zu. Denn die Verlagerung von Kapital konnten unter Ausnutzung eines speziellen banktechnischen Systems, das in den zentralen Grundzügen von nahezu allen Banken und Sparkassen in Deutschland bereitgehalten worden ist, vorgenommen werden. Dieses System zeichnet sich im wesentlichen dadurch aus, daß die Identität des Anlegers, seine Transaktion und die Existenz seiner Anlage im Ausland bei eventuellen steuerlichen oder strafrechtlichen Nachforschungen nicht ohne weiteres erkennbar sind.

Was aber die zahlreichen steuerstrafrechtlichen Ermittlungen bei den Kreditinstituten in diesem Zusammenhang betrifft, so ist der schnell erhobene Vorwurf, Bankmitarbeiter hätten systematisch Beihilfe zur Steuerhinterziehung geleistet, bei Lichte betrachtet überzogen. Die juristische Prüfung zeigt, daß das von den Banken entwickelte spezielle Transfersystem nicht in seiner Gesamtheit inkriminiert und strafbar ist. Es handelt sich weitgehend um neutrale und berufstypische Handlungen, die im konkreten Fall keine strafrechtliche Haftung auslösen.

Eine strafrechtliche Verantwortlichkeit ist einerseits in dem Bereich möglich, in dem Schecks unter Verstoß gegen § 154 AO[1] verbucht worden sind. Dies aber ist kein Spezifikum der Kapitalverlagerungen zu ausländischen Finanzplätzen. Bereits in den 80er Jahren sind diesbezüglich umfangreiche Ermittlungen bei den Banken und Sparkassen in Deutschland veranlaßt worden. Andererseits -und dies ist eine Besonderheit des hier untersuchten Transfersystems- kommt eine strafrechtliche Haftung insoweit in Betracht, als systematisch Belege Verwendung fanden, die den tatsächlich Verfügenden nicht erkennen ließen.

Bezüglich dieser beiden Handlungsweisen kann aber nicht nur, wie von den Strafverfolgungsorganen angenommen, Beihilfe zur Steuerhinterziehung angenommen werden. Vielmehr ist insoweit zugleich tateinheitlich eine (vorgeleistete) Strafvereitelung gemäß § 258 I StGB möglich. Denn für § 258 I StGB kommt es allein darauf an, ob ein Beitrag eine strafvereitelnde Wirkung nach einer anderen Tat zeigt. Wann die diesbezügliche Handlung erbracht wird, ist irrelevant. Nichts anderes gilt zwar der Sache nach auch für die sachliche Begünstigung. Vom Schutzzweck und Wesen des Tatbestandes her macht es keinen Unterschied, ob der Beistand schon vor der Tat erfolgt oder erst danach. Wichtig ist nur, daß die Tat begangen wird und sich der Beistand dann begünstigend auswirkt. Jedoch verhindert der Wortlaut des § 257 I StGB die Einbeziehung der vorgeleisteten Beiträge. Der Wortlaut des § 257 I StGB reflektiert die ungereimte zeitliche Eingrenzung der Begünstigung durch den Gesetzgeber und verhindert eine am Schutzzweck orientierte Korrektur. Andernfalls würde man gegen das verfassungsrechtlich in Art. 103 II GG abgesicherte Analogieverbot verstoßen.

Sofern der verschleierte Transfer mit Beträgen vorgenommen wird, die in der Vergangenheit hinterzogen und akkumuliert worden sind, lösen diese Beiträge eine Verantwortlichkeit der Bankmitarbeiter wegen Strafvereitelung aus.

In strafprozesssualer Hinsicht sind die Bankenverfahren rechtsstaatlich nicht haltbar. Im Grunde genommen geht es um die Suche und Beschlagnahme aller Un-

---

[1] I.V.m. Nr. 3 S. 3 AEAO.

terlagen, die "irgendetwas" mit Luxemburg als bekannter "Steueroase" zu tun haben. Das ist eine unzulässige Ausforschung. Die Ermittlungsbefugnisse aus der Strafprozeßordnung werden überdehnt und Beschränkungen der Abgabenordnung nicht beachtet. Das Bundesverfassungsgericht hat mit seinen Ausführungen in den Beschlüssen zum Verfahren der Dresdner Bank AG[2] den Strafverfolgern den Weg für zeitlich nachfolgende weitere Bankendurchsuchungen im Zusammenhang mit den "Luxemburg- Sparern" geebnet, sie quasi mit einer Rückendeckung versehen. Denn jene Beschlüsse zeichnen sich durch eine außerordentliche Weite im Hinblick auf die Rechtmäßigkeitsvoraussetzungen für Durchsuchungen und Beschlagnahmen in Großunternehmen aus. Mit den maßgeblich von diesem Gericht selbst in ständiger Rechtsprechung entwickelten und aufgestellten (strengeren) Anforderungen an die Zulässigkeit derartiger Zwangsmaßnahmen sind die Beschlüsse nicht in Einklang zu bringen.

Die Art und Weise, wie bei den Durchsuchungen und Beschlagnahmen in den Kreditinstituten vorgegangen worden ist und wie sehr sich diese von hergebrachten und anerkannten strafprozessualen und verfassungsrechtlichen Grundlagen unterscheiden, erlaubt den Schluß, daß es in Wahrheit nicht (oder jedenfalls nicht in erster Linie) um die strafrechtliche Ahndung von Verfehlungen einzelner Personen geht. Offenbar sollen sie (auch) ein Mittel sein, das generelle Bewußtsein der Bevölkerung in Bezug auf Steuerhinterziehungen zu verändern. Indiz hierfür ist unter anderem auch die hohe Anzahl der an den Zwangsmaßnahmen beteiligten Beamten der Steuerfahndung. Diese sind infolge dieser Großverfahren und der Gesamtzahl der Steuerfahnder in der Bundesrepublik Deutschland auf Jahre hinaus "blockiert" und können andere Aufgaben kaum mehr wahrnehmen. Auch hat es den Anschein, die Fahndungsstärke solle die (steuerunehrlichen) Kunden der Kreditinstitute beeindrucken und zu strafbefreienden Selbstanzeigen gemäß § 371 AO bewegen[3].

Dies führt zwangsläufig zu Friktionen. Denn im Steuerrecht begründete strukturelle Probleme sind mit strafrechtlichem und strafprozessualem Vorgehen nicht lösbar. Der Staat greift angesichts der erodierenden Staatseinnahmen zu nahezu allen Mitteln, um der dafür ursächlichen sinkenden Steuermoral beizukommen. Insofern stehen die untersuchten Bankenverfahren rechtspolitisch auf derselben Stufe wie Überlegungen, Fangprämien für die Anzeige von Steuerunehrlichkeit anderer Bürger einzuführen[4] oder mit einer Steueramnestie die "Luxemburgflüchtlinge" an den heimischen Kapitalmarkt zurückzuholen[5] und damit wenigstens in Zukunft von ihren Zinseinkünften zu partizipieren.

---

[2]*BVerfG* WM 1994, 691 = StV 1994, 353 und *BVerfG* WM 1995, 234 = wistra 1995, 139.

[3]Womit sich dann im Nachhinein diese Großaufgebote an Strafverfolgungsorganen als angemessen darstellen lassen.

[4]So der Vorschlag des Saarlandes zu Beginn des Jahres 1998, der sodann auf der Länderfinanzministerkonferenz erörtert worden ist. Vgl. die Diskussion dazu im Tagesspiegel vom 09.01.1998 sowie den Vergleich zur Rechtslage in anderen Ländern im Tagesspiegel vom 23.01.1998. Zwischenzeitlich ist dieser Vorschlag wieder aufgegeben worden.

[5]So die im November 1997 vom Bundesverband Deutscher Banken erhobene Forderung (vgl. Bericht im Tagesspiegel vom 18.11.1997), der sich Pressemitteilungen zufolge einige Politiker anschlossen, vgl. Bericht im Tagesspiegel vom 19.11.1997. Bereits im Sommer 1997 haben Politiker über eine Amnestie für die Steuerhinterzieher nachgedacht, siehe Bericht im Tagesspiegel vom 14.07.1997. Sachliche Diskussion zu den Vor- und Nachteilen einer solchen Amnestie bei *Tipke*, BB 1998, 245 f.

ANHANG: Anonymisierte Durchsuchungs- und Beschlagnahmebeschlüsse (auszugsweise)

A. Aktueller Durchsuchungs- und Beschlagnahmebeschluß betreffend die Y-Bank

(Es) wird auf Antrag der Staatsanwaltschaft gemäß §§ 94, 95, 98, 102, 103, 105 Abs. 1, 162 Abs. 1 StPO angeordnet

1) die Durchsuchung aller Grundstücke nebst aufstehenden Gebäuden, Fahrzeugen und Behältnissen der Y- Bank in der Stadt F

insbesondere der Büroräume der Vorstände, der Geschäftsführer, der Abteilungsleiter und der Sachbearbeiter, die mit dem Geld- und Wertpapiertransfer von und nach Luxemburg mittelbar oder unmittelbar befaßt sind oder gewesen sind einschließlich deren Person und deren Schließfächer in der Bank

2) die Beschlagnahme
aller Unterlagen ab 1990, die im Zusammenhang mit Geld- und/oder Wertpapiertransfers von und nach Luxemburg oder einem der vorbezeichneten Konten stehen, (insbesondere:)

> 1. - Unterlagen, die mit Buchungen auf oder von folgenden Konten bei der Z-Bank in Zusammenhang stehen: Z- Bank Luxembourg S.A. Nr.: ...,
> 2. - alle Unterlagen über Rechts- und Geschäftsbeziehungen der Y- Bank zu der Z- Bank im Zusammenhang mit Geld- oder Wertpapiertransfers ins Ausland, namentlich Luxemburg, unabhängig davon, um welche Belegart es sich handelt,
> 3. - alle Unterlagen, die Aufschluß geben können über von Kunden der Y-Bank oder ihrer Filialen bei Luxemburger Banken, insbesondere der Z- Bank eingerichteten Konten und/oder verwalteten Fonds,
> 4. - alle Unterlagen, die Auskunft geben können über die Verantwortungs und Tätigkeitsbereiche der mit den anonymisierten Auslandstransfers befaßten, noch nicht namentlich bekannten Bankmitarbeiter,
> 5. - alle Unterlagen, die das Konto Nr. ... betreffen,
> 6. - alle Unterlagen über Konten, auf die von diesem Konto aus Geldbewegungen erfolgt sind,
> 7. - Listen von in der Bank geführten CpD- Konten oder CpD- Depotkonten, die im Zeitraum seit 1.1.1990 geführt wurden oder werden,
> 8. - alle Buchungsunterlagen und Belege zu den sich aus der Kontenaufstellung ergebenden

CpD- Konten oder CpD - Depotkonten, soweit sich Anhaltspunkte dafür ergeben, daß diese Konten für die weiteren Ermittlungen von Bedeutung sein können,
9. - Schriftverkehr, Notizen oder Buchungsunterlagen, die bezogen auf in Luxemburg geführte Konten erstellt worden sind,
10. - sämtliche Unterlagen, die einen verschleierten oder anonymisierten Transfer von Geld
oder Wertpapieren nach oder von Luxemburg zum Gegenstand haben,
11. - Protokolle, Berichte oder Notizen der leitenden Bankmitarbeiter oder deren Aufsichtsgremien, soweit sich diese auf die Art der Gestaltung des Transfers von Kundengeldern und/oder Vermögenswerten der Y- Bank in das und aus dem Ausland, insbesondere Luxemburg, beziehen,
12. - Innenrevisionsberichte der Bank, Organigramme und allgemeine Arbeitsanweisungen, insbesondere Anweisungen an die Bankbediensteten über Verfahrensabläufe bei Geld- oder Wertpapieranlagen in Luxemburg,
13. - Aufzeichnungen -auch handschriftliche- über die von der Z- Bank Frankfurt und/oder von der Z- Bank Luxembourg vergebenen Referenznummern mit Namen und Anschriften und/oder Kontonummern deutscher Anleger,
14. - aktuelle Auflistungen sämtlicher Bankkunden, die zu der Y- Bank Geschäftsverbindung unterhalten oder seit dem 1.1.1990 unterhalten haben,
16. - alle Protokolle über Vernichtung von Unterlagen, die seit dem 1.1.1994 stattgefunden
haben,
17. - aktuelle und ältere Personallisten, Organisationspläne und Telefonlisten.

Namentlich zum überwiegenden Teil noch nicht bekannte Mitarbeiter der Y- Bank, die Vermögenstransfers in das und aus dem Ausland arrangieren, bearbeiten, beaufsichtigen bzw. verantworten, sind verdächtig, Beihilfe zur Hinterziehung geleistet zu haben.

Sie sollen Bankkunden, die ihnen zum Teil namentlich bekannt gewesen sind, den inländischen Geschäftsbetrieb ihres Kreditinstituts unter Verstoß gegen gesetzliche Vorschriften und bankübliche Gepflogenheiten in der Weise zur Verfügung gestellt haben, daß es den Kunden ermöglicht wurde, Vermögenswerte anonym ins Ausland, namentlich Luxemburg, zu verbringen oder aus dem Ausland in die Bundesrepublik Deutschland zurückzutransferieren. Hierdurch wurde es den Kunden ermöglicht, die steuerpflichtigen Erträge und Werte der inländischen Besteuerung zu entziehen. Es besteht auch der Verdacht, daß Geldrückflüsse aus dem Ausland nicht über Konten der Bankkunden, sondern über bankinterne Konten gebucht wurden.

Es entspricht kriminalistischer Erfahrung, daß die grenzüberschreitenden Vermögensanlagen dann den Anfangsverdacht der Steuerhinterziehung bzw. der Beihilfe hierzu begründen, wenn die Anlage gezielt anonym unter Vermeidung der Angabe des zutreffenden Kundennamens im inländischen Zahlungsverkehr getätigt werden

(BVerfG v. 23.3.1994 - wistra 1994, 221 ff). Die mit der Transferabwicklung befaßten Bankmitarbeiter stehen im Verdacht, zumindest billigend in Kauf genommen zu haben, anonym oder unter Alias- Namen transferierenden Kunden bei Steuerhinterziehungen Hilfe geleistet zu haben, denn das Kreditinstitut hat damit dem Kunden die Möglichkeit eröffnet, Erträge und Vermögenswerte steuerlich relevant zu verschweigen, da der Kunde so nicht mit der Entdeckung der im Ausland befindlichen Ver-mögenswerte rechnen muß, sondern auf die Aufrechterhaltung der Anonymität ver-traut.

Amtsgericht, Januar 1997

B. Aktuelle Durchsuchungsbeschlüsse betreffend die X- Bank

I. Beschluß aus dem Jahre 1996

In der Ermittlungssache gegen Verantwortliche der Bank wegen Vergehens gegen die Abgabenordnung wird auf Antrag der StA vom ... gem. §§ 102, 103, 105 StPO die Durchsuchung der

Geschäfts- und Nebenräume der Bank in der Stadt B

der kurz- und langfristigen Archive, Schließfächer und Tresore, der Filialen, der Vorstandsmitglieder, der Abteilungsleiter, der Sachbearbeiter der Anlage- und Wert-papierberatung und der Keller

angeordnet, da die Durchsuchung vermutlich zur Auffindung von Beweismitteln, insbesondere Unterlagen von 1992 bis 1995 im Zusammenhang mit der Transferierung von Geld und Wertpapieren zur S.A. Lux und von dieser zur Bank, insbesondere zum Konto Nr. der S.A. Lux bei der Bank, wie Kontoauszüge, Kontenzusammenstellungen, Verbuchungsbelege, Scheckkopien, Abrechnungen, Transfermitteilungen, Geldanweisungen, Unterschriftenlisten, Kundenlisten, Kassenkontrollstreifen, Kapitalanleger- Listen, Bareinzahlungs- und Barauszahlungsbelege, Innenrevisionsberichte ab 1992 und allgemeine Arbeitsanweisungen zum Kunden- und Zahlungsverkehr mit der S.A. Lux führen wird.

Die Verantwortlichen der Bank sind verdächtig, 1992 bis 1995 einer Vielzahl von Kunden zur Hinterziehung [von] deren Einkommen- und Vermögenssteuer geholfen zu haben, indem sie diese durch Einrichtung einer Möglichkeit zum Geldtransfer zur S.A. Lux in die Lage setzten, Kapitalerträge aus Termingeldeinlagen und Wertpapieranlagen sowie der Besteuerung bis zur Anlage nicht unterworfene Einnahmen gegenüber den Finanzbehörden zu verschleiern, wozu sie für die Kunden über das Konto Nr. der S.A. Lux zugunsten deren dort zeitgleich oder zuvor eingerichteten Konten mit Referenz- Nrn. Geldbeträge einzahlen konnten, ohne daß die Geld-/ Wertpapierbewegungen auf deren eigenem inländischen Konto bei der Bank nachvollziehbar blieben.

Amtsgericht, 1996

II. Beschluß aus dem Jahre 1998

In der Ermittlungssache gegen X und Verantwortliche der Bank wegen Vergehens gegen die Abgabenordnung u.a. wird auf Antrag der Staatsanwaltschaft vom ... gemäß §§ 102, 105 StPO die Durchsuchung der Geschäfts- und Nebenräume der Bank, deren Niederlassungen und angeschlossenen Filialen in der Stadt B, der Geschäftsräume der Vorstandsmitglieder, der Abteilungsleiter, der Sachbearbeiter der Anlage- und Wertpapierberatung, der Keller, der kurz- und langfristigen Archive, der Schließfächer und Tresore

angeordnet, da die Durchsuchung vermutlich zur Auffindung von Beweismitteln, insbesondere

sämtliche Unterlagen von 1992- 1996 im Zusammenhang mit dem Transfer von Geld und Wertpapieren zur S.A. Lux und von dieser zur Bank insbes. zum Konto Nr. ... - geführt bei der Bank- wie Kontoauszüge, Kontenzusammenstellungen, Verbuchungsbelege, Scheckkopien, Abrechnungen, Transfermitteilungen, Kassenkontrollstreifen und -journale, Geldanweisungen, Unterschriftenlisten, Kundenlisten, Kapitalanleger-Listen, Barein- und -auszahlungsbelege, Innenrevisionsberichte ab 1992, Arbeitsanweisungen zum Kunden und Zahlungsverkehr mit der S.A. Lux, Kontenrahmen, Organigramm u.a. führen wird.

Die Verantwortlichen der Bank und der Beschuldigte sind verdächtig, 1992 bis 1996 einer Vielzahl von Kunden zur Hinterziehung deren Einkommen- und Vermögensteuer dadurch geholfen zu haben, daß sie diesen durch Einräumung einer Möglichkeit zum Geld- und Wertpapiertransfer zur S.A. Lux u.a. über deren Konto- Nr. bei der Bank in die Lage setzten, Kapitalerträge aus Termingeldeinlagen, Bar- und Wertpapieranlagen gegenüber den Finanzbehörden zu verschleiern, wozu sie über u.a. das genannte Konto zugunsten für die Kunden zuvor oder zeitgleich eingerichteter Konten, teilweise unter Referenz- Nummern oder Decknamen, Geldbeträge einzahlen und Wertpapiere übertragen konnten, ohne daß die Geld /Wertpapierbewegungen auf den eigenen inländischen Konten nachvollziehbar blieben.

Amtsgericht, 1998

C. Aktueller Durchsuchungs- und Beschlagnahmebeschluß betreffend die A-Bank

In dem Ermittlungsverfahren gegen Verantwortliche und Mitarbeiter der A- Bank wegen Beihilfe zur Steuerhinterziehung

hier: Beschuldigter B

wegen Verdachts der Einkommen- und Vermögensteuerhinterziehung wird gemäß §§ 102, 103, 105 StPO die Durchsuchung der

Bank in der Stadt D,

und zwar der Geschäftsräume sowie der außerhalb dieser Geschäftsräume genutzten Gebäude oder Gebäudeteile einschließlich der angeschlossenen Zweigstellen, Filialen, Nebenstellen, Archive etc. insbesondere der Niederlassung in der Stadt B angeordnet.

Gleichzeitig wird gemäß §§ 94, 98 StPO die Beschlagnahme von Unterlagen, die die Geschäftsbeziehungen zu dem der Beschuldigte oder aber zu Personen und Firmen betreffen, für die der Beschuldigte zeichnungs- oder verfügungsberechtigt ist oder war, für den Zeitraum *ab 1986*[1] angeordnet.

Die Beschlagnahme soll sich auf alle vorhandenen oder vorhanden gewesene Konten bzw. Unterlagen des Beschuldigten sowie dem Beschuldigten zuzuordnenden Firmen, insbesondere den vorgenannten Firmen, gleich welcher Art beziehen, insbesondere auf

- Konten in laufender Rechnung, Sparkonten, Festgeldkonten, Darlehns- und Hypothekenkonten, sonstige Kreditkonten, Abrechnungskonten für Wertpapiere, Depotkonten, CpD- Konten oder ähnliche Konten (Sammel-, Unter-, Vorläufer- oder Zwischenkonten);
- Belege mit deren Hilfe die einzelnen Buchungsschritte von der verfügenden Person oder Bank zur empfangenden Person oder Bank festzustellen sind;
- Kreditakten (Kreditanträge, Kreditbeschlüsse, Kreditverhandlungsnotizen, bankinterne Vermerke, eingeholte Auskünfte);
- Schriftverkehr mit dem Beschuldigten;
- vorgelegte Unterlagen des Beschuldigten;
- Gegenstände, die sich in Schließfächern, Miet- oder Sammeldepots befinden;
- Unterlagen und Aufzeichnungen über Tafelgeschäfte;
- Anlagekonten.

---

[1]Hervorhebung im Original.

Die Beschlagnahme kann durch die unverzüglicher Herausgabe der Originalunterlagen oder mit Billigung der Ermittlungsbeamten durch die Übergabe übereinstimmender Ablichtungen ersetzt werden. Falls Konten im EDV- oder Mikrofilmverfahren oder einem anderen Verfahren geführt werden, welches keine aus sich heraus verständlichen Aufzeichnungen ausdruckt, kann die Beschlagnahme der Datenträger durch Übergabe ausgedruckter Buchungsaufstellungen über Buchungen auf den genannten Konten sowie aller eingeforderter Belege einschließlich evtl. erforderlicher Schlüssel zum Verständnis der Aufstellungen abgewendet werden.

Die Übergabe von Fotokopien anstelle der Originalunterlagen bedarf der vorherigen Zustimmung der Ermittlungsbehörden. Bei Kreditakten und Kontoeröffnungsunterlagen erstreckt sich die Beschlagnahme unabhängig von dem genannten Beschlagnahmezeitpunkt.

Gründe: ...

Amtsgericht, April 1997

LITERATURVERZEICHNIS

- Wissenschaftlicher Teil -

Amelung, Knut

- Informationsbeherrschungsrechte im Strafprozeß, Berlin 1990 (zitiert: *Amelung*, Informationsbeherrschungsrechte)
- Grundfragen der Verwertungsverbote bei beweissichernden Haussuchungen im Strafverfahren, in: NJW 1991, 2533- 2540

Apitz, Wilfried

- Erweiterter Schutz des Bankkunden durch § 30 a AO ?, in: StBp 1989, 217-221

App, Michael

- Der Stellenwert des Bankgeheimnisses im Vergleich internationaler Finanzmärkte (Vertreter für die Schweiz: *Mossner, Bernd*; für Luxemburg: *von Restorff, Mirko*; für Österreich: *Spängler, Heinrich*; für die Bundesrepublik Deutschland: *Carl, Dieter*), in: DStZ 1993, 201- 209 (zitiert: *Vertreter*, in App, DStZ 1993, 201)

Arndt, Hans- Wolfgang

- Stellungnahme in der Anhörung des Deutschen Bundestags zum Entwurf des Steuerreformgesetzes 1990, in: BT- Drucks. 11 /2536
- Rechtserwägungen zu den Maßnahmen der Steuerfahndung bei der Dresdner Bank AG im Januar 1994 im Hinblick auf Schwarzgeldtransfer nach Luxemburg, in: KÖSDI 1994, 9760- 9767

Arzt, Gunther

- Geldwäscherei- Eine neue Masche zwischen Hehlerei, Strafvereitelung und Begünstigung, in: NStZ 1990, 1- 6

Assmann, Eberhard

- Prüfungsfeld Kapitaleinkünfte (Teil I und III), in: StBp 1993, 241- 243 und StBp 1994, 129- 135

Austrup, Jürgen

- Zinsbesteuerung, Frankfurt am Main- Berlin- Bonn- München 1994

Bär, Wolfgang

- Durchsuchungen im EDV- Bereich (Teil I und II), in: CuR 1995, 158- 169 und 227- 234

Baumann, Raimund/Brenner, Harald

- Die strafprozessualen Beweisverwertungsverbote, Stuttgart- München- Hannover 1991

Baumbach, Adolf/Hefermehl, Wolfgang

- Wechselgesetz und Scheckgesetz, 20. Auflage München 1997

Baumbach, Adolf/Hopt, Klaus J.

- Handelsgesetzbuch, 29. Auflage München 1995

Baumgarte, Christian
- Die Strafbarkeit von Rechtsanwälten und anderen Beratern wegen unterlassener Konkursanmeldung, in: wistra 1992, 41- 47

Bar, Ludwig von
- Gesetz und Schuld im Strafrecht, Band II: Die Schuld nach dem Strafgesetze, Berlin 1907

Barton, Stephan
- Sozial übliche Geschäftstätigkeit und Geldwäsche (§ 261 StGB), in: StV 1993, 156- 163

Baur, Ulrich
- Mangelnde Bestimmtheit von Durchsuchungsbeschlüssen, in: wistra 1983, 99-102

Behr, Volker
- Die Strafbarkeit von Bankmitarbeitern als Steuerhinterziehungsgehilfen bei Vermögenstransfers ins Ausland, in: wistra 1999, 245- 252
- Anmerkung zu BGH vom 02.08.2000, Az. 5 StR 624/99, wistra 2000, 340, in: BB 200, 2240- 2241

Bellstedt, Christoph
- Änderung der Kapitalertragsteuer, Übernahme des Bankenerlasses in die AO und Steueramnestie nach dem Steuerreformgesetz 1990, in: DB 1988, 2119-2127

Bender, Peter
- Das Zoll- und Verbrauchsteuerstrafrecht mit Verfahrensrecht, Neuauflage 1990, Loseblattsammlung Regensburg, Stand: September 1994

Benfer, Jost
- Die Haussuchung im Strafprozeß, Dissertation Bochum 1980 (zitiert: *Benfer*, Die Haussuchung)

Beulke, Werner
- Hypothetische Kausalverläufe im Strafverfahren bei rechtswidrigem Vorgehen von Ermittlungsorganen, in: ZStW 103 (1991), 657- 680

Bilsdorfer, Peter
- Anmerkungen zum Zinsbesteuerungsurteil des Bundesverfassungsgerichts, in: BB 1991, 1455- 1458
- Genügt das Zinsabschlaggesetz den verfassungsmäßigen Anforderungen ?, in: INF 1992, 467- 468
- Steuerliche Ermittlungen bei Kreditinstituten- eine Bestandsaufnahme nach der Durchsuchung der Dresdner Bank AG, in: INF 1994, 545- 552
- Aktuelle Fragen aus der Praxis der Außenprüfung, in: StBp 1995, 88- 91
- Die Entwicklung des Steuerstraf- und Steuerordnungswidrigkeitenrechts, in: NJW 1996, 169- 178
- Aktuelle und permanente Probleme im Spannungsfeld von Bank, Kunden und Finanzamt, in: DStR 1996, 1953- 1960
- Der BFH und die Zinsbesteuerung- ein bemerkenswerter Eiertanz, in: NJW 1997, 2368- 2370

Binding, Karl
- Lehrbuch des Gemeinen Deutschen Strafrechts, Besonderer Teil, 2. Band, 2. Auflage Leipzig 1905 (zitiert: *Binding*, Lehrbuch Strafrecht BT)

Birk, Dieter
- Gleichheit und Gesetzmäßigkeit der Besteuerung, in: StuW 1989, 212- 218
- Verfassungsfragen des sog. Steueramnestiegesetzes, in: NJW 1989, 1072- 1076
- Stellungnahme in der Anhörung des Deutschen Bundestags zum Entwurf des Steuerreformgesetzes 1990, in: BT- Drucks. 11 /2536
- Neuregelung der Zinsbesteuerung, in: StVj 1993, 97- 107
- Steuerrecht I, Allgemeines Steuerrecht, 2. Auflage München 1994

Blei, Hermann
- Strafrecht, I. Allgemeiner Teil, 18. Auflage München 1983
- Strafrecht, II. Besonderer Teil, 12. Auflage München 1983

Bloy, René
- Die Beteiligungsform als Zurechnungstypus im Strafrecht, Berlin 1985 (zitiert: *Bloy*, Zurechnungstypus)

Blumers, Wolfgang/Göggerle, Werner
- Handbuch des Verteidigers und Beraters im Steuerstrafverfahren, 2. Auflage Köln 1989 (zitiert: *Blumers/Göggerle*, Handbuch)

Blumers, Wolfgang/Frick, Jörg/Müller, Lutz
- Betriebsprüfungshandbuch einschließlich Zollprüfungen, Loseblattsammlung München, Stand: Juni 1997 (zitiert: Blumers/Frick/Müller- *Bearbeiter*, Betriebsprüfungshandbuch)

Bruns, Hans- Jürgen
- Der "Verdächtige" als schweigeberechtigte Auskunftsperson und als selbständiger Prozessbeteiligter neben dem Beschuldigten und Zeugen ?, in: Festschrift für Erich Schmidt- Leichner zum 65. Geburtstag, München 1977,
- 1- 15

Bruschke, Gerhard
- Das Bankgeheimnis, in: BB 1990, 392- 395

Bullinger, Michael/Radke, Jürgen
- Handkommentar zum Zinsabschlag, unter Mitarbeit von Draschil, Rosemarie, Düsseldorf 1994 (zitiert: *Bullinger/ Radke*, Handkommentar)

Burkhard, Jörg
- Anmerkung zu LG Konstanz vom 17.12.1998, Az. 1 Qs 98/98, wistra 2000, 118, in: wistra 2000, 118- 120

Canaris, Claus- Wilhelm
- Die Feststellung von Lücken im Gesetz, 2. Auflage Berlin 1983 (zitiert: *Canaris*, Lücken im Gesetz)

Carl, Dieter
- Internationale Rechtshilfe in Steuerstrafsachen, in: DStZ 1993, 653- 657

Carl, Dieter/Förster, Wolfgang
- Das Recht der Investmentfonds, 2. Auflage Neuwied- Kriftel- Berlin 1994 (zitiert: *Carl/Förster*, Investmentfonds)

Carl, Dieter/Klos, Joachim
- Das Recht auf informationelle Selbstbestimmung, in: DStZ 1990, 341- 348
- Das ungelöste Problem des "Verfügungsberechtigten" im Sinne des § 154 Abs. 2 AO aus Sicht der Ermittlungsbehörden, in: wistra 1990, 41- 47
- Tafelgeschäfte- steuerlich unzulässige "Geldwäsche" der Kreditinstitute ?, in: DStZ 1991, 24- 30
- Das Luxemburger Bankgeheimnis aus Sicht des EG- Bürgers, in: DStZ 1991, 577- 581
- Die verfassungswidrige Zinsbesteuerung - BVerfG, NJW 1991, 2129, in: JuS 1992, 292- 296
- Bankgeheimnis und Quellensteuer im Vergleich internationaler Finanzmärkte, Herne- Berlin 1993 (zitiert: *Carl/Klos*, Bankgeheimnis und Quellensteuer)
- Schwarzgeldtransfer nach Luxemburg: Zur Rechtmäßigkeit der Durchsuchung von Kreditinstituten durch die Steuerfahndung, in: wistra 1994, 211- 215
- Rechtmäßigkeit der Bankdurchsuchung bei Verdacht der Steuerhinterziehung, in: DStZ 1994, 391- 400
- Inhalt und Reichweite der Kontenwahrheitspflicht nach § 154 AO als Grundlage der steuerlichen Mitwirkungspflichten der Kreditinstitute, in: DStZ 1995, 296- 308

Claß, Wilhelm
- Die Kausalität der Beihilfe, in: Festschrift für Ulrich Stock zum 70. Geburtstag, Würzburg 1966, 115- 126

Claussen, Carsten Peter
- Bank- und Börsenrecht, München 1996

Crezelius, Georg
- Einführung in das Steuerrecht, in: Jura 1985, 243- 255
- Steuerrecht II, Die einzelnen Steuerarten, 2. Auflage München 1994

Dagtoglou, Prodomos
- Das Grundrecht der Unverletzlichkeit der Wohnung (Art. 13 GG), in: JuS 1975, 753- 761

Dahm, Joachim/Hamacher, Rolfjosef
- Identitätsprüfungen bei Tafelgeschäften mit Wertpapieren?, in: WM 1993, 445- 451

Dencker, Friedrich
- Verwertungsverbote im Strafprozeß, Köln- Berlin- Bonn- München 1977

Denkert, Manfred
- Zinsen und Steuern, Köln 1997

Dennig, Ulrike
- Zinsbesteuerung bei weltoffenen Finanzmärkten, in: Finanzberater, Beilage 22 zu BB 32/1991, 1- 10

Derksen, Roland
- Handeln auf eigene Gefahr, Berlin 1992

Deutsche Bundesbank
- Die Entwicklung des deutschen Auslandsvermögens und der Kapitalerträge, Monatsbericht der Bundesbank Januar 1993, 43- 72
- Die Ertragslage der deutschen Kreditinstitute im Jahre 1993, Monatsbericht der Bundesbank Oktober 1994, 19- 48
- Aufkommen und ökonomische Auswirkungen des steuerlichen Zinsabschlags, Monatsbericht der Bundesbank Januar 1994, 45- 58
- Entwicklung und Bedeutung der Geldanlage in Investmentzertifikaten, Monatsbericht der Bundesbank Oktober 1994, 49- 61
- Die Entwicklung des Wertpapierbesitzes in Deutschland seit 1989, Monatsbericht der Bundesbank August 1995, 57- 69
- Die gesamtwirtschaftlichen Finanzierungsströme in Deutschland in 1995, Monatsbericht der Bundesbank Mai 1996, 25- 48

Ditges, Thomas/Graß, Arno
- EG- Rechtswidrigkeit der Fahndungswelle in deutschen Banken, in: BB 1998, 1390- 1394

Döring, Ulrich
- Vom Zinsabschlag zur Bankensteuer, in: DB 1993, 49- 53

Dörn, Harald
- Zur Strafverfolgung der Nichtabgabe und der verspäteten Abgabe von Steuererklärungen und Steuervoranmeldungen, in: wistra 1989, 290- 295
- Steuerstraf- oder bußgeldrechtliche Verantwortlichkeit des Steuerberaters, in: wistra 1994, 290- 294
- Steuerstrafrechtliche Aspekte bei Bankendurchsuchungen, in: BuW 1996, 46- 52
- Anmerkung zu BFH vom 18.02.1997, Az. VIII R 33/95, BuW 1997, 572, in: BuW 1997, 575- 578

Dreher, Eduard,
- Kausalität der Beihilfe, in: MDR 1972, 553- 557

Eckhoff, Rolf
- Verfassungsmäßigkeit der Zinsbesteuerung ?, in: DStR 1997, 1071- 1073

Ehlers, Hans
- Verwertungsverbot mit und ohne praktische Folgen, in: StBp 1981, 97- 103

Ehrenforth, Werner
- Das Zinsurteil des Bundesverfassungsgerichts vom 27.6.1991, in: BB 1991, 2125- 2130

Elvers, A.
- Ist die Begünstigung begriffswesentlich nur nach Begehung der Tat möglich ?, in: ZStW 31 (1911), 893- 898

Erbs, Georg/Kohlhaas, Max
- Strafrechtliche Nebengesetze, 5. Auflage München, Loseblattsammlung, Stand: Juli 1997 (zitiert: Erbs/Kohlhaas- *Bearbeiter*, Nebenstrafrecht- Gesetz)

Fahl, Christian
- Lösungsskizze zu BGH vom 18.04.1996, Az. 1 StR 14/96, wistra 1996, 232, in: JA 1997, 11- 14

Felix, Günther
- Anmerkung zu BVerfG vom 27.06.1991, Az. 2 BvR 1493/89, FR 1991, 375, in: FR 1991, 389- 391

Fezer, Gerhard
- Rechtsschutz gegen erledigte strafprozessuale Zwangsmaßnahmen (Teil II), Jura 1982, 126- 138
- Anmerkung zu BGH vom 17.02.1989, Az. 2 StR 402/88, StV 1989, 289, in: StV 1989, 290- 295

Franzen, Klaus/Gast- de Haan, Brigitte/Joecks, Wolfgang
- Steuerstrafrecht mit Steuerordnungswidrigkeiten und Verfahrensrecht, 4. Auflage München 1996 (zitiert: Franzen/Gast/Joecks- *Bearbeiter*)

Frees, Christian- Peter
- Folgerungen aus dem Zinsbesteuerungsurteil des Bundesverfassungsgerichts, in: wistra 1992, 14- 21

Friauf, Karl Heinrich
- Stellungnahme in der Anhörung des Deutschen Bundestags zum Entwurf des Steuerreformgesetzes 1990, in: BT- Drucks. 11 /2536

Frisch, Wolfgang
- Zum tatbestandsmäßigen Verhalten der Strafvereitelung - OLG Stuttgart, NJW 1981, 1569, in: JuS 1983, 915- 924
- Tatbestandsmäßiges Verhalten und Zurechnung des Erfolgs, Heidelberg 1988 (zitiert: *Frisch*, Tatbestandsmäßiges Verhalten)

Gallandi, Volker
- Professionell adäquate Kriminalität, in: wistra 1996, 81- 84

Geerds, Friedrich
- Zur Lehre von der Konkurrenz im Strafrecht, Hamburg 1961 (zitiert: *Geerds*, Konkurrenz im Strafrecht)
- Durchsuchungen von Personen, Räumen und Sachen, in: Festschrift für Hanns Dünnebier zum 75. Geburtstag, Berlin, New York 1982, 171- 198

Geilen, Gerd
- JK 81, StGB § 27/1

Geppert, Klaus
- Begünstigung (§ 257 StGB) (Teil I und II), in: Jura 1980, 269- 276 und 327- 334
- Zum Verhältnis von Täterschaft/Teilnahme an der Vortat und anschließender sachlicher Begünstigung (§ 257 StGB), in: Jura 1994, 441- 446
- JK 96, StGB § 26/5

Gillmeister, Ferdinand
- Ermittlungsrechte im deutschen und europäischen Kartellordnungswidrigkeitenverfahren, Baden- Baden 1985 (zitiert: *Gillmeister*, Ermittlungsrechte)

Giloy, Jörg
- Zur künftigen Besteuerung der Kapitalerträge, in: FR 1991, 482- 484
- Zur Besteuerung von Kapitalerträgen nach dem Zinsabschlaggesetz, in: FR 1992, 605- 614

Goez, Christoph
- Die Quellenbesteuerung als Erhebungsform der Einkommensteuer, Münster-New York 1993 (zitiert: *Goez*, Quellenbesteuerung)

Grabitz, Eberhard/Hilf, Meinhard
- Kommentar zur Europäischen Union, Loseblattsammlung München, Stand: Juli 1997 (zitiert: Grabitz/Hilf- *Bearbeiter*, Gesetz)

Graffe, Ingo
- Besteuerung von Kapitaleinkünften, in: DStZ 1991, 553- 555

Gretener, Xaver
- Begünstigung und Hehlerei in historisch- dogmatischer Darstellung, München 1879 (zitiert *Gretener*, Begünstigung)

Grill, Wolfgang/Perczynski, Hans
- Wirtschaftslehre des Kreditwesens, 28. Auflage Bad Homburg vor der Höhe 1993

Grünwald, Gerald
- Beweisverbote und Verwertungsverbote im Strafverfahren, in: JZ 1966, 489-501

Hamacher, Rolfjosef
- Umfang der Pflicht zur Legitimationsprüfung nach § 154 Abs. 2 AO, in: DB 1987, 1324- 1326
- Der hinreichende Anlaß für Ermittlungen, in: DStZ 1988, 217- 220
- Schutz des Bankkunden- Rechtfertigung des § 30 a AO, in: StVj 1992, 110-127
- Finanzinnovationen und Zinsabschlag, in: StVj 1993, 12- 31
- Anmerkung zu BVerfG vom 23.03.1994, Az. 2 BvR 396/94 und BVerfG vom 13.12.1994, Az. 2 BvR 894/94, WuB X. § 370 AO 1.95, 571, in: WuB X. § 370 AO 1.95, 572- 576
- "Dagobert Duck"- Ein kriminelles System ?, in: DB 1995, 2284- 2289
- Kontrollmitteilungen bei Betriebsprüfungen in Banken, in: DB 1996, 2460-2465
- Gibt es doch ein steuerliches Bankgeheimnis ?, in: WM 1997, 2149- 2156

Hassemer, Winfried
- Professionelle Adäquanz (Teil I und II), in: wistra 1995, 41- 46 und 81- 87

Hefendehl, Roland
- Der mißbrauchte Farbkopierer, in: Jura 1992, 374- 384

Hellmann, Uwe
- Das Neben- Strafverfahrensrecht der Abgabenordnung, Köln- Berlin- Bonn- München 1995 (zitiert: *Hellmann*, Neben- Strafverfahrensrecht)

Hermann, Carl/Heuer, Gerhard/Raupach, Arndt
- Einkommensteuer- und Körperschaftsteuergesetz, Kommentar, 21. Auflage Köln 1996, Loseblattsammlung, Stand: Januar 1998 (zitiert: Hermann/Heuer/Raupach- *Bearbeiter*, Gesetz)

Herzberg, Rolf Dietrich
- Anstiftung und Beihilfe als Straftatbestände, in: GA 1971, 1- 12
- Anstiftung zur unbestimmten Haupttat- BGHSt 34, 63 , in: JuS 1987, 617- 622
- Zur Teilnahme des Fahrzeughalters am Unterlassungsdelikt nach § 142 II StGB, in: NZV 1990, 375- 377
- Akzessorietät der Teilnahme und persönliche Merkmale, in: GA 1991, 145- 184

Heuer, Heiko
- Steuerliche Behandlung verschiedener Formen von Kapitalanlagen- Stopft das BMF die Schlupflöcher ?, in: DStR 1993, 1322- 1324

Hilgendorf, Eric
- Was meint "zur Tat bestimmen" in § 26 StGB ?, in: Jura 1996, 9- 13

von Hippel, Eicke
- Quellensteuer auf Zinseinkünfte ?, in: ZRP 1988, 81- 83
- Besteuerung von Zinseinkünften: Verfassungswidriges Verhalten des Gesetzgebers ?, in: BB 1990, 1951- 1954

Hirsch, Conrad
- Auskünfte durch Kreditinstitute im straf- und steuerstrafrechtlichen Ermittlungsverfahren, Konstanz 1991 (zitiert: *Hirsch*, Auskünfte durch Kreditinstitute)

Hofmann, Michael
- Beweiserhebungsverbote im Strafprozeß- Beweiserhebungsverbote und Beweisverwertungsverbote, in: JuS 1992, 587- 594

Hruschka, Joachim
- Alternativfeststellung zwischen Anstiftung und sog. psychischer Beihilfe, in: JR 1983, 177- 181

Hübschmann, Walter/Hepp, Ernst/Spitaler, Armin
- Abgabenordnung und Finanzgerichtsordnung, Kommentar, 10. Auflage Köln 1995, Loseblattsammlung, Stand: Dezember 1997 (zitiert: Hübschmann/Hepp/Spitaler- *Bearbeiter*, Gesetz)

Jäger, Markus
- Anmerkung zu BGH vom 02.08.2000, Az. 5 StR 624/99, wistra 2000, 340, in: wistra 2000, 344- 348

Jakob, Wolfgang
- Gedanken zur Verfassungsmäßigkeit der neuen Zinsbesteuerung, in: DStR 1992, 893- 896

- Einkommensteuer, 2. Auflage München 1996
Jakobs, Günther
- Regreßverbot beim Erfolgsdelikt, in: ZStW 89 (1977), 1- 35
- Kriminalisierung im Vorfeld einer Rechtsgutsverletzung, in: ZStW 97 (1985), 751- 785
- Strafrecht Allgemeiner Teil, 2. Auflage Berlin- New York 1991 (zitiert: *Jakobs*, Strafrecht)
- Akzessorietät, Zu den Voraussetzungen gemeinsamer Organisation, in: GA 1996, 253- 268
Janoschek, Christian
- Strafprozessuale Durchsuchung und Beschlagnahme bei juristischen Personen des öffentlichen Rechts, Göttingen 1990 (zitiert: *Janoschek*, Durchsuchung und Beschlagnahme)
Jescheck, Hans- Heinrich/Weigend, Thomas
- Lehrbuch des Strafrechts Allgemeiner Teil, 5. Auflage Berlin 1996 (zitiert: *Jescheck/ Weigend*, Strafrecht AT)
Jonas, Martin
- Kapitalerträge aus Optionsgeschäften?, in: BB 1993, 2421- 2423
Kaligin, Thomas
- Steuerfahndung bei Banken, in: WM 1996, 2267- 2271
- Beihilfe von Bankangestellten zur Steuerhinterziehung bei Geldüberweisungen ins Ausland, in: WiPra 1996, 98- 101
Karlsruher Kommentar
- zur Strafprozeßordnung und zum Gerichtsverfassungsgesetz mit Einführungsgesetz, 4. Auflage München 1999 (zitiert: KK- *Bearbeiter*, StPO)
Kaufmann, Armin
- Die Dogmatik der Unterlassungsdelikte, Göttingen 1959
- "Objektive Zurechnung" beim Vorsatzdelikt ?, in: Festschrift für Hans- Heinrich Jescheck zum 70. Geburtstag (Band I), Berlin 1985, 251- 271
Keller, Rainer
- Rechtliche Grenzen der Provokation von Straftaten, Berlin 1989 (zitiert: *Keller*, Rechtliche Grenzen)
Kirchhof, Paul/Söhn, Hartmut
- Einkommensteuergesetz, Kommentar, Loseblattsammlung Heidelberg, Stand: Dezember 1997 (zitiert: Kirchhof/Söhn- *Bearbeiter*, EStG)
Klein, Franz/Orlopp, Gerd
- Abgabenordnung einschließlich Steuerstrafrecht, 5. Auflage München 1995 (zitiert: Klein/Orlopp- *Bearbeiter*, AO)
Kleinknecht, Theodor/Meyer, Karlheinz/Meyer- Goßner, Lutz
- Strafprozeßordnung, Gerichtsverfassungsgesetz, Nebengesetze und ergänzende Bestimmungen, 44. Auflage München 1999 (zitiert: *Kleinknecht/Meyer-Goßner*, StPO)

Kleinknecht, Th./Müller, H./Reitberger, L.
- Kommentar zur Strafprozeßordnung, Loseblattsammlung Neuwied- Kriftel- Berlin, Stand: Februar 1997 (zitiert: KMR- *Bearbeiter*, StPO)

Klos, Joachim
- Reichweite von Bankgeheimnis und Verwertungsverbot nach dem Erpressungsfall der Commerzbank Luxemburg, in: INF 1995, 609- 612
- Anmerkung zu FG Baden- Württemberg vom 25.11.1996, Az. 3 V 37/96, WiB 1997, 813, in: WiB 1997, 815- 816

Klos, Joachim/Weyand, Raimund
- Probleme der Ermittlungszuständigkeit und Beteiligungsrechte der Finanzbehörde im Steuerstrafverfahren, in: DStZ 1988, 615- 621

Kniffka, Rolf
- Die Durchsuchung von Kreditinstituten in Steuerstrafverfahren, in: wistra 1987, 309- 313

Koch, Karl/Scholtz, Rolf- Detlev
- Abgabenordnung, 5. Auflage Köln- Berlin- Bonn- München 1996 (zitiert: Koch/Scholtz- *Bearbeiter*, AO)

Kohlmann, Günter
- Strafprozessuale Verwertungsverbote als Schranken für steuerliche und steuerstrafrechtliche Ermittlungen der Fahndungsbehörden, in: Festschrift für Klaus Tipke zum 70. Geburtstag 1995, Köln, 487- 508
- Steuerstrafrecht mit Steuerordnungswidrigkeitenrecht und Verfahrensrecht, 7. Auflage Köln 1997, Loseblattsammlung, Stand: September 1997 (zitiert: *Kohlmann*, §)

Kommentar zur Strafprozeßordnung
- Reihe Alternativkommentare, Band 1: §§ 1- 93 Neuwied 1988 und Band 2/ Teilband 1: §§ 94- 212 b Neuwied- Kriftel- Berlin 1992 (zitiert: AK- *Bearbeiter*, StPO)

Koriath, Heinz
- Über Beweisverbote im Strafprozeß, Frankfurt am Main- Berlin- Bern- New York- Paris- Wien 1994 (zitiert: *Koriath*, Beweisverbote)

Kottke, Klaus
- Tafelgeschäfte, in: NWB Fach 21, 1117- 1124

Krabbe, Helmut
- Änderungen des Steuerverfahrensrechts durch das Steuerreformgesetz 1990 (Teil I), in: DB 1988, 1668- 1673

Kramer, Bernhard
- Ermittlungen bei Wirtschaftsdelikten, Stuttgart- Berlin- Köln- Mainz 1987

Krekeler, Wilhelm
- Beweisverwertungsverbote bei fehlerhaften Durchsuchungen, in: NStZ 1993, 263- 268

Krekeler, Wilhelm/Schütz, Thomas
- Die Durchsuchung von beziehungsweise in Unternehmen, in: wistra 1995, 296- 299

Krischausky, Dietmar
- Besteuerung der Zinseinkünfte privater Haushalte, Bergisch Gladbach 1989 (zitiert: *Krischausky*, Zinseinkünfte)

Kudlich, Hans
- Anmerkung zu BGH vom 02.08.2000, Az. 5 StR 624/99, JZ 2000, 1175, in: JZ 2000, 1178- 1180

Kühne, Hans- Heiner
- Anmerkung zu LG Wiesbaden vom 03.03.1978, Az. 14 Qs 143/77 B, NJW 1979, 175, in: NJW 1979, 1053- 1054

Küper, Wilfried
- "Sukzessive" Tatbeteiligung vor und nach Raubvollendung- BGH NJW 1985, 814, in: JuS 1986, 862- 872

Lackner, Karl/Kühl, Kristian
- Strafgesetzbuch mit Erläuterungen, 23. Auflage München 1999 (zitiert: Lackner/Kühl- *Bearbeiter*, StGB)

Lademann/Söffing/Brockhoff
- Kommentar zum Einkommensteuergesetz, Loseblattsammlung Stuttgart- München- Hannover, Stand: Juli 1997 (zitiert: Lademann/Söffing/Brockhoff- *Bearbeiter*, EStG)

Lammerding, Jo/Hackenbroch, Rüdiger/Sudau, Alfred
- Steuerstrafrecht einschließlich Steuerordnungswidrigkeiten und Verfahrensrecht, 6. Auflage Achim bei Bremen 1993 (zitiert: Lammerding/Hackenbroch/Sudau- *Bearbeiter*, Steuerstrafrecht)

Larenz, Karl
- Methodenlehre der Rechtswissenschaft, 6. Auflage Berlin- Heidelberg- New York- Tokyo 1991 (zitiert: *Larenz,* Methodenlehre)

Laubenthal, Klaus
- Zur Abgrenzung zwischen Begünstigung und Beihilfe zur Vortat, in: Jura 1985, 630- 633

Laule, Gerhard
- Anmerkung zu BFH vom 18.02.1997, Az. VIII R 33/95, WuB X. § 30 a AO 1.97, 943, in: WuB X. § 30 a AO 1.97, 944- 946

Leipziger Kommentar
- zum Strafgesetzbuch, 11. Auflage Berlin- New York, 8. Lieferung: §§ 25- 27 1993, 11. Lieferung: §§ 13- 14 1993, 15. Lieferung: §§ 242- 262 1994, 16. Lieferung: §§ 28- Vor § 32 1994, 20. Lieferung: §§ 125- 141 1996, 10. Auflage 1985 2. Band: §§ 32- 60 (zitiert: LK- *Bearbeiter*, StGB)

Leise, Horst/Dietz, Gottfried/Cratz, Egon
- Steuerverfehlungen, Kommentar, Loseblattsammlung Neuwied- Kriftel- Berlin, Stand: Juli 1994 (zitiert: Leise/Dietz/Cratz- *Bearbeiter*, Steuerverfehlungen)

Leisner, Walter
- Ausforschungsdurchsuchung ?, in: BB 1994, 1941- 1946
- Ausforschungsbeschlagnahme, in: BB 1995, 525- 528

Lenckner, Theodor
- Zum Tatbestand der Strafvereitelung, in: Gedächtnisschrift für Horst Schröder, München 1978, 339- 357

Less, Günter
- Der Unrechtscharakter der Anstiftung, in: ZStW 69 (1957), 43- 58

Lindberg, Klaus
- Die neue Quellensteuer, Gesamtdarstellung der Kapitalertragsteuer mit Amnestiegesetz, "Bankenerlaß" und Haushaltsbegleitgesetz 1989, unter Mitarbeit von Nolte, Carsten, München 1989 (zitiert: *Lindberg*, Quellensteuer)
- Das Zinsabschlaggesetz, Die Besteuerung des Kapitalertrags ab 1.1.1993, München 1992 (zitiert: *Lindberg*, Zinsabschlaggesetz)
- Die Besteuerung der Zinseinkünfte ab 1.1.1993, in: DStR 1992, 1493- 1498

Löwe- Krahl, Oliver
- Steuerstrafrechtliche Risiken typischer Banktätigkeiten, Dissertation Kiel 1989 (zitiert: *Löwe- Krahl*, Steuerstrafrechtliche Risiken)
- Die Verantwortung von Bankangestellten bei illegalen Kundengeschäften, Stuttgart 1990
- Beteiligung von Bankangestellten an Steuerhinterziehungen ihrer Kunden- die Tatbestandsmäßigkeit berufstypischer Handlungen, in: wistra 1995, 201- 206

Löwe- Rosenberg
- Die Strafprozeßordnung und das Gerichtsverfassungsgesetz, Großkommentar Berlin- New York, Band 1: §§ 1- 111 n, 24. Auflage 1988, Band 2: §§ 112- 197, 24. Auflage 1989

Lüderssen, Klaus
- Zum Strafgrund der Teilnahme, Baden- Baden 1967 (zitiert: *Lüderssen*, Strafgrund der Teilnahme)

Luhmann, Niklas
- Rechtssoziologie, 3. Auflage 1987 Opladen

Maaß, Rainald
- Steuerreformgesetz 1990 und Steuergerechtigkeit, in: NJW 1989, 256- 264

Maunz, Theodor/Dürig, Günter
- Kommentar zum Grundgesetz, Loseblattsammlung München, Stand: Oktober 1996 (zitiert: Maunz- Dürig- *Bearbeiter*, GG)

Maunz, Theodor/Schmidt- Bleibtreu, Bruno/Klein, Franz/Ulsamer, Gerhard
- Bundesverfassungsgerichtsgesetz, Kommentar, Loseblattsammlung München, Stand: April 1997 (zitiert: Maunz u.a./ *Bearbeiter*, BVerfGG)

Maurer, Hartmut
- Allgemeines Verwaltungsrecht, 11. Auflage München 1997 (zitiert: *Maurer*, Verwaltungsrecht AT)

Maurach, Reinhart/Gössel, Karl Heinz/Zipf, Heinz
- Strafrecht Allgemeiner Teil, Teilband 2, 7. Auflage Heidelberg 1989 (zitiert: *Maurach/Gössel/Zipf*, Strafrecht AT II)

Maurach, Reinhart/Schroeder, Friedrich- Christian/Maiwald, Manfred
- Strafrecht Besonderer Teil, Teilband 2, 7. Auflage Heidelberg 1991 (zitiert: *Maurach/Schroeder/Maiwald*, Strafrecht BT)

Maurach, Reinhart/Zipf, Heinz
- Strafrecht Allgemeiner Teil, Teilband 1, 8. Auflage Heidelberg 1992 (zitiert: *Maurach/Zipf*, Strafrecht AT I)

Mayer, Hellmuth
- Strafrecht, Allgemeiner Teil, Stuttgart- Köln 1953 (zitiert: *Mayer*, Strafrecht AT)
- Täterschaft, Teilnahme, Urheberschaft, in: Festschrift für Theodor Rittler zum 80. Geburtstag, Aalen 1957, 243- 274

Mayer, Max Ernst
- Der allgemeine Teil des deutschen Strafrechts, 2. Auflage Heidelberg 1923 (zitiert: *Mayer*, Allgemeiner Teil des Strafrechts)

Mayer- Wegelin, Eberhard
- Der Rechtsschutz im Ermittlungsverfahren wegen Steuerhinterziehung: Theorie und Wirklichkeit, in: DStZ 1984, 244- 249

Meilicke, Wienand
- Wird das Steuerstrafrecht für die Steuerpraxis zum russischen Roulette ?, in: BB 1984, 1885- 1890

Messner, Michael
- Strafrechtliche und steuerliche Bedeutung des Abschieds vom Fortsetzungszusammenhang im Steuerstrafrecht, in: DB 1995, 1735- 1737
- Durchsuchungen und Beschlagnahmen bei Kreditinstituten, in: DB 1996, 2196- 2202

Meurer, Dieter
- Buchbesprechung zu Heribert Schumann, Strafrechtliches Handlungsunrecht und das Prinzip der Selbstverantwortung der Anderen, in: NJW 1987, 2424- 2425
- Anmerkung zu BGH vom 17.02.1989, Az. 2 StR 402/88, JR 1990, 385, in: JR 1990, 389- 392

Meyer, Maria- Katharina
- Tatbegriff und Teilnehmerdelikt, in: GA 1979, 252- 271

Meyer- Arndt, Lüder
- Beihilfe durch neutrale Handlungen ?, in: wistra 1989, 281- 287

Mezger, Edmund
- Deutsches Strafrecht, Ein Grundriß, 3. Auflage Berlin 1943 (zitiert: *Mezger*, Deutsches Strafrecht)
- Strafrecht, Ein Lehrbuch, 3. Auflage Berlin- München 1949 (zitiert: *Mezger*, Lehrbuch Strafrecht)
- Zur Entwicklung der sog. Ersatzhehlerei, in: ZStW 59 (1939), 549- 573

Mitsch, Wolfgang
- Straflose Provokation strafbarer Taten, Lübeck 1986 (zitiert: *Mitsch*, Straflose Provokation)

Mösbauer, Heinz
- Zur Strafbarkeit bei Steuerhinterziehung, in: DStZ 1985, 559- 564
- Steuerstraf- und Steuerordnungswidrigkeitenrecht, München- Wien 1989

Müller- Brühl, Franz Josef
- Die Legitimationsprüfung und andere Steuerthemen für Banken, 6. Auflage Wiesbaden 1988 (zitiert: *Müller- Brühl*, Legitimationsprüfung)
- Ermittlungen bei Kreditinstituten in Steuerverfahren ihrer Kunden, Bielefeld 1990 (zitiert: *Müller- Brühl*, Ermittlungen bei Kreditinstituten)

Müller, Ekkehard
- Die Stellung der juristischen Person im Ordnungswidrigkeitenrecht, Köln 1985 (zitiert: *Müller*, Die Stellung der juristischen Person)

Müller- Gugenberger, Christian
- Wirtschaftsstrafrecht, 2. Auflage Münster 1992 (zitiert: Müller- Gugenberger/ *Bearbeiter*, Wirtschaftsstrafrecht)

Müller, Rudolf
- Anmerkung zu LG Hof vom 23.10.1967, Az. Qs 232/67, NJW 1968, 65, in: NJW 1968, 65- 65

von Münch, Ingo/Kunig, Philip
- Grundgesetz- Kommentar, Band 1: Präambel bis Art. 20, 4. Auflage München 1992 sowie Band 3: Art. 70- 146, 3. Auflage München 1996 (zitiert: von Münch/Kunig- *Bearbeiter*, GG)

Münchener Kommentar
- zum Bürgerlichen Gesetzbuch, Band 1: §§ 1- 240 BGB, AGBG, 3. Auflage München 1993 (zitiert: MüKo- *Bearbeiter*, Gesetz)

Neckels, Peter
- Strafbefreiende Erklärung und Bankgeheimnis (Teil I und II), in: DStZ 1989, 8- 21 und 65- 73

Nelles, Ursula
- Strafprozessuale Eingriffe in des Hausrecht von Angehörigen, in: StV 1991, 488- 492

Neumark, Fritz
- Stellungnahme in der Anhörung des Deutschen Bundestags zum Entwurf des Steuerreformgesetzes 1990, in: BT- Drucks. 11 /2536

Nicolaysen, Gert
- Europarecht II, Das Wirtschaftsrecht im Binnenmarkt, 1. Auflage Baden- Baden 1996

Niedermair, Harald
- Straflose Beihilfe durch neutrale Handlungen ?, in: ZStW 107 (1995), 507- 544

Nomos Kommentar
- zum Strafgesetzbuch, Band 1: Allgemeiner Teil, Loseblattsammlung Baden-Baden, Stand: Juni 1997 (zitiert: NK- *Bearbeiter*, StGB)

Oberhauser, Alois
- Stellungnahme in der Anhörung des Deutschen Bundestags zum Entwurf des Steuerreformgesetzes 1990, in: BT- Drucks. 11 /2536

Otto, Harro
- Kausaldiagnose und Erfolgszurechnung im Strafrecht, in: Festschrift für Reinhart Maurach zum 70 Geburtstag, Karlsruhe 1972, 91- 105
- Anstiftung und Beihilfe, in: JuS 1982, 557- 566
- JK, StGB § 27/4
- JK 93, StGB § 27/9
- Anmerkung zu BVerfG vom 23.03.1994, Az. 2 BvR 396/94, StV 1994, 353, in: StV 1994, 409- 410
- Beihilfe des Bankangestellten zur Steuerhinterziehung, in: Kreditwesen 1994, 775- 781
- Grundkurs Strafrecht, Allgemeine Strafrechtslehre, 5. Auflage Berlin- New York 1996 (zitiert: *Otto*, Grundkurs Strafrecht)
- Grundkurs Strafrecht, Die einzelnen Delikte, 5. Auflage Berlin- New York 1998 (zitiert: *Otto*, Grundkurs Strafrecht BT)
- "Vorgeleistete Strafvereitelung" durch berufstypische oder alltägliche Verhaltensweisen als Beihilfe, in: Festschrift für Theodor Lenckner zum 70. Geburtstag, München 1998, 193- 225

Papier, Hans- Jürgen/Dengler, Andreas
- Verfassungsrechtliche Fragen im Zusammenhang mit Steuerfahndungsmaßnahmen bei Banken (Teil I und II), in: BB 1996, 2541- 2548 und 2593- 2601

Paus, Bernhard
- Verfassungswidrige Zinsbesteuerung, in: DStZ 1991, 618- 622
- Die neue Zinsbesteuerung, Herne- Berlin 1992 (zitiert: *Paus*, Zinsbesteuerung)

Perten, Paul
- Die Beihilfe zum Verbrechen, Breslau 1918

Philipowski, Rüdiger
- Steuerstrafrechtliche Probleme bei Bankgeschäften, in: Kohlmann, Strafverfolgung und Strafverteidigung im Steuerstrafrecht, Köln 1983, 131- 153
- Zum Begriff des Verfügungsberechtigten im Sinne des § 154 Abs. 2 AO (Teil I und II), in: WM 1992, 721- 727 und 765- 770

Pieroth, Bodo/Schlink, Bernhard
- Grundrechte, Staatsrecht II, 13. Auflage Heidelberg 1997

Plonka, Helmut
- Das Bankgeheimnis und das Verfahrensrecht, in: Die Polizei 1986, 395- 398

Plümer, Ulrich
- Das Verhältnis zwischen Strafvereitelung und Beihilfe zur Vortat, Dissertation Bonn 1979 (zitiert *Plümer*, Verhältnis)

Pütz, Johannes
- Zum Zugriff der Strafverfolgungsbehörden auf CpD- Konten, in: ZIP 1990, 703- 706

Puppe, Ingeborg
- Der objektive Tatbestand der Anstiftung, in: GA 1984, 101- 123

Ranft, Otfried
- Durchsuchung und Beschlagnahme in Geschäftsräumen von Banken, in: WiB 1996, 49- 59

Ransiek, Andreas
- Anmerkung zu BVerfG vom 23.03.1994, Az. 2 BvR 396/94, StV 1994, 353, in: EWiR 1994, 573- 574
- Anmerkung zu BVerfG vom 13.12.1994, Az. 2 BvR 894/94, wistra 1995, 139, in: EWiR 1995, 149- 150
- Pflichtwidrigkeit und Beihilfeunrecht, in: wistra 1997, 41- 47

Reyes, Yesid
- Theoretische Grundlagen der objektiven Zurechnung, in: ZStW 105 (1993), 108- 136

Rodi, Michael
- Faktische Nichtbesteuerung und Gleichheitssatz, in: NJW 1990, 3246- 3252

Rogall, Klaus
- Gegenwärtiger Stand und Entwicklungstendenzen der Lehre von den strafprozessualen Beweisverboten, in: ZStW 91 (1979), 1- 44
- Moderne Fahndungsmethoden im Lichte gewandelten Grundrechtsverständnisses, in: GA 1985, 1- 27
- Hypothetische Ermittlungsverläufe im Strafprozeß, in: NStZ 1988, 385- 393
- Beweisverbote im System des deutschen und des amerikanischen Strafverfahrensrechts, in: Wolter, Zur Theorie und Systematik des Strafprozeßrechts, Neuwied- Kriftel- Berlin 1995, 113- 160

Rogat, Stefan
- Die Zurechnung bei der Beihilfe, Frankfurt am Main- Berlin- Bern u.a. 1997 (zitiert: *Rogat*, Zurechnung)

Rolletschke, Stefan
- Das Revisionsurteil im Wuppertaler Bankbeihilfeverfahren, in: DStZ 2000, 787- 789

Rößler, Gerhard
- Anmerkungen zum Zins- Urteil des BVerfG vom 27. Juni 1991 2 BvR 1494/89, in: DStZ 1991, 657- 658

Roxin, Claus
- Pflichtwidrigkeit und Erfolg bei fahrlässigen Delikten, in: ZStW 74 (1962), 411- 444
- Gedanken zur Problematik der Zurechnung im Strafrecht, in: Festschrift für Richard M. Honig zum 80 Geburtstag, Göttingen 1970, 133- 150
- Bemerkungen zur sozialen Adäquanz im Strafrecht, in: Festschrift für Ulrich Klug zum 70. Geburtstag (Band II), Köln 1983, 303- 313

- Bemerkungen zum Regreßverbot, in: Festschrift für Herbert Tröndle zum 70. Geburtstag, Berlin, New York 1989, 177- 200
- Anmerkung zu BGH vom 17.02.1989, Az. 2 StR 402/88, NStZ 1989, 375, in: NStZ 1989, 376- 379
- Zum Strafgrund der Teilnahme, in: Festschrift für Walter Stree und Johannes Wessels zum 70. Geburtstag, Heidelberg 1993, 365- 382
- Strafverfahrensrecht, 24. Auflage München 1995
- Was ist Beihilfe ?, in: Festschrift für Koichi Miyazawa, Baden- Baden 1995, 501- 517
- Buchbesprechung zu Grace Marie Luise Schild Trappe, Harmlose Gehilfenschaft ?, in: JZ 1996, 29- 30
- Strafrecht Allgemeiner Teil, Band I, 3. Auflage München 1997 (zitiert: *Roxin*, Strafrecht AT)
- Anmerkung zu BGH vom 18.04.1996, Az. 1 StR 14/96, JZ 1997, 209, in: JZ 1997, 210- 212

Rudolphi, Hans- Joachim
- Die Gleichstellungsproblematik der unechten Unterlassungsdelikte und der Gedanke der Ingerenz, Göttingen 1966 (zitiert: *Rudolphi*, Gleichstellungsproblematik)
- Anmerkung zu BGH vom 17.05.1982, Az. 2 StR 201/82, StV 1982, 516 und BGH vom 10.02.1982, Az. 3 StR 398/81, StV 1982, 517, in: StV 1982, 518- 521
- Anmerkung zu BGH vom 06.05.1986, Az. 4 StR 150/86, JR 1987, 161, in: JR 1987, 162- 165

Rüping, Hinrich
- Beweisverbote als Schranken der Aufklärung im Steuerrecht, Köln 1981 (zitiert: *Rüping*, Beweisverbote)
- Durchsuchung, Zufallsfunde und Verwertungsverbote im Steuerstrafverfahren, in: Kohlmann, Strafverfolgung und Strafverteidigung im Steuerstrafrecht, Köln 1983, 267- 282
- Das Strafverfahren, 3. Auflage München 1997
- Beweisverbote im Besteuerungs- und Steuerstrafverfahren, in: FR 2000, 193- 197

Salamon, Jochen
- Vollendete und versuchte Beihilfe, Dissertation Göttingen 1968

Samson, Erich
- Hypothetische Kausalverläufe im Strafrecht, Frankfurt am Main 1972 (zitiert: *Samson*, Hypothetische Kausalverläufe)
- Die Kausalität der Beihilfe, in: Festschrift für Karl Peters zum 70. Geburtstag, Tübingen 1974, 121- 135
- Kausalitäts- und Zurechnungsprobleme im Umweltstrafrecht, in: ZStW 99 (1987), 617- 636

Sax, Walter
- Zur Problematik des "Teilnehmerdelikts", in: ZStW 90 (1978), 927- 964

Schaffstein, Friedrich
- Die Risikoerhöhung als objektives Zurechnungsprinzip im Strafrecht, insbesondere bei der Beihilfe, in: Festschrift für Richard M. Honig zum 80. Geburtstag, Göttingen 1970, 169- 184

Schebesta, Michael
- Rechtsfragen bei CpD- Konten sowie "Und"- Konten, in: WM 1985, 1329- 1335

Scheurle, Florian
- Mißbrauchsbekämpfungs- und Steuerbereinigungsgesetz: Änderungen der Besteuerung von Kapitaleinkünften (Teil I und II), in: DB 1994, 445- 551 und 502- 506

Schild Trappe, Grace Marie Luise
- Harmlose Gehilfenschaft ?, Bern 1995

Schleifer, Carl- Hermann
- Zum Verhältnis von Besteuerungs- und Steuerstrafverfahren, in: wistra 1986, 250- 253

Schlüchter, Ellen
- Das Strafverfahren, 2. Auflage Köln- Berlin- Bonn- München 1983

Schmidhäuser, Eberhard
- Strafrecht, Allgemeiner Teil, Lehrbuch, 1970 Tübingen (zitiert: *Schmidhäuser*, Lehrbuch Strafrecht AT)
- Strafrecht, Allgemeiner Teil, Studienbuch, unter Mitarbeit von Alwart, Heiner, 2. Auflage Tübingen 1984 (zitiert: *Schmidhäuser*, Studienbuch Strafrecht)

Schmidt, Ludwig
- Einkommensteuergesetz, Kommentar, 16. Auflage München 1997 (zitiert: Schmidt- *Bearbeiter*, EStG)

Schmitz, Roland
- Der Beginn der Verjährungsfrist nach § 78 a StGB bei der Hinterziehung von Einkommensteuer durch Unterlassen, in: wistra 1993, 248- 254

Schmoller, Kurt
- Fremdes Fehlverhalten im Kausalverlauf, in: Festschrift für Otto Triffterer zum 65. Geburtstag, Wien- New York 1996, 223- 256

Schneider, Dieter
- Stellungnahme in der Anhörung des Deutschen Bundestags zum Entwurf des Steuerreformgesetzes 1990, in: BT- Drucks. 11 /2536

Schönke, Adolf/Schröder, Horst
- Strafgesetzbuch, Kommentar, 25. Auflage München 1997 (zitiert: Schönke/Schröder- *Bearbeiter*, StGB)

Scholtz, Rolf- Detlev
- Steuerabzug bei Kapitalerträgen, Bielefeld 1988 (zitiert: *Scholtz*, Steuerabzug)
- Die Erfassung der Zinserträge unter Berücksichtigung der gesetzlichen Regelung des Bankgeheimnisses und der sog. Zinsamnestie, in: DStZ 1989, 263- 273

Schünemann, Bernd
- Die Zinssteueramnestie- Totgeburt oder Schlußstein der Steuerreform, in: StVj 1989, 3- 40

Schuhmann, Helmut
- Durchsuchung und Beschlagnahme im Steuerstrafverfahren, in: wistra 1993, 93- 99
- § 30 a AO- Schutz von Bankkunden ?, in: wistra 1995, 336- 340
- Auskunftsverweigerungsrechte in der steuerlichen Außenprüfung, in: StBp 1996, 89- 96

Schulze- Osterloh, Joachim
- Unbestimmtes Steuerrecht und strafrechtlicher Bestimmtheitsgrundsatz, in: Kohlmann, Strafverfolgung und Strafverteidigung im Steuerstrafrecht, Köln 1983, 43- 66

Schumann, Heribert
- Strafrechtliches Handlungsunrecht und das Prinzip der Selbstverantwortung der Anderen, Tübingen 1986 (zitiert: *Schumann*, Handlungsunrecht)

Schwarz, Bernhard
- Abgabenordnung, Kommentar, Loseblattsammlung Freiburg im Breisgau, Stand: Juli 1995 (zitiert: Schwarz- *Bearbeiter*, AO)

Schweitzer, Michael
- Staatsrecht III, Staatsrecht, Völkerrecht, Europarecht, 5. Auflage Heidelberg 1995

Schwintowski, Hans- Peter/Schäfer, Frank A.
- Bankrecht, Köln- Berlin- Bonn- München 1997

Seelmann, Kurt
- Grundfälle zu den Straftaten gegen das Vermögen als Ganzes (Teil II), in: JuS 1983, 32- 35

Seer, Roman
- Die Verwertbarkeit strafrechtlicher Ermittlungsergebnisse für das Besteuerungsverfahren- Umfang und Grenzen einer Amtshilfe, in: StuW 1991, 165- 174

Sefzig, Wulf- Rüdiger
- Die vorgeleistete Begünstigung, Zur Abgrenzung von Beihilfe und Begünstigung de lege lata et ferenda, Dissertation Frankfurt am Main 1970 (zitiert: *Sefzig*, Vorgeleistete Begünstigung)

Sichtermann, Siegfried
- Anmerkung zu LG Frankfurt vom 25.11.1953, Az. 5/7 Qs 183/53, NJW 1954, 688, in: NJW 1954, 688- 689

Sommermeyer, Jörg
- Die materiellen und formellen Voraussetzungen der strafprozessualen Hausdurchsuchung, in: Jura 1992, 449- 456

Sowada, Christoph
- Die "notwendige Teilnahme" als funktionales Privilegierungsmodell im Strafrecht, Berlin 1992 (zitiert: *Sowada*, Notwendige Teilnahme)

Spendel, Günter
- Beihilfe und Kausalität, in: Festschrift für Eduard Dreher zum 70. Geburtstag, Berlin- New York 1977, 167- 187

Spindler, Wolfgang
- Verfassungsrechtliche Fragen zur Besteuerung der Kapitaleinkünfte, in: DB 1987, 2536- 2539

Spitz, Helmut
- Auskunftspflichten- Bankgeheimnis- Beschlagnahme/Durchsuchung- Zeugenvernehmung im Steuerstrafverfahren, in: DStR 1981, 428- 435

Spitzenverbände des Kreditwesens
- Bankgeheimnis und Bankauskunft in der Praxis, 5. Auflage Wiesbaden 1995

Stache, Ulrich
- Einkünfte aus Kapitalvermögen, Wiesbaden 1985

Stahl, Rudolph/Carlé, Thomas
- Anmerkung zu LG Detmold vom 11.08.1999, Az. 4 Qs 78/99, wistra 1999, 434, in: wistra 2000, 77- 79

Störmer, Rainer
- Dogmatische Grundlagen der Verwertungsverbote, Marburg 1992
- Strafprozessuale Verwertungsverbote in verschiedenen Konstellationen, in: Jura 1994, 621- 628

Stoffers, Kristian
- Streitige Fragen der psychischen Beihilfe im Strafrecht, in: Jura 1993, 11- 17

Storck, Ekkehart
- Das Bankgeheimnis in Luxemburg, in: Die Bank 1993, 364- 366

Stratenwerth, Günter
- Strafrecht Allgemeiner Teil I, 3. Auflage Köln- Berlin- Bonn- München 1981 (zitiert: *Stratenwerth*, Strafrecht AT I)

Streck, Michael
- Betriebsprüfung und Steuerstrafverfahren, in: BB 1980, 1537- 1542
- Besteuerung inländischer und ausländischer Einkünfte aus Kapitalvermögen, in: DStR 1993, 342- 346
- Anmerkung zu BVerfG vom 23.03.1994, Az. 2 BvR 396/94, StV 1994, 353, in: StV 1994, 355- 356

Streck, Michael/Mack, Alexandra
- Banken und Bankkunden im Steuerfahndungsverfahren, in: BB 1995, 2137- 2146

Streck, Michael/Rainer, Thomas/Bundesfinanzminister
- Briefwechsel zur Abschaffung der mit Steuerreformgesetz 1990 eingeführten Kapitalertragsteuer, in: StuW 1989, 280- 283

Stützle, Rudolf
- Die Barauszahlung von Schecks durch Kreditinstitute, in: ZIP 1316- 1319

Systematischer Kommentar
- zum Strafgesetzbuch, Loseblattsammlung Neuwied- Kriftel- Berlin, Stand: August 1995 (zitiert: SK- *Bearbeiter*, StGB)

- zur Strafprozeßordnung und zum Gerichtsverfassungsgesetz, Loseblattsammlung Neuwied- Kriftel- Berlin, Stand: Mai 1997 (zitiert: SK- *Bearbeiter*, StPO)

Tag, Brigitte
- Beihilfe durch neutrales Verhalten, in: JR 1997, 49- 57

Tipke, Klaus
- Über "richtiges Steuerrecht", in: StuW 1988, 262- 282
- Die rechtliche Misere der Zinsbesteuerung, in: BB 1989, 157- 159
- Konsequenzen aus dem Zinssteuer- Urteil des Bundesverfassungsgerichts, in: FR 1991, 480- 481
- Anmerkung zu BFH vom 28.10.1997, Az. VII B 40/97, FR 1998, 112, in: FR 1998, 117- 118
- Zur Steuerfahndung bei Banken und Bankkunden, BB 1998, 241- 246

Tipke, Klaus/Kruse, Heinrich Wilhelm
- Abgabenordnung, Finanzgerichtsordnung, Kommentar zur AO 1977 und FGO (ohne Steuerstrafrecht), Loseblattsammlung Köln, Stand: November 1997 (zitiert: Tipke/Kruse- *Bearbeiter*, Gesetz)

Tipke, Klaus/Lang, Joachim
- Steuerrecht, 13. Auflage Köln 1991 (zitiert: Tipke/Lang, StR, 13. Auflage)
- Steuerrecht, 15. Auflage Köln 1996 (zitiert: Tipke/Lang- *Bearbeiter*, StR)

Tischbein, Heinz- Jürgen
- Das Verbot von Kontrollmitteilungen bei Kundenkonten nach § 30 a Abs. 3 AO, in: WM 1996, 1949- 1951

Trechsel, Stefan
- Der Strafgrund der Teilnahme, Bern 1967 (zitiert: *Trechsel*, Strafgrund der Teilnahme)

Tröndle, Herbert/Fischer, Thomas
- Strafgesetzbuch und Nebengesetze, 49. Auflage München 1999 (zitiert: Tröndle/Fischer- *Bearbeiter*, StGB)

Trzaskalik, Christoph
- Steuerverwaltungsvorschriften aus der Sicht des Rechtsschutzes, in: Tipke, Grenzen der Rechtsfortbildung durch Rechtsprechung und Verwaltungsvorschriften im Steuerrecht, Köln 1982, S. 315- 338
- Die Strafrechtspflege und das Steuerrecht, in: DB 1994, 550- 552

Vahrenbrink, Uwe
- Die vorgeleistete Begünstigung (§§ 257, 258 StGB), Frankfurt am Main- Berlin- Bern u.a. 1997 (zitiert: *Vahrenbrink*, Die vorgeleistete Begünstigung)

Vogler, Theo
- Zur Frage der Ursächlichkeit der Beihilfe für die Haupttat, in: Festschrift für Ernst Heinitz zum 70. Geburtstag, Berlin 1972, 295- 315
- Die Begünstigungshandlung, Zum Begriff "Hilfe leisten" im § 257 StGB, in: Festschrift für Eduard Dreher zum 70. Geburtstag, Berlin New York 1977, 405- 424

Vogt, Martin/Kramer, Andreas
- Steuerliche Ermittlungsbefugnisse bei Kreditinstituten, in: WM 1997, 2156-2163

Volk, Klaus
- Zum Strafbarkeitsrisiko des Rechtsanwalts bei Rechtsrat und Vertragsgestaltung, in: BB 1987, 139- 145

Wagner, Franz W./Wangler, Clemens
- Kombizins- Anleihen - Eine Finanzinnovation als Steuersparmodell ?, in: DB 1992, 2405- 2409

Wannemacher, Wolfgang J.
- Steuerberater und Mandant im Steuerstrafverfahren, 3. Auflage Bonn 1989 (zitiert: *Wannemacher*, Steuerberater und Mandant)

Warda, Axel R.
- Die Durchsuchung bei Verdächtigen und bei anderen Personen nach den §§ 102, 103 StPO, Dissertation Köln 1986 (zitiert: *Warda*, Durchsuchung)

Weber, Manfred
- Das deutsche Bankgeheimnis, in: Die Bank 1996, 84- 90

Welzel, Hans
- Das Deutsche Strafrecht, 11. Auflage Berlin 1969 (zitiert: *Welzel*, Strafrecht)

Wenger, Ekkehard
- Das Quellensteuerexperiment von 1987, in: ZBB 1990, 177- 189

Wessels, Johannes/Beulke, Werner
- Strafrecht Allgemeiner Teil, 29. Auflage Heidelberg 1999 (zitiert: *Wessels/Beulke*, Strafrecht AT)

Wessels, Johannes/Hettinger, Michael
- Strafrecht Besonderer Teil/1, 23. Auflage Heidelberg 1999 (zitiert: *Wessels/Hettinger*, Strafrecht BT I)

Wessels, Johannes/Hillenkamp, Thomas
- Strafrecht Besonderer Teil/2, 21. Auflage Heidelberg 1999 (zitiert: *Wessels/Hillenkamp*, Strafrecht BT II)

Weyand, Raimund
- Rechtsschutzmöglichkeiten gegen die Auswertung von CpD- Konten durch die Steuerfahndung, in: wistra 1990, 294- 299
- Anmerkung zu BVerfG vom 13.12.1994, Az. 2 BvR 894/94, INF 1995, 158, in: INF 1995, 159- 160
- Neue Anweisungen für das Straf- und Bußgeldverfahren (Steuer), in: INF 1995, 513- 517

Wieland, Joachim
- Zinsbesteuerung und Bankgeheimnis, in: JZ 2000, 272- 275

Wiethölter, Rudolf
- Der Rechtfertigungsgrund des verkehrsrichtigen Verhaltens, Karlsruhe 1960

Wohlleben, Marcus
- Beihilfe durch äußerlich neutrale Handlungen, München 1996

Wolff- Reske, Monika
- Berufsbedingtes Verhalten als Problem mittelbarer Erfolgsverursachung, Baden- Baden 1995 (zitiert: *Wolff- Reske*, Berufsbedingtes Verhalten)

Zacker, Christian
- Kompendium Europarecht, Berlin- Heidelberg- New York u.a. 1997

Zeitler, Franz- Christoph
- Neuregelung der Zinsbesteuerung ab 1993, in: DStZ 1992, 513- 520
- Stand der parlamentarischen Beratungen des Standortsicherungsgesetzes; Zinsabschlag: Erfahrungen und praktische Probleme, in: DStZ 1993, 354- 359

Zipf, Heinz
- Begünstigung durch Mitwirkung am Rückkauf der gestohlenen Sache- OLG Düsseldorf, NJW 1979, 2320, in: JuS 1980, 24- 27

-Sonstiges Material-

Arbeitsgruppe "Steuerausfälle" des LMF Nordrhein- Westfalen
- Überprüfung der Möglichkeiten zur vollständigen Ausschöpfung der Steuerquellen, Abschlußbericht (Teil I- III), Az. S 1900- 1122- V B 5/ S 1427- 2- V C 5, in: StB 1994, 399 - 413, 446- 452, 489- 498

Bartsch, Michael/Wittenberg, Jörg H.
- Finanzplatz Luxemburg, 1. Auflage Landsberg am Lech 1988

Dörn, Harald/Joecks, Wolfgang
- Gründliche und praxisnahe Vermittlung des Steuerstraf- und Ordnungswidrigkeitenrechts zur kompetenten Beratung und Verteidigung, Seminar des Deutschen Anwaltsinstituts e.V. in Berlin 1997 (zitiert: *Bearbeiter*, in Steuerstraf- und Steuerordnungswidrigkeitenrecht [DAI])

Forum Institut für Management
- Seminar "Steuerfahndung in der Bank", Heft I, November 1996 (zitiert: *Bearbeiter*, Steuerfahndung in der Bank [Forum])

Guntermann, Meinhof/Lessner, Rainer
- Kapitalanleger + Banken und das (gestörte) Verhältnis zum Rechtsstaat, Ergebnis einer Tagung der Vorsitzenden der DStG- Ortsverbände in den Finanzämtern für Steuerstrafsachen und Steuerfahndung Nordrhein- Westfalen

Parlamentarischer Staatssekretär Faltlhauser
- Anwort vom 27.09.1995 auf Anfrage eines Abgeordneten, in: BT- Drucks. 13/2488
- Antwort vom 09.12.1994 auf Anfrage eines Abgeordneten in: BT- Drucks. 13/104

Parlamentarischer Staatssekretär Haehser
- für die Bundesregierung, in: AG- R 1979, 224- 224

Röhm, Uli
- Schwarzgeld im Visier, 1. Auflage Wien 1996

Schöllhorn, Peter
- Geldanlage und Vermögensverwaltung international, 1. Auflage Wiesbaden 1991

Steuerfahndungsreferat der OFD Münster
- Erfahrungsbericht (Zentrale Fahndungsnachrichten), in: ZIP 1995, 428- 432

FSC
www.fsc.org
MIX
Papier | Fördert
gute Waldnutzung
FSC® C083411

Kolibri 360 GmbH
Ferdinand-Jühlke-Straße 7
99095 Erfurt, Deutschland
produktsicherheit@kolibri360.de

Druck:
CPI Druckdienstleistungen GmbH
im Auftrag der
Kolibri 360 GmbH
Ferdinand-Jühlke-Str. 7
99095 Erfurt